Der Auslandsschutz deutscher Staatsangehöriger bei Entführungen

Kölner Schriften zu Recht und Staat

Herausgegeben von
Prof. Dr. Hartmut Schiedermair und
Prof. Dr. Bernhard Kempen

Band 49

PETER LANG
Frankfurt am Main · Berlin · Bern · Bruxelles · New York · Oxford · Wien

Christian Peter Kokew

Der Auslandsschutz deutscher Staatsangehöriger bei Entführungen

PETER LANG
Internationaler Verlag der Wissenschaften

Bibliografische Information der Deutschen Nationalbibliothek
Die Deutsche Nationalbibliothek verzeichnet diese Publikation in der Deutschen Nationalbibliografie; detaillierte bibliografische Daten sind im Internet über http://dnb.d-nb.de abrufbar.

Zugl.: Bonn, Univ., Diss., 2011

Umschlaggestaltung:
© Olaf Gloeckler, Atelier Platen, Friedberg

Abbildung auf dem Umschlag:
Historisches Universitätssiegel der Universität zu Köln

D 5
ISSN 1433-0253
ISBN 978-3-631-62404-3

www.peterlang.de

Meinen Eltern

Vorwort

Die vorliegende Arbeit wurde im Wintersemester 2011/2012 von der Rechtswissenschaftlichen Fakultät der Rheinischen Friedrich-Wilhelms-Universität Bonn als Dissertation angenommen. Literatur und Rechtsprechung konnten bis Januar 2011 berücksichtigt werden.

Mein herzlicher Dank gilt meinem Doktorvater, Herrn Prof. Dr. Christian Hillgruber, der mich zur Wahl des Themas ermutigte, die Arbeit durch seine wertvollen Hinweise förderte und jederzeit für die Erörterung fachlicher Fragen zur Verfügung stand. Ihm danke ich auch für die umgehende Anfertigung des Erstgutachtens.

Mein Dank gilt auch Herrn Prof. Dr. Klaus F. Gärditz für die Übernahme und zügige Erstellung des Zweitgutachtens.

Herrn Prof. Dr. Bernhard Kempen und Herrn Prof. Dr. Hartmut Schiedermair danke ich für die Aufnahme der Arbeit in die von ihnen herausgegebene Schriftenreihe.

Großen Dank schulde ich meiner Frau Wiebke für ihre wertvollen Ratschläge, ihre Geduld und ihre Nachsicht.

Ganz besonders danke ich meinen lieben Eltern für ihre stets uneingeschränkte Unterstützung, ihr Verständnis und ihre Großzügigkeit. Ihnen widme ich diese Arbeit.

Inhalt

Abkürzungsverzeichnis

a.A.	anderer Ansicht
Abs.	Absatz
AEMR	Allgemeine Erklärung der Menschenrechte
AEUV	Vertrag über die Arbeitsweise der Europäischen Union
a.F.	alte Fassung
AKostG	Auslandskostengesetz
Anm.	Anmerkung
AöR	Archiv des öffentlichen Rechts
Art.	Artikel
Aufl.	Auflage
AVR	Archiv des Völkerrechts
BayVBl	Bayerische Verwaltungsblätter
Bd.	Band
bearb. v.	bearbeitet von
Beschl.	Beschluss
BGB	Bürgerliches Gesetzbuch
BGBl.	Bundesgesetzblatt
BGer	Schweizerisches Bundesgericht
BGH	Bundesgerichtshof
BGHZ	Entscheidungen des Bundesgerichtshofs in Zivilsachen
BHO	Bundeshaushaltsordnung
BPolG	Bundespolizeigesetz
BR-Drs.	Bundesrat Drucksache
BSHG	Bundessozialhilfegesetz
BT-Drs.	Bundestag Drucksache
BVerfG	Bundesverfassungsgericht
BVerfGE	Entscheidung des BVerfG (Amtliche Sammlung)
BVerfGG	Bundesverfassungsgerichtsgesetz
BVerwG	BVerwG
BVerwGE	Entscheidungen des Bundesverwaltungsgerichts (Amtliche Sammlung)
BWV	Bundeswehrverwaltung
bzw.	beziehungsweise

CCPR	International Covenant on Civil and Political Rights
ders.	derselbe
d.h.	das heißt
Diss.	Dissertation
DÖV	Die öffentliche Verwaltung
DVBl.	Deutsches Verwaltungsblatt
EG	Europäische Gemeinschaft
EGBGB	Einführungsgesetz zum Bürgerlichen Gesetzbuche
EGMR	Europäischer Gerichtshof für Menschenrechte
EGV	Vertrag zur Gründung der Europäischen Gemeinschaft
Einl.	Einleitung
EMRK	Europäische Konvention zum Schutz der Menschenrechte und Grundfreiheiten
EPIL	Encyclopedia of Public International Law
EU	Europäische Union
EuGRZ	Europäische Grundrechte-Zeitschrift
EuR	Europarecht
EuZW	Europäische Zeitschrift für Wirtschaftsrecht
EUV	Vertrag über die Europäische Union
FARC	Revolutionäre Streitkräfte Kolumbiens
FAZ	Frankfurter Allgemeine Zeitung
FN	Fußnote
FS	Festschrift
GA	Goldhammer`s Archiv für Strafrecht
GAD	Gesetz über den Auswärtigen Dienst
gem.	gemäß
GG	Grundgesetz
ggf.	gegebenenfalls
GoA	Geschäftsführung ohne Auftrag
GRCh	Charta der Grundrechte der Europäischen Union
GYIL	German Yearbook of International Law
HGB	Handelsgesetzbuch
HGR	Handbuch der Grundrechte
h.L.	herrschende Lehre
h.M.	herrschende Meinung
HRLJ	Human Rights Law Journal
Hrsg.	Herausgeber
hrsg. v.	herausgegeben von

HStR	Handbuch des Staatsrechts der Bundesrepublik Deutschland
IAMGR	Interamerikanischer Gerichtshof für Menschenrechte
I.C.J. Reports	Reports of the International Court of Justice
IGH	Internationaler Gerichtshof
IGH-Statut	Statut des Internationalen Gerichtshof
IO	International Organization – a journal of political and economic affairs
ILC	International Law Commission
IPBPR	Internationale Pakt über bürgerliche und politische Rechte
ISAF	International Security Assistance Force – Internationale Afghanistan-Friedenstruppe.
i.S.d.	im Sinne des
i.S.v.	im Sinne von
i.V.m.	in Verbindung mit
JA	Juristische Ausbildung
JR	Juristische Rundschau
JuS	Juristische Schulung
JZ	Juristenzeitung
KJ	Kritische Justiz
KonsG	Konsulargesetz
KSK	Kommandospezialkräfte der Bundeswehr
KWKG	Kriegswaffenkontrollgesetz
lit.	litera
Losebl.	Loseblattsammlung
LPK	Lehr- und Praxiskommentar
MDR	Monatsschrift für deutsches Recht
m.w.N.	mit weiteren Nachweisen
n.F.	neue Fassung
NILR	Netherlands international law review
NJW	Neue Juristische Wochenschrift
NRW	Nordrhein-Westfalen
NVwZ	Neue Zeitschrift für Verwaltungsrecht
NWVBl.	Nordrhein-Westfälische Verwaltungsblätter
NZWehrr	Neue Zeitschrift für Wehrrecht
OVG	Oberverwaltungsgericht
OVGE	Entscheidungen der Oberverwaltungsgerichte (Amtliche Sammlung)

ÖZÖRV	Österreichische Zeitschrift für öffentliches Recht und Völkerrecht
RabelsZ	Rabels Zeitschrift für ausländisches und internationales Privatrecht
RdC	Recueil de Cours
Rn.	Randnummer
RWI	Recht der Internationalen Wirtschaft
S.	Satz
SGB	Sozialgesetzbuch
SJZ	Schweizerische Juristenzeitung
s.o.	siehe oben
StAG	Staatsangehörigkeitsgesetz
StIGH	Ständiger Internationaler Gerichtshof
StGB	Strafgesetzbuch
s.u.	siehe unten
Teilbd.	Teilband
u.a.	und andere
UN	United Nations
UN-Charta	Charta der Vereinten Nationen
Urt.	Urteil
VerwArch	Verwaltungsarchiv, Zeitschrift für Verwaltungslehre, Verwaltungsrecht und Verwaltungspolitik
VG	Verwaltungsgericht
vgl.	vergleiche
VVDStRL	Veröffentlichungen der Vereinigung der Deutschen Staatsrechtslehrer
VwGO	Verwaltungsgerichtsordnung
VwKostG	Verwaltungskostengesetz
VwVfG	Verwaltungsverfahrensgesetz
WVK	Wiener Vertragsrechtskonvention
WRV	Weimarer Reichsverfassung
WÜD	Wiener Übereinkommen über diplomatische Beziehungen
WÜK	Wiener Übereinkommen über konsularische Beziehungen
ZaöRV	Zeitschrift für ausländisches öffentliches Recht und Völkerrecht
ZAR	Zeitschrift für Ausländerrecht und Ausländerpolitik
z.B.	zum Beispiel
ZBJV	Zeitschrift des Bernischen Juristenvereins

ZBlJugR	Zentralblatt für Jugendrecht und Jugendwohlfahrt
ZRP	Zeitschrift für Rechtspolitik

Einleitung

A. Einführung in die Thematik

Staatsgrenzen und Entfernungen haben für die deutschen Staatsangehörigen größtenteils ihre Bedeutung verloren. Während für die überwiegende Zahl der Deutschen noch in den 1970er Jahren ein Urlaub überhaupt nur in den Nachbarstaaten Deutschlands denkbar gewesen ist, gehören heute Fernreisen zu den exotischsten Zielen zum Standardangebot der Tourismusindustrie. Die günstigen Verkehrsentwicklungen haben zudem das Angebot des „Urlaubsalltags" erheblich verändert. Viele Reisende nehmen Abstand vom Pauschalurlaub mit Strand, Hotel und Halbpension. Einige wollen in der arbeitsfreien Zeit Ihren Wissensdurst stillen und dabei fremde Länder erkunden. Andere wünschen sich ihren Urlaub als große Abenteuerreise, sei es in Form einer Motorradtour durch die Sahara, einer Rucksacktour durch den kolumbianischen Dschungel oder einer Fahrt durch den Jemen. Gefahren spielen dabei eine untergeordnete Rolle. Die Abenteuerlust der Deutschen macht schließlich auch vor aktuellen Kriegsschauplätzen nicht Halt. Obwohl z.B. der Irak gegenwärtig einer der gefährlichsten Regionen der Welt ist, zieht es viele deutsche Staatsbürger in das Land zwischen Euphrat und Tigris.

Ferner führt die fortschreitende Globalisierung die wirtschaftliche Betätigung der Deutschen immer weiter über die Grenzen des Heimatstaates hinweg. Global tätige Unternehmen suchen ständig nach neuen Märkten in immer entlegeneren Gebieten der Welt. Wirtschaftlichen Erfolg versprechen dabei Länder, die infolge eines Krieges oder bürgerkriegsähnlicher Zustände über keine funktionierende Wirtschaft mehr verfügen und daher auf fremde „Hilfe" angewiesen sind. Insbesondere deutsche Unternehmen gelten aufgrund ihres Engagements im Irak oder in Afghanistan als Wirtschaftspioniere. Unternehmen erkennen in der Regel zwar die möglichen Gefahren für Ihre Mitarbeiter in diesen Ländern. Diese werden jedoch auf Grund der ausgezeichneten Wirtschaftsprognosen billigend in Kauf genommen.

Diese Entwicklungen führen im Ergebnis dazu, dass die Anzahl der sich im Ausland aufhaltenden deutschen Staatsangehörigen stetig zunimmt. Dadurch erhöht sich zwangsläufig auch die Wahrscheinlichkeit, dass deutsche Staatsbürger im Ausland Opfer von Naturkatastrophen, Überfällen und ähnlichen Ereignissen werden.

Seit einigen Jahren begegnen Deutsche in bestimmten Regionen der Welt einer weiteren Gefahr: Sie werden immer häufiger als Geiseln genommen. Entführungen von Deutschen im Ausland haben in einem Maße zugenommen, dass Meldungen über Geiselnahmen in der Tagespresse für keine große Überraschung mehr sorgen. Während noch die Entführung der FAMILIE WALLERT aus Göttingen im Jahre 2000 für mehrere Tage die Schlagzeilen ausfüllte, sind in der heutigen Zeit Nachrichten über Entführungen an der Tagesordnung. Entführungen ereignen sich überall auf der Welt[1], besonders häufig aber in Süd- und Mittelamerika, in Nigeria, im Irak und in Afghanistan. Experten und Medien sprechen deswegen bereits von einer regelrechten „Entführungsindustrie“[2].

Die Motive der Entführer sind unterschiedlich. Einige erhoffen sich durch Lösegeldzahlungen einen Ausstieg aus ihrer Armut[3]. Andere, insbesondere religiös motivierte Terroristen, versuchen die Bundesrepublik Deutschland durch die Entführung zu erpressen. In der Vergangenheit haben z.B. Entführer in Afghanistan wiederholt mit der Ermordung ihrer Geiseln gedroht, falls die Bundesregierung nicht die Bundeswehr aus Afghanistan abkommandiert[4].

B. Ziel und Gang der Untersuchung

Den Rechtsfolgen der Entführung deutscher Staatsangehöriger im Ausland sowie den Ansprüchen der Entführten gilt das Erkenntnisinteresse dieser

---

1 Vgl. hierzu den Zusammenstellung der Entführungen Deutscher im Ausland in den letzen Jahren: *„Entführungen Deutscher im Ausland“*, in: FAZ.NET v. 10.12.2009 (www.faz.net).

2 *„Knarre am Kopf“*, in: SPIEGEL-ONLINE v. 09.10.2010 (www.spiegel.de); *„Die Entführungsindustrie am Hindukusch“*, in: WELT-ONLINE v. 21.12.2007 (www.welt.de); „SUSANNE OSTHOFF – *„Sie hat Fehler gemacht*“, in: FAZ.NET v. 29.01.2006 (www.faz.net).

3 Vgl. *„Geldgier statt Dschihad“*, in: FAZ v. 23.09.2008, S. 3.

4 Vgl. *„Taliban wollen Abzug der Bundeswehr erpressen“*, in: SPIEGEL-ONLINE v. 20.07.2007 (www.spiegel.de); *„Deutsche Geisel Rudolf Blechschmidt ist frei“*, in: FOCUS-ONLINE v. 10.10.2007 (www.focus.de). Denkbar ist auch, dass Geisel nur zur anschließenden Exekution entführt werden, um auf diese Weise eine Botschaft an die jeweilige Regierung des Opfers zu senden, vgl. *„Steckt Al Qadia hinter der Tötung der deutschen Geisel?“*, in: FAZ v. 16.06.2006, S. 6; *„Verschleppte im Jemen offenbar getötet“*, FAZ v. 16.06.2009, S. 1.

Arbeit. Der Verfasser hat sich bei der Auswahl des Themas nicht nur von der wissenschaftlichen Attraktivität der Probleme rund um das Thema Entführungen, sondern auch von ihrer eventuellen praktischen Bedeutung leiten lassen. Die Geiselnahmen deutscher Staatsangehöriger im Ausland haben in der deutschen Öffentlichkeit die Frage aufkommen lassen, in welchem Umfang die Bundesrepublik Deutschland ihren entführten Angehörigen im Ausland helfen muss. Politiker, Professoren und Journalisten diskutierten in der Vergangenheit ausgiebig über den Umfang der staatlichen Fürsorgepflicht, z.B. gegenüber der auf den Philippinen entführten Familie WALLERT, der in Kolumbien während einer Trekkingtour entführten REINHILT WEIGEL und der im Irak verschleppten SUSANNE OSTHOFF [5].

Mit der Frage nach der Reichweite der staatlichen Hilfspflicht korrespondiert der mögliche Umfang des Schutzanspruchs einer deutschen Geisel im Ausland gegen die deutsche Staatsgewalt. Die Bundesrepublik Deutschland muss sich stets mit der Frage auseinandersetzen, ob ein im Ausland entführter deutscher Staatsangehöriger von der deutschen Staatsgewalt konkrete Befreiungsmaßnahmen verlangen kann. Die Antwort auf diese Frage ist von immanenter Bedeutung. Denn was wäre die Folge, wenn die Bundesregierung verpflichtet ist, die einzig mögliche Befreiungsmaßnahme zu ergreifen, wie z.B. die Zahlung von Lösegeld? Die Folgen wären verheerend, weil weltweit jeder Kriminelle wüsste, dass die Bundesrepublik Deutschland ihre Angehörigen freikauft.

Im Rahmen dieser Arbeit wird daher zunächst untersucht, ob ein im Ausland entführter deutscher Staatsangehöriger die Bundesrepublik Deutschland zur Ergreifung von Befreiungsmaßnahmen verpflichten kann. Sollte ein Anspruch auf Befreiung ausscheiden, gilt es zu untersuchen, in welchem Umfang die Exekutive verpflichtet ist, einer deutschen Geisel im Ausland auf andere Art und Weise zu helfen. Untersuchungsgegenstände sind dabei das Gemeinschaftsrecht, das Völkerrecht, das einfachgesetzliche Konsulargesetz sowie das Verfassungsrecht. Dieser Abschnitt bildet einen der Schwerpunkte dieser Arbeit.

Die Arbeit befasst sich in einem zweiten Schritt mit der Frage, ob eine mögliche Hilfspflicht der Bundesrepublik Deutschland auch besteht, wenn sich das Entführungsopfer fahrlässig in Gefahr begeben hat und damit ein vermeidbares Risiko eingegangen sind. Die aufgeworfene Frage stellt sich in verschärfter

---

5 Vgl. *„Juristen: Regierung muss nicht helfen,“* in: MERKUR-ONLINE (www.merkur-online.de); *„Was wäre, wenn Frau* OSTHOFF *erneut entführt würde?“*, in: WELT-ONLINE v. 15.05.2006 (www.welt.de); *„*OSTHOFF *vermeidet klare Aussage zu Rückkehr“*, in: SPIEGEL-ONLINE v. 27.12.2005 (www.spiegel.de); *„Kein Bürger hat einen Anspruch auf solchen Schutz“*, in: SPIEGEL-ONLINE (www.spiegel.de).

Form, wenn ein deutscher Staatsbürger in ein Land reist, in dem er zuvor bereits Opfer einer Geiselnahme geworden ist und nur mithilfe staatlicher Leistungen freigekommen ist. Diese Konstellation ist dem Fall SUSANNE OSTHOFF nachgebildet, der dem Autor als Inspiration für diese Arbeit diente. SUSANNE OSTHOFF wurde nach 24-tägiger Geiselhaft dank intensiver Bemühungen des Auswärtigen Amtes freigelassen. Nach ihrer Ankunft in Deutschland erklärte Frau Osthoff überraschend, sie plane in den Irak zurückzukehren. Wenige Wochen später setzte sie diesen Plan um, was von der deutschen Regierung und der Öffentlichkeit mit Erstaunen und Unverständnis kommentiert wurde[6]. Neben dem Umfang der staatlichen Hilfspflicht stellt sich in diesen Fällen insbesondere auch die Frage, ob eine ehemalige Geisel im wiederholten Entführungsfall überhaupt noch Rechte gegen die Bundesrepublik Deutschland geltend machen kann, oder, ob diese z.B. infolge von *Verwirkung, Verzicht* oder auf *sonstigem Wege* entfallen sind.

Nachdem in Teil 1 und Teil 2 der Umfang der staatlichen Hilfspflicht in Entführungsfällen festgelegt worden ist, ist zu erörtern, mit welchen Mitteln die Bundesrepublik Deutschland ihre Angehörigen aus einer Geiselhaft im Ausland befreien kann. In der Mehrzahl der bisherigen Entführungsfälle haben Geiselnehmer „nur" finanzielle Forderungen gestellt. Solche Geiselnahmen konnten glücklicherweise überwiegend mit der Freilassung der Geiseln beendet werden. Viel problematischer sind dagegen Fälle, in denen Entführer mit ihrer Tat politische Ziele durchsetzen wollen. Geiselnehmer in Afghanistan haben z.B. wiederholt mit der Tötung ihrer Geiseln gedroht, falls die Bundesregierung nicht die Bundeswehr aus Afghanistan abzieht[7]. Da sich die verantwortlichen Stellen niemals auf solche Forderungen einlassen werden, verbleiben der Exekutive in diesen Fallkonstellationen keine Handlungsalternativen. Scheitert der Versuch einer einvernehmlichen Lösung, kann die Geisel nur durch eine gewaltsame Befreiung gerettet werden[8]. In erster Linie fällt eine Befreiungsoperation in den

---

6 Vgl. *„FDP lehnt Einreiseverbot für* OSTHOFF *ab"*, in: SPIEGEL-ONLINE v. 29.12.2005 (www.spiegel.de).

7 Vgl. *„Taliban wollen Abzug der Bundeswehr erpressen"*, in: SPIEGEL-ONLINE v. 20.07.2007 (www.spiegel.de); *„Deutsche Geisel Rudolf Blechschmidt ist frei"*, in: FOCUS-ONLINE v. 10.10.2007 (www.focus.de). Denkbar ist auch, dass religiöse Fanatiker Ausländer nur Entführen, um sie anschließend hinzurichten, vgl. *„Steckt Al Qadia hinter der Tötung der deutschen Geisel?"*, in: FAZ v. 16.06.2006, S. 6; *„Verschleppte im Jemen offenbar getötet"*, FAZ v. 16.06.2009, S. 1.

8 Die letzen Entführungen haben bewiesen, dass die Gefahr für die Geiseln nicht zu unterschätzen sind. So haben religiöse Fanatiker im Sommer 2009 mehrere Deutsche

Verantwortungsbereich der Einsatzkräfte des Aufenthaltslandes, in dem sich die Geisel befindet. Es ist aber auch denkbar, dass der Aufenthaltsstaat über keine Spezialkräfte verfügt oder kein Interesse an einer Geiselbefreiung hat. Die Bundesregierung muss sich unter diesen Umständen fragen, ob sie auch mit eigenem Militär oder Spezialeinheiten der Polizei eine deutsche Geisel im Ausland befreien darf.

Diese Frage ist nicht nur theoretischer Natur. Die Bundesregierung hat bereits mehrmals die Spezialeinheit der Bundespolizei (GSG 9) nach Afrika entsendet, um dort Geiseln gewaltsam aus der Hand der Entführer zu befreien. Neben der erfolgreichen Befreiung der entführten Passagiere und Flugzeugbesatzung der Lufthansa Maschine „Landshut" auf dem Flughafen in Mogadischu 1977, verlegte die Bundesregierung im September 2008 Beamte der GSG 9 nach Ägypten, nachdem dort 19 Geiseln, darunter 5 Deutsche, in die Wüste verschleppt worden waren[9]. Der letzte vergleichbare Einsatz der GSG 9 erfolgte im Jahr 2009. Somalische Piraten hatten den Frachter *„Hansa Stavanger"* mit seiner größtenteils deutschen Besatzung gekapert. Die Beamten der GSG 9 waren bereits in Somalia eingetroffen, als die Bundesregierung den Einsatz wegen zu hoher Risiken abbrach[10].

Da der deutsche Staat im Falle der gewaltsamen Befreiung einer deutschen Geisel im Ausland immer auf fremden Territorium operiert, ergeben sich in diesem Rahmen neben verfassungsrechtlichen, insbesondere auch völkerrechtliche Probleme.

Diese Arbeit befasst sich in einem vierten Teil mit der Frage, ob und wie eine deutsche Geisel ihre Rechtspositionen durchsetzen kann, d.h. ob ein Entführungsopfer die Bundesrepublik Deutschland unter bestimmten Voraussetzungen gerichtlich zur Befreiung verpflichten kann. Eine Geisel wird ihre Rechte nämlich erst zu schätzen wissen, wenn sie diese auch durchsetzen kann.

Einem weiteren Schwerpunkt der Arbeit bilden die Rechtsfolgen einer Rettung. Ausgangspunkt der Untersuchung dieses Teils ist, dass eine ehemalige deutsche Geisel dank staatlicher Hilfe gerettet wurde. Nachdem die Freilas-

---

entführt und sie anschließend töten, vgl. *„Verschleppte im Jemen offenbar getötet"*, in: FAZ v. 16.06.2009, S. 1; *„Steckt Al Qaida hinter der Tötung der deutschen Geiseln?*, in: FAZ v. 16.06.2009, S. 6. Entsprechendes gilt für Entführte anderer Nationen, vgl. *„Taliban töten südkoreanische Geisel"*, in: SPIEGEL-ONLINE v. 25.07.2007 (www.spiegel.de); *„Abu Sayyaf köpft zwei Geiseln"*, in: SPIEGEL-ONLINE v. 22.08.2002 (www.spiegel.de).

9 Vgl. *„Flexibel in Afrika"*, in: FAZ vom 7. Mai 2009, S. 3.

10 Vgl. *„Flexibel in Afrika"*, in: FAZ vom 7. Mai 2009, S. 3.

sung bzw. Befreiung einer Geisel bekanntgeben wurde, vergeht in der Regel nur kurze Zeit, bis Politiker jeglicher Couleur die ehemalige Geisel in den Medien auffordern, sie müsse sich doch bitte an den Kosten ihrer Rettung beteiligen[11].

Es stellt sich daher die Frage, inwieweit ehemalige Geiseln die Kosten ihrer Rettung selbst tragen müssen. Eine Kostenbeteiligung könnte für sie eine enorme finanzielle Last darstellen. Allein die Rettung der im Februar 2003 in Algerien entführten neun deutschen Staatsangehörigen soll die Bundesrepublik Deutschland 20 Millionen Euro gekostet haben[12]. Die Bundesregierung bezifferte die bloßen Flugkosten auf 419.422, 60 Euro[13]. Zu untersuchen ist in diesem Rahmen auch, ob es einen Unterscheid macht, ob sich die Geisel fahrlässig oder sogar vorsätzlich in Gefahr begeben hat.

Abschließend wird erörtert, ob ein entführter Unionsbürger Ansprüche gegen die Bundesrepublik Deutschland gelten machen kann. Der Autor hat sich entschieden, auch die Pflichten der Bundesrepublik Deutschland gegenüber einem im Ausland entführten Unionsbürger zu untersuchen, da die Mitgliedstaaten der Europäischen Union sich wechselseitig zur Anwendung von konsularischem und diplomatischen Schutz gegenüber Staatsangehörigen anderer Mitgliedstaaten verpflichtet haben. Es wäre daher denkbar, dass die Bundesrepublik Deutschland (auch) verpflichtet ist, Unionsbürger im Ausland zu befreien.

C. Aktualität der Fragestellungen

Die völkerrechtliche Rechtslehre hat das Recht eines jeden Staates auf Schutz seiner Staatsbürger seit langem eingehend untersucht. In den 1960er und 1970er Jahren haben Wissenschaftler erstmals diese Frage aus dem Blickwinkel des deutschen Verfassungsrechts heraus erörtert. Sie sind der Frage nachgegangen, inwieweit der Staatsbürger von seinem eigenen Heimatstaat Auslandsschutz beanspruchen kann und inwieweit dem Heimatstaat eine Rechtspflicht zum

---

11 Vgl. die Äußerungen von Wiefelpütz, Stadler und Bosbach, in: „*Vollkasko ins Abenteuer*“, SPIEGEL-ONLINE v. 10.04.2006 (www.spiegel.de); oder die Äußerungen von Weisskirchen, Brüderle und Erler, in: „*Neiddebatte um zu Gold gesponnene Gefühle*“, in: TAZ.DE vom 20.08.2003 (www.taz.de).

12 Göres, NJW 2004, 1909 (1909); „*Lösegeld von der Versicherung*“, in: SPIEGEL Online v. 21.10.2003 (www.spiegel.de).

13 „*Lösegeld von der Versicherung*“, in: SPIEGL-ONLINE v. 21.10.2003 (www.spiegel.de).

Schutz seiner Staatsangehörigen obliegt. Zu nennen sind die umfangreichen Ausführungen von DOEHRING[14], GECK[15] und OBERTHÜR[16].

Die bisherigen Abhandlungen beschränken sich allerdings auf den staatlichen Schutz der Deutschen im Ausland vor fremden Staatsgewalten. Diese Arbeit wird sich dagegen erstmalig und ausschließlich mit der Frage beschäftigen, ob ein deutscher Staatsangehöriger im Ausland auch Schutz vor privaten Dritten bzw. nichtstaatlichen Gruppen beanspruchen kann. Grundlagen und Umfang des Schutzes vor fremder Staatsgewalt und vor nichtstaatlicher Gewalt sind unterschiedlich. Doch selbst dort, wo es Parallelen gibt, wie auf der völkerrechtlichen Ebene, ist eine aktuelle Befassung mit diesen Problemkreisen angezeigt. DOEHRING, GECK und OBERTHÜR haben ihre Arbeiten vor über 40 Jahren fertig gestellt. Allein der völkerrechtliche Individualschutz hat sich seitdem stark verändert. Eine erneute Untersuchung möglicher völkerrechtlicher Ansprüche des deutschen Staatsangehörigen gegen die deutsche Staatsgewalt ist daher notwendig.

Der Verfasser wird weiter erstmalig untersuchen, ob sich ein Befreiungsanspruch aus dem Gemeinschaftsrecht, dem Völkerrecht, dem einfachgesetzlichen Konsulargesetz und/ oder dem Grundgesetz ableiten lässt. Auch wurde bisher noch nicht thematisiert, ob sich der Umfang der Rechte einer Geisel verändert, wenn sie sich fahrlässig oder vorsätzlich in Gefahr begeben hat. Die Wissenschaft hat sich ferner noch nicht mit der Frage beschäftigt, ob auch ein Unionsbürger im Entführungsfall Rechte gegen die Bundesrepublik Deutschland geltend machen kann.

Schließlich ist die Frage, ob und in welchem Umfang sich eine ehemalige Geisel an den Kosten der Rettung beteiligen muss, noch nicht eingehend behandelt und abschließend beantwortet worden.

Viele der im Rahmen dieser Arbeit angesprochenen Rechtsfragen sind heute Gegenstand von Diskussionen. Diese werden nicht nur auf der Ebene der Wissenschaft geführt. Im Bundesjustizministerium und dem Auswärtigen Amt ist die Rechtslage bezüglich Ansprüchen von entführten Deutschen gegen die Bundesrepublik Deutschland und die Rechtsfolgen einer Geiselbefreiung aktuell Gegenstand von Beratungen; es werden derzeit Gesetzesänderungen vorbereitet. Der Verfasser hatte im Rahmen dieser Arbeit die Möglichkeit, Einblicke

14 DOEHRING, Die Pflicht des Staates zur Gewährung diplomatischen Schutzes, S. 1 ff.

15 GECK, ZaöRV 17 (1956/57), 476 ff.

16 OBERTHÜR, S. 4 ff.

in aktuelle Referentenentwürfe und Gutachten des Bundesjustizministeriums und des Auswärtigen Amtes zu erhalten.

Teil 1: Anspruch des im Ausland entführten deutschen Staatsangehörigen auf Befreiung gegen die deutsche Staatsgewalt?

Die Ausführungen des ersten Teils dieser Arbeit befassen sich mit der Frage, ob ein im Ausland entführter deutscher Staatsangehöriger einen Anspruch[17] auf Befreiung gegen die deutsche Staatsgewalt hat. Gegenstand der Untersuchung sind Regelungen des Gemeinschaftsrechts, Vorschriften des Völkerrechts, die einfachgesetzlichen Normen des deutschen Konsulargesetzes sowie das Grundgesetz.

A. Begriffliche Vorabfestlegung

Des besseren Verständnisses wegen müssen vorab bestimmte rechtliche Begriffe erläutert werden.

I. Das Institut des Auslandsschutzes

Der Ausgangspunkt für die Suche nach einem „Befreiungsanspruch" ist das völkerrechtliche[18] Institut des Auslandsschutzes[19]. Dieses bildet den Oberbegriff für die Rechtsfiguren des *diplomatischen* und *konsularischen Schutzes*[20]. Der Terminus *diplomatischer Schutz* beschreibt das präventive und repressive

---

17 Der Begriff „Anspruch" wird in Teil 1 im materiell-rechtlichen Sinne verwendet. Die Frage der justizförmigen Durchsetzbarkeit dieses „Anspruchs" wird in Teil 4 behandelt.

18 Es handelt sich um ein völkerrechtliches Rechtsinstitut, weil die Ausübung staatlicher Gewalt im Ausland die Gebietshoheit eines fremden Staates berührt und nur das Völkerrecht eine Ausnahme von der grundsätzlich unverletzlichen territorialen Souveränität des Staates über Personen und Sachen in einem Gebiet ermöglicht, vgl. Rudolf, in: Kokot/Skubiszewski (Hrsg.), Referate des Rechtscolloquiums 1974, 61 (64 f.).

19 Klein, DÖV 1977, 704 (705); Kötter/Nolte, DÖV 2007, 186 (191); Rudolf, in: Kokot/Skubiszewski (Hrsg.), Referate des Rechtscolloquiums 1974, 61 (64); Treviranus, DÖV 1979, 35 (36); Verdross/Simma, Universelles Völkerrecht, § 1226 ff.

20 Vgl. Blumenwitz, in: Isensee/Kirchhof (Hrsg.), HStR IX, § 211 Rn. 16; Dietlein, Die Lehre von den grundrechtlichen Schutzpflichten, S. 122; Klein, DÖV 1977, 704 (705);

Tätigwerden des Heimatstaates zugunsten eines seiner Staatsangehörigen, dem ein Drittstaat in völkerrechtswidriger Weise einen Schaden zugefügt hat oder zufügen wird[21]. Der Begriff *konsularischer Schutz* umschreibt demgegenüber ganz allgemein die Gewährung von Rat und Beistand an hilfsbedürftige Deutsche im Ausland durch staatliche Stellen des Heimatstaates[22].

Der *diplomatische Schutz* unterscheidet sich also in mehrfacher Hinsicht vom *konsularischen Schutz*: Er setzt zunächst ein völkerrechtswidriges Verhalten des Aufenthaltsstaates gegenüber einem Angehörigen des schutzgewährenden Staates voraus[23]. Außerdem erfolgt die Hilfe in der Regel auf diplomatischem

---

KÖTTER/NOLTE, DÖV 2007, 186 (191); TREVIRANUS, DÖV 1979, 35 (36); VERDROSS/SIMMA, Universelles Völkerrecht, § 1226 ff.

21 IGH, Urt. v. 06.04.1955, I.C.J. Reports 1955, 4 (24) – Lichtenstein/Guatemala; *OVG Berlin-Brandenburg*, Urt. v. 21.02.2007 – 11 B 9.06 (erhältlich in juris) Rn. 30; BLECKMANN, Grundgesetz und Völkerrecht, S. 245; BLOß, in: HECKER/MÜLLER-CHORUS/BINDSEIL, § 3 C. Rn. 1; DIETLEIN, Die Lehre von den grundrechtlichen Schutzpflichten, S. 122; DOEHRING, in: RESS/STEIN (Hrsg.), Der diplomatische Schutz im Völker- und Europarecht, S. 13; DERS., Völkerrecht, § 18 Rn. 868; GECK, Diplomatischer Schutz, in: STRUPP/SCHLOCHAUER (Hrsg.), Wörterbuch des Völkerrechts I, S. 379; HEINTZEN, Auswärtige Beziehungen privater Verbände, S. 135; HERDEGEN, Völkerrecht, § 27 Rn. 9; HOFFMANN, Konsularrecht I, Vorbem. z. 1. Abschnitt des KonsG, Anm. 8.1.1; HOFMANN, Grundrechte und grenzüberschreitende Sachverhalte, S. 107; KEMPEN/HILLGRUBER, Völkerrecht, § 30 Rn. 54; HILLGRUBER, JZ 2002, 94 (96); KLEIN, DÖV 1977, 704 (704); DERS., in: RESS/STEIN (Hrsg.), Der diplomatische Schutz im Völker- und Europarecht, S. 125 (125); KÖTTER/NOLTE, DÖV 2007, 186 (191); MENZEL, in: MENZEL/PIERLINGS/HOFFMANN (Hrsg.), Völkerrechtsprechung, Nr. 72 II (S. 451); RANDELZHOFER, in: MAUNZ/DÜRIG, Art. 16 I Rn. 36; STEIN, in: RESS/STEIN (Hrsg.), Der diplomatische Schutz im Völker- und Europarecht, S. 97 (98). Ebenso Art. 1 des Entwurfs der International Law Commission zum diplomatischen Schutz: *"Diplomatic protection consists of resort to diplomatic action or other means of peaceful settlement by a state adopting in its own right the cause of its national in respect of an injury to that national arising from an international wrongful act of another state."*, Report of the ILC on its 54th Session, A/CN.4/L.613/Rev.1, v. 7. Juni 2002, S. 1.

22 BLOß, in: HECKER/MÜLLER-CHORUS/BINDSEIL, § 3 C. Rn. 2; DIETLEIN, Die Lehre von den grundrechtlichen Schutzpflichten, S. 122; HANSCHEL, ZaöRV 66 (2006), 789 (792 f.); HOFFMANN, Konsularrecht I, Vorbem. z. 1. Abschnitt des KonsG, Anm. 8.2; KLEIN, DÖV 1977, 704 (705); KÖTTER/NOLTE, DÖV 2007, 186 (191); STOROST, Diplomatischer Schutz durch EG und EU?, S. 20 f.

23 GECK, ZaöRV 17 (1956/57), 476 (491); HOFFMANN, Konsularrecht I, Vorbem. z 1. Abschnitt des KonsG, Anm. 8.1.1; IPSEN, Völkerrecht, § 24 Rn. 32; KÖTTER/NOLTE, DÖV 2007, 186 (191). Ein völkerrechtliches Delikt kann durch jede der drei Gewalten verwirklicht werden. Ein völkerrechtswidriges Verhalten kann in der Verletzung vertraglicher

Wege, also grundsätzlich durch die Botschaften oder das Außenministerium des Heimatstaates[24]. Voraussetzung ist ferner, dass der Verletzte zuvor den Rechtsweg erschöpft hat, sofern die fremde Rechtsordnung einen solchen Rechtsschutz bei entsprechender Rechtsverletzung vorsieht (sog. „*local remedy rule*")[25].

Sowohl der diplomatische als auch der konsularische Schutz waren bereits völkergewohnheitsrechtlich anerkannt, bevor sie vertraglich geregelt wurden[26]. Die Rechtsfigur des diplomatischen Schutzes findet ihre vertragliche Rechtsgrundlage in Art. 3 Abs. 1 WÜD[27]. Danach ist es Aufgabe einer diplomatischen Mission, „*die Interessen des Entsendestaates und seiner Angehörigen im Empfangsstaat innerhalb der völkerrechtlich zulässigen Grenzen zu schützen*". Demgegenüber hat der konsularische Schutz in Art. 5 lit. a) und e) WÜK[28] sowie in nachfolgenden Spezialregelungen (z. B. Art. 36 Abs. 1 lit. b) WÜK) seinen Niederschlag gefunden[29]. Gemäß Art. 5 lit. a) und e) WÜK haben Konsulate die Aufgabe, die Interessen der Staatsangehörigen des Endsendestaates, seien es natürliche oder juristische Personen, im Rahmen des völkerrechtlich Zulässigen zu schützen und ihnen Hilfe und Beistand zu leisten[30].

Verpflichtungen auf dem Gebiet des Völkerrechts bestehen. Es genügt aber auch ein Verstoß gegen andere völkerrechtliche Verpflichtungen, z. B. Völkergewohnheitsrecht (Ipsen, Völkerrecht, § 24 Rn. 32).

24 Hoffmann, Konsularrecht I, Vorbem. z. 1. Abschnitt des KonsG, Anm. 8.1.1; Kötter/Nolte, DÖV 2007, 186 (191). Art. 17 Abs. 1 WÜK ändert nichts an diesem Ergebnis. Danach kann zwar ein Konsularbeamter unter Umständen auch diplomatische Handlungen vornehmen. Die Leistung wird jedoch dadurch nicht etwa zu einer konsularischen Handlung, wie sich aus dem Wortlaut des Art. 17 Abs. 1 WÜK ableiten lässt.

25 StIGH, Serie A/B, Nr. 76, S. 18 – Panevezys-Saldutiskis-Eisenbahn; Doehring, Völkerrecht, Rn. 874; Geck, ZaöRV 17 (1956/57), 476 (492;); Herdegen, Völkerrecht, § 27 Rn. 11; Ipsen, Völkerrecht, § 24 Rn. 39 f.; Oberthür, S. 37.

26 Hoffmann, Konsularrecht I, Vorbem. z. 1. Abschnitt des KonsG, Anm. 8.1.3 und 8.2; Kempen/Hillgruber, Völkerrecht, § 30 Rn. 40.

27 Wiener Übereinkommen über diplomatische Beziehungen; abgeschlossen am 18. April 1961; in Kraft getreten am 24. April 1964, für die Bundesrepublik Deutschland am 11. Dezember 1964; Deutscher Text: BGBl. 1964 II Nr. 38, Seite 959 ff.

28 Wiener Übereinkommen über konsularische Beziehungen; abgeschlossen am 24. April 1963; in Kraft getreten am 19. März 1967, für die Bundesrepublik Deutschland am 7.10.1971; Deutscher Text: BGBl. 1969 II Nr. 59, Seite 1587 ff.

29 Hanschel, ZaöRV 66 (2006), 789 (791); Ruffert, AVR 35 (1997), 459 (461).

30 Wortlaut von Art. 5 lit. a) und e) WÜK (Konsularische Aufgaben): „*Die konsularischen Aufgaben bestehen darin,*

II. Begriffliche Einordnung von Befreiungsmaßnahmen

Ein Staat kann im Einzelfall *konsularischen* und *diplomatischen Schutz* sogar zeitgleich gewähren[31]. Eine strikte Trennung der beiden Bereiche erscheint daher auf den ersten Blick unangemessen[32]. Gegen eine rigorose Trennung spricht zudem Art. 3 Abs. 2 WÜD[33]. Danach können konsularische Aufgaben auch durch diplomatische Missionen ausgeführt werden[34]. Umgekehrt normiert Art. 17 WÜK, dass unter bestimmten Voraussetzungen Konsularbeamte mit der Durchführung diplomatischer Aufgaben betraut werden können[35].

Dieses Ergebnis vermag aber nichts daran zu ändern, dass sich die Aufgaben der Auslandsvertretungen *ihrem Wesen nach* in solche des diplomatischen und

a) die Interessen des Entsendestaats sowie seiner Angehörigen, und zwar sowohl natürlicher als auch juristischer Personen, im Empfangsstaat innerhalb der völkerrechtlich zulässigen Grenzen zu schützen;

e) den Angehörigen des Entsendestaats, und zwar sowohl natürlichen als auch juristischen Personen, Hilfe und Beistand zu leisten.“

31 Ein solcher Fall liegt z. B. vor, wenn eine Auslandsvertretung Staatsangehörige im Gefängnis betreut und den Inhaftierungsakt zugleich auf internationaler Ebene als Völkerrechtsverstoß angreift, vgl. Storost, Diplomatischer Schutz durch EG und EU?, S. 21.

32 Hanschel, ZaöRV 66 (2006), 789 (792 f.); Storost, Diplomatischer Schutz durch EG und EU?, S. 21.

33 Richtsteig, Art. 3 WÜD, Nr. 3, Seite 21; Ruffert, AVR 35 (1997), 459 (462).

34 Wortlaut von Art. 3 Abs. 2 WÜD: *„Dieses Übereinkommen ist nicht so auszulegen, als schließe es die Wahrnehmung konsularischer Aufgaben durch eine diplomatische Mission aus.“*

35 Wortlaut von Art. 17 WÜK (Vornahme diplomatischer Amtshandlungen durch Konsularbeamte): *„(1) In einem Staat, wo der Entsendestaat weder eine diplomatische Mission unterhält noch durch die diplomatische Mission eines dritten Staates vertreten ist, kann mit Zustimmung des Empfangsstaats ein Konsularbeamter beauftragt werden, diplomatische Amtshandlungen vorzunehmen, ohne dass dies seine Stellung als Konsularbeamten berührt. Die Vornahme solcher Amtshandlungen durch einen Konsularbeamten verleiht diesem keinen Anspruch auf diplomatische Vorrechte und Immunitäten. (2) Ein Konsularbeamter kann nach einer Notifikation an den Empfangsstaat den Entsendestaat bei jeder zwischenstaatlichen Organisation vertreten. Handelt er in dieser Eigenschaft, so hat er Anspruch auf alle Vorrechte und Immunitäten, die einem Vertreter bei einer zwischenstaatlichen Organisation auf Grund des Völkergewohnheitsrechts oder internationaler Übereinkünfte zustehen; soweit er jedoch konsularische Aufgaben wahrnimmt, hat er keinen Anspruch auf eine weitergehende Immunität von der Gerichtsbarkeit, als einem Konsularbeamten auf Grund dieses Übereinkommens zusteht.“*

konsularischen Schutzes unterteilen lassen[36]. Eine Einordnung von Befreiungsmaßnahmen in einen der beiden Bereiche ist daher angebracht.

Der Schwerpunkt der amtlichen Tätigkeit wird im Falle einer Entführung eines deutschen Staatsangehörigen im Ausland in der Gewährung von konsularischen Schutzmaßnahmen liegen[37]: In der Vergangenheit haben ausschließlich nichtstaatlich handelnde Personen deutsche Staatsangehörige im Ausland entführt. Ein Entführungsopfer begehrt daher grundsätzlich Hilfe gegen das Handeln eines Privaten, aber nicht gegen völkerrechtswidrige Maßnahmen des Aufenthaltsstaates. Ein völkerrechtswidriges Delikt liegt in der Regel nicht vor.

Ein Staat kann zwar das Völkerrecht verletzen, obwohl die Geiselnahme durch nichtstaatlich handelnde Personen durchgeführt wurde[38]. Dies ist etwa der Fall, wenn seine Organe es pflichtwidrig unterlassen, eine Geiselnahme zu verhindern[39]. Ein solcher Sachverhalt ist bisher jedoch einmalig geblieben und als der sog. *Teheraner Geiselfall* in die Geschichte eingegangen[40]. Der Aufenthaltsstaat wird aber grundsätzlich eine Entführung nicht verhindern können.

Ein völkerrechtswidriges Verhalten eines Staates ist im Falle einer Geiselnahme zudem denkbar, wenn dieser das *Internationale Übereinkommen gegen*

---

36 Hanschel, ZaöRV 66 (2006), 789 (793).

37 Hanschel, ZaöRV 66 (2006), 789 (793); Kötter/Nolte, DÖV 2007, 186 (191).

38 IGH, Urt. v. 24. Mai 1980, I.C.J. Reports 1980, Ziff. 57 ff. – Vereinigte Staaten von Amerika/Iran; Oberthür, S. 35.

39 Vgl. Geck, ZaöRV 17 (1956/57), 476 (491).

40 Eine detaillierte Rekonstruktion des Sachverhalts findet sich in: IGH, Urt. v. 24. Mai 1980, I.C.J Reports 1980, Ziff. 17 ff.– Vereinigten Staaten/Iran: Einige Monate nach seinem Sturz hatten die USA dem Schah von Persien im Oktober 1979 die Einreise gestattet, damit er sich wegen seiner Krebserkrankung einer Behandlung unterziehen konnte. Die iranische Regierung forderte die USA daraufhin auf, den Schah auszuliefern und sein in den Vereinigten Staaten befindliches Vermögen zurückzugeben. Die USA lehnten diese Forderung ab. Daraufhin kam es am 4. November 1979 in Teheran vor der US-Botschaft zum wiederholten Mal zu einer gegen die USA gerichteten Demonstration. Mehrere Hundert islamische Studenten drangen auf das Botschaftsgelände, besetzten es und nahmen die Botschaftsangehörigen gefangen. Drei amerikanische Diplomaten befanden sich zu dieser Zeit im iranischen Außenministerium und wurden dort unter Hausarrest gestellt. Die Botschaftsbesetzer erklärten, ihre Gefangenen erst dann freizulassen, wenn die USA den Schah ausliefern. Die zum Schutz der amerikanischen Botschaft abgestellten Polizeieinheiten hatten weder die Erstürmung verhindert noch später versucht, die Botschaftsbesetzer zu vertreiben.

Geiselnahme[41] ratifiziert hat[42]. Nach diesem Abkommen muss jeder Vertragsstaat z. B. gemäß Art. 3 Abs. 1[43] Maßnahmen ergreifen, um die Situation der Geiseln zu verbessern. Er muss zudem auf eine Befreiung hinwirken. Ein Vertragsstaat handelt also völkerrechtswidrig, wenn er seine Pflichten aus dem Abkommen verletzt.

Das Abkommen vermittelt einer deutschen Geisel im Ausland aber keinen effektiven Schutz. Denn zum einen lässt sich aus Art. 3 Abs. 1 des Abkommens keine Befreiungspflicht ableiten. Der Vertragsstaat muss nach dem Wortlaut lediglich auf eine Befreiung „*hinwirken*". Der Heimatstaat wäre zum anderen auf politische Appelle und Bitten beschränkt, sollte sich der Vertragsstaat weigern, seine Pflichten auszuüben. Eine effektive Möglichkeit, während des Verlaufs einer Geiselnahme die Pflichten des Vertragsstaates durchzusetzen, sieht das Abkommen für den Heimatstaat nicht vor. Der Heimatstaat wäre vielmehr nach Art. 16 des Abkommens gezwungen, zunächst ein Schiedsverfahren anzustrengen und anschließend, nach Ablauf einer Frist von 6 Monaten, vor dem Internationalen Gerichtshof zu klagen. Die Zielrichtung des Abkommens und das Begehren der Geisel fallen folglich auseinander.

Amtliche Tätigkeiten zur Befreiung von Geiseln sind daher als konsularische Schutzmaßnahmen zu bezeichnen und staatliche Maßnahmen gegenüber einem fremden Staat als diplomatische Schutzleistungen zu qualifizieren.

---

41 Internationales Übereinkommen gegen Geiselnahme; abgeschlossen 17. Dezember 1979, in Kraft getreten für die Bundesrepublik Deutschland am 03.06.1983, Deutscher Text: BGBl. 1980 II S. 1361 ff. Eine Liste der gegenwärtigen Vertragsstaaten des „Übereinkommens gegen Geiselnahme" findet sich unter: http://www.admin.ch/ch/d/as/2004/3605.pdf.

42 Die Anwendung des Internationalen Übereinkommens scheidet gemäß Art. 13 aus, wenn die Geiselnahme innerhalb eines einzigen Staates begangen wird, die Geisel und der Verdächtige Angehörige dieses Staates sind und der Verdächtige im Hoheitsgebiet dieses Staates aufgefunden wird. Liegen die Anwendungsvoraussetzungen vor, hat der Vertragsstaat die Pflicht, z. B. gemäß Art. 2 eine Geiselnahme i.S.v. Art. 1 Nr. 1 des Abkommens unter Strafe zu stellen; gemäß Art. 4 muss der Vertragsstaat die Geiselnahme verhüten und dafür entsprechende Vorkehrungen treffen. Außerdem muss er nach Art. 6 ein ordentliches Strafverfahren und ggf. ein Auslieferungsverfahren sicherstellen.

43 Wortlaut von Art. 3 Abs. 1 des Internationalen Übereinkommens gegen Geiselnahme: *„Der Vertragstaat, in dessen Hoheitsgebiet der Täter die Geisel in seiner Gewalt hält, trifft alle ihm geeignet erscheinenden Maßnahmen, um das Los der Geisel zu erleichtern, insbesondere um ihre Befreiung herbeizuführen und um ihr, falls erforderlich, nach ihrer Befreiung die Ausreise zu erleichtern."*

Gegen dieses Ergebnis spricht nicht, dass im Falle einer Entführung im Ausland grundsätzlich die Botschaften eingeschaltet werden. Denn gemäß Art. 3 Abs. 2 WÜD können konsularische Aufgaben auch durch diplomatische Missionen ausgeführt werden[44].

III. Terminologische Unterschiede

Um die Gefahr terminologischer Verwirrung zu vermeiden, ist zu den Begriffen rund um den Auslandsschutz zusätzlich Folgendes anzumerken: Die Verwendung der Begriffe *Auslandsschutz*, *diplomatischer* und *konsularischer Schutz* in dieser Arbeit entspricht deren überwiegender Verwendung in der aktuellen Literatur[45].

Rechtsprechung und insbesondere ältere Literatur verwenden die Begriffe allerdings höchst unterschiedlich. Einige Autoren verzichten auf den Oberbegriff *Auslandsschutz* und teilen den *diplomatischen* und *konsularischen Schutz* im Rahmen eines umfassend verstandenen *diplomatischen Schutzes* auf. Während Einzelne dabei den Begriff *diplomatischer Schutz* in einen *engen diplomatischen Schutz* (Schutz aufgrund eines völkerrechtlichen Unrechts) und einen *weiten diplomatischen Schutz* (für konsularische Hilfe) gliedern, dient der Begriff *diplomatischer Schutz* anderen Autoren als Oberbegriff für beide Schutzrichtungen, also sowohl für das Recht auf Gewährung von Hilfe und Schutz durch diplomatische und konsularische Organe als auch für das Recht, Wiedergutmachung für völkerrechtswidrige Behandlung der Staatsangehörigen im Ausland zu fordern[46]. Andere Autoren teilen die Begriffe *diplomatischer und konsularischer Schutz* in zwei verschiedene Rechtsinstitute ein, verzichten aber auf den Oberbegriff *Auslandsschutz*[47].

---

44 Vgl. zum Wortlaut des Art. 3 Abs. 2 WÜD: FN 34.

45 Vgl. Dietlein, Die Lehre von den grundrechtlichen Schutzpflichten, S. 122; Geiger, Grundgesetz und Völkerrecht, § 56 I Nr. 1 (S. 258 f.); Hanschel, ZaöRV 66 (2006), 789 (791 f.); Kötter/Nolte, DÖV 2007, 186 (191); Storost, Diplomatischer Schutz durch EG und EU?, S. 20 f.

46 Zu Letzteren gehören Hailbronner/Kau, in: Graf Vitzthum, 3. Abschnitt, III Rn. 114; Randelzhofer, in: Maunz/Dürig, Art. 16 I Rn. 35; vgl. zum ganzen und den damit verbundenen Verständnisproblemen: Klein, DÖV 1977, 704 (705).

47 Zu dieser Gruppe gehören Hoffmann, Konsularrecht I, Vorbem. z. 1. Abschnitt des KonsG, Anm. 8.1.1 und 8.2 und Bloß, in: Hecker/Müller-Chorus/Bindseil, § 3 C. Rn. 1 f.

Oberthür vereinigt die Begriffe *diplomatischer und konsularischer Schutz* zu einem einheitlichen Rechtsinstitut. Er unterscheidet somit nicht zwischen der staatlichen Reaktion auf ein völkerrechtswidriges Unrecht zu Lasten der eigenen Staatsangehörigen und Auslandshilfe in sonstigen Fällen.

Für den Gebrauch der hier verwendeten Termini (*Auslandsschutz* als Oberbegriff für den *diplomatischen und konsularischen Schutz*) spricht zum einen die Verständlichkeit und Übersichtlichkeit[48]. Andernfalls besteht eine ernsthafte Verwechslungsgefahr[49]. Zum anderen stimmt die hier gewählte Verwendung mit der in der aktuellen Literatur[50] und Teilen der Rechtsprechung[51] überein.

B. Europarechtliche Ebene

Ein im Ausland entführter deutscher Staatsangehöriger kann aus dem „Recht der Europäischen Union" keinen Anspruch auf Befreiung gegen die Bundesrepublik Deutschland ableiten. Die einzigen europarechtlichen Regelungen zum Schutz von Unionsbürgern im Ausland enthalten Art. 23 AEUV[52], Art. 20 Abs. 2 S. 2 lit. c) AEUV und Art. 46 GRCh[53].

---

48 So auch Klein, DÖV 1977, 704 (705).

49 Hierauf weisen zu Recht hin: Verdross/Simma, Universelles Völkerrecht, § 1226 ff.

50 Vgl. Dietlein, Die Lehre von den grundrechtlichen Schutzpflichten, S. 122; Geiger, Grundgesetz und Völkerrecht, § 56 I Nr. 1 (S. 258 f.); ders., EUV/EGV, Art. 20 Rn. 1; Haag, in: v. d. Groeben/Schwarze, Art. 20 EGV Rn. 6; Hanschel, ZaöRV 66 (2006), 789 (791 ff.); Klein, Diplomatischer Schutz im Hinblick auf Konfiskationen deutschen Vermögens durch Polen, S. 20; Kötter/Nolte, DÖV 2007, S. 186 (191); Storost, Diplomatischer Schutz durch EG und EU?, S. 20 f.

51 Vgl. *BVerfG*, Beschl. v. 21.03.1974 – 1 BvL 22/71 und 21/72, BVerfGE 37, 217 ff.: Das Gericht geht in diesem Urteil von zwei unterschiedlichen Ansprüchen des deutschen Staatsangehörigen im Ausland aus. So führt es aus: Der Einzelne habe einen „*Anspruch auf Schutz [...] gegenüber dem Ausland, besonders auf diplomatischen Schutz*". So sieht es auch das *OVG Münster*, Urt. v. 30.10.1961 – II A 480/61, OVGE 17, 106 (107 ff.): Das Gericht trennt ausdrücklich zwischen dem diplomatischen Schutz als einem Schutz gegenüber der ausländischen öffentlichen Gewalt und dem Auslandsschutz in sonstigen Fällen.

52 Vertrag über die Arbeitsweise der Europäischen Union, abgeschlossen am 09.05.2008 (ABl.C 115 vom 09.05.2008), in Kraft getreten am 01.12.2009 (ABl. C 115/47).

53 Charta der Grundrechte der Europäischen Union (2000/C 364/01), vom 7. Dezember 2000.

I. Art. 23 AEUV

Der Vertrag über die Arbeitsweise der Europäischen Union erwähnt zwar den konsularischen Schutz in Art. 23 AEUV ausdrücklich[54]. Wörtlich heißt es dort:

> *„Jeder Unionsbürger genießt im Hoheitsgebiet eines dritten Landes, in dem der Mitgliedstaat, dessen Staatsangehörigkeit er besitzt, nicht vertreten ist, den diplomatischen und konsularischen Schutz eines jeden Mitgliedstaats unter denselben Bedingungen wie Staatsangehörige dieses Staates. Die Mitgliedstaaten treffen die notwendigen Vorkehrungen und leiten die für diesen Schutz erforderlichen internationalen Verhandlungen ein.*
>
> *Der Rat kann gemäß einem besonderen Gesetzgebungsverfahren und nach Anhörung des Europäischen Parlaments Richtlinien zur Festlegung der notwendigen Koordinierungs- und Kooperationsmaßnahmen zur Erleichterung dieses Schutzes erlassen."*

Ein Anspruch auf Befreiung gegen die deutsche Staatsgewalt kann aus dieser Regelung jedoch nicht abgeleitet werden[55]: Die Vorschrift verpflichtet nach ihrem Wortlaut nicht den Heimatstaat des Unionsbürgers zur Schutzgewährung, sondern alle übrigen Mitgliedstaaten[56].

Der um Schutz angegangene Mitgliedstaat ist außerdem gemäß Art. 23 Abs. 1 AEUV nur dann zum Schutz verpflichtet, wenn er seinen eigenen Staatsangehörigen Auslandsschutz gewähren muss[57]. Die Regelung des Art. 23 Abs. 1 AEUV begründet also im Verhältnis zu seinen eigenen Staatsangehörigen keinen selb-

---

54 Art. 23 AEUV ersetzt mit Inkrafttreten des Vertrages über die Arbeitsweise der Europäischen Union den bis dahin geltenden Art. 20 EGV. In Art. 20 EGV hieß es: *„Jeder Unionsbürger genießt im Hoheitsgebiet eines dritten Landes, in dem der Mitgliedstaat, dessen Staatsangehörigkeit er besitzt, nicht vertreten ist, den diplomatischen und konsularischen Schutz eines jeden Mitgliedstaats unter denselben Bedingungen wie Staatsangehörige dieses Staates. Die Mitgliedstaaten vereinbaren die notwendigen Regeln und leiten die für diesen Schutz erforderlichen internationalen Verhandlungen ein."* Art. 23 AEUV ergänzt folglich (nur) Art. 20 EGV um die Möglichkeit, Richtlinien zur Festlegung der notwendigen Koordinierungs- und Kooperationsmaßnahmen zur Erleichterung des diplomatischen und konsularichen Schutzes zu erlassen.

55 Vgl. zur Vorgängervorschrift: HATJE, in: SCHWARZE, Art. 20 EGV Rn. 5; KLUTH, in: CALLIESS/RUFFERT, Art. 20 EGV Rn. 1.

56 Vgl. HERDEGEN, Europarecht, § 11 Rn. 16; vgl. zur Vorgängervorschrift: HATJE, in: SCHWARZE, Art. 20 EGV Rn. 5; HILF, in: GRABITZ/HILF I, Art. 20 EGV, Rn. 1; KREUZER, in: HAILBRONNER/WILMS, Art. 20 EGV Rn. 3.

57 Vgl. zu den Vorgängervorschriften von Art. 23 AEUV: GEIGER, EUV/EGV, Art. 20 Rn. 2; HILF, in: GRABITZ/HILF I, Art. 20 EGV, Rn. 22; KREUZER, in: HAILBRONNER/WILMS, Art. 20 EGV Rn. 7; STEIN, in: RESS/STEIN (Hrsg.), Der diplomatische Schutz im Völker-

ständigen Anspruch auf Auslandshilfe, sondern setzt eine unmittelbare Verpflichtung des im Drittstaat vertretenen, anderen Mitgliedstaates voraus[58]. Art. 23 Abs. 1 AEUV begründet folglich nur ein Gleichbehandlungsrecht.

II. Art. 20 Abs. 2 S. 2 lit. c) AEUV

Eine weitere Bestimmung im AEUV zum Schutz der Unionsbürger im Ausland findet sich in Art. 20 Abs. 2 S. 2 lit. c) AEUV. Wörtlich heißt es dort:

> *„Die Unionsbürgerinnen und Unionsbürger haben die in den Verträgen vorgesehenen Rechte und Pflichten. Sie haben unter anderem [...] im Hoheitsgebiet eines Drittlandes, in dem der Mitgliedstaat, dessen Staatsangehörigkeit sie besitzen, nicht vertreten ist, Recht auf Schutz durch die diplomatischen und konsularischen Behörden eines jeden Mitgliedstaats unter denselben Bedingungen wie Staatsangehörige dieses Staates.“*

Ein Anspruch eines entführten Deutschen gegen die deutsche Staatsgewalt gemäß Art. 20 Abs. 2 S. 2 lit. c) AEUV scheidet bereits dann aus, wenn diese Regelung nur solche Maßnahmen erfasst, die einen *institutionellen Bezug* zu einer Auslandsvertretung haben. Für dieses Ergebnis spricht der Wortlaut des Art. 20 Abs. 2 S. 2 lit. c) AEUV. Im Gegensatz zu Art. 23 Abs. 1 AEUV hat ein Unionsbürger nach Art. 20 Abs. 2 S. 2 lit. c) AEUV (nur) ein Recht auf Schutz durch die diplomatischen und konsularischen *Behörden* eines jeden Mitgliedstaats. Einen institutionellen Bezug zu einer Auslandsvertretung haben nur solche Schutzmaßnahmen, die direkt und ohne Einschaltung der einheimischen Organe durch die Vertretungen im jeweiligen Land gewährt werden, wie z. B. Pass- und Visaangelegenheiten, Personenstandsangelegenheiten oder Nachlassfragen[59]. Dagegen wird in Geiselfällen der überwiegende Teil der für die Befreiung maßgeblichen Handlungen vom Auswärtigen Amt in Berlin vor-

---

und Europarecht, 97 (104 f.). Dieser Teil der Arbeit beschränkt sich auf die Frage, ob ein Deutscher einen Anspruch auf Befreiung gegen die deutsche Staatsgewalt hat.

58 Vgl. zur Vorgängervorschrift: Hailbronner, in: Hailbronner/Renner/Maaßen, Grundlagen I. Rn. 52; Hilf, in: Grabitz/Hilf I, Art. 20 EGV, Rn. 22; Kaufmann-Bühler, in: Lenz/Borchardt, Art. 20 EGV Rn. 3; Kreuzer, in: Hailbronner/Wilms, Art. 20 EGV Rn. 7. Eine vergleichende Zusammenstellung der unterschiedlichen Regelungen zum konsularischen Schutz innerhalb der Mitgliedstaaten der EU findet sich bei Lee, Consular Law and Practice, S. 124 ff.

59 Kluth, in: Calliess/Ruffert, Art. 20 EGV Rn. 6 und 7.

genommen[60]. Eine aussichtsreiche Konfliktbewältigung in Entführungsfällen erfordert die Einrichtung eines Krisenstabes im Auswärtigen Amt und eine enge Zusammenarbeit der Leitung des Auswärtigen Dienstes mit der jeweiligen ausländischen Regierung[61]. Befreiungsmaßnahmen stellen aus diesem Grund keine bloßen institutionellen Leistungen dar[62].

Es kann an dieser Stelle dahinstehen, ob bereits aus diesem Grunde ein Befreiungsanspruch gemäß Art. 20 Abs. 2 S. 2 lit. c) AEUV ausscheidet[63]. Jedenfalls kann ein entführter Deutscher ein Recht auf Befreiung gegen die deutsche Staatsgewalt aus anderen Gründen nicht auf Art. 20 Abs. 2 S. 2 lit. c) AEUV stützen. Wie bereits Art. 23 Abs. 1 AEUV verpflichtet auch diese Vorschrift nicht den Heimatstaat des Unionsbürgers zur Schutzgewährung, sondern alle übrigen Mitgliedstaaten. Im Übrigen ist auch nach Art. 20 Abs. 2 S. 2 lit. c) AEUV der Mitgliedstaat nur dann zum Schutz verpflichtet, wenn er seinen eigenen Staatsangehörigen Auslandsschutz gewähren muss. Art. 20 Abs. 2 S. 2 lit. c) AEUV begründet folglich ebenfalls nur ein Gleichbehandlungsrecht.

III. Art. 46 GRCh

Das Institut des konsularischen Schutzes ist außerdem Gegenstand von Art. 46 GRCh[64]. Das Grundrecht aus Art. 46 GRCh richtet sich allerdings ebenfalls nicht gegen den Heimatstaat eines Unionsbürgers, sondern gegen andere Mitgliedstaaten, die im Drittstaat, in dem sich der Unionsbürger aufhält, vertreten sind. Ein Anspruch des deutschen Staatsangehörigen gegen die deutsche Staatsgewalt aus Art. 46 GRCh scheidet also ebenfalls aus[65].

60 *OVG Berlin-Brandenburg*, Urt. v. 21.02.2007 – 11 B 9.06 (erhältlich in juris) Rn. 29; *VG Berlin* Urt. v. 04.04.2006 – 14 A 12.04 (erhältlich in juris) Rn. 36.

61 *VG Berlin*, Urt. v. 04.04.2006 – 14 A 12.04 (erhältlich in juris) Rn. 36; HANSCHEL, ZaöRV 66 (2006), 789 (799); GEIß, DÖV 2007, 155 (157).

62 Siehe auch unten, Seite 311 f.

63 Siehe hierzu ausführlich unten: Seite 314.

64 Wortlaut von Art. 46 der Grundrechtscharta: „*Die Unionsbürgerinnen und Unionsbürger genießen im Hoheitsgebiet eines Drittlandes, in dem der Mitgliedstaat, dessen Staatsangehörigkeit sie besitzen, nicht vertreten ist, den Schutz der diplomatischen und konsularischen Stellen eines jeden Mitgliedstaats unter denselben Bedingungen wie Staatsangehörige dieses Staates.*“

65 Bis zum Inkrafttreten des Vertrags von Lissabon zur Änderung des Vertrags über die Europäische Union und des Vertrags zur Gründung der Europäischen Gemeinschaft am

C. Völkerrechtliche Ebene

Der nächste Abschnitt dieser Arbeit setzt sich mit der Frage auseinander, ob ein im Ausland entführter Deutscher ein Recht auf Befreiung aus dem *Völkerrecht* ableiten kann. Dieser Prüfungsschritt erfolgt vor der Untersuchung nationaler Vorschriften. Denn sollte ein völkerrechtliches Recht auf Befreiung existieren und sollte es sich dabei sogar um allgemeines Völkerrecht i.S.d. Art. 25 S. 1 GG[66] handeln, würde die entsprechende Regelung über Art. 25 S. 2 GG[67] einem möglichen einfachgesetzlichen Anspruch vorgehen[68] (I.).

Wenn aus dem Völkerrecht allerdings kein Recht auf Befreiung abgeleitet werden kann, muss wegen Art. 25 S. 2 GG untersucht werden, ob das Völkerrecht einem möglichen innerstaatlichen, einfachgesetzlichen Anspruch auf Befreiung entgegensteht (II.).

I. Kein Anspruch auf Befreiung aus dem Völkerrecht

Der Suche nach einem völkerrechtlichen Befreiungsanspruch vorgelagert ist die Frage, ob die deutsche Staatsgewalt aufgrund einer völkerrechtlichen Regelung überhaupt befugt ist, deutsche Staatsangehörige im Ausland zu schützen und ob sich aus diesem Schutzrecht auch ein Recht zum konsularischen Schutz und damit ggf. eine Befugnis zur Befreiung eines Staatsangehörigen ableiten lässt (1.). Denn sollte es der Bundesrepublik Deutschland völkerrechtlich untersagt

---

01.12.2009 wurde ein Anspruch aus Art. 46 GRCh auch mit dem Argument abgelehnt, die Grundrechtscharta entfalte als bloße feierliche Erklärung keine rechtliche Verbindlichkeit für die Mitgliedstaaten, vgl. Alber, EuGRZ 2001, 349 ff., Calliess, EuZW 2001, 261 (267); Pache, EuR 2001, 475 (485); Schwarze, EuZW 2001, 482 (485 ff.); Streinz, Europarecht, Rn. 758. Dieses Argument ist seit dem 01.12.2009 entfallen. Die Charta der Grundrechte der Europäischen Union hat durch den Vertrag von Lissabon rechtliche Verbindlichkeit erlangt, vgl. Art. 6 Abs. 1 EUV.

66 Grundgesetz für die Bundesrepublik Deutschland v. 23.05.1949, in der im Bundesgesetzblatt Teil III, Gliederungsnummer 100–1 veröffentlichten bereinigten Fassung, zuletzt geändert durch das Gesetz vom 29. Juli 2009 (BGBl. I S. 2248).

67 Wortlaut von Art. 25 GG: *„Die allgemeinen Regeln des Völkerrechts sind Bestandteil des Bundesrechts. Sie gehen den Gesetzen vor und erzeugen Rechte und Pflichten unmittelbar für die Bewohner des Bundesgebietes.“*

68 Vgl. Doehring, Völkerrecht, Rn. 729; Herdegen, Völkerrecht, § 22 Rn. 13; Kunig, in: Graf Vitzthum, 2. Abschnitt, II Rn. 152; Stein/v. Butler, Völkerrecht, 201.

sein, ihre Angehörigen im Ausland zu retten, würde bereits aus diesem Grund ein Individualrecht ausscheiden.

Sollte die Bundesrepublik Deutschland aber zur Befreiung befugt sein, ist in einem zweiten Schritt zu untersuchen, ob die Staaten völkerrechtlich zum konsularischen Schutz verpflichtet sind und ob das Völkerrecht ein entsprechendes Individualrecht umfasst (2.).

1. Das staatliche Recht zur Gewährung von Auslandsschutz

Das Recht eines jeden Staates, seinen Staatsangehörigen auch außerhalb des eigenen Hoheitsgebietes Schutz und Fürsorge zu gewähren, gehört zu seinen klassischen Befugnissen und ist in der Völkerrechtspraxis und Völkerrechtswissenschaft daher dem Grunde nach unbestritten[69].

Der Anknüpfungspunkt für die staatliche Schutzpflicht im Ausland ist die Staatsangehörigkeit des Schutzsuchenden[70]. Der Adressat des staatlichen Schutzes muss nach der sog. *nationality rule* Angehöriger des agierenden Staates

---

69 *IGH*, Urt. v. 06.04.1955, I.C.J Reports 1955, 4 (24) – Liechtenstein/Guatemala; *StIGH*, Urt. v. 30.08.1924, Series A – No. 2, St.I.C.J. Reports 1924, 2 (12) – Mavrommatis/Palestina; *OVG Münster*, Urt. v. 30.10.1961 – II A 480/61, OVGE 17, 106 (108); BERBER, Lehrbuch des Völkerrechts I, § 56 IV S. 385; BLECKMANN, Grundgesetz und Völkerrecht, S. 245; DOEHRING, Die Pflicht des Staates zur Gewährung diplomatischen Schutzes, S. 11; HEINTZEN, Auswärtige Beziehungen privater Verbände, S. 134; HOFMANN, Grundrechte und grenzüberschreitende Sachverhalte, S. 107; MAKAROV, ZaöRV 16 (1955/56), 407 (407 ff.); MENZEL, in: MENZEL/PIERLINGS/HOFFMANN (Hrsg.), Völkerrechtsprechung, Nr. 72 II (S. 451); RANDELZHOFER, in: MAUNZ/DÜRIG, Art. 16 I Rn. 36. Eine Ausnahme von diesem Grundsatz bildeten zeitweise die lateinamerikanischen Staaten. Bis zum Zweiten Weltkrieg gab es dort prinzipielle Bedenken gegen ein staatliches Recht auf diplomatischen Schutz. Dieser Zustand gipfelte 1938 in die sog. CARDENAS-DOKTRIN: Der mexikanische Präsident CARDENAS sprach sich gegen eine völkerrechtliche Sonderstellung für Ausländer aus. Vielmehr sollten Ausländer den Inländern gleichgestellt werden. Nach seiner Auffassung sollte die Staatsangehörigkeit des Ausländers während seines Aufenthalts im Ausland suspendiert sein, vgl. hierzu RUDOLF, in: KOKOT/SKUBISZEWSKI (Hrsg.), Referate des Rechtscolloquiums 1974, 61 (64).

70 BORCHARD, The Diplomatic Protection Of Citizens Abroad, § 200, S. 462; DOEHRING, Völkerrecht, Rn. 869; KLEIN, Diplomatischer Schutz im Hinblick auf Konfiskationen deutschen Vermögens durch Polen, S. 26; KREUZER, in: HAILBRONNER/WILMS, Art. 20 EGV Rn. 14; MAKAROV, ZaöRV 16 (1955/56), 407 (417 ff.); RUDOLF, in: KOKOT/SKUBISZEWSKI (Hrsg.), Referate des Rechtscolloquiums 1974, 61 (67 f.).

sein[71]. Die Staatsangehörigkeit ist also grundsätzlich das notwendige Bindeglied zwischen der Rechtsbeeinträchtigung des Individuums und der Rechtsverletzung des Staates[72]. Seit der Entscheidung des IGH im *Nottebohm*-Fall[73] muss die Staatsangehörigkeit dabei auch faktisch begründet sein (*Effektivität der Staatsangehörigkeit*)[74].

Die Mitgliedstaaten der Europäischen Union haben mit der Kodifizierung der Art. 23 Abs. 1 AEUV, Art. 20 Abs. 2 S. 2 lit. c) AEUV und Art. 46 GRCh die *nationality rule* ergänzt. Ein Mitgliedstaat der EU ist befugt, konsularischen und diplomatischen Schutz zu gewähren, wenn ein Staatsangehöriger eines Mitgliedstaats der Europäischen Union um Auslandsschutz nachsucht und sein Heimatstaat am Aufenthaltsort nicht vertreten ist[75]. Damit ein Staat

---

71 Dieses Recht hat der *StIGH* in der Entscheidung „Panevezys-Saldutiskis-Eisenbahn" formuliert, vgl. *StIGH*, Series A/B, No. 76, 1939, 4 (16); Doehring, Völkerrecht, Rn. 869; Kokott, in: Ress/Stein (Hrsg.), Der diplomatische Schutz im Völker- und Europarecht, 45 (45). Eine Auffassung in der Literatur zieht diese Regel zumindest für den diplomatischen Schutz in Zweifel. Danach soll ein Staat diplomatischen Schutz gegenüber fremden Staatsangehörigen auch ohne Zustimmung des Heimatstaates ausüben können, wenn der Aufenthaltsstaat fundmentale Menschrechte, die ein Teil des *ius cogens* darstellen, verletzt, vgl. hierzu Dolzer, in: Bernhardt, EPIL I, 1067 ff.; Hailbronner, in: Hailbronner/Renner/Maaßen, Grundlagen E. Rn. 87; Kokott, in: Ress/Stein (Hrsg.), Der diplomatische Schutz im Völker- und Europarecht, 45 ff. Diese Auffassung beschränkt ihre Ausführungen auf den diplomatischen Schutz, einen entsprechenden Ansatz für den konsularischen Schutzes gibt es nicht. Eine weitere Darstellung dieses Ansatzes bedarf es daher an dieser Stelle nicht. Im Übrigen ist darauf hinzuweisen, dass dieser Ansatz mangels vorhandener umfassender Staatenpraxis (noch) nicht völkergewohnheitsrechtlich anerkannt ist.

72 Klein, Diplomatischer Schutz im Hinblick auf Konfiskationen deutschen Vermögens durch Polen, S. 26.

73 *IGH*, Urt. v. 06.04.1955, I.C.J. Reports 1955, 4 ff. – Lichtenstein/Guatemala.

74 Es handelt sich angesichts vieler Entscheidungen internationaler Gerichte und Schiedsgerichte heute um Völkergewohnheitsrecht, vgl. Rudolf, in: Kokot/Skubiszewski (Hrsg.), Referate des Rechtscolloquiums 1974, 61 (69). Diese Arbeit verzichtet auf Ausführungen zu den Problemen rund um die Doppelstaatsangehörigkeit, vgl. hierzu aber Rudolf, in: Kokot/Skubiszewski (Hrsg.), Referate des Rechtscolloquiums 1974, 61 (68 ff.).

75 S.o., S. 17 ff. Auf Art. 20 Abs. 2 S. 2 lit. c) AEUV können zumindest Maßnahmen gestützt werden, die einen institutionellen Bezug zur Auslandsvertretung haben. Ob diese Regelung auch konsularischen Schutz i.S.d. Art. 23 Abs. 1 AEUV umfasst, erscheint fraglich, braucht an diese Stelle aber noch nicht entschieden werden (vgl. hierzu unten: Seite 312 ff.) Da allerdings auch Schutzmaßnahmen, die einen institutionellen Bezug zur Auslandsvertretung haben, Schutzleistungen gegenüber anderen Personen als den

einem fremden Staatsangehörigen allerdings diplomatischen oder konsularischen Schutz gewähren kann, bedarf es der Einwilligung des Aufenthaltsstaates (Notifikation oder Vereinbarung)[76]. Die Mitgliedstaaten der Europäischen Union haben zwar bislang keine Vereinbarungen im Sinne vertraglicher Normen (z.B. Art. 45 WÜD[77] und Art. 46 WÜD[78]) über den gegenseitigen Schutz ihrer Interessen und der Rechte ihrer Staatsangehörigen in Drittstaaten getroffen. Sie haben aber zumindest die für die Gewährung des *konsularischen Schutzes* durch einen Mitgliedstaat gegenüber einem anderen Staatsangehörigen der Europäischen Union erforderliche Einwilligung nach Art. 8 WÜK[79] erteilt. Art. 8 WÜK[80] sieht vor, dass nach einer angemessenen Notifikation an den Empfangsstaat eine konsularische Vertretung des Entsendestaats im Empfangsstaat konsularische Aufgaben auch für einen dritten Staat wahrnehmen kann, sofern der Empfangsstaat keinen Einspruch erhebt. Die Mitgliedstaaten der Europäischen Union haben durch ihre Auslandsvertretungen den in Frage kommenden Drittstaaten in einer Verbalnote ihre Entscheidung notifiziert, zukünftig zusammenzuarbeiten in der Erstreckung *konsularischen Schutzes* und *Beistandes* auf alle Staatsangehörigen anderer Mitgliedstaaten an Orten, an denen ihr Heimatstaat nicht über eine zugängliche diplomatische oder kon-

---

eigenen Staatsangehörigen darstellen, erweitert Art. 20 Abs. 2 S. 2 lit. c) AEUV ebenfalls die *nationality rule*.

76 KLUTH, in: CALLIESS/RUFFERT, Art. 20 EGV Rn. 1.

77 Wortlaut von Art. 45 WÜD: „*Werden die diplomatischen Beziehungen zwischen zwei Staaten abgebrochen oder wird eine Mission endgültig oder vorübergehend abberufen,*
a) so hat der Empfangsstaat, auch im Fall eines bewaffneten Konflikts, die Räumlichkeiten, das Vermögen und die Archive der Mission zu achten und zu schützen;
b) so kann der Entsendestaat einem dem Empfangsstaat genehmen dritten Staat die Obhut der Räumlichkeiten, des Vermögens und der Archive der Mission übertragen;
c) so kann der Entsendestaat einem dem Empfangsstaat genehmen dritten Staat den Schutz seiner Interessen und derjenigen seiner Angehörigen übertragen.“

78 Wortlaut von Art. 46 WÜD: „*Ein Entsendestaat kann mit vorheriger Zustimmung des Empfangsstaats auf Ersuchen eines im Empfangsstaat nicht vertretenen dritten Staates den zeitweiligen Schutz der Interessen des dritten Staates und seiner Angehörigen übernehmen.*“

79 Wiener Übereinkommen über konsularische Beziehungen; abgeschlossen am 24. April 1963; in Kraft getreten am 19. März 1967, für die Bundesrepublik Deutschland am 07.10.1971; Deutscher Text: BGBl. 1969 II Nr. 59, Seite 1587 ff.

80 Wortlaut von Art. 8 WÜK (Wahrnehmung konsularischer Aufgaben für einen dritten Staat): „*Nach einer angemessenen Notifikation an den Empfangsstaat kann, sofern dieser keinen Einspruch erhebt, eine konsularische Vertretung des Entsendestaates im Empfangsstaat konsularische Aufgaben auch für einen dritten Staat wahrnehmen.*“

sularische Vertretung verfügt[81]. Einsprüche gegen diese Notifikation wurden nicht erhoben[82]. Eine entsprechende ausdrückliche Einwilligung zur Gewährung *diplomatischen Schutzes* hat es bislang nicht gegeben[83].

a) Das staatliche Recht zum konsularischen Schutz

Das völkerrechtliche Schrifttum beschränkt seine Ausführungen zum Auslandsschutz allerdings hauptsächlich auf den diplomatischen Schutz. Das Recht des Staates zur Gewährung von konsularischem Schutz wird dagegen kaum behandelt. Dennoch existiert auch ein völkerrechtliches Recht des Staates zur Ausübung konsularischen Schutzes[84]. Das früher bereits gewohnheitsrechtlich anerkannte Recht hat in Art. 5 lit. a) und e) WÜK sowie in den nachfolgenden Spezialregelungen (z. B. Art. 36 Abs. 1 lit. b) WÜK) seinen Niederschlag gefunden[85]. Ferner hat der IGH diese Befugnis in der Entscheidung *LaGrand*[86]

81 Vgl. den Bericht der Kommission über die Unionsbürgerschaft, KOM (93) 702 endg. vom 21.12.1993, S. 7.

82 Vgl. Stein, in: Ress/Stein (Hrsg.), Der diplomatische Schutz im Völker- und Europarecht, 97 (100).

83 Vgl. Stein, in: Ress/Stein (Hrsg.), Der diplomatische Schutz im Völker- und Europarecht, 97 (99 ff.). Stein untersucht im Rahmen seiner Ausführungen, ob Drittstaaten die Schutzgewähr durch einen EU-Mitgliedstaat gegebenfalls auch ohne entsprechende Vereinbarung zu akzeptieren haben, ob also die Unionsbürgerschaft der *nationality rule* genügt. Er lehnt diesen Ansatz schließlich ab, mit Verweis auf die fehlende Staatenpraxis und die Regelung des Art. 20 S. 2 EGV a.F. Wörtlich hieß es in Art. 20 EGV: „*Jeder Unionsbürger genießt im Hoheitsgebiet eines dritten Landes, in dem der Mitgliedstaat, dessen Staatsangehörigkeit er besitzt, nicht vertreten ist, den diplomatischen und konsularischen Schutz eines jeden Mitgliedstaats unter denselben Bedingungen wie Staatsangehörige dieses Staates. Die Mitgliedstaaten vereinbaren die notwendigen Regeln und leiten die für diesen Schutz erforderlichen internationalen Verhandlungen ein.*“ Art. 20 S. 2 EGV wies die Mitgliedstaaten somit an, die erforderlichen internationalen Verhandlungen mit den Drittstaaten aufzunehmen, um die notwendigen völkerrechtlichen Abkommen abzuschließen.

84 Lee, Consular Law and Practice, S. 124.

85 S.o., Seite 11.

86 *IGH*, Urt. v. 27.06.2001, EuGRZ 2001, 287 ff. – LaGrand. Sachverhalt: Die USA hatten es unterlassen, die unter Mordverdacht verhafteten deutschen Staatsangehörigen Walter und Karl LaGrand entgegen Art. 36 Abs. 1 lit. b) WÜK über ihr Recht auf konsularischen Beistand zu informieren. Ein amerikanisches Gericht verurteilte im Jahre 1984 beide zum Tode. Nachdem sie 1992 von ihrem Recht auf konsularischen Schutz erfahren und das Konsulat über ihren Fall informiert hatten, konnten

und zuletzt in *Avena und andere mexikanische Staatsangehörige*[87] erneut[88] bestätigt.[89]

---

sie – wie US-Gerichte 1998 entschieden – den Verstoß gegen die Konvention nach US-Prozessrecht nicht mehr geltend machen. Karl LaGrand wurde am 24.02.1999 hingerichtet. Der Hinrichtungstermin für seinen Bruder war für den 03.03.1999 angesetzt. Deutschland erhob am 02.03.1999 beim IGH Klage gegen die USA wegen Verletzung der Konsularrechtskonvention. Nach Eingang der Klage ordnete der IGH u. a. an, dass die USA alle in Betracht kommenden Maßnahmen ergreifen sollten, um die Hinrichtung vor der Hauptsacheentscheidung des IGH zu verhindern. Das US-Außenministerium übermittelte die Anordnung kommentarlos an die zuständige Gouverneurin. Diese ließ die Anordnung unberücksichtigt. Auch eine Klage Deutschlands beim U.S. Suprime Court hatte keinen Erfolg. Das US-Justizministerium vertrat die Ansicht, die Anordnung des IGH sei nicht bindend. Die Hinrichtung von Walter LaGrand erfolgte wie geplant.

87 *IGH*, Urt. v. 31.03.2004, I.C.J. Reports 2004, S. 12 ff. – Mexiko/Vereinigte Staaten von Amerika. Sachverhalt: Im Jahre 1993 verurteilte ein texanisches Gericht den mexikanischen Staatsangehörigen José Ernesto Medellín zum Tode. Vier Jahre später behauptete Medellín, die texanischen Behörden hätten es unterlassen, ihn auf sein Recht auf konsularischer Beistand durch seinen Herkunftsstaat hinzuweisen. Die texanischen Gerichte wiesen diesen Einwand als unbegründet und gleichfalls verspätet zurück. Die mexikanische Regierung nahm sich der Sache an und erstritt im März 2004 eine Entscheidung des IGH. Der IGH entschied, Medellín und andere zum Tode verurteilte mexikanische Staatsangehörige hätten ein Recht auf nochmalige Überprüfung ihrer Verurteilung. Darauf nahm der Oberste Gerichtshof der Vereinigten Staaten Medellíns eingereichte Klage gegen die Nichtzulassung seiner Habeas-Corpus-Klage zur Entscheidung an. Er verwarf die Beschwerde aber, als Präsident Bush im Februar 2005 die Gerichte der Bundesstaaten in einem Memorandum anwies, die Entscheidung des Internationalen Gerichtshofs umzusetzen. In Texas widersetzte man sich allerdings dieser Anweisung. Das Ansuchen Medellíns um Überprüfung seines Urteils wurde im Jahre 2006 erneut zurückgewiesen. Der Texas Court of Criminal Appeals verwies darauf, dass es sich weder bei dem Avena-Urteil noch bei dem Memorandum des Präsidenten um verbindliches Bundesrecht handele. Diese Auffassung der texanischen Richter bestätigte der Oberste Gerichtshof der Vereinigten Staaten im Jahre 2008. Mexiko zog daraufhin erneut vor den IGH. Am 16. Juli 2008 entschieden die Haager Richter, dass die Hinrichtung Medellíns und die von vier weiteren Mexikanern aufzuschieben sei, bis der Gerichtshof in der Hauptsache entschieden habe (I.C.J. Reports 2008, S. 1 ff.). In Texas vertrat man die Ansicht, dass der IGH keine Gerichtsbarkeit habe. Medellín wurde am 5. März 2008 hingerichtet.

88 Vgl. auch *IGH*, Entscheidung v. 09.04.1998, I.C.J. Reports 1998, S. 810 ff. – Paraguay/Vereinigten Staaten von Amerika. Sachverhalt: Im Jahre 1998 hatte Paraguay im Wege vorsorglicher Maßnahmen die Hinrichtung seines Staatsangehörigen Bread in den USA verhindern wollen. Bread war wegen Mordes von einem US-Gericht zum Tode verurteilt worden, obwohl er weder bei seiner Verhaftung noch beim Prozess auf die

Die Befugnis zum konsularischen Schutz umfasst auch das staatliche Recht, Maßnahmen zur Befreiung eines entführten Staatsangehörigen zu ergreifen[90]. Art. 5 lit. a) WÜK spricht ausdrücklich die Aufgaben des Konsularbeamten an, „*die Interessen des Entsendestaates sowie seiner Angehörigen, und zwar sowohl natürlicher als auch juristischer Personen, im Empfangsstaat innerhalb der völkerrechtlichen Grenzen zu schützen*". Nach Art. 5 lit. e) WÜK hat der Konsularbeamte einer natürlichen Person zudem „*Hilfe und Beistand zu leisten*". Eine Geisel befindet sich in einer Notlage und benötigt dringend Hilfe, Beistand und Schutz. Demnach kann ein Konsularbeamter gemäß Art. 5 lit. a) und e) WÜK einer deutschen Geisel helfen.

An dieser Stelle soll nicht untersucht werden, welche konkreten Maßnahmen ein Heimatstaat im Falle einer Entführung ergreifen kann. Die möglichen Maßnahmen sind vielfältig. Sie reichen von bloßen Vermittlungsversuchen, über Lösegeldzahlungen bis hin zu gewaltsamen Befreiungsaktionen. Jede einzelne Maßnahme muss aber auf ihre völkerrechtliche Zulässigkeit hin überprüft werden, vgl. Art. 5 lit. a) WÜK (danach kann Schutz nur „*innerhalb der völkerrechtlich zulässigen Grenzen*" gewährt werden). Dies hat der Übersichtlichkeit halber in einem eigenen Abschnitt zu erfolgen (Teil 3). An dieser Stelle soll daher nur festgestellt werden, dass eine grundsätzliche Möglichkeit besteht, entführten Deutschen im Ausland zu helfen.

b) Konsularischer Schutz und die nationality rule

Nach der *nationality rule* kann ein Staat grundsätzlich nur seinen Angehörigen *Auslandsschutz* gewähren[91]. Diese Grundsätze gelten auch für den *konsularischen Schutz*[92]. Dies folgt zum einen aus den Bestimmungen der WÜK. Nach Art. 5 lit. a) und e) WÜK dürfen Schutz und Hilfe nur für Angehörige ausgeübt werden. Ferner spricht der IGH im *LaGrand*-Fall[93] und in *Avena und andere*

Rechte nach Art. 36 Abs. 1 lit. b) WÜK hingewiesen worden war. Trotz der Verhängung der Maßnahmen durch den IGH wurde Bread am 14.04.1998 hingerichtet.

89 *IGH*, Urt. v. 27.06.2001, EuGRZ 2001, 287 ff. – LaGrand; dazu auch HÄUßLER, JA 2002, 112 ff.; TAMS, JuS 2002, 324 (326).

90 HANSCHEL, ZaöRV 66 (2006), 789 (795).

91 S.o. ausführlich, S. 21 ff.

92 Vgl. HAAG, in: v. D. GROEBEN/SCHWARZE, Art. 20 EGV Rn. 7.

93 Sachverhalt: S.o., FN 86.

mexikanische Staatsangehörige[94] ebenfalls ausschließlich von konsularischer Hilfe gegenüber Staatsangehörigen.

Etwas anderes gilt dann, wenn der Heimatstaat einem Drittstaat gestattet hat, Schutz auszuüben und der Aufenthaltsstaat darin eingewilligt hat[95]. Außerdem haben einige Staaten durch multilaterale oder bilaterale Verträge der Ausübung von Auslandsschutz zugunsten ihrer Staatsangehörigen durch fremde Staaten zugestimmt. Ein Beispiel stellt der bereits erwähnte Art. 23 Abs. 1 AEUV dar[96]. In allen anderen Fällen läge eine unzulässige Einmischung in die Angelegenheiten des Aufenthaltsstaates vor. Die *nationality rule* ist folglich auch im Rahmen des konsularischen Schutzes zu beachten.

c) Zwischenergebnis

Die Bundesrepublik Deutschland hat das Recht, ihre Angehörigen im Ausland zu schützen. Diese Befugnis umfasst auch das konsularische Schutzrecht. Das staatliche Recht zur Befreiung eines Angehörigen stützt sich auf Art. 5 lit. a) und e) WÜK und entsprechendes Völkergewohnheitsrecht.

2. Kein Rechtsanspruch

Es stellt sich nun die Frage, ob das Völkerrecht lediglich ein Recht auf Auslandsschutz beinhaltet oder ob darüber hinaus auch eine völkerrechtliche Gewährleistungspflicht des Staates sowie ein dazu korrespondierender Anspruch des Staatsangehörigen existieren. Die überwiegende Ansicht in der internationalen und nationalen Rechtsprechung sowie der Literatur lehnt eine völkerrechtliche Pflicht der Staaten zur Gewährung von Auslandsschutz ab[97]. Nach dieser

94 Sachverhalt: S.o., FN 87.

95 S.o., Seite 22 ff.

96 S.o., Seite 17 f. und 22.

97 Vgl. *IGH*, Urt. v. 05.02.1970, I.C.J. Reports 1970, Ziff. 78 f. – Belgien./.Spanien; *OVG Münster*, Urt. v. 30.10.1961 – II A 480/61, OVGE 17, 106 (108); Berber, Lehrbuch des Völkerrechts I, § 56 VI S. 385; Bleckmann, Grundgesetz und Völkerrecht, S. 245; Blumenwitz, in: FS Ferid, S. 439 (443); ders., in: Isensee/Kirchhof (Hrsg.), HStR IX, § 211 Rn. 17; Dietlein, Die Lehre von den grundrechtlichen Schutzpflichten, S. 122; Doehring, Völkerrecht, Rn. 881; ders., Die Pflicht des Staates zur Gewährung diplomatischen Schutzes, S. 13 f.; Geck, ZaöRV 17 (1956/57), 476 (512); Heintzen, Auswärtige Beziehungen privater Verbände, S. 135; Klein, DÖV 1977, 704 (705); Oberthür, S. 5 f.; Randelzhofer, in: Maunz/Dürig, Art. 16 I Rn. 37; Skubiszewski, in: Kokot/Skubiszewski (Hrsg.), Referate des Rechtscolloquiums 1974, 82 (88).

Auffassung ist der Heimatstaat folglich auch nicht zur Leistung von konsularischem Schutz verpflichtet. Ein damit korrespondierender Individualanspruch bestünde ebenfalls nicht. Ein Recht des Staatsbürgers gegen seinen Heimatstaat könne sich daher – wenn überhaupt – nur aus dem entsprechenden innerstaatlichen Recht ergeben[98].

Das deutschsprachige Schrifttum ist lange Zeit fast ausnahmslos den Abhandlungen von DOEHRING[99], GECK[100] und OBERTHÜR[101] aus den 1960er- und 1970er-Jahren gefolgt. Die genannten Autoren haben übereinstimmend eine völkerrechtliche Pflicht des Staates zur Leistung von Auslandsschutz abgelehnt. Gegenteilige Ansätze gab es kaum, weder auf nationaler noch auf internationaler Ebene[102].

Allerdings hat sich das Völkerrecht seit den siebziger Jahren verändert; der völkerrechtliche Individualrechtsschutz wurde in den vergangenen Jahren ständig optimiert. Diese Entwicklung beruht einerseits auf staatlichen Maßnahmen. Zu nennen ist hier der stetige Ausbau des Individualschutzes in der EMRK[103]. Zudem hat der IGH in jüngerer Zeit den Anspruch des Staatsangehörigen auf konsularischen Schutz mehrmals bestätigt. Als Beispiel dienen die bereits erwähnten Entscheidungen *LaGrand*[104] und *Avena und andere mexikanische Staatsangehörige*[105]. Es muss daher erneut die Frage aufgeworfen werden,

---

98 DOEHRING, Die Pflicht des Staates zur Gewährung diplomatischen Schutzes, S. 12; GECK, ZaöRV 17 (1956/57), 476 (512); RANDELZHOFER, in: MAUNZ/DÜRIG, Art. 16 I Rn. 37.

99 DOEHRING, Die Pflicht des Staates zur Gewährung diplomatischen Schutzes, S. 11 ff.

100 GECK, ZaöRV 17 (1956/57), S. 512 ff.

101 OBERTHÜR, S. 4 ff.

102 Eine Verpflichtung des Heimatstaates zur Gewährung von Auslandsschutz erkennen nur an: *Deutsches Obergericht*, Urt. v. 14.12.1949 – I S 20/49, NJW 1950, S. 142 (das Gericht spricht in diesem Urteil von einer bestehenden Schutzpflicht des Staates, die sich aus dem Völkerrecht ergibt), KATZAROV, ÖZÖRV 1957/1958, 434 (445 f.); ihm folgend: ARNDT, DVBl. 1959, 269 (270). Entgegen anderweitiger Behauptungen vertritt GROTIUS, De jure belli ac pacis (Fassung 1625) auf S. 404 nicht die Ansicht, der Staat sei zum Auslandsschutz kraft Völkerrechts verpflichtet.

103 Europäische Konvention zum Schutz der Menschenrechte und Grundfreiheiten; abgeschlossen am 4. November 1950, in Kraft getreten, auch für die Bundesrepublik Deutschland am 3. September 1953, in der Fassung des Protokolls Nr. 11, in Kraft getreten am 1. November 1998. Deutscher Text: BGBl. 2002 II S. 1055.

104 *IGH*, Urt. v. 27.06.2001, EuGRZ 2001, 287 ff. – Bundesrepublik Deutschland./. Vereinigte Staaten von Amerika.

105 *IGH*, Urt. v. 31.03.2004, I.C.J. Reports 2004, S. 12 ff. – Mexiko./Vereinigte Staaten von Amerika.

ob das geltende Völkerrecht eine Pflicht zur Gewährung von konsularischem Schutz und ggf. einen Anspruch des Einzelnen auf Befreiung beinhaltet. Die Untersuchung beginnt mit der Frage, ob eine völkerrechtliche Pflicht zum konsularischen Schutz besteht[106].

a) Keine Pflicht zum konsularischen Schutz kraft Völkervertragsrecht

Gegenstände der folgenden Untersuchung sind die Allgemeine Erklärung der Menschenrechte der Vereinten Nationen[107], der Internationale Pakt über zivile und politische Rechte[108], die Europäische Menschenrechtskonvention, das Wiener Übereinkommen über konsularische Beziehungen und das Wiener Übereinkommen über diplomatische Beziehungen.

Die Untersuchung geht über die Prüfung der Regelungen des Wiener Übereinkommens über konsularische Beziehungen hinaus, weil Hilfeleistungen im Rahmen des konsularischen Schutzes nicht auf Handlungen nach diesem Übereinkommen beschränkt sein müssen: Die Staatengemeinschaft hat darin zwar den konsularischen Schutz ausdrücklich normiert. Dieser war jedoch bereits völkergewohnheitsrechtlich anerkannt, bevor das Abkommen unterzeichnet wurde[109]. Aufgrund der bereits vor der Kodifikation des Abkommens anerkannten Definition des konsularischen Schutzes als „staatliche Hilfe für hilfsbedürftige Staatsangehörige durch auswärtige Vertretungen“[110] ist es durchaus denkbar, dass sich eine Handlungspflicht auch aus anderen Völkerrechtsverträgen ergeben kann; z. B. werden durch eine Entführung die Menschenwürde, die Freizügigkeit und unter Umständen Leib und Leben des Betroffenen verletzt. Es handelt sich dabei um Rechtspositionen, die durch diverse Menschenrechtskonventionen geschützt werden. Diese müssen daher ebenfalls untersucht werden.

---

106 Sollte bereits eine Verpflichtung ausscheiden, braucht auf die umstrittene Frage nicht eingegangen zu werden, ob ein Einzelner völkerrechtlich Inhaber eines Anspruchs auf Auslandsschutz sein kann. Vgl. zum Streit: Doehring, in: Ress/Stein (Hrsg.), Der diplomatische Schutz im Völker- und Europarecht, 13 (14 ff.), Ipsen, Völkerrecht, § 24 Rn. 41 ff.; Storost, Diplomatischer Schutz durch EG und EU?, S. 21 ff.

107 Allgemeine Erklärung der Menschenrechte der Vereinten Nationen, Resolution 217 A (III) der Generalversammlung v. 10. Dezember 1948.

108 Internationaler Pakt über zivile und politische Rechte; abgeschlossen am 19. Dezember 1966, in Kraft getreten, auch für die Bundesrepublik Deutschland – mit Ausnahme des Artikels 41 – am 23. März 1976; Art. 41 in Kraft für die Bundesrepublik Deutschland am 28. März 1979; Deutscher Text: BGBl. 1973 II S. 1534.

109 S.o., Seite 11.

110 S.o., Seite 10.

Dagegen bedarf es keiner Darstellung, ob das *Europäische Übereinkommen über konsularische Aufgaben vom 11. Dezember 1967* einen Anspruch auf Auslandsschutz beinhaltet. Das Übereinkommen ist bis heute nicht in Kraft getreten. Es gilt derzeit als unwahrscheinlich, dass dies noch erfolgen wird[111]. Die Untersuchung verzichtet zudem auf eine Überprüfung des *Internationalen Übereinkommens gegen Geiselnahmen.* Wie oben bereits festgestellt, kann aus diesem Übereinkommen keine staatliche Befreiungspflicht abgeleitet werden[112].

aa) Die Allgemeine Erklärung der Menschenrechte der Vereinten Nationen

Die *Allgemeine Erklärung der Menschenrechte* enthält keine staatliche Pflicht zum Auslandsschutz. Es kann an dieser Stelle offenbleiben, ob eine Verpflichtung schon daran scheitert, dass den Regelungen der AEMR keine völkerrechtliche Bindungswirkung zukommt – natürlich mit Ausnahme derjenigen Rechte, die zwischenzeitlich gewohnheitsrechtliche Geltung erlangt haben[113]. Eine staatliche Pflicht zum Schutz seiner Angehörigen kann jedenfalls nicht auf die allenfalls einschlägigen Art. 7 S. 1 AEMR[114] und Art. 8 S. 1 AEMR[115] gestützt werden. Die Regelung des Art. 7 AEMR gewährt lediglich ein Recht auf gleichen gesetzlichen Rechtsschutz, nicht auf individuelle Schutzmaßnah-

---

111 Da das Wiener Übereinkommen über konsularische Beziehungen inzwischen von 175 (Stand 2009) ratifiziert und seine Bestimmungen zu allgemein verbindlichen Regeln des Völkergewohnheitsrecht erwachsen sind, ist das Interesse an der Ratifizierung eines besonderen europäischen Übereinkommens über konsularische Aufgaben gering. Dies insbesondere, weil das Übereinkommen grundsätzlich auf den gleichen völkerrechtlichen Grundsätzen aufgebaut ist, vgl. HOFFMANN, Konsularrecht II, Nr. 505, Fn. 1 und LEE, Consular Law and Practice, S. 120 f. Eine aktuelle Liste aller Vertragsstaaten des WÜK findet sich unter http://www.admin.ch/ch/d/sr/0_191_02/.

112 S.o., Seite 13 f.

113 Gegen eine unmittelbare rechtliche Bindungswirkung: HAILBRONNER/KAU, in: GRAF VITZTHUM, 3. Abschnitt, III Rn. 232; HERDEGEN, Völkerrecht, § 47 Rn. 3; IPSEN, Völkerrecht, § 7 Rn. 10.

114 Wortlaut von Art. 7 S. 1 AEMR: „*Alle Menschen sind vor dem Gesetz gleich und haben ohne Unterschied Anspruch auf gleichen Schutz durch das Gesetz.*“

115 Art. 8 S. 1 AEMR: „*Jeder hat Anspruch auf einen wirksamen Rechtsbehelf bei den zuständigen innerstaatlichen Gerichten gegen Handlungen, durch die seine ihm nach der Verfassung oder nach dem Gesetz zustehenden Grundrechte verletzt werden.*“

men für Entführungsopfer[116]. Das Gleiche gilt im Ergebnis für Art. 8 AEMR, der nur einen Anspruch auf gerichtlichen *Rechtsschutz* gewährt[117].

bb) Der Internationale Pakt über bürgerliche und politische Rechte

Eine völkerrechtliche Pflicht zum Auslandsschutz kann auch nicht auf die Regelungen des *Internationalen Pakts über bürgerliche und politische Rechte* gestützt werden[118]. Die Mitgliedstaaten sind zwar nach Art. 2 Abs. 1 IPBPR verpflichtet, die nach dem IPBPR gewährleisteten Rechte zu achten. Ferner reicht der territoriale Anwendungsbereich des IPBPR unter bestimmten Voraussetzungen über das Staatsgebiet eines Mitgliedstaates hinaus[119]. Außerdem enthält der Pakt nach dem ersten Fakultativprotokoll eine Individualbeschwerde[120]. Allerdings enthält keines der im IPBPR statuierten Rechte einen Anspruch des Staatsbürgers auf Auslandsschutz gegen seinen Heimatstaat. Eine damit korrespondierende Pflicht entfällt somit ebenfalls.

cc) Die Europäische Konvention zum Schutz der Menschenrechte und Grundfreiheiten

Eine Pflicht des Staates zum Schutz seiner Angehörigen im Ausland ergibt sich auch nicht aus der EMRK[121]. Die EMRK beinhaltet zwar nicht nur Rechte zur Abwehr staatlichen Verhaltens. Die Vertragsstaaten sind nach vorzugswürdiger Auffassung vielmehr auch verpflichtet, die in den Vorschriften der EMRK garantierten Rechte und Rechtsgüter zu schützen[122] und Maßnahmen

116 Vgl. OBERTHÜR, S. 6; a. A. KATZAROV, ÖZÖRV 1957/1958, 434 (447).

117 Vgl. HAILBRONNER, in: HAILBRONNER/RENNER/MAAßEN, Grundlagen E. Rn. 95; OBERTHÜR, S. 6; RANDELZHOFER, in: MAUNZ/DÜRIG, Art. 16 I Rn. 37.

118 Vgl. RANDELZHOFER, in: MAUNZ/DÜRIG, Art. 16 I Rn. 37.

119 Vgl. *UN-Ausschuss für Menschenrechte*, Ent. v. 29. Juli – 52/79, HRLJ 1981, 150 (157 Rn. 12.3) – López Burgos./.Uruguay; Ent. v. 29. Juli 1981, EuGRZ 1981, 520 (521) – Lilian Celiberti de Casariego./.Uruguay; bestätigt durch den *IGH* in seinem Gutachten zu den Folgen der Errichtung einer Mauer in den besetzten palästinensichen Gebieten: *IGH*, Gutachten v. 09.07.2004, I.C.J. Reports 2004, Ziff. 109; KEMPEN/HILLGRUBER, Völkerrecht, § 50 Rn. 23; NOWAK, CCPR-Kommentar, Art. 2 Rn. 26 f.; MAIERHÖFER, EuGRZ 2004, 797 (798).

120 DOEHRING, Völkerrecht, Rn. 996; HERDEGEN, Völkerrecht, § 48 Rn. 4.

121 Vgl. GECK, ZaöRV 17 (1956/57), 476 (512 f.); HAILBRONNER, in: HAILBRONNER/RENNER/MAAßEN, Grundlagen E. Rn. 95; OBERTHÜR, S. 7; RANDELZHOFER, in: MAUNZ/DÜRIG, Art. 16 I Rn. 37.

122 SCHEIDLER, DÖV 2006, 417 (418); UERPMANN, JZ 2001, 565 (570).

zum Schutz der Rechtspositionen des Einzelnen zu ergreifen, sog. *positive obligations*[123]. Sie müssen ferner die Rechtspositionen der EMRK selbst vor rechtswidrigen Eingriffen von Privatpersonen schützen[124]. Schließlich sind die Entscheidungen des EGMR für den am Verfahren beteiligten Staat gemäß Art. 46 Abs. 1 EMRK völkerrechtlich verbindlich.

Eine Pflicht zur Befreiung eines Staatsangehörigen scheidet jedoch aus zwei Gründen aus: Zum einen begründet keines der im 1. Abschnitt der EMRK und in den materiellen Zusatzprotokollen zur EMRK aufgeführten Grund- und Menschenrechte eine Verpflichtung des Heimatstaates zur Gewährung konsularischen Schutzes[125]. Folglich kann auch aus der Zusicherung in Art. 1 EMRK[126] keine derartige Pflicht hergeleitet werden[127]. Denn diese Zusicherung bezieht sich nach dem Wortlaut allein auf die im 1. Abschnitt aufgeführten Einzelbestimmungen.

Zum anderen beschränkt sich der räumliche Anwendungsbereich der EMRK grundsätzlich auf das Staatsgebiet des in Anspruch genommenen Vertragsstaates. Ein deutscher Staatsangehöriger kann sich nur auf die Bestimmungen der ERMK berufen, wenn der Eingriff auf deutschem Staatsgebiet bzw. im Wirkungsbereich deutscher Staatsgewalt erfolgt. Dies ergibt sich aus Art. 1 EMRK[128]. Diese Regelung verknüpft die Schutzwirkung der

123 *EGMR*, Urt. v. 24.06.2004 – 59320/00 (Caroline v. Monaco./. Deutschland), NJW 2004, 2647 (2649); Urt. v. 28. Mai 1985 – Nr. 15/1983/71/107–109 (Abdulaziz./Vereinigtes Königreich), EuGRZ 1985, 567 (569); v. Heinegg, Casebook Völkerrecht, Rn. 1045; Herdegen, Völkerrecht, § 49 Rn. 4; Scheidler, DÖV 2006, 417 (418 f.).

124 *EGMR*, Urt. v. 24.06.2004 – 59320/00 (Caroline v. Monaco./. Deutschland), NJW 2004, 2647 (2649); Heldrich, NJW 2004, 2634, Vetter, DVBl 2004, 1226; Lenski, NVwZ 2005, 50; Scheidler, DÖV 2006, 417 (418).

125 Scheidler, DÖV 2006, 417 (418 ff.) leitet einen Anspruch auf Auslandsschutz aus der EMRK ab. Da sich seine Ausführungen allerdings auf den Schutz aus Art. 8 Abs. 1 EMRK (Schutz der Privatsphäre) beschränken und dessen Schutzbereich hier offensichtlich nicht tangiert ist, kann auf eine Auseinandersetzung mit seiner Ansicht verzichtet werden.

126 Wortlaut von Art. 1 EMRK (Schutzgarantie der Vertragsstaaten): *„Die Hohen Vertragschließenden Teile sichern allen ihrer Jurisdiktion unterstehenden Personen die in Abschnitt I dieser Konvention niedergelegten Rechte und Freiheiten zu.“*

127 Oberthür, S. 7.

128 *EGMR*, Urt. v. 07.07.1989 – 1/1989/161/217 (Soering./Vereinigtes Königreich), EuGRZ 1989, 314 (318, Nr. 86); Urt. v. 12.12.2001 – 52207/99 (Bankovic./. Belgien u. a.), EuGRZ 2002, 133 (140, Nr. 66); Herdegen, Völkerrecht, § 49 Rn. 4; Krieger, ZaöRV 62 (2002), 669 (671).

Konvention mit dem „*Hoheitsgebiet*“ der Konventionsstaaten[129]. Demzufolge endet der Anwendungsbereich der EMRK grundsätzlich an der Staatsgrenze des in Anspruch genommenen Staates, in unserem Fall an der Grenze der Bundesrepublik Deutschland. Eine Verletzung der Regeln der EMRK durch eine Entführung im Ausland ist daher schon mangels territorialen Anwendungsbereichs der Konvention grundsätzlich ausgeschlossen.

Die vom EGMR in der Entscheidung *Bankovic*[130] – wiederholt[131] – erwähnte Ausnahme von diesem Grundsatz führt zu keinem anderen Ergebnis. Der EGMR hat in diesem Urteil ausgeführt, eine exterritoriale Bindung eines Vertragsstaates komme ausnahmsweise in Betracht, wenn der Konventionsstaat aufgrund militärischer Besatzung oder Zustimmung, Aufforderung oder Einwilligung der für ein Territorium verantwortlichen Regierung die tatsächliche Kontrolle aller oder einiger Gewalten übernimmt, die gewöhnlich in die Prärogativen dieser Regierung fallen[132]. Eine Jurisdiktion Deutschlands i.S.d. Art. 1 EMRK ist nach diesen Maßstäben also möglich, wenn zwei Voraussetzungen erfüllt sind. Zum einen müssen die deutschen Streitkräfte im betroffenen Staat *regelmäßige Hoheitsgewalt ausüben*, zum anderen muss diese Hoheitsausübung Deutschland *zurechenbar* sein[133]. Afghanistan ist gegenwärtig das einzige Land weltweit, in dem es eine Schnittmenge von Auslandseinsätzen der Bundeswehr und Entführungen deutscher Staatsbürger im Ausland gibt. Eine Verpflichtung der Bundesrepublik zur Gewährung von Auslandsschutz aufgrund der Regelungen der EMRK könnte daher allein dort in Betracht kommen. Dies ist aber nicht der Fall. Es erscheint bereits fraglich, ob der friedenskonsolidierende Einsatz der Bundeswehr im Rahmen der ISAF als *regelmäßige Ausübung von Hoheitsgewalt* bewertet werden kann[134]. Der Sicherheitsrat hat in der Präambel der Resolutionen 1386 (2001) und 1413 (2002) festgelegt, dass die Verantwortung für die Herstellung von Sicherheit, Recht und Ordnung im ganzen Land bei den

129 Herdegen, Völkerrecht, § 49 Rn. 4.

130 *EGMR*, Urt. v. 12.12.2001 – 52207/99 (Bankovic./. Belgien u. a.), EuGRZ 2002, 133 (141 Nr. 71).

131 zuvor schon: *EGMR*, Urt. v. 18.12.1996 – 40/1993/435/514 (Loizidou./.Türkei), EuGRZ 1997, 555 (560 Nr. 52).

132 *EGMR*, Urt. v. 12.12.2001 – 52207/99 (Bankovic./. Belgien u. a.), EuGRZ 2002, 133 (141 Nr. 71), Maierhöfer, EuGRZ 2004, 797 (798).

133 Vgl. v. Heinegg, Casebook Völkerrecht, Rn. 1037; Krieger, ZaöRV 62 (2002), 669 (674).

134 Vgl. Krieger, ZaöRV 62 (2002) (669) 677.

Afghanen selbst liegt[135]. Die Aufgabe der ISAF besteht nur darin, die Regierung Afghanistans bei der Aufrechterhaltung der Sicherheit zu *unterstützen*[136]. Diese Unterstützungsfunktion der Streitkräfte ergibt sich zudem deutlich aus dem Namen der Operation *International Security Assistance*[137] *Force*[138]. Ferner betonen das *Bonner Übereinkommen*[139] und das *Military Technical Agreement*[140] die Verantwortung der afghanischen Übergangsregierung.

Selbst wenn der Einsatz der ISAF als Ausübung regelmäßiger Hoheitsgewalt qualifiziert werden könnte, stellt er – in Anbetracht der dargelegten Rechtsgrundlage des Einsatzes – zumindest keinen dar, der eine konventionsrechtliche Verantwortung begründen würde.

Eine mögliche Verpflichtung der Bundesrepublik zum Schutz im Ausland aufgrund der Regelungen der EMRK scheitert somit auch an deren Beschränkung auf das deutsche Hoheitsgebiet.

dd) Das Wiener Übereinkommen über konsularische Beziehungen

Eine Pflicht des Staates zur Gewährleistung von Auslandsschutz kann auch nicht aus Art. 5 lit. a) und/oder e) WÜK[141] abgeleitet werden.

(1) Die Ansicht von Bloß

Die hierzu von Bloß[142] vertretene Ansicht überzeugt nicht. Er behauptet, die Vertragsstaaten seien gemäß Art. 5 lit. a) und e) WÜK zur Gewährung von konsularischem Schutz verpflichtet. Er begründet seine Aussage allerdings nicht. Als Argument für seine Auffassung könnte lediglich die weite Formulierung

135 SC Res 1386 (2001): „*...Recognizing that the responsibility for providing security and law and order throughout the country resides with the Afghans themselves...*".

136 SC Res 1386 (2001): „*...1. Authorizes, as envisages in Annex 1 to the Bonn Agreement, the establishment for 6 month of an International Security Assistance Force to assist the Afghan Interim Authority in the maintenance of security in Kabul and its surrounding areas...*".

137 Unterstreichung durch den Verfasser.

138 Vgl. Krieger, ZaöRV 62 (2002) (669) 677.

139 Agreement on Provisional Arrangements in Afghanistan pending the Re-establishment of Permanent Government Institutions, UN Doc. S/2001/1154 v. 5.12.2001.

140 Military Technical Agreement Between the International Security Assistance Force (ISAF) and the Interim Administration of Afghanistan.

141 Wortlaut von Art. 5 lit. a) und e) WÜK: S.o., FN 30.

142 Bloß, in: Hecker/Müller-Chorus/Bindseil, § 3 C. Rn. 2.

des Art. 5 lit. e) WÜK (*„Hilfe und Beistand leisten“)* vorgetragen werden. Der Auffassung von Bloß stehen aber sowohl der Wortlaut als auch die Systematik des WÜK entgegen. So spricht der erste Satz in Art. 5 WÜK ausschließlich von *„konsularischen Aufgaben“*[143]. Es erscheint bereits nach der deutschen Fassung des Art. 5 WÜK zweifelhaft, dass durch die Wahl der Formulierung *„Aufgaben“* eine Verpflichtung der Staaten begründet werden sollte.

Die englische Originalfassung des WÜK jedenfalls verdeutlicht, dass sich die Vertragsstaaten durch Art. 5 WÜK nicht wechselseitig zur Gewährung konsularischen Schutzes verpflichten wollten, sondern dort lediglich die Aufgaben der Konsularbeamten festgelegt haben. So heißt es wörtlich zu Beginn des Art. 5 WÜK in der Originalfassung:

> *„consular functions consist in:“*

Das Wort *„functions“* ist in diesem Zusammenhang richtigerweise mit „Funktionen“ also „Aufgabenbereichen“ zu übersetzen[144]. Art. 5 WÜK dient daher nur dazu, den Aufgabenbereich der Konsularbeamten festzulegen.

Ferner spricht die Systematik des Gesetzes gegen eine Verpflichtung durch Art. 5 WÜK. Die Konventionsgeber haben in Art. 36 Abs. 1 lit. b) WÜK[145] und Art. 37 WÜK[146] eine ausdrückliche Pflicht der Vertragsstaaten normiert. Eine Verpflichtung der Staaten zum Handeln nach den Regeln des WÜK wurde also dort angeordnet, wo sie für notwendig erachtet wurde. Da Art. 5 WÜK keine Verpflichtung vorsieht, wollte der Konventionsgeber den Vertragsstaaten *e contrario* eine solche auch nicht aufbürden. In Übereinstimmung mit der Kommentarliteratur erscheint es daher richtig, in Art. 5 WÜK ausschließlich eine Aufgabeneröffnung und keine Verpflichtungsnorm zu sehen[147].

---

143 Unterstreichung durch den Verfasser.

144 Langenscheidts Taschenwörterbuch Englisch, Stichwort: „function“.

145 Wortlaut von Art. 36 Abs. 1 lit. b) WÜK: *„Die zuständigen Behörden des Empfangsstaats haben die konsularischen Vertretungen des Entsendestaates auf Verlangen des Betroffenen unverzüglich zu unterrichten, wenn in deren Konsularbezirk ein Angehöriger dieses Staates festgenommen, in Straf- oder Untersuchungshaft genommen oder ihm anderweitig die Freiheit entzogen ist. Jede von dem Betroffenen an die konsularische Vertretung gerichtete Mitteilung haben die genannten Behörden ebenfalls unverzüglich weiterzuleiten. Diese Behörden haben den Betroffenen unverzüglich über seine Rechte auf Grund dieser Bestimmung zu unterrichten.“*

146 Wortlaut von Art. 37 WÜK: *„Verfügen die zuständigen Behörden des Empfangsstaats über die entsprechenden Auskünfte, so sind sie verpflichtet, […].“*

147 Vgl. Hanschel, ZaöRV 66 (2006), 789 (797); Richtsteig, Art. 5 WÜK, Nr. 3 S. 146.

Eine weitere Auseinandersetzung mit der Frage, ob Art. 5 WÜK eine Pflicht begründet, kann aber dahinstehen. Denn jedenfalls ergibt sich aus dieser Vorschrift zumindest kein Anspruch des Einzelnen gegen seinen Heimatstaat auf Auslandsschutz[148]. Für dieses Ergebnis sprechen sowohl der Wortlaut der Norm als auch die Systematik des Gesetzes[149].

(2) Die Rechtsprechung des Internationalen Gerichtshofs zu Art. 36 Abs. 1 lit. b) WÜK

Die neuere Rechtsprechung des IGH zum WÜK ändert nichts an der Rechtsnatur der Art. 5 lit. a) und e) WÜK. Der IGH hat in *LaGrand*[150] und zuletzt in *Avena und andere mexikanische Staatsangehörige*[151] entschieden, dass die Regelung des Art. 36 Abs. 1 lit. b) WÜK nicht nur Rechte des Heimatstaates statuiert, sondern mit Blick auf den Wortlaut („*seine Rechte*") auch subjektive Rechte des betroffenen Staatsbürgers beinhaltet[152]. Die Frage, ob der Ansicht des IGH zugestimmt werden kann, muss an dieser Stelle offenbleiben[153]. Denn selbst wenn man der Auffassung des *IGH* folgt und in Art. 36 Abs. 1 lit. b) WÜK tatsächlich ein subjektives Recht erblickt, lässt dies wegen der unterschiedlichen Normstruktur und der tatbestandlichen Weite der Aufgabenbestimmung des Art. 5 WÜK sowie der anderen systematischen Stellung des Art. 36 Abs. 1 lit. b) WÜK keinen Rückschluss auf die Statuierung eines individualschützenden Gehalts von Art. 5 lit. a) und e) WÜK zu.

---

148 Vgl. Hanschel, ZaöRV 66 (2006), 789 (797).

149 Da Art. 5 WÜD kein Individualrecht darstellt und ein Anspruch auf Auslandsschutz nach dieser Vorschrift folglich ausscheidet, kann es an dieser Stelle dahin stehen, ob sich aus Art. 5 WÜK (zumindest) eine Befugnis zum Auslandsschutz über die Lehre der implied powers begründen lässt. Vgl. zur Lehre von den implied powers: Doehring, Völkerrecht, Rn. 396.

150 *IGH*, Urt. v. 27.06.2001, EuGRZ 2001, 287 ff. – Bundesrepublik Deutschland./Vereinigten Staaten von Amerika.

151 *IGH*, Urt. v. 31.03.2004, I.C.J. Reports 2004, S. 12 ff. – Mexiko./Vereinigte Staaten von Amerika.

152 *IGH*, EuGRZ 2001, 287 (290 Ziff. 77) – Bundesrepublik Deutschland./Vereinigten Staaten von Amerika; *BVerfG*, Beschl. v. 19.09.2006 – 2 BvR 2115/01, 2 BvR 2132/01, 2 BvR 348/03, NJW 2007, 499 (502 f.); Hillgruber, JZ 2002, 94 (95 f.); Tams, JuS 2002, 324 (326).

153 Kritisch zur Entscheidung des IGH: Hillgruber, JZ 2002, 94 (95 f.).

ee) Das Wiener Übereinkommen über diplomatische Beziehungen

Die Regelungen des WÜD scheiden als Anspruchsgrundlage ebenfalls aus. Ein Anspruch auf Auslandsschutz könnte allein aus Art. 3 Abs. 1 lit. b) WÜD[154] abgeleitet werden. In Übereinstimmung mit den zu Art. 5 lit. a) und e) WÜK gemachten Ausführungen ist es bereits schon fraglich, ob sich aus dem Wortlaut der Vorschrift überhaupt eine staatliche Verpflichtung ableiten lässt[155]. Ein korrespondierender völkerrechtlicher Anspruch scheitert jedenfalls am fehlenden Individualrechtsschutz im WÜD[156].

ff) Ergebnis: keine völkerrechtliche Pflicht

Das gegenwärtige Völkervertragsrecht beinhaltet keine staatliche Pflicht zur Gewährung konsularischen Schutzes. Aus diesem Grunde scheidet auch ein korrespondierender Anspruch des Angehörigen gegen seinen Heimatstaat aus.

b) Keine Pflicht zum konsularischen Schutz kraft Völkergewohnheitsrecht

Eine staatliche Pflicht zur Gewährung von konsularischem Schutz könnte kraft Völkergewohnheitsrecht bestehen. Zumindest im Bereich des diplomatischen Schutzes weisen verschiedene Zeichen in der jüngeren Staatenpraxis, in den nationalen Verfassungen sowie in diversen Rechtsauffassungen auf eine Pflicht zur Gewährung von Schutz im Ausland durch den Heimatstaat hin[157]. Einige Staaten sprechen sich sogar für ein ausdrückliches Recht des Einzelnen auf diplomatischen Schutz aus[158].

---

154 Wortlaut von Art. 3 Abs. 1 lit. b) WÜD: *„(1) Aufgabe einer diplomatischen Mission ist es unter anderem [...], b) die Interessen des Entsendestaats und seiner Angehörigen im Empfangsstaat innerhalb der völkerrechtlich zulässigen Grenzen zu schützen“.*

155 S.o., Seite 34 ff.

156 Das WÜD enthält keine Art. 36 Abs. 1 WÜK entsprechende Vorschrift.

157 Dugard, First report on diplomatic protection, Fifty-second session of the International Law Commission, Dokumentennummer: A/CN.4/506, Rn. 80 ff.

158 Zu diesen Staaten gehören: Albanien, Weißrussland, Bosnien und Herzegowina, Bulgarien, Kambodscha, China, Kroatien, Estland, Georgien, Guyana, Ungarn, Italien, Kasachstan, Laos, Lettland, Litauen, Polen, Portugal, Südkorea, Rumänien, Russland, Spanien, Mazedonien, Türkei, Ukraine und Vietnam, vgl. Dugard, First report on diplomatic protection, Fifty-second session of the International Law Commission, Dokumentennummer: A/CN.4/506, Rn. 80.

Im Bereich des konsularischen Schutzes ist das Bild der Staatenpraxis allerdings sehr viel uneinheitlicher. Einige Regierungen sind der Auffassung, ein Konsul sei zum Schutz seiner Staatsbürger verpflichtet[159]. Zu dieser Gruppe zählen Großbritannien, Brasilien, Ungarn und die USA[160]. In einer Erklärung der Vereinigten Staaten heißt es dementsprechend:

> *"Generally, the establishment of the claim to United States nationality also establishes the right to receive the protection of this goverment abroad."*[161]

In einer Dienstvorschrift des britischen Außenministeriums steht:

> *"It ist the duty of a Foreign Service Officer to watch over and take all proper steps to safeguard the interests of British subjects and British protected persons within his district."*[162]

Andere Staaten lehnen eine Pflicht dagegen strikt ab. In einer niederländischen Erklärung heißt es:

> *"The question whether nationals can require the authorities of their country to protect their interests abroad, is not answered in the affirmative in international law ... Neither can the rules of Dutch municipal law, in the Goverment's view, lead to such a claim. Having regard to the practice of interstate relations, the question of whether and how far the protection of a national's interests should be withheld as being incompatible with the interests of the State, must as a rule indeed be a matter for the authorities from case to case."*[163]

In einem kanadischen Diplomatenhandbuch findet sich der Eintrag:

> *"Most Consular services are provided as a matter of discretion by virtue of the royal prerogative: except as provided by statue, no one is entitled to claim such services as a matter of legal right. Strictly speaking, protection and service can therefore be withheld by the Secretary of State for External Affairs at his or her discretion (although this*

---

159 Hanschel, ZaöRV 66 (2006), 789 (796); Lee, Consular Law and Practice, S. 124.

160 Lee, Consular Law and Practice, S. 124.

161 Lee, Consular Law and Practice, S. 124. Interessanterweise lehnen die USA dagegen eine staatliche Verpflichtung zum konsularischen Schutz nach dem WÜK ab, vgl. hierzu die bereits erwähnte Entscheidung im Fall „LaGrand": *IGH*, Urt. v. 27.06.2001, EuGRZ 2001, 287 ff. – Bundesrepublik Deutschland./Vereinigten Staaten von Amerika.

162 Lee, Consular Law and Practice, S. 125.

163 Lee, Consular Law and Practice, S. 127 f.; The Memorandum of Reply concerning the Bill for the Approval of the Vienna Convention on Diplomatic Relations, of 18 April 1961, and its Protocols, Trb. 1962 Nos. 101 and 159, 15 Netherlands Yearbook of International Law 344 (1984).

> *is in fact rarely done). The nature and extent of protection and assistance is governed by these instructions and by the judgement of consular officers exercised in the particular circumstances of each case."*[164]

Gemäß einer Abhandlung des „Special Rapporteurs" der Internationalen Law Commission, JOHN DUGARD, nimmt die Schweiz eine Mittelstellung ein[165]. Danach sind die Schweizer Konsularbeamten verpflichtet, konsularischen Schutz zu gewähren, wenn die Handlungen mit den Interessen des Landes in Einklang stehen.

Eine einheitliche Rechtsüberzeugung im Hinblick auf eine konsularische Schutzpflicht besteht folglich nicht[166]. Eine Pflicht der Staaten zur Befreiung eines Angehörigen kraft Völkergewohnheitsrecht scheidet daher aus – unabhängig von der Frage, ob sich aus den Vorschriften zum konsularischen Schutz der jeweiligen Länder überhaupt eine Pflicht zur Befreiung eines entführten Staatsangehörigen ableiten lässt.

3. Zusammenfassung und Ausblick

Obwohl sich der völkerrechtliche Menschenrechtsschutz seit den 1970er-Jahren erheblich ausgeweitet hat, sind die Staaten weder nach Völkervertragsrecht noch nach Völkergewohnheitsrecht verpflichtet, ihren Angehörigen konsularischen Schutz zu gewähren. Ein subjektives Recht auf konsularischen Schutz scheidet demnach aus und damit erst recht ein Anspruch auf eine ganz bestimmte Schutzmaßnahme. Ein Staat hat somit zwar ein völkerrechtliches Recht, seine Angehörigen im Ausland zu schützen. Er ist jedoch dazu nicht verpflichtet. Demnach obliegt es allein dem innerstaatlichen Recht der Staaten, eine Pflicht des Staates bzw. ein Recht des Staatsangehörigen auf Schutz im Ausland festzulegen[167].

---

164 LEE, Consular Law and Practice, S. 127.

165 DUGARD, First report on diplomatic protection, Fifty-second session of the International Law Commission, Dokumentennummer: A/CN.4/506, Rn. 83.

166 HANSCHEL, ZaöRV 66 (2006), 789 (796).

167 Es scheint aber nur eine Frage der Zeit, bis die Entwicklungen im Bereich des konsularischen Schutzes an den Stand des diplomatischen Schutzes anknüpfen. Die ständige Verbreitung internationaler Menschenrechtsverpflichtungen mit möglichen Schutzwirkungen im Ausland könnte ggf. zu einer staatlichen Pflicht zur Gewährung konsularischen Schutzes führen.

4. Ergebnis: Kein völkerrechtlicher Anspruch auf Befreiung

Ein entführter deutscher Staatsangehöriger hat keinen Anspruch auf Befreiung gegen die deutsche Staatsgewalt aus dem Völkerrecht.

II. Kein kollidierendes Völkerrecht

Da das Völkerrecht keinen Befreiungsanspruch enthält, muss, wie oben bereits dargelegt[168], in einem zweiten Schritt untersucht werden, ob das Völkerrecht einen möglichen innerstaatlichen, einfachgesetzlichen Anspruch ausschließt. Dies ist gemäß Art. 25 S. 2 GG der Fall, wenn eine allgemeine Regel des Völkerrechts einem solchen Anspruch entgegensteht[169]. Eine ältere Mindermeinung[170] vertritt die Auffassung, das Völkerrecht schließe einen innerstaatlichen gesetzlichen Anspruch auf Auslandsschutz aus. Ein etwaiger Anspruch auf Auslandsschutz kollidiere mit der völkerrechtlichen Freiheit, über einen derartigen Anspruch verfügen zu können.

Dieser Ansatz überzeugt nicht. Die Vertreter dieser Auffassung verkennen die sich aus der völkerrechtlichen Freiheit der Staaten ergebenden innerstaatlichen Möglichkeiten. Wie oben festgestellt, berechtigt das Völkerrecht die Staaten dazu, seine Bürger im Ausland zu schützen[171]. Eine Pflicht des Staates sowie ein entsprechender Anspruch des Bürgers bestehen dagegen nicht[172]. Wenn das Völkerrecht den Staaten aber die Freiheit einräumt, selbst zu entscheiden, ob sie ihre Angehörigen im Ausland schützen, müssen die Staaten auch die Möglichkeiten haben, durch innerstaatliche Rechtssetzung einen solchen Anspruch zu begründen und sich zur Erfüllung dieses Anspruchs zu verpflichten[173]. Daher kann das Völkerrecht einem möglichen innerstaatlichen, gesetzlichen Anspruch

168 S.o., Seite 20.

169 S.o., Seite 20.

170 Notiz des Politischen Departements des Schweizerischen Bundesrates, Schweizerisches Jahrbuch für internationales Recht, Bd. VII, 1950, S. 189 ff. (zum diplomatischen Anspruch); Feldscher, ZBJV 1930, 289 (291 ff.); Schneeberger, SJZ 1942/43, 493 (499 f.).

171 S.o., Seite 21 ff.

172 S.o., Seite 27 ff.

173 Berber, Lehrbuch des Völkerrechts I, § 56 VI S. 385; Doehring, Die Pflicht des Staates zur Gewährung diplomatischen Schutzes, S. 25; Oberthür, S. 26; Randelzhofer, in: Maunz/Dürig, Art. 16 I Rn. 37.

nicht entgegenstehen.Das Völkerrecht schließt also einen etwaigen innerstaatlichen, einfachgesetzlichen Anspruch nicht aus.

D. Befreiungsanspruch auf einfachgesetzlicher Ebene

Mit der Feststellung, dass ein Befreiungsanspruch weder auf das Gemeinschaftsrecht[174] noch auf das Völkerrecht[175] gestützt werden kann, ist nur etwas über die internationale Rechtssphäre ausgesagt. Es ist daher zu untersuchen, ob sich aus dem *nationalen Recht* ein Befreiungsanspruch des deutschen Staatsangehörigen gegen die deutsche Staatsgewalt ableiten lässt.

I. Das Konsulargesetz als Anspruchsgrundlage

Ein solcher Anspruch könnte sich aus den Regelungen der §§ 5, 6 Konsulargesetz[176] (KonsG) sowie der Generalklausel des § 1 KonsG ergeben.

1. Anwendbarkeit des KonsG auf Entführungsfälle

Fraglich ist zunächst, ob Maßnahmen zur Befreiung eines entführten Staatsangehörigen überhaupt begrifflich als konsularische Tätigkeiten i.S.d. KonsG qualifiziert werden können. Ist dies nicht der Fall, scheidet das KonsG als Anspruchsgrundlage von vornherein aus.

a) Konsularische Tätigkeit bei Handlungsträgerschaft des Auswärtigen Amtes

Das Kennzeichen konsularischer Tätigkeit ist die Ausübung der jeweiligen Handlung im Ausland[177]. Dies folgt bereits aus den § 4 KonsG[178] und

---

174 S.o., Seite 16 ff.

175 S.o., Seite 20 ff.

176 Gesetz über die Konsularbeamten, ihre Aufgaben und Befugnisse (Konsulargesetz), das zuletzt durch Artikel 20 des Gesetzes vom 17. Dezember 2008 (BGBl. I S. 2586) geändert worden ist.

177 *VG Berlin*, Urt. v. 04.04.2006 – 14 A 12.04 (erhältlich in juris) Rn. 36.

178 Wortlaut von § 4 KonsG (Schranken der konsularischen Tätigkeit): „*Bei ihrer Amtstätigkeit haben die Konsularbeamten die Schranken zu berücksichtigen, die sich aus dem in ihrem Konsularbezirk geltenden Recht ergeben. Sie haben insbesondere das Wiener Übereinkommen vom 24. April 1963 über konsularische Beziehungen (Bundesgesetzbl.*

§ 18 Abs. 1 KonsG[179]. In Geiselfällen wird der überwiegende Teil der für die Befreiung maßgeblichen Handlungen hingegen vom Auswärtigen Amt in Berlin und damit vom deutschen Staatsgebiet aus vorgenommen[180]. Eine aussichtsreiche Konfliktbewältigung in Entführungsfällen erfordert die Einrichtung eines Krisenstabes im Auswärtigen Amt und eine enge Zusammenarbeit der Leitung des Auswärtigen Dienstes mit der jeweiligen ausländischen Regierung[181]. Das jeweilige Konsulat ist meistens nur Empfänger von Weisungen der Zentrale in Berlin[182]. Aus diesem Grund bezweifelt das VG Berlin[183], dass die Befreiung eines entführten Deutschen eine konsularische Tätigkeit i.S.d. KonsG sein kann.

Die Ansicht des Verwaltungsgerichts überzeugt indes nicht. Das Gericht verkennt die Praxis der Auslandsvertretungen in Fällen umfangreicher Hilfsmaßnahmen. Die Konsularbeamten arbeiten in komplexeren Fällen grundsätzlich immer mit der Zentrale des Auswärtigen Amtes zusammen[184]. Dies gilt insbesondere in Katastrophenfällen i.S.v. § 6 KonsG[185]. So obliegt die Ent-

---

II 1969 S. 1585) und sonstige Verträge zu beachten, soweit diese zwischen der Bundesrepublik Deutschland und dem Empfangsstaat in Kraft sind."

179 Wortlaut von § 18 Abs. 1 KonsG (Kreis der Berufskonsularbeamten): „*Berufskonsularbeamte im Sinne dieses Gesetzes sind die bei den diplomatischen oder berufskonsularischen Vertretungen der Bundesrepublik Deutschland im Ausland mit der Wahrnehmung konsularischer Aufgaben im Sinne der §§ 1 und 2 beauftragten Personen.*"

180 *OVG Berlin-Brandenburg*, Urt. v. 21.02.2007 – 11 B 9.06 (erhältlich in juris) Rn. 29; *VG Berlin* Urt. v. 04.04.2006 – 14 A 12.04 (erhältlich in juris) Rn. 36.

181 *VG Berlin*, Urt. v. 04.04.2006 – 14 A 12.04 (erhältlich in juris) Rn. 36; Hanschel, ZaöRV 66 (2006), 789 (799); Geiß, DÖV 2007, 155 (157).

182 Kötter/Nolte, DÖV 2007, 186, 189.

183 *VG Berlin*, Urt. v. 04.04.2006 – 14 A 12.04 (erhältlich in juris) Rn. 32.

184 *BVerwG*, Urt. v. 28.05.2009– 7 C 13/08, NJW 2009, 2905 (2906); Geiß, DÖV 2007, 155 (158); Hoffmann, Konsularrecht I, § 6 KonsG, Anm. 1.3.2; Scheller, in: Hecker/Müller-Chorus/Bindseil, § 8 E. Rn. 1, Rn. 12f. Dies entspricht auch den Angaben des Auswärtigen Amtes, vgl. *OVG Berlin-Brandenburg*, Urt. v. 21.02.2007 – 11 B 9.06 (erhältlich in juris) Rn. 4.

185 *BVerwG*, Urt. v. 28.05.2009– 7 C 13/08, NJW 2009, 2905 (2906); *OVG Berlin-Brandenburg*, Urt. v. 21.02.2007 – 11 B 9.06 (erhältlich in juris) Rn. 29; Geiß, DÖV 2007, 155 (158); Hoffmann, Konsularrecht I, § 6 KonsG, Anm. 1.3.2; Scheller in: Hecker/Müller-Chorus/Bindseil, § 8 Rn. 18. Wortlaut des § 6 KonsG (Hilfe in Katastrophenfällen): „*(1) Wenn im Konsularbezirk Naturkatastrophen,* KRIEGER*ische oder revolutionäre Verwicklungen oder vergleichbare Ereignisse, die der Bevölkerung oder Teilen von ihnen Schaden zufügen, eintreten oder einzutreten drohen, sollen die Konsularbeamten die erforderlichen Maßnahmen treffen, um den Geschädigten oder den Bedrohten,*

scheidung, ob eine sofortige Evakuierung betroffener Deutscher nach einem Katastrophenfall erforderlich ist, grundsätzlich dem Auswärtigen Amt[186]. Die Konsulate könnten ohne maßgebliche Beteiligung des Auswärtigen Amtes mangels personeller Kapazitäten Maßnahmen nach § 6 KonsG nicht organisieren[187]. Der Zweck des in Deutschland eingerichteten Krisenstabes besteht gerade darin, durch seine Handlungen im Gastland Wirkungen und Ergebnisse zu erzielen[188]. Würde man zur Feststellung einer konsularischen Tätigkeit allein auf den Ort der Entscheidung abstellen, käme § 6 KonsG so gut wie nie zur Anwendung[189].

Richtig erscheint es daher, auf den Ort der eigentlichen Hilfeleistung abzustellen und nicht auf den Ort, an dem über die Vornahme der Hilfeleistung behördenintern entschieden wird[190]. Das Gesetz über den Auswärtigen Dienst[191] (GAD) untermauert dieses Ergebnis. Danach ist es gemäß § 1 Abs. 2 5. Spiegelstrich GAD Aufgabe des Auswärtigen Dienstes, Deutschen im Ausland Hilfe und Beistand zu leisten. Ergänzend führt § 1 Abs. 4 GAD auf, dass der Auswärtige Dienst die im Konsulargesetz geregelten Aufgaben erfüllt. Gemäß § 2

---

soweit sie Deutsche sind, Hilfe und Schutz zu gewähren. Dies gilt auch für Abkömmlinge von Deutschen und für nichtdeutsche Familienangehörige von Deutschen, wenn sie mit diesen in Haushaltsgemeinschaft leben oder längere Zeit gelebt haben. (2) § 5 Abs. 5 gilt entsprechend. Soweit die Entwicklung der Lage im Konsularbezirk, die persönlichen Verhältnisse des Hilfs- oder Schutzbedürftigen oder sonstige besondere Umstände es erfordern, kann von der Geltendmachung der Ansprüche auf Auslagenersatz abgesehen werden. (3) Um in den in Absatz 1 genannten Fällen sofort wirksam helfen zu können, sollen die Konsularbeamten eine Liste der in ihrem Konsularbezirk ansässigen Deutschen und anderer Schutzbefohlener sowie ihrer Familienangehörigen erstellen und auf dem laufenden halten."

186 Geiß, DÖV 2007, 155 (158); Hoffmann, Konsularrecht I, § 6 KonsG, Anm. 1.3.2; Scheller, in: Hecker/Müller-Chorus/Bindseil, § 8 E. Rn. 15.

187 *OVG Berlin-Brandenburg*, Urt. v. 21.02.2007 – 11 B 9.06 (erhältlich in juris) Rn. 29; Geiß, DÖV 2007, 155 (158).

188 Hanschel, ZaöRV 66 (2006), 789 (810).

189 Entsprechendes würde für die Auslagenerstattung gelten. Würde man zur Feststellung einer konsularischen Handlung allein auf den Ort der Entscheidung abstellen, wäre die Auslagenerstattung auch in den Fällen des § 6 KonsG – entgegen der ausdrücklichen Regelung in § 6 Abs. 2 KonsG – regelmäßig ausgeschlossen.

190 *BVerwG*, Urt. v. 28.05.2009 – 7 C 13/08, NJW 2009, 2905 (2906); *OVG Berlin-Brandenburg*, Urt. v. 21.02.2007 – 11 B 9.06 (erhältlich in juris) Rn. 29; Geiß, DÖV 2007, 155 (158).

191 Gesetz über den Auswärtigen Dienst vom 30.08.1990, zuletzt geändert durch Art. 8 G vom 1907.2006 I 1652.

GAD besteht der Auswärtige Dienst aus dem Auswärtigen Amt und den Auslandsvertretungen; Auslandsvertretungen sind gemäß § 3 Abs. 1 GAD Botschaften, Generalkonsulate und Konsulate sowie ständige Vertretungen bei zwischenstaatlichen und überstaatlichen Organisationen. Das Auswärtige Amt und die Auslandsvertretungen bilden also „*eine einheitliche Bundesbehörde*" (vgl. § 2 GAD). Entsprechend heißt es in der Gesetzesbegründung zum GAD:

> *„Für die Funktionsfähigkeit des Auswärtigen Dienstes ist seine Organisation als einheitliche Behörde eine wesentliche Voraussetzung. Willensbildung und Durchsetzung der Außenpolitik vollziehen sich in einem fortgesetzten, ein Ganzes bildenden Prozess, in denen die Funktionen des Auswärtigen Amtes und der Vertretungen im Ausland ineinandergreifen."*[192]

Folglich stellen auch Tätigkeiten der Konsulate, über deren Art, Form und Maß in der Zentrale des Auswärtigen Amts entschieden wird, eine konsularische Tätigkeit i.S.d. Konsulargesetzes dar[193]. Daneben können gemäß § 3 Abs. 1 KonsG i. V. m. §§ 1 Abs. 4, 2 GAD der Krisenstab oder sonstige Organe des Auswärtigen Amtes selbst Aufgaben der Konsularbehörden wahrnehmen. Entscheidend ist daher lediglich, dass es sich der Sache nach um eine Angelegenheit des konsularischen Schutzes handelt[194].

b) Befreiungsmaßnahmen als konsularische Tätigkeit

Das *VG Berlin*[195] lehnt die Anwendung des KonsG im Falle einer Entführung aus einem weiteren Grund ab. Nach Auffassung des Gerichts können Geiselbefreiungen wegen ihres besonderen Charakters, der sie von den üblichen konsularischen Aufgaben deutlich unterscheidet, nicht unter die Vorschriften des Konsulargesetzes subsumiert werden. Das Gericht nennt *vier* Argumente, die diese Aussage untermauern sollen:

aa) Befreiungsaktion als nicht alltägliche konsularische Aufgabe

Das Gericht geht zunächst davon aus, dass eine Befreiungsaktion wegen ihrer Komplexität und politischen Brisanz außerhalb der alltäglichen Aufgabenstellung eines Konsularbeamten oder eines Botschaftsangehörigen stehe[196].

---

192 BT-Drs. 11/6547, S. 14.

193 Vgl. *BVerwG*, Beschl. v. 08.07.1954 – I A 7/54, MDR 1954, 699; Oberthür, S. 86.

194 Hanschel, ZaöRV 66 (2006), 789 (809).

195 *VG Berlin*, Urt. v. 04.04.2006 – 14 A 12.04 (erhältlich in juris) Rn. 38 ff.

196 *VG Berlin*, Urt. v. 04.04.2006 – 14 A 12.04 (erhältlich in juris) Rn. 39.

Dieses Argument greift nicht durch. Das Gericht verkennt, dass die Hilfe in Katastrophenfällen i.S.v. § 6 KonsG in Einzelfällen ein Maß an Komplexität erreichen kann, das mit dem Befreiungsaufwand in Entführungsfällen vergleichbar ist. Naturkatastrophen oder Kriegs- und Krisensituationen können sogar unter Umständen ein höheres Maß an struktureller und individueller Hilfe erfordern als die Entführung einer Einzelperson[197]. Die „Tsunami-Katastrophe" im Indischen Ozean 2004/2005 stellt hierfür ein überzeugendes Beispiel dar: Ohne die gute Zusammenarbeit mit den staatlichen Stellen und ohne deren Zustimmung hätte die notwendige Hilfe nach der Flutkatastrophe die betroffenen deutschen Staatsangehörigen nicht so rechtzeitig erreicht, wie dies geschehen ist.

bb) Exterritorialität des amtlichen Handelns

Ferner, so das Gericht, würden konsularische Alltagsgeschäfte weitgehend im Botschaftsgebäude bzw. im Konsulatsgebäude und damit aus Sicht des fremden Staates exterritorial abgewickelt[198]. Dagegen fänden Befreiungsaktionen außerhalb des Botschafts- bzw. Konsulatgebäudes statt und damit auf dem Territorium eines fremden Staates.

Auch dieser Behauptung des Gerichts kann nicht gefolgt werden. Selbst wenn man sich der überholten Ansicht anschließen würde und das Gelände der Auslandsvertretung als Territorium des Entsendestaates betrachtet[199], muss eine Geiselbefreiung als konsularische Tätigkeit qualifiziert werden. Das *VG Berlin* verkennt, dass konsularische Handlungen auch außerhalb des Gebäudes der Auslandsvertretung vorgenommen werden können, was sich mittelbar aus § 4 Abs. 1 KonsG ergibt[200]. Wörtlich heißt es dort:

> *„Bei ihrer Amtstätigkeit haben die Konsularbeamten die Schranken zu berücksichtigen, die sich aus dem in ihrem Konsularbezirk geltenden Recht ergeben.*

Der Konsularbezirk ist gemäß Art. 1 Abs. 1 lit. b) WÜK ein Gebiet, das einer konsularischen Vertretung für die Wahrnehmung ihrer Aufgaben zugeteilt ist. Es handelt sich dabei um einen geographisch abgegrenzten Teil des Empfangs-

---

197 Vgl. Geiß, DÖV 2007, 155 (159).

198 *VG Berlin*, Urt. v. 04.04.2006 – 14 A 12.04 (erhältlich in juris) Rn. 41.

199 Vgl. dagegen überzeugend: Heintzen, Auswärtige Beziehungen privater Verbände, S. 133; Verdross/Simma, Universelles Völkerrecht, § 895 u. § 1027.

200 Vgl. *OVG Berlin-Brandenburg*, Urt. v. 21.02.2007 – 11 B 9.06 (erhältlich in juris) Rn. 31.

staats und damit um ein Gebiet, das über das Gelände der Auslandsvertretung hinausgeht[201].

cc) Befreiungsmaßnahme als diplomatischer Schutz

Das Gericht behauptet weiter, Befreiungsaktionen seien überhaupt nur dann erfolgversprechend, wenn sie in enger Abstimmung mit den Behörden des betreffenden Staates erfolgten[202]. Aus diesen Gründen sei die Befreiung einer Geisel im Ausland vielmehr mit den Fällen des diplomatischen Schutzes zu vergleichen[203]. Eine Befreiung unterscheide sich daher prinzipiell von den in den §§ 1, 5 ff. KonsG geregelten Aufgaben[204].

Dieses Argument des Gerichts überzeugt ebenfalls nicht. Die Kammer geht zwar zutreffend davon aus, dass eine gelungene Geiselbefreiung eine enge Abstimmung mit den Behörden des betroffenen Gaststaates erfordert[205]. Eine enge Abstimmung mit der Exekutive des Gastlandes ist allerdings Bedingung für fast alle Hilfeleistungen nach § 6 KonsG. Die „Tsunami-Katastrophe" hat dies bewiesen. Denn ohne die gute Zusammenarbeit mit den staatlichen Stellen und ohne deren Zustimmung hätte die notwendige Hilfe nach der Flutkatastrophe die betroffenen deutschen Staatsangehörigen nicht so rechtzeitig erreicht, wie dies geschehen ist. Außerdem dürfte von Hilfsmaßnahmen i.S.d. § 6 KonsG in Situationen „*kriegerischer oder revolutionärer Verwicklungen*" eine vergleichbare politische Brisanz wie von Hilfeleistungen in Entführungsfällen ausgehen[206].

Im Übrigen kann eine Geiselbefreiung in der Regel bereits nicht als *diplomatischer Schutz* bezeichnet werden. Damit eine Staat *diplomatischen Schutz* ausüben kann, muss ein anderer Staat gegen das Völkerrecht verstoßen haben[207]. Diese Voraussetzung liegt bei Geiselnahmen regelmäßig nicht vor: Die Entführung von Ausländern durch private Angehörige des Aufenthaltsstaates kann dem Aufenthaltsstaat grundsätzlich nicht zugerechnet werden. Ein völkerrecht-

201 Vgl. Hoffmann, Konsularrecht I, Vorbem. z. 1. Abschnitt des KonsG, Anm. 6.
202 *VG Berlin*, Urt. v. 04.04.2006 – 14 A 12.04 (erhältlich in juris) Rn. 40 f.
203 *VG Berlin*, Urt. v. 04.04.2006 – 14 A 12.04 (erhältlich in juris) Rn. 40 f.
204 *VG Berlin*, Urt. v. 04.04.2006 – 14 A 12.04 (erhältlich in juris) Rn. 40 f.
205 *VG Berlin*, Urt. v. 04.04.2006 – 14 A 12.04 (erhältlich in juris) Rn. 41.
206 Vgl. Geiß, DÖV 2007, 155 (159).
207 S.o., Seite 9 f.

liches Delikt liegt also in aller Regel nicht vor[208]. Eine Geiselbefreiung ist daher richtigerweise als konsularischer Schutz zu qualifizieren[209].

Die Voraussetzungen des diplomatischen Schutzes liegen auch nicht bereits deswegen vor, weil Konsularbeamten im Falle einer Entführung eines deutschen Staatsbürgers mit den Behörden des Drittstaates zusammenarbeiten müssen. Das Verwaltungsgericht übersieht den weiten Umfang konsularischer Aufgaben nach dem KonsG. Neben Botschaftsangehörigen sind auch Konsularbeamten befugt, mit den Behörden des Empfangsstaates zu kooperieren. Konsularische Tätigkeiten können sich also auch auf Tätigkeiten erstrecken, die grundsätzlich im Rahmen des diplomatischen Schutzes erfolgen[210]. Dies ergibt sich ausdrücklich aus § 1 KonsG. Nach § 1 2. Spiegelstrich KonsG sind die Konsularbeamten unter anderem dazu berufen, bei der Zusammenarbeit zwischen der Bundesrepublik und dem Empfangsstaat mitzuwirken[211]. Die Konsularbeamten üben daher auch dann eine konsularische Tätigkeit aus, wenn sie die Interessen deutscher Staatsbürger gegenüber den staatlichen Stellen des Gastlandes vertreten; dies, obwohl diese Handlungen Implikationen diplomatischer Tätigkeiten aufweisen[212].

Art. 5 lit. a) WÜK[213] bestätigt dieses Ergebnis. Durch die Bestimmung wird die Aufgabe des Konsularbeamten begründet, die Interessen der Angehörigen des Entsendestaates im Empfangsstaat zu schützen. Die Regelung des Art. 5 lit. a) WÜK betrifft also ein Tätigwerden des Konsularbeamten gegenüber den zuständigen Behörden des Empfangsstaates und stellt somit eine Ausprägung des diplomatischen Schutzes dar[214]. Auch nach dem WÜK kann folglich eine konsularische Maßnahme Implikationen diplomatischen Schutzes aufweisen.

---

208 S.o., Seite 13.

209 S.o., Seite 14.

210 Vgl. *OVG Berlin-Brandenburg*, Urt. v. 21.02.2007 – 11 B 9.06 (erhältlich in juris) Rn. 30; HOFFMANN, Konsularrecht I, § 1 KonsG, Anm. 2.5.2.

211 Die Verwendung des Wortes *„namentlich"* in § 1 2. Spiegelstrich KonsG macht deutlich, dass die Aufzählung der Gebiete der Zusammenarbeit nicht abschließend ist, vgl. HOFFMANN, Konsularrecht I, § 1 KonsG, Anm. 2.5.1.

212 Das Konsulargesetz selbst beinhaltet also bereits Überschneidungen von diplomatischem und konsularischem Schutz. Dieses regelt nämlich nicht die Rechtsbeziehungen zwischen Staaten, sondern zwischen Auslandsvertretungen und deutschen Staatsbürgern. Sowohl Entführungsfälle als auch Naturkatastrophen und Kriegs- oder Krisensituationen erfordern in aller Regel die vorherige Abstimmung mit dem Staat, auf dessen Hoheitsgebiet die Amtshandlung vorgenommen werden soll.

213 Wortlaut von Art. 5 lit. a) WÜK: S.o., FN 30.

214 Vgl. HOFFMANN, Konsularrecht I, Vorbem. z. 1. Abschnitt, Anm. 8.2.

Im Übrigen übersieht das VG, dass nach Art. 17 WÜK unter bestimmten Umständen Konsularbeamte ausdrücklich mit der Durchführung diplomatischer Aufgaben betraut werden können.

dd) Entführungen und der Bereich des Unnormierbaren

Schließlich, so das VG Berlin, scheide eine Anwendung des KonsG auf Entführungsfälle aus, weil es sich bei Geiselfällen um einen Bereich des Unnormierbaren handele[215]. Jede Normierung einer Befreiungspflicht würde es dem Geiselnehmer ermöglichen, sich auf die Reaktion des Staates einzustellen. Dies würde zur erhöhten Gefährdung des Lebens anderer Bürger beitragen.

Auch dieses Argument überzeugt nicht. Der Versuch, die Ausführungen des BVerfG in der „*Schleyer-Entscheidung*"[216] auf die Frage zu übertragen, ob das KonsG bei Entführungen von deutschen Staatsbürgern im Ausland Anwendung findet, gelingt nicht. Das BVerfG hat in dieser Entscheidung zwar die Auffassung vertreten, dass es bei erpresserischen Geiselnahmen Bereiche des Unnormierbaren geben müsse. Eine vorherige Festlegung im Falle terroristischer Erpressungen dürfe nicht erfolgen, weil dann die Reaktion des Staates für Terroristen von vorneherein kalkulierbar würde[217]. Diese Feststellungen des BVerfG können allerdings nicht die Frage beantworten, ob das KonsG bei einer Entführung im Ausland angewendet werden kann. Der Gesetzgeber hat nämlich die Begriffe der erforderlichen Hilfe in § 5 Abs. 1 KonsG, der erforderlichen Maßnahmen in § 6 KonsG und des Beistandes in § 1 2. Spiegelstrich KonsG offen formuliert und nicht auf bestimmte Maßnahmen beschränkt[218]. Im Gegensatz zu den vom Antragsteller im Fall Schleyer geforderten Maßnahmen sind die Hilfeleistungen nach dem KonsG somit nicht geeignet, das konsularische Handeln des deutschen Staates von vorneherein auf bestimmte Maßnahmen zu verengen[219].

---

215 *VG Berlin* Urt. v. 04.04.2006 – 14 A 12.04 (erhältlich in juris) Rn. 42.

216 *BVerfG*, Urt. v. 16.10.1977 – 1 BvQ 5/77, BVerfGE 46, 160 (165).

217 *BVerfG*, Urt. v. 16.10.1977 – 1 BvQ 5/77, BVerfGE 46, 160 (165).

218 Vgl. *OVG Berlin-Brandenburg*, Urt. v. 21.02.2007 – 11 B 9.06 (erhältlich in juris) Rn. 32; Geiß, DÖV 2007, 155 (159).

219 Vgl. *OVG Berlin-Brandenburg*, Urt. v. 21.02.2007 – 11 B 9.06 (erhältlich in juris) Rn. 32; Geiß, DÖV 2007, 155 (159).

c) Ergebnis: KonsG ist auf Entführungsfälle anwendbar

Die Anwendung des KonsG ist im Falle einer Geiselbefreiung nicht bereits begrifflich ausgeschlossen[220]. Die Bedenken des *VG Berlins* überzeugen nicht. Die Anwendung des KonsG scheitert weder daran, dass über Befreiungsaktionen grundsätzlich das Auswärtige Amt entscheidet, noch daran, dass solche Tätigkeiten außerhalb des alltäglichen konsularischen Aufgabenkatalogs liegen[221].

2. Hilfe in Notfällen nach § 5 Abs. 1 S. 1 KonsG

Fraglich ist weiter, ob die Vorschriften des KonsG eine tragfähige Grundlage für einen Befreiungsanspruch darstellen[222]. Zunächst ist zu untersuchen, ob ein Befreiungsanspruch auf § 5 KonsG gestützt werden kann. Gemäß § 5 KonsG werden die Konsularbeamten verpflichtet, hilfsbedürftige Deutsche aus einer gegenwärtigen und akuten Notlage im Ausland zu befreien[223]. Konkret heißt es in § 5 Abs. 1 S. 1 KonsG:

> *„Die Konsularbeamten sollen Deutschen, die in ihrem Konsularbezirk hilfsbedürftig sind, die erforderliche Hilfe leisten, wenn die Notlage auf andere Weise nicht behoben werden kann.“*

a) Begriff der Hilfsbedürftigkeit

Entscheidend für die Anwendung des § 5 Abs. 1 S. 1 KonsG ist, ob ein deutsches Entführungsopfer „*hilfsbedürftig*“ im Sinne dieser Vorschrift sein kann. Der Gesetzgeber hat bei der Kodifizierung der Norm auf eine Definition des

---

220 So im Ergebnis auch: HANSCHEL, ZaöRV 66 (2006), 789 (801).

221 Eine Anwendung des KonsG auf Befreiungsmaßnahmen scheitert auch nicht an § 4 KonsG (Wortlaut: S.o., FN 178). § 4 KonsG mahnt zwar die Achtung der völkerrechtlichen Schranken an. Diese schützen jedoch lediglich vor einer Verletzung der Souveränität des Gaststaates. Eine Verletzung dieser Souveränität durch eine Befreiung eines deutschen Staatsangehörigen ist aber nicht zwingend, vgl. HANSCHEL, ZaöRV 66 (2006), 789 (801).

222 Die folgende Darstellung beschränkt sich auf die §§ 5, 6 und § 1 2. Spiegelstrich KonsG. Auf § 7 KonsG wird nicht eingegangen. Ein Anspruch auf Befreiung aus § 7 KonsG scheidet offensichtlich aus. Nach § 7 KonsG sollen Konsularbeamten in ihrem Konsularbezirk deutsche Untersuchungs- und Strafgefangene auf deren Verlangen betreuen und ihnen insbesondere Rechtsschutz vermitteln. Entführungsopfer bzw. Geiseln sind weder Untersuchungs- oder Strafgefangene noch begehren sie Rechtsschutz.

223 HOFFMANN, Konsularrecht I, § 5 KonsG, Anm. 2.1; DERS., ZblJugR 1978, 284 (293).

Begriffes „*hilfsbedürftig*“ verzichtet. Dies hat zu einem Streit über die Auslegung dieses Tatbestandsmerkmals geführt.

aa) Beschränkung des Anwendungsbereichs auf soziale Leistungen

Sowohl die Rechtsprechung als auch die Literatur gingen lange Zeit übereinstimmend davon aus, dass eine entführte Person nicht „*hilfsbedürftig*“ i. S. d. § 5 Abs. 1 S. 1 KonsG ist[224]. Der Gesetzgeber habe mit der Einführung von § 5 Abs. 1 S. 1 KonsG nur eine Grundlage für Ansprüche auf *soziale* Hilfeleistungen in – akuter, vorübergehender – wirtschaftlicher oder sozialer Not schaffen wollen[225]. Es seien allein Zahlungen bzw. Leistungen erfasst, die der Beseitigung eines vorübergehenden finanziellen Engpasses dienen[226]. Die Vorschrift sei nämlich den entsprechenden Vorschriften des Sozialrechts nachgebildet[227]. In Anlehnung an § 27 SGB XII[228] sei daher nur hilfsbedürftig, wer seinen not-

224 Vgl. *VG Berlin*, Urt. v. 04.04.2006 – 14 A 12.04 (erhältlich in juris) Rn. 22 ff.; Dahm, NVwZ 2005, 172 (173); Geiß, DÖV 2007, 155 (156); Göres, NJW 2004, 1909 (1910); Rausch, in: Hecker/Müller-Chorus/Bindseil, § 3 B. Rn. 7; Hoffmann, Konsularrecht I, § 5 KonsG, Anm. 1.6, Vorbemerkung § 5 Anm. 2.1.; ders., ZblJugR 1978, 284 (293 f.); Kötter/Nolte, DÖV 2007, 186 (187).

225 *VG Berlin*, Urt. v. 04.04.2006 – 14 A 12.04 (erhältlich in juris) Rn. 22 ff.; Dahm, NVwZ 2005, 172 (173); Geiß, DÖV 2007, 155 (156); Göres, NJW 2004, 1909 (1910); Hoffmann, Konsularrecht I, § 5 KonsG, Anm. 1.2; Kötter/Nolte, DÖV 2007, 186 (187).

226 *VG Berlin*, Urt. v. 04.04.2006 – 14 A 12.04 (erhältlich in juris) Rn. 22; Baur, NVwZ 2004, 1322 (1323); Dahm, NVwZ 2005, 172 (173); Geiß, DÖV 2007, 155 (156); Göres, NJW 2004, 1909 (1911); Hoffmann, Konsularrecht I, § 5 KonsG, Anm. 1.1; Kötter/Nolte, DÖV 2007, 186 (186).

227 *VG Berlin*, Urt. v. 04.04.2006 – 14 A 12.04 (erhältlich in juris) Rn. 23; Hoffmann, Konsularrecht I, § 5 KonsG, Anm. 1.3; ders., ZBlJugR 1978, 284 (293); Kötter/Nolte, DÖV 2007, 186 (186).

228 Sozialgesetzbuch (SGB) Zwölftes Buch (XII) – Sozialhilfe – vom 27. Dezember 2003, zuletzt geändert durch Art. 5 Zweiundzwanzigstes Gesetz zur Änderung des Bundesausbildungsförderungsgesetzes vom 23.12.2007. Wortlaut von § 27 SGB XII (Notwendiger Lebensunterhalt):
„*(1) Der notwendige Lebensunterhalt umfasst insbesondere Ernährung, Unterkunft, Kleidung, Körperpflege, Hausrat, Heizung und persönliche Bedürfnisse des täglichen Lebens. Zu den persönlichen Bedürfnissen des täglichen Lebens gehören in vertretbarem Umfang auch Beziehungen zur Umwelt und eine Teilnahme am kulturellen Leben.*
(2) Bei Kindern und Jugendlichen umfasst der notwendige Lebensunterhalt auch den besonderen, insbesondere den durch ihre Entwicklung und ihr Heranwachsen bedingten Bedarf.

wendigen Lebensunterhalt vorübergehend nicht oder nicht ausreichend aus eigenen Kräften oder Mitteln, vor allem aus seinem Einkommen und Vermögen, beschaffen kann[229].

Folgt man dieser Auffassung, so stellen Befreiungsmaßnahmen keine konsularische Handlung i.S.v. § 5 Abs. 1 S. 1 KonsG dar. Das Opfer einer Geiselnahme befindet sich nicht in einer vorübergehenden wirtschaftlichen oder sozialen Notlage. Es liegt kein finanzieller Engpass vor, dem durch Geld- oder Sachleistungen abgeholfen werden könnte. Das Opfer befindet sich vielmehr in einer Gefahrenlage für Leib und Leben durch politisch motiviertes strafbares Handeln Dritter, die auf diese Weise staatliche Organe zu einem bestimmten Verhalten zwingen wollen[230]. Eine Rettung aus dieser Zwangslage erfordert umfangreiche strukturelle und individuelle Maßnahmen. So wird in der Regel ein Krisenstab gebildet, es werden Kooperationen mit den ansässigen öffentlichen Einrichtungen aufgenommen, Kommunikationswege mit den Entführern gesucht, Befreiungsmodalitäten verhandelt und schließlich wird bestenfalls die Rettung erwirkt[231]. Nur wenige Maßnahmen, wie etwa die ärztliche Versorgung nach der Befreiung oder der Abtransport nach Deutschland, könnten als *soziale* Leistungen betrachtet werden. Größtenteils resultiert eine gelungene Befreiung aber aus einer engen und erfolgreichen Kooperation mit anderen oder der Einflussnahme auf die örtlichen Behörden[232].

bb) Weite Auslegung des Tatbestandsmerkmals „hilfsbedürftig“

Das BVerwG, das OVG Berlin-Brandenburg und Hanschel stützen amtliche Befreiungsmaßnahmen dagegen auf § 5 Abs. 1 S. 1 KonsG[233]. Die entführte

---

(3) Hilfe zum Lebensunterhalt kann auch Personen geleistet werden, die ein für den notwendigen Lebensunterhalt ausreichendes Einkommen oder Vermögen haben, jedoch einzelne für ihren Lebensunterhalt erforderliche Tätigkeiten nicht verrichten können. Von den Leistungsberechtigten kann ein angemessener Kostenbeitrag verlangt werden.“

229 Hoffmann, Konsularrecht I, § 5 KonsG, Anm. 1.6.2.; Kötter/Nolte, DÖV 2007, 186 (186); Rausch, in: Hecker/Müller-Chorus/Bindseil, § 3 B Rn. 7.

230 *VG Berlin*, Urt. v. 04.04.2006 – 14 A 12.04 (erhältlich in juris) Rn. 27.

231 Kötter/Nolte, DÖV 2007, 186 (187).

232 Kötter/Nolte, DÖV 2007, 186 (187).

233 *BVerwG*, Urt. v. 28.05.2009 – 7 C 13/08, NJW 2009, 2905 (2905); *OVG Berlin-Brandenburg*, Urt. v. 21.02.2007 – 11 B 9.06 (erhältlich in juris) Rn. 14 ff.; Hanschel, ZaöRV 66 (2006), 789 (799 ff.).

Geisel sei hilfsbedürftig, weil sie sich in der Gewalt ihrer Entführer befinde[234]. § 5 Abs. 1 S. 1 KonsG habe einen weiten Anwendungsbereich und sei auf eine Vielzahl von Notlagen anwendbar[235]. Denn Funktion von § 5 Abs. 1 S. 1 KonsG sei, die in § 1 KonsG allgemein formulierte konsularische Aufgabe der Beistandsgewährung zu konkretisieren[236]. Insoweit scheide eine Beschränkung des Anwendungsbereichs allein auf soziale Leistungen aus[237].

cc) Stellungnahme

Die Auffassungen des BVerwG, OVG Berlin-Brandenburg und Hanschels überzeugen nicht. Die Regelung des § 5 Abs. 1 S. 1 KonsG erschöpft sich ausschließlich in Leistungen, die der Beseitigung eines finanziellen Engpasses dienen. Hilfsbedürftig i.S.d. § 5 Abs. 1 S. 1 KonsG ist daher nur derjenige, der sich in einer wirtschaftlichen oder sozialen Notlage befindet. Eine Ausweitung des Begriffes „*hilfsbedürftig*“ auf Befreiungsmaßnahmen wird der Bedeutung der Vorschrift nicht gerecht.

(1) Wortlaut

Allein der Wortlaut des § 5 Abs. 1 S. 1 KonsG lässt eine weite Auslegung zu. § 5 Abs. 1 S. 1 KonsG verlangt lediglich eine „*Notlage*“ eines Deutschen. Das Konsulargesetz definiert diesen Begriff nicht. Nach dem allgemeinen Wortsinn

---

234 *BVerwG*, Urt. v. 28.05.2009 – 7 C 13/08, NJW 2009, 2905 (2906); *OVG Berlin-Brandenburg*, Urt. v. 21.02.2007 – 11 B 9.06 (erhältlich in juris) Rn. 15.

235 *BVerwG*, Urt. v. 28.05.2009 – 7 C 13/08, NJW 2009, 2905 (2905); *OVG Berlin-Brandenburg*, Urt. v. 21.02.2007 – 11 B 9.06 (erhältlich in juris) Rn. 16; Hanschel, ZaöRV 66 (2006), 789 (800). Dieser Ansicht ist auch das Auswärtige Amt, vgl. *OVG Berlin-Brandenburg*, Urt. v. 21.02.2007 – 11 B 9.06 (erhältlich in juris) Rn. 5.

236 *BVerwG*, Urt. v. 28.05.2009 – 7 C 13/08, NJW 2009, 2905 (2905); *OVG Berlin-Brandenburg*, Urt. v. 21.02.2007 – 11 B 9.06 (erhältlich in juris) Rn. 16.

237 *BVerwG*, Urt. v. 28.05.2009 – 7 C 13/08, NJW 2009, 2905 (2905 f.); *OVG Berlin-Brandenburg* Urt. v. 21.02.2007 – 11 B 9.06 (erhältlich in juris) Rn. 16; Hanschel, ZaöRV 66 (2006), 789 (800 ff.). Diese Auffassung sieht ihr Ergebnis durch den Wortlaut der Norm und die systematische Stellung der Vorschrift gestützt. Während das *OVG Berlin-Brandenburg* als weiteres Argument noch die Entstehungsgeschichte des KonsG anführt (*OVG Berlin-Brandenburg*, Urt. v. 21.02.2007 – 11 B 9.06 (erhältlich in juris) Rn. 20 ff.), sehen das *BVerwG* und Hanschel ihre Auffassungen durch den Sinn und Zweck der Vorschrift bestätigt (*BVerwG*, Urt. v. 28.05.2009 – 7 C 13/08, NJW 2009, 2905 (2905); Hanschel, ZaöRV 66 (2006), 789 (800 ff.). Zu diesen Argumenten im Folgenden ausführlich.

beschreibt eine Notlage einen Zustand der Bedrängnis, d. h. eine Situation, in der eine Person dringend Hilfe benötigt („akute Hilfsbedürftigkeit“)[238]. Diese Voraussetzung ist im Falle einer Entführung zweifellos erfüllt, da ein Geiselopfer sich in einer Lage allerhöchster Not befindet, in der es dringend Hilfe benötigt.

Gleichwohl kann ein Befreiungsanspruch nicht auf § 5 Abs. 1 S. 1 KonsG gestützt werden. Für dieses Ergebnis sprechen sowohl die *Systematik* der Vorschrift und die des übrigen Gesetzes als auch die *Entstehungsgeschichte* und die *Absichten* des Gesetzgebers.

(2) Systematische Argumente

(a) Die Regelung des § 5 Abs. 3 KonsG

Bereits die Regelung des § 5 Abs. 3 S. 1 KonsG lässt auf eine enge Auslegung des Begriffs *„hilfsbedürftig“* und damit auf eine Beschränkung der Hilfe nach § 5 Abs. 1 S. 1 KonsG auf finanzielle Notlagen schließen. Wörtlich heißt es in § 5 Abs. 3 S. 1 KonsG:

> *„Art, Form und Maß der Hilfe richten sich nach den besonderen Verhältnissen im Empfangsstaat unter Berücksichtigung der notwendigen Lebensbedürfnisse eines dort lebenden Deutschen.“*

Die Hilfeleistung nach § 5 Abs. 1 S. 1 KonsG muss sich also an den *„notwendigen Lebensbedürfnissen“* eines im Empfangsstaat[239] lebenden Deutschen orientieren. Die Verwendung dieses Tatbestandsmerkmals belegt, dass der Gesetzgeber die Hilfe nach § 5 Abs. 1 S. 1 KonsG als öffentlich-rechtliche Sozialleistung verstanden hat und mit der Einführung von § 5 KonsG eine Regelung auf dem Gebiet des Fürsorgerechts bezweckte. Der Gesetzgeber bezieht sich nämlich durch die Wahl des Tatbestandsmerkmals bewusst auf die Regelungen des Sozialhilferechts[240]. Dies bestätigt ein Vergleich mit den Vorschriften des Bundessozialhilfegesetzes[241] (BSHG), das zum Zeitpunkt des Inkrafttretens von § 5

---

238 *BVerwG*, Urt. v. 28.05.2009 – 7 C 13/08, NJW 2009, 2905 (2905).

239 Empfangsstaat ist der Staat, in dessen Hoheitsgebiet der Konsularbeamte seine Aufgaben wahrnimmt, vgl. HOFFMANN, Konsularrecht I, Vorbem. z. 1. Abschnitt des KonsG, Anm. 2.

240 *VG Berlin*, Urt. v. 04.04.2006 – 14 A 12.04 (erhältlich in juris) Rn. 22; GEIß, DÖV 2007, 155 (156).

241 Bundessozialhilfegesetz in seiner Fassung vom 23.03.1994, außer Kraft gesetzt am 31.12.2003.

KonsG noch gültig gewesen ist. So bestimmte z. B. § 12 BSHG den Umfang des *„notwendigen Lebensunterhalts“*[242]. Die Wahl der fast identischen Formulierungen – *„notwendige Lebensbedürfnisse“* in § 5 Abs. 1 S. 1 KonsG und *„notwendiger Lebensunterhalt“* in § 12 BSHG – ist augenfällig.

Die These, der Gesetzgeber habe sich bei der Formulierung des § 5 Abs. 1 S. 1 KonsG bewusst an den Vorschriften des Sozialhilferechts orientiert, wird durch den Wortlaut des § 5 Abs. 3 KonsG untermauert. Die Formulierung des Tatbestands entspricht zum Teil wörtlich der Regelung des § 119 Abs. 4 BSHG[243]. Diese Vorschrift betraf die Gewährung von Sozialhilfe für Deutsche im Ausland und bestimmte:

> *„Art, Form und Maß der Hilfe sowie der Einsatz des Einkommens und des Vermögens richten sich nach den besonderen Verhältnissen im Aufenthaltsland.“*

In der Begründung zum Gesetzesentwurf des Gesetzes über die Konsularbeamten, ihre Aufgaben und Befugnisse heißt es dementsprechend:

> *„Die Vorschrift (§ 5 III KonsG) will sicherstellen, dem § 119 IV des Bundessozialhilfegesetz folgend, dass der Hilfesuchende nicht durch eine zu knappe Bemessung der Hilfeleistung unter den für Deutsche im Empfangsstaat noch angemessenen Lebensstandard hinuntergedrückt wird.“*[244]

Damit lässt sich Folgendes feststellen: Der Gesetzgeber hat sich bei der Formulierung des § 5 Abs. 3 KonsG bewusst an den Vorschriften des Sozialhilferechts orientiert. Dies belegen sowohl der Wortlaut der Norm als auch die entsprechende Gesetzesbegründung. Es ist deshalb nicht ersichtlich, aus welchem Grund Hilfeleistungen nach § 5 Abs. 1 S. 1 KonsG über den Bereich der öffentlichen Fürsorge hinausreichen sollten.

Der Versuch des *OVG Berlin-Brandenburg,* die Anwendung der Norm über soziale Hilfeleistungen mit der Feststellung zu erweitern, in vielen Fällen des § 5 KonsG sei eine Hingabe von Geld oder Sachwerten nicht genügend, sondern vielmehr eine persönliche Betreuung des Hilfesuchenden notwendig[245], gelingt nicht. Das Gericht verkennt, dass die persönliche Betreuung hilfsbedürftiger

---

242 Der Inhalt des § 12 BSHG entspricht § 27 SGB XII n.F, vgl. Grube in: Grube/Wahrendorf, § 27 Rn. 1; Münder, in LPK-SGB XII, § 27 Rn. 4; Schellhorn in: Schellhorn/Schellhorn/Hohm, § 27 Rn. 6. Zum Wortlaut des § 27 SGB XII: S.o., FN 228).

243 Begr. RegE KG, BR-Drs. 404/62 S. 26; Hoffmann, Konsularrecht I, § 5 KonsG, Anm. 3. § 119 Abs. 4 BSHG wurde abgelöst durch § 27 Abs. 3 SGB XIII n. F.

244 Vgl. die amtliche Begründung zu § 14 KonsG (der heutige § 5 KonsG) in: Begr. RegE KG, BT-Drs. 7/131, S. 20.

245 Vgl. *OVG Berlin-Brandenburg*, Urt. v. 21.02.2007 – 11 B 9.06 (erhältlich in juris) Rn. 18.

Deutscher ebenfalls eine Form der *sozialen* Hilfe ist[246]. Die persönliche Hilfe steht im Vergleich zu den anderen Hilfeformen sogar im Vordergrund, weil vielen Hilfsbedürftigen mit der Leistung von Geld- oder Sachwerten allein nicht geholfen ist[247]. Sie besteht z. B. darin, dass der Konsularbeamte dem Hilfesuchenden ermöglicht, mit seinen Angehörigen Kontakt aufzunehmen, oder dass er ihm einen Arzt, die Aufnahme in ein Krankenhaus oder eine Rückreisemöglichkeit vermittelt[248]. Ein Vergleich mit den Vorschriften des Sozialhilferechts, insbesondere mit der Regelung des § 10 Abs. 1 SGB XII, verdeutlicht, dass die persönliche Betreuung eine Form der *sozialen* Hilfe darstellt. Die Leistungen des SGB XII umfassen danach neben der Geld- und Sachleistung auch Dienstleistungen. Zu der Dienstleistung gehören gemäß § 10 Abs. 2 SGB XII u. a. die Beratung und Unterstützung in sonstigen sozialen Angelegenheiten, worunter alle allgemeinen Lebensfragen und sonstige außerhalb des Sozialhilferechts auftretenden sozialrechtlichen Problemlagen zählen[249]. Zusammenfassend lässt sich also feststellen, dass die persönliche Hilfe neben Geld- und Sachleistungen eine weitere Form der Sozialhilfe ist.

Diese Wertung kann auf die Hilfe nach § 5 KonsG übertragen werden, weil sowohl die Hilfe nach § 5 KonsG als auch die Hilfe nach dem SGB XII auf die Beseitigung einer wirtschaftlichen oder sozialen Notlage gerichtet sind[250]. Diese Argumentation des OVG Berlin-Brandenburg greift somit nicht durch.

Darüber hinaus überzeugt ein weiteres systematisches Argument des Oberverwaltungsgerichts nicht. Das Gericht behauptet, aus der Regelung des § 5 Abs. 3 S. 2 KonsG folge eine erweiterte Auslegung des Begriffes „*hilfsbedürftig*“[251]. Die Norm bestimmt:

> *„Die Hilfe kann auch in der Gewährung von Rechtsschutz bestehen.“*

Das OVG Berlin Brandenburg verkennt die konkrete Zielrichtung des § 5 Abs. 3 S. 2 KonsG: Die Rechtsschutzgewährung soll danach nur demjenigen zugute kommen, der rechtlichen Maßnahmen im Empfangsstaat ausgesetzt ist und sich mangels finanzieller Möglichkeiten nicht selbst um Rechtsschutz

---

246 Vgl. Hoffmann, Konsularrecht I, § 5 KonsG, Anm. 3.2.

247 Vgl. Hoffmann, Konsularrecht I, § 5 KonsG, Anm. 3.2.1.

248 Hoffmann, Konsularrecht I, § 5 KonsG, Anm. 3.2.1.

249 Streichsbier, in: Grube/Wahrendorf, § 10 Rn. 10; Schellhorn, in: Schellhorn/Schellhorn/Hohm, § 10 Rn. 4.

250 Vgl. Hoffmann, Konsularrecht I, § 5 KonsG, Anm. 1.2.

251 *OVG Berlin-Brandenburg*, Urt. v. 21.02.2007 – 11 B 9.06 (erhältlich in juris) Rn. 18.

bemühen kann[252]. Dieses Auslegungsergebnis ergibt sich aus der Entstehungsgeschichte der Norm. Der ursprüngliche Entwurf des Konsulargesetzes von 1973 sah eine dem § 5 Abs. 3 S. 2 KonsG entsprechende Regelung nicht vor[253]. Sie wurde erst auf Antrag des Rechtsausschusses des Deutschen Bundestages eingefügt[254]. Dieser wollte mit der Ergänzung deutlich machen, dass sich die Hilfeleistung des Konsularbeamten nicht – wie etwa in § 7 KonsG bestimmt – auf die Vermittlung von Rechtsschutz beschränkt, sondern im Einzelfall auch die Gewährung von Rechtsschutz als konsularische Hilfe angebracht sein kann[255]. Diese Unterscheidung hat für den Betroffenen erhebliche Konsequenzen: Während er im Falle der bloßen Vermittlung von Rechtsschutz die etwaigen Kosten selbst zu tragen hat, sind bei der Gewährung des Rechtsschutzes die hierfür aufzuwendenden Kosten aus amtlichen Mitteln bereitzustellen[256]. Somit zielt die Regelung ebenfalls auf die Überwindung eines finanziellen Engpasses ab.

Dieses Ergebnis stellt keinen Widerspruch zu den möglichen Maßnahmen dar, durch welche Rechtsschutz gewährt werden kann[257]. Einige dieser Maßnahmen unterscheiden sich zwar deutlich von den Leistungen nach dem SGB XII. Während es in einigen Fällen genügt, die Kosten eines Rechtsbeistandes zu übernehmen, muss der Konsularbeamte in anderen Fällen bei der örtlichen Polizeibehörde, einer Amtstelle oder einem Gericht des Empfangsstaates vorsprechen und vermitteln[258]. Häufig ist eine solche Vermittlung erforderlich, wenn Deutsche bei der Polizei festgehalten werden und sich nicht ausweisen können[259]. Der Konsularbeamte muss sich dann bemühen, die Identität der Betroffenen so schnell wie möglich festzustellen und den Behörden die erforderlichen Angaben machen. Es kann auch geboten sein, dem Betroffenen einen Dolmetscher zu bestellen[260] oder in einem Strafverfahren das Hauptverfahren zu beobachten, um sicherzustellen, dass der Beschuldigte korrekt und gerecht

---

252 Vgl. HOFFMANN, Konsularrecht I, § 5 KonsG, Anm. 3.6.

253 HOFFMANN, Konsularrecht I, § 5 KonsG, Anm. 3.6.

254 Vgl. Sten. Prot. des Rechtsausschusses: 18. Sitzung vom 17.10.1973, S. 56 f.

255 WITTMANN, in: Prot. des Rechtsausschusses, 18. Sitzung vom 17.10.1973, S. 57; HOFFMANN, Konsularrecht I, § 5 KonsG, Anm. 3.6; DERS., ZBlJugR 1978, 284 (294).

256 Vgl. RAUSCH in: HECKER/MÜLLER-CHORUS/BINDSEIL, § 3 B. Rn. 7; HOFFMANN, Konsularrecht I, § 5 KonsG, Anm. 3.6.

257 So aber das *OVG Berlin-Brandenburg*, Urt. v. 21.02.2007 – 11 B 9.06 (erhältlich in juris) Rn. 13, das auf diesem Wege zu einer weiten Auslegung des Begriffs „*hilfsbedürftig*“ gelangen möchte.

258 Vgl HOFFMANN, Konsularrecht I, § 5 KonsG, Anm. 3.6.1.

259 HOFFMANN, Konsularrecht I, § 5 KonsG, Anm. 3.6.1.

260 HOFFMANN, Konsularrecht I, § 5 KonsG Anm. 3.6.2

behandelt wird und die zu seinem Schutz bestehenden Vorschriften eingehalten werden[261].

Die Bandbreite von Maßnahmen widerspricht jedoch nicht einer engen Auslegung des Begriffs *„hilfsbedürftig“*[262]. Eine gegenteilige Ansicht würde die eigenständige Rechtsnatur des § 5 KonsG verkennen und nicht ausreichend zwischen den Merkmalen *Notlage* und möglichen *Hilfeleistungen* unterscheiden. § 5 KonsG stellt eine eigenständige Vorschrift des materiellen konsularischen Leistungsrechts dar[263]. Die entsprechenden Vorschriften dürfen daher nur im Lichte dieser konsularischen Sonderregelung ausgelegt werden[264]. Dies folgt aus der besonderen Zweckbestimmung des KonsG. Während eine Hilfe nach § 5 grundsätzlich gewährt wird, um einem sonst in geordneten wirtschaftlichen Verhältnissen lebenden Deutschen im Ausland aus einer vorübergehenden Notlage zu helfen, und nur selten bei einer andauernden wirtschaftlichen Bedürftigkeit im Sinne einer echten sozialen Not greift[265], hat die Sozialhilfe nach dem BSHG /SGB XII zum Ziel, dem Empfänger der Hilfe auf Dauer die Führung eines Lebens zu ermöglichen, das der Würde des Menschen entspricht[266].

Gemessen an diesen Ausführungen stellt es keinen Widerspruch dar, wenn § 5 KonsG einerseits ausschließlich bei einer wirtschaftlichen oder sozialen Notlage Anwendung findet, anderseits in Art und Form der Hilfeleistung aber über die Hilfe des Sozialrechts hinausgeht.

(b) Die Regelung des § 5 Abs. 4 KonsG

§ 5 Abs. 4 KonsG bestätigt die hier vertretene Auffassung. Dort hat der Gesetzgeber bestimmt,

> *„[...] können die Konsularbeamten die Hilfe auch dadurch leisten, dass sie dem Hilfesuchenden die Reise an den Ort des gewöhnlichen Aufenthalts oder an einen anderen Ort ermöglichen.“*

Da § 5 Abs. 4 KonsG alle Fälle erfasst, in denen ein Deutscher seine Rückreise nicht finanzieren kann[267], knüpft die Regelung somit ebenfalls an eine finan-

---

261 Hoffmann, Konsularrecht I, § 5 KonsG. Anm. 3.6.3.

262 So aber das *OVG Berlin-Brandenburg*, Urt. v. 21.02.2007 – 11 B 9.06 (erhältlich in juris) Rn. 18.

263 Hoffmann, Konsularrecht I, § 5 KonsG, Anm. 1.2.

264 Hoffmann, Konsularrecht I, § 5 KonsG Anm. 1.2.

265 Hoffmann, Konsularrecht I, § 5 KonsG, Anm. 1.2; § 1 I BSHG; § 1 I SGB XII.

266 Grube, in: Grube/Wahrendorf, Einl., Rn. 10 ff.

267 Göres, NJW 2004, 1909 (1911); Hoffmann, Konsularrecht I, § 5 KonsG, Anm. 4.9.1 ff.

zielle Notlage an. Dies folgt aus dem Wortlaut und der Entstehungsgeschichte des § 5 Abs. 4 KonsG. Der Gesetzgeber wollte mit dieser Vorschrift ausweislich der Gesetzesbegründung alles umfassen, was § 26 des Gesetzes betreffend Organisation der Bundeskonsulate sowie die Amtsrechte und Pflichten der Bundeskonsuln[268] *„Gewährung der Mittel zur Rückkehr in die Heimat"* und das Bundessozialhilfegesetz in § 119 Abs. 3 S. 2 BSHG *„Heimführung"* nannte[269]. Da der Anwendungsbereich des § 26 des Konsulargesetz von 1867 sich aber schon allein aufgrund des Wortlauts unstreitig auf den Bereich der öffentlichen Fürsorge beschränkte[270] und für das Bundessozialhilfegesetz nichts anderes gegolten hat, kommt eine *„Heimführung"* nach § 5 Abs. 4 KonsG ebenso nur in Betracht, wenn sich der Betroffene in einer finanziellen Notlage befindet.

(c) Die Regelung des § 5 Abs. 5 KonsG

Entgegen der Ansicht des *OVG Berlin-Brandenburgs* rechtfertigt die Vorschrift des § 5 Abs. 5 KonsG keine weite Auslegung des Begriffs *„hilfsbedürftig"*. Das Gericht behauptet, dies folge aus den unterschiedlichen Rechtsfolgen, die sich nach gewährter konsularischer Hilfe und Leistungen nach dem SGB XII ergeben[271]. Während der Empfänger konsularischer Hilfe nach § 5 Abs. 5 KonsG die Kosten zu erstatten hat, werden die regulären Sozialhilfeleistungen grundsätzlich als nicht rückzahlungspflichtige öffentliche Hilfeleistungen und nur ausnahmsweise nach § 38 SGB XII als Darlehen gewährt.

Diese unterschiedlichen Rechtsfolgen rechtfertigen aber eine derartige Auslegung nicht. Das Gericht verkennt die schon oben angesprochenen unterschiedlichen Zweckbestimmungen von konsularischer Hilfe und den Leistungen nach dem SGB XII[272]. Nur in den wenigsten Fällen konsularischer Hilfeleistung liegt tatsächlich eine echte soziale Notlage und damit eine dauernde Hilfsbedürftigkeit i.S.d. Sozialrechts vor[273]. Die Betroffenen benötigen meistens nur eine kurzfristige Finanzhilfe, um beispielsweise das Land verlassen zu können. Von

---

268 Gesetz betreffend Organisation der Bundeskonsulate sowie die Amtsrechte und Pflichten der Bundeskonsuln vom 8. November 1867, Bundesgesetzblatt des Norddeutschen Bundes 1867 S. 137. Im Folgenden: Konsulargesetz von 1867.

269 Vgl. die amtliche Begründung zu § 14 KonsG (der heutige § 5 KonsG) in: Begr. RegE KG, BT-Drs. 7/131, S. 20.

270 Vgl. v. König, Handbuch des Deutschen Konsularwesens, § 62 I. (S. 413); Geiß, DÖV 2007, 155 (156).

271 *OVG Berlin-Brandenburg*, Urt. v. 21.02.2007 – 11 B 9.06 (erhältlich in juris) Rn. 23.

272 S.o., Seite 53 ff.

273 Vgl. Hoffmann, Konsularrecht I, § 5 KonsG, Anm. 5.2.

dieser Ausgangslage ging auch der Gesetzgeber laut der Begründung des Entwurfs von 1964 zu § 17 Abs. 1 S. 1 KonsG aus[274], der dem § 5 KonsG im Wesentlichen entsprach.

Der Konsularbeamte wäre ferner regelmäßig überfordert, wenn er in jedem einzelnen Fall überprüfen müsste, ob der Betroffene sich tatsächlich in einer sozialen Notlage befindet. Die Erstattungspflicht schützt infolgedessen den Staat auch vor einem Missbrauch der Hilfeleistungen. In der konsularischen Praxis kommt es nämlich häufig vor, dass Staatsbürger unter falschen Angaben und Beteuerungen von den Auslandsvertretungen eine Hilfe erbitten, um ihren Aufenthalt im Ausland zu verlängern oder ihre Reise in andere Länder fortzusetzen[275]. Auch diesem Umstand trägt die Vorschrift des § 5 Abs. 5 KonsG also Rechnung.

(d) Die Regelung des § 5 Abs. 6 KonsG

Auch § 5 Abs. 6 KonsG bestätigt die hier erfolgte enge Auslegung des Begriffs „hilfsbedürftig". Gemäß § 5 Abs. 6 KonsG ist, wenn *„die Notlage eines Hilfeempfängers, der seinen gewöhnlichen Aufenthalt im Ausland hat oder der im Ausland in Untersuchungshaft ist oder eine Freiheitsstrafe verbüßt, länger als zwei Monate"* dauert, *„vom Eintritt der Hilfsbedürftigkeit an Hilfe nach dem Zwölften Sozialgesetzbuch ... zu gewähren"*. Die Bestimmung verwendet ebenso wie § 5 Abs. 1 S. 1 KonsG den Begriff der Hilfsbedürftigkeit. Da sich § 5 Abs. 6 KonsG aber kraft seiner ausdrücklichen Bezugnahme auf das SGB XII auf eine wirtschaftliche Notlage beschränkt[276], ist es folgerichtig, eine solche Beschränkung auch für § 5 Abs. 1 S. 1 KonsG anzuerkennen[277].

(e) Die Regelung des § 6 KonsG

Ein Vergleich der Regelung des § 5 KonsG mit § 6 KonsG verdeutlicht, dass der Gesetzgeber Fälle von Leibes- und Lebensgefahr im Gegensatz zu wirtschaftlichen Notlagen in einer eigenständigen Regelung erfasst hat[278]. Der Konsular-

274 Begr. RegE KG, BT-Drs. 404/62 S. 27.

275 Vgl. Hoffmann, Konsularrecht I, § 5 KonsG, Anm. 7.2.

276 Vgl. die amtliche Begründung zu § 14 KonsG (der heutige § 5 KonsG) in: Begr. RegE KG, BT-Drs. 7/131, S. 20.

277 Vgl. *VG Berlin*, Urt. v. 04.04.2006 – 14 A 12.04 (erhältlich in juris) Rn. 23; Geiß, DÖV 2007, 155 (156).

278 *VG Berlin*, Urt. v. 04.04.2006 – 14 A 12.04 (erhältlich in juris) Rn. 30; vgl. Hoffmann, Konsularrecht I, § 6 KonsG, Anm. 1.1; Geiß, DÖV 2007, 155 (157 f.).

beamte soll nach § 6 Abs. 1 S. 1 KonsG deutschen Staatsbürgern *„Hilfe und Schutz“* gewähren, wenn

> *„im Konsularbezirk Naturkatastrophen, kriegerische oder revolutionäre Verwicklungen oder vergleichbare Ereignisse, die der Bevölkerung oder Teilen von ihnen Schaden zufügen, eintreten oder einzutreten drohen“.*

Die Regelung des § 6 KonsG erfasst „chaotische“ Zustände, von denen eine Leibes- und Lebensgefahr für deutsche Staatsbürger im Ausland ausgeht[279]. Eine derartige Gefahrenlage kann nicht durch bloße Vermögensleistungen des Konsulats überwunden werden[280]. Die Konsularbeamten müssen sich im Katastrophenfall vielmehr mit den Behörden und humanitären Einrichtungen des Empfangsstaates abstimmen und organisatorische Maßnahmen durchführen, um die Gefahrenlage zu beseitigen[281]. Als erforderliche Hilfemaßnahmen nennt die Gesetzesbegründung z. B. die Gewährung von Obdach oder Speisungen, aber auch die Eröffnung von Möglichkeiten zum Verlassen des Landes oder des betroffenen Gebietes[282].

Wollte der Gesetzgeber den Begriff der Hilfe in § 6 Abs. 1 S. 1 KonsG aber in einem Sinne gebrauchen, der über soziale Hilfeleistungen deutlich hinausgeht, so liegt es nahe, § 5 Abs. 1 S. 1 KonsG auf wirtschaftliche Notlagen zu beschränken. Dafür spricht zunächst der unterschiedliche *Wortlaut* beider Vorschriften. § 6 Abs. 1 S. 1 KonsG setzt im Gegensatz zu § 5 Abs. 1 S. 1 KonsG „*Schäden*“, „*Geschädigte*“, „*Bedrohte*“, „*Hilfe*“ und „*Schutz*“ voraus und soll dementsprechend bei Gefahr für Leib und Leben einer Person eingreifen. Die Regelung des § 5 Abs. 1 S. 1 KonsG entbehrt solcher Tatbestandsmerkmale.

Wollte man § 5 Abs. 1 S. 1 KonsG auch auf andere als finanzielle Notlagen anwenden, hätte dies im Übrigen zur Folge, dass § 5 Abs. 1 S. 1 KonsG *contra legem* als Auffangtatbestand zu § 6 Abs. 1 S. 1 KonsG betrachtet werden müsste. Denn im Gegensatz zu § 6 KonsG schweigt § 5 Abs. 1 S. 1 KonsG dazu, auf welchem Wege der Betroffene in eine Notlage geraten sein muss. Der Wortlaut des § 5 Abs. 1 S. 1 KonsG verlangt lediglich die Notlage eines Deutschen; beide Vorschriften würden sich also allein darin unterscheiden, auf welche Art und Weise

279 *VG Berlin*, Urt. v. 04.04.2006 – 14 A 12.04 (erhältlich in juris) Rn. 30; Hoffmann, Konsularrecht I, § 6 KonsG, Anm. 1.1.

280 Vgl. *VG Berlin*, Urt. v. 04.04.2006 – 14 A 12.04 (erhältlich in juris) Rn. 30; Hoffmann, Konsularrecht I, § 6 KonsG, Anm. 1.1.

281 Vgl. *VG Berlin*, Urt. v. 04.04.2006 – 14 A 12.04 (erhältlich in juris), Rn. 30; Scheller in: Hecker/Müller-Chorus/Bindseil, § 8 Rn. 13 ff.; Hoffmann, Konsularrecht I, § 6 KonsG, Anm. 1.3.2.

282 Vgl. die amtliche Begründung zu § 15 KonsG (der heutige § 6 KonsG) in: Begr. RegE KG, BT-Drs. 7/131, S. 21.

ein Deutscher in Not geraten ist: § 5 Abs. 1 S. 1 KonsG würde folglich den Auffangtatbestand für alle denkbaren Notlagen bilden, § 6 Abs. 1 S. 1 KonsG müsste dann als *lex specialis* verstanden werden. Ein solches Ergebnis findet aber weder in der *Gesetzesbegründung* noch in den *Gesetzesmaterialien* einen Ansatzpunkt.

Richtig erscheint es daher, beiden Vorschriften einen eigenständigen und voneinander unabhängigen Anwendungsbereich zuzusprechen. Für eine solche Sichtweise spricht auch, dass sowohl die Regelung des § 5 KonsG als auch des § 6 KonsG Ausfluss der allgemeinen konsularischen Schutz- und Beistandspflicht des § 1 KonsG sind[283]. Es erscheint unwahrscheinlich, dass der Gesetzgeber § 5 KonsG neben seiner konkretisierenden Funktion auch als Auffangtatbestand verstanden haben wollte.

Auch die *Gesetzesmaterialien* weisen auf unterschiedliche Notlagenbegriffe hin. So wird im Bericht des parlamentarischen Auswärtigen Ausschusses die Vorschrift des § 6 KonsG als eine *„neue"* Vorschrift bezeichnet, die es den Konsularbeamten erstmals ermöglicht, *„sofortige Hilfsmaßnahmen einzuleiten, um Deutschen Schutz und Hilfe zu gewähren"*[284]. *Damit § 6 KonsG als „neue"* Vorschrift gedeutet werden kann, muss sich die Hilfeleistung in dieser Bestimmung von der Hilfeleistung nach § 5 KonsG unterscheiden.

Andernfalls würde es sich bei § 6 KonsG um eine überflüssige Bestimmung handeln: Denn wenn sich die Hilfeleistungen in § 5 Abs. 1 S. 1 KonsG und § 6 KonsG entsprechend der Ansicht des *OVG Berlin-Brandenburgs* allein darin unterscheiden, auf welchem Wege der Betroffene in eine Notlage geraten ist, erscheint es unverständlich, weshalb der Gesetzgeber die Regelung des § 6 KonsG in eine eigene Norm gefasst hat. Daher bleibt nur eine plausible Erklärung: Es war offensichtlich nicht der Wille des Gesetzgebers, die Anwendung einer der beiden Vorschriften allein davon abhängig zu machen, „wie" der Betroffene in eine Notlage geraten ist. Der Gesetzgeber wollte vielmehr mit der Einführung von § 6 KonsG in Abgrenzung zu § 5 KonsG Fälle erfassen, in welchen aufgrund

283 Hoffmann, Konsularrecht I, § 6 KonsG, Anm. 1.1.

284 Bericht und Antrag des Auswärtigen Ausschusses, BT-Drs. 7/2006, S. 8. Die Aussage des Ausschusses trifft zu. Denn der Gesetzgeber hatte weder im Konsulargesetz von 1867 noch im *Entwurf eines Gesetzes über die Rechtstellung und die Befugnisse der Konsuln der Bundesrepublik Deutschland vom 8. Januar 1965* eine dem § 6 KonsG entsprechende Vorschrift normiert. Während § 26 des Konsulargesetzes von 1867 seiner Rechtsnatur nach unstreitig als eine Bestimmung der öffentlichen Fürsorge angesehen wurde, entspricht § 17 des *Entwurfs eines Gesetzes über die Rechtstellung und die Befugnisse der Konsuln der Bundesrepublik Deutschland (Konsulargesetz)* im Wesentlichen § 5 Abs. 1 S. 1 KonsG.

eines Ereignisses Gefahren oder Schäden für Deutsche eintreten. Allein dieses Ergebnis lässt sich aus der Gesetzesbegründung herauslesen[285].

Die unterschiedlichen Erstattungspflichten in beiden Vorschriften untermauern die hier vertretene Auffassung: Während § 5 Abs. 5 S. 1 KonsG eine konstitutive Erstattungspflicht vorsieht, kann nach § 6 Abs. 2 S. 2 KonsG von der Rückzahlung abgesehen werden. Diese Regelungsdivergenz würde im Falle einer Geiselnahme zu unhaltbaren Ergebnissen führen. Es erscheint unverständlich, weshalb das Opfer einer Geiselnahme gemäß § 5 Abs. 5 S. 1 KonsG immer die Kosten seiner Befreiung tragen müsste, während der durch eine Naturkatastrophe, eine kriegerische oder revolutionäre Verwicklung oder ein vergleichbares Ereignis Betroffene unter bestimmten Umständen davon befreit werden könnte.

Der Vergleich mit § 6 KonsG offenbart ein weiteres Argument dafür, den Begriff der Hilfeleistung in beiden Vorschriften unterschiedlich zu verstehen und den Anwendungsbereich von § 5 KonsG auf wirtschaftliche oder soziale Notlagen zu beschränken. Im Gegensatz zu § 6 KonsG setzt nämlich die Hilfe nach § 5 KonsG grundsätzlich einen vorherigen Antrag voraus[286]. Dies folgt zum einen aus den unterschiedlichen Formulierungen *„sollen die erforderliche Hilfe leisten"* in § 5 Abs. 1 S. 1 KonsG und *„sollen die erforderlichen Maßnahmen treffen"* in § 6 Abs. 1 S. 1 KonsG[287]. Zum anderen lässt sich dieses Ergebnis aus § 5 Abs. 7 KonsG[288] ableiten. § 5 Abs. 7 KonsG setzt zwangsläufig eine vorherige Antragsstellung voraus. Eine vergleichbare Vorschrift enthält § 6 KonsG nicht. Im Gegensatz zu den Fällen des § 5 KonsG sollen die Konsularbeamten somit nach § 6 KonsG von Amts wegen tätig werden[289]. § 5 KonsG erfasst dagegen Fallkonstellationen, in denen der Betroffene das Konsulat aufsucht und einen entsprechenden Antrag ausfüllt. Der Betroffene in § 6 KonsG braucht einen solchen Schritt nicht durchzuführen[290].

---

285 Vgl. die amtliche Begründung zu § 15 KonsG (der heutige § 6 KonsG) in: Begr. RegE KG, BT-Drs. 7/131, S. 21.

286 Hoffmann, Konsularrecht I, § 5 KonsG, Anm. 1.12; Kettering, in: Hecker/Müller-Chorus/Bindseil, § 8 Rn. 20, Kötter/Nolte, DÖV 2007, 186 (189); Scheller, in: Hecker/Müller-Chorus/Bindseil, § 8 Rn. 20.

287 Hoffmann, Konsularrecht I, § 6 KonsG, Anm. 1.5.

288 Wortlaut von § 5 Abs. 7 KonsG: *„Die Hilfeleistung kann abgelehnt werden, wenn festgestellt wird, daß der Hilfesuchende frühere Hilfen mißbraucht hat, es sei denn, daß er im Falle der Ablehnung einen ernsten Nachteil an Leib, Leben oder Gesundheit erleiden würde."*

289 Hoffmann, Konsularrecht I, § 6 KonsG, Anm. 1.5; Scheller, in: Hecker/Müller-Chorus/Bindseil, § 8 Rn. 20.

290 Vgl. Hoffmann, Konsularrecht I, § 6 KonsG, Anm. 1.4.

(3) Historische Argumente

Auch die Entstehungsgeschichte des § 5 Abs. 1 S. 1 KonsG spricht für eine enge Auslegung des Begriffs *„hilfsbedürftig"*. Schon der Anwendungsbereich der Vorgängervorschrift von § 5 Abs. 1 S. 1 KonsG, § 26 des Konsulargesetzes von 1867, beschränkte sich auf den Bereich der öffentlichen Fürsorge[291]: Danach hatten *„Bundeskonsule [...] hilfsbedürftigen Deutschen [...] die Mittel zur Milderung augenblicklicher Not [...] zu gewähren"*. Als hilfsbedürftig im Sinne dieser Vorschrift galt nur, wer wegen dauernder oder vorübergehender Arbeitsunfähigkeit oder aus ähnlichen Gründen den notbedürftigen Lebensunterhalt für sich oder seine Angehörigen nicht verschaffen konnte[292]. Die in § 26 des Konsulargesetzes von 1867 vorgesehenen Mittel sollten als Geldleistungen diese wirtschaftliche Notlage überwinden helfen[293].

§ 26 des Konsulargesetzes von 1867 enthielt allerdings keine Angaben zu den Voraussetzungen einer solchen Unterstützung und über den Umfang der zu gewährenden Hilfe. Das Auswärtige Amt musste daher immer wieder Instruktionen, Dienstvorschriften und Runderlasse herausgeben, um die Vorschrift praxistauglich zu machen und sie als Rechtsgrundlage für die zahlreichen und vielfältigen Unterstützungsfälle heranziehen zu können[294]. Der Inhalt dieser Dienstanweisungen bestätigt die hier vertretene Auslegung: So zielten die Bestimmungen der *Allgemeinen Dienstinstruktion für die Konsuln des Deutschen Reiches vom 6. Juni 1871 und 22. Februar 1873* allein auf die Überwindung einer sozialen oder wirtschaftlichen Notlage ab[295]. Danach konnte die Notlage allein durch die Gewährung einer Geldsumme überwunden werden[296]. Die *Verordnung des Reichskanzlers betr. die von den Kaiserlichen Konsuln zu gewährenden Unter-*

291 v. König, Handbuch des Deutschen Konsularwesens, § 62 I. (S. 413); Geiß, DÖV 2007, 155 (156); vgl. auch die amtliche Begründung zu § 14 KonsG (der heutige § 5 KonsG) in: Begr. RegE KG, BT-Drs. 7/131, S. 19.

292 Vgl. v. König, Handbuch des Deutschen Konsularwesens, § 62 I. (S. 413).

293 Vgl. v. König, Handbuch des Deutschen Konsularwesens, § 62 I. (S. 413); Hoffmann, Konsularrecht I, Vorbem. z. § 5 KonsG, Anm. 1.2.

294 Begr. RegE KG, BR-Drs. 404/62 S. 26; Hoffmann, Konsularrecht I, Vorbem. z. § 5 KonsG, Anm. 1.1; vgl. Geiß, DÖV 2007, 155 (156); Kraske, Handbuch des Auswärtigen Dienstes, S. 196 f.

295 Die Allgemeine Dienstinstruktion (ADI) zu § 26 wurde nicht veröffentlicht. Sie kann nachgelesen werden bei Zorn, Die Konsulargesetzgebung des Deutschen Reiches, S. 79 ff.

296 Vgl. Hoffmann, Konsularrecht I, Vorbem. z. § 5 KonsG, Anm. 1.1.1.

stützungen vom 1. April 1882 nennt zudem ausdrücklich nur Geldbeihilfen als mögliche Hilfeleistungen nach § 26 des Konsulargesetzes von 1867[297].

Die Gesetzgebungsmaterialien zu § 5 KonsG bestätigen, dass diese Regelung nur auf soziale oder wirtschaftliche Notlagen anwendbar ist. In den Materialien heißt es:

> *„Der vorliegende Paragraph will [...] auch sonst die Vorschrift des § 26 des geltenden Konsulargesetzes durch Bestimmungen ersetzen, die unseren heutigen Auffassungen auf dem Gebiet des Fürsorgerechts*[298] *besser entsprechen.“*[299]

In der Gesetzesbegründung zu § 5 Abs. 1 S. 1 KonsG findet sich ein weiterer eindeutiger Hinweis auf die beabsichtigte Einschränkung der Hilfe auf die Überwindung von wirtschaftlichen oder sozialen Notlagen. Die Hilfe nach § 5 Abs. 1 S. 1 KonsG soll nämlich nur gewährt werden, wenn *„der Hilfesuchende sich nicht selbst, sei es durch Arbeitsleistung, sei es durch Einsatz eigener Mittel, helfen kann“*[300]. Auch an dieser Stelle knüpft der Gesetzgeber an die finanzielle Leistungsfähigkeit des Betroffenen an.

Die hier vertretene Ansicht wird auch im Bericht und Antrag des Auswärtigen Ausschusses zum Entwurf des Gesetzes über die Konsularbeamten bestätigt[301]. Dieser verstand § 5 KonsG als eine Regelung zur Gewährung sozialer, finanzieller Hilfeleistungen[302]. Diese Hilfen sollten allein als öffentliche Sozialleistungen erfolgen[303].

---

297 Cenral-Blatt für das Deutsche Reich S. 218; Zorn, Die Konsulargesetzgebung des Deutschen Reiches, S. 244 ff., vgl. Hoffmann, Konsularrecht I, Vorbem. z. § 5 KonsG, Anm. 1.1.2.

298 Unterstreichung durch den Verfasser.

299 Vgl. die amtliche Begründung zu § 14 KonsG (der heutige § 5 KonsG) in: Begr. RegE KG, BT-Drs. 7/131, S. 19.

300 Vgl. die amtliche Begründung zu § 14 KonsG (der heutige § 5 KonsG) in: Begr. RegE KG, BT-Drs. 7/131, S. 18.

301 Bericht und Antrag des Auswärtigen Ausschusses zu dem von der Bundesregierung eingebrachten Entwurf eines Gesetzes über die Konsularbeamten, ihre Aufgaben und Befugnisse (Konsulargesetz) – Drucksache 7/131 –.

302 Bericht und Antrag des Auswärtigen Ausschusses zu dem von der Bundesregierung eingebrachten Entwurf eines Gesetzes über die Konsularbeamten, ihre Aufgaben und Befugnisse (Konsulargesetz) – Drucksache 7/131 – S. 7.

303 Bericht und Antrag des Auswärtigen Ausschusses zu dem von der Bundesregierung eingebrachten Entwurf eines Gesetzes über die Konsularbeamten, ihre Aufgaben und Befugnisse (Konsulargesetz) – Drucksache 7/131 – S. 7; vgl. auch die amtliche Begründung zu § 14 Abs. 5 des Entwurfs eines Konsulargesetzes vom 12. September (Bundesdrucksache VI/3763 S. 19); Hoffmann, Konsularrecht I, § 5 KonsG, Anm. 1.3.

Die Ausführungen des *OVG Berlin-Brandenburgs* zu diesem Punkt führen zu keinem anderen Ergebnis. Die Ansicht des Gerichts, aus dem Entwurf des Konsulargesetz von 1964 ergebe sich ein weites Verständnis von § 5 Abs. 1 S. 1 KonsG[304], überzeugt nicht. Dort heißt es zwar,

> *„Absatz 1 des § 17 bildet nunmehr die gesetzliche Grundlage in allen Fällen, in denen ein Deutscher sich in irgendeiner Notlage*[305] *an die Auslandsvertretung um Hilfe wendet"*[306].

Der Gesetzgeber ging allerdings schon damals von einem eingeschränkten Notlagebegriff aus. So belegen die in den nächsten Sätzen aufgeführten Beispiele – bestohlene Touristen, Jugendliche, denen das Geld ausgegangen ist[307] –, dass es sich auch bei der Situation nach § 17 KonsG um eine vorübergehende finanzielle Notlage handelte. Im Übrigen war § 17 KonsG dem § 119 BSHG nachgebildet, wie sich ausdrücklich aus der Gesetzesbegründung ergibt[308].

Selbst wenn der frühere § 17 KonsG jegliche Notlagen erfasst haben sollte, führt dies nicht zu einem anderen Verständnis von § 5 KonsG. Denn im Gegensatz zum aktuellen Konsulargesetz sah der Entwurf von 1964 keine dem § 6 KonsG entsprechende Vorschrift vor. Der Gesetzgeber wollte folglich mit der Einführung von § 6 KonsG erstmals eine Regelung zur Hilfe in Fällen von Leibes- oder Lebensgefahren schaffen. Im Umkehrschluss folgt daraus, dass sich der Anwendungsbereich des § 5 KonsG auf wirtschaftliche Notlagen beschränken muss. Andernfalls hätte es, da § 5 KonsG dem § 17 KonsG im Wesentlichen entspricht[309], der Ergänzung durch § 6 KonsG nicht bedurft.

Wie oben[310] bereits erwähnt, wollte der Gesetzgeber mit der Einführung von § 5 KonsG auch den Missstand beseitigen, dass § 26 des Konsulargesetzes von 1867 in der Praxis nicht mehr als Rechtsgrundlage für die zahlreichen und vielfältigen Unterstützungsfälle ausreichte, die täglich an die deutschen Auslandsvertretungen herangetragen wurden[311]. Zuvor war der Gesetzgeber dazu gezwungen, die Art, die Form und das Maß der Hilfen durch entsprechende

---

304 Vgl. *OVG Berlin-Brandenburg*, Urt. v. 21.02.2007 – 11 B 9.06 (erhältlich in juris) Rn. 21.
305 Unterstreichung durch den Verfasser.
306 Begr. RegE KG, BR-Drs. 404/62 S. 26.
307 Begr. RegE KG, BR-Drs. 404/62 S. 26.
308 Vgl. Begr. RegE KG, BR-Drs. 404/62 S. 26.
309 S.o., Seite 59.
310 S.o., Seite 63 f.
311 Begr. RegE KG, BR-Drs. 404/62 S. 26; Hoffmann, Konsularrecht I, Vorbem. z. § 5 KonsG, Anm. 1.1; vgl. Geiß, DÖV 2007, 155 (156).

Erlasse zu regeln[312]. Diese mussten aber ständig der geänderten Rechtslage hinsichtlich der Gewährung von sozialen Hilfen an hilfsbedürftige Deutsche im Ausland und an die praktischen Bedürfnisse angepasst werden[313]. Der Gesetzgeber wollte nach der Gesetzesbegründung mit der Einführung von § 5 KonsG auch diesem Umstand Rechnung tragen[314]. Die Schaffung von § 5 Abs. 3 KonsG sollte somit die konsularische Hilfe praxistauglich und weitere Erlasse, Instruktionen und Dienstvorschriften der Exekutive entbehrlich machen. Handelte es sich somit bei § 26 des Konsulargesetzes von 1867 um eine rein fürsorgliche Vorschrift und beinhalteten die dazu erlassenen Vorschriften allein soziale Hilfeleistungen, so kann für § 5 KonsG, der mit seinem § 5 Abs. 3 KonsG den immer wieder notwendigen Erlass von Rechtsvorschriften obsolet machen wollte, nichts anderes gelten.

(4) Teleologische Erwägungen

Im Übrigen spricht auch der Sinn und Zweck des § 5 KonsG für eine enge Auslegung des Begriffs der Hilfsbedürftigkeit. Der Gesetzgeber wollte mit der Neufassung des § 5 KonsG insbesondere der durch das Inkrafttreten des Bundessozialhilfegesetzes vom 30.06.1961 veränderten Rechtslage Rechnung tragen[315]: Ab diesem Zeitpunkt konnte grundsätzlich keine Sozialhilfe mehr an im Ausland lebende Deutsche neben dem bis zur Einführung des § 5 KonsG geltenden § 26 des Konsulargesetzes von 1867 gewährt werden, weil das Bundessozialhilfegesetz wegen seiner Subsidiaritätsklausel in § 2 BSHG[316] keine

---

312 Hoffmann, Konsularrecht I, Vorbem. z. § 5 KonsG, Anm. 1.2; vgl. v. König, Handbuch des Deutschen Konsularwesens, § 62 I. (S. 413).

313 Hoffmann, Konsularrecht I, Vorbem. zu § 5 KonsG, Anm. 1.2.

314 Vgl. die amtliche Begründung zu § 14 KonsG (der heutige § 5 KonsG) in: Begr. RegE KG, BT-Drs. 7/131, S. 19.

315 Vgl. die amtliche Begründung zu § 14 KonsG (der heutige § 5 KonsG) in: Begr. RegE KG, BT-Drs. 7/131, S. 18 f.; *OVG Berlin-Brandenburg*, Urt. v. 21.02.2007 – 11 B 9.06 (erhältlich in juris) Rn. 22; Hoffmann, ZblJugR 1978, 284 (294).

316 Wörtlich hieß es dort (Nachrang der Sozialhilfe):
„(1) Sozialhilfe erhält nicht, wer sich selbst helfen kann oder wer die erforderliche Hilfe von anderen, besonders von Angehörigen oder von Trägem anderer Sozialleistungen, erhält.
(2) Verpflichtungen anderer, besonders Unterhaltspflichtiger oder der Träger anderer Sozialleistungen, werden durch dieses Gesetz nicht berührt. Auf Rechtsvorschriften beruhende Leistungen anderer, auf die jedoch kein Anspruch besteht, dürfen nicht deshalb versagt werden, weil nach diesem Gesetz entsprechende Leistungen vorgesehen sind."

Anwendung gefunden hat[317]. Der Gesetzgeber hat diese Anspruchskonkurrenz in § 5 Abs. 6 KonsG geregelt[318]. Die Vorstellung des Gesetzgebers über das Verfahren der Leistungsgewährung im Rahmen dieser Anspruchskonkurrenz verdeutlicht, dass er bei der Schaffung von § 5 KonsG ausschließlich von einer wirtschaftlichen Notlage ausgegangen ist. Wörtlich heißt es in der Gesetzesbegründung,

> *„Wird dem Konsularbeamten ein Fall von Hilfsbedürftigkeit eines Deutschen mit gewöhnlichem Aufenthalt im Ausland vorgetragen, so wird er zunächst allemal Hilfe nach den Absätzen 1 bis 5 des vorliegenden Paragraphen gewähren, d.h. gegen Rückzahlungsverpflichtung. Stellt sich heraus, dass die Hilfsbedürftigkeit länger als zwei Monate dauert, so übernimmt der überörtliche Träger der Sozialhilfe die verantwortliche Behandlung des Falles. Die Leistungen der Konsularbeamten werden dann, soweit sie vom überörtlichen Träger der Sozialhilfe anerkannt werden, nachträglich umgewandelt in Vorschusszahlungen auf die nach dem Bundessozialhilfegesetz zu gewährenden Leistungen.“*[319]

Der Gesetzgeber wollte somit die unterschiedlichen Leistungsgewährungen allein an einem zeitlichen Moment festmachen. Da er aber offensichtlich von der gleichen Notlage ausgegangen ist und Hilfe nach dem Bundessozialhilfegesetz/SGB XII nur bei einer echten sozialen Notlage, d. h. einem finanziellen Engpass, in Betracht kommt, kann für die Leistungsgewährung nach den Absätzen 1 bis 5 nichts anderes gelten. Jedes andere Ergebnis würde zu den vorstehenden Ausführungen im Widerspruch stehen.

dd) Zusammenfassung des Auslegungsergebnisses

Daher muss der Begriff der Hilfsbedürftigkeit i.S.d. § 5 Abs. 1 S. 1 KonsG auf wirtschaftliche oder soziale Notlagen beschränkt bleiben. Dafür sprechen sowohl systematische, historische als auch teleologische Erwägungen. Die Ansicht, die den Begriff der Hilfsbedürftigkeit auf jegliche Notlagen anwendet, überzeugt nicht.

---

317 Vgl. die amtliche Begründung zu § 14 KonsG (der heutige § 5 KonsG) in: Begr. RegE KG, BT-Drs. 7/131, S. 19; *OVG Berlin-Brandenburg*, Urt. v. 21.02.2007 – 11 B 9.06 (erhältlich in juris), S. 10.

318 Vgl. die amtliche Begründung zu § 14 KonsG (der heutige § 5 KonsG) in: Begr. RegE KG, BT-Drs. 7/131, S. 19; *OVG Berlin-Brandenburg*, Urt. v. 21.02.2007 – 11 B 9.06 (erhältlich in juris), Rn. 22.

319 Vgl. die amtliche Begründung zu § 14 KonsG (der heutige § 5 KonsG) in: Begr. RegE KG, BT-Drs. 7/131, S. 20 f.

b) Ergebnis: kein Befreiungsanspruch aus § 5 Abs. 1 S. 1 KonsG

Eine deutsche Geisel kann einen Befreiungsanspruch nicht auf § 5 Abs. 1 S. 1 KonsG stützen. Die Tatbestandsvoraussetzungen dieser Vorschrift liegen nicht vor, weil die Auslandsvertretung gegenüber den Entführten keine konsularische Hilfe nach § 5 Abs. 1 KonsG erbringt. Eine Geisel ist nicht „*hilfsbedürftig*" i.S.v. § 5 KonsG.

3. Hilfe in Katastrophenfällen nach § 6 Abs. 1 S. 1 KonsG

Fraglich ist, ob ein Entführungsopfer einen Anspruch auf Befreiung aus § 6 Abs. 1 S. 1 KonsG ableiten kann. Die Norm regelt ausweislich ihrer amtlichen Überschrift die „*Hilfe in Katastrophenfällen*" und bestimmt:

> *„Wenn im Konsularbezirk Naturkatastrophen, kriegerische oder revolutionäre Verwicklungen oder vergleichbare Ereignisse, die der Bevölkerung oder Teilen von ihnen Schaden zufügen, eintreten oder einzutreten drohen, sollen die Konsularbeamten die erforderlichen Maßnahmen treffen, um den Geschädigten oder den Bedrohten, soweit sie Deutsche sind, Hilfe und Schutz zu gewähren."*

a) Personeller Anwendungsbereich

In den vergangenen Jahren wurden überwiegend Touristen und Geschäftsleute im Ausland entführt. Zielobjektive waren also mehrheitlich Personen, die sich *vorübergehend* im Ausland aufgehalten haben. Gemäß § 6 Abs. 1 KonsG muss die Katastrophe „*der Bevölkerung oder Teilen von ihnen*[320] *Schaden zufügen*". Es stellt sich daher die Frage, ob die Norm nur auf Personen zugeschnitten ist, die ihren festen Wohnsitz im Konsularbezirk haben. Die Reichweite des persönlichen Anwendungsbereichs des § 6 Abs. 1 S. 1 KonsG ist umstritten.

aa) Beschränkung des persönlichen Anwendungsbereichs auf Ortsansässige

Einige Stimmen in der Literatur beschränken den persönlichen Anwendungsbereich des § 6 Abs. 1 KonsG auf Ortsansässige[321]. Sie behaupten, dies folge

---

320 Unterstreichung durch den Verfasser.

321 DAHM, NVwZ 2005, 172 (173); GEIß, DÖV 2007, 155 (157); GÖRES, NJW 2004, 1909 (1911).

aus § 6 Abs. 3 KonsG, dieser beziehe sich ausdrücklich nur auf *Ansässige*[322]. In § 6 Abs. 3 KonsG heißt es:

> *„Um in den in Absatz 1 genannten Fällen sofort wirksam helfen zu können, sollen die Konsularbeamten eine Liste der in ihrem Konsularbezirk ansässigen Deutschen*[323] *und anderer Schutzbefohlener sowie ihrer Familienangehörigen erstellen und auf dem laufenden zu halten."*

Nach dieser Auffassung kommt eine Anwendung des § 6 Abs. 1 S. 1 KonsG auf Entführungsfälle daher nur in Betracht, wenn Ortsansässige Opfer einer Geiselnahme werden.

bb) Erstreckung des persönlichen Anwendungsbereichs auf alle vom Katastrophenfall betroffenen Deutschen

Die Gegenauffassung[324] versteht die Regelung des § 6 Abs. 1 S. 1 KonsG umfassender. § 6 Abs. 1 S. 1 KonsG schütze jeden Deutschen, der durch einen Katastrophenfall i.S.d. § 6 Abs. 1 S. 1 KonsG geschädigt oder bedroht wird. Entsprechendes gilt gemäß § 6 Abs. 1 S. 2 KonsG für diesem gleichgestellte Personen[325]. Der persönliche Anwendungsbereich von § 6 Abs. 1 S. 1 KonsG wäre danach auch für entführte deutsche Touristen und Geschäftsreisende eröffnet.

cc) Stellungnahme

Eine Auslegung anhand des Wortlauts des § 6 Abs. 1 S. 1 KonsG führt zunächst zu keinem eindeutigen Ergebnis. Die Vertreter der erstgenannten Auffassung könnten argumentieren, dass die geschädigten oder bedrohten Deutschen Teil der vom Katastrophenfall betroffenen Bevölkerung sein müssen. Für diese Lesart spricht insbesondere der Zusammenhang von *„der Bevölkerung oder Teilen von ihnen"* und *„Geschädigten oder den Bedrohten, soweit sie Deutsche sind"*.

---

322 Dahm, NVwZ 2005, 172 (173); Geiß, DÖV 2007, 155 (157); Göres, NJW 2004, 1909 (1911).

323 Unterstreichung durch den Verfasser.

324 *VG Berlin*, Urt. v. 01.02.2006 – 14 A 94.03 (erhältlich in juris) Rn. 23; Hoffmann, Konsularrecht I, § 5 KonsG, Anm. 1.10 und § 6 KonsG, Anm. 1.3.2; Kötter/Nolte, DÖV 2007, 186 (188).

325 *VG Berlin*, Urt. v. 01.02.2006 – 14 A 94.03 (erhältlich in juris) Rn. 23; Hoffmann, Konsularrecht I, § 5 KonsG, Anm. 1.10 und § 6 KonsG, Anm. 1.3.2; Kötter/Nolte, DÖV 2007, 186 (188).

Die Regelung könnte andererseits dahingehend ausgelegt werden, dass sich der Einschub *„die der Bevölkerung oder Teilen von ihnen Schaden zufügen“* ausschließlich auf den Katastrophenfall *„vergleichbare Ereignisse“* bezieht und die sonstigen in § 6 Abs. 1 S. 1 KonsG aufgeführten Katastrophenfälle *„Naturkatastrophen,* KRIEGER*ische oder revolutionäre Verwicklungen“* alle Deutschen schädigen oder bedrohen können, die sich gegenwärtig im Katastrophengebiet aufhalten. Der Einschub *„die der Bevölkerung oder Teilen von ihnen Schaden zufügen“* hätte dann ausschließlich die Funktion zu verdeutlichen, dass ein *vergleichbares Ereignis* die Qualität einer Naturkatastrophe oder einer kriegerischen oder revolutionären Verwicklung haben muss.

Eine dritte Lesart versteht den Wortlaut derart, dass der Katastrophenfall zwar der Bevölkerung oder Teilen von Ihnen einen Schaden zufügen muss, die Regelung aber ganz allgemein das Betroffensein von *„Geschädigten oder den Bedrohten, soweit sie Deutsche sind“* voraussetzt, ohne den Kreis der Hilfsempfänger einzugrenzen[326].

Für die Auffassung, welche von § 6 Abs. 1 S. 1 KonsG alle von einer Naturkatastrophe geschädigten oder bedrohten Deutschen umfasst ansieht, spricht die systematische Auslegung des § 6 KonsG. Die Hilfe in Katastrophenfällen nach § 6 KonsG stellt einen Ausfluss der allgemeinen konsularischen Schutz- und Beistandspflicht dar[327]. Da sich die Schutz- und Beistandspflicht nach § 1 2. Spiegelstrich KonsG ausweislich seines Wortlauts auf alle Deutschen bezieht, ist es nicht nachvollziehbar, warum für die Hilfe nach § 6 KonsG als Konkretisierung des § 1 2. Spiegelstrich KonsG etwas anderes gelten sollte.

§ 6 Abs. 3 KonsG rechtfertigt eine auf Ortsansässige beschränkte Auslegung ebenfalls nicht. § 6 Abs. 3 KonsG hat ausschließlich die Bedeutung, im Katastrophenfall die Arbeit der Konsularbeamten zu vereinfachen. Dieses Ergebnis folgt aus dem Sinn und Zweck der Regelung. Der Gesetzgeber wollte durch die Maßnahmen nach § 6 Abs. 3 KonsG die Arbeit der Beamten im Katastrophenfall vereinfachen[328]. Die Konsularbeamten sollten in die Lage versetzt werden,

---

326 *VG Berlin*, Urt. v. 01.02.2006 – 14 A 94.03 (erhältlich in juris) Rn. 23.

327 HOFFMANN, Konsularrecht I, § 6 KonsG, Anm. 1.1.

328 Vgl. WITTMANN, in: Sten. Prot. des Rechtsausschusses, 16. Sitzung v. 21.09.1973 S. 7; HOFFMANN, in: Sten. Prot. des Rechtsausschusses, 18. Sitzung v. 17.10.1973, S. 69. Entgegen der Ansicht von GÖRES, NJW 2004, 1909 (1911 FN 46) spricht sich Wittmann in: Prot. d. 16. Sitzung v. 21.09.1973 S. 7 nicht für eine enge Auslegung des § 6 KonsG aus. Er betont vielmehr, die Einführung von § 6 Abs. 3 KonsG solle die Arbeit der Konsulate erleichtern. Entsprechendes gilt für die Ansicht von GEIß, DÖV 2007, 155 (157). Der Äußerung von HOFFMANN, in: Sten. Prot. des Rechtsausschusses, 18. Sitzung

dem Unglücksopfer schnell und damit wirksam helfen zu können, da insbesondere Ortsansässige Gefahren durch örtliche Katastrophen besonders ausgesetzt sind[329]. Die Gegenansicht verkennt also, dass der Gesetzgeber mit der Regelung des § 6 Abs. 3 KonsG den Anwendungsbereich des § 6 Abs. 1 KonsG keinesfalls beschränken wollte. Vorzugswürdig erscheint daher, vom persönlichen Anwendungsbereich des § 6 KonsG alle Deutsche, die sich im Ausland aufhalten, umfasst anzusehen.

dd) Ergebnis: § 6 Abs. 1 S. 1 KonsG nicht auf Ortsansässige beschränkt

Der Anwendungsbereich von § 6 Abs. 1 S. 1 KonsG umfasst neben *Ansässigen* (oder diesen im Abs. 1 S. 2 gleichgestellten Personen) auch Touristen und sonstige Personen, die sich *vorübergehend* im betroffenen Konsularbezirk aufhalten.

b) Keine ausschließlich präventive Funktion

Entgegen der Ansicht von GÖRES[330] und HANSCHEL[331] scheitert die Anwendung des § 6 KonsG auf Entführungsfälle auch nicht an einer angeblich präventiven Ausrichtung der Vorschrift. Beide Autoren gehen davon aus, dass Maßnahmen nach § 6 KonsG allein darauf abzielten, eine Gefahr zu beseitigen[332]. Daher sei der Anwendungsbereich von § 6 KonsG nicht eröffnet, wenn – wie im Falle einer Entführung – eine bestehende Zwangslage beendet werden soll[333].

Diese Auffassung überzeugt nicht. Bereits der Wortlaut des § 6 Abs. 1 S. 1 KonsG steht ihr entgegen. Danach soll der Konsularbeamte selbst dann Maßnahmen ergreifen, wenn bereits ein Ereignis i.S.v. § 6 KonsG, das der Bevölkerung oder Teilen von ihnen Schaden zufügt, eingetreten ist *(„eintre-*

v. 17.10.1973, S. 69 kann ebenfalls nicht entnommen werden, dass sich der Anwendungsbereich von § 6 KonsG nur auf im Konsularbezirk ansässige Deutsche bezieht. Vielmehr wollte er mit der beispielhaften Aufzählung von Entwicklungshelfern und den bei deutschen Firmen tätigen Personen das Erfordernis der Erstellung einer Liste untermauern; vgl. HOFFMANN, Konsularrecht I, § 6 KonsG, Anm. 3; KÖTTER/NOLTE, DÖV 2007, 186 (188).

329 HOFFMANN, Konsularrecht I, § 6 KonsG, Anm. 3; KÖTTER/NOLTE, DÖV 2007, 186 (188).

330 GÖRES, NJW 2004, 1909 (1912).

331 HANSCHEL, ZaöRV 66 (2006), 789 (798).

332 GÖRES, NJW 2004, 1909 (1912).

333 GÖRES, NJW 2004, 1909 (1912).

ten[334] *oder einzutreten* drohen[335]"). Ist ein Katastrophenfall aber bereits *eingetreten*, befindet sich der von einem Katastrophenfall Betroffene bereits in einer Zwangslage, weil er in der Regel auf Hilfe angewiesen ist[336].

Auch der übrige Wortlaut der Vorschrift bestätigt die hier vertretene Auffassung. Hilfe und Schutz sollen nach § 6 Abs. 1 S. 1 KonsG nämlich nicht nur gewährt werden, wenn ein Deutscher bedroht wird (*„Bedrohten“*), sondern auch dann, wenn bereits ein Schaden eingetreten ist (*„Geschädigten“*). Zu diesem Zeitpunkt hat sich die Gefahr aber bereits manifestiert. Ein präventives Handeln im engeren Sinne ist dann ausgeschlossen. Die Ansicht von Göres und Hanschel ist folglich mit dem Wortlaut des § 6 Abs. 1 S. 1 KonsG nicht vereinbar.

Auch die weiteren Ausführungen von Göres[337] führen zu keinem anderen Ergebnis. Insbesondere belegt § 6 Abs. 3 KonsG keinesfalls eine ausschließlich präventive Ausrichtung des § 6 KonsG. Die Erstellung der Liste i.S.v. § 6 Abs. 3 KonsG soll den Konsularbeamten ein Handeln im Katastrophenfall lediglich erleichtern[338]. Eine weitere Bedeutung kommt dieser Vorschrift nicht zu.

c) Entführung als Katastrophenfall

Die Konsularbeamten sollen nach § 6 Abs. 1 S. 1 KonsG Hilfe und Schutz gewähren, wenn ein Katastrophenfall vorliegt. Zu untersuchen ist daher zunächst, ob eine Entführung oder eine Geiselnahme als Katastrophenfall i.S.d. § 6 KonsG bezeichnet werden kann. Katastrophenfälle i.S.d. § 6 Abs. 1 S. 1 KonsG sind Naturkatastrophen, kriegerische oder revolutionäre Verwicklungen oder vergleichbare Ereignisse, die der Bevölkerung oder Teilen von ihnen Schaden zufügen.

Es ist zunächst festzustellen, dass eine Geiselnahme weder eine Naturkatastrophe noch eine kriegerische oder revolutionäre Verwicklung darstellt[339]. Eine *Naturkatastrophe* ist der Oberbegriff für Erdbeben, Überschwemmungen,

---

334 Unterstreichung durch den Verfasser.

335 Unterstreichung durch den Verfasser.

336 Vgl. die in der amtlichen Begründung zu § 15 KonsG (der heutige § KonsG) aufgezählten Beispiele in: Begr. RegE KG, BT-Drs. 7/131, S. 21.

337 Göres, NJW 2004, 1909 (1912).

338 S.o., Seite 70 f.

339 Eine andere Frage ist, ob diese Katastrophenfälle eine Geiselnahme begünstigen können bzw., ob sich in einer Geiselnahme die Gefährdung durch ein Katastrophenfall realisieren kann. Vgl. hierzu unten: S. 76 ff.

Umweltverwüstungen und Vulkanausbrüche sowie Eisenbahn- und Flugzeugunglücke[340]. Unter *„kriegerischen oder revolutionären Verwicklungen"* sind mit Waffengewalt ausgetragene Auseinandersetzungen zwischen Völkern, Staaten oder Gruppen zu verstehen[341]. Eine Geiselnahme kann daher nur dann einen Katastrophenfall i.S.d. § 6 Abs. 1 S. 1 KonsG darstellen, wenn sie ein *„vergleichbares Ereignis"* im Sinne dieser Regelung darstellt[342].

aa) Bestimmung des „vergleichbaren Ereignisses"

(1) Gemeingefahr als Voraussetzung für ein vergleichbares Ereignis

Umstritten ist, ob der Begriff des *vergleichbaren Ereignisses* nur Fälle umfasst, in denen eine Gefahr für eine *unbestimmte* Anzahl von Personen besteht, oder auch Ereignisse darunter subsumiert werden können, von denen eine Gefahr für einen *bestimmbaren* Personenkreis ausgeht. Sowohl die Rechtsprechung als auch Teile der Literatur setzen eine *Gemeingefahr* für die Annahme eines *„vergleichbaren Ereignisses"* voraus[343]. Eine Gemeingefahr liegt vor, wenn ein Ereignis eine *unbestimmte Anzahl* von Personen gefährdet[344]. Nach dieser

---

340 Vgl. Göres, NJW 2004, 1909 (1910); Hoffmann, Konsularrecht I, § 6 KonsG, Anm. 1.2; Kötter/Nolte, DÖV 2007, 186 (187); Rausch in: Hecker/Müller-Chorus/Bindseil, § 3 B. Rn. 8.

341 Hoffmann, Konsularrecht I, § 6 KonsG, Anm. 1.2; vgl. Rausch in: Hecker/Müller-Chorus/Bindseil, § 3 B. Rn. 8.

342 Der Bestimmung der Geiselnahme als ein unbenannter Katastrophenfall steht zunächst nicht entgegen, dass sie durch vorsätzliches Handeln herbeigeführt wird – im Gegensatz zu Naturkatastrophen. Denn auch die ausdrücklich in § 6 KonsG aufgeführten „kriegerischen Verwicklungen" beruhen auf vorsätzlichem Verhalten, vgl. Kötter/Nolte, DÖV 2007, 186 (187).

343 *VG Berlin*, Urt. v. 04.04.2006, 14 A 12.04 (erhältlich in juris) Rn. 33; Geiß, DÖV 2007, 155 (157); Göres, NJW 2004, 1909 (1911); Hanschel, ZaöRV 66 (2006), 789 (798 f.). Hoffmann, Konsularrecht I, § 6 KonsG, Anm. 1.2; Rausch in: Hecker/Müller-Chorus/Bindseil, § 3 B. Rn. 8; Scheller in: Hecker/Müller-Chorus/Bindseil, § 8 E. Rn. 12.

344 Für diese Definition sprechen einerseits die Bedeutung des Wortes *Gemeingefahr* und andererseits systematische Argumente: Bereits die sprachliche Wurzel der *Gemeingefahr* legt den Bezug zur Allgemeinheit nahe (die Herkunftsdarstellung des Adjektivs „gemein" aus dem Germanischen „ga-maini" = allgemein, in: Kluge, Etymologisches Wörterbuch der deutschen Sprache). Der Begriff setzt die Gefährdung einer unbestimmten Anzahl von Menschenleben voraus (Wahrig (Hrsg.), Brockhaus Wahrig III, Stichwort „Gemeingefahr: Gefahr für eine unbestimmte Anzahl von Menschenleben oder erhebliche Sachwerte"; Kaller, Rechtslexikon für Studium und Ausbildung,

Auffassung stellt eine Geiselnahme kein „*vergleichbares Ereignis*" dar. In Entführungsfällen liegt grundsätzlich keine Gemeingefahr vor, da die Zahl der Geiseln in aller Regel exakt bestimmbar ist. Die Entführer werden spätestens im Rahmen ihrer Forderungen der Öffentlichkeit die genaue Zahl ihrer Opfer mitteilen.

KÖTTER/NOLTE[345] wollen dagegen Maßnahmen nach § 6 KonsG selbst dann gewähren, wenn nur *eine* Person entführt wird. Sie gehen davon aus, dass die Bestimmung eines „*vergleichbaren Ereignisses*" ausschließlich von einer Abgrenzung zum Anwendungsbereich des § 5 KonsG abhängen müsse. Könne die Notlage des Betroffenen durch eine finanzielle Leistung behoben werden, sei der Anwendungsbereich von § 5 KonsG eröffnet. Ein „*vergleichbares Ereignis*" liege in diesem Fall folglich nicht vor. § 6 sei dagegen immer anwendbar, wenn die Hilfeleistung im Zusammenhang mit umfassenderen Rettungsmaßnahmen stehe[346]. KÖTTER/NOLTE tragen vor, eine gegenteilige Ansicht könne die im Katastrophenfall einzuleitenden Einzelleistungen, wie beispielsweise die

S. 133; KÖBLER, Juristisches Wörterbuch, S. 166; CREIFELDS, Rechtswörterbuch, S. 486). Dieses Ergebnis wird durch die Bestimmung der Gemeingefahr in anderen Gesetzen bestätigt. Nach dem Gefahrenabwehrrecht des Polizei- und Ordnungsrechts liegt eine Gemeingefahr vor, wenn eine konkrete Gefahr für eine unbestimmte oder unbestimmbare Vielzahl von Personen besteht (vgl. KUGELMANN, Polizei- und Ordnungsrecht, 4. Kapitel, Rn. 136; Denninger, in: LISKEN/DENNINGER, E Rn. 63; MÖLLER/WILHELM, Allgemeines Polizei- und Ordnungsrecht, Rn. 386; SCHENKE, Polizei- und Ordnungsrecht, Rn. 78; SCHOLLER/SCHLOER, Die Grundzüge des Polizei- und Ordnungsrechts in der Bundesrepublik Deutschland, S. 73; TEGTMEYER/VAHLE, Polizeigesetz Nordrhein-Westfalen, § 8 Rn. 16; WOLFFGANG/HENDRICKS/MERZ, Polizei- und Ordnungsrecht in Nordrhein-Westfalen, Rn. 282). In einigen Lehrbüchern und Kommentaren wird eine Gemeingefahr zudem noch als Gefahr für Sachen von hohem Wert definiert. Diese zweite Alternative der anerkannten Definition ist für diese Arbeit irrelevant, da es nur auf den Umfang der von der Gefahr betroffenen Personenkreis ankommt. Ein ähnliches Ergebnis findet sich in der Verfassungsrechtsliteratur. In den zu Art. 13 VII GG ergangenen Ausführungen wird eine Gefahr als gemein bezeichnet, wenn sie für eine unbestimmte Zahl von Personen oder Sachen besteht (vgl. JARASS, in: JARASS/PIEROTH, Art. 13 Rn. 35; GORNIG, in: v. MANGOLDT/KLEIN/STARCK, Art. 13 Rn. 156; HERMES, in: DREIER, Art. 13 Rn. 112; PAPIER, in: MAUNZ/DÜRIG, Art. 13 Rn. 123). Diese Definition entspricht zudem den Bestimmungen eines gemeingefährlichen Ergebnisses i.S.d. § 211 StGB (Strafgesetzbuch in der Fassung der Bekanntmachung vom 13. November 1998 (BGBl. I S. 3322), das zuletzt durch Artikel 3 des Gesetzes vom 2. Oktober 2009 (BGBl. I S. 3214) geändert worden ist.)

345 KÖTTER/NOLTE, DÖV 2007, 186 (187 f.).

346 KÖTTER/NOLTE, DÖV 2007, 186 (188).

Evakuierung, Schutzunterbringungen oder Rückführungen einzelner Personen, nicht rechtfertigen. Grenzt man § 5 KonsG und § 6 KonsG nämlich allein dadurch voneinander ab, dass sich eine größere Anzahl von Personen in einer Notlage befindet, könnten die Konsularbeamten auf Grundlage des § 6 KonsG ausschließlich Maßnahmen ergreifen, die einer Mehrzahl von Personen zugute kommt, also insbesondere strukturelle Maßnahmen[347]. Einzelleistungen schieden dagegen aus.

(2) Stellungnahme

Die von Kötter/Nolte vertretene Ansicht, wonach selbst die Entführung *einer* Person ein „*vergleichbares Ereignis*" darstellt, überzeugt nicht. Zunächst ist festzustellen, dass von allen in § 6 KonsG genannten Katastrophenfällen (*„Naturkatastrophen, kriegerische oder revolutionäre Verwicklungen")* eine Gefahr für eine *unbestimmte* Anzahl von Personen ausgeht. Es ist daher nicht nachvollziehbar, weshalb der Gesetzgeber bei einem „*vergleichbaren Ereignis*" ein anderes Ergebnis erzielen wollte.

Der Wortlaut von § 6 Abs. 1 S. 1 KonsG verlangt zudem ausdrücklich einen Katastrophenfall, welcher „*der Bevölkerung oder Teilen von ihnen einen Schaden zufügt*". Da selbst das Tatbestandsmerkmal „*Teilen*" im Plural formuliert ist, müssen also mehrere Personen gefährdet sein.

Die Ansicht von Kötter/Nolte kollidiert außerdem mit dem ausdrücklichen Willen des Gesetzgebers. Wörtlich heißt es in der Gesetzesbegründung zu § 6 KonsG:

> *„[...] hat der vorliegende Paragraph Fälle im Auge, wo ein im Ausland eintretendes Ereignis Gefahren oder Schäden für eine größere Anzahl von Menschen*[348] *[...] mit sich bringt."*[349],

und weiter unten:

> *„Die Begriffe Naturkatastrophe, kriegerische oder revolutionäre Verwicklungen umschreiben beispielsweise den Charakter, den solche Ereignisse haben müssen."*[350]

---

347 Kötter/Nolte, DÖV 2007, 186 (187).

348 Unterstreichung durch den Verfasser.

349 Vgl. die amtliche Begründung zu § 15 KonsG (der heutige § 6 KonsG) in: Begr. RegE KG, BT-Drs. 7/131, S. 21.

350 Vgl. die amtliche Begründung zu § 15 KonsG (der heutige § 6 KonsG) in: Begr. RegE KG, BT-Drs. 7/131, S. 21.

Die Kritik von KÖTTER/NOLTE an der h. M. überzeugt auch in einem weiteren Punkt nicht. Auch wenn ein *„vergleichbares Ereignis“* eine *Gemeingefahr* voraussetzt, erschöpfen sich Art und Umfang der Hilfeleistungen nach § 6 KonsG keineswegs in strukturellen Maßnahmen. KÖTTER/NOLTE unterscheiden nicht ausreichend zwischen dem Tatbestand des § 6 Abs. 1 S. 1 KonsG und seiner möglichen Rechtsfolgen. Liegen die Voraussetzungen des § 6 KonsG einmal vor, d. h., hat sich ein Katastrophenfall ereignet, der eine Gemeingefahr mit sich bringt und der auch Deutsche betrifft, können die Konsularbeamten neben strukturellen Maßnahmen auch Einzelleistungen erbringen: § 6 Abs. 1 KonsG enthält keine nähere Bestimmung über Art und Umfang der zu treffenden Maßnahmen[351]. Diese müssen lediglich *erforderlich* sein. Als erforderliche Maßnahmen können aber auch die Evakuierung aus Krisengebieten, die Schutzunterbringung oder die Rückführung von Betroffenen qualifiziert werden.

Der Ansatz von KÖTTER/NOLTE ist folglich nicht vertretbar. Die Entführung eines einzelnen Deutschen stellt kein *„vergleichbares Ereignis“* i.S.d. § 6 Abs. 1 KonsG dar.

bb) Ergebnis: Geiselnahme kein Katastrophenfall i.S.d. § 6 KonsG

Eine Geiselnahme kann nicht als Katastrophenfall i.S.d. § 6 KonsG qualifiziert werden.

d) Entführung als Folge eines Katastrophenfalls

Die überwiegenden Entführungen von Deutschen finden in Ländern statt, in denen bürgerkriegsähnliche Zustände herrschen, wie z.B. in Afghanistan oder im Irak[352]. Die dortigen Verhältnisse begünstigen Geiselnahmen, da die fremde Staatsmacht keinen ausreichenden Schutz ausüben kann. Es ist zu untersuchen, ob ein Befreiungsanspruch auf § 6 Abs. 1 S. 1 KonsG gestützt werden kann, wenn ein Katastrophenfall eine Entführung erst ermöglicht, d.h., wenn sich z.B. eine durch eine *kriegerische oder revolutionäre Verwicklung* oder ein *vergleichbares Ereignis* entstandene Gefahr einer Entführung realisiert.

---

351 HOFFMANN, Konsularrecht I, § 6 KonsG, Anm. 1.3.2.

352 Vgl. hierzu die Zusammenstellung der Entführungen Deutscher im Ausland in den letzten Jahren: *„Entführungen Deutscher im Ausland“*, in: FAZ.NET v. 10.12.2009 (www.faz.net).

aa) Eintritt eines Katastrophenfalls

In den vergangenen Jahren wurden deutsche Staatsangehörige hauptsächlich in Ländern entführt, die sich – wie Afghanistan oder der Irak[353] – in bürgerkriegsähnlichen Zuständen befanden oder in denen sich – wie in Bolivien oder Kolumbien[354] – Rebellengruppen einen Krieg mit den jeweiligen Regierungen lieferten. Da unter *„kriegerischen oder revolutionären Verwicklungen"* oder *„vergleichbaren Ereignissen"* alle mit Waffengewalt ausgetragenen Auseinandersetzungen zwischen Völkern, Staaten oder Gruppen zu verstehen sind[355], stellen die Zustände in diesen Ländern folglich einen Katastrophenfall i.S.v. § 6 KonsG dar[356]. So sieht es auch das Auswärtige Amt: Auch dem Ratgeber des Auswärtigen Amtes zufolge können Unruhen, die eine Evakuierung deutscher Staatsangehöriger aus den betroffenen Gebieten im Einzelfall notwendig machen, als Katastrophenfall i.S.d. § 6 KonsG qualifiziert werden[357].

bb) Gemeingefährlichkeit

Der Katastrophenfall muss darüber hinaus eine größere Zahl von Menschen – darunter auch Deutsche – schädigen oder bedrohen[358]. Die innerstaatlichen Konflikte in den erwähnten Ländern führen zu einer konstanten Gefahr sowohl für die Bevölkerung als auch für Reisende – etwa in Form von Kampfhandlungen zwischen Regierungstruppen und Rebellen, (Selbstmord-)Bombenanschlägen und Überfällen durch marodierende Gruppen. Häufig manifestiert sich die Gefahr in der Tötung von Zivilisten. Die Staatsgewalt ist insbesondere in

---

353 Vgl. hierzu die Zusammenstellung der Entführungen Deutscher im Ausland in den letzten Jahren: *„Entführungen Deutscher im Ausland"*, in: FAZ.NET v. 10.12.2009 (www.faz.net).

354 Vgl. hierzu die Zusammenstellung der Entführungen Deutscher im Ausland in den letzten Jahren: *„Entführungen Deutscher im Ausland"*, in: FAZ.NET v. 10.12.2009 (www.faz.net).

355 HOFFMANN, Konsularrecht I, § 6 KonsG, Anm. 1.2; vgl. RAUSCH in: HECKER/MÜLLER-CHORUS/BINDSEIL, § 3 Rn. 8.

356 Vgl. auch *VG Berlin* Urt. v. 01.01.2006 – 14 A 94.03 (erhältlich in juris) Rn. 21.

357 Vgl. den Ratgeber des Auswärtigen Amtes bezüglich konsularischer Hilfe in Notfällen unter (09.11.2009): http://www.konsularinfo.diplo.de/Vertretung/konsularinfo/de/04/Hilfe/hilfe__faelle.html

358 S.o., Seite 75 f.

Afghanistan und im Irak nur selten in der Lage, die Bevölkerung zu schützen[359]. In einigen Landesteilen fehlt es an jeglicher effektiver Staatsgewalt. Diese Umstände ermöglichen es kriminellen Gruppen, Einheimische und Ausländer zu entführen. So brachten z. B. die FARC-Rebellen in Kolumbien[360], die TALIBAN in Afghanistan[361] und Anhänger der AL QAIDA im Irak[362] wiederholt Einheimische in ihre Gewalt, um die Regierung ihres Heimatstaates zu erpressen. Sie forderten häufig, Gesinnungsgenossen aus dem Gefängnis zu entlassen. Da neben Einheimischen auch immer wieder Deutsche und andere Ausländer Zielobjekte von Entführungen waren und sind, liegt ein Katastrophenfall i.S.d. § 6 Abs. 1 S. 1 KonsG, der Teilen der Bevölkerung und auch Deutschen einen Schaden zufügt bzw. zuzufügen droht, vor[363].

cc) Kausalität zwischen Katastrophenfall und Notlage erforderlich

§ 6 Abs. 1 S. 1 KonsG kommt als Grundlage für einen Befreiungsanspruch allerdings nur in Betracht, wenn zwischen dem Katastrophenfall und der Notlage ein Ursachenzusammenhang besteht. Es sprechen mehrere Gründe dafür, eine Kausalität zwischen einem Katastrophenfall und der Notlage in § 6 Abs. 1 S. 1 KonsG zu fordern[364]: Ein erstes Argument lässt sich aus dem Wortlaut der Vorschrift ableiten. § 6 Abs. 1 S. 1 KonsG verlangt *ein Ereignis, das* der Bevölkerung oder Teilen von ihnen Schaden zufügt. Der Wortlaut deutet folglich bereits auf eine Kausalität zwischen der Katastrophe und der Notlage hin. Ferner ist selbst der Gesetzgeber von einer Kausalität zwischen

---

359 Berichte über Selbstmordbombenanschläge im Irak und Afghanistan sind Bestandteil der Tagespresse geworden, vgl. nur: *„25 Menschen sterben bei Selbstmordanschlag“*, in: STERN.DE v. 25.07.2005 (www.stern.de); *„Viele Tote bei Selbstmordanschlag in Afghanistan“*, in: SPIEGEL-ONLINE v. 06.11.2007 (www.spiegel.de).

360 Die FARC hat in der Vergangenheit insbesondere Personen der Zeitgeschichte zu entführen, um die kolumbianische Regierung zu erpressen. Als Beispiel dient die Entführung der kolumbianischen Präsidentschaftskandidatin INGRID BETANCOURT, vgl. *„Ein minutiös geplantes kolumbianisches Wunder“*, in: FAZ v. 04.07.2008, S. 3.

361 Vgl. *„Taliban entführen 140 afghanische Bauern“*, in: WELT-ONLINE v. 22.09.2008 (www.welt.de).

362 Vgl. *„14 Polizisten entführt“*, in: FOCUS-ONLINE v. 02.03.2007 (www.focus.de).

363 So im Ergebnis auch: GEIß, DÖV 2007, 155 (157); KÖTTER/NOLTE, DÖV 2007, 186 (187 f.).

364 Diese Auffassung scheint auch die Kommentarliteratur zu vertreten, vgl. HOFFMANN, Konsularrecht I, § 6 KonsG, Anm. 1.1. und 1.2.; SCHELLER in: HECKER/MÜLLER-CHORUS/BINDSEIL, § 8 E. Rn. 13.

beiden Tatbestandsmerkmalen ausgegangen. § 6 Abs. 1 S. 1 KonsG sollte Fälle erfassen, „*wo ein im Ausland eintretendes Ereignis Gefahren oder Schäden für eine größere Anzahl von Menschen, unter ihnen auch für Deutsche mit sich bringt*".[365]

§ 6 Abs. 1 S. 1 KonsG stellt danach nur dann eine Grundlage für einen Befreiungsanspruch dar, wenn ein Katastrophenfall ursächlich für die spätere Entführung gewesen ist. Nach der Theorie des adäquaten Kausalzusammenhangs ist ein Ereignis ursächlich, wenn eine Tatsache im Allgemeinen und nicht nur unter besonders eigenartigen, ganz unwahrscheinlichen und nach dem regelmäßigen Verlauf der Dinge außer Betracht zu lassenden Umständen zur Herbeiführung eines Erfolges geeignet war[366]. Ein Zusammenhang kann demnach entfallen, wenn ein Dritter in ungewöhnlicher und unsachgemäßer Weise in den Geschehensablauf eingegriffen und eine weitere Ursache gesetzt hat, welche die Notlage endgültig herbeigeführt hat[367].

Es ist damit eine Frage des Einzelfalls, ob ein Befreiungsanspruch auf § 6 Abs. 1 S. 1 KonsG gestützt werden kann. Konsularbeamte können auf der Grundlage von § 6 Abs. 1 S. 1 KonsG Deutschen helfen, wenn diese z.B. in Afghanistan oder dem Irak entführt werden und die Entführung in einem adäquaten Kausalzusammenhang mit den dort herrschenden kriegerischen oder revolutionären Zuständen steht[368]. Dagegen dürften regelmäßig auf § 6 Abs. 1 S. 1 KonsG gestützte Hilfeleistungen ausscheiden, wenn sich die Geiselnahme z.B. in einem (anderen) Mitgliedstaat der Europäischen Union ereignet, sofern nicht ein Katastrophenfall i.S.d. § 6 Abs. 1 KonsG die Geiselnahme verursacht hat.

e) Ergebnis

Der Tatbestand des § 6 Abs. 1 S. 1 KonsG umfasst Entführungen, die durch einen Katastrophenfall verursacht wurden. Ein Entführungsopfer hat folglich

---

365 Vgl. die amtliche Begründung zu § 15 KonsG (der heutige § 6 KonsG) in: Begr. RegE KG, BT-Drs. 7/131, S. 21.

366 *BGH*, Urt. v. 09.10.1997 – III ZR 4/97, NJW 1998, 138 (140); Urt. v. 04.07.1994 – II ZR 126/93, NJW 1995, 126 (127); Beschl. v. 02.03.1953 – NJW 1953, 700 (700); GRÜNEBERG, in: PALANDT, vor § 249 Rn. 26 ff.; OSSENBÜHL, Staatshaftungsrecht, S. 71; OETKER, in: Münchener Kommentar, § 249 Rn. 104.

367 *BGH*, Urt. v. 19.01.1989 – III ZR 243/87, NJW 1989, 1924 (1926); Urt. v. 29.10.1987 – IX ZR 181/86, NJW 1988, 1143 (1145); Urt. v. 14.03.1985 – IX ZR 26/84, NJW 1986, 1329 (1331); OSSENBÜHL, Staatshaftungsrecht, S. 71.

368 S.o., Seite 76 ff.

einen Anspruch auf Befreiung aus § 6 Abs. 1 S. 1 KonsG, wenn sich in der Entführung die Gefahr eines Katastrophenfalls i.S.d. § 6 Abs. 1 S. 1 KonsG realisiert hat.

4. Befreiungsmaßnahme als konsularische Hilfe gemäß § 1 2. Spiegelstrich KonsG

Das vorstehende Ergebnis beantwortet die eingangs aufgeworfene Untersuchungsfrage nur teilweise. In den vergangenen Jahren wurden Deutsche zwar vor allem in Afghanistan und dem Irak entführt, also in Ländern, deren innenpolitischer Zustand unter die Begriffe der „*kriegerischen oder revolutionären Verwicklung*“ oder „*vergleichbaren Ereignisse*“ (§ 6 KonsG) gefasst werden kann[369]. Diese Fälle stellen jedoch nur einen Teil aller Entführungen von deutschen Staatsbürgern im Ausland dar. So hätten z. B. die Konsularbeamten die Maßnahmen zur Befreiung der im September 2008 in Ägypten verschleppten Deutschen[370] mangels Vorlage eines Katastrophenfalls i.S.v. § 6 KonsG nicht auf die Regelung des § 6 KonsG stützen können.

Darüber hinaus kann es im Einzelfall schwierig sein, ein Ereignis als einen Katastrophenfall i.S.d. § 6 Abs. 1 S. 1 KonsG zu qualifizieren. Als jüngstes Beispiel für dieses Problem dient die Entführung von drei Deutschen in der Türkei durch die kurdische Separatistenorganisation PKK am Berg Ararat im Jahre 2008[371]. Das Bergmassiv war zwar in den 1980er- und 90er-Jahren wiederholt Schauplatz von Kämpfen kurdischer Separatisten mit der türkischen Armee. Die Voraussetzungen eines Katastrophenfalls i.S.d. § 6 KonsG lagen damals also vor. Danach ebbten die Kämpfe aber ab. Die türkische Republik hat zudem im Jahre 2004 den Berg und seine Umgebung zu einem Nationalpark erklärt, der zum Bergsteigen und Wandern freigegeben ist[372]. Die Voraussetzungen eines Katastrophenfalls i.S.v. § 6 KonsG dürften mangels Vorliegen eines Katastrophenfalls zum Zeitpunkt der Entführung im Juni 2008 daher kaum erfüllt sein.

---

369 S.o., Seite 77.

370 Vgl. „*Deutsche Touristen in Ägypten verschleppt*“, in: SPIEGEL-ONLINE v. 22.09.2008 (www.spiegel.de).

371 Vgl. „*Drei Deutsche in der Türkei entführt*“, in: FAZ v. 09.07.2008, S. 1; „*Bundesregierung nicht erpressbar*“, in: FAZ v. 10. Juli 2008 Seite 1 und 2.

372 Vgl. „*PKK verschleppt drei deutsche Bergsteiger*“, in: TAGESSCHAU.DE v. 09.07.2008.

Es ist daher zu prüfen, ob das KonsG eine tragfähige Grundlage für einen Befreiungsanspruch in allen „sonstigen Entführungsfällen“ bieten. Eine solche Grundlage könnte § 1 2. Spiegelstrich KonsG darstellen.

a) Aufgabennorm als Handlungsgrundlage

Die Regelung des § 1 KonsG legt ihrer Überschrift zufolge die konsularischen Aufgaben im Allgemeinen fest und bestimmt unter seinem 2. Spiegelstrich:

> *„Die Konsularbeamten (Berufskonsularbeamte und Honorarkonsulbeamte sind berufen, [...]*
> *– Deutschen sowie inländischen juristischen Personen nach pflichtgemäßen Ermessen Rat und Beistand zu gewähren.“*

Obwohl es sich bei § 1 2. Spiegelstrich KonsG „nur“ um eine Aufgabennorm handelt[373], können die Konsularbeamten Maßnahmen auf der Grundlage von § 1 2. Spiegelstrich KonsG ergreifen. Eine Aufgabennorm ist eine hinreichende Handlungsgrundlage für das Handeln der Exekutive, wenn dieses nicht in Grundrechte Dritter eingreift[374], was im Falle der konsularischen Hilfe zu verneinen ist.

b) Befreiungsmaßnahmen als „Beistand“ i. S. d. § 1 2. Spiegelstrich KonsG

Damit ein Befreiungsanspruch auf § 1 2. Spiegelstrich KonsG gestützt werden kann, müssen Maßnahmen zur Rettung einer Geisel vom Tatbestandsmerkmal *„Beistand“* umfasst sein. Der Gesetzgeber hat in § 1 KonsG zwar weder geregelt, wann ein Deutscher als beistandsbedürftig gilt, noch hat er den Umfang möglicher Beistandshandlungen festgelegt. Die Bedeutung der konsularischen Schutzfunktion lässt aber auf ein weites Verständnis des Begriffs *„Beistand“* schließen: Der Gesetzgeber hat die allgemeine konsularische Schutz- und Beistandspflicht an den Anfang des KonsG gestellt, um zu verdeutlichen, welche wichtige und bedeutende Aufgabe diese Vorschrift für die Konsularbeamten darstellt[375]. Die Bedeutung schlägt sich in der Bandbreite möglicher Maßnahmen nieder, welche die Konsularbeamten in der konsularischen Praxis auf der Grundlage von § 1 KonsG treffen können. Dazu gehören die bloße Erteilung von

---

373 HOFFMANN, Konsularrecht I, § 1 KonsG, Anm. 2.3; KÖTTER/NOLTE, DÖV 2007, 186 (188).

374 IPSEN, Allgemeines Verwaltungsrecht, Rn. 235; PIEROTH/SCHLINK/KNIESEL, Polizei- und Ordnungsrecht, § 2 Rn. 45; SCHENKE, Polizei- und Ordnungsrecht, Rn. 36.

375 HOFFMANN, Konsularrecht I, § 1 KonsG, Anm. 2.6. und Anm. 2.6.4.4.

Auskünften, die Aufbewahrung von Gegenständen, die Vermittlung zwischen deutschen und örtlichen Stellen, die Betreuung deutscher Touristen, Hilfeleistungen bei Verkehrsunfällen und internationalen Kindesentführungen und insbesondere auch Hilfeleistungen für Opfer von Gewaltverbrechen[376]. Pauschal formuliert umfasst die konsularische Schutzpflicht damit alle Amtshandlungen, die einem Hilfesuchenden zu dienen bestimmt sind[377].

Unter Beachtung dieser Grundsätze stellt § 1 2. Spiegelstrich KonsG eine geeignete Grundlage für Hilfsmaßnahmen in Entführungsfällen dar[378]. Eine Entführung ist ein Gewaltverbrechen. Ist der Konsularbeamte in besonderem Maße verpflichtet, Opfern von Gewaltverbrechen im Ausland Hilfe zu leisten[379], so kann für das Opfer einer Entführung im Ausland nichts anderes gelten. Im Übrigen umfasst der Begriff „*Beistand*" auch Hilfeleistungen nach den §§ 5 ff. KonsG, weil diese Vorschriften die allgemeine Schutzpflicht konkretisieren[380]. Müssen Konsularbeamte Einzelpersonen nach § 5 KonsG schon in wirtschaftlichen Notlagen Hilfe leisten, muss dies erst recht in Situationen gelten, in denen ein deutscher Staatsbürger Leibes- und Lebensgefahren ausgesetzt ist[381]. Entsprechendes folgt aus § 6 KonsG, der eindeutig nicht nur finanzielle Notsituationen im Blick hat[382].

Maßnahmen zur Befreiung einer Geisel sind folglich von dem Begriff „*Beistand*" i.S.d. § 1 2. Spiegelstrich KonsG erfasst und fallen daher unter den allgemeinen konsularischen Schutz[383]. Konsularbeamten können auf der Grundlage von § 1 2. Spiegelstrich KonsG Maßnahmen zur Befreiung einer deutschen Geisel ergreifen[384].

---

376 Hoffmann, Konsularrecht I, § 1 KonsG, Anm. 2.6.4; Kötter/Nolte, DÖV 2007, 186 (188).

377 Vgl. Geiß, DÖV 2007, 155 (157); Hoffmann, Konsularrecht I, § 1 KonsG, Anm. 2.6.4; ders. Hoffmann, ZblJugR 1978, 284 (290); Kötter/Nolte, DÖV 2007, 186 (188).

378 So auch: Geiß, DÖV 2007, 155 (157); Kötter/Nolte, DÖV 2007, 186 (188).

379 Vgl. Hoffmann, Konsularrecht I, § 1 KonsG, Anm. 2.6.4.7.

380 Hoffmann, Konsularrecht I, § 1 KonsG, Anm. 2.6.4.7; Geiß, DÖV 2007, 155 (157).

381 Vgl. Geiß, DÖV 2007, 155 (157).

382 S.o., Seite 59 ff.

383 So sieht es auch das Auswärtige Amt, vgl. *OVG Berlin-Brandenburg*, Urt. v. 21.02.2007 – 11 B 9.06 (erhältlich in juris) Rn. 5. Anders aber Dahm, NVwZ 2005, 172 (173): Nach seiner Auffassung ist § 1 2. Spiegelstrich KonsG zu unbestimmt, damit er als Grundlage für einen Befreiungsanspruch in Betracht kommt.

384 Spätestens an dieser Stelle wird deutlich, dass das aktuelle Urteil des *BVerwG* zur Kostentragungspflicht in Geiselfällen nicht überzeugen kann. Das Gericht behauptet, § 5 Abs. 1 S. 1 KonsG müsse eine Ermächtigungsgrundlage auch für konsularische

5. Rechtsfolge aus § 1 2. Spiegelstrich KonsG und § 6 Abs. 1 S. 1 KonsG

Zu untersuchen ist weiterhin, ob ein entführter Deutscher gemäß § 1 2. Spiegelstrich KonsG und § 6 Abs. 1 S. 1 KonsG eine bestimmte Befreiungsmaßnahme beanspruchen kann. Dies wäre nur dann der Fall, wenn § 1 2. Spiegelstrich KonsG und § 6 Abs. 1 S. 1 KonsG ein *subjektives Recht* enthalten. Außerdem dürfte dem Konsularbeamten kein *Entscheidungsspielraum* eingeräumt sein. In diesem Fall hätte ein Deutscher nur einen Anspruch auf ermessensfehlerfreie Entscheidung[385].

a) Subjektives Recht

Es stellt sich also zunächst die Frage, ob § 1 2. Spiegelstrich KonsG und § 6 Abs. 1 S. 1 KonsG ein subjektives Recht beinhalten. Ein subjektiv-öffentliches Recht ist die Rechtsposition eines Rechtssubjekts, kraft derer dieses von einem Träger öffentlichen Rechts die Erfüllung bestimmter gesetzlicher Pflichten verlangen kann[386]. Ob eine Vorschrift ein solches Recht beinhaltet, ist anhand der Schutznormtheorie zu bestimmen[387]. Danach ergibt sich aus einer öffentlich-rechtlichen Norm ein subjektives Recht, wenn das Handeln der Behörde auch dem Einzelnen zu dienen bestimmt ist und nicht lediglich im öffentlichen Interesse liegt[388].

Hilfsleistungen außerhalb wirtschaftlicher-sozialen Notlagen sein, weil *„es ansonsten keine (einfach-)gesetzliche Ermächtigungsgrundlage* (im KonsG) *gäbe*"(*BVerwG*, Urt. v. 28.05.2009– 7 C 13/08, NJW 2009, 2905 [2906]). Obwohl das Gericht nach seinem Ergebnis nicht mehr auf andere Ermächtigungsgrundlagen eingehen müsste, erstaunt diese Behauptung. Denn der Senat verliert kein Wort dazu, weshalb sowohl § 6 KonsG als auch § 1 2. Spiegelstrich KonsG als Ermächtigungsgrundlagen ausscheiden.

385 Vgl. Ipsen, Allgemeines Verwaltungsrecht, Rn. 512 ff.; Maurer, Allgemeines Verwaltungsrecht, § 8 Rn. 15; Peine, Allgemeines Verwaltungsrecht, Rn. 263; Wolff/Bachof/Stober/Kluth, Verwaltungsrecht I, § 31 Rn. 65.

386 *BVerwG*, Urt. v. 24.06.1954 – V C 78.54 1, BVerwGE 1, 159 (159 ff.); Happ, in: Eyermann, § 42 Rn. 83; Kopp/Ramsauer, Einf. Rn. 57; Maurer, Allgemeines Verwaltungsrecht, § 8 Rn. 2; Schmidt-Aßmann, in: Maunz/Dürig, Art. 19 Abs. 4 Rn. 118 ff.; Peine, Allgemeines Verwaltungsrecht, Rn. 246; vgl. Voßkuhle/Kaiser, JuS 2009, 16 (17).

387 *BVerwG*, Urt. v. 30.03.1995 – 3 C 8.94, BVerwGE 98, 118 (120 f.); Maurer, Allgemeines Verwaltungsrecht, § 8 Rn. 8; Kopp/Ramsauer, Einf. Rn. 57 f.; Sachs, in: Stelkens/Bonk/Sachs, § 40 Rn. 132 m.w.N.

388 *BVerfG*, Beschl. v. 17.12.1969 – 2 BvR 23/65, BVerfGE, 297 (307); *BVerwG*, Beschl. v. 25.02.1954 – I B 196.53, BVerwGE 1, 83 (83); Jarass, in: Jarass/Pieroth, Art. 19

Während die frühere h. L. das Konsulargesetz von 1867 als eine an die Konsularbeamten gerichtete Dienstanweisung betrachtet hatte und die Vorschriften dementsprechend als bloßes objektives Recht qualifizierte[389], kann aus § 1 2. Spiegelstrich KonsG und § 6 Abs. 1 S. 1 KonsG ein subjektives Recht abgeleitet werden[390]. Bereits der Wortlaut der Vorschriften lässt darauf schließen: Die Konsularbeamten sind nach § 1 2. Spiegelstrich KonsG berufen, Deutsche durch Rat und Beistand zu unterstützen. Die konsularischen Handlungen erfüllen also den Zweck, einen hilfsbedürftigen Deutschen zu begünstigen. Entsprechendes gilt für § 6 Abs. 1 S. 1 KonsG. Diese Vorschrift bezweckt, den durch eine Katastrophe bedrohten oder geschädigten Deutschen Hilfe und Schutz zu gewähren. Die Handlungen nach diesen beiden Regelungen dienen folglich in erster Linie den hilfsbedürftigen Deutschen und nicht ausschließlich dem öffentlichen Interesse.

Dem Ergebnis zu § 1 2. Spiegelstrich KonsG steht nicht entgegen, dass diese Regelung eine Aufgabennorm darstellt. Ein Anspruch des Bürgers auf Grundlage einer Aufgabennorm ist gegeben, wenn die Handlung dem Einzelnen zu dienen bestimmt ist und nicht lediglich im öffentlichen Interesse liegt[391]. Diese Voraussetzungen liegen vor[392].

b) Anspruch auf eine bestimmte Befreiungsmaßnahme oder Ermessen der Behörde

Es stellt sich ferner die Frage, ob § 1 2. Spiegelstrich KonsG und § 6 Abs. 1 S. 1 KonsG dem Konsularbeamten einen Entscheidungsspielraum einräumen. Die Konsularbeamten haben gemäß § 1 2. Spiegelstrich KonsG, *„nach pflichtgemäßem Ermessen Rat und Beistand zu gewähren“*. § 1 2. Spiegelstrich KonsG

Rn. 37; Kopp/Ramsauer, Einf. Rn. 57; Sachs, in: Stelkens/Bonk/Sachs, § 40 Rn. 132 m.w.N.; Voßkuhle/Kaiser, JuS 2009, 16 (17).

389 Vgl. Doehring, Die Pflicht des Staates zur Gewährung diplomatischen Schutzes, S. 30 f.; Rudolf, in: Kokot/Skubiszewski (Hrsg.), Referate des Rechtscolloquiums 1974, 61 (62 f.). Doehring erkannte allerdings zumindest in § 1 des Konsulargesetzes aus dem Jahre 1867 eine Rechtspflicht der Konsularbeamten zur Gewährung von Auslandsschutz, vgl. Doehring, Die Pflicht des Staates zur Gewährung diplomatischen Schutzes, S. 47 FN 161.

390 Vgl. Hoffmann, Konsularrecht I, § 1 KonsG, Anm. 2.4.1; Kötter/Nolte, DÖV 2007, 186 (189).

391 Vgl. Kötter/ Nolte, DÖV 2007, 186 (188); Pieroth/Schlink/Kniesel, Polizei- und Ordnungsrecht, § 5 Rn. 50 ff.

392 S.o., Seite 81.

gewährt also sowohl Entscheidungs- als auch Auswahlermessen[393]. Entsprechendes gilt für § 6 Abs. 1 S. 1 KonsG[394]. Die Konsularbeamten sollen danach die *„erforderlichen Maßnahmen treffen"*, um den geschädigten oder bedrohten Deutschen Hilfe und Schutz zu gewähren.

aa) Entschließungsermessen oder Anspruch auf Hilfe

§ 6 Abs. 1 S. 1 KonsG stellt, ausweislich seines Wortlauts, eine Soll-Vorschrift dar. § 1 2. Spiegelstrich KonsG intendiert ebenfalls ein gebundenes Ermessen, vergleichbar mit einer Soll-Vorschrift[395]. Dies folgt aus dem Wortlaut des § 1 2. Spiegelstrich KonsG, wonach Konsularbeamte zum Beistand *„berufen"* sind[396]. Die Verwaltung ist bei einer *Soll-Vorschrift* an die vom Gesetzgeber vorgesehene Rechtsfolge gebunden, wenn ein Regelfall vorliegt[397]. Ein Regelfall ist ein Sachverhalt, der sich nicht durch besondere Umstände von der Menge gleich liegender Fälle unterscheidet[398]. Liegt dagegen ein atypischer Fall oder ein wichtiger Grund vor, kann die Behörde nach pflichtgemäßem Ermessen

---

393 BLOß, in: HECKER/MÜLLER-CHORUS/BINDSEIL, § 3 C Rn. 2; KÖTTER/NOLTE, DÖV 2007, 186 (189). § 2 Abs. 3 Nr. 3 VwVfG spricht nicht gegen eine Ermessensentscheidung. Danach findet das VwVfG zwar bei den Auslandsvertretungen keine Anwendung. Die Formulierungen in § 1 2. Spiegelstrich KonsG sind aber eindeutig auf die in § 40 VwVfG präzisierte und in den Grenzen des § 114 VwGO gerichtlich überprüfbaren Ermessenentscheidung angelegt, vgl. BLOß, in: HECKER/MÜLLER-CHORUS/BINDSEIL, § 3 H Rn. 1.

394 KÖTTER/ NOLTE, DÖV 2007, 186 (189); HANSCHEL, ZaöRV 66 (2006), 789 (803 f.) für § 5 Abs. 1 KonsG.

395 HOFFMANN, Konsularrecht I, Vorbem. z. 1. Aschnitt des KonsG, Anm. 2.4.2; KÖTTER/ NOLTE, DÖV 2007, 186 (189).

396 HOFFMANN, Konsularrecht I, Vorbem. z. 1. Abschnitt des KonsG, Anm. 2.4.2; KÖTTER/ NOLTE, DÖV 2007, 186 (189).

397 *BVerwG*, Urt. 09.09.2003 – 1 C 6.03, BVerwGE 119, 17 (20); Urt. 17.03.1992 – 1 C 31.89, BVerwGE 90, 88 (93), Urt. v. 17.09.1987 – 5 C 26.84, BVerwGE 78, 101 (105); Urt. v. 27.05.1981 – 8 C 51.79, BVerwGE 62, 230 (242); Urt. v. 25.06.1975 – VIII C 77.74, 49, 16 (23); Urt. v. 15.12.1964 – VI C 9.62, BVerwGE 20, 117 (118); Urt. v. 29.06.1961 – VI C 148.59, BVerwGE 12, 284 (285); HUFEN, Verwaltungsprozessrecht, § 25 Rn. 23; KOPP/RAMSAUER, § 40 Rn. 44, MAURER, Allgemeines Verwaltungsrecht, § 7 Rn. 11; v. MUTIUS, Jura 1987, 92 (97); PEINE, Allgemeines Verwaltungsrecht, Rn. 212; SACHS, in: Stelkens/Bonk/Sachs, § 40 Rn. 26; WOLFF/BACHOF/STOBER/KLUTH, Verwaltungsrecht I, § 31 Rn. 41.

398 *BVerwG*, Urt. v. 29.07.1993 – 1 C 25.93, BVerwGE 94, 35, 43 f.; BOROWSKI, DVBl. 2000, 149 (157).

von der regelmäßig vorgesehenen Rechtsfolge absehen[399]. Ein Sachverhalt ist atypisch, wenn er zwar in den Rahmen des Gesetzes passt, zugleich jedoch der Zweckbestimmung der Regelung entgegensteht[400]. Eine Abweichung ist nur gerechtfertigt, wenn das sonst ausschlaggebende Gewicht der für die Regelentscheidung maßgeblichen Gründe beseitigt wird[401]. Die Besonderheiten müssen die Abweichung nahelegen[402].

Obwohl die Zahl der Entführungen deutscher Staatsangehöriger im Ausland in den letzten Jahren deutlich angestiegen ist, stellen sie auch heute noch einen atypischen Fall konsularischen Beistands dar. Maßnahmen nach § 1 2. Spiegelstrich KonsG beschränken sich normalerweise auf die Erteilung von Auskünften, die Aufbewahrung von Gegenständen, die Vermittlung zwischen deutschen und örtlichen Stellen, die Betreuung deutscher Touristen nach Verkehrsunfällen, Hilfen im Rahmen internationaler Kindesentführungen und Hilfen für Opfer von Gewaltverbrechen[403]. Konsularische Maßnahmen infolge einer Entführung stellen den Ausnahmefall dar. Gemessen an den bisherigen Ausführungen dürfte der Konsularbeamte in Entführungsfällen nach pflichtgemäßem Ermessen von einer Hilfe absehen.

Ein entsprechendes Ergebnis lässt sich für Befreiungsmaßnahmen nach § 6 Abs. 1 S. 1 KonsG feststellen. Entführungen deutscher Staatsangehöriger im Irak und Afghanistan wiederholen sich zwar in regelmäßiger Wiederkehr. Maßnahmen nach § 6 KonsG beschränken sich aber in der Regel auf Hilfeleistungen nach Naturkatastrophen, schweren Verkehrsunfällen, Anschlägen und viel-

---

399 *BVerwG*, Urt. v. 29.07.1993 – 1 C 25.93, BVerwGE 94, 35, 43 f.; Urt. v. 12.02.1991 – 1 C 4.89, BVerwGE 88, 1 (8); Urt. v. 14.01.1982 – 5 C 70.80, BVerwGE 64, 318 (323); Urt. v. 17.08.1978 – 5 C 33.77, BVerwGE 56, 220 (223; Urt. v. 28.02.1973 – VIII C 49.72, BVerwGE 42, 26 (28); Urt. v. 16.07.1963 – VII C. 96.62, BVerwGE 16, 224 (226); Kopp/Ramsauer, § 40 Rn. 44, Maurer, Allgemeines Verwaltungsrecht, § 7 Rn. 11; v. Mutius, Jura 1987, 92 (97); Peine, Allgemeines Verwaltungsrecht, Rn. 212; Sachs, in: Stelkens/Bonk/Sachs, § 40 Rn. 26; Wolff/Bachof/Stober/Kluth, Verwaltungsrecht I, § 31 Rn. 41.

400 Vgl. *BVerwG*, Urt. 09.09.2003 – 1 C 6.03, BVerwGE 119, 17 (20); Sachs, in: Stelkens/Bonk/Sachs, § 40 Rn. 26.

401 Vgl. *BVerwG*, Urt. v. 29.07.1993 – 1 C 25.93, BVerwGE 94, 35, 43 f.; Hoffmann, Konsularrecht I, § 5 KonsG, Anm. 2.4.2; Sachs, in: Stelkens/Bonk/Sachs, § 40 Rn. 26.

402 *BVerwG*, Urt. 24.09.1992 – 7 C 6.92, BVerwGE 91, 92 (99); Hoffmann, Konsularrecht I, § 5 KonsG, Anm. 2.4.2; Sachs, in: Stelkens/Bonk/Sachs, § 40 Rn. 26.

403 S.o., Seite 81 f.

leicht noch Evakuierungsmaßnahmen im Falle eines Bürgerkriegsausbruchs[404]. Hinzu kommt, dass die deutsche Staatsgewalt auf Entführungen immer unterschiedlich reagieren muss. Während die Entführer in einem Fall mit dem Tod der Geisel drohen und den Abzug der Bundeswehr auf Afghanistan fordern, begehren die Geiselnehmer in einem anderen Fall nur finanzielle Leistungen für die Freilassung der Geisel. Die staatliche Reaktion in einem Entführungsfall kann sich folglich von den Rettungsmaßnahmen in einem anderen Fall völlig unterscheiden. Eine Geiselnahme stellt daher selbst in Regionen wie Afghanistan und dem Irak noch einen atypischen Fall dar. Nach Maßgabe der oben dargelegten Grundsätze müsste der Konsularbeamte somit in Entführungsfällen nach pflichtgemäßem Ermessen von einer Hilfe absehen können.

Dennoch scheidet im Ergebnis ein Entschließungsermessen aus. Es ist ein anerkannter Grundsatz des Verwaltungsrechts, dass sich das Verwaltungsermessen auf nur eine rechtmäßige Entscheidung über Art. 3 Abs. 1 GG reduzieren kann, wenn sich die Verwaltung selbstbindet[405]. Eine Selbstbindung entsteht u. a. über eine längere Verwaltungsübung bzw. eine gleichmäßige Verwaltungspraxis[406]. Die Verwaltung ist in diesem Fall verpflichtet, bei einem vergleichbaren Ereignis in gleicher Weise zu verfahren[407]. Diese Voraussetzungen liegen vor. Das Auswärtige Amt ist bisher in allen Entführungsfällen tätig geworden. Das Auswärtige Amt begreift zudem nach eigenen Angaben in Entführungsfällen das im Konsulargesetz aufgeführte *Sollen* als Pflicht[408]. Die Praxis und die öffentlichen Äußerungen des Auswärtigen Amtes lassen also auf eine ständige Verwaltungspraxis schließen. Das Ermessen der Behörde reduziert sich

---

404 Vgl. Hoffmann, Konsularrecht I, § 6 KonsG, Anm. 1.2. ff.; Scheller, in: Hecker/Müller-Chorus (Hrsg.), Handbuch der konsularischen Praxis, § 8 E. Rn. 11.

405 *BVerwG*, Urt. v. 10.12.1969 – VIII C 104.69, BVerwGE 34, 278 (280 ff.); Di Fabio, VerwArch 1995, 214 (223); Hain/Schlette/Schmitz, AöR 122 (1997), 32 (55); Schoch, Jura 2004, 462 (465).

406 *BGH*, Beschl. v. 28.03.1991 – NotZ 27/90, NJW 1993, 1591 (1591); *BVerwG*, Urt. v. 10.12.1969 – VIII C 104.69, BVerwGE 34, 278 (280 ff.); *OVG Münster*, Urt. v. 05.03.2009 – 1 A 1890/07 (erhältlich in juris) Rn. 35 ff.; *VGH* Mannheim, Urt. v. 2.12.1986 – 1 S 3275/85, NVwZ 1987, 253 (254); Urt. v. 28.04.1978 – 4 C 49/76-, NJW 1979, 561; Di Fabio, VerwArch 1995, 214 (223).

407 *BVerwG*, Urt. v. 10.12.1969 – VIII C 104.69, BVerwGE 34, 278 (280 ff.); Di Fabio, VerwArch 1995, 214 (223); Hain/Schlette/Schmitz, AöR 122 (1997), 32 (55).

408 Siehe Bittner, „*Entführungen – Hoffentlich beim Auswärtigen Amt versichert*", in: Die Zeit vom 05.01.2006. Diese Aussage hat das Auswärtige Amt dem Verfasser in einer schriftlichen Anfrage bestätigt.

folglich gemäß Art. 3 Abs. 1 GG im Wege der Selbstbindung auf Null[409]. Da Art. 3 Abs. 1 GG auch innerhalb des Wirkungsbereichs der deutschen Staatsgewalt im Ausland Anwendung findet[410], muss der Konsularbeamte also tätig werden.

bb) Auswahlermessen oder Anspruch auf bestimmte Befreiungsmaßnahme

Fraglich ist, ob dieses Ergebnis auch auf das nach § 1 2. Spiegelstrich KonsG und § 6 Abs. 1 S. 1 KonsG eröffnete Auswahlermessen übertragbar ist. In diesem Fall könnte ein Entführungsopfer eine bestimmte Befreiungsmaßnahme oder Handlung beanspruchen. Ein solches Ergebnis hätte gravierende Konsequenzen für die Bundesrepublik Deutschland. Sollten die Entführer die Zahlung von Lösegeld fordern, wäre die auswärtige Gewalt[411] zur Zahlung verpflichtet. Entsprechendes gälte bei der Forderung, die Bundesrepublik müsse ihre im Ausland stationierten Truppen abziehen, um das Leben der Staatsangehörigen zu retten.

Damit diese Gefahr sich nicht realisiert, muss der zuständigen Behörde bei Auslandssachverhalten und besonders im Falle terroristischer Erpressungen ein weites Auswahlermessen zugesprochen werden[412]. Dies entspricht dem klassischen Prinzip der Gewaltenteilung. Danach muss der Exekutive in Form der auswärtigen Gewalt bei der Realisierung ihrer außenpolitischen Ziele im Rahmen des Völker- und Verfassungsrechts ein weiter Handlungsspielraum zugebilligt werden[413]. Dies ermöglicht der Exekutive, ihre jeweiligen politischen

---

409 *BVerwG*, Urt. v. 27.09.1988 – 1 C 41/78-, NJW 1989, 1446 (1447); Urt. v. 27.09.1988 – 1 C 52/87 -, NJW 1989, 1441, 1444; *VGH Mannheim*, Urt. v. 2.12.1986 – 1 S 3275/85-, NVwZ 1987, 253 (254); Urt. v. 28.04.1978 – 4 C 49/76-, NJW 1979, 561; Di Fabio, VerwArch 1995, 214 (223); Hain/Schlette/Schmitz, AöR 122 (1997), 32 (55 f.).

410 Jarass, in: Jarass/Pieroth, Art. 1 Rn. 44.

411 Der Begriff „auswärtige Gewalt" umschreibt die Summe aller staatlichen Kompetenzen, die sich auf die Gestaltung der internationalen Beziehungen auf der völkerrechtlichen Ebene beziehen, und zwar einschließlich der staatlichen Vorschriften über die Willensbildung, die dem Handeln in auswärtigen Angelegenheiten vorangeht, vgl. Geiger, Grundgesetz und Völkerrecht, § 28 I (S. 104 f.).

412 Hanschel, ZaöRV 66 (2006), 789 (806 f.); Kötter/Nolte, DÖV 2007, 186 (189). Kritisch zum weiten Entscheidungsspielraum des Staates im Rahmen terroristischer Erpressungen im Inland: Polzin, Deutscher Herbst am BVerfG, S. 56.

413 Blumenwitz, Das Offenhalten der Vermögensfrage in den deutsch-polnischen Beziehungen, S. 85; vgl. *BVerfG*, Urt. v. 17.07.1984 – 2 BvE 13/83, BVerfGE 68, 1 (97); Schmidt-Aßmann, in: Maunz/Dürig, Art. 19 Abs. 4 Rn. 83.

Ziele völkerrechtlich und verfassungsrechtlich zu bewerten[414]. Innerhalb des weiten Entscheidungsspielraums hat die Behörde die Interessen des Einzelnen gegen die Belange der Allgemeinheit abzuwägen[415]. Das Interesse der Gesamtheit ist dabei von zahlreichen wirtschaftlichen, politischen und ggf. militärischen Gesichtspunkten mitbestimmt und muss daher im großen Rahmen der auswärtigen Beziehungen gesehen werden[416]. Dieser Rahmen erstreckt sich auf ein viel umfangreicheres Sachgebiet als z. B. das Gewerbe- oder Polizeirecht[417]. Im Bereich der auswärtigen Politik gibt es nur selten einen richtigen Weg[418]. Die auswärtige Gewalt kann daher sogar erhebliche Verletzungen der Rechte eines Staatsbürgers im Ausland hinnehmen, um höherwertige Interessen der Allgemeinheit zu schützen[419]. Die Rechtsprechung vertritt daher zu Recht, dass das Grundgesetz der Exekutive einen weiten Spielraum in der Einschätzung außenpolitisch erheblicher Sachverhalte sowie der Zweckmäßigkeit möglichen Verhaltens gewährt[420].

Ferner wären die Allgemeininteressen der Bundesrepublik Deutschland extrem gefährdet, wenn die Exekutive die Forderungen der Entführer erfüllen müsste. Der Staat würde damit stillschweigend deutsche Staatsbürger im Ausland zu „Freiwild“ für Terroristen erklären und die Gefahr weiterer Entführungen deutlich erhöhen[421]. Zudem begründet das Grundgesetz eine Schutzpflicht gegenüber der Gesamtheit aller deutschen Staatsbürger[422]. Das Auswärtige Amt würde diese Schutzpflicht verletzen, wenn es auf die Forderungen

---

414 *OVG Münster*, Urt. v. 14.06.1996 – 21 A 753/95 (erhältlich in juris) Rn. 5.

415 *BVerwG*, Urt. v. 24.02.1981 – 7 C 60/79, BVerwGE 62, 11 (16); *OVG Münster*, Urt. v. 30.10.1961 – II A 480/61, OVGE 17, 106 (111).

416 Geck, ZaöRV 17 (1956/57), 476 (524).

417 Geck, ZaöRV 17 (1956/57), 476 (524).

418 Geck, ZaöRV 17 (1956/57), 476 (524) weist zutreffend darauf hin, dass das Wohl der Allgemeinheit den Schritt X oder Schritt Y fordern kann, es aber auch den einen oder beide verbieten kann. Zudem kann eine Kombination von beiden zweckmäßig sein.

419 *OVG Münster*, Urt. v. 30.10.1961 – II A 480/61, OVGE 17, 106 (111).

420 *BVerfG*, Urt. v. 17.07.1984 – 2 BvE 13/83, BVerfGE 68, 1 (97); Beschl. v. 16.12.1980 – 2 BvR 419/80, BVerfGE, 55, 349 (365); *BVerwG*, Beschl. v. 06.03.1997 – 3 B 178/96 (erhältlich in juris) Rn. 6; Urt. v. 24.02.1981 – 7 C 60/79, BVerwGE 62, 11 (15 f.); *BVerwG*, Beschl. v. 24.01.1989 – 7 B 102/88, NJW 1989, 2208 (2208).

421 Vgl. Schanze, in: Brandt/Buck (Hrsg.), Auswärtiges Amt, S. 217 (222).

422 *BVerfG*, Urt. v. 16.10.1977 – 1 BvQ 5/77, BVerfGE 46, 160 (165). Dieses Urteil hat die Entführung des Arbeitgeberpräsidenten Hanns-Martin Schleyer zum Gegenstand. Zwar ging es bei diesem Urteil um die Freilassung von Häftlingen (und nicht auch um Lösegeldzahlungen). Die Zahlung von Lösegeld kann jedoch ebenfalls zu einer erheb-

der Entführer stets eingehen müsste[423]. Denn in diesem Fall wäre die Reaktion des Staates für Entführer kalkulierbar[424]. Der Staat würde damit den effektiven Schutz seiner Bürger unmöglich machen. Dies stünde mit der Aufgabe, die ihm durch Art. 2 Abs. 2 S. 1 GG gestellt ist, in unaufhebbarem Widerspruch[425]. Der Staat hat eine Maßnahme zu wählen, die Leib und Leben des Entführungsopfers schützt, ohne gleichzeitig dieselben Rechtsgüter weiterer deutscher Staatsbürger zu gefährden[426]. Sollte die einzig mögliche Maßnahme eine Gefahr für die Allgemeinheit begründen, muss diese unterbleiben. Ein Anspruch auf eine bestimmte Befreiungsmaßnahme scheidet aus.

cc) Kein Anspruch auf Gleichbehandlung

Das Ermessen des Auswärtigen Dienstes wird auch nicht über Art. 3 Abs. 1 GG im Wege der Selbstbindung der Verwaltung auf Null reduziert. Das Auswärtige Amt nutzt jede Gelegenheit zu verdeutlichen, dass sich die Bundesrepublik Deutschland nicht erpressen lässt und eine Lösegeldzahlung vonseiten des Staates nicht erfolgt[427].

Selbst wenn die Bundesregierung in einigen Entführungsfällen den Forderungen der Erpresser stattgeben würde, scheidet eine Ermessensreduzierung auf Null über Art. 3 Abs. 1 GG aus. Die Exekutive darf aus den dargelegten Gründen nicht auf ein bestimmtes Mittel festgelegt werden; es verbietet sich eine schematisch gleiche Entscheidung in diesen Ausnahmefällen[428].

---

lichen Gefährdung der übrigen Staatsbürger führen. Denn die Wahrscheinlichkeit weiterer Entführungen würde erheblich steigen.

423 *BVerfG*, Urt. v. 16.10.1977 – 1 BvQ 5/77, BVerfGE 46, 160 (165).

424 *BVerfG*, Urt. v. 16.10.1977 – 1 BvQ 5/77, BVerfGE 46, 160 (165); Schanze, in: Brandt/Buck (Hrsg.), Auswärtiges Amt, S. 217 (222 f.).

425 *BVerfG*, Urt. v. 16.10.1977 – 1 BvQ 5/77, BVerfGE 46, 160 (165).

426 Hanschel, ZaöRV 66 (2006), 789 (807).

427 Das Auswärtige Amt behauptet auch im Fall Osthoff, es habe keine Lösegeldzahlung gegeben, vgl. *„Spekulationen über Lösegeld gehen weiter"*, in: RP-ONLINE v. 20.12.2005. Das Auswärtige Amt hat dem Verfasser dieser Arbeit bestätigt, dass es in Entführungsfällen kein Lösegeld zahle.

428 *BVerfG*, Urt. v. 16.10.1977 – 1 BvQ 5/77, BVerfGE 46, 160 (165), Geck, ZaöRV 17 (1956/57), 476 (529).

dd) Ergebnis: kein Anspruch auf Befreiung

Das Entschließungsermessen nach § 1 2. Spiegelstrich KonsG und § 6 Abs. 1 S. 1 KonsG ist über Art. 3 Abs. 1 GG i. V. m. dem Institut der Selbstbindung der Verwaltung auf Null reduziert. Der Auswärtige Dienst ist folglich im Entführungsfall verpflichtet, tätig zu werden. Die Exekutive hat dabei ein weites Ermessen hinsichtlich der konkreten Art und Weise, des Umfangs und des Zeitpunkts der Hilfe. Dies kann im Einzelfall sogar dazu führen, dass jegliche Rettungsmaßnahme unterbleibt.

c) Anspruchsinhaber und Anspruchsgegner

Anspruchsberechtigt nach § 1 2. Spiegelstrich KonsG und 6 Abs. 1 KonsG sind Deutsche i.S.d. Art. 116 GG, vgl. § 27 KonsG[429]. Die Regelungen des WÜK erweitern den Kreis der Anspruchsberechtigten nicht[430]. Nach dem allenfalls einschlägigen Art. 5 lit. a) und e) WÜK beschränken sich der konsularische Schutz und die Beistandsfunktionen auf Angehörige des Entsendestaates[431]. Etwas anderes ergibt sich auch nicht aus Art. 8 WÜK. Danach ist zwar ein Staat vorbehaltlich der Zustimmung des Empfangsstaates berechtigt, konsularische Aufgaben auch für einen dritten Staat wahrzunehmen. Eine Verpflichtung zum Auslandsschutz sieht diese völkerrechtliche Norm allerdings nicht vor.

Die materiell-rechtlichen Ansprüche auf Hilfe nach § 1 2. Spiegelstrich KonsG und § 6 Abs. 1 S. 1 KonsG richten sich gegen die Bundesrepublik Deutschland[432]. Das Auswärtige Amt und die Auslandsvertretungen bilden als einheitliche Bundesbehörde gemäß § 2 GAD den Auswärtigen Dienst. Der Auswärtige Dienst wird gemäß Art. 87 Abs. 1 S. 1 GG in bundeseigener Verwaltung geführt. Rechtsträger ist damit die Bundesrepublik Deutschland[433].

---

429 Wortlaut von § 27 KonsG: *„Der Begriff ‚Deutscher' bestimmt sich nach Artikel 116 Abs. 1 des Grundgesetzes."* Gemäß § 6 Abs. 1 S. 2 KonsG sind anspruchsberechtigt auch Abkömmlinge von Deutschen und nichtdeutschen Familienangehörigen, wenn sie mit diesen in Haushaltsgemeinschaft leben oder längere Zeit gelebt haben.

430 HOFFMANN, Konsularrecht I, § 1 KonsG, Anm. 2.6.1.4.

431 Wortlaut von Art. 5 a) und e) WÜK: S.o., FN 30.

432 KÖTTER/NOLTE, DÖV 2007, 186 (189).

433 KÖTTER/NOLTE, DÖV 2007, 186 (189); ZIPPELIUS/WÜRTENBERGER, Deutsches Staatsrecht, § 46 Rn. 29; vgl. DEGENHART, Staatsrecht I, Rn. 510; DETTERBECK, Allgemeines Verwaltungsrecht, Rn. 179.

d) Zusammenfassung der Prüfung von § 1 2. Spiegelstrich KonsG und § 6 Abs. 1 KonsG

Das KonsG beinhaltet mit § 1 2. Spiegelstrich KonsG und § 6 Abs. 1 S. 1 KonsG zwei Rechtsgrundlagen, aufgrund derer die zuständige staatliche Stelle[434] in Fällen von Entführungen Deutscher im Ausland Befreiungsmaßnahmen vornehmen kann. Während Maßnahmen zur Rettung einer Geisel nach § 6 Abs. 1 S. 1 KonsG nur in Betracht kommen, wenn ein Katastrophenfall ursächlich für die Entführung gewesen ist, sind von dem Begriff *„Beistand"* i.S.d. § 1 2. Spiegelstrich KonsG Befreiungsmaßnahmen im Ausland in allen Situationen erfasst und vom allgemeinen konsularischen Schutz umfasst.

Eine deutsche Geisel kann keine konkrete Befreiungsmaßnahme beanspruchen. Sie hat lediglich einen Anspruch auf fehlerfreie Ermessensentscheidung darüber, auf welche Art und Weise und in welchem Umfang ihr amtliche Hilfe gewährt wird.

Anspruchsberechtigt sind nach § 1 2. Spiegelstrich KonsG und § 6 Abs. 1 KonsG Deutsche i.S.d. Art. 116 GG. Der Anspruch richtet sich gegen die Bundesrepublik Deutschland.

6. Ergebnis: Anspruch auf Hilfe in Entführungsfällen

Ein im Ausland entführter Deutscher kann gemäß § 1 2. Spiegelstrich KonsG und unter bestimmten Voraussetzungen auch nach § 6 Abs. 1 S. 1 KonsG amtliche Hilfe beanspruchen. Hinsichtlich der Art und Weise und des Umfangs der Hilfe hat das Entführungsopfer einen Anspruch auf fehlerfreie Ermessensausübung.

II. Zusammenfassung Teil C

Ein im Ausland entführter Deutscher hat keinen Anspruch auf Befreiung aus Art. 5 Abs. 1 S. 1 KonsG[435]. Denn Maßnahmen im Rahmen einer Geiselbefreiung stellen keine konsularische Hilfe im Sinne dieser Vorschrift dar. Ein Entführungsopfer ist nicht *„hilfsbedürftig"* i.S.d. Art. 5 Abs. 1 S. 1 KonsG.

Ein Befreiungsanspruch kann auf § 6 Abs. 1 S. 1 KonsG gestützt werden, wenn zwischen dem Katastrophenfall und der Entführung ein adäquater Kausalzusammenhang besteht.

---

434 Zur Zuständigkeit s.u., Seite 264 f.

435 S.o., Seite 49 ff.

Die Exekutive kann – sofern der Anwendungsbereich des KonsG eröffnet ist – in allen übrigen Entführungsfällen Rettungsmaßnahmen auf der Grundlage von § 1 2. Spiegelstrich KonsG durchführen[436].

Der Betroffene hat keinen strikten Anspruch auf die Ergreifung einer bestimmten Maßnahme. Es besteht nur ein Anspruch auf ermessensfehlerfreie Entscheidung. Während die Exekutive gemäß Art. 3 Abs. 1 GG bei der Entführung eines Deutschen zum Tätigwerden verpflichtet ist, hat sie ein weites Ermessen hinsichtlich der Art und Weise der zu leistenden Hilfe.

III. Würdigung des Ergebnisses

Der vorstehende Abschnitt (Teil C) hat gezeigt, dass in der Rechtsprechung und in der Literatur umstritten ist, ob amtliche Hilfe im Entführungsfall überhaupt auf Normen des KonsG gestützt werden kann. Ebenso ist umstritten, welche Vorschriften hierfür eine Grundlage bieten. Auch wenn man – wie hier – § 1 2. Spiegelstrich KonsG und in Einzelfällen § 6 KonsG als Rechtsgrundlagen für eine Hilfspflicht in Entführungsfällen im Ausland anerkennt, ist die Aufnahme einer klarstellenden Regelung im KonsG angesichts der zunehmenden Bedrohung deutscher Staatsangehöriger im Ausland und einer der globalisierten Welt entsprechenden Reisetätigkeit wünschenswert[437].

E. Befreiungsanspruch auf verfassungsrechtlicher Ebene

I. Vorbemerkung

1. Ziel der Untersuchung

Der folgende Abschnitt befasst sich mit der Frage, ob ein im Ausland entführter deutscher Staatsangehöriger einen Befreiungsanspruch gegen die deutsche Staatsgewalt aus dem Grundgesetz ableiten kann. Eine deutsche Geisel wäre in diesem Fall nicht auf ihr Recht aus dem KonsG auf ermessensfehlerfreie Entscheidung beschränkt. Sie könnte dann darüber hinaus eine konkrete Befreiungsmaßnahme fordern. Sollte das Grundgesetz einen solchen Anspruch nicht enthalten, soll festgestellt werden, ob der einfachgesetzliche

---

436 S.o., Seite 80 ff.

437 S.u. ausführlich, Seite 319 ff.

Anspruch auf ermessensfehlerfreie Entscheidung verfassungsrechtlich determiniert ist.

Darüber hinaus ist zu berücksichtigen, dass der räumliche Anwendungsbereich des KonsG begrenzt ist. Das KonsG findet nur Anwendung, wenn die Bundesrepublik Deutschland eine Auslandsvertretung unterhält[438]. In allen anderen Ländern sind den rechtlichen Möglichkeiten deutscher Entführungsopfer somit Grenzen gesetzt: Wenn ein deutscher Staatsangehöriger im Ausland entführt wird und die Bundesrepublik Deutschland in diesem Land keine Auslandsvertretung unterhält, bleibt ihm lediglich ein auf die Verfassung gestützter Befreiungs- oder Hilfsanspruch[439]. Eine entsprechende Frage stellt sich, wenn deutsche Staatsangehörige in internationalen Gewässern als Geiseln genommen werden oder ein Schiff gekapert wird, das unter einer ausländischen Flagge fährt, und sich auf diesem Schiff deutsche Staatsangehörige befinden. Diese Frage hat in den vergangenen Monaten praktische Relevanz erhalten: So haben Piraten wiederholt deutsche Staatsangehörige auf hoher See in ihre Gewalt gebracht[440].

2. Ausgangspunkt der Untersuchung: das Institut des Auslandsschutzes

Fraglich ist zunächst, wo sich der richtige Ausgangspunkt für die Suche nach einem verfassungsrechtlichen Befreiungsanspruch befindet. Das Grundgesetz enthält keinen ausdrücklichen Hinweis auf einen „Befreiungsanspruch".

---

438 Die Bundesrepublik unterhält zurzeit 229 Auslandsvertretungen. Davon sind 148 Botschaften, 66 Generalkonsulate und Konsulate, 12 ständige Vertretungen, 3 sonstige Auslandsvertretungen (4 Außenstellen, 1 Vertretungsbüro und 1 Verbindungsbüro). Ferner gibt es 355 ehrenamtlich tätige Honorarkonsule, Vgl. hierzu: http://www.auswaertiges-amt.de/diplo/de/AAmt/Auslandsvertretungen/Uebersicht.html.

439 Ggf. könnte ein deutsches Entführungsopfer einen Befreiungsanspruch auf Art. 20 Abs. 2 S. 2 lit. c) AEUV gegen einen Mitgliedstaat der EU stützen, wenn Deutschland im Ausland im betroffenen Land nicht vertreten ist. Voraussetzung ist aber, dass dieser Mitgliedstaat konsularischen Schutz gewährt.

440 Vgl. *„Deutsche Seeleute in der Gewalt von Piraten"*, in: F.A.Z. vom 7. April 2009, S. 4; *„Entführungen Deutscher im Ausland?"*, in: FAZ.NET v. 10.12.2009 (www.faz.net); *„Piraten misshandeln entführte Seeleute"*, in: SPIEGEL-ONLINE v. 04.07.2009 (www.spiegel.de).

Die Rechtsprechung hat sich mit dieser Frage bisher noch nicht befasst[441], die Ausführungen in der rechtswissenschaftlichen Literatur beschränken sich auf wenige Abhandlungen[442]. Rechtsprechung und Literatur haben sich dagegen bereits mehrmals mit der abstrakteren Frage auseinandergesetzt, ob die Bundesrepublik ihre Staatsangehörigen im Ausland schützen muss und ob ein deutscher Staatsangehöriger einen Anspruch auf Auslandsschutz gegen die deutsche Staatsgewalt hat. Diese Ausführungen bieten sich daher als Ausgangspunkt für die Suche nach einem verfassungsrechtlichen Recht auf Befreiung aus einer Geiselnahme an.

Dabei ist aber zu beachten, dass der Begriff des innerdeutschen Auslandsschutzes über sein völkerrechtliches Pendant hinausgeht. Während sich die völkerrechtlichen Regeln des Auslandsschutzes grundsätzlich auf Handlungen durch Behörden des Auswärtigen Dienstes beschränken[443], sind zur Gewährung des innerdeutschen Auslandsschutzes alle deutschen Behörden und Staatsorgane befugt[444]. Außerdem schließt das völkerrechtliche Institut des Auslandsschutzes grundsätzlich ein Schutzrecht aus, wenn der Betroffene sowohl die Staatsangehörigkeit des Aufenthaltsstaates als auch die des schutzgewährenden Staates besitzt. Für die innerstaatliche Schutzpflicht ist dagegen bei mehrfacher Staatsangehörigkeit der Betroffene allein als Angehöriger des Schutzstaates zu betrachten[445]. Die Unterteilung des Begriffs Auslandsschutz in diplomatischen und konsularischen Schutz bleibt des Verständnisses wegen aufrechterhalten.

---

441 Dagegen hat die Rechtsprechung zumindest schon einmal erörtert, ob das Grundgesetz die Bundesrepublik Deutschland verpflichtet, deutsche Geiseln im Ausland zu befreien. Die Ausführungen beschränken sich aber auf einen kurzen Absatz, vgl. *VG Berlin*, Urt. v. 04.04.2006 – 14 A 12.04 (erhältlich in juris) Rn. 46.

442 Vgl. HANSCHEL, ZaöRV 66 (2006), 789 ff.; KÖTTER/NOLTE, DÖV 2007, 186 ff.

443 S.o., Seite 9 f.

444 *OVG Münster*, Urt. v. 30.10.1961 – II A 480/61, OVGE 17, 106 (111); BLUMENWITZ, in: FS Ferid, S. 439 (443 f.); KLEIN, DÖV 1977, 704 (705). Unter diesen weiteren Begriff des Auslandsschutzes fallen z. B. auch die wirtschaftliche und soziale Eingliederung von Auslandsdeutschen und vertriebenen Staatsbürgern in der Bundesrepublik und die Absicherung der von deutschen Kassen an deutsche Staatsbürger im Ausland zu zahlende Renten, vgl. BLUMENWITZ, in: FS Ferid, S. 439 (444, FN 16).

445 BLECKMANN, ZaöRV 32 (1972), 71 (125).

3. Keine Thematisierung des konsularischen Schutzes

Sowohl die Rechtsprechung[446] als auch die Literatur[447] erkennen übereinstimmend eine staatliche Pflicht zur Gewährung von Auslandsschutz an. Fast alle Entscheidungen und Abhandlungen thematisieren jedoch ausschließlich den *diplomatischen Schutz*. Zudem ist die verfassungsrechtliche Grundlage dieser Pflicht umstritten: Einige Stimmen erkennen die richtige Grundlage in der Verfassungstradition[448], andere ziehen die grundrechtlichen Schutzpflichten vor oder erkennen in beiden eine Grundlage für den Auslandsschutz[449]. Als Grundlagen werden außerdem bestimmte Grundrechte[450] und das Schutz-Treue-Prinzip genannt[451]. Im Übrigen sprechen manche Autoren und Gerichte von

---

446 Vgl. *BVerfG*, Beschl. v. 16.12.1980 – 2 BvR 419/80, BVerfGE 55, 349 (364 ff.); *BVerfG*, Beschl. v. 13.011976 – 1 BvR 631/69 und 24/70, BVerfGE 41, 126 (182); *BVerfG*, Beschl. v. 21.05.1974 – 1 BvL 22/71 und 21/72, BVerfGE 37, 217 (241); *BVerfG*, Beschl. v. 7.07.1975 – 1 BvR 274, 209/72, 195, 194, 184/73 und 247/72, BVerfGE 40, 141 (177 ff.); *BVerfG*, Beschl. v. 21.03.1957 – 1 BvR 65/54, BVerfGE 6, 290 (299); *BVerwG*, Beschl. v. 06.03.1997 – 3 B 178/96, *BVerwG*, Beschl. v. 24.01.1989 – 7 B 102/88, NJW 1989, 2208 (2208 f.); *OVG Münster*, Urt. v. 21.12.1988 – 17 A 2618/85, NJW 2209 (2211); *OVG Münster*, Urt. v. 30.10.1961 – II A 480/61, OVGE 17, 106 (107 ff.).

447 Vgl. statt vieler: Isensee, Das Grundrecht auf Sicherheit, S. 30 f.

448 Vgl. *OVG Münster*, Urt. v. 30.10.1961 – II A 480/61, OVGE 17, 106 (109 f.); Blumenwitz, in: FS Ferid, S. 439 (444); Doehring, Die Pflicht des Staates zur Gewährung diplomatischen Schutzes, S. 43 ff.; Eilers/Heintzen, RIW 1986, 619 (621); Geck, ZaöRV 17 (1956/57), 476 (510); Klein, Diplomatischer Schutz im Hinblick auf Konfiskationen deutschen Vermögens durch Polen, S. 36; Oberthür, S. 9 f.; Randelzhofer, in: Maunz/Dürig, Art. 16 I Rn. 61; Treviranus, DÖV 1979, 35 (37).

449 Vgl. Dietlein, Die Lehre von den grundrechtlichen Schutzpflichten, S. 122 f.; Eilers/Heintzen, RIW 1986, 619 (621); Hermes, Das Grundrecht auf Schutz von Leben und Gesundheit, S. 74 f.; Hofmann, Grundrechte und grenzüberschreitende Sachverhalte, S. 107 f.; Krings, Grund und Grenzen grundrechtlicher Schutzansprüche, S. 195 ff.; Randelzhofer, in: Maunz/Dürig, Art. 16 I Rn. 61; Robbers, Sicherheit als Menschenrecht, S. 207 f.; Scheidler, DÖV 2006, 417 (418); Yousif, Die extraterritoriale Geltung der Grundrechte bei der Ausübung deutscher Staatsgewalt im Ausland, S. 151 ff.

450 Vgl. Becker, in: v. Mangoldt/Klein/Starck, Art. 16 Rn. 23; Bleckmann, Staatsrecht II, § 36 Rn. 11; Dauster, Jura 1990, 262 (265); Geck, ZaöRV 17 (1956/57), 476 (513 ff.); Isensee, in: Isensee/Kirchhof (Hrsg.), HStR V, § 111 Rn. 123; Jarass, in: Jarass/Pieroth, Art. 16 Rn. 7; Künig, in: v. Münch/Kunig, Art. 1 Rn. 33; Oberthür, S. 24; Treviranus, DÖV 1979, 35 (37).

451 Vgl. dazu einzeln im Folgenden.

einer verfassungsrechtlichen Pflicht des Bundes zum Auslandsschutz[452], eine nähere Begründung erfolgt jedoch nicht. Es muss daher im Folgenden umfassend untersucht werden, ob das Grundgesetz eine Pflicht zum *konsularischen Schutz* beinhaltet und ob ggf. aus dieser Pflicht ein Befreiungsanspruch abgeleitet werden kann.

4. Aufbau der Prüfung

Da in der Rechtsprechung und rechtswissenschaftlichen Literatur über das „Ob" und das „Wie" einer verfassungsrechtlichen Fundierung des Auslandsschutzes weder Klarheit noch Einigkeit herrscht, ist der Übersichtlichkeit halber in zwei Schritten vorzugehen: Zunächst wird untersucht, ob die deutsche Staatsgewalt (objektiv) verpflichtet ist, ihre Staatsbürger im Ausland zu schützen. Anschließend wird erörtert, ob mit dieser Schutzpflicht ein Individualrecht des Bürgers auf Schutz korrespondiert.

Eine etwaige Pflicht zur Gewährung von Auslandsschutz führt aber nicht zwangsläufig zu einer „staatlichen Befreiungspflicht". Genauso wenig lässt sich von einem Anspruch auf Auslandsschutz auf ein Individualrecht auf Befreiung schließen. Daher muss innerhalb der beiden Abschnitte geprüft werden, ob aus dem jeweiligen Ergebnis auch eine Pflicht zum bzw. ein Anspruch auf Befreiung abgeleitet werden kann.

---

452 *BVerfG*, Beschl. v. 21.05.1974 – 1 BvL 22/71 und 21/72, BVerfGE 37, 217 (241); BADURA, in: MERTEN/PAPIER (Hrsg.), HGR II § 47 Rn. 4; DOEHRING, Diskussionsbeitrag, in: SONNENBERGER/MANGOLDT (Hrsg.), Anerkennung der Staatsangehörigkeit und effektive Staatsangehörigkeit natürlicher Personen im Völkerrecht und im internationalen Privatrecht, S. 113 f.; DERS., Staatsrecht, S. 96; GEIGER, Grundgesetz und Völkerrecht, § 56 II (S. 259 f.); GRAWERT, in: ISENSEE, JOSEF/KIRCHHOF, PAUL (Hrsg.), HStR II, § 16 Rn. 42; HAILBRONNER, Diskussionsbeitrag, in: SONNENBERGER/MANGOLDT (Hrsg.), Anerkennung der Staatsangehörigkeit und effektive Staatsangehörigkeit natürlicher Personen im Völkerrecht und im internationalen Privatrecht, S. 115; ISENSEE, in: ISENSEE/KIRCHHOF, HStR V, § 111 Rn 123; KLEIN, Diplomatischer Schutz im Hinblick auf Konfiskationen deutschen Vermögens durch Polen, S. 37; DERS., in: RESS/STEIN (Hrsg.), Der diplomatische Schutz im Völker- und Europarecht, 125 (128); STERN, I, § 8 I 4 (S. 259); POHL, in: NIPPERDEY (Hrsg.), Die Grundrechte und Grundpflichten der Reichsverfassung, S. 257; STERN, I, § 8 I 4 (S. 259); TREVIRANUS, DÖV 1979, 35 (37).

II. Die Rechtsprechung zum Auslandsschutz

Die Rechtsprechung hat sich schon mehrmals zu einer verfassungsrechtlichen Pflicht des Staates zum Schutz seiner Angehörigen im Ausland geäußert[453]. Fraglich ist, ob sich aus dieser Rechtsprechung Hinweise auf eine staatliche Befreiungspflicht oder zumindest auf eine konsularische Schutzpflicht entnehmen lassen.

1. Die Rechtsprechung des BVerfG

a) „Vermögenswerte in der Schweiz“

Das BVerfG anerkannte erstmals[454] im Urteil „Vermögenswerte in der Schweiz“[455] im Jahre 1957 die Existenz einer Schutzpflicht des Staates gegenüber seinen

453 Vgl. *BVerfG*, Beschl. v. 16.12.1980 – 2 BvR 419/80, BVerfGE, 55, 349 (364 ff.); Beschl. v. 13.01.1979 – 1 BvR 631/69 und 24/70, BVerfGE 41, 126 (182); Beschl. v. 07.07.1975 – 1 BvR 274, 209/72, 195, 194, 184/73 und 247/72, BVerfGE 40, 141 (177 f.); Beschl. v. 21.03.1974 – 1 BvL 22/71 und 21/72, BVerfGE 37, 217 ff.; Urt. v. 31.07.1973 – 2 BvR 1/73, BVerfGE, 6, 36 ff.; Beschl. v. 21.03.1957 – 1 BvR 65/54, BVerfGE, 6, 290 (299); *BVerwG*, Beschl. v. 06.03.1997 – 3 B 178/96, Beschl. v. 24.01.1989 – 7 B 102/88, NJW 1989, 2208 (2208 f.); Urt. v. 21.12.1988 – 17 A 2618/85, NJW 2209 (2211); *OVG Münster*, Urt. v. 30.10.1961 – II A 480/61, OVGE 17, 106 (108 ff.).

454 Rudolf, in: Kokot/Skubiszewski (Hrsg.), Referate des Rechtscolloquiums 1974, 61 (76) behauptet, das BVerfG habe bereits in der Entscheidung v. 6. Oktober 1955 (*BVerfG*, Urt. v. 06.10.1955 – 1 BvR 85/55, BVerGE 4, 299, 304) eine staatliche Schutzpflicht im Ausland anerkannt. Dieser Auffassung kann nicht zugestimmt werden. Das Gericht setzt sich in diesem Urteil (S. 304) ganz allgemein mit einer staatlichen Schutzpflicht auseinander, die gegebenenfalls einer Auslieferung entgegenstehen könnte. Es geht also um den Schutz vor dem Ausland, nicht aber um die Frage, ob diese Schutzpflicht auch im Ausland ihre Wirkung entfaltet. Eine Aussage hierzu war auch gar nicht notwendig, weil sich der Beschwerdeführer in Deutschland aufgehalten hatte. Genau genommen geht es auch nicht um eine Schutzpflicht im Sinne einer Leistungspflicht, sondern um das Abwehrrecht aus Art. 16 Abs. 2 GG. Denn der Verfassungsgeber habe, so das Gericht, die den Staat treffende Schutzpflicht in Art. 16 Abs. 2 GG verankert; vgl. dazu *BVerfG*, Urt. v. 06.10.1955 – 1 BvR 85/55, BVerfGE 4, 299 (304 f.).

455 Sachverhalt: Art. 10 des deutsch-schweizerischen Vermögensvertrages sah vor, dass die Bundesrepublik Deutschland gegen die durch Schweizer Hoheitsakt vorgenommenen oder vorzunehmenden Vermögensumwandlungen keine Einwendungen irgendwelcher Art erheben wolle. Das BVerfG interpretierte diese Bestimmung derart, dass die Bundesrepublik den deutschen Eigentümern keinen diplomatischen Schutz in Sachen dieses

Staatsangehörigen im Ausland[456]. Dieses Urteil bezog sich aber allein auf die diplomatische Schutzpflicht des Staates[457]. Eine Pflicht zur Befreiung eines im Ausland entführten deutschen Staatsangehörigen kann aus diesen Ausführungen nicht abgeleitet werden.

b) „Grundlagenvertragsurteil“

Im „Grundlagenvertragsurteil“[458] aus dem Jahre 1973 beschreibt das Verfassungsgericht die verfassungsrechtliche Pflicht zum Auslandsschutz als die

> *„Pflicht, allen Deutschen im Sinne des Art. 116 Abs. 1 GG Schutz und Fürsorge angedeihen zu lassen. Sie ist [...] befugt, innerhalb des Geltungsbereichs des Grundgesetzes, durch alle ihre diplomatischen Vertretungen [...] ihre Stimme zu erheben, ihren Einfluss geltend zu machen [...] zum Schutz der Deutschen [...] und Hilfe zu leisten auch jedem Einzelnen von ihnen, der sich an eine Dienststelle der Bundesrepublik Deutschland wendet mit der Bitte um wirksame Unterstützung in der Verteidigung seiner Rechte, insbesondere Grundrechte.“*[459]

Das BVerfG scheint an dieser Stelle bereits beide Alternativen des Auslandsschutzes ansprechen zu wollen, also sowohl den Schutz gegenüber fremden Hoheitsmächten (diplomatischer Schutz) als auch den Schutz der Deutschen im Ausland vor sonstigen Gefahren (konsularischer Schutz). Das Gericht nimmt zwar zu Beginn des zweiten zitierten Satzes nur die *„diplomatischen Vertretungen“* in die Pflicht. Diese Aussage hat einige Autoren dazu verleitet, die im „Grundlagenurteil“ genannte Schutzpflicht auf den Schutz vor fremder Staatsgewalt zu beschränken[460]. Da das Verfassungsgericht aber in diesem Abschnitt ganz allgemein von *„Schutz und Fürsorge“* spricht, die eine *„Dienststelle der Bundesrepublik“* hilfsbedürftigen Deutschen gewähren muss, kann an dieser Stelle durchaus ein Hinweis auf eine verfassungsrechtliche Pflicht des Bundes gesehen werden, hilfsbedürftigen Deutschen auch konsularischen Schutz zu gewähren[461].

Eigentums gewähren werde, vgl. *BVerfG*, Urt. v. 21.03.1957 – 1 BvR 65/54, BVerfGE, 6, 290 (291 ff.).

456 Vgl. *BVerfG*, Urt. v. 21.03.1957 – 1 BvR 65/54, BVerfGE, 6, 290 (299).

457 Vgl. *BVerfG*, Urt. v. 21.03.1957 – 1 BvR 65/54, BVerfGE, 6, 290 (291 ff.).

458 *BVerfG*, Urt. v. 31.07.1973 – 2 BvR 1/73, BVerfGE 36, 1 ff.

459 *BVerfG*, Urt. v. 31.07.1973 – 2 BvR 1/73, BVerfGE 36, 1 (31 f.).

460 Vgl. Bleckmann, Grundgesetz und Völkerrecht, S. 245 f.

461 Diese Auffassung scheint auch Frowein, in: FS Mann, S. 367 (367) zu vertreten.

Doch selbst dann kann aus dieser Entscheidung keine verfassungsrechtliche Pflicht zur Rettung entführter deutscher Staatsangehöriger abgeleitet werden. Das BVerfG begrenzt die darin angesprochene Schutzpflicht im Ausland ausdrücklich auf den Geltungsbereich des Grundgesetzes, insbesondere also auf die deutschen Auslandsvertretungen. Das Gericht geht auf eine Schutzpflicht außerhalb derselben gar nicht ein (was vom Anlass des Antrags her auch nicht gefordert war)[462]. Da Entführungen im Ausland in den überwiegenden Fällen außerhalb der diplomatischen und konsularischen Vertretungen erfolgen[463], kommt es folglich zwingend auf die Schutzpflicht außerhalb des Geltungsbereichs des Grundgesetzes an.

c) *„Staatsangehörigkeit von Abkömmlingen"*

Das BVerfG äußert sich in der Entscheidung „Staatsangehörigkeit von Abkömmlingen"[464] am 21.03.1974 erstmals ausdrücklich zur Pflicht des Staates, seinen Angehörigen *konsularischen Schutz* zu gewähren:

> *„Unmittelbar aus der Grundbeziehung der Staatsangehörigkeit erwächst ferner der nur den Deutschen zustehende Anspruch auf Schutz seitens der Bundesrepublik gegenüber dem Ausland, besonders auf diplomatischen Schutz und konsularische Betreuung[465] durch die deutschen Auslandsvertretungen."*[466]

Obwohl das Gericht nur das Wort „*Anspruch*" und nicht ausdrücklich den Begriff „Pflicht" verwendet, impliziert diese Ausführung das Bestehen eines solchen. Denn ein Anspruch setzt immer eine bestehende Pflicht voraus. Pflicht und Recht entsprechen sich[467].

Das BVerfG beschränkt den Anspruch auch nicht auf den *diplomatischen Schutz*[468]. Dafür könnte zwar die Formulierung sprechen, dass der Schutz

462 Stern, DVBl. 1982, 165 (171).

463 Eine Ausnahme stellt wiederum die Geiselnahme von Teheran dar. Die Geiselnahme erfolgte dort im Botschaftsgebäude, s.o., FN 40.

464 *BVerfG*, Beschl. v. 21.03.1974 – 1 BvL 22/71 und 21/72, BVerfGE 37, 217 ff.; Sachverhalt: In diesem Vorlageverfahren ging es um die Frage, ob die gesetzliche Regelung über den Erwerb der deutschen Staatsangehörigkeit durch eheliche Kinder, bei denen nur die Mutter die deutsche Staatsangehörigkeit besitzt, verfassungsgemäß ist.

465 Unterstreichung durch den Verfasser.

466 *BVerfG*, Beschl. v. 21.03.1974 – 1 BvL 22/71 und 21/72, BVerfGE 37, 217 (241).

467 Klein, Diplomatischer Schutz im Hinblick auf Konfiskationen deutschen Vermögens durch Polen, S. 41; ders., DÖV 1977, 704 (708).

468 So auch Elbing, S. 105 f.

gegenüber *„dem Ausland“* zu gewähren sei. Unter dem Begriff *„dem Ausland“* ist grundsätzlich ein fremder Staat zu verstehen. Ferner fährt das Gericht im nächsten Satz fort, dass der *„Schutz durch die Auslandsvertretungen der Bundesrepublik“* *„gegenüber einem Drittstaat“* gewährt wird. Das Gericht geht jedoch ausdrücklich von zwei unterschiedlichen Ansprüchen aus. Dies ergibt sich aus der Formulierung: *„Anspruch auf Schutz gegenüber dem Ausland, besonders auf diplomatischen Schutz und konsularische Betreuung“*[469].

Obwohl das Gericht also eine konsularische Schutzpflicht des Staates anerkennt, kann aus diesen Ausführungen keine staatliche Pflicht zur Befreiung eines entführten Deutschen abgeleitet werden. Bedenken ergeben sich bereits aus dem Begriff *„konsularische Betreuung“*. Es stellt sich die Frage, ob das Gericht bei der Verwendung dieses Begriffes an solche umfangreiche konsularische Hilfemaßnahmen gedacht hatte, die eine Befreiungsaktion erfordern können. Dies ist zu verneinen. Zum einen waren solche Überlegungen hinsichtlich des zu bewertenden Sachverhalts nicht erforderlich, zum anderen bestand nach damaliger Gesetzeslage kein Anlass, unter dem Begriff *„konsularische Betreuung“* auch Befreiungsmaßnahmen zu verstehen: Zum Zeitpunkt der Urteilsverkündung galt nämlich noch das alte Konsulargesetz vom 8. November 1867. Die Leistungen der Konsularbeamten beschränkten sich damals auf die vier Hauptgruppen konsularischer Aufgaben: Erteilung von Auskünften, Vornahme behördlicher Akte, konsularische Vermittlung und Unterstützung von Hilfsbedürftigen[470]. Die Unterstützung von Hilfsbedürftigen nach § 26 des Konsulargesetzes von 1867 reduzierte sich dabei auf Geldbeihilfen[471], weil das frühere Konsulargesetz eine dem § 6 KonsG entsprechende Vorschrift nicht enthielt[472].

An dieser Stelle kann also Folgendes festgestellt werden: Das BVerfG teilt in seinem Urteil den Auslandsschutz erstmals in die Bereiche des diplomatischen und konsularischen Schutzes auf und räumt ihnen Verfassungsrang ein. Das Gericht stellt weiter fest, dass der Staat dem Grunde nach zur Gewährung dieses Schutzes verpflichtet ist. Diese Pflicht konkretisiert sich allerdings nicht in einer Pflicht der Staates zur Befreiung seiner Staatsangehörigen im Ausland.

---

469 ELBING, S. 105 f. Der größte Teil des Schrifttums reduziert diese Aussage dagegen auf einen Anspruch auf diplomatischen Schutz.

470 Vgl. GECK, ZaöRV 17 (1956/57), 476 (487), KRASKE, Handbuch des Auswärtigen Dienstes, S. 184 ff.

471 S.o., Seite 63 f.

472 S.o., Seite 61.

d) „Ostverträge"

Die Entscheidung des BVerfG zur Verfassungsmäßigkeit der Moskauer und Warschauer Verträge bzw. der entsprechenden Vertragsgesetze („Ostverträge")[473] haben dagegen wieder nur den *diplomatischen Schutz* zum Gegenstand:

> *„Den Organen der Bundesrepublik obliegt von Verfassungs wegen die Pflicht zum Schutz deutscher Staatsangehöriger und ihrer Interessen gegenüber fremden Staaten*[474]*. Wird diese Pflicht versäumt, kann dies objektiv eine Verfassungsverletzung darstellen."*[475]

Das Gericht knüpft ausdrücklich an den Schutz der Staatsangehörigen vor Beeinträchtigungen durch fremde Staaten an. Es befasst sich somit ausschließlich mit dem diplomatischen Schutz.

e) „Reparationsschäden"

Auch in der darauffolgenden Entscheidung zum Auslandsschutz[476] („Reparationsschäden) befasste sich das BVerfG ausschließlich mit der Schutzverpflichtung des Staates gegenüber den ausländischen Gewalten.

f) „Rudolf Hess"

Das Verfassungsgericht setzt sich im Rahmen der Verfassungsbeschwerde des Spandauer Häftlings Rudolf Hess zwar ausführlich mit der Pflicht des Staates

---

473 Sachverhalt: In dem Verfahren über die Verfassungsmäßigkeit des Moskauer und Warschauer Vertrags bzw. der entsprechenden Vertragsgesetze behauptete die Beschwerdeführerin, die BRD habe es rechtswidrig unterlassen, diplomatischen Schutz zu gewähren. Sie wäre nämlich verpflichtet gewesen, die den Beschwerdeführern zustehenden Vermögensrechte zu sichern oder aber eine angemessene Entschädigungsregelung herbeizuführen. Ferner habe die Bundesrepublik Art. 6 GG verletzt, weil sie es im Zusammenhang mit dem Vertragsschlüssen unterlassen habe, die Familienzusammenführung zu sichern. Das BVerfG hat die Verfassungsbeschwerde als unzulässig abgewiesen. Es sei nicht möglich, mithilfe einer Verfassungsbeschwerde feststellen zu lassen, dass bei den Vertragsverhandlungen ein bestimmtes Verhandlungsergebnis hätte erreicht werden müssen, ohne dies der dennoch abgeschlossene Vertrag verfassungswidrig sei; vgl. *BVerfG*, Beschl. v. 07.07.1975 – 1 BvR 274, 209/72, 195, 194, 184/73 und 247/72, BVerfGE 40, 141 ff.

474 Unterstreichung durch den Verfasser.

475 *BVerfG*, Beschl. v. 07.07.1975 – 1 BvR 274, 209/72, 195, 194, 184/73 und 247/72, BVerfGE 40, 141 (177 f.).

476 *BVerfG*, Beschl. v. 13.01.1979 – 1 BvR 631/69 und 24/70, BVerfGE 41, 126 (182).

zum Auslandsschutz auseinander. Die Ausführungen des bisher zeitlich letzten Urteils zum Thema Auslandsschutz beschränken sich jedoch wiederum nur auf den *diplomatischen Schutz*:

> *„Das Oberverwaltungsgericht hat nicht verkannt, dass den Organen der Bundesrepublik, insbesondere der Bundesregierung, von Verfassungs wegen die Pflicht zum Schutz deutscher Staatsangehöriger und ihrer Interessen gegenüber fremden Staaten*[477] *obliegt.“*[478]

Auch dieses Urteil kann folglich nicht zur Beantwortung der aufgeworfenen Frage beitragen.

2. Die Verwaltungsgerichte

Das BVerwG hat sich in verschiedenen Urteilen für eine Pflicht des Staates zur Gewährung von Auslandsschutz ausgesprochen[479]. Alle Entscheidungen hatten aber ausschließlich den Schutz vor fremden Staaten zum Gegenstand.

Dagegen hat das OVG Münster im *Eichmann-Urteil*[480] eine verfassungsrechtliche Pflicht des Staates zur Gewährung konsularischen Schutzes anerkannt[481]. Das Gericht bezeichnet die beanspruchte Hilfe zwar nicht ausdrücklich als konsularischen Schutz. Der Senat stellt jedoch zu Beginn seiner Ausführung klar, dass die begehrten Verteidigerkosten keine Maßnahmen des diplomatischen Schutzes seien[482]. Gleichzeitig fügt er hinzu, dass der beanspruchte Schutz den Grundsätzen des Auslandsschutzes unterliege[483]. Das Gericht leitet diese Schutzpflicht aus den allgemeinen rechts- und sozialstaatlichen Grundsätzen

---

477 Unterstreichung durch den Verfasser.

478 *BVerfG*, Beschl. v. 16.12.1980 – 2 BvR 419/80, BVerfGE, 55, 349 (364 ff.).

479 *BVerwG*, Beschl. v. 06.03.1997 – 3 B 178/96 (erhältlich in juris) Rn. 6; Urt. v. 24.02.1981 – 7 C 60/79, BVerwGE 62, 11 (15 f.); *BVerwG*, Beschl. v. 24.01.1989 – 7 B 102/88, NJW 1989, 2208 (2208).

480 *OVG Münster*, Urt. v. 30.10.1961 – II A 480/61, OVGE 17, 106 (108 ff.). Sachverhalt: Eichmann, der durch den israelischen Geheimdienst nach Israel verschleppt worden war und dem dort der Prozess gemacht wurde, begehrte erfolglos von der Bundesrepublik Deutschland die Übernahme seiner Verteidigerkosten.

481 Vgl. Klein, DÖV 1977, 704 (705 FN 8).

482 *OVG Münster*, Urt. v. 30.10.1961 – II A 480/61, OVGE 17, 106 (107).

483 *OVG Münster*, Urt. v. 30.10.1961 – II A 480/61, OVGE 17, 106 (109).

des Grundgesetzes ab[484]. Die übrigen Entscheidungen des OVG Münster zum Auslandsschutz beschränkten sich dagegen auf den diplomatischen Schutz[485].

3. Zusammenfassung der Rechtsprechung zum Auslandsschutz

Eine gefestigte Rechtsprechung zur Pflicht des Staates, seinen Angehörigen konsularischen Schutz zu gewähren, liegt nicht vor. Von sämtlichen Entscheidungen zum Auslandsschutz hatten lediglich ein Urteil des OVG Münster und eine Entscheidung des BVerfG[486] eine konsularische Schutzpflicht des Staates zum Gegenstand. Zumindest aus den Ausführungen des BVerfG zur staatlichen Schutzpflicht im Bereich des konsularischen Schutzes lässt sich eine staatliche Pflicht zur Befreiung der Angehörigen nicht ableiten.

III. Keine staatliche Befreiungspflicht aufgrund einer verfassungsrechtlichen Tradition

1. Bisherige Regelungen in deutschen Verfassungen

Der Schutz deutscher Staatsangehöriger im Ausland ist seit vielen Jahrzehnten Gegenstand verfassungsrechtlicher Erörterungen. Im Unterschied zu anderen Staaten bestand in Deutschland eine langjährige Tradition, den Schutz der eigenen Staatsbürger im Ausland in der Verfassung aufzuführen[487]. Der größte Teil der damaligen Lehre leitete aus diesen Regelungen eine Pflicht des Staates zum Schutz seiner Angehörigen im Ausland ab[488]. Bereits die niemals wirksam

---

484 *OVG Münster*, Urt. v. 30.10.1961 – II A 480/61, OVGE 17, 106 (109).

485 *OVG Münster*, Urt. v. 14.06.1996 – 21 A 753/95 (erhältlich in juris); Urt. v. 12.12.1988 – 17 A 2618/85, NJW 1989, 2209 ff.

486 Vgl. *BVerfG*, Beschl. v. 21.05.1974 – 1 BvL 22/71 und 21/72, BVerfGE 37, 217 (241); *BVerfG*, Urt. v. 31.07.1973 – 2 BvR 1/73, BVerfGE 36, 1 (31 f.).

487 Vgl. Rudolf, in: Kokot/Skubiszewski (Hrsg.), Referate des Rechtscolloquiums 1974, 61 (61).

488 Vgl. Doehring, Die Pflicht des Staates zur Gewährung diplomatischen Schutzes, S. 29; Geck, ZaöRV 17 (1956/57), 476 (480); Pohl, in: Nipperdey, Art. 112, S. 255 ff.; zu Art. 3 Abs. 6 der Reichverfassung von 1871; Jellinek, System der subjektiven öffentlichen Rechte, S. 120; Laband, Staatsrecht des Deutschen Reiches I, S. 152 FN 2.

gewordene Reichsverfassung von 1849[489] enthielt in § 189 eine Vorschrift zur staatlichen Schutzpflicht im Ausland. Wörtlich heißt es dort:

„Jeder deutsche Staatsbürger in der Fremde steht unter dem Schutz des Reiches.“[490]

Diese Bestimmung erlangte unter Art. 3 Abs. 6 der Verfassung des Norddeutschen Bundes[491] verfassungsrechtliche und politische Wirklichkeit. In Art. 3 Abs. 6 erhielt sie schließlich Eingang in die Reichsverfassung von 1871[492]. Der Verfassungsgeber bestimmte darin:

„Dem Ausland gegenüber haben alle Deutschen gleichmäßig Anspruch auf Schutz des Reiches.“[493]

Art. 4 Nr. 7 der Reichsverfassung[494] ergänzte diese Bestimmung[495]. Danach unterfiel der Gesetzgebung des deutschen Reiches die Organisation eines gemeinsamen Schutzes des deutschen Handels im Ausland, der deutschen Schifffahrt und der konsularischen Vertretungen.

Die Weimarer Verfassung von 1919[496] (WRV) setzte diese Rechtslage fort und bestimmte in Art. 112 Abs. 2[497]:

„Dem Ausland gegenüber haben alle Reichsangehörige inner- und außerhalb des Reichsgebietes Anspruch auf den Schutz des Reiches.“

---

489 Verfassung des Deutsches Reichs vom 28. März 1849, Amtliche Ausgabe, Frankfurt am Main.

490 Wortlaut der Verfassung bei Dürig/Rudolf, Texte zur deutschen Verfassungsgeschichte, S. 95 ff.

491 BGBl. Nordd. Bund 1867, S. 1 ff.

492 Verfassung des Deutschen Reichs vom 16. April 1871, BGBl. 1871, S. 64 ff.

493 Wortlaut der Verfassung bei Dürig/Rudolf, Texte zur deutschen Verfassungsgeschichte, S. 153 ff.

494 Wortlaut von Art. 4 Nr. 7 der Reichsverfassung von 1871: *„Die Beaufsichtigung Seitens des Reichs und der Gesetzgebung desselben unterliegen die nachstehenden Angelegenheiten: [...] Organisation eines gemeinsamen Schutzes des Deutschen Handels im Auslande, der Deutschen Schifffahrt und ihrer Flagge zur See und Anordnung gemeinsamer konsularischer Vertretungen, welche vom Reiche ausgestattet wird.“*

495 Vgl. Rudolf, in: Kokot/Skubiszewski (Hrsg.), Referate des Rechtscolloquiums 1974, 61 (61); Stern, Staatsrecht III/1, S. 934.

496 Verfassung des Deutschen Reichs vom 11. August 1919, Reichsgesetzblatt 1919, S. 1383 ff.

497 Wortlaut der Verfassung bei: Dürig/Rudolf, Texte zur deutschen Verfassungsgeschichte, S. 176 ff.; Hildebrandt, Die deutschen Verfassungen des 19. und 20. Jahrhunderts, 69 ff.

Im Ergebnis kann festgehalten werden, dass der Staat bereits seit den Zeiten des Norddeutschen Bundes kraft Verfassungsrechts verpflichtet gewesen war, seine Angehörigen im Ausland zu schützen[498].

2. Keine Anerkennung einer konsularischen Hilfspflicht aufgrund dieser Verfassungstradition

Das Grundgesetz brach mit dieser Tradition. Die Verfassung von 1949 normierte als erste deutsche Verfassung keinen ausdrücklichen Schutz der Deutschen gegenüber dem Ausland. Es stellt sich daher zwangsläufig die Frage, ob der Verfassungsgeber den in der deutschen Verfassungstradition verwurzelten Schutzanspruch aufgeben wollte oder ob das Grundgesetz aus anderen Gründen zu diesem Punkt schweigt. Die Antwort auf diese Frage ist umstritten.

a) Schweigen des Grundgesetzes aufgrund der besonderen politischen Situation

Die überwiegende Mehrheit der Rechtsprechung und des wissenschaftlichen Schrifttums erkennt eine verfassungsrechtliche Schutzpflicht als Ergebnis einer verfestigten Verfassungstradition an[499]: Das Schweigen des Grundgesetzes stelle keine Abkehr vom Willen des Verfassungsgebers dar, deutsche Staatsbürger im Ausland zu schützen. Das Fehlen einer positiven Regelung sei vielmehr mit der besonderen politischen Lage zur Zeit der Entstehung der Verfassungsurkunde zu erklären. Westdeutschland habe zur Zeit der Beratungen des Herrenchiemsee-Entwurfs noch keine Souveränität besessen[500]. Es habe das nichtrevidierte Besatzungsstatut gegolten, wonach die Pflege der auswärtigen Beziehungen zu den Kompetenzen der Besatzungsmächte gehörte[501]. Dieser Rechtszustand

---

498 Vgl. Geck, ZaöRV 17 (1956/57), 476 (508); Oberthür, S. 9.

499 *OVG Münster*, Urt. v. 30.10.1961 – II A 480/61, OVGE 17, 106 (109 f.); Blumenwitz, in: FS Ferid, S. 439 (444); Doehring, Die Pflicht des Staates zur Gewährung diplomatischen Schutzes, S. 43 ff.; Eilers/Heintzen, RIW 1986, 619 (621); Geck, ZaöRV 17 (1956/57), 476 (510); Klein, Diplomatischer Schutz im Hinblick auf Konfiskationen deutschen Vermögens durch Polen, S. 36; Oberthür, S. 9 f.; Randelzhofer, in: Maunz/Dürig, Art. 16 I Rn. 61; Treviranus, DÖV 1979, 35 (37).

500 Vgl. Doehring, Die Pflicht des Staates zur Gewährung diplomatischen Schutzes, S. 43 ff.; Geck, ZaöRV 17 (1956/57), 476 (509); Oberthür, S. 9 f.; Rudolf, in: Kokot/Skubiszewski (Hrsg.), Referate des Rechtscolloquiums 1974, 61 (62).

501 In Ziff. 2 c des Besatzungsstatus behielten sich die Regierungen Frankreichs, der Vereinigten Staaten und Großbritannien ausdrücklich die auswärtigen Angelegenheiten

habe sich im Großen und Ganzen auch nicht durch das revidierte Besatzungsstatut von 1951 verändert[502]. Unter Beachtung dieser Rechtslage sei die Aufnahme einer Art. 112 Abs. 2 der Verfassung von Weimar entsprechenden Vorschrift aus politischen Gründen kaum möglich gewesen[503]. Aus dem Schweigen des Grundgesetzes könne daher nicht der Schluss gezogen werden, der Verfassungsgeber habe die Staatsgewalt nicht zum Auslandsschutz verpflichten wollen[504]. Die Pflicht zum Auslandsschutz gelte daher als ungeschriebenes Verfassungsrecht[505] bzw. als Verfassungsgewohnheitsrecht[506] fort.

b) Schweigen als Unterbrechung der Verfassungstradition

Andere Stimmen in der Literatur werten das Schweigen des Grundgesetzes als beabsichtigte Unterbrechung der Verfassungstradition[507]. Die Anerkennung einer Schutzpflicht kraft Verfassungstradition scheitere schon daran, dass das

---

vor, vgl. hierzu: Besatzungsstatut zur Abgrenzung der Befugnisse und Verantwortlichkeiten zwischen der zukünftigen deutschen Regierung und der Alliierten Kontrollbehörde vom 10. Mai 1949, Amtsblatt der Alliierten Hohen Kommission in Deutschland, Nr. 1, S. 13 ff.

502 Vgl. Doehring, Die Pflicht des Staates zur Gewährung diplomatischen Schutzes, S. 43 ff.; Geck, ZaöRV 17 (1956/57), 476 (509 f.); Oberthür, S. 9 f.

503 Vgl. Doehring, Die Pflicht des Staates zur Gewährung diplomatischen Schutzes, S. 43 ff.; Geck, ZaöRV 17 (1956/57), 476 (509); Oberthür, S. 9 f.

504 Vgl. Doehring, Die Pflicht des Staates zur Gewährung diplomatischen Schutzes, S. 43 ff.; Geck, ZaöRV 17 (1956/57), 476 (509); Oberthür, S. 9 f.

505 Vgl. Doehring, Die Pflicht des Staates zur Gewährung diplomatischen Schutzes, S. 45 FN. 154; Geck, ZaöRV 17 (1956/57), 477 (508) mit Verweis auf *BVerfG*, Urt. v. 01.07.1953 – 1 BvL 23/51, BVerfGE 2, 380 (403).

506 Entgegen den Angaben von Doehring (FN 394) und Geck (FN 394) könnte sich eine „nichtgeschriebene verfassungsrechtliche Pflicht“ zur Gewährung von Auslandsschutz ausschließlich aus „Verfassungsgewohnheitsrecht“ ergeben und nicht aus „ungeschriebenem Verfassungsrecht“. Die Annahme von „ungeschriebenem Verfassungsrecht“ setzt eine immanente Sachgesetzlichkeit voraus. Diese besondere Eigenschaft der evidenten Notwendigkeit fehlt dem Gewohnheitsrecht und dient daher als Unterscheidungskriterium zwischen den beiden Instituten. Gewohnheitsrecht ist dagegen seiner Definition nach das aus der Übung heraus wachsende Recht. Da sich die Annahme einer ungeschriebenen Pflicht zum Auslandsschutz nicht aus einer immanenten Sachgesetzlichkeit des Grundgesetzes herleiten lässt, könnte es nur kraft Gewohnheitsrechts Wirkung entfalten, vgl. hierzu umfassend: Tomuschat, Verfassungsgewohnheitsrecht?, S. 45 ff.

507 Vgl. Kämmerer, in: Bonner Kommentar, Art. 16 Rn. 36, Kötter/Nolte, DÖV 2007, 186 (191).

bundesrepublikanische Verfassungsrecht für ein Wiederaufleben alter Verfassungstraditionen nach Wegfall des Grundes keine Grundlage biete[508]. Die gegenteilige Auffassung übersehe, dass der heutige Rechtszustand keinesfalls nahtlos an die Verfassungen von 1871 und 1919 anknüpfe, sondern durch Nationalsozialismus, Weltkrieg und Besatzungszeit von diesen getrennt sei[509]. Daher sei es falsch, eine Pflicht zum Auslandsschutz kraft Verfassungstradition zu begründen, womöglich sogar im Range eines Grundrechts. Zudem sei die Tragweite der Weimarer Grundrechte weit hinter der verfassungsprozessual einklagbaren Grundrechtsgewährleistung des Grundgesetzes zurückgeblieben[510]. Eine Schutzpflicht des Staates kraft Verfassungstradition scheidet nach dieser Ansicht aus.

c) Stellungnahme

Obwohl es an dieser Stelle keiner näheren Vertiefung dieses Meinungsstreites bedarf, sollen zumindest zwei Argumente für die zuletzt genannte Ansicht vorgetragen werden. Zunächst ist die Anknüpfung an vorkonstitutionelles Verfassungsrecht zurückhaltend vorzunehmen. Denn die Anerkennung ungeschriebenen Verfassungsrechts bzw. Verfassungsgewohnheitsrechts ist grundsätzlich nur in engen Grenzen zulässig und zudem äußerst umstritten[511]. Schließlich überzeugt der alleinige Hinweis auf den Besatzungszustand nicht ganz. Der Verfassungsgeber hat nämlich in Art. 32 Abs. 1 GG, 73 Abs. 1 GG und Art. 87 GG trotz des bestehenden Besatzungsstatuts Bestimmungen erlassen, die eine staatliche Handlungsfreiheit in auswärtigen Angelegenheiten voraussetzen. Der Gesetzgeber hat also Vorschriften aufgeführt, die zunächst keine Bedeutung erlangen konnten. Wenn der Verfassungsgeber aber tatsächlich auf Regelungen verzichten wollte, die – wie der Auslandsschutz – zum Zeitpunkt des Herrenchiemsee-Entwurfs nur „leere Worthülsen“ darstellen konnten, hätte er konsequenterweise auch auf sonstige Bestimmung mit Auslandsbezug verzichten müssen. Ob diesem Argument pauschal mit der Behauptung von Oberthür begegnet werden kann, *„in diesen rein organisatorischen Vorschriften konn-*

508 Kötter/Nolte, DÖV 2007, 186 (191).

509 Kötter/Nolte, DÖV 2007, 186 (191); Tomuschat, Verfassungsgewohnheitsrecht?, S. 81 ff.

510 Kämmerer, in: Bonner Kommentar, Art. 16 Rn. 36.

511 Vgl. nur Badura, in: Isensee/Kirchhof (Hrsg.), HStR VII, § 160 Rn. 9 f.; Kötter/Nolte, DÖV 2007, 186 (191); Stern, Staatsrecht I, S. 110 ff.

ten die Besatzungsmächte eine gegen sie gerichtete Spitze nicht erblicken“[512], erscheint zumindest fragwürdig.

Eine weitere Darstellung und Entscheidung dieses Meinungsstreits kann dahinstehen. Selbst wenn man eine Pflicht des Staates zur Gewährung von Auslandsschutz kraft Verfassungstradition annehmen würde, lässt sich aus den früheren Verfassungen keine konsularische Schutzpflicht ableiten. Anders sieht es offensichtlich das *OVG Münster*[513]. Dieser Ansatz überzeugt jedoch nicht: Der Anknüpfungspunkt für die Frage, ob der Staat kraft einer Verfassungstradition zum konsularischen Schutz verpflichtet ist, kann zwangsläufig nur das vorkonstitutionelle Verfassungsrecht selbst sein. Die Vorschriften zum Auslandsschutz in der Reichsverfassung von 1871 und der Weimarer Reichsverfassung von 1919 beschränkten die Pflicht des Staates aber ausschließlich auf die Pflicht zur Gewährung von *diplomatischem Schutz*[514]. Dies folgt ansatzweise bereits aus dem Wortlaut der einschlägigen Verfassungsbestimmungen. Die Formulierung „*dem Ausland gegenüber*“ in den Verfassungen von 1871 und 1919 lässt darauf schließen, dass der Verfassungsgeber nur an einen Schutz gegenüber ausländischer öffentlicher Gewalt gedacht hatte[515].

Diese These wird durch den Wortlaut von Art. 112 Abs. 2 WRV[516] untermauert. Die damalige Literatur war sich einig, dass die Ausdehnung des Schutzes auf Deutsche „*innerhalb des Reichsgebietes*“ erfolgte, um deutsche Staatsangehörige vor den ausländischen Gewalten zu schützen, die sich aufgrund des Friedensvertrages von Versailles in Deutschland aufhielten[517]. Sollte sich der

---

512 Oberthür, S. 10.

513 *OVG Münster*, Urt. v. 30.10.1961 – II A 480/61, OVGE 17, 106 (109 f.): Das Gericht legt zu Beginn des Urteils dar, dass der zugrunde liegende Sachverhalt die Gewährung von Schutz im Ausland betrifft. Da aber kein Schutz vor ausländischer öffentlicher Gewalt gewährt werden müsse, scheidet diplomatischer Schutz aus (S. 107). Folglich kommt nur Auslandsschutz in seiner zweiten Alternative, nämlich konsularischer Schutz in Betracht (auch wenn das Gericht dies nicht ausdrücklich so bezeichnet). Das OVG sieht die Grundlage des (gesamten) Auslandschutzes in der Verfassungstradition (S. 109 f.).

514 Geck, ZaöRV 17 (1956/57), 476 (487 ff.); Kötter/Nolte, DÖV 2007, 186 (192); Storost, Diplomatischer Schutz durch EG und EU?, S. 188.

515 Oberthür, S. 34; deutlich hierzu bereits Pohl, in: Nipperdey, Art. 112, S. 258: „*Die Schutzpflicht des Reiches greift stets Platz, wenn ein deutscher Reichsangehöriger durch einen fremden Staat völkerrechtswidrig verletzt worden ist.*“

516 Wortlaut von Art. 112 Abs. 2 WRV: „*Dem Ausland gegenüber haben alle Reichsangehörige inner- und außerhalb des Reichsgebietes Anspruch auf den Schutz des Reiches.*“

517 Anschütz, Die Verfassung des Deutschen Reiches vom 11. August 1919, § 112, S. 541; Geck, ZaöRV 17 (1956/57), 476 (488); Pohl, in: Nipperdey, Art. 112, S. 257.

Schutz gemäß Art. 112 Abs. 2 1. Alt WRV (*innerhalb des Reichsgebietes*) aber auf den Schutz vor Maßnahmen ausländischer Gewalten beschränken, kann für den *Schutz außerhalb des Reichsgebietes* gemäß Art. 112 Abs. 2 2. Alt. WRV nichts anderes gelten.

Auch die damalige Rechtsliteratur beschränkte die Pflicht des Staates nach Art. 112 Abs. 2 WRV darauf, seine Staatsbürger vor fremden Gewalten zu schützen[518]. Hingegen findet sich weder in der Kommentarliteratur zu den Reichsverfassungen noch in sonstigen Abhandlungen zum Auslandsschutz ein Hinweis darauf, dass die relevanten Bestimmungen den deutschen Staatsbürger auch vor Gefahren privater Dritter schützen sollten.

d) Ergebnis: Keine Pflicht kraft deutscher Verfassungstradition

Eine verfassungsrechtliche Verpflichtung des Staates zur Leistung konsularischen Schutzes gegenüber seinen Staatsangehörigen im Ausland kraft deutscher Verfassungstradition scheidet aus. Eine Pflicht zur Befreiung einer deutschen Geisel besteht nicht aufgrund einer Verfassungstradition.

3. Zwischenergebnis: Kein Anspruch aus Verfassungstradition oder nach gefestigter Rechtsprechung

Weder aus der Verfassungstradition noch aus einer gefestigten Rechtsprechung heraus lässt sich ein Anspruch auf Befreiung begründen.

IV. Keine Begründung eines Befreiungsanspruchs aus Art. 16 Abs. 1 GG und Art. 16 Abs. 2 GG

Eine verfassungsrechtliche Pflicht des Staates zur Befreiung eines entführten Deutschen im Ausland könnte aus Art. 16 Abs. 1 GG und Art. 16 Abs. 2 GG abgeleitet werden.

1. Kein Befreiungsanspruch aus Art. 16 Abs. 1 GG

Ein Teil der rechtswissenschaftlichen Lehre will in Art. 16 Abs. 1 GG eine ausdrückliche verfassungsrechtliche Grundlage für den Auslandsschutz sehen[519].

518 POHL, in: NIPPERDEY, Art. 112, S. 258.

519 BECKER, in: v. MANGOLDT/KLEIN/STARCK, Art. 16 Rn. 23; BLECKMANN, Staatsrecht II, § 36 Rn. 11; DAUSTER, Jura 1990, 262 (265) ISENSEE, in: ISENSEE/KIRCHHOF (Hrsg.), HStR

Art. 16 Abs. 1 GG regelt nach seinem Wortlaut nur die Entziehung und den Verlust der deutschen Staatsangehörigkeit. Ein *unmittelbarer* Hinweis zum Auslandsschutz findet sich dort nicht. Die staatliche Pflicht zum Auslandsschutz kann daher nur dann auf Art. 16 Abs. 1 GG gestützt werden, wenn die Nichtgewährung von Auslandsschutz einer *Entziehung* bzw. einem *Verlust* gleichzustellen ist.

a) Streit um Art. 16 Abs. 1 GG als Grundlage für den Auslandsschutz

Einige Ansichten in der Literatur stellen die Nichtgewährung von Auslandsschutz einer *Entziehung* bzw. einem *Verlust* gleich[520]. Jarass deutet an, Art. 16 Abs. 1 GG könnte den Kern des Auslandsschutzes beinhalten[521]. Der Staat greift demnach in das Grundrecht aus Art. 16 Abs. 1 GG ein, wenn er Schutzmaßnahmen unterlässt. Jarass sieht sich durch die Ausführungen in der Entscheidung des BVerfG vom 21.03.1974 („Staatsangehörigkeit von Abkömmlingen“[522]) bestätigt[523].

Umfassender äußert sich Becker[524]. Er geht von dem Grundsatz aus, dass Art. 16 Abs. 1 GG alle Rechte schütze, die sich unmittelbar aus dem Begriff der Staatsangehörigkeit ergeben[525]. Zu diesen Rechten gehöre auch der Auslandsschutz[526]. Die Schwierigkeit, den mit einer staatlichen Leistung verbundenen Auslandsschutz auf den Wortlaut des Art. 16 Abs. 1 GG zu stützen, versucht er mit folgender Theorie zu lösen: Art. 16 Abs. 1 GG schütze die mit der Staats-

V, § 111 Rn. 123; Jarass, in: Jarass/Pieroth, Art. 16 Rn. 7; Treviranus, DÖV 1979, 35 (37). Ob auch Schnapp, in: v. Münch/Kunig, Art. 16 Rn. 6 dieser Gruppe zuzuordnen ist, bleibt unklar. Trotzdem wird sein Name in diesem Zusammenhang an mehreren Stellen genannt.

520 Becker, in: v. Mangoldt/Klein/Starck, Art. 16 Rn. 23; Bleckmann, Staatsrecht II, § 36 Rn. 11; Dauster, Jura 1990, 262 (265); Isensee, in: Isensee/Kirchhof (Hrsg.), HStR V, § 111 Rn. 123; Jarass, in: Jarass/Pieroth, Art. 16 Rn. 7; Treviranus, DÖV 1979, 35 (37).

521 Vgl. Jarass, in: Jarass/Pieroth, Art. 16 Rn. 7.

522 *BVerfG*, Beschl. v. 21.03.1974 – 1 BvL 22/71 und 21/72, BVerfGE 37, 217 (241).

523 Jarass, in: Jarass/Pieroth, Art. 16 Rn. 7.

524 Becker, in: v. Mangoldt/Klein/Starck, Art. 16 Rn. 23.

525 Becker, in: v. Mangoldt/Klein/Starck, Art. 16 Rn. 23.

526 Vgl. Becker, in: v. Mangoldt/Klein/Starck, Art. 16 Rn. 23. Becker bezieht sich in seinen Ausführungen zwar nur auf den diplomatischen Schutz. Da es jedoch für die Frage des Bestehens einer staatlichen Schutzpflicht im Ausland keinen Unterschied macht, ob der Eingriff von staatlicher oder privater Seite erfolgt, kann diese Aussage auf den gesamten Bereich des Auslandsschutzes übertragen werden.

angehörigkeit verbundenen Rechte, gerade weil der Artikel einen Schutz vor Ausbürgerung gewähre[527].

Bleckmann dagegen erkennt den Auslandsschutz zwar ebenfalls in Art. 16 GG[528]. Nach seiner Theorie bleibt die Regelung des Art. 16 Abs. 1 GG jedoch in ihrer Funktion als Abwehrrecht erhalten[529]. Weigere sich der Staat, die aus der Staatsangehörigkeit fließenden Rechte zu gewähren, worunter auch der Auslandsschutz fällt, müsse dies einer Entziehung der Staatsangehörigkeit gleichgestellt werden[530].

Andere Stimmen in der Rechtswissenschaft lehnen eine Anknüpfung des Auslandsschutzes an Art. 16 Abs. 1 GG mit unterschiedlichen Begründungen ab[531].

b) Stellungnahme

Art. 16 Abs. 1 GG enthält weder eine Regelung zum Auslandsschutz noch kann eine unterlassene staatliche Schutzmaßnahme im Ausland einer Entziehung bzw. einem Verlust der Staatsangehörigkeit gleichgestellt werden. Hierfür sprechen der *Wortlaut*, die *Entstehungsgeschichte* und der *Sinn und Zweck* der Vorschrift. Art. 16 Abs. 1 GG schützt nach seinem Wortlaut nur vor der Entziehung oder einem sonstigen Verlust der Staatsangehörigkeit. Ein Eingriff in Art. 16 Abs. 1 GG liegt daher vor, wenn eine staatliche Maßnahme zum Verlust der deutschen Staatsangehörigkeit führt[532]. Einer Entziehung i.S.v. Art. 16 Abs. 1 S. 1 GG steht es gleich, wenn dem Grundrechtsträger zwar nicht die deutsche Staatsangehörigkeit

---

527 Becker, in: v. Mangoldt/Klein/Starck, Art. 16 Rn. 23.

528 Bleckmann, Staatsrecht II, § 36 Rn. 11 f.

529 Vgl. Bleckmann, Staatsrecht II, § 36 Rn. 12.

530 Vgl. Bleckmann, Staatsrecht II, § 36 Rn. 11.

531 Vgl. Geck, ZaöRV 17 (1956/57), 476 (516); Kämmerer, in: Bonner Kommentar, Art. 16 Rn. 36; Masing, in: Dreier, Art. 16 Rn. 80; Randelzhofer, in: Maunz/Dürig, Art. 16 I Rn. 60; Zimmermann/Tams, in: Berliner Kommentar, Art. 16 Rn. 57. Zwangsläufig zählen dazu alle, die in der Staatsangehörigkeit nur einen punktuellen Anknüpfungspunkt für die einzelnen nationalen und internationalen Rechtsnormen und damit verbundenen staatsbürgerlichen Rechte und Pflichten sehen; s.u. ausführlich, Seite 162 f. Nach Kötter/Nolte, DÖV 2007, 186 (192) kann eine unterlassene staatliche Hilfe nicht einer Ausbürgerung gleichgestellt werden.

532 Vgl. Jarass, in: Jarass/Pieroth, Art. 16 Rn. 6; Schnapp, in: v. Münch/Kunig, Art. 16 Rn. 12 f.; die genaue Bestimmung der Begriffe „Entziehung“ und „Verlust“ ist in der Rechtsprechung und rechtswissenschaftlichen Lehre umstritten, vgl. hierzu nur Becker, in: v. Mangoldt/Klein/Starck, Art. 16 Abs. 1, Rn. 31 ff.

entzogen wird, er jedoch alle oder fast alle mit der Staatsangehörigkeit verbundenen Rechte verliert[533]. Gemessen an diesen Voraussetzungen kann im Unterlassen von Schutzmaßnahmen im Ausland kein Eingriff in Art. 16 Abs. 1 GG gesehen werden. Weigert sich die Bundesregierung, dem Betroffenen zu helfen, so hat dies keine unmittelbare Auswirkung auf seinen Status als deutscher Staatsangehöriger. Der Hilfesuchende bleibt deutscher Staatsangehöriger. Es überzeugt nicht, im Unterlassen eine konkludente Entlassung aus der Staatsangehörigkeit zu sehen[534].

Selbst wenn die unterlassene Hilfeleistung einem Entzug des mit der Staatsangehörigkeit verbundenen Rechtes auf Auslandsschutz gleichzusetzen wäre, läge kein Eingriff in Art. 16 Abs. 1 GG vor. Denn in diesem Fall entzöge der Staat nur ein einzelnes mit der Staatsangehörigkeit verbundenes Recht. Der Entzug eines einzelnen Rechtes stellt aber keine Beeinträchtigung von Art. 16 Abs. 1 GG dar[535].

Auch die Entstehungsgeschichte spricht gegen einen in Art. 16 Abs. 1 GG verankerten Auslandsschutz. Die Verfassungsväter haben die Regelung des Art. 16 Abs. 1 GG aus zwei Gründen in das Grundgesetz aufgenommen: Zum einen stellt Art. 16 Abs. 1 GG eine Reaktion auf die Ausbürgerungspolitik im Dritten Reich und die Ausbürgerungspraxis der Oststaaten dar[536]. Der Parlamentarische Rat wollte insbesondere eine erneute Massenausbürgerung aus politischen, rassischen oder religiösen Gründen ausschließen[537]. Zum anderen wollte man mit der Aufnahme von Art. 16 Abs. 1 GG den völkerrechtlichen Vorgaben aus Art. 15 AEMR[538] entsprechen[539]. Dessen Sinn und Zweck ist es, die mit der Staatsangehörigkeit verbundenen politischen und bürgerlichen Rechte zu schützen[540]. Die Einführung einer Regelung zum Auslandsschutz war bei der Schaffung der Norm folglich nicht beabsichtigt. Der Schutz vor Ausbürgerung

---

533 Vgl. Jarass, in: Jarass/Pieroth, Art. 16 Rn. 6.

534 Vgl. Kötter/Nolte, DÖV 2007, 186 (192).

535 Vgl. Jarass, in: Jarass/Pieroth, Art. 16 Rn. 6.

536 *BVerfG*, Urt. v. 18.07.2005 – 2 BvR 2236/04, BVerfGE 113, 273 (294 f.); Bernhardt, in: Kokot/Skubiszewski (Hrsg.), Referate des Rechtscolloquiums 1974, 15 (23); Jarass, in: Jarass/Pieroth, Art. 16 Rn. 1; Masing, in: Dreier, Art. 16 Rn. 10; Schnapp, in: v. Münch/Kunig, Art. 16 Rn. 2; Zimmermann/Tams, in: Berliner Kommentar, Art 16 Rn. 3, 11.

537 Siehe § 2 Reichsbürgergesetz vom 15. September 1935, RGBl I S. 1146.

538 Wortlaut von Art. 15 AEMR: *„Jeder Mensch hat Anspruch auf Staatsangehörigkeit. Niemandem darf seine Staatsangehörigkeit willkürlich entzogen werden noch ihm das Recht versagt werden, seine Staatsangehörigkeit zu wechseln“.*

539 Vgl. Jarass, in: Jarass/Pieroth, Art. 16 Rn. 1; Masing, in: Dreier, Art. 16 Rn. 10.

540 *IAGMR*, Urt. v. 19.01.1984 – OC-4/84, EuGRZ 1985, 502 (505) – San José.

ist darüber hinaus in der deutschen Verfassungsentwicklung unstreitig ohne Vorbild[541]. Dagegen war der Auslandsschutz zumindest in Form des diplomatischen Schutzes bereits Gegenstand deutscher Verfassungen[542]. Die Regelung des Art. 16 Abs. 1 GG kann folglich nur dann als ein verfassungsrechtliches Novum bezeichnet werden, wenn sie nicht gleichzeitig den Auslandsschutz beinhaltet. Da Art. 16 Abs. 1 GG aber unstreitig eine Neuheit darstellt, stehen der Auslandsschutz und Art. 16 Abs. 1 GG in keiner Verbindung.

Außerdem spricht der Sinn und Zweck von Art. 16 Abs. 1 GG dagegen, aus dieser Vorschrift eine Regelung des Auslandsschutzes abzuleiten. Die Regelung des Art. 16 Abs. 1 GG will verhindern, dass das Staatsangehörigkeitsrecht erneut als Repressionsinstrument missbraucht wird und von der Staatsmacht unerwünschte Personen oder Personengruppen aus dem Staatsverband ausgegrenzt werden[543]. Weiter entspricht die Regelung des Art. 16 Abs. 1 GG der völkerrechtlichen Tendenz, Staatenlosigkeit zu vermeiden (UN-Übereinkommen zur Verminderung der Staatenlosigkeit vom 30.08.1961[544])[545].

Entgegen der Auffassung von Jarass ergibt sich auch kein anderes Ergebnis aus der Entscheidung des BVerfG vom 21.03.1974[546]. Das BVerfG hat an dieser Stelle lediglich auf die unterschiedlichen Rechte von Deutschen und Ausländern im Hinblick auf staatlichen Schutz im Ausland hingewiesen. Außerdem hat es dargelegt, dass sich das Schutzrecht aus der Grundbeziehung der Staatsangehörigkeit ergebe. Das Gericht ist aber nicht darauf eingegangen, ob sich dieses Recht konkret aus Art. 16 Abs. 1 GG ableiten lässt.

c) Ergebnis

Da Art. 16 Abs. 1 GG keine Pflicht zum Auslandsschutz enthält, folgt aus dieser Regelung somit eine keine Pflicht zur Befreiung eines entführten deutschen Staatsangehörigen im Ausland.

541 Kämmerer, in: Bonner Kommentar, Art. 16 Rn. 5; Schnapp, in: v. Münch/Kunig, Art. 16 Rn. 2; Zimmermann/Tams, in: Berliner Kommentar, Art. 16 Rn. 11. Dies gilt zumindest auf Gesamtstaatsebene, denn bereits vor der Annahme des Grundgesetzes bestimmte die Bayerische Verfassung von 1946 in Art. 6 Abs. 2: „*Die* (bayerische) *Staatsangehörigkeit kann nicht aberkannt werden.*"

542 S.o., Seite 104 ff.

543 Vgl. Kokott, in: Sachs, Art. 16 Rn. 30; Masing, in: Dreier, Art. 16 Rn. 38.

544 UN-Übereinkommen zur Verminderung der Staatenlosigkeit, unterzeichnet am 30.08.1961, in Kraft getreten für Deutschland am 29.11.1977 (BGBl. 1977 II S. 598 ff.).

545 Vgl. Jarass, in: Jarass/Pieroth, Art. 16 Rn. 1; Schnapp, in: v. Münch/Kunig, Art. 16 Rn. 3.

546 *BVerfG*, Beschl. v. 21.03.1974 – 1 BvL 22/71 und 21/72, BVerfGE 37, 217 (241 f.).

2. Kein Befreiungsanspruch aus Art. 16 Abs. 2 GG

Einige Autoren wollen aus dem Auslieferungsverbot in Art. 16 Abs. 2 GG eine Pflicht des Staates zur Schutzgewährung im Ausland ableiten[547]. Dies scheitert allerdings bereits an der anerkannten Definition der Auslieferung. Eine Auslieferung i.S.v. Art. 16 Abs. 2 GG liegt nach h. M. nur dann vor, wenn ein Deutscher durch einen Grundrechtsadressaten aus dem Hoheitsbereich der Bundesrepublik Deutschland auf *Ersuchen* einer ausländischen Hoheitsgewalt *entfernt* wird, damit die Person der ausländischen Hoheitsgewalt *überstellt* werden kann, und zwar zum Zwecke der Durchführung eines Strafverfahrens[548]. Da sich die hilfsbedürftige Person bereits im Ausland befindet, fehlt es an einem *Entfernen* aus dem Hoheitsbereich der Bundesrepublik Deutschland. Ferner kann schwerlich in den unterlassenen Hilfemaßnahmen eine *Überstellung* an eine ausländische Hoheitsgewalt gesehen werden. Schließlich liegt auch kein *Ersuchen* eines fremden Staates vor. Unterlassene Hilfemaßnahmen im Ausland können somit keine Auslieferungshandlung i.S.v. Art. 16 Abs. 2 GG darstellen.

Auch aus der Entstehungsgeschichte des Art. 16 Abs. 2 GG ergibt sich kein Hinweis auf eine in dieser Vorschrift enthaltene Regelung des Auslandsschutzes[549]. Eine Pflicht zur Befreiung eines im Ausland entführten deutschen Staatsangehörigen kann somit nicht auf Art. 16 Abs. 2 GG gestützt werden.

V. Begründung einer Befreiungspflicht des Staates aus Art. 2 Abs. 2 GG i.V.m. Art. 1 Abs. 1 S. 2 GG

Eine verfassungsrechtliche Pflicht des Staates zur Befreiung eines entführten Deutschen im Ausland könnte über die Rechtsfigur der grundrechtlichen Schutzpflichten begründet werden. Konkret könnte sich ein Anspruch aus Art. 2 Abs. 2 GG i.V.m. Art. 1 Abs. 1 S. 2 GG ergeben.

---

547 Dauster, Jura 1990, 262 (265). Nachweise zu älteren Fundstellen finden sich bei Geck, ZaöRV 17 (1956/57), 476 (516 FN 182).

548 Vgl. *BVerfG*, Urt. v. 18.07.2005 – 2 BvR 2236/04, BVerfGE 113, 273 (293); Beschl. v. 20.10.1959 – 1 BvR 125/59, BVerfGE 10, 2136 (139); Becker, in: v. Mangoldt/Klein/Starck, Art. 16 Abs. 2 Rn. 66 ff.; Hofmann, in: Schmidt-Bleibtreu/Hofmann/Hopfauf, Art. 16 Rn. 19; Kokott, in: Sachs, Art. 16 Rn. 35; Randelzhofer, in: Maunz/Dürig, Art. 16 II S. 1 Rn. 5; Schnapp, in: v. Münch/Kunig, Art. 16 Rn. 18.

549 Vgl. zur Entstehungsgeschichte: Randelzhofer, in: Maunz/Dürig, Art. 16 II S. 1 Rn. 3 f.

Bevor auf eine mögliche Verbindung von grundrechtlichen Schutzpflichten und Auslandsschutz eingegangen wird, muss des Verständnisses halber die Rechtsfigur der grundrechtlichen Schutzpflicht näher dargestellt werden.

1. Die grundrechtliche Schutzpflicht

Die Grundrechte des Grundgesetzes stellen nach klassisch-liberalem Verständnis[550] in erster Linie Abwehrrechte gegen den Staat dar[551]. Sie manifestieren die Freiheit der Bürger gegenüber der Staatsgewalt und beschränken die Macht des Staates bzw. verhindern zumindest eine missbräuchliche Nutzung der Staatsmacht[552]. Nach überwiegender Ansicht haben Grundrechte zudem die Funktion einer Schutzpflicht[553]. Die grundrechtliche Schutzpflicht bezeichnet die Pflicht des Staates, dazu beizutragen, dass die in den Grundrechten enthaltenen Werte gefördert und auch von anderer Seite nicht beeinträchtigt werden[554]. Sie gilt für alle Bereiche der Rechtsordnung und enthält Richtlinien für Gesetzgebung, Verwaltung und Rechtsprechung[555].

Ein ausdrücklicher Hinweis auf einen solchen Schutzgedanken findet sich in Art. 6 Abs. 1 GG und Abs. 4 GG[556]. Danach sind die „*staatliche Ordnung*"

---

550 Vgl. hierzu SCHMITT, Verfassungslehre, S. 163 ff.

551 Vgl. nur: *BVerfG*, Beschl. v. 14.01.1981 – 1 BvR 612/72, BVerfGE, 56, 54 (73); Beschl. v. 20.12.1979 – 1 BvR 385/77, BVerfGE 53, 30 (57); Beschl. v. 08.08.1978 – 2 BvL 8/77, BVerfGE 49, 89 (141 f.); ALEXY, Theorie der Grundrechte, S. 395; DIETLEIN, Die Lehre von den grundrechtlichen Schutzpflichten, S. 34; ISENSEE, Das Grundrecht auf Sicherheit, S. 2.

552 Vgl. BLECKMANN, Staatsrecht II, § 11 Rn. 6 ff.; KLEIN, NJW 1989, 1633 (1633); PIEROTH/SCHLINK, Staatsrecht II, Rn. 76.

553 BLUMENWITZ, in: ISENSEE/KIRCHHOF (Hrsg.), HStR IX, § 211 Rn. 17; DIETLEIN, Die Lehre von den grundrechtlichen Schutzpflichten, S. 51; ISENSEE, in: ISENSEE/KIRCHHOF (Hrsg.), HStR V, § 111 Rn. 77 ff.; KLEIN, NJW 1989, 1633 (1633); DERS., in: RESS/STEIN (Hrsg.), Der diplomatische Schutz im Völker- und Europarecht, 125 (129); umfassend: KRINGS, Grund und Grenzen grundrechtlicher Schutzansprüche, S. 26 ff.; a.A.: HAIN/SCHLETTE/SCHMITZ, AöR 122 (1997), 32 (53).

554 Vgl. *BVerfG*, Urt. v. 30.07.2008 – 1 BvR 3262/07, 1 BvR 402/08, 1 BvR 906/08, NJW 2008, 2409 (2413); Beschl. v. 14.01.1981 – 1 BvR 612/72, BVerfGE, 56, 54 (73); Beschl. v. 20.12.1979 – 1 BvR 385/77, BVerfGE 53, 30 (57); ALEXY, Theorie der Grundrechte, S. 410; DI FABIO, in: MAUNZ/DÜRIG, Art. 2 Abs. 1 Rn. 61; DIETLEIN, Die Lehre von den grundrechtlichen Schutzpflichten, S. 17; KLEIN, DÖV 1977, 704 (705); DERS., NJW 1989, 1633 (1633).

555 *BVerfG*, Beschl. v. 08.08.1978 – 2 BvL 8/77, BVerfGE 49, 89 (141 f.); ISENSEE, in: ISENSEE/KIRCHHOF (Hrsg.), HStR V, § 111 Rn. 3.

556 Wortlaut von Art. 6 Abs. 1 und Abs. 4 GG: „*(1) Ehe und Familie stehen unter dem besonderen Schutze der staatlichen Ordnung. (4) Jede Mutter hat Anspruch auf den Schutz und die Fürsorge der Gemeinschaft.*"

bzw. die „*Gemeinschaft*“ verpflichtet, Ehe und Familie sowie Mütter besonders zu schützen. Darüber hinaus hat der Gesetzgeber in Art. 1 Abs. 1 S. 2 GG die staatliche Gewalt verpflichtet, die Menschenwürde zu schützen.

Während die erwähnten Bestimmungen besondere Schutzaufträge des Staates darstellen, existieren daneben noch „allgemeine Schutzpflichten“[557]. Obwohl das Grundgesetz sie weder ausdrücklich noch generell erwähnt, sind sie dennoch als objektiv-rechtliche Gehalte grundsätzlich allen Grundrechtsvorschriften immanent[558].

a) Rechtsprechung des BVerfG

Das BVerfG hat die Rechtsfigur der Schutzpflicht als Dimension der Grundrechte erkannt und wesentlich geprägt[559]. Es liefert bereits seit seinen Anfängen Hinweise auf einen allgemeinen Schutzpflichtgedanken[560]. Das Gericht spricht bereits in der *Fürsorgeentscheidung* aus dem Jahre 1951 im ersten Band der Entscheidungssammlung von einer aus Art. 1 Abs. 1 S. 2 GG resultierenden Pflicht des Staates, die Menschenwürde vor Angriffen zu schützen[561].

Im *Hochschul-Urteil*[562] aus dem Jahre 1973 verbindet es den Gedanken einer staatlichen Pflicht zur Sicherung und Förderung eines Freiheitsgutes mit einem Ansatz in der Literatur, wonach die Grundrechte über deren Abwehrfunktion hinaus eine „objektive Wertordnung“ enthalten[563].

---

557 Isensee bezeichnet in seinem Werk „Das Grundrecht auf Sicherheit“ die „allgemeine Schutzpflicht“ als *das Grundrecht auf Sicherheit*, vgl. Isensee, Das Grundrecht auf Sicherheit.

558 H. M.: Vgl. nur Dietlein, Die Lehre von den grundrechtlichen Schutzpflichten, S. 17; Isensee, in: Isensee/Kirchhof (Hrsg.), HStR V, § 111 Rn. 12 ff.; Klein, DÖV 1977, 704 (705); Stern, Staatsrecht III/1, S. 937.

559 Vgl. Dietlein, Die Lehre von den grundrechtlichen Schutzpflichten, S. 17; Isensee, in: Isensee/Kirchhof (Hrsg.), HStR V, § 111 Rn. 19, 77.

560 Vgl. Alexy, Theorie der Grundrechte, S. 397; Isensee, Das Grundrecht auf Sicherheit, S. 27 f.; Robbers, Sicherheit als Menschenrecht, S. 129 ff.; Stern, Staatsrecht III/1, S. 938.

561 *BVerfG*, Beschl. v. 19.12.1951 – 1 BvR 220/51, BVerfGE 1, 97 (104).

562 *BVerfG*, Urt. v. 29.05.1973 – 1 BvR 424/71 und 325/72, BVerfGE 35, 79 ff.

563 *BVerfG*, Urt. v. 15.01.1958 – 1 BvR 400/51, BVerfGE 7, 198 (205). Zum Zusammenhang von Art. 6 Abs. 1 GG und Wertentscheidung: *BVerfG*, Beschl. v. 07.05.1957 – 1 BvR 289/56, BVerfGE 6, 386 (388); ähnlich: *BVerfG*, Beschl. v. 17.01.1957 – 1 BvL 4/54, BVerfGE 6, 55 (72); vgl. zu Art. 6 GG auch *BVerfG*, Urt. v. 29.07.1959 – 1 BvR 205, 332, 333, 367/58, 1 BvL 27, 100/58, BVerfGE 10, 59 (81). Im Zusammenhang mit den Grundrechten des Art. 5 sprechen von einer in den Grundrechten statuierten objektiven Wertordnung bzw. von wertentscheidenden Grundsatznormen: *BVerfG*, Urt. v.

Im Jahre 1975 spricht das BVerfG erstmals von einer Pflicht des Staates, seine Staatsbürger zu schützen, wenn sie durch Dritte gefährdet werden[564]. Der Staat tritt in dieser und in den folgenden Entscheidungen des BVerfG nicht mehr als Schützender und zugleich Gefährdender in einer Person auf, sondern greift als Beschützer für ein gefährdendes Rechtsgut ein[565]. Es entsteht ein mehrseitiges Rechtsverhältnis, ein „Rechtsdreieck", bestehend aus Grundrechtsgeschützter – Grundrechtsbeeinträchtigter – Grundrechtsschützender[566]. Das sog. „Fristenlösungsurteil"[567] aus dem Jahre 1975 stellte diesbezüglich den Auftakt dar.

In der zweiten Hälfte der 70er-Jahre des 20. Jahrhunderts konkretisiert das BVerfG die grundrechtliche Schutzpflicht im Rahmen der Terrorismus-Entscheidungen: Die Entführung des Arbeitgeberpräsidenten H. M. Schleyer erfordert erstmals die Erörterung, ob die Schutzpflicht auch dann besteht, wenn die Gefahr von anderen Grundrechtsträgern ausgeht. Das BVerfG bejaht auch in dieser Konstellation eine Pflicht des Staates. Es nimmt Bezug auf das Fristenlösungsurteil und betont, *„Art. 2 Abs. 2 S. 1 in Verbindung mit Art. 1 Abs. 1 S. 2 GG verpflichtet den Staat, jedes menschliche Leben zu schützen. Diese Schutzpflicht ist umfassend. Sie gebietet den Staat, sich schützend und fördernd vor dieses Leben zu stellen; das heißt vor allem, es auch vor rechtswidrigen Eingriffen von Seiten anderer zu bewahren."*[568]

Das Verfassungsgericht rückt in späteren Entscheidungen die Begründung der Schutzpflicht aus der objektiv-rechtlichen Wertentscheidung der Grundrechte in den Vordergrund[569]. In der „Wehrpflichtentscheidung" aus dem Jahre 1978 spricht es erstmals davon, *„dass der Staat, der Menschwürde, Leben, Freiheit und Eigentum als Grundrechte anerkennt und schützt, dieser verfassungsrechtlichen*[570] *Schutzverpflichtung (des Staates) gegenüber seinen Bürgern nur*

26.02.1969 – 1 BvR 619/63, BVerGE 25, 256 (263) – zur Pressefreiheit; *BVerfG*, Beschl. v. 20.02.1971 – 1 BvR 435/68, BVerfGE 30, 173 (188)- zur Kunstfreiheit; ähnlich zur Berufsfreiheit: *BVerfG*, Urt. v. 18.07.1972 – 1 BvL 32/70 – und 25/71, BVerfGE 33, 303 (330 f.); vgl. auch *BVerfG*, Beschl. v. 02.05.1967 – 1 BvR 578/63, BVerfGE 21, 362 (372).

564 Klein, NJW 1989, 1633 (1634).

565 Vgl. Isensee, in: Isensee/Kirchhof (Hrsg.), HStR V, § 111 Rn. 5; Klein, NJW 1989, 1633 (1634).

566 Isensee, Das Grundrecht auf Sicherheit, S. 34 f.

567 *BVerfG*, Urt. v. 25.02.1975 – 1 BvF 1,2,3,4,5,6/74, BVerfGE, 39, 1 ff.

568 *BVerfG*, Urt. v. 16.10.1977 – 1 BvQ 5/77, BVerfGE 46, 160 (164).

569 Vgl. Stern, Staatsrecht III/1, S. 942.

570 Unterstreichung durch den Verfasser.

mit Hilfe eben dieser Bürger und ihres Eintretens für den Bestand des Bundesrepublik Deutschland nachkommen kann".[571]

Im „Kalkar-Beschluss"[572] aus dem gleichen Jahr spricht das Gericht von *„verfassungsrechtlichen*[573] *Schutzpflichten (...), die es gebieten, rechtliche Regelungen so auszugestalten, dass auch die Gefahr von Grundrechtsverletzungen eingedämmt bleibt".*[574]

Ähnliche Ausführungen enthalten der Beschluss zum Atomkraftwerk Mülheim-Kärlich[575] und die sog. Fluglärmentscheidung[576]. Das Verfassungsgericht führt in einer Reihe weiterer Entscheidungen diese Rechtsprechung fort[577]. Die Schutzpflicht des Staates wurde zuletzt in der Entscheidung zum Rauchverbot in Gaststätten[578] relevant.

Die dargestellten Entscheidungen verdeutlichen, dass die Rechtsfigur der grundrechtlichen Schutzpflichten zu einem festen Bestandteil der Rechtsprechung des BVerfG geworden ist.

b) Herleitung und Grundlage der Schutzpflicht

Die Rechtsprechung begründet die Existenz grundrechtlicher Schutzpflichten dogmatisch auf zwei Wegen: Zum einen wird darauf hingewiesen, dass das einzelne Grundrecht (meist geht es dabei um Art. 2 Abs. 2 GG[579]) seiner Rechtsnatur nach nicht nur Abwehrrecht ist, sondern auch einen objektiv-rechtlichen

571 *BVerfG*, Beschl. v. 13.04.1978 – 2 BvF 1,2,4,5/77, BVerfGE, 48, 127 (161).

572 *BVerfG*, Beschl. v. 08.08.1978 – 2 BvL 8/77, BVerfGE, 49, 89 ff.

573 Unterstreichung durch den Verfasser.

574 *BVerfG*, Beschl. v. 08.08.1978 – 2 BvL 8/77, BVerfGE, 49, 89 ff. (141 f.).

575 Vgl. *BVerfG*, Beschl. v. 20.12.1979 – 1 BvR 385/77, BVerfGE 53, 30 (57).

576 Vgl. *BVerfG*, Beschl. v. 14.01.1981 – 1 BvR 612/72, BVerfGE 56, 54 (73).

577 Vgl. nur: *BVerfG*, Beschl. v. 16.12.1983 – 2 BvR 1160, 1565, 1714/83, BVerfGE 66, 39 (61); Beschl. v. 29.10.1987 – 2 BvR 624, 1080, 2029/83, BVerfGE 77, 170 (214).

578 Vgl. *BVerfG*, Urt. v. 30.07.2008 – 1 BvR 3262/07, 1 BvR 402/08, 1 BvR 906/08, NJW 2008, 2409 (2413).

579 Vgl. *BVerfG*, Urt. v. 30.07.2008 – 1 BvR 3262/07, 1 BvR 402/08, 1 BvR 906/08, NJW 2008, 2409 (2413); *BVerfG*, Beschl. v. 14.01.1981 – 1 BvR 612/72, BVerfGE, 56, 54 (73); *BVerfG*, Beschl. v. 20.12.1979 – 1 BvR 385/77, BVerfGE 53, 30 (57); *BVerfG*, Urt. v. 16.10.1977 – 1 BvQ 5/77, BVerfGE 46, 160 (164); *BVerfG*, Urt. v. 25.02.1975 – 1 BvF 1,2,3,4,5,6/74, *BVerfGE*, 39, 1 (42).

Gehalt aufweist. Zum anderen greift die Rechtsprechung auf Art. 1 Abs. 1 S. 2 GG zurück[580]. Das BVerfG verwendet meistens beide Ansätze kumulativ[581].

Teile der rechtwissenschaftlichen Literatur haben diesen Ansatz ergänzt. So finden sich Ansätze einer staatstheoretischen Begründung[582]. ISENSEE[583] knüpft an die Lehre von THOMAS HOBBES[584] an und erkennt die entscheidende Grundlage der staatlichen Schutzpflichten in der Etablierung des Staates als Friedensordnung. In dieser Ordnung habe allein der Staat das Gewaltmonopol. Der einzelne Bürger sei dagegen gehorsamspflichtig, Gewaltanwendung sei ihm grundsätzlich verboten. Die Unterwerfung erfolge aber nicht vorbehaltlos. Der Bürger verzichte nur dann freiwillig auf das naturgegebene Recht zur Verteidigung seiner Rechtsgüter, wenn der Staat die Sicherheit seiner Rechtsgüter gewährleiste. Die Schutzpflicht des Staates ergebe sich folglich aus der Notwendigkeit, die Friedensordnung zu wahren. ISENSEE verdeutlicht dies anhand eines ideengeschichtlichen Überblicks[585]: Dieser beginnt mit der Rechtfertigung des Staates als Garant der inneren Sicherheit durch Thomas Hobbes und John Locke im 17. Jahrhundert, setzt sich mit der Betrachtung der Sicherheit als Aufgabe des Staates im aufgeklärten Preußen im 18. Jahrhundert fort und reicht bis zu ihrer Festsetzung in den Verfassungen der USA im Jahre 1787 und Frankreichs am Ende des 18. Jahrhunderts.

KLEIN[586] versucht die Existenz der Schutzpflichten aus den Grundrechten mit einem Annexgedanken zu begründen: Der positiv-rechtlichen Ausgestaltung der Grundrechte komme eine Konkretisierungsfunktion zu. Der Verfassungsgeber habe in den Grundrechten diejenigen Rechtsgüter benannt, deren Aufrechterhaltung unabdingbare Voraussetzung einer staatlichen Friedensordnung sei.

---

580 Vgl. *BVerfG*, Beschl. v. 08.08.1978 – 2 BvL 8/77, BVerfGE, 49, 89 ff. (141 f.); *BVerfG*, Urt. v. 16.10.1977 – 1 BvQ 5/77, BVerfGE 46, 160 (164); *BVerfG*, Urt. v. 25.02.1975 – 1 BvF 1,2,3,4,5,6/74, *BVerfGE*, 39, 1 (42); *BVerfG*, Beschl. v. 19.12.1951 – 1 BvR 220/51, BVerfGE 1, 97 (104).

581 Vgl. *BVerfG*, Urt. v. 16.10.1977 – 1 BvQ 5/77, BVerfGE 46, 160 (164); *BVerfG*, Urt. v. 25.02.1975 – 1 BvF 1,2,3,4,5,6/74, *BVerfGE*, 39, 1 (42).

582 Vgl. DIETLEIN, Die Lehre von den grundrechtlichen Schutzpflichten, S. 17 ff.; ISENSEE, Das Grundrecht auf Sicherheit, S. 21 ff.; HERZOG, JR 1969, 441 (443 f.); MURSWIEK, Die staatliche Verantwortung für die Risiken der Technik, S. 125 f.

583 ISENSEE, Das Grundrecht auf Sicherheit, S. 21 ff.

584 HOBBES, in: GASKIN (Hrsg.), Leviathan, Part 2, Chap. 17 u. 21.

585 ISENSEE, Das Grundrecht auf Sicherheit, S. 3 ff.

586 KLEIN, NJW 1989, 1633 (1636).

MURSWIEK[587] und SCHWABE[588] gehen einen anderen Weg. Eine eigenständige Schutzpflicht als Gegenstück zur klassischen Abwehrfunktion der Grundrechte sei überflüssig, weil bereits die negatorische Grundrechtsfunktion ihren Anwendungsbereich abdecke. Beeinträchtige ein Dritter grundrechtlich geschützte Güter eines anderen, so werde diese Handlung dem Staat kraft der dem Beeinträchtigten auferlegten Duldungspflicht als eigener Eingriff zugerechnet[589].

c) *Zusammenfassung*

Die Rechtsprechung und die rechtswissenschaftliche Lehre haben übereinstimmend die Existenz der grundrechtlichen Schutzpflichten anerkannt. Der Staat muss danach die in den Grundrechten enthaltenen Werte fördern und sie vor Eingriffen Dritter schützen. Die dogmatische Begründung dieser Rechtsfigur erfolgt auf unterschiedlichen Wegen. Das BVerfG und die h. L. begründen ihre Existenz mit dem objektiv-rechtlichen Gehalt der Grundrechtsbestimmungen sowie in Verbindung mit Art. 1 Abs. 1 S. 2 GG. Der Staat hat folglich die Grundrechte nicht nur negativ zu achten, sondern auch positiv zu schützen[590]. Es handelt sich also um zwei Pflichtenaspekte eines jeden Grundrechts[591].

d) *Fallgruppe der grundrechtlichen Schutzpflichten: Geiselnahmen und Entführungen im Inland*

Einen Anwendungsfall der verfassungsrechtlichen Schutzpflicht stellen Entführungen im Inland dar. Der Staat ist gemäß Art. 2 Abs. 2 GG[592] i. V. m. Art. 1 Abs. 1 S. 2 GG verpflichtet, das Leben der Geisel vor den Entführern zu schützen[593]. Das BVerfG hat die Existenz dieser Pflicht des Staates in der „Schleyer-Entscheidung" ausführlich dargelegt[594].

---

587 MURSWIEK, Die staatliche Verantwortung für die Risiken der Technik, S. 88 ff.

588 SCHWABE, NVwZ 1983, 523 (524 ff.).

589 Dagegen überzeugend: STERN, Staatsrecht III/1, 947.

590 Vgl. ISENSEE, Das Grundrecht auf Sicherheit, S. 33.

591 Vgl. ISENSEE, Das Grundrecht auf Sicherheit, S. 33.

592 Wie bereits dargelegt begründet die Rechtsprechung die Existenz der Schutzpflichten i.V.m. Art. 1 Abs. 1 S. 1

593 *BVerfG*, Urt. v. 16.10.1977 – 1 BvQ 5/77, BVerfGE 46, 160 (164)

594 *BVerfG*, Urt. v. 16.10.1977 – 1 BvQ 5/77, BVerfGE 46, 160 (164).

2. Anwendung der grundrechtlichen Schutzpflicht im Ausland

Fraglich ist, ob sich auch ein im Ausland entführter deutscher Staatsangehöriger auf die grundrechtlichen Schutzpflichten berufen kann. Damit der Staat auch bei Entführungen im Ausland zum Schutz verpflichtet ist, müsste die Schutzpflicht aus Art. 2 Abs. 2 GG i. V. m. Art. 1 Abs. 1 S. 2 GG auch außerhalb der Bundesrepublik Deutschland wirken[595].

a) Grundsatz der Bindung deutscher Staatsgewalt an die Grundrechte bei Auslandssachverhalten

Die Anwendung der grundrechtlichen Schutzpflichten im Ausland setzt zunächst voraus, dass die deutsche Staatsgewalt im Ausland überhaupt an die Grundrechte gebunden ist. Während sich die personale Geltung der (Deutschen-) Grundrechte gemäß Art. 116 GG nicht nur auf Deutsche im Bundesgebiet, sondern u.a. auch auf Deutsche im Ausland erstreckt, enthält das Grundgesetz keine ausdrückliche Regelung zur räumlichen Wirkung der Grundrechte im Ausland. Dieser Umstand führt zu unterschiedlichen Auffassungen hinsichtlich der Anwendung deutscher Grundrechte im Ausland.

595 Die Geltung von Normen beschränkt sich im *räumlichen* Bereich auf einen begrenzten Bereich, den *Geltungsraum*. Norm- oder Gesetzeskraft bedeutet, dass eine Norm materiell ein Verhalten in einem bestimmten Gebiet regelt und formal in einem bestimmten Gebiet grundsätzlich durchgesetzt werden kann. Beide Anwendungsräume decken sich regelmäßig. In diesem Fall entspricht der Gebotsbereich dem territorialen Herrschafts- und damit Durchsetzungsbereich des Rechtsetzers, vgl. MERTEN, in: FS Schiedermair, S. 331 (332). Gegen eine Verwendung des Begriffs „Geltung" einer Norm im Ausland spricht die regelmäßig mangelnde Durchsetzungsfähigkeit des Gebots. Denn eine Norm gilt in unterschiedlicher Weise. Eine echte Geltung besteht, wenn sie in ihrem Regelungsbereich durchsetzbar ist. Eine unechte Geltung ist dagegen zu bejahen, wenn eine Norm zwar eine Regelung enthält, deren Beachtung jedoch nur in einem engeren Sanktionsbereich erzwungen werden kann. Es empfiehlt sich daher die mit der Durchsetzbarkeit einer Rechtsnorm verbundenen „Geltung" von ihrer gegebenenfalls extraterritorialen „Wirkung" oder „Anwendung" zu unterscheiden, vgl. MERTEN, in: FS Schiedermair, S. 331 (333 f.).

aa) Universelle Bindung deutscher Staatsgewalt mit Modifikationen

Das BVerfG[596] und der überwiegende Teil der rechtswissenschaftlichen Lehre[597] sehen die deutsche Staatsgewalt auch bei Sachverhalten mit Auslandsbezug an die Grundrechte gebunden. Die Anwendung der Grundrechte im Ausland wird vor allem mit Art. 1 Abs. 3 GG[598] begründet. Art. 1 Abs. 3 GG knüpfe die Grundrechtsbindung allein an die Ausübung deutscher Staatsgewalt, ohne danach zu differenzieren, ob deren Wirkung im In- oder Ausland eintritt[599]. Daher habe der Staat auch im Ausland die Grundrechte des Grundgesetzes zu beachten[600].

Die grundrechtliche Bindung im Ausland unterliege allerdings zahlreichen Einschränkungen und Modifikationen[601]. Denn im Ausland berühre der deutsche Staat eine fremde Territorial- und Personalhoheit. Die deutsche Staats-

---

596 *BVerfG*, Beschl. v. 25.03.1981 – 2 BvR 1258/79, BVerfGE 57, 9 (23); Beschl. v. 20.03.1979 – 1 BvR 111/74 und 283/78, BVerfGE 51, 1 (22); Beschl. v. 07.07.1975 – 1 BvR 274, 209/72, 195, 194, 184/73 und 247/72, BVerfGE 40, 141 (165 f.); Beschl. v. 4.05.1971 – 1 BvR 636/68, BVerfGE 31, 58 (75); Urt. v. 21.03.1957 – 1 BvR 65/54, BVerfGE 6, 290 (295); *BVerfG*, Urt. v. 16.01.1957 – 1 BvR 253/56, BVerfGE 6, 32 (44).

597 Badura, in: Merten/Papier (Hrsg.), HGR II, § 47 Rn. 4; Elbing, S. 220 ff.; Heintzen, Auswärtige Beziehungen privater Verbände, S. 97 ff.; Hofmann, Grundrechte und grenzüberschreitende Sachverhalte, S. 23; Jarass, in: Jarass/Pieroth, Art. 1 Rn. 44; Klein, BVerfG und Ostverträge, S. 31; Pieroth/Schlink, Staatsrecht II, Rn. 203 f.; Schröder, in: FS Schlochauer, S. 137 (137 ff.); Tomuschat, VVDStRL 36 (1978), 7 (20 f.); ders., in: Isensee/Kirchhof (Hrsg.), HStR VII, § 172 Rn. 53.

598 Wortlaut von Art. 1 Abs. 3 GG: *„Die nachfolgenden Grundrechte binden Gesetzgebung, vollziehende Gewalt und Rechtsprechung als unmittelbar geltendes Recht."*

599 *BVerfG*, Beschl. v. 04.05.1971 – 1 BvR 636/68, BVerfGE 31, 58 (74); Hofmann, Grundrechte und grenzüberschreitende Sachverhalte, S. 72; Schröder, in FS Schlochauer, 137 (137 ff.); Stern, Staatsrecht III/1, S. 1230.

600 Merten spricht sich gegen eine derartige *„kosmopolitische"* Wirkung des Art. 1 Abs. 3 GG aus. Er behauptet, Art. 1 Abs. 3 GG enthalte nur eine tatbestandsakzessorische Wirkung. Für die extraterritoriale Anwendbarkeit und deren Ausmaß seien allein die einzelnen Grundrechtsbestimmungen ausschlaggebend. Die Grundrechte seien daher anwendbar, wenn deutsche Hoheitsgewalt im Ausland die Freiheitssphäre von Ausländern tangiert oder wenn derartige Wirkungen von deutschen Staatsgebiet ausgehen, vgl. Merten, in: FS Schiedermair, S. 331 (340 ff.).

601 *BVerfG*, Urt. v. 14.07.1999 – 1 BvR 2226/94, 2420, 2437/95, BVerfGE 100, 313 (363); Urt. v. 10.01.1995 – 1 BvF 1/90, 1 BvR 342, 348/90, BVerfGE 92, 26 (41 f.); Beschl. v. 04.05.1971 – 1 BvR 636/68, BVerfGE 31, 58 (72 ff.); Beck, Auslandseinsätze deutscher Streitkräfte, S. 73; Hofmann, Grundrechte und grenzüberschreitende Sachverhalte, S. 72; Stern, Staatsrecht III/1, S. 1231.

gewalt müsse daher die völkerrechtlichen[602] Vorgaben und verfassungsrechtlichen auswärtigen Pflichten[603] beachten. Die Grundrechtsbindung bleibe jedoch im Grundsatz bestehen[604].

bb) Keine Einschränkung durch rein territoriale Anknüpfung

Der völkerrechtliche Ausgangspunkt der Regelungsgewalt eines Staates ist das eigene Territorium[605]. Die territoriale Souveränität berechtigt einen Staat in vielfacher Hinsicht[606]. Er ist befugt, grundsätzlich alle Vorgänge auf seinem Gebiet in eigener Verantwortung zu regeln. Ferner kann er über sein Staatsgebiet unabhängig und endgültig verfügen. Die mit der Territorialhoheit in der Regel korrespondierende Gebietshoheit umfasst die Möglichkeit, die tatsächliche Herrschaftsgewalt auszuüben[607]. Die ältere Rechtsprechung[608] und Teile des Schrifttums[609] behaupteten daher, bei grenzüberschreitenden Sachverhalten seien die deutschen Grundrechte generell nicht anwendbar.[610]. Die Begrenzung der Gebietshoheit der Bundesrepublik bewirke zugleich eine territoriale Begrenzung der Grundrechte. Eine Erweiterung des Anwendungsbereichs der Grundrechte ins Ausland sei daher unzulässig.

Diese Auffassung kann ihre These rechtlich allerdings nicht belegen. Es existiert keine Regelung, nach der die Grundrechtswirkung auf das Territorium der Bundesrepublik beschränkt bleibt[611]. Ein Territorialvorbehalt kann nicht aus dem Grundgesetz abgeleitet werden[612]. Für eine Grundrechtsgeltung außerhalb der deutschen Staatsgrenze sprechen dagegen das Bekenntnis des

602 Vgl. z. B. Art. 41 Abs. 1 S. 1 WÜD: *„Alle Personen, die Vorrechte und Immunitäten genießen, sind unbeschadet derselben verpflichtet, die Gesetze und andere Rechtsvorschriften des Empfangsstaats zu beachten.“*

603 Z. B. aus Art. 24 GG und 25 GG.

604 Beck, Auslandseinsätze deutscher Streitkräfte, S. 73; Hofmann, Grundrechte und grenzüberschreitende Sachverhalte, S. 72; Stern, Staatsrecht III/1, S. 1231.

605 Stern, Staatsrecht III/1, S. 1229.

606 Vgl. Stein/v. Butler, Völkerrecht, Rn. 535 ff.; Stern, Staatsrecht III/1, S. 1229.

607 Beck, Auslandseinsätze deutscher Streitkräfte, S. 75 f.

608 OVG Münster, DVBl. 1983, 37 f. mit abl. Anm. Kunig, DVBl. 1983, 38 (39).

609 Lüderitz, RabelsZ 36 (1972), 35 (36); v. Olshausen, DVBl. 1974, 652 (654 ff.).

610 Lüderitz, RabelsZ 36 (1972), 35 (36); v. Olshausen, DVBl. 1974, 652 (654 ff.).

611 Beck, Auslandseinsätze deutscher Streitkräfte, S. 81; Talmon, NZWehrr 1997, 221 (227).

612 *BVerfG*, Beschl. v. 4.05.1971 – 1 BvR 636/68, BVerfGE 31, 58 (75 f.).

deutschen Volkes zu unveräußerlichen Menschenrechten in Art. 1 Abs. 2 GG und die entsprechende Verpflichtung der Staatsorgane zum Schutz derselben in Art. 1 Abs. 3 GG[613]. Art. 1 Abs. 3 GG bindet die deutsche Staatsgewalt an die Grundrechte. Gleichgültig ist, ob die Staatsgewalt im In- oder Ausland tätig wird oder ob sich die Wirkung der staatlichen Handlung in Deutschland oder im Ausland entfaltet[614].

cc) Ergebnis: Bindung deutscher Staatsgewalt an Grundrechte im Ausland

Die deutsche Staatsgewalt ist auch außerhalb der Staatsgrenzen an die Grundrechte gebunden. Die Schutzwirkung der Grundrechte kann aufgrund völkerrechtlicher Regeln, der Rücksichtnahme auf internationale Gepflogenheiten oder durch das Recht des Gastlandes eingeschränkt sein[615].

b) Anwendung der grundrechtlichen Schutzpflichten im Ausland

Zu prüfen ist, ob dieses Ergebnis für beide Dimensionen des Grundrechtsschutzes gilt. Zwischen der abwehrrechtlichen Funktion der Grundrechte im In- oder Ausland und der entsprechenden Schutzpflichtenfunktion bestehen grundlegende Unterschiede: Im Ausland kann die Gefahr entweder vom Aufenthaltsstaat oder einer privaten Person ausgehen. Während die deutsche Staatsgewalt im Inland aber auf den privaten Störer einwirken kann, fehlt ihr in der Regel diese Kompetenz im Ausland. Fraglich ist daher, ob die grundrechtlichen Schutzpflichten auch im Ausland gelten. Die Durchsicht der verfassungsgerichtlichen Judikatur bringt wenig Klarheit. In der rechtswissenschaftlichen Literatur ist die Antwort auf diese Frage umstritten.

---

613 *BVerfG*, Beschl. v. 4.05.1971 – 1 BvR 636/68, BVerfGE 31, 58 (76); Beck, Auslandseinsätze deutscher Streitkräfte, S. 81.

614 *BVerfG*, Urt. v. 21.03.1957 – 1 BvR 65/54, BVerfGE, 6, 290 (295); Beck, Auslandseinsätze deutscher Streitkräfte, S. 81; Stern, Staatsrecht III/1, S. 1229.

615 Bleckmann, Staatsrecht II, § 7 Rn. 4 ff.; Schröder, in: FS Schlochauer, 138 (142 ff.); Stern, Staatsrecht III/1, S. 1229.

aa) Forschungsbeiträge in der Literatur zur Anwendbarkeit der grundrechtlichen Schutzpflichten auf Sachverhalte mit Auslandsbezug

Ein großer Teil des rechtswissenschaftlichen Schrifttums[616] leitet aus den grundrechtlichen Schutzpflichten eine staatliche Schutzpflicht im Ausland ab bzw. wendet die grundrechtlichen Schutzpflichten unmittelbar auf Auslandssachverhalte an. Die Vertreter dieser Auffassung argumentieren, es sei unerheblich, ob der Staatsangehörige Gefahren im In- oder im Ausland ausgesetzt sei[617]. Innerhalb dieser Gruppe haben sich mehrere verschiedene Richtungen entwickelt.

---

616 Vgl. Blumenwitz, in: Isensee/Kirchhof (Hrsg.), HStR IX, § 211 Rn. 17; Dietlein, Die Lehre von den grundrechtlichen Schutzpflichten, S. 122 f.; Eilers/Heintzen, RIW 1986, 619 (621); Hermes, Das Grundrecht auf Schutz von Leben und Gesundheit, S. 74 f.; Hofmann, Grundrechte und grenzüberschreitende Sachverhalte, S. 107 f.; Krings, Grund und Grenzen grundrechtlicher Schutzansprüche, S. 195 ff.; Randelzhofer, in: Maunz/Dürig, Art. 16 I Rn. 61; Robbers, Sicherheit als Menschenrecht, S. 207 f.; Scheidler, DÖV 2006, 417 (418); Yousif, Die extraterritoriale Geltung der Grundrechte bei der Ausübung deutscher Staatsgewalt im Ausland, S. 151 ff.; entgegen dem ersten Anschein stützt Oberthür auf S. 23 die verfassungsrechtliche Begründung der Pflicht zum Auslandsschutz nicht auf die grundrechtliche Schutzpflicht. Vielmehr scheint er von einem gewandelten Verständnis der Grundrechte auszugehen, denen unmittelbare Leistungsansprüche entnommen werden können. Dies entspricht aber nicht der Begründung der grundrechtlichen Schutzpflicht. Die Konzeption grundrechtlicher Schutzpflichten darf aber nicht mit der Lehre verwechselt werden, die aus den Grundrechten unmittelbare Leistungsansprüche ableitet, vgl. Klein, DÖV 1977, 704 (706 f.); zur Unterscheidung von Schutzpflichten und Drittwirkung, vgl. auch Isensee, in: Isensee/Kirchhof (Hrsg.), HStR V, § 111 Rn. 134. Bei der sog. Drittwirkung der Grundrechte geht es um die Bedeutung der Grundrechte im Privatrechtsverkehr, während es sich bei der hier maßgeblichen Fragestellung um die Bestimmung der Reichweite der unmittelbaren Wirkung grundrechtlicher Schutzpflichten des Staates handelt.

617 Vgl. Gusy, GA 1983, 73 (79 f.); Heintzen, Auswärtige Beziehungen privater Verbände, S. 136 f.; Hermes, Das Grundrecht auf Schutz von Leben und Gesundheit , S. 32.

(1) Unmittelbare Ableitung des Auslandsschutzes aus den grundrechtlichen Schutzpflichten

Der überwiegende Teil des Schrifttums[618] folgt der von ECKART KLEIN[619] begründeten Lehre. KLEIN entnimmt den Grundrechtsbezug der staatlichen Pflicht zum Auslandsschutz[620] unmittelbar den grundrechtlichen Schutzpflichten[621]. Er reduziert das Institut des Auslandsschutzes auf eine bloße Ausprägung der grundrechtlichen Schutzpflichten. Nach seiner Auffassung ist die Bundesrepublik Deutschland immer zum Schutz verpflichtet, wenn im Ausland entweder der Aufenthaltsstaat oder ein privater Dritter grundrechtliche Positionen beeinträchtigt[622]. Die Vertreter dieser Auffassung sehen sich durch die Rechtsprechung bestätigt[623]. Das BVerfG wende die grundrechtlichen Schutzpflichten ebenfalls im Ausland an. Außerdem prüfe die Rechtsprechung auch bei Aus-

---

618 BLECKMANN, DVBl. 1977, 794 (796); BLUMENWITZ, in: ISENSEE/KIRCHHOF (Hrsg.), HStR IX, § 211 Rn. 17; DIETLEIN, Die Lehre von den grundrechtlichen Schutzpflichten, S. 122 f.; EILERS/HEINTZEN, RIW 1986, 619 (621); HERMES, Das Grundrecht auf Schutz von Leben und Gesundheit, S. 74 f.; HOFMANN, Grundrechte und grenzüberschreitende Sachverhalte, S. 107 f.; MASING, in: DREIER, Art. 16 Rn. 80; RANDELZHOFER, in: MAUNZ/DÜRIG, Art. 16 I Rn. 61 (KRINGS vertritt zwar die Auffassung, RANDELZHOFER spreche sich gegen eine Herleitung aus den Grundrechten aus – vgl. KRINGS, Grund und Grenzen grundrechtlicher Schutzansprüche, S. 200 FN 133 –, die entsprechenden Ausführungen bestätigen diese Ansicht aber nicht. So spricht RANDELZHOFER davon, dass sich auch aus der „*Ausstrahlung der Grundrechte*" eine Pflicht zum diplomatischen Schutze ergebe, und verweist in der dazugehörenden Fußnote auf die Ausführungen von KLEIN, vgl. RANDELZHOFER, in: MAUNZ/DÜRIG, GG, Art. 16 I Rn. 61); ROBBERS, Sicherheit als Menschenrecht, S. 207 f.; SCHEIDLER, DÖV 2006, 417 (418); ZIMMERMANN/TAMS, in: Berliner Kommentar, Art. 16 Rn. 57.

619 KLEIN, DÖV 1977, 704 (706 ff.); DERS., BVerfG und Ostverträge, S. 36 ff.; DERS., in: RESS/STEIN (Hrsg.), Der diplomatische Schutz im Völker- und Europarecht, 125 (127 ff.).

620 KLEIN spricht in seinen Abhandlungen zwar überwiegend vom „diplomatischen Schutz" und dessen Ableitung aus den Grundrechten. Er macht in seinem ersten Aufsatz zu diesem Thema aber deutlich, dass seine Ausführungen grundsätzlich auch für Sachverhalte im Ausland gelten sollen, in denen die Tatbestandsvoraussetzungen für die Anwendung diplomatischen Schutzes mangels hoheitlicher Maßnahme nicht vorliegen (Fall des konsularischen Schutzes), vgl. KLEIN, DÖV 1977, 704 (705).

621 Vgl. KLEIN, DÖV 1977, 704 (706 ff.); DERS.; BVerfG und Ostverträge, S.36 ff.; DERS., in: RESS/STEIN (Hrsg.), Der diplomatische Schutz im Völker- und Europarecht, 125 (129 ff.).

622 KLEIN, DÖV 1977, 704 (708); DERS., BVerfG und Ostverträge, S. 39 f.

623 Vgl. EILERS/HEINTZEN, RIW 1986, 619 (621); KLEIN, DÖV 1977, 704 (706); DERS., BVerfG und Ostverträge, S. 35 ff.; DERS., DÖV 1979, 39 (40); DERS., NJW 1989, 1633 (1635).

landssachverhalten, ob die staatliche Gewalt die Tragweite der einschlägigen Grundrechte im Rahmen des Ermessens beachtet habe[624].

KLEIN zieht aus seiner Theorie weitreichende Konsequenzen: Der Bürger könne eine Verfassungsbeschwerde erheben, wenn sich der deutsche Heimatstaat weigert, seine Schutzpflicht auszuüben, und die Weigerung rechtwidrig war[625]. Ferner habe der Bürger das Recht, vom Staat eine Entschädigung nach den Grundsätzen des enteignungsgleichen oder des aufopferungsgleichen Eingriffs zu beanspruchen[626]. Darüber hinaus komme ein Amtshaftungsanspruch nach Art. 34 GG, § 839 BGB[627] in Betracht[628].

Das VG Berlin hat sich offenbar ebenfalls dieser Theorie angeschlossen. In seinem Urteil vom 04.04.2006 geht es ohne weitere Begründung davon aus, dass die Schutzpflicht aus Art. 2 Abs. 2 S. 2 GG i. V. m. Art. 1 Abs. 1 S. 2 GG auch bei Entführungen im Ausland gilt[629].

(2) Art. 1 Abs. 3 GG als „Adapter" von völkerrechtlichem Auslandsschutz und grundrechtlicher Schutzpflicht

HEINTZEN[630] stimmt der Auffassung von KLEIN insoweit zu, als auch er die Verpflichtung zur Gewährung von Auslandsschutz[631] in den Grundrechten verankert sieht[632]. Im Unterschied zu KLEIN vertritt er aber die Ansicht, die Pflicht

624 KLEIN, in: RESS/STEIN (Hrsg.), Der diplomatische Schutz im Völker- und Europarecht, 125 (129) mit Verweis auf *BVerwG*, Urt. v. 24.02.1981 – 7 C 60.79, BVerwGE 62, 11 (15).

625 KLEIN, DÖV 1977, 704 (710); DERS., DÖV 1979, 39 (40); DERS., in: RESS/STEIN (Hrsg.), Der diplomatische Schutz im Völker- und Europarecht, 125 (132).

626 KLEIN, DÖV 1977, 704 (708). DERS., BVerfG und Ostverträge, S. 40 f.; DERS., in: RESS/STEIN (Hrsg.), Der diplomatische Schutz im Völker- und Europarecht, 125 (133).

627 Bürgerliches Gesetzbuch in der Fassung der Bekanntmachung vom 2. Januar 2002 (BGBl. I S. 42, 2909; 2003 I S. 738), das zuletzt durch das Gesetz vom 28. September 2009 (BGBl. I S. 3161) geändert worden ist.

628 KLEIN, in: RESS/STEIN (Hrsg.), Der diplomatische Schutz im Völker- und Europarecht, 125 (132 f.).

629 Vgl. *VG Berlin*, Urt. v. 04.04.2006 – 14 A 12.04 (erhältlich in juris) Rn. 46.

630 HEINTZEN, Auswärtige Beziehungen privater Verbände, S. 134 ff.

631 HEINTZEN spricht in seiner Abhandlung zwar ausschließlich vom „diplomatischen Schutz". Er macht zu Beginn seiner Ausführungen aber deutlich, dass er unter diesem Begriff beide Bereiche des Auslandsschutzes behandelt, vgl. HEINTZEN, Auswärtige Beziehungen privater Verbände, S. 134 f., deutlich auch der Hinweis auf S. 139: „Geiselbefreiung".

632 Vgl. HEINTZEN, Auswärtige Beziehungen privater Verbände, S. 137 f.

zum Auslandsschutz könne nicht *unmittelbar* aus den Grundrechten abgeleitet werden. Der Auslandsschutz stelle also keine Ausprägung der Grundrechte dar[633]. Seiner Ansicht nach ist die Ausübung der grundrechtlichen Schutzpflichten räumlich auf das deutsche Staatsgebiet beschränkt[634]. Andernfalls käme es zu einer Kollision mit der Territorialhoheit des anderen Staates[635]. Die Staatsgewalt sei bei Auslandssachverhalten zur Vermeidung dieses Problems daher gezwungen, auf das völkerrechtliche Institut des Auslandsschutzes zurückzugreifen[636]. Dieses stehe aber nicht isoliert neben den grundrechtlichen Schutzpflichten, sondern sei vielmehr mit diesem verbunden[637]. Der Unterschied zwischen den beiden Rechtsfiguren bestehe allein darin, dass der Auslandsschutz auf der völkerrechtlichen Koordinationsebene angesiedelt sei und die grundrechtlichen Schutzpflichten im staatsrechtlichen Subordinationsverhältnis[638]. Beide Institute seien *„zwei Seiten eines Phänomens"*[639]. Die Verbindung zwischen beiden Schutzinstituten stelle das Verfassungsrecht mit Art. 1 Abs. 3 GG her. Die Norm diene als „verfassungsrechtlicher Adapter"[640].

Heintzen zieht aus seiner Lösung ebenfalls erhebliche Konsequenzen. Die verfassungsrechtliche Adaption der grundrechtlichen Schutzpflichten mit dem Völkerrecht bewirke zunächst die Umwandlung aller Grundrechte in Deutschengrundrechte, selbst wenn sie innerstaatlich als Menschengrundrechte gewährleistet werden[641]. Die Konstruktion beschränke zudem den staatlichen

633 Heintzen, Auswärtige Beziehungen privater Verbände, S. 138.
634 Heintzen, Auswärtige Beziehungen privater Verbände, S. 138.
635 Heintzen, Auswärtige Beziehungen privater Verbände, S. 138.
636 Heintzen, Auswärtige Beziehungen privater Verbände, S. 138.
637 Heintzen, Auswärtige Beziehungen privater Verbände, S. 138.
638 Heintzen, Auswärtige Beziehungen privater Verbände, S. 138.
639 Heintzen, Auswärtige Beziehungen privater Verbände, S. 138.
640 Vgl. Heintzen, Auswärtige Beziehungen privater Verbände, S. 138. An dieser Stelle ist darauf hinzuweisen, dass Elbing (Elbing, S. 105 FN 47) die hier dargestellten Ausführungen von Heintzen teilweise anders interpretiert. So geht er davon aus, Heintzen erkenne in den Rechtsfiguren „diplomatischen Schutz" und „grundrechtliche Schutzpflichten" ein einheitliches Institut. Diese Interpretation überzeugt nicht. Heintzen, Auswärtige Beziehungen privater Verbände, S. 138, stellt ausdrücklich klar, dass er beide Rechtsfiguren als getrennte Institute betrachtet: „ *Art. 1 Abs. 3 GG ist der verf. Adapter, der das völkerrechtliche Institut des diplomatischen Schutzes und die grundrechtlichen Schutzpflichten miteinander verbindet [...].* Hierzu auch: „*Diplomatischer Schutz und grundrechtliche Schutzpflicht erweisen sich als zwei Seiten eines Phänomens.*"
641 Vgl. Heintzen, Auswärtige Beziehungen privater Verbände, S. 138 f.

Handlungsspielraum im Ausland. Die Schutzverpflichtung des Staates ginge nur so weit, wie er aufgrund des Völkerrechts ermächtigt ist[642].

(3) Beschränkung der Reichweite der grundrechtlichen Schutzpflichten auf der Tatbestandsseite

Die Theorie von KRINGS[643] unterscheidet sich von den bisher erläuterten Ansichten. KRINGS geht zunächst – wie HEINTZEN – von einem konstruktiven Unterschied zwischen den staatlichen Schutzpflichten im Ausland gegenüber einer fremden Staatsgewalt und den staatlichen Schutzpflichten vor übrigen Eingriffen aus (im Unterschied zu KLEIN). Dennoch ist der Ausgangspunkt seiner Theorie ein völlig anderer als der von HEINTZEN. Er modifiziert die bisher verwendete klassische Aufteilung zwischen der verfassungsrechtlichen Pflicht zum Schutz im Inland (das sog. Institut der grundrechtlichen Schutzpflichten) und der verfassungsrechtlichen Pflicht zum Auslandsschutz (das sog. Institut des Auslandsschutzes)[644]. KRINGS unterscheidet nur noch zwischen dem *diplomatischen Schutz* und *staatlichen Schutzpflichten in sonstigen Fällen*[645]. Die Frage, welches der beiden Institute im konkreten Fall einschlägig sei, werde auf der Tatbestandsseite des diplomatischen Schutzes entschieden: Der Staat sei zum *diplomatischen Schutz* verpflichtet, wenn ein deutscher Staatsbürger im Ausland Schutz vor fremder Staatsgewalt sucht[646]. Dagegen sei Schutz über die grundrechtlichen Schutzpflichten zu gewähren, wenn ein deutscher Staatsangehöriger Schutz *vor sonstigen Gefahren* im In- und Ausland begehrt. Dies bedeutet, dass nach seiner Auffassung der Anwendungsbereich der grundrechtlichen Schutzpflichten nicht an der deutschen Außengrenze endet (im Unterschied zu HEINTZEN)[647]. Die grundrechtlichen Schutzpflichten decken also sowohl die Schutzgewährung im Inland als auch die staatlichen Schutzpflichten im Ausland ab, mit Ausnahme des diplomatischen Schutzes. Dennoch bleibe der diplomatische Schutz ein Anwendungsfall der auslandsbezogenen Schutzpflichten[648].

---

642 Vgl. HEINTZEN, Auswärtige Beziehungen privater Verbände, S. 139.

643 KRINGS, Grund und Grenzen grundrechtlicher Schutzansprüche, S. 195 ff.

644 Vgl. KRINGS, Grund und Grenzen grundrechtlicher Schutzansprüche, S. 195 f.

645 Vgl. KRINGS, Grund und Grenzen grundrechtlicher Schutzansprüche, S. 195 f.

646 Vgl. KRINGS, Grund und Grenzen grundrechtlicher Schutzansprüche, S. 199.

647 Vgl. KRINGS, Grund und Grenzen grundrechtlicher Schutzansprüche, S. 195 f.

648 Vgl. KRINGS, Grund und Grenzen grundrechtlicher Schutzansprüche, S. 199 ff.

KRINGS begründet die Auslandswirkung der grundrechtlichen Schutzpflichten mit der prinzipiellen Identität von Schutzpflichten und Abwehrrechten. Da die Abwehrfunktion der Grundrechte im Ausland anerkannt sei[649], könne für die Reichweite der Schutzpflichten nichts anderes gelten[650].

Diese Betrachtung hat ebenfalls weitreichende Konsequenzen: Da der Anwendungsbereich der grundrechtlichen Schutzpflichten weder personell noch räumlich beschränkt ist, gelten sie weltweit und können gegenüber jedermann gewährt werden[651]. Unter Anerkennung der mit dieser Konzeption verbundenen Probleme will KRINGS die Reichweite der staatlichen Schutzpflichten bereits auf der Tatbestandsseite beschränken[652]. Dazu bedient er sich folgender Konstruktion: Die Bundesrepublik solle nur dann zur Schutzgewährung verpflichtet sein, wenn der Sachverhalt einen engeren Bezug zum deutschen Staat aufweise[653]. Konkret müsse die Sachverhaltskonstellation, in Anlehnung an die klassische Drei-Elementen-Lehre Georg Jellineks, eine Zuordnung zu den Begriffen des Staatsvolkes oder des Staatsgebietes ermöglichen[654]. In allen anderen Fällen scheide dementsprechend eine Verpflichtung aus.

(4) Anwendbarkeit der Grundrechte auf Sachverhalte mit Auslandsbezug kraft ihrer „Erweiterung"

ELBING[655] vertritt eine ähnliche Theorie wie KRINGS. Er wendet ebenfalls die grundrechtlichen Schutzpflichten unmittelbar an auf Sachverhalte mit Auslandsbezug. Die „Erweiterung" der Grundrechte auf Sachverhalte mit Auslandsbezug führe zu einem Anspruch des Grundrechtsträgers auf Schutz gegen die deutsche Staatsgewalt[656]. Dieser als „Einwirkungsanspruch" bezeichnete Schutzanspruch gelte überall auf der Welt[657]. Die deutsche Staatsgewalt habe den Schutz sowohl gegenüber fremder hoheitlicher Gewalt als auch gegenüber

649 S.o., Seite 123 ff.

650 Vgl. KRINGS, Grund und Grenzen grundrechtlicher Schutzansprüche, S. 195 f.

651 Vgl. KRINGS, Grund und Grenzen grundrechtlicher Schutzansprüche, S. 195 f.

652 Vgl. KRINGS, Grund und Grenzen grundrechtlicher Schutzansprüche, S. 196 f.

653 KRINGS, Grund und Grenzen grundrechtlicher Schutzansprüche, S. 196 f. Diese Ansicht vertritt auch JARASS, in: JARASS/PIEROTH, Art. 1 Rn. 44; ähnlich auch MERTEN, in: FS Schiedermair, S. 331 (344), der eine „hinreichend konkrete Inlandsbeziehung fordert".

654 Vgl. KRINGS, Grund und Grenzen grundrechtlicher Schutzansprüche, S. 196 f.

655 ELBING, S. 103 ff.

656 ELBING, S. 103 ff.

657 ELBING, S. 103 ff.

ausländischen Privaten zu gewähren[658]. ELBING trennt den „Einwirkungsanspruch" scharf vom diplomatischen Schutz[659]. Während beim diplomatischen Schutz nur ein Recht des Staates, nicht aber des Einzelnen geltend gemacht werde, komme dem Einwirkungsanspruch eine andere Rechtsnatur zu[660]. Beide Schutzansprüche unterschieden sich daher in qualitativer Weise[661].

(5) Zusammenfassung

Alle vorgestellten Theorien leiten die Pflicht des Staates zum Auslandsschutz von den grundrechtlichen Schutzpflichten ab. KLEIN, KRINGS und ELBING qualifizieren die Pflicht zum Auslandsschutz als eine Destination der grundrechtlichen Schutzpflichten. ELBING geht dabei von einem konstruktiven Unterschied zwischen *diplomatischem* und *Auslandsschutz in sonstigen Fällen* aus. KRINGS trennt den diplomatischen Schutz und die grundrechtlichen Schutzpflichten auf der Tatbestandsseite. HEINTZEN konstruiert die Pflicht zum Auslandsschutz mittelbar über Art. 1 Abs. 3 GG.

Eine Pflicht zur Befreiung eines entführten deutschen Staatsangehörigen könnte aus allen Ansichten abgeleitet werden[662]. KRINGS und ELBING gehen davon aus, dass es keinen Unterschied mache, ob die Gefährdung des Grundrechtsbereichs im Ausland von staatlicher oder privater Seite erfolge[663]. Nach ihrer Auffassung ist die Bundesrepublik Deutschland folglich verfassungsrechtlich zum Auslandsschutz verpflichtet und damit auch zum Schutz eines entführten Staatsangehörigen. HEINTZEN schließt sich dem an[664].

658 ELBING, S. 103.

659 ELBING, S. 107 f.

660 ELBING, S. 107. ELBING geht nicht auf die unterschiedlichen Auffassungen zur Frage ein, ob beim diplomatischen Schutz nur ein Recht eines Staates oder auch das des betroffenen Staatsangehörigen geltend gemacht wird, ein. Vgl. hierzu DOEHRING, in: RESS/STEIN (Hrsg.), Der diplomatische Schutz im Völker- und Europarecht, 13 (14 ff.), IPSEN, Völkerrecht, § 24 Rn. 41 ff. und STOROST, Diplomatischer Schutz durch EG und EU?, S. 21 ff.

661 ELBING, S. 107. In diesem Punkt unterscheidet sich ELBING von KRINGS.

662 Ob eine konkrete Befreiungspflicht besteht, ist eine Frage der Rechtsfolge. Dies wird weiter unten diskutiert.

663 Vgl. KLEIN, DÖV 1977, 704 (708); KLEIN, BVerfG und Ostverträge, S. 39 f.

664 Vgl. HEINTZEN, Auswärtige Beziehungen privater Verbände, S. 139.

bb) Forschungsbeiträge in der Literatur zur Ablehnung einer Anwendung der grundrechtlichen Schutzpflichten im Ausland

Andere Stimmen in der Literatur lehnen eine Ableitung des Auslandsschutzes aus den grundrechtlichen Schutzpflichten ab[665]. ISENSEE[666], KÖTTER/NOLTE[667] und TREVIRANUS[668] sehen die deutsche Staatsgewalt zwar im Ausland an die Grundrechte gebunden. Diese Bindung sei jedoch auf die abwehrrechtliche Funktion der Grundrechte beschränkt[669]. Die besondere Konstruktion der Grundrechte als Garantie der Integrität der entsprechenden Verfassungsgüter sei auf ein Tätigwerden der deutschen Staatsgewalt gerichtet[670]. Dies lasse eine Erstreckung dieser Grundrechtsfunktion auf den territorialen Bereich einer anderen Staatsgewalt nicht zu[671].

ISENSEE lehnt die grundrechtliche Fundierung des Auslandsschutzes mit dem Hinweis ab, dieser gehöre nicht in den Bereich der durch die Subordination von Staat und Bürger gekennzeichneten inneren Sicherheit, sondern bewege sich auf der Koordinationsebene des Völkerrechts[672]. Ferner scheide eine Ableitung aus den Grundrechten aus, weil ein ausländischer Staat bzw. ein frem-

---

665 DOEHRING, im Anschluss an die Ausführungen von KLEIN, in: RESS/STEIN (Hrsg.), Der diplomatische Schutz im Völker- und Europarecht, 125 (140); SYMPHER/GECK, ZaöRV 18 (1957/58), 128 (135 f.); HAILBRONNER, im Anschluss an die Ausführungen von KLEIN, in: RESS/STEIN (Hrsg.), Der diplomatische Schutz im Völker- und Europarecht, 125 (142); ISENSEE, in: ISENSEE/KIRCHHOF (Hrsg.), HStR V, § 111 Rn. 79; KÖTTER/NOLTE, DÖV 2007, 186 (190); LÜDERITZ, RabelsZ 36 (1972), 35 (36); TREVIRANUS, DÖV 1979, 35 (37 f.). Entgegen der Auffassung von KRINGS (KRINGS, S. 200 FN. 133) spricht sich RANDELZHOFER in: MAUNZ/DÜRIG, Art. 16 I Rn. 60 ff.) nicht dagegen aus, den Auslandsschutz (beide beziehen sich auf den diplomatischen Schutz) aus der Schutzpflichtenlehre herzuleiten. RANDELZHOFER legt zwar dar, das Grundgesetz enthalte keine ausdrückliche Bestimmung zum Auslandsschutz (diplomatischen Schutz). Auch schweige das Grundgesetz im Gegensatz zu den früheren Verfassungen dazu. RANDELZHOFER leitet aber ebenfalls eine staatliche Pflicht aus den Grundrechten ab (ausdrücklich: RANDELZHOFER, in: MAUNZ/DÜRIG, Art. 16 I Rn. 61).

666 ISENSEE, in: ISENSEE/KIRCHHOF (Hrsg.), HStR V, § 111 Rn. 79.

667 KÖTTER/NOLTE, DÖV 2007, 186 (190).

668 TREVIRANUS, DÖV 1979, 35 (37 f.).

669 Vgl. KÖTTER/NOLTE, DÖV 2007, 186 (190).

670 Vgl. KÖTTER/NOLTE, DÖV 2007, 186 (190); TREVIRANUS, DÖV 1979, 35 (37 f.).

671 Vgl. KÖTTER/NOLTE, DÖV 2007, 186 (190); TREVIRANUS, DÖV 1979, 35 (37 f.).

672 ISENSEE, Das Grundrecht auf Sicherheit, S. 30; DERS., in: ISENSEE/KIRCHHOF (Hrsg.), HStR V, § 111 Rn. 120.

der Dritter[673] nicht an die Grundrechte gebunden seien[674]. Diese Konstellation unterscheide sich schon grundsätzlich von der Rechtsfigur der grundrechtlichen Schutzpflichten[675].

Nach diesen Auffassungen scheidet eine verfassungsrechtliche Fundierung des Auslandsschutzes in den Grundrechten folglich aus. Die Bundesrepublik Deutschland ist danach folglich nicht aufgrund der grundrechtlichen Schutzpflichten verpflichtet, im Ausland entführte Deutsche zu befreien.

cc) Schweigen der Rechtsprechung

Entgegen der Auffassung von KLEIN und anderen Autoren[676] hat sich das BVerfG bisher nicht für eine Fundierung des Auslandsschutzes in den grundrechtlichen Schutzpflichten ausgesprochen[677]. Lediglich ein Urteil des Verfassungsgerichts

---

673 ISENSEE beschränkt seine Aussagen zwar auf den Schutz gegenüber einem fremden Staat. Es macht in diesem Zusammenhang aber keinen Unterschied, ob die Gefahr von einem fremden Staat oder einem fremden Dritten im Ausland ausgeht. Auf der Betrachtungsebene des deutschen Verfassungsrechts ist es von sekundärer Bedeutung, ob ausländische private oder fremde staatliche Stellen in die Freiheitssphäre von deutschen Staatsbürgern im Ausland übergreifen. Denn beide sind nicht an die Grundrechte gebunden.

674 Vgl. ISENSEE, Das Grundrecht auf Sicherheit, S. 30.

675 Vgl. ISENSEE, in: ISENSEE/KIRCHHOF (Hrsg.), HStR V, § 111 Rn. 79.

676 S.o., FN 618.

677 Anmerkung: Kein Gegenstand dieser Untersuchung sind Entscheidungen des BVerfG zum militärischen Schutz der Staatsbürger. Diese Entscheidungen betreffen Sachverhalte, bei denen die Bedrohung gegen Staatsangehörige zwar ausländischen Ursprungs sind, die Gefahr sich aber auf deutsches Staatsgebiet beschränkt (insb. also nicht *BVerfG,* Beschl. v. 29.10.1987 – 2 BvR 624, 1080,2029/83, BVerGE 77, 170 (214 ff.) – Chemiewaffen; Beschl. v. 16.12.1983 – 2 BvR 1160,1565,1714/83, BVerfGE 66, 39 (61) – Raketenstationierung; Urt. v. 13.04.1978 – 2 BvF 1,2,4,5/77, BVerfGE 48, 127 (161) – Wehrpflicht). Entgegen der Auffassung von HERMES, Das Grundrecht auf Schutz von Leben und Gesundheit, S. 56, brauchen diese Entscheidungen nicht ergänzend herangezogen werden. Da sich in diesen Fällen die Bedrohung auf das deutsche Staatsgebiet beschränkt, sprechen nach Ansicht des Verfassers gute Gründe dafür, diese Fälle dem Bereich der grundrechtlichen Schutzpflichten zuzuordnen (so auch das BVerfG in den zitierten Entscheidungen). Es kommt in diesen Entscheidungen jedenfalls nicht auf die hier in Streit stehende Frage an, ob die grundrechtlichen Schutzpflichten auch außerhalb der deutschen Staatsgrenze gelten können. Zum Streit, ob diese Fälle tatsächlich die grundrechtlichen Schutzpflichten betreffen: ISENSEE, in: ISENSEE/KIRCHHOF (Hrsg.), HStR V, § 111 Rn. 79. ISENSEE beschränkt die Störereigenschaft in der Rechtsfigur der grundrechtlichen Schutzpflichten auf grundrechtsfähige Störer, vgl. ISENSEE, in: ISENSEE/

aus dem Jahre 1973 („Vermögenswerte in der Schweiz")[678] deutet eine Verbindung von Auslandsschutz und grundrechtlichen Schutzpflichten an[679]. Das Gericht wies damals die Rüge des Beschwerdeführers als *unbegründet* ab: Eine Verletzung des Grundrechts auf Eigentum aus Art. 14 GG läge nicht vor, weil die Bundesrepublik die ihr obliegende Schutzpflicht durch den Abschluss des Abkommens erfüllt habe. KLEIN[680] ist darin zuzustimmen, dass das Gericht die Verfassungsbeschwerde als *unzulässig* hätte abweisen müssen, wenn nach dessen Auffassung eine Verbindung von Auslandsschutz und den Grundrechten von vorneherein ausgeschlossen wäre. Denn Voraussetzung für die Zulässigkeit einer Verfassungsbeschwerde ist, dass der Beschwerdeführer selbst, gegenwärtig und unmittelbar in seinen Grundrechten verletzt sein kann[681]. Entgegen der Auffassung von KLEIN hat das BVerfG aber mit keinem Wort die verfassungsrechtliche Grundlage des Auslandsschutzes erwähnt; insbesondere hat es die Schutzpflicht im Ausland nicht ausdrücklich aus den grundrechtlichen Schutzpflichten abgeleitet. Da sich eine Schutzpflicht auch aus anderen Verfassungsbestimmungen ergeben könnte[682], eignet sich das Urteil somit nicht als Beispiel für eine Verankerung des Auslandsschutzes in den grundrechtlichen Schutzpflichten durch das BVerfG.

Das Urteil enthält darüber hinaus keinen weiteren Ansatz, der für KLEINS These spricht. Das Gericht formuliert zwar, nachdem es die Frage aufgeworfen hat, ob Art. 10 des Abkommens in das Grundrecht der Beschwerdeführer aus Art. 14 GG eingreift: „*Sie* (die Bundesrepublik) *wird den deutschen Eigentümern in der Schweiz belegener Vermögenswerte keinen diplomatischen Schutz in Sachen dieses Eigentums gewähren. Hierdurch können Grundrechte des Beschwerdeführers nicht verletzt sein, denn die Bundesrepublik hat ersichtlich ihre Schutz-*

KIRCHHOF (Hrsg.), HStR V, § 111 Rn. 116, 120; dagegen: KRINGS, Grund und Grenzen grundrechtlicher Schutzansprüche, S. 200; HERMES, Das Grundrecht auf Schutz von Leben und Gesundheit, S. 74.

678 *BVerfG,* Urt. v. 21.03.1957 – 1 BvR 65/54, BVerfGE, 6, 290 (299).

679 Vgl. BLUMENWITZ, in: FS Ferid, S. 439 (447 FN 28); DIETLEIN, Die Lehre von den grundrechtlichen Schutzpflichten, S. 122; ISENSEE, Das Grundrecht auf Sicherheit, S. 30; KLEIN, DÖV 1977, 704 (706); OBERTHÜR, S. 23; SYMPHER/GECK, ZaöRV 18 (1957/58), 128 (135 f.). ISENSEE bestreitet an anderer Stelle, dass das BVerfG jemals den Auslandsschutz als Emanation der grundrechtlichen Schutzpflichten qualifiziert habe, vgl. ISENSEE, in: ISENSEE/KIRCHHOF (Hrsg.), HStR V, § 111 Rn. 79.

680 KLEIN, DÖV 1977, 704 (706).

681 Vgl. nur: *BVerfG*, Beschl. v. 16.12.1980 – 2 BvR 419/80, BVerfGE, 55, 349 (362); Beschl. v. 07.07.1975 – 1 BvR 274, 209/72, 195, 194, 184/73 und 247/72, BVerfGE 40, 141 (156).

682 S. o. Seite 110 ff.

pflicht nicht willkürlich vernachlässigt, sondern im Gegenteil ihr durch Abschluss des Abkommens genügt."[683] Das Gericht verbindet in dieser Passage also erstmals ein Grundrecht mit der Pflicht zum diplomatischen Schutz und der Schutzpflicht. Es stellt sich allerdings die Frage, ob das BVerfG an dieser Stelle tatsächlich eine Schutzpflicht im Ausland aus den grundrechtlichen Schutzpflichten ableiten wollte[684]. Die Formulierung des Gerichts ist zu unpräzise, um sie als Antwort darauf anführen zu können. Klein sieht dies ebenso[685].

Entgegen der Auffassung von Eilers/Heintzen[686] hat das BVerfG auch mit der Entscheidung vom 6. Oktober 1955[687] eine solche Verbindung nicht anerkannt. Sowohl der Beschwerdeführer als auch der Senat verwenden darin zwar den Begriff *Schutzpflicht*[688]. Damit stellen sie aber lediglich auf die Pflicht des Staates aus Art. 16 Abs. 2 S. 1 GG[689] ab[690]. Der Beschwerdeführer begehrte im zugrunde liegenden Sachverhalt auch gar keine positive Leistung des Staates im Sinne der grundrechtlichen Schutzpflichten. Er berief sich vielmehr nur auf die abwehrrechtliche Funktion aus Art. 16 Abs. 2 S. 1 GG. Im Übrigen erscheint fraglich, ob sich das Gericht zu einer *Schutzpflicht* des Staates im Ausland überhaupt äußern wollte. Weder das Gericht noch der Beschwerdeführer verlieren dazu ein Wort. Tatsächlich geht es ganz allgemein um den Schutz des Staates gegenüber seinen Bürgern vor Auslieferung[691]; d. h., betroffen war nur der Schutz *vor* dem Ausland und nicht *im* Ausland[692].

---

683 *BVerfG,* Urt. v. 21.03.1957 – 1 BvR 65/54, BVerfGE, 6, 290 (299).

684 Dagegen: Isensee, in: Isensee/Kirchhof (Hrsg.), HStR V, § 111 Rn. 79 i. V. m. FN 176.

685 Klein, DÖV 1977, 704 (706); ders., BVerfG und Ostverträge, S. 36.

686 Eilers/Heintzen, RIW 1986, 619 (621).

687 *BVerfG,* Urt. v. 06.10.1955 – 1 BvR 85/55, BVerfGE, 4, 299 ff. Sachverhalt: Der Beschwerdeführer wollte mit seiner Verfassungsbeschwerde eine Auslieferung an das Saarland verhindern. Er vertrat die Ansicht, dass das Saarland nicht mehr Teil des Deutschen Reiches sei. Die Verfassung des Saarlandes sei eindeutig, stelle sie doch nach ihrer Präambel auf die „politische Unabhängigkeit vom Deutschen Reiche ab". Das BVerfG wies die Verfassungsbeschwerde ab. Denn das Saarland könne rechtlich nicht als „Ausland" angesehen werden.

688 *BVerfG,* Urt. v. 06.10.1955 – 1 BvR 85/55, BVerfGE, 4, 299 (302 ff.).

689 Wortlaut Art. 16 Abs. 2 S. 1 GG: „*Kein Deutscher darf an das Ausland ausgeliefert werden*".

690 Vgl. *BVerfG,* Urt. v. 06.10.1955 – 1 BvR 85/55, BVerfGE, 4, 299 (302 ff.).

691 *BVerfG,* Urt. v. 06.10.1955 – 1 BvR 85/55, BVerfGE, 4, 299 (304).

692 Die Ausführungen des Beschwerdeführers untermauern diese Bedenken in eindeutiger Weise. Seiner Meinung nach wäre der Staat nicht zum Schutze verpflichtet, wenn er

Aus identischen Gründen scheitert der Verweis von EILERS/HEINTZEN[693] auf den Beschluss des 1. Senats aus dem Jahre 1970[694]. Der Beschwerdeführer wandte sich dort mit der Verfassungsbeschwerde gegen seine Auslieferung und stellte auf sein Grundrecht aus Art. 16 Abs. 2 S. 1 GG ab[695]. Anknüpfungspunkt der rechtlichen Betrachtung ist ebenfalls nur die Abwehrfunktion des Grundrechts aus Art. 16 Abs. 2 S. 1 GG[696].

Entgegen der Auffassung von EILERS/HEINTZEN[697] leitet der Erste Senat des BVerfG im „Grundlagenurteil"[698] den Auslandsschutz nicht aus grundrechtlichen Schutzpflichten ab. Zum einen spricht das Gericht in der entscheidenden Stelle nur die abwehrrechtliche Komponente der Grundrechte und die Rechtsschutzgarantie an[699]. Wörtlich heißt es dort: *„Das folgt aus der mit dem Status des Staatsangehörigen verbundenen Schutzpflicht des Staates. Dazu gehöre insbesondere, dass ein Deutscher, wann immer er in den Schutzbereich der staatlichen Ordnung der Bundesrepublik Deutschland gelangt – solange er nicht darauf verzichtet –, einen Anspruch darauf hat, nach dem Recht der Bundesrepublik Deutschland vor deren Gerichten sein Recht zu suchen."*[700] Der Senat stellt zwar auf eine aus dem „Grundgesetz" erwachsene Pflicht zur Gewährung von Auslandsschutz ab[701]. Das Gericht schweigt aber dazu, aus welcher konkreten Bestimmung der Verfassung diese abgeleitet werden kann. Zum anderen sind die Ausführungen zu abstrakt, um eine Verankerung des Auslandsschutzes in den grundrechtlichen Schutzpflichten daraus abzuleiten. Das Gericht spricht nur ganz allgemein von *„Schutzpflicht"*.

Entsprechend verhält es sich mit einem Beschluss aus dem Jahre 1974[702] („Staatsangehörigkeit von Abkömmlingen"), auf den EILERS/HEINTZEN[703] ebenfalls verweisen. Das Gericht geht in dieser Entscheidung mit keinem Wort auf

---

im Ausland aufgegriffen worden wäre, vgl. *BVerfG,* Urt. v. 06.10.1955 – 1 BvR 85/55, BVerfGE, 4, 299 (302).

693 EILERS/HEINTZEN, RIW 1986, 619 (621).

694 *BVerfG,* Urt. v. 13.10.1970 – 1 BvR 226/70, BVerfGE, 29, 183 ff.

695 Vgl. *BVerfG,* Urt. v. 13.10.1970 – 1 BvR 226/70, BVerfGE, 29, 183 (186).

696 Vgl. *BVerfG,* Urt. v. 13.10.1970 – 1 BvR 226/70, BVerfGE, 29, 183 (188 ff.).

697 EILERS/HEINTZEN, RIW 1986, 619 (621).

698 *BVerfG*, Urt. v. 31.07.1973 – 2 BvR 1/73, BVerfGE 36, 1 ff.

699 Diese Meinung teilt sogar KLEIN, DÖV 1977, 704 (706).

700 *BVerfG*, Urt. v. 31.07.1973 – 2 BvR 1/73, BVerfGE 36, 1 (30).

701 *BVerfG*, Urt. v. 31.07.1973 – 2 BvR 1/73, BVerfGE 36, 1 (31 f.).

702 *BVerfG*, Beschl. v. 21.03.1974 – 1 BvL 22/71 und 21/72, BVerfGE 37, 217 ff.

703 EILERS/HEINTZEN, RIW 1986, 619 (621).

eine etwaige Verbindung von Auslandsschutz und grundrechtlichen Schutzpflichten ein.

Das BVerfG erkannte auch im Beschluss zu den Ostverträgen[704] keine grundrechtliche Verankerung des Auslandsschutzes an. An dieser Stelle muss BLECKMANN/BUSSE[705] widersprochen werden. Sie gehen davon aus, das Gericht habe in dieser Entscheidung ausdrücklich die Ansicht geäußert, der Auslandsschutz erwachse aus den Grundrechten[706]. BLECKMANN begründet seinen Ansatz mit dem Verweis auf die schon mehrmals erwähnte Passage dieses Beschlusses[707]. Der Senat weist dort jedoch lediglich auf die verfassungsrechtliche Pflicht der Bundesrepublik zur Gewährung von Auslandsschutz hin. Er äußert sich weder an dieser noch an einer anderen Stelle dazu, ob diese Pflicht auf die grundrechtlichen Schutzpflichten zurückzuführen ist[708].

EILERS/HEINTZEN[709] wollen auch in der Entscheidung des BVerfG aus dem Jahre 1976[710] („Reparationsschäden") einen Hinweis auf eine Verbindung des Auslandsschutzes mit den grundrechtlichen Schutzpflichten erkennen. Der

704 *BVerfG*, Beschl. v. 07.07.1975 – 1 BvR 274, 209/72, 195, 194, 184/73 und 247/72, BVerfGE 40, 141 ff.

705 BLECKMANN/BUSSE, DVBl. 1977, 794 (796).

706 BLECKMANN/BUSSE, DVBl. 1977, 794 (796).

707 BVerfG, Beschl. v. 07.07.1975 – 1 BvR 274, 209/72, 195, 194, 184/73 und 247/72, BVerfGE 40, 141 ff.: *„Den Organen der Bundesrepublik obliegt von Verfassungs wegen die Pflicht zum Schutz deutscher Staatsangehöriger und ihrer Interessen gegenüber fremden Staaten. Wird diese Pflicht versäumt, kann dies objektiv eine Verfassungsverletzung darstellen."*

708 Entgegen TREVIRANUS, DÖV 1979, 35 (38) behauptet das Gericht aber auch nicht das Gegenteil. Entgegen dem ersten Anschein hat das BVerfG eine unmittelbare Ableitung des Auslandsschutzes aus den grundrechtlichen Schutzpflichten nicht grundsätzlich ausgeschlossen, weil es die Verfassungsbeschwerde als unzulässig abwies. Dafür sprechen zwei Anhaltspunkte: Zum einen hat das Gericht die Rüge deshalb verworfen, weil der Vertragsschluss die Beschwerdeführer nicht betroffen hatte (entgegen ihrer Vermutung hatte sich die Rechtssituation durch den Vertrag nicht geändert). Zum andern konnten die Beschwerdeführer nach Auffassung des Gerichts einen völkerrechtlichen Vertrag in dieser Weise nicht angreifen. Denn der auswärtigen Gewalt könne nicht vorgeschrieben werden, auf welche Art und Weise sie ihre Pflicht zum Auslandsschutz erfüllt, vgl. *BVerfG*, Beschl. v. 07.07.1975 – 1 BvR 274, 209/72, 195, 194, 184/73 und 247/72, BVerfGE 40, 141 (166 ff. und 178); KLEIN, DÖV 1979, 39 (40).

709 EILERS/HEINTZEN, RIW 1986, 619 (621).

710 *BVerfG*, Beschl. v. 13.01.1979 – 1 BvR 631/69 und 24/70, BVerfGE 41, 126 ff.

Wortlaut des Beschlusses ist jedoch eindeutig. Das Gericht sagt nichts zu einer etwaigen grundrechtlichen Verankerung des Auslandsschutzes[711].

Entsprechendes gilt für die „Rudolf-Hess"-Entscheidung[712]. Die Lehre hat diesen Beschluss mehrfach interpretiert[713]. Obwohl nicht alle Kritikpunkte berechtigt sind, muss jedenfalls KLEIN[714], ELBING[715] und EILERS/HEINTZEN[716] widersprochen werden. Sie gehen davon aus, das Gericht habe in dieser Entscheidung die staatliche Pflicht zum Auslandsschutz aus den grundrechtlichen Schutzpflichten abgeleitet. Dem tatsächlichen Wortlaut der Entscheidung lässt sich dies aber nicht entnehmen[717]. Das BVerfG hat lediglich nochmals bekräftigt, die Bundesrepublik treffe eine verfassungsmäßige Pflicht, ihre Staatsangehörigen im Ausland zu schützen[718]. Ob diese Pflicht aus den Grundrechten oder einer sonstigen Verfassungsbestimmung abgeleitet werden kann, lässt das Gericht offen.

Auch die erfolgte Ermessensüberprüfung durch das BVerwG[719] im Verfahren „Rudolf Hess" führt zu keinem anderen Ergebnis. Das Gericht prüft zwar, ob die Bundesregierung im Rahmen ihres Ermessens die Grundrechte des

---

711 Siehe auch oben, Seite 102.

712 *BVerfG*, Beschl. v. 16.12.1980 – 2 BvR 419/80, BVerfGE, 55, 349 (364 ff.).

713 Leiten aus diesem Beschluss eine grundrechtliche Fundierung des Auslandsschutzes durch das BVerfG ab: EILERS/HEINTZEN, RIW 1986, 619 (621); ELBING, S. 106; KLEIN, BVerfG und Ostverträge, S. 35; DERS., NJW 1989, 1633 (1635); DERS., DÖV 1977, 704 (705); DERS., DÖV 1979, 39 (40); dagegen: TREVIRANUS, DÖV 1979, 35 (38 f.).

714 KLEIN, NJW 1989, 1633 (1635).

715 ELBING, S. 106.

716 EILERS/HEINTZEN, RIW 1986, 619 (621).

717 S.o., Seite 102 f.

718 Vgl. *BVerfG*, Beschl. v. 16.12.1980 – 2 BvR 419/80, BVerfGE, 55, 349 (364 f.). Das BVerfG hat aber auch nicht das Gegenteil gesagt (diese Ansicht vertritt Treviranus – DÖV 1979, 35 38 f.). Das Gericht hat die Verfassungsbeschwerde nur deswegen nicht zur Entscheidung angenommen, weil die Bundesrepublik durch verschiedene Handlungen in der Vergangenheit die ihr obliegenden Pflichten erfüllt habe (vgl. BVerfG, Beschl. v. 16.12.1980 – 2 BvR 419/80, BVerfGE, 55, 349 (364 ff.).

719 BVerwG, Urt. v. 24.02.1981 – 7 C 60.79, BVerwGE 62, 11 (15): *„Denn jedenfalls hinsichtlich der Frage, in welcher Weise sie Auslandsschutz gewährt und welche konkreten Maßnahmen sei ergreift, steht der Bundesrepublik Deutschland ein weites politisches Ermessen zu […]. Sie muss dabei zwar die Grundrechte* (Unterstreichung durch den Verfasser) *des Betroffenen berücksichtigen, hat aber deren Tragweite im Falle des Klägers nicht verkannt.*" Die gleichen Ausführungen finden sich im Urteil des BVerfG, vgl. BVerfG, Beschl. v. 16.12.1980 – 2 BvR 419/80, BVerfGE, 55, 349 (365). Das BVerfG musste sich ebenfalls mit dem Vorbringen des Beschwerdeführers Rudolf Hess ausein-

Beschwerdeführers berücksichtigt hat. Daraus kann allerdings nicht automatisch auf eine Verbindung von Grundrechten und Auslandsschutz geschlossen werden: Zum einen befand sich der Beschwerdeführer auf deutschem Territorium; die grundrechtlichen Schutzpflichten galten also auch dort. Zum anderen hatte eine Behörde in der Bundesrepublik über die Rüge zu entscheiden und damit im Rahmen des Ermessens selbstverständlich die Grundrechte des Bürgers zu berücksichtigen[720]. Die Ausführungen des Gerichts bestätigen die Ansicht von KLEIN folglich nicht.

dd) Stellungnahme

Die vorgestellten Theorien von KLEIN, KRINGS, HEINTZEN und ELBING können eine Anwendung der grundrechtlichen Schutzpflichten im Ausland nicht überzeugend begründen.[721]

---

andersetzen, nachdem dieser gegen das Urteil des BVerwG vom 24.02.1981 – Az. 7 C 60.79 – Verfassungsbeschwerde eingelegt hatte.

720 Vgl. MAURER, Allgemeines Verwaltungsrecht, § 7 Rn. 23.

721 Nicht überzeugen können auch die Auffassungen, die eine grundrechtliche Fundierung des Auslandsschutzes ablehnen. Entgegen der Auffassung von ISENSEE (s.o., Seite 133 f.) ist das Verfassungsrecht durchaus in der Lage, die Frage zu beantworten, ob der Staat zum Auslandsschutz verpflichtet ist. Denn die völkerrechtlichen Regeln vermögen eine staatliche Pflicht zum Auslandsschutz gerade nicht zu begründen (s.o., Seite 29 ff.). Dies richtet sich ausschließlich nach innerstaatlichem Recht (s.o., Seite 41 ff.). Auf der Ebene des Völkerrechts bewegt sich allein der Vollzug der staatlichen Maßnahmen zum Schutz der Bürger (DIETLEIN, Die Lehre von den grundrechtlichen Schutzpflichten, S. 123.). ISENSEE vermag auch mit einem weiteren Argument nicht zu überzeugen. Er behauptet, eine grundrechtliche Fundierung scheide immer aus, wenn ein Nicht-Grundrechtsadressat in die Grundrechte anderer eingreife. Der ausländische Staat bzw. ein fremder Staatsangehöriger sei nämlich nicht an die Grundrechte des Grundgesetzes gebunden (ISENSEE, Das Grundrecht auf Sicherheit, S. 30). ISENSEE verkennt an dieser Stelle den breiten Anwendungsbereich der grundrechtlichen Schutzpflichten. Der Staat ist nämlich auch dann zum Schutz verpflichtet, wenn Rechtsgüter seiner Bürger durch Nicht-Grundrechtsadressaten gefährdet oder verletzt werden (vgl. KLEIN, in: RESS/STEIN (Hrsg.), Der diplomatische Schutz im Völker- und Europarecht, 125 (129). So ist der Anwendungsbereich der grundrechtlichen Schutzpflichten betroffen, wenn ein Ausländer deutsche Staatsangehörige in Deutschland bedroht oder im Ausland eine Handlung begeht, die ihr Gefährdungspotenzial erst im Inland entwickelt. Die Bundesrepublik muss ferner ihre Staatsangehörige schützen, wenn ein ausländischer Staat von seinem Staatsgebiet aus eine Handlung vollbringt, die erst auf deutschem Territorium zu Konsequenzen führt. KRINGS bringt die Kritik an ISENSEES Auffassung auf den Punkt: Für die Schutzpflicht ist das Handeln der Staatsgewalt nicht der tatbestandliche Auslöser,

(1) Keine Vereinbarung mit der nationality rule

Wie oben[722] dargelegt, knüpft das völkerrechtliche Recht des Staates zum Auslandsschutz an die Staatsangehörigkeit an. Der Staat kann im Ausland grundsätzlich nur seine eigenen Staatsangehörigen schützen (sog. *nationality rule*)[723]. Dieser Grundsatz gilt sowohl für den diplomatischen als auch für den konsularischen Schutz[724]. KLEIN und ELBING verkennen diesen Grundsatz. Ihre Theorien und die *nationality rule* sind unvereinbar[725]. Sollte die Pflicht zum Auslandsschutz nämlich tatsächlich aus den grundrechtlichen Schutzpflichten abgeleitet werden können, müsste – konsequenterweise – jeder Mensch das Recht haben, sich im Ausland auf die Schutzpflichten der als Menschenrechte gewährleisteten Grundrechte zu berufen[726]. KLEIN und ELBING legen nicht überzeugend dar, weshalb die grundrechtliche Schutzpflicht nach ihren Ansätzen auf Deutsche beschränkt sein soll.

Entsprechendes gilt für den Vorschlag von KRINGS. Er erkennt zwar offensichtlich die Gefahr der Kollision mit der *nationality rule* und versucht diese zu umgehen, indem nach seinem Ansatz die grundrechtlichen Schutzpflichten nur zu gewähren sind, wenn der Adressat der Schutzmaßnahme einen Bezug zum deutschen Volk oder zum deutschen Staatsgebiet vorweisen kann[727]. KRINGS versäumt es allerdings, diesen Ansatz zu begründen. Er verweist lediglich auf die „Drei-Elementen Lehre". Die *nationality rule* kann allerdings nicht mit einem pauschalen Hinweis auf die „Drei-Elementen Lehre" umgangen werden. Der von KRINGS vertretene Ansatz der tatbestandlichen Reduktion der Grundrechte über eine „Inlandsbeziehung" ist daher zu unbestimmt; ihm muss im

---

sondern die Rechtsfolge der grundrechtlichen Schutzwirkung (vgl. KRINGS, Grund und Grenzen grundrechtlicher Schutzansprüche, S. 195).

722 S.o., Seite 21 f.

723 Vgl. DOEHRING, Völkerrecht, Rn. 869.

724 S.o., Seite 26 f.

725 Vgl. ISENSEE, in: ISENSEE/KIRCHHOF (Hrsg.), HStR V, § 111 Rn. 123 FN 308; HEINTZEN, Auswärtige Beziehungen privater Verbände, S. 140; auf dieses Problem weist auch HAILBRONNER in Ansätzen hin, vgl. Diskussionsbeitrag bei KLEIN, in: RESS/STEIN (Hrsg.), Der diplomatische Schutz im Völker- und Europarecht, 125 (142).

726 Vgl. ISENSEE, in: ISENSEE/KIRCHHOF (Hrsg.), HStR V, § 111 Rn. 123 FN 308; HEINTZEN, Auswärtige Beziehungen privater Verbände, S. 140; auf dieses Problem weist auch HAILBRONNER in Ansätzen hin, vgl. Diskussionsbeitrag bei KLEIN, in: RESS/STEIN (Hrsg.), Der diplomatische Schutz im Völker- und Europarecht, 125 (142).

727 S.o., Seite 131.

Übrigen die Praxistauglichkeit abgesprochen werden[728]. KRINGS vermag daher nicht überzeugend eine Anwendung der grundrechtlichen Schutzpflichten im Ausland zu begründen.

(2) KLEIN *und die Korrektur auf der Rechtsfolgenseite*

KLEINS Theorie führt noch zu einer weiteren unerwünschten Konsequenz. Der Auslandsschutz hebt sich von der innerstaatlichen Schutzgewährung ab. Während der Staat bei einem privaten „Eingriff" in die grundrechtlichen Schutzgüter im Inland die Störung beseitigen kann, fehlen ihm diese Möglichkeiten in einem fremden Staat. Da das Völkerrecht eine unerlaubte Intervention ausschließt, ist schon allein deswegen die Wahl der potenziellen Schutzmittel begrenzt[729]. Eine universelle, uneingeschränkte Geltung der grundrechtlichen Schutzpflichten würde die Staatsgewalt folglich auf der Rechtsfolgenseite zu einer Korrektur zwingen[730]. Die Bundesrepublik wäre aus den grundrechtlichen Schutzpflichten heraus zwar verfassungsrechtlich zum Schutz verpflichtet. Sie könnte diese Pflicht jedoch nur in wenigen Fällen umsetzen. Die deutsche Staatsgewalt würde also Schutzleistungen schulden, deren Erfüllung ihr faktisch und rechtlich unmöglich wären. KRINGS[731] weist zu Recht darauf hin, dass eine solche Diskrepanz zwischen den grundrechtlichen Pflichten und ihrer Erfüllbarkeit zum Verlust des Vertrauens in das Grundrechtssystem des Grundgesetzes führen könnte.

(3) Staatstheoretische Erwägungen

Es bestehen weitere Bedenken gegen die von KRINGS und ELBING vertretenen Theorien. Beide wollen den Anwendungsbereich der grundrechtlichen Schutz-

---

728 Entsprechendes gilt für den von MERTEN, FS Schiedermair, S. 331 (341 ff.) vertretenen Ansatz. Er fordert – wie KRINGS – ebenfalls eine *„hinreichend konkrete Inlandsbeziehung"*, um die *„theoretische Ausuferung"* der Grundrechtswirkungen im Ausland einzudämmen, vgl. FS Schiedermair, S. 331 (343 ff.). MERTEN versäumt es allerdings zu begründen, wann die Voraussetzungen einer *„hinreichend konkreten Inlandsbeziehung"* vorliegen sollen. Er führt zwar einige Beispiele auf, wann, nach seiner Auffassung, eine Inlandsbeziehung vorliegen soll. Sein Ansatz bleibt aber zu unbestimmt, um als praxistaugliche Grundlage dienen zu können.

729 Vgl. BLUMENWITZ, in: FS Ferid, S. 439 (442); KRINGS, Grund und Grenzen grundrechtlicher Schutzansprüche, S. 196.

730 Vgl. KRINGS, Grund und Grenzen grundrechtlicher Schutzansprüche, S. 196.

731 KRINGS, Grund und Grenzen grundrechtlicher Schutzansprüche, S. 196.

pflichten uneingeschränkt auf Auslandssachverhalte erweitern[732]. Ihr Ansatz kollidiert allerdings mit der dogmatischen Daseinsberechtigung der grundrechtlichen Schutzpflichten. Wie oben[733] dargelegt, begründet der größte Teil der Lehre die Existenz der grundrechtlichen Schutzpflichten mit staatstheoretischen Erwägungen. Die staatstheoretische Begründung der grundrechtlichen Schutzpflichten einerseits und deren Ausdehnung über die Staatsgrenzen hinaus sind unvereinbar. Die Anhänger der Staatstheorie begründen die Existenz der grundrechtlichen Schutzpflichten mit dem Zusammenspiel von Gehorsam und Schutz[734]. Der Bürger verzichte nur freiwillig auf sein von Natur aus gegebenes Recht auf Selbstverteidigung, wenn der Staat seine Rechtsgüter vor Eingriffen Dritter schützt[735]. Dieses Zusammenspiel der beiden Elemente fehlt bei Auslandssachverhalten[736]. Das völkerrechtliche Territorialprinzip verwehrt es – grundsätzlich[737] – dem Heimatstaat, auf dem Territorium eines fremden Staates Maßnahmen zur Rettung seiner Staatsangehörigen zu treffen[738]. Die Voraussetzung für den Verzicht auf das natürliche Recht zur Selbstverteidigung liegt damit nicht vor.

Auch nach dem Konzept von *Murswiek*[739] scheitert eine Erweiterung der grundrechtlichen Schutzpflichten auf Auslandssachverhalte. Danach ist es für den Staat charakteristisch, dass er die Verhältnisse zwischen seinen Bürgern rechtlich ordnet, Gewaltanwendung unter Privaten grundsätzlich verbietet und dieses Verbot mithilfe seines eigenen Gewaltmonopols durchsetzt[740]. An allen diesen Voraussetzungen fehlt es bei Auslandssachverhalten[741]. So vermag der Staat im Ausland schon grundsätzlich keine Rechtsverhältnisse zu ordnen[742].

Teile der h. L. könnten diesem Ansatz den „Annexgedanken" von Klein[743] entgegensetzen[744]. Wie bereits dargelegt, stellt der „Annexgedanke" eine alter-

---

732 S.o., Seite 130 ff.
733 S.o., Seite 120 f.
734 S.o., Seite 120.
735 S.o., Seite 120.
736 Vgl. Elbing, S. 99.
737 Zu den Ausnahmen s. u., Seite 231 ff.
738 Vgl. Blumenwitz, in: FS Ferid, S. 439 (442); Merten, in: FS Schiedermair, S. 331 (332).
739 Murswiek, Die staatliche Verantwortung für die Risiken der Technik, S. 102 ff.
740 Vgl. Murswiek, Die staatliche Verantwortung für die Risiken der Technik, S. 102.
741 Vgl. Elbing, S. 99.
742 Vgl. Elbing, S. 99.
743 S.o., Seite 120.
744 Vgl. Elbing, S. 99.

native Begründung für die Existenz der grundrechtlichen Schutzpflichten dar[745]. Die Rechtsprechung hat einen solchen Ansatz aber bisher noch nicht bestätigt. Ferner überzeugt KLEINS Theorie insgesamt nicht[746].

(4) Keine „Allzuständigkeit" des Grundgesetzes

Ein weiteres Argument steht den Theorien von KLEIN, ELBING *und* KRINGS entgegen. Ausgangspunkt der Überlegung ist das Spannungsfeld zwischen den nach ihrer Konzeption auf ein aktives Handeln der deutschen Staatsgewalt gerichteten grundrechtlichen Schutzpflichten und deren Durchsetzung im Ausland. Die vorgestellten Auffassungen legen nicht überzeugend dar, weshalb unter diesem Gesichtpunkt die grundrechtlichen Schutzpflichten auch jenseits der Außengrenzen des deutschen Staatgebietes gelten sollen[747]. KÖTTER/NOLTE[748] und TREVIRANUS[749] bringen diese Kritik auf den Punkt, indem sie beispielhaft auf das Grundrecht aus Art. 4 GG hinweisen. Es ist undenkbar, dass die Bundesrepublik die freie Religionsausübung in allen Ländern der Erde garantieren und gegen Eingriffe schützen müsse[750]. Dies aber wäre die Konsequenz eines extensiven Anwendungsbereichs der Schutzpflichten. Denn was für Art. 2 Abs. 2 GG gilt, kann für Art. 4 GG nicht anders sein[751]. Konsequenterweise müsste auch ein Kind, das in einem afrikanischen Bürgerkriegsgebiet keine sauberen Verbände erhält und deswegen Wundvergiftungen erleidet, gegenüber dem dienstlich im Krankenhaus anwesenden Konsularbeamten grundrechtsberechtigt sein[752]. Es liegt auf der Hand, dass nicht jede Person weltweit, die sich ohne eine nähere Beziehung zur Bundesrepublik in ihren Rechten beeinträchtigt fühlt, Berechtigter aus dem Grundgesetz sein kann. Sonst würde eine „Allzuständigkeit" des Grundgesetzes für die „Übel" dieser Welt entstehen[753]. Es wäre daher „grundrechtsutopisch", wenn

745 S.o., Seite 120.

746 S.o., Seite 140 ff.

747 Vgl. HEINTZEN, Auswärtige Beziehungen privater Verbände, S. 140; KÖTTER/NOLTE, DÖV 2007, 186 (190).

748 KÖTTER/NOLTE, DÖV 2007, 186 (190).

749 TREVIRANUS, DÖV 1979, 35 (38).

750 Vgl. KÖTTER/NOLTE, DÖV 2007, 186 (190).

751 Vgl. KÖTTER/NOLTE, DÖV 2007, 186 (190); TREVIRANUS, DÖV 1979, 35 (37 f.);

752 BECK, Auslandseinsätze deutscher Streitkräfte, S. 106.

753 BECK, Auslandseinsätze deutscher Streitkräfte, S. 106; MERTEN, in: FS Schiedermair, S. 331 (343 f.).

sich der Regelungsbereich deutscher Grundrechtsbestimmungen schlechthin auf das Gebiet fremder Staaten erstrecken wollte[754].

Ferner steht die in Art. 25 GG verankerte Völkerrechtsfreundlichkeit des Grundgesetzes einer universellen, uneingeschränkten Anwendung der verfassungsrechtlichen Werte entgegen. Die grundlegenden „allgemeinen Regeln des Völkerrechts" umfassen das Gebot, die inneren Angelegenheiten fremder Staaten zu respektieren. Staatsphilosophische, historische und auch religiöse Entwicklungen und Überzeugungen können zu einer unterschiedlichen Ausprägung des Freiheitsstandards führen, unter Umständen sogar zu einem völligen Entfall der grundrechtlich geschützten Werte, wie z.B. die in anderen Rechtsordnungen vorgeschriebene Todesstrafe[755].

(5) Zwischenergebnis

Die Theorien von Klein, Elbing und Krings können die Anwendung der grundrechtlichen Schutzpflichten im Ausland nicht überzeugend begründen. Ihre Ansichten kollidieren insbesondere mit den völkerrechtlichen Prinzipien der *nationality rule* und dem Territorialprinzip.

(6) Bedenken gegen die Konstruktion von Heintzen

Bedenken bestehen auch gegen die von Heintzen vertretene Auffassung. Heintzen verkennt zunächst die eindeutige Entscheidung des Verfassungsgebers, das Einfallstor im Grundgesetz für völkerrechtliche Regelungen auf zwei Bestimmungen zu beschränken: Das Völkerrecht erlangt entweder über Art. 25 S. 1 GG oder über Art. 59 Abs. 2 GG innerstaatliche Anwendung. Diese systematische Grundentscheidung durchbricht Heintzen, wenn er Art. 1 Abs. 3 GG als „verfassungsrechtlichen Adapter" verwendet.

Auch der Sinn und Zweck von Art. 1 Abs. 3 GG steht einer Funktion als verfassungsrechtlichem Adapter entgegen. Art. 1 Abs. 3 GG regelt allein die Frage der Grundrechtsbindung der Gewalten. Der Artikel bestimmt, wer durch die Grundrechte verpflichtet wird, d. h. wer ihr Adressat ist[756]. Aus Art. 1 Abs. 3 GG lässt sich dagegen nicht entnehmen, ob und in wel-

754 Merten, in: FS Schiedermair, S. 331 (337 f.).

755 Merten, in: FS Schiedermair, S. 331 (338).

756 Jarass, in: Jarass/Pieroth, Art. 1 Rn. 30; Kunig, in: v. Münch/Kunig, Art. 1 Rn. 50 ff.; Starck, in: v. Mangoldt/Klein/Starck, Art. 1 Abs. 3 Rn. 221 ff.

chem Umfang Grundrechte bei Sachverhalten mit Auslandsbezug anwendbar sind[757].

Außerdem begründet HEINTZEN nicht, wie sich die als Menschenrechte gewährleisteten Grundrechte bei Auslandssachverhalten in Deutschengrundrechte umwandeln sollen. Er weist zwar auf das Problem der *nationality rule* hin[758]. Tatsächlich begründet er jedoch nicht, warum gerade Art. 1 Abs. 3 GG die Grundrechte modifizieren sollte. Keinesfalls genügt dafür sein Verweis auf die völkerrechtliche Behandlung von diplomatischem Schutz gegenüber Personen mit verschiedenen Staatsangehörigkeiten[759]. HEINTZEN wiederholt damit nur den Grundsatz, wonach Staaten keinen diplomatischen Schutz gewähren können, wenn der betroffene Staatsangehörige zugleich die Staatsangehörigkeit des Aufenthaltsstaates besitzt (vgl. Art. 4 der Haager Konvention über gewisse Fragen beim Konflikt von Staatsangehörigkeitsgesetzen vom 12.04.1930). Damit entfällt zwar gleichzeitig auch die verfassungsrechtliche Schutzpflicht des Staates. Insoweit entspricht dieses Ergebnis dem Ziel, das HEINTZEN mit seiner Theorie erreichen will: eine Schutzpflicht, die nur gegenüber Staatsangehörigen besteht. Die Theorie bedarf jedoch dennoch einer genauen Begründung, die HEINTZEN nicht liefert.

ee) Zusammenfassung

Die staatliche Pflicht zum Auslandsschutz kann anhand der vorgestellten Theorien nicht aus den grundrechtlichen Schutzpflichten abgeleitet werden. Die dargelegten Ansätze sind mit der *nationality rule* unvereinbar. Eine Erweiterung des Anwendungsbereichs der grundrechtlichen Schutzpflichten über die deutschen Außengrenzen hinaus sind auch anhand der präsentierten Auffassungen mit der staatstheoretischen Begründung der grundrechtlichen Schutzpflichten unvereinbar. Die Theorie von HEINTZEN widerspricht dem System des Grundgesetzes und ist mit dem Sinn und Zweck von Art. 1 Abs. 3 GG unvereinbar.

---

757 ELBING, S. 72.

758 Vgl. HEINTZEN, Auswärtige Beziehungen privater Verbände, S. 138 f.

759 Vgl. HEINTZEN, Auswärtige Beziehungen privater Verbände, S. 139.

c) Begrenzung des Schutzbereichs der grundrechtlichen Schutzpflichten über Art. 25 S. 1 GG

Die vorstehenden Ansätze führen zu keinem zufriedenstellenden Ergebnis. Einerseits überzeugen die präsentierten Ansichten zur Begründung einer Anwendung der grundrechtlichen Schutzpflichten im Ausland nicht. Sie scheitern zum Teil an der *nationality rule* oder kollidieren mit dem völkerrechtlichen Territorialprinzip. Es leuchtet andererseits aber nicht ein, weshalb die Bindung der deutschen Staatsgewalt im Ausland auf die abwehrrechtliche Funktion der Grundrechte beschränkt sein soll. Es ist zudem unverständlich, dass die deutsche Staatsgewalt nur im Inland verfassungsrechtlich verpflichtet sein soll, einem in Not geratenen Deutschen zu helfen, nicht aber im Ausland. Dieses Ergebnis wird umso unverständlicher, wenn sich ein Deutscher im Ausland auf ein Deutschengrundrecht beruft und der Aufenthaltstaat einer Rettung durch die deutsche Staatsgewalt zustimmt. Es entsteht der Eindruck, dass die Anwendung der grundrechtlichen Schutzpflichten im Ausland daran scheitern dürfte, dass bisher keine überzeugende dogmatische Begründung gefunden wurde, um die Reichweite der grundrechtlichen Schutzpflichten und die grundlegenden völkerrechtlichen Prinzipien in Einklang zu bringen.

aa) Ausgangslage des hier vertretenen Ansatzes

Es ist daher zu untersuchen, wie die Reichweite der grundrechtlichen Schutzpflichten und die grundlegenden völkerrechtlichen Prinzipien in Einklang gebracht werden können. Wie bereits dargelegt geht die h.M. davon aus, dass die Grundrechte – zumindest in ihrer abwehrrechtlichen Dimension – auch im Ausland gelten. Dies wird insbesondere mit Art. 1 Abs. 3 GG begründet[760]. Art. 1 Abs. 3 GG enthält zwar keinen ausdrücklichen Hinweis auf den räumlichen Anwendungsbereich der Grundrechte. Da Art. 1 Abs. 3 GG die Grundrechtsbindung aber allein an die Ausübung deutscher Staatsgewalt knüpft, ohne danach zu differenzieren, ob deren Wirkung im In- oder Ausland eintritt, schließt die h.M. richtigerweise darauf, dass die Staatsgewalt auch im Ausland die Grundrechte des Grundgesetzes zu beachten hat[761]. Grundrechte

---

760 S.o., Seite 110.

761 Merten spricht sich gegen eine derartige *„kosmopolitische"* Wirkung des Art. 1 Abs. 3 GG aus. Er behauptet, Art. 1 Abs. 3 GG enthalte nur eine tatbestandsakzessorische Wirkung. Für die extraterritoriale Anwendbarkeit und deren Ausmaß seien allein die einzelnen Grundrechtsbestimmungen ausschlaggebend. Die Grundrechte seien daher

stellen aber nicht nur Abwehrrechte gegen den Staat dar, sondern haben auch die Funktion einer Schutzpflicht. Da Art. 1 Abs. 3 GG für beide Seiten der Grundrechte gilt[762], bindet Art. 1 Abs. 3 GG die Gewalten folglich nicht nur an die Grundrechte in ihrer abwehrrechtlichen Funktion, sondern auch an die grundrechtlichen Schutzpflichten. Wenn Art. 1 Abs. 3 GG aber beide Pflichtenaspekte des Grundrechtsschutzes umfasst und aus dem Wortlaut der Regelung geschlussfolgert werden kann, dass die Grundrechte auch im Ausland Anwendung finden, kann für die Reichweite der grundrechtlichen Schutzpflichten dem Grunde nach nichts anderes gelten. Da das Grundgesetz auch keine unmittelbare Begrenzung der Reichweite der grundrechtlichen Schutzpflichten enthält, kann festgehalten werden, dass die grundrechtlichen Schutzpflichten dem Grunde nach auch im Ausland Anwendung finden müssen.

Da das Grundgesetz über die Ausgestaltung der inneren Ordnung des deutschen Staates hinaus auch sein Verhältnis zur Staatengemeinschaft festlegt und eine Abgrenzung und Abstimmung mit anderen Staaten und Rechtsordnungen voraussetzt, entsteht, wie oben bereits dargelegt, ein Spannungsfeld zwischen der Anwendung der grundrechtlichen Schutzpflichten im Ausland und dem Völkerrecht. Diese Feststellung schließt eine Geltung der grundrechtlichen Schutzpflichten im Ausland allerdings nicht aus. Eine uneingeschränkte Durchsetzung der grundrechtlichen Schutzpflichten im Ausland würde zwar mit grundlegenden völkerrechtlichen Prinzipien kollidieren[763]. Einer Anwendung der grundrechtlichen Schutzpflichten im Ausland stünden dagegen keine Bedenken entgegen, wenn deren Anwendung im Ausland nur soweit reicht, wie es mit den kollidierenden Regeln des universellen Völkerrechts vereinbar ist. Die Reichweite der grundrechtlichen Schutzpflichten ist daher vielmehr aus dem Grundgesetz selbst zu ermitteln und zwar unter Berücksichtigung von Art. 25 S. 1 GG[764].

---

anwendbar, wenn deutsche Hoheitsgewalt im Ausland die Freiheitssphäre von Ausländern tangiere oder wenn derartige Wirkungen von deutschem Staatsgebiet ausgehen, vgl. Merten, in: FS Schiedermair, S. 331 (340 ff.).

762 Vgl. nur Jarass, in: Jarass/Pieroth, Art. 1 Rn. 30.

763 S.o., Seite 140 ff.

764 Wörtlich heißt es in Art. 25 GG: „*Die allgemeinen Regeln des Völkerrechtes sind Bestandteil des Bundesrechtes. Sie gehen den Gesetzen vor und erzeugen Rechte und Pflichten unmittelbar für die Bewohner des Bundesgebietes.*“

bb) Lösungsmodell: Kollidierende Regeln des Völkerrechts als Verkürzung des Schutzbereichs der grundrechtlichen Schutzpflichten im Ausland

Art. 25 S. 1 GG kann als verfassungsimmanente Begrenzung der Reichweite der grundrechtlichen Schutzpflichten im Ausland herangezogen werden. Dies ergibt sich zum einen aus dem Sinn und Zweck der Vorschrift und zum anderen aus der verfassungsrechtlich verankerten Völkerrechtsfreundlichkeitkeit des Grundgesetzes. Das Grundgesetz geht von der Eingliederung des von ihm verfassten Staates in die Völkerrechtsordnung aus[765]. Es bindet daher den deutschen Staat an die Grundregeln der Völkerrechtsordnung[766]. Das Völkerrecht und das deutsche Staatsrecht sind allerdings zwei selbständige Rechtskreise, die unverbunden nebeneinander stehen[767]. Das Völkerrecht wirkt demnach nicht unvermittelt in den Bereich des nationalen staatlichen Rechts hinein[768]. Die völkerrechtlichen Grundprinzipien können erst durch einen Anwendungsbefehl des nationalen Rechts Bestandteil der innerstaatlichen Rechtsordnung werden. Dies ist die ausdrückliche Funktion des Art. 25 GG. Art. 25 S. 1 GG enthält den Befehl, die grundlegenden Regeln des Völkerrechtes in Deutschland anzuwenden. Die deutsche Staatsgewalt ist daher verpflichtet, alles zu unterlassen, was gegen die allgemeinen Regeln des Völkerrechts verstößt. Aus Art. 25 S. 1 GG folgt damit die verfassungspolitische Pflicht, diese Regeln zu respektieren. Art. 25 S. 1 GG führt daher zu dem Ergebnis, dass die deutsche Staatsgewalt im Inland keine Entscheidung treffen kann, ohne die allgemeinen Regeln des Völkerrechts zu berücksichtigen.

Art. 25 S. 1 GG enthält aber noch eine weitere verfassungsrechtliche Aussage. Die Vorschrift beschränkt sich nämlich nicht auf das Verhältnis zwischen Völkerrecht und innerstaatlichem Recht aus der Binnenperspektive. Mit der Öffnung des innerstaatlichen Rechts für den Einfluss des allgemeinen Völkerrechts und der Verpflichtung zur Anwendung dieser Regeln versucht Art. 25 GG darüber hinaus einen Gleichklang des national anwendbaren Rechts mit Verpflichtungen der Bundesrepublik Deutschland aus dem allgemeinem Völkerrecht sicherzustellen[769]. So wie die Regelung das Völkerrecht in das nationale

765 Hillgruber, in: Schmidt-Bleibtreu/Hofmann/Hopfauf, Art. 25 Rn. 1.

766 Hillgruber, in: Schmidt-Bleibtreu/Hofmann/Hopfauf, Art. 25 Rn. 1.

767 Hillgruber, in: Schmidt-Bleibtreu/Hofmann/Hopfauf, Art. 25 Rn. 2. Koenig, in: v. Mangoldt/Klein/Starck, Art. 25 Rn. 1

768 Hillgruber, in: Schmidt-Bleibtreu/Hofmann/Hopfauf, Art. 25 Rn. 2; Jarass, in: Jarass/Pieroth, Art. 25 Rn. 1a; Koenig, in: v. Mangoldt/Klein/Starck, Art. 25 Rn. 2 f.

769 Koenig, in: v. Mangoldt/Klein/Starck, Art. 25 Rn. 13.

Recht überführt, bewirkt sie die Anpassung der deutschen Grundrechte im Ausland auf das völkerrechtlich zulässige Maß. Art. 25 S. 1 GG verpflichtet die deutschen Staatsorgane daher alles zu unterlassen, was gegen das universelle Völkerrecht verstößt.

Die deutsche Staatsgewalt darf bei der Anwendung der Grundrechte im Ausland nicht gegen die grundlegenden Völkerrechtsregelungen verstoßen. Denn nur auf diesem Weg wird die deutsche Staatsgewalt ihrer verfassungspolitischen Pflicht gerecht, die allgemeinen Regeln des Völkerrechts zu respektieren. Damit die deutsche Staatsgewalt diese Pflicht erfüllen kann, ist es notwendig, dass die Reichweite der grundrechtlichen Schutzpflichten im Ausland soweit reduziert wird, bis eine Kollision mit den grundlegenden Regelungen des Völkerrechts ausscheidet. Diese Anpassung wird durch Art. 25 S. 1 GG erreicht.

Auch das Prinzip der Völkerrechtsfreundlichkeit des Grundgesetzes spricht dafür, über Art. 25 S. 1 GG die Reichweite der grundrechtlichen Schutzpflichten zu begrenzen. Art. 25 GG stellt neben der Präambel, Art. 24 GG und Art. 26 GG ein zentrales Element dessen dar, was später zutreffend als Verfassungsentscheidung für die internationale Zusammenarbeit und als Grundsatz der Völkerrechtsfreundlichkeit des Grundgesetzes gewertet worden ist[770]. Der spezifische Sinn der Regelung liegt somit darin, eine möglichst weitgehende Angleichung der Binnen- und Außenverhältnisse zu erreichen. Dieser Sinn kann allerdings nur erreicht werden, wenn die Anwendung der grundrechtlichen Schutzpflichten im Ausland über Art. 25 S. 1 GG auf das völkerrechtlich zulässige Maß reduziert wird.

Diese Auffassung scheint auch das Bundesverfassungsgericht zu vertreten. Wörtlich heißt es in der Entscheidung des Gerichtes zur Telekommunikationsüberwachung:

> *„Zum anderen muß das Verfassungsrecht mit dem Völkerrecht abgestimmt werden. Dieses schließt freilich eine Geltung von Grundrechten bei Sachverhalten mit Auslandsbezügen nicht prinzipiell aus. Ihre Reichweite ist vielmehr unter Berücksichtigung von Art. 25 GG aus dem Grundgesetz selbst zu ermitteln. Dabei können je nach den einschlägigen Verfassungsnormen Modifikationen und Differenzierungen zulässig oder geboten sein.“*[771]

---

770 v. HEINEGG, in: EPPING/HILLGRUBER, Überblick Art. 25; HERDEGEN, in: MAUNZ/DÜRIG, Art. 25 Rn. 6; JARASS, in: JARASS/PIEROTH, Art. 25 Rn. 4; KOENIG, in: v. MANGOLDT/KLEIN/STARCK, Art 25 Rn. 12; STEINBERGER, in: ISENSEE/KIRCHHOF (Hrsg.), HStR VII, § 173 Rn. 5.

771 BVerfG, Urt. v. 14.07.1999 – 1 BvR 2226/94, 2420/95 u. 2437/95, NJW 2000, 55 (58).

cc) Rechtsfolge

Die tatbestandlichen Regelungsbereiche der grundrechtlichen Schutzpflichten werden im Ausland über Art. 25 S. 1 GG soweit reduziert, d.h. so eng ausgelegt, bis sie im Einklang mit den allgemeinen Regeln des Völkerrechts stehen. Sofern also eine uneingeschränkte Anwendung der Jedermann-Grundrechte im Ausland gegen die allgemeinen Regeln des Völkerrechts verstoßen würde, können sich dort nur Deutsche auf die Schutzpflichten dieser Grundrechte berufen. Der Schutzbereich eines Grundrechts ist zudem erst dann betroffen, wenn die deutsche Staatsgewalt befugt ist, Maßnahmen im Ausland zu ergreifen, ohne die Territorialhoheit eines fremden Staates zu verletzen. Ein Eingriff in den Schutzbereich der grundrechtlichen Schutzpflichten liegt somit nicht vor, wenn die deutsche Staatsgewalt es ansonsten unterlässt, Schutz auszuüben.

dd) Würdigung

Die gegen die Theorien von Klein, Krings, Heintzen und Elbing vorgetragenen Argumente stehen dem hier vertretenen Ansatz nicht entgegen.

(1) Nationality rule und Territorialprinzip von Art. 25 S. 1 GG erfasst

Wird der Anwendungsbereich der grundrechtlichen Schutzpflichten im Ausland über Art. 25 S. 1 GG auf das völkerrechtlich zulässige Maß beschränkt, steht diese Rechtslage im Einklang mit der *nationality rule* und dem Territorialprinzip. Die „allgemeinen Regeln des Völkerrechts" umfassen die elementaren Völkerrechtsregeln, also auch die *nationality rule* bei der Schutzgewährung und das Territorialprinzip. Art. 25 S. 1 GG definiert den Begriff der „allgemeine Regeln des Völkerrechts" nicht[772]. Der Verweis auf die allgemeinen Regeln des Völkerrechts ist vielmehr durch die Völkerrechtsordnung zu konkretisieren[773]. Die „allgemeinen Regeln des Völkerrechts" bilden keine eigenständige Kategorie der Rechtsquellen im Völkerrecht. Es ist vielmehr auf Rechtsquellen zurückzugreifen, die in der Völkerrechtsordnung gegenwärtig vorzufinden sind[774]. Diese

772 Hofmann, in: Umbach/Clemens, Art. 25 Rn. 12; Koenig, in: v. Mangoldt/Klein/Starck, Art. 25 Rn. 16; Streinz, in: Sachs, Art. 25 Rn. Rn. 28.

773 Steinberger, in: Isensee/Kirchhof (Hrsg.), HStR VII, § 173 Rn. 7; Herdegen, in: Maunz/Dürig, Art. 25 Rn. 12; Hofmann, *in:* Umbach/Clemens, Art. 25 Rn. 12; Koenig, *in:* v. Mangoldt/Klein/Starck, Art. 25 Rn. 16; Streinz, in: Sachs, Art. 25 Rn. Rn. 28.

774 v. Heinegg, in: Epping/Hillgruber, Art. 25 Rn. 4; Herdegen, in: Maunz/Dürig, Art. 25 Rn. 15; Hofmann, in: Umbach/Clemens, Art. 25 Rn. 12; Koenig, in: v. Mangoldt/

haben in Art. 38 Abs. 1 lit. a) bis c) IGH-Statut ihren prägnantesten Ausdruck gefunden[775]. „Allgemeine Regeln des Völkerrechts" sind danach das Völkergewohnheitsrecht sowie die allgemein anerkannten Rechtsgrundsätze des Völkerrechts[776].

Danach stellen die *nationality rule* und das Territorialprinzip „allgemeinen Regeln des Völkerrechts" dar. Die nationality rule ist Teil des Völkergewohnheitsrechts[777]. Entsprechendes gilt für das Territorialprinzip[778].

(2) Keine Korrektur auf der Rechtsfolgenseite nötig

Die Bundesrepublik Deutschland ist nach dem hier vertretenen Ansatz nur dann zur Ausübung der grundrechtlichen Schutzpflichten im Ausland verpflichtet, wenn die Ausübung mit den grundlegenden völkerrechtlichen Regeln im Einklang steht. Eine Pflicht besteht folglich nur, wenn diese auch durchsetzbar ist. Es liegt folglich – entgegen der Theorie von Klein – keine Diskrepanz zwischen den grundrechtlichen Pflichten und ihrer Erfüllbarkeit im Ausland vor.

(3) Vereinbarkeit mit der staatstheoretischen Begründung der grundrechtlichen Schutzpflichten

Die Anwendung der grundrechtlichen Schutzpflichten im Ausland steht – entgegen den Theorien von Krings und Elbing – nach dem hier vertretenen Ansatz auch im Einklang mit der staatstheoretischen Begründung der grundrechtlichen Schutzpflichten. Staatstheoretisch wird die Existenz der grundrechtlichen Schutzpflichten mit dem Zusammenspiel von Gehorsam und Schutz begrün-

---

Klein/Starck, Art. 25 Rn. 16; Steinberger, in: Isensee/Kirchhof (Hrsg.), HStR VII, § 173 Rn. 8; Streinz, in: Sachs, Art. 25 Rn. Rn. 28.

775 v. Heinegg, in: Epping/Hillgruber, Art. 25 Rn. 1.

776 *BVerfG*, Entscheidung vom 14.05.1968 – 2 BvR 544/63; BVerfGE 23, 288; v. Heinegg, in: Epping/Hillgruber, Art. 25 Rn. 19. Völkergewohnheitsrecht entsteht durch eine allgemeine, gefestigte Übung der Völkerrechtssubjekte, die von der Rechtsüberzeugung getragen ist. Für die Übung sind die Akte aller Staatsorgane maßgeblich, die Sachverhalte mit Auslandsberührung regeln, wobei es maßgeblich auf das Verhalten der Organe der auswärtigen Gewalten ankommt, vgl. hierzu: Herdegen, Völkerrecht, § 16 Rn. 1; Streinz, in: Sachs, Art. 25 Rn. Rn. 32.

777 Vgl. Koenig *in:* v. Mangoldt/Klein/Starck, Art. 25 Rn 63; Streinz, in: Sachs, Art. 25 Rn. Rn. 57.

778 Hofmann, in: Umbach/Clemens, Art. 25 Rn. 29; Koenig in: v. Mangoldt/Klein/Starck, Art. 25 Rn 62; Streinz, in: Sachs, Art. 25 Rn. 51.

det[779]. Der Bürger verzichte nur freiwillig auf sein von Natur aus gegebenes Recht auf Selbstverteidigung, wenn der Staat seine Rechtsgüter vor Eingriffen Dritter schützt[780]. Dieses Zusammenspiel der beiden Elemente liegt nach dem hier vertretenen Ansatz vor. Die Bundesrepublik Deutschland ist im Ausland zur Ausübung der grundrechtlichen Schutzpflichten verpflichtet, wenn die Schutzausübung mit den allgemeinen Regeln des Völkerrechts im Einklang steht. Der deutsche Staat kann unter diesen Umständen gegenüber seinen Angehörigen Schutzleistungen erbringen.

ee) Zusammenfassung

Die grundrechtlichen Schutzpflichten finden auch im Ausland Anwendung. Ihre Reichweite wird über Art. 25 S. 1 GG verfassungsimmanent auf das völkerrechtlich zulässige Maß begrenzt. Dies führt dazu, dass selbst als Jedermann gewährleistete Grundrechte im Ausland nur für Deutsche gelten. Darüber hinaus ist der Schutzbereich eines Grundrechts nur betroffen, wenn die Durchsetzung der staatlichen Handlungspflicht völkerrechtlich gestattet ist. Eine solche Auffassung ist mit der *nationality rule* und dem Territorialprinzip vereinbar.

d) Schlussfolgerung: Pflicht zur Gewährung von Auslandsschutz aus den grundrechtlichen Schutzpflichten

Eine verfassungsrechtliche Pflicht der Bundesrepublik Deutschland zur Gewährung von Auslandsschutz kann aus der Rechtsfigur der grundrechtlichen Schutzpflichten hergeleitet werden.

3. Ergebnis: Pflicht zur Befreiung eines Deutschen aus Art. 2 Abs. 2 GG i.V.m. Art. 1 Abs. 1 S. 2 GG (i.V.m. Art. 25 S. 1 GG)

Eine Pflicht der Bundesrepublik Deutschland zur Befreiung eines im Ausland entführten Deutschen kann aus Art. 2 Abs. 2 GG i.V.m. Art. 1 Abs. 1 S. 2 GG (i.V.m. Art. 25 S. 1 GG) abgeleitet werden.

---

779 S.o., Seite 120.

780 S.o., Seite 120.

VI. Begründung einer staatlichen Befreiungspflicht über das Schutz-Treue-Verhältnis als Bestandteil der Staatsangehörigkeit

Die verfassungsrechtliche Pflicht des Staates, seine Angehörigen im Ausland zu schützen, ergibt sich ferner aus dem Schutz- und Treueverhältnis zwischen dem Staat und seinen Angehörigen.

1. Die Pflicht des Staates zum Auslandsschutz als allgemeine Schutzpflicht des Staates gegenüber seinen Angehörigen

Das Schutz-Treue-Verhältnis[781] stellt eine Beziehung zwischen dem Staat und seinen Angehörigen dar, aus der sich wechselseitige Rechte und Pflichten ergeben („subjectio trahit protectionem"). Während der Angehörige seinem Staat zur Treue[782] und zum Gehorsam[783] verpflichtet ist, hat der Staat die Pflicht, seine Angehörigen zu schützen[784]. Ein Beispiel für die Treue- und Gehorsamspflicht des Staatsangehörigen ist die Wehrpflicht[785]. Die allgemeine Treuepflicht des

781 Obwohl aufseiten des Angehörigen neben der Treuepflicht noch die Gehorsamspflicht besteht, behält ein Großteil der Literatur die Bezeichnung Schutz-Treue-Verhältnis aufrecht. Dem ist zuzustimmen. Denn der Staat legt die Gehorsamspflicht auch Fremden auf, welche sich im Staatsgebiet aufhalten (vgl. Laband, Staatsrecht des Deutschen Reiches I, S. 142). Die Gehorsamspflicht betrifft daher auch Angehörige fremder Staaten.

782 Ausführlich zur Treuepflicht: Laband, Staatsrecht des Deutschen Reiches I, S. 140 und 143 ff.

783 Ausführlich zur Gehorsamspflicht: Laband, Staatsrecht des Deutschen Reiches I, S. 141 f.

784 Dietlein, Die Lehre von den grundrechtlichen Schutzpflichten, S. 22; Geck, ZaöRV 17 (1956/57), 476 (510); Laband, Staatsrecht des Deutschen Reiches I, S. 140 ff.; Murswiek, Die staatliche Verantwortung für die Risiken der Technik, S. 102; Oberthür, S. 11; Pohl, in: Nipperdey, Art. 112, S. 255.

785 Einen Nachweis für die Existenz von Treuepflichten enthält zudem das Soldatengesetz (Gesetz über die Rechtsstellung der Soldaten (Soldatengesetz – SG), in der Fassung der Bekanntmachung vom 30. Mai 2005 (BGBl. I S. 1482), das zuletzt durch Artikel 10 des Gesetzes vom 5. Februar 2009 (BGBl. I S. 160) geändert worden ist): Nach § 1 Abs. 1 sind „*Staat und Soldat durch gegenseitige Treue verbunden*". Darauf weist bereits Pohl, in: Nipperdey, Art. 112, S. 257 zu Beginn des 20. Jahrhunderts pathetisch hin: „*Kraft seiner Reichsangehörigkeit ist jeder Deutsche verpflichtet, alles zu unterlassen, was auf eine Schädigung des Staates, und nötigenfalls mit seiner ganzen Persönlichkeit, mit Gut und Blut für das Reich einzutreten. Das war für das deutsche Staatsrecht vor 1919 eine Selbstverständlichkeit: Die Wehrpflicht galt als das höchste Ehrenrecht des deutschen Mannes. Keine Wehrgemeinschaft, keine Volksgemeinschaft!*"

Staatsangehörigen begründet die Schutzpflicht des Staates. Dieser ist primär verpflichtet, seine Angehörigen zu schützen[786]. Der Schutzumfang ist dabei grundsätzlich unbegrenzt und umfasst Schutz und Hilfe vor jeglicher Gefahr.

2. Schutz-Treue-Verhältnis auch im Ausland

Das Schutz-Treue-Verhältnis reicht über das Staatsgebiet hinaus[787]. Der Staatsangehörige ist seinem Heimatstaat kraft der staatlichen Personalhoheit auch im Ausland zur Treue verpflichtet[788]. Diese Treuepflicht spiegelt sich in Ge- und Verboten des Heimatstaates wider: Da der Staatsangehörige auch außerhalb der Gebietshoheit der Rechtsordnung seines Heimatstaates unterliegt, darf er z. B. seinen Heimatstaat auch im Ausland nicht schädigen[789]. Der Staatsangehörige macht sich z. B. strafbar, wenn er im Ausland Hoch- oder Landesverrat begeht (vgl. § 5 Nr. 2 StGB i. V. m. §§ 81 ff. StGB bzw. § 5 Nr. 4 StGB i. V. m. §§ 94 ff. StGB). Die Treuepflicht bewirkt darüber hinaus, dass der Heimatstaat seinen Angehörigen auch aus dem Ausland zurückrufen kann, damit dieser in Deutschland den Wehrdienst leistet[790]. Umgekehrt verletzt der Angehörige seine Treuepflicht, wenn er in einem anderen Staat Militärdienst ableistet[791].

---

786 Vgl. *OVG Münster*, Urt. v. 30.10.1961 – II A 480/61, OVGE 17, 106 (109); Doehring, Staatsrecht, S. 96; Geck, ZaöRV 17 (1956/57), 476 (510); Grawert, in: Isensee/Kirchhof (Hrsg.), HStR II, § 16 Rn. 42; Süsterhenn, in: Der Kampf um den Wehrbeitrag II/1, 260 (260); Laband, Staatsrecht des Deutschen Reiches I, S. 153; Oberthür, S. 13; Pohl, in: Nipperdey, Art. 112, S. 257.

787 Vgl. Bleckmann, DÖV 1988, 437 (440), der statt von Schutzpflichten von Fürsorgepflichten spricht; Dauster, Jura 1990, 262 (265); Geck, ZaöRV 17 (1956/57), 476 (511); Kokott, in: Sachs, Art. 16 Rn. 14; Kötter/Nolte, DÖV 2007, 186 (193); Rojahn, in: v. Münch/Kunig, Art. 32 Rn. 20; Stern, DVBl. 1982, 165 (172).

788 Depenheuer, in: Maunz/Dürig, Art. 87a Rn. 110; Doehring, Die Pflicht des Staates zur Gewährung diplomatischen Schutzes, S. 46; Geck, ZaöRV 17 (1956/57), 476 (511); Hailbronner, JuS 1981, 712 (713); Laband, Staatsrecht des Deutschen Reiches I, S. 143; Oberthür, S. 12.

789 Vgl. Doehring, Die Pflicht des Staates zur Gewährung diplomatischen Schutzes, S. 46; Mertens, Das neue Staatsangehörigkeitsrecht, S. 32; Oberthür, S. 12; Siehr, Die Deutschenrechte des Grundgesetzes, S. 166.

790 Vgl. § 1 Nr. 1 a) und b) WPflG.

791 Doehring, Völkerrecht, Rn. 864; vgl. hierzu das bereits erwähnte Übereinkommen zur Verminderung der Staatenlosigkeit: Dieses ermöglicht den Vertragsstaaten in Art. 8 Abs. 3 a) i) ausdrücklich in diesem Fall, den betroffenen Personen die Staatsangehörigkeit zu entziehen.

Wie auch die Pflichten des Bürgers über die Territorialhoheit der Bundesrepublik – mit einigen Einschränkungen – hinausgehen, reichen auch die Schutzpflichten des Staates über seine Staatsgrenzen hinaus[792]. Der Staat hat daher auch im Ausland die Aufgabe, seine Staatsangehörigen zu schützen[793]. Eine Ausprägung dieses Schutzgedankens findet sich in § 7 Abs. 1 StGB, wonach die deutsche Staatsanwaltschaft unter bestimmten Voraussetzungen Straftaten verfolgen muss, die im Ausland gegen Deutsche begangen wurden[794]. Diese Pflicht bedeutet Schutz vor jeglicher Gefahr. Die Schutzpflicht beschränkt sich also nicht auf Hilfe vor ausländischer Staatsgewalt, sondern beinhaltet auch die konsularische Hilfe[795].

3. Herleitung des Schutz-Treue-Verhältnisses

Die Wurzeln des Schutz-Treue-Verhältnisses reichen bis ins Mittelalter zurück[796]. Die Untertanen schuldeten ihrem Landesherrn die Treue[797]. Diese Treuepflicht reichte von bloßen Unterlassungspflichten bis hin zu aktiven Hilfspflichten[798]. Zu Letzteren gehörte insbesondere die Pflicht zur Teilnahme an der Kriegsführung[799]. Daneben bestand die Pflicht zum Gesetzesgehorsam[800]. Beide Pflich-

---

792 Baldus, in: Erberich/Hörster/Hoffmann u. a. (Hrsg.), Frieden und Recht, S. 259 (263); Geck, ZaöRV 17 (1956/57), 476 (511); Doehring, Die Pflicht des Staates zur Gewährung diplomatischen Schutzes, S. 46; Siehr, Die Deutschenrechte des Grundgesetzes, S. 167.

793 Vgl. Geck, ZaöRV 17 (1956/57), 476 (511); Rudolf, in: Kokot/Skubiszewski (Hrsg.), Referate des Rechtscolloquiums 1974, 61 (76).

794 Ein aktuelles Beispiel für die staatliche Pflicht, Straftaten gegen Deutsche im Ausland zu ahnden, stellt die Einleitung eines Ermittlungsverfahrens dar, nachdem in der Türkei mehrere Deutsche durch gepanschten Wodka vergiftet wurden, vgl. *„Lübecker Schüler Opfer von „Todes-Raki"?*, in: WELT-ONLINE v. 29.03.2009 (www.welt.de).

795 Vgl. Oberthür, S. 13.

796 Grawert, Staat und Staatsangehörigkeit, S. 105 f.

797 Grawert, Staat und Staatsangehörigkeit, S. 105 f.

798 Grawert, Staat und Staatsangehörigkeit, S. 105.

799 Eine weitere Pflicht stellte die Steuerpflicht dar, vgl. Grawert, Staat und Staatsangehörigkeit, S. 105.

800 Entgegen Grawert stellt die Militärpflicht nicht nur einen Fall des Gehorsams dar, hinter dem die Treue als tragender Grund zurücktritt, sondern einen eigenen Treuetatbestand. Denn die Gehorsamspflicht trifft sowohl die Staatsangehörigen als auch die im Staatsgebiet lebenden Ausländer. Dagegen ist die Militärpflicht substanzieller Natur. Sie fußt auf einer einzigartigen Nähebeziehung zwischen dem Staat und dem Angehörigen. Alleine deswegen kann der Staat das Leben des Angehörigen fordern. Ein Zustand, der bei Weitem das übersteigt, was der Staat kraft seiner Gebietshoheit

tenpositionen waren schon immer Ausdruck der Wechselseitigkeit der Rechte und Pflichten von Herrscher und Untertan. Der Untertan war zum Gehorsam und zur Treue verpflichtet, damit der Souverän seine Schutzfunktion ausüben konnte[801]. Beide Seiten bedingten sich folglich gegenseitig. Das Schutz-Treue-Verhältnis wurde daher früher als Schutz-Gegen-Treue-Verhältnis bezeichnet.

Die Staaten manifestierten gegen Ende des 18. Jahrhundert die wechselseitigen Pflichten. Außerdem konkretisierten sie die allgemeine Treuepflicht des Staatsangehörigen zu Gehorsams-, Eigentumsabtretungs-, Wehr- und Steuerpflicht[802]. Die *Verfassung von Massachusetts* erklärt im Jahre 1780 in Art. 10, dass in der Konsequenz seines Anspruchs auf Schutz durch die Gemeinschaft ein jeder verpflichtet sei, durch persönliche Dienste oder ein Äquivalent zur Organisation dieses Schutzes beizutragen[803]. In § 73 der Einleitung zum Preußischen Allgemeinen Landrecht ist festgehalten: „*Ein jedes Mitglied des Staats ist, das Wohl und die Sicherheit des gemeinen Wesens, nach dem Verhaeltnis seines Standes und Vermoegens, zu unterstuetzen verpflichtet.*“[804] Die französische Verfassung von 1791 geht neben den Rechten des Menschen auch auf die Pflichten der Staatsangehörigen ein[805]. In den entsprechenden Abschnitten der (kur-)hessischen und sächsischen Verfassung von 1831 heißt es: „*Von den allgemeinen Rechten und Pflichten der Unterthanen*“[806].

4. Zwischenergebnis

Zwischen dem Staat und seinen Angehörigen besteht ein allgemeines Schutz- und Treueverhältnis mit wechselseitigen Treue- und Schutzpflichten. Der Staatsangehörige ist sowohl im In- als auch im Ausland seinem Staat zur Treue verpflichtet. Der Treuepflicht entspricht eine Schutzpflicht des Staates. Die Schutzpflicht des Staates gegenüber seinen Angehörigen im Ausland stellt eine

---

von einem Ausländer fordern darf; vgl. hierzu SIEHR, Die Deutschenrechte des Grundgesetzes, S. 167 FN 506.

801 Vgl. GRAWERT, Staat und Staatsangehörigkeit, S. 110.

802 HOFMANN, in: ISENSEE/KIRCHHOF (Hrsg.), HStR V, § 114 Rn. 8 f.

803 Vgl. Art. 10 der Constitution von Massachusetts aus dem Jahre 1780: *"Each individual of the society has a right to be protected by it in the enjoyment of his life, liberty and property, according to standing laws. He is obliged, consequently, to contribute his share to the expense of his protection: to give his personal service, or an equivalent, when necessary."*

804 HOFMANN, in: ISENSEE/KIRCHHOF (Hrsg.), HStR V, § 114 Rn. 8.

805 HOFMANN, in: ISENSEE/KIRCHHOF (Hrsg.), HStR V, § 114 Rn. 8 f.

806 Vgl. HUBER, Dokumente der deutschen Verfassungsgeschichte I, S. 241 u. 268.

dieser Schutzpflichten dar. Diese Schutzpflicht umfasst auch den konsularischen Schutz und schließt die Pflicht mit ein, einem entführten Deutschen zu helfen.

5. Verankerung des Schutz-Treue-Verhältnisses in der Staatsangehörigkeit

Das allgemeine Schutz-Treue-Verhältnis ist dogmatisch im Rechtsinstitut der Staatsangehörigkeit verankert[807].

a) Das Rechtsinstitut der Staatsangehörigkeit

Das Rechtsinstitut der Staatsangehörigkeit hat die staats- und völkerrechtliche Funktion, das gegenseitige Verhältnis von Rechten und Pflichten zwischen dem Staatsangehörigen und seinem Heimatstaat gegenüber anderen Bewohnern des Staatsgebietes abzugrenzen[808]. Der IGH[809] und die rechtswissenschaftliche Lehre[810] beschreiben die Staatsangehörigkeit als ein rechtliches Band zwischen einer Person und einem Staat[811]. Die Staatsangehörigkeit ordnet anhand dieses

---

807 Vgl. *BVerfG*, Beschl. v. 21.05.1974 – 1 BvL 22/71 und 21/72, BVerfGE 37, 217 (241); Badura, in: Merten/Papier (Hrsg.), HGR II, § 47 Rn. 4; Doehring, Diskussionsbeitrag, in: Sonnenberger/Mangoldt, S. 113 f.; ders., Staatsrecht, S. 96; Grawert, in: Isensee/Kirchhof (Hrsg.), HStR II, § 16 Rn. 42; Hailbronner, Diskussionsbeitrag, in: Sonnenberger/Mangoldt, S. 115; Isensee, in: Isensee/Kirchhof (Hrsg.), HStR V, § 111 Rn. 123; Klein, Diplomatischer Schutz im Hinblick auf Konfiskationen deutschen Vermögens durch Polen, S. 37; ders., in: Ress/Stein (Hrsg.), Der diplomatische Schutz im Völker- und Europarecht, 125 (128); Stern, Staatsrecht I, S. 259; Pohl, in: Nipperdey, Art. 112, S. 257; Stern, Staatsrecht I, S. 259; Treviranus, DÖV 1979, 35 (37).

808 Grawert, in: Isensee/Kirchhof (Hrsg.), HStR II, § 16 Rn. 42; Oberthür, S. 11; Siehr, Die Deutschenrechte des Grundgesetzes, S. 160; Stern, DVBl. 1982, 165 (171); Zimmermann/Tams, in: Berliner Kommentar, Art. 16 Rn. 5.

809 IGH, Urt. v. 06.04.1955 – I.C.J. 1955, S. 23 – Liechtenstein/Guatemala: *„Die Staatsangehörigkeit ist ein rechtliches Band, das die Tatsache einer sozialen Zugehörigkeit, einer echten Verbundenheit von Existenzen, Interessen und Empfehlungen sowie des Bestehens gegenseitiger Rechte und Pflichten zur Grundlage hat.“*

810 Hobe, JZ 1994, 191 (192); Becker, in: v. Mangoldt/Klein/Starck, Art. 16 Abs. 1 Rn. 1; Randelzhofer, in: Maunz/Dürig, Art. 16 I Rn. 8.

811 *„Citizenship is a foundation for a relationship between the nation and the individual“*, so der Solicitor General Theodore B. Olson für die US-Regierung in der mündlichen Anhörung vor dem U.S. Supreme Court am 20. April 2004. Olson gab die Auffassung der US-Regierung wieder, wonach die in Guantánamo inhaftierten Ausländer nicht klageberechtigt seien, www.nytimes.com/ com/2004/04/21/politics/21SCOT.html.

Bandes eine Person einem bestimmten Staat zu. Sie kann daher auch als ein Mitgliedstatus bezeichnet werden: Aufgrund seiner besonderen Stellung als Mitglied ist der Einzelne Träger von Rechten und Pflichten, von denen Nichtmitglieder ausgeschlossen bzw. ausgenommen sind[812].

b) Der sachliche Gehalt der Staatsangehörigkeit: das Schutz-Treue-Verhältnis

Nach einem Teil der Literatur stellt die Staatsangehörigkeit über den Mitgliedstatus hinaus ein allgemeines Schutz-Treue-Verhältnis zwischen den Angehörigen und ihrem Heimatstaat dar[813]. Danach entspringen unmittelbar aus der rechtlichen Zugehörigkeit des Individuums zum Staat bestimmte Treue- und Schutzpflichten[814].

Diese Ansicht teilt das BVerfG. In einer Entscheidung aus dem Jahre 1973 führt es aus:

> „*Der Status des Deutschen im Sinne des Grundgesetz, der die in diesem Grundgesetz statuierte deutsche Staatsangehörigkeit besitzt, darf durch keine Maßnahme, die er Bundesrepublik Deutschland zuzurechnen ist, gemindert oder verkürzt werden. Das folgt aus der mit dem Status des Staatsangehörigen verbundenen Schutzpflicht des Heimatstaates.*"[815]

Das Gericht bestätigt seine Ansicht ein Jahr später:

---

812 Grawert, in: Isensee/Kirchhof (Hrsg.), HStR II, § 16 Rn. 42; Jarass, in: Jarass/Pieroth, Art. 16 Rn. 2; Siehr, Die Deutschenrechte des Grundgesetzes, S. 160; Stern, Staatsrecht I, S. 257.

813 Vgl. Doehring, Staatsrecht, S. 96; Geiger, Grundgesetz und Völkerrecht, § 54 I Nr. 1 (S. 247); Hofmann, Grundrechte und grenzüberschreitende Sachverhalte, S. 108; Klein, Diplomatischer Schutz im Hinblick auf Konfiskationen deutschen Vermögens durch Polen, S. 37; Kokott, in: Sachs, Art. 16 Rn. 15; Kötter/Nolte, DÖV 2007, 186 (192). Der U.S. Supreme Court umschreibt diese Verbindung in Luria v. United States wie folgt: „*Citizenship is membership in a political society and implies a duty of allegiance on the part of member and a duty of protection on the part of the society. These a obligations, one being a compensation for the other.*", 231 U.S. 9, 22 f.

814 Badura, in: Merten/Papier (Hrsg.), HGR II § 47 Rn. 7; Geiger, Grundgesetz und Völkerrecht, § 54 I Nr. 1 (S. 248 f.); Grawert, in: Isensee/Kirchhof (Hrsg.), HStR II, § 16 Rn. 42; Klein, in: Ress/Stein (Hrsg.), Der diplomatische Schutz im Völker- und Europarecht, 125 (128); Kötter/Nolte, DÖV 2007, 186 (192); Siehr, Die Deutschenrechte des Grundgesetzes, S. 161.

815 *BVerfG*, Urt. v. 31.07.1973 – 2 BvR 1/73, BVerfGE, 36, 1 (30). Unterstreichung durch den Verfasser.

> *„Unmittelbar aus der Grundbeziehung der Staatsangehörigkeit erwächst ferner der nur den Deutschen zustehende Anspruch auf Schutz seitens der Bundesrepublik gegenüber dem Ausland, besonders auf diplomatischen Schutz und konsularische Betreuung durch die deutschen Auslandsvertretungen.*[816]

Die Frage, ob das Treue-Schutz-Verhältnis Bestandteil der Staatsangehörigkeit ist, wird aber keineswegs einheitlich beantwortet. Tatsächlich ist sie Gegenstand eines umfangreichen Meinungsstreits. Dabei war der Zusammenhang von Staatsangehörigkeit und Schutz-Treue-Verhältnis in früherer Zeit evident. Angehörigkeit bedeutete im lehnsrechtlich geprägten Zeitraum in erster Linie das Bestehen einer Treue-, Gehorsams- und Schutzbindung[817].

Die Rechtswissenschaft hat diesen Zusammenhang in jüngerer Zeit vernachlässigt. Die Staatsangehörigkeit wird bekanntlich teilweise als ein Status ohne eigenen Gehalt angesehen[818]. Nach dieser Ansicht fungiert die Staatsangehörigkeit als ein bloßer Zurechnungspunkt von andernorts statuierten Rechten und Pflichten. Der Staatsangehörige wird auf diese Weise nur noch anhand von Begründungs- und Beendigungsregeln definiert. Der Grund dafür mag an den veränderten gesellschaftlichen Zuständen liegen. Das „Schutz-Gegen-Treue-Prinzip" bildete sich in den Beziehungen zwischen dem Landesherrn und seinem Gefolge aus. Es entstand somit in einer Zeit der gegenseitigen Abhängigkeit[819]. Der Bürger konnte dieses Verhältnis durch seine bloße Auswanderung ändern. Während der Bürger damals also eine Alternative hatte, besteht eine solche heute grundsätzlich nicht[820]. Dies zeigt sich daran, dass der Staat in der Lage

---

816 *BVerfG*, Beschl. v. 21.05.1974 – 1 BvL 22/71 und 21/72, BVerfGE 37, 217 (241). Geiger, Grundgesetz und Völkerrecht, § 56 II (S. 259 f.) scheint zudem in der Entscheidung des BVerfG vom 16.12.1980 („*Hess-Entscheidung*") einen Hinweis auf die Verbindung von Schutz-Treue-Verhältnis und dem Auslandsschutz gefunden zu haben. Tatsächlich schweigt das Gericht in diesem Beschluss dazu. Es stellt lediglich eine staatliche Pflicht von Verfassungs wegen fest, ohne eine Grundlage dafür zu nennen, vgl. *BVerfG*, Beschl. v. 16.12.1980 – 2 BvR 419/80, BVerfGE, 55, 349 (364 ff.).

817 Vgl. Grawert, Staat und Staatsangehörigkeit, S. 102.

818 Vgl. *BVerfG*, Beschl. v. 21.05.1974 – 1 BvL 22/71 und 21/72, BVerfGE 37, 217 (239); Jellinek, System der subjektiven öffentlichen Rechte, S. 117 f.; Hoffmann, ArchVR, Bd. 19 1980/81, 257 (272); Laband, Staatsrecht des Deutschen Reiches I, S. 140; Makarov, Allgemeine Lehren des Staatsangehörigkeitsrechts, S. 24 ff.

819 Vgl. Grawert, Staat und Staatsangehörigkeit, S. 227.

820 Vgl. Grawert, Staat und Staatsangehörigkeit, S. 227; Randelzhofer, in: Maunz/Dürig, Art. 16 I Rn. 29; Wengler, Völkerrecht II, S. 993.

ist, auch Emigranten an die Pflichten der Staatsangehörigen zu binden[821]. Ein Gebietswechsel bewirkt aufgrund der Personalhoheit des Staates keinen automatischen Wechsel der Staatsangehörigkeit mehr.

In der ersten Hälfte des 19. Jahrhunderts formte sich Widerstand gegen die Statuslehre[822]. Ein Teil der Rechtsprechung und der Literatur sehen die Staatsangehörigkeit seitdem als Rechtsverhältnis an[823].

Eine dritte Ansicht kombiniert beide Aspekte. Die Staatsangehörigkeit ist danach ein Rechtsverhältnis zwischen dem Staat und seinem Angehörigen, wonach die Eigenschaft der Person als Subjekt dieses Rechtsverhältnisses einen rechtlichen Status bildet[824].

Keine der vorgestellten Ansichten kann indes die Frage beantworten, ob aus der Staatsangehörigkeit ein allgemeines Schutz-Treue-Verhältnis abgeleitet werden kann. Die Vertreter der Statuslehre müssten konsequenterweise diese Frage verneinen. Denn sie wollen bekanntlich die Staatsangehörigkeit von jeglichen Rechtspositionen abstrahieren[825]. Allerdings neigen selbst einige Vertreter dieser Lehre dazu, die Staatsangehörigkeit mit verschiedenen Rechtspositionen anzureichern. Insbesondere LABAND[826] und JELLINEK[827] zählen dazu. Obwohl sie

821 Vgl. GRAWERT, Staat und Staatsangehörigkeit, S. 227; RANDELZHOFER, in: MAUNZ/DÜRIG, Art. 16 I Rn. 29.

822 Vgl. GRAWERT, Staat und Staatsangehörigkeit, S. 227.

823 Vgl. KOKOTT, in: SACHS, Art. 16 Rn. 15; LIFSCHÜTZ, AöR 33 (1915), 115 (116); ZORN, Reichsangehörigkeit (Staatsangehörigkeit) in: FLEISCHMANN III, 261 (266). Das BVerfG ordnet in einigen Entscheidungen die Staatsangehörigkeit ebenfalls als ein umfassendes Rechtsverhältnis ein, vgl. *BVerfG*, Beschl. v. 15.04.1980 – 2 BvR 842/77, BVerfGE 54, 53 (70).

824 Vgl. MAKAROV, Allgemeine Lehren des Staatsangehörigkeitsrechts, S. 27 f.; RANDELZHOFER, in: MAUNZ/DÜRIG, Art. 16 I Rn. 8; SIEHR, Die Deutschenrechte des Grundgesetzes, S. 160 f.; auch der *Internationale Gerichtshof* neigt im Nottebohm-Fall dazu, sowohl ein Rechtsverhältnis als auch einen Status anzunehmen: „... *Die Staatsangehörigkeit ist ein rechtliches Band, das die Tatsache einer sozialen Zugehörigkeit, einer echten Verbundenheit von Existenzen, Interessen und Empfehlungen sowie des Bestehens gegenseitiger Rechte und Pflichten zur Grundlage hat. Sie ist sozusagen der juristische Ausdruck der Tatsache, dass die Einzelperson, der sie – entweder unmittelbar vom Gesetz oder durch Hoheitsakt- verliehen wird, in Wirklichkeit eine engere Verbindung mit der Bevölkerung des die Staatsangehörigkeit verleihenden Staates hat als mit der eines jeden anderen Staates.*“ (*IGH*, Urt. v. 06.04.1955 – I.C.J. 1955, S. 23 – Liechtenstein/Guatemala).

825 S.o., Seite 160.

826 LABAND, Staatsrecht des Deutschen Reiches I, S. 140 ff.

827 JELLINEK, System der subjektiven öffentlichen Rechte, S. 117 f.

die Staatsangehörigkeit als einen „Zustand“ bzw. „Status“ bezeichnen, verankern sie in ihr solche Rechtspositionen, die „in jedem Staat den Staatsangehörigen obliegen“ bzw. „zustehen“ und daher die grundlegende Substanz der Staatsangehörigkeit ausmachen. Konkret seien es die Pflichten zu „Gehorsam und Treue“ und das Recht auf „Schutz im Ausland und im Inland“. Nicht anders verfährt das BVerfG, wenn es in einer Entscheidung die Staatsangehörigkeit einerseits als einen Status beschreibt[828] und andererseits unmittelbar bestimmte Rechtspositionen aus ihr ableitet[829].

Unabhängig von der rechtlichen Einordnung der Staatsangehörigkeit muss daher untersucht werden, ob das Schutz-Treue-Prinzip auch heute noch Bestandteil der Staatsangehörigkeit ist.

aa) Staatsangehörigkeit als formell definierter, nach außen hin begrenzter Mitgliedstatus

Teile der Literatur[830] verstehen die Staatsangehörigkeit ausschließlich als einen formalen Mitgliedstatus. Eine materielle Substanz i.S.v. bestimmten nationalen und internationalen Rechten und Pflichten enthalte sie nicht. Die Staatsangehörigkeit sei ein „leerer Kopplungsbegriff“, d. h. eine an sich leere Hülle und nur Anknüpfungspunkt für die verfassungsrechtliche Binnenordnung. Die Vertreter der „Theorie des leeren Kopplungsbegriffs“ begründen ihre Auffassung mit rechtsvergleichenden Erkenntnissen: Ein Vergleich verschiedener Rechtsordnungen offenbare zwar, dass mit der Staatsangehörigkeit immer bestimmte Rechte und Pflichten verbunden seien, z. B. die Wehrpflicht oder das Wahlrecht[831]. Es sei jedoch verfehlt, diese Rechts- und Pflichtenpositionen als zum „*Wesen der Staatsangehörigkeit gehörend zu betrachten*“[832]. Der Staat könne

---

828 Vgl. *BVerfG*, Beschl. v. 21.05.1974 – 1 BvL 22/71 und 21/72, BVerfGE 37, 217 (239).

829 Vgl. *BVerfG*, Beschl. v. 21.05.1974 – 1 BvL 22/71 und 21/72, BVerfGE 37, 217 (241).

830 MAKAROV, Allgemeine Lehren des Staatsangehörigkeitsrechts, S. 31; MAKAROV/V. MANGOLDT, Deutsches Staatsrecht, Einl. I, Rn. 4; V. MANGOLDT, in: SONNENBERGER/MANGOLDT, S. 90 ff. Nicht einheitlich beantwortet RANDELZHOFER die hier zugrunde liegende Frage. Während er an einer Stelle dem staatsrechtlichen Begriff der Staatsangehörigkeit jeglichen Sachgehalt abspricht (vgl. RANDELZHOFER, Diskussionsbeitrag, in: SONNENBERGER/MANGOLDT, S. 116 f. sowie RANDELZHOFER, in: MAUNZ/DÜRIG, Art. 16 I Rn. 9), will er an einer anderen Stelle die Grundlage der staatlichen Pflicht zum Auslandsschutz im Schutz-Treue-Verhältnis gefunden haben, „das das Verhältnis der Bundesrepublik zu ihren Staatsangehörigen prägt“ (vgl. RANDELZHOFER, in: MAUNZ/DÜRIG, Art. 16 I Rn. 61).

831 Vgl. MAKAROV, Allgemeine Lehren des Staatsangehörigkeitsrechts, S. 32.

832 MAKAROV, Allgemeine Lehren des Staatsangehörigkeitsrechts, S. 32.

nämlich jederzeit den Inhalt der an die Staatsangehörigkeit anknüpfenden Rechte und Pflichten verändern[833].

Nach dieser Auffassung kann das Schutz-Treue-Prinzip folglich nicht aus der Staatsangehörigkeit abgeleitet werden. Da sich der Auslandsschutz auch nicht in den Rechtsfolgen der Staatsangehörigkeit findet, scheidet eine Begründung über das Rechtsinstitut der Staatsangehörigkeit aus.

bb) Staatsangehörigkeit beinhaltet bestimmte Rechte und Pflichten

Das BVerfG[834] und Vertreter der rechtwissenschaftlichen Lehre[835] verbinden dagegen mit der Staatsangehörigkeit bestimmte materielle Rechtspositionen. Die Staatsangehörigkeit sei ein Status, der unmittelbar Rechtsfolgen erzeuge. Sie konstituiere sich in erster Linie auf der Grundlage der Verfassung. Darüber hinaus stünden aber auch bestimmte Rechte und Pflichten in unmittelbarem Zusammenhang mit der Staatsangehörigkeit als solcher. Es müsse also zwischen ungeschriebenen staatsbezogenen (begriffsnotwendige Bestandteile der Staatsangehörigkeit) und geschriebenen staatsbürgerlichen (gesetzlich zugeordnete Positionen) Rechten und Pflichten[836] unterschieden werden[837].

Diese staatsbezogenen Rechte und Pflichten ergeben sich für eine Person allein aus der Zugehörigkeit zum Staat. Demzufolge seien sie auch verfassungs-

833 JELLINEK, System der subjektiven öffentlichen Rechte, S. 117 f.; MAKAROV, Allgemeine Lehren des Staatsangehörigkeitsrechts, S. 32.

834 *BVerfG*, Urt. v. 18.07.2005 – 2 BvR 2236/04, BVerfGE 113, 273 (294); Beschl. v. 15.04.1980 – 2 BvR 842/77 , BVerfGE 54, 53 (70); Beschl. v. 21.05.1974 – 1 BvL 22/71 und 21/72, BVerfGE 37, 217 (241); Urt. v. 31.07.1973 – 2 BvR 1/73, BVerfGE 36, 1 (30).

835 BECKER, in: V. MANGOLDT/KLEIN/STARCK, Art. 16 Abs. 1 Rn. 23; DOEHRING, Diskussionsbeitrag, in: SONNENBERGER/MANGOLDT, S. 113 f.; DERS., Staatsrecht, S. 96; GRAWERT, in: ISENSEE/KIRCHHOF (Hrsg.), HStR II, § 16 Rn. 42; HAILBRONNER, Diskussionsbeitrag, in: SONNENBERGER/MANGOLDT, S. 115; HOFFMANN, ArchVR, Bd. 19 1980/81, 257 (270); ISENSEE, in: ISENSEE/KIRCHHOF (Hrsg.), HStR V, § 111 Rn. 123; KLEIN, in: RESS/STEIN (Hrsg.), Der diplomatische Schutz im Völker- und Europarecht, 125 (128); KÖTTER/NOLTE, DÖV 2007, 186 (192 f.); LABAND, Staatsrecht des Deutschen Reiches I, S. 140 ff.; D'OLIVEIRA, ZAR 1990, 114 (116 ff.); SIEHR, Die Deutschenrechte des Grundgesetzes, S. 162 ff.; STERN, Staatsrecht I, S. 257 und 259.

836 Das Grundgesetz nennt als staatsbürgerliche Rechte und Pflichten das Wahlrecht (Art. 38 Abs. 1 und Abs. 2 GG) und die Amtsfähigkeit (Art. 33 Abs. 2 GG).

837 Vgl. DOEHRING, Staatsrecht, S. 96.

neutral. Dazu zählen als Pflichten „Gehorsam und Schutz“ und das Recht auf „Schutz im In- und Ausland“[838].

cc) Stellungnahme

Die besondere Herausforderung an der Vorstellung, dass bestimmte materielle Rechtspositionen Bestandteil der Staatsangehörigkeit sind, liegt in der Abstraktheit des Begriffes „Staatsangehörigkeit“. Zudem enthält das Grundgesetz keinen Hinweis auf einen sachlichen Gehalt der Staatsangehörigkeit, obwohl es die Staatsangehörigkeit an mehreren Stellen erwähnt. Es scheint also allein dem Gesetzgeber überlassen zu sein, den verfassungsrechtlichen Begriff der Staatsangehörigkeit durch Gesetze zu füllen. Insoweit spricht einiges dafür, in der Staatsangehörigkeit tatsächlich nur einen „leeren Kopplungsbegriff“ zu sehen.

Trotzdem überzeugt die Theorie des „leeren Kopplungsbegriffes“ nicht. Grawert[839] hält der „Theorie des leeren Kopplungsbegriffs“ zu Recht das Beispiel der Mehrfachangehörigkeit entgegen: Immer, wenn sich die Frage stellt, was die Staatsangehörigkeit eigentlich ausmache, zeige sich, dass sie mit bestimmten Rechtspositionen verbunden sei und nicht nur als Anknüpfungspunkt andernorts statuierter Rechte und Pflichten diene.

Sowohl das Völkerrecht als auch staatstheoretische Erwägungen bestätigen die hier vertretene Auffassung. Der formale völkerrechtliche Angehörigkeitsbegriff ist zwar ebenfalls abstrakt gefasst. Er ist jedoch unstreitig mit bestimmten materiellen Rechtspositionen verbunden[840]. Darauf weist der IGH schon ansatzweise im erwähnten Nottebohm-Fall hin[841]. Der IGH führt in seinem Urteil aus, dass die Staatsangehörigkeit als rechtliches Band zwischen dem Staat und seinen Angehörigen Ausdruck einer tatsächlichen Beziehung sein müsse und mit wechselseitigen Rechten und Pflichten verbunden sein müsse. Die Auffassung des IGH gibt den mit der Staatsangehörigkeit assoziierten Rechtszustand im Völkerrecht wieder. Die Staatsangehörigkeit ist dort mehr als nur ein Anknüpfungspunkt von Rechten und Pflichten. Sie ist vielmehr ein Institut mit

---

838 Vgl. Grawert, Staat und Staatsangehörigkeit, S. 103; Laband, Staatsrecht des Deutschen Reiches I, S. 152; Siehr, Die Deutschenrechte des Grundgesetzes, S. 167 ff.

839 Grawert, Staat und Staatsangehörigkeit, S. 102 f., vgl. auch Siehr, Die Deutschenrechte des Grundgesetzes, S. 162.

840 Vgl. Becker, in: v. Mangoldt/Klein/Starck, Art. 16 Abs. 1 Rn. 14; Kokott, in: Sachs, Art. 16 Rn. 12 u. 13.; Siehr, Die Deutschenrechte des Grundgesetzes, S. 163.

841 *IGH*, Urt. v. 06.04.1955, ICJ Reports 1955, 23 – Liechtenstein./. Guatemala.

substanziellem Gehalt[842]. Zum Kern der unmittelbar aus der Staatsangehörigkeit folgenden Rechtspositionen gehört das Recht des diplomatischen und konsularischen Schutzes der Staatsangehörigen[843].

Der Trias von Schutz, Treue und Gehorsam entspricht es, auch auf der Ebene des Völkerrechts bestimmten staatlichen Rechten auch gewisse Pflichten gegenüberzustellen[844]. So ist der Staat sowohl nach allgemeinem[845] als auch nach speziellem Vertragsrecht[846] verpflichtet, seine Angehörigen aufzunehmen, wenn sie von einem fremden Staat ausgewiesen werden. Das Völkerrecht verbietet einem Staat, seine eigenen Angehörigen abzuschieben[847].

Der Trias von Schutz, Treue und Gehorsam im völkerrechtlichen Angehörigenbegriff entspricht das Schutz-Treue-Verhältnis als Bestandteil des staatsrechtlichen Angehörigenbegriffs. Bereits die Anfänge des modernen Staates im 17. Jahrhundert sind fest mit dem Schutz-Treue-Verhältnis als Bestandteil des staatsrechtlichen Angehörigenbegriffs verbunden. Nach Thomas Hobbes[848] besteht der Zweck des Staates darin, seine Bürger zu schützen. Die Bürger verzichten auf das von Natur aus gegebene Recht der Selbstverteidigung und unterwerfen sich dem Staat. Gewaltverzicht und Gehorsam zeichnen den Bürger aus. Der Staat gewährt seinen Bürgern dafür Schutz und verteidigt ihr Leben und ihre Rechte gegen alle Angriffe und Beeinträchtigungen[849]. Schutz- und Gehorsamspflichten als Gegenstand des den Staat legitimierenden Herrschaftsvertrages obliegen zwar jeweils nur einem Teil der beiden Vertragsparteien. Sie bedingen sich aber wechselseitig. Der Umfang der Schutzaufgabe reicht von Unterstützungsmaßnahmen gegen unverschuldete Not durch Naturkatast-

---

842 Kokott, in: Sachs, Art. 16 Rn. 13.

843 Vgl. Becker, in: v. Mangoldt/Klein/Starck, Art. 16 Abs. 1 Rn. 14; Kokott, in: Sachs, Art. 16 Rn. 12; Randelzhofer, in: Maunz/Dürig, Art. 16 I Rn. 36.

844 Vgl. Becker, in: v. Mangoldt/Klein/Starck, Art. 16 Abs. 1 Rn. 14.

845 Vgl. Becker, in: v. Mangoldt/Klein/Starck, Art. 16 Abs. 1 Rn. 14; Kokott, in: Sachs, Art. 16 Rn. 12; de Boeck, in: RdC 18 (1927–III), 443 (452); Randelzhofer, in: Maunz/Dürig, Art. 16 I Rn. 40; Siehr, Die Deutschenrechte des Grundgesetzes, S. 164.

846 Vgl. Art. 8 (b) des Europäischen Fürsorgeabkommens vom 11.12.1953.

847 Vgl. Art. 3 des 4. Zusatzprotokolls vom 16.09.1963 zur Europäischen Menschenrechtskonvention: Abs. 1: *„Niemand darf durch eine Einzel- oder Kollektivmaßnahme aus dem Hoheitsgebiet des Staates ausgewiesen werden, dessen Angehöriger er ist.“* und Abs. 2: *„Niemanden darf das Recht entzogen werden, in das Hoheitsgebiet des Staates einzureisen, dessen Angehöriger er ist.“*; vgl. auch: Art. 12 Abs. 4 IPBPR: *„Niemand darf willkürlich das Recht entzogen werden, in sein eigenes Land zu reisen.“*.

848 Hobbes, in: Gaskin (Hrsg.), Leviathan, Part 2, Chap. 17 u. 21.

849 Grawert, Staat und Staatsangehörigkeit, S. 111.

rophen, Missernten und Kriegsfolgen bis zum „Schutz nach außen", worunter man bereits damals Schutz durch diplomatische oder kriegerische Mittel versteht[850].

c) Ergebnis: Schutz-Treue-Verhältnis ist Bestandteil der Staatsangehörigkeit

Die Staatsangehörigkeit stellt mehr als nur einen formalen Mitgliedstatus dar. Das Schutz-Treue-Verhältnis ist auch heute noch Bestandteil der Staatsangehörigkeit.

6. Verfassungsrechtliche Verankerung des Schutz-Treue-Verhältnisses

Nachdem festgestellt worden ist, dass zum einen das Schutz-Treue-Verhältnis dogmatisch im Institut der Staatsangehörigkeit verankert ist und zum anderen die deutsche Staatsgewalt aufgrund des Schutz-Treue-Verhältnisses verpflichtet ist, einem im Ausland entführten Deutschen zu helfen, ist weiter zu prüfen, ob diese Hilfspflicht verfassungsrechtlich begründet ist.

a) Verfassungsneutrales Grundverhältnis von Staat und Angehörigen

Es ist zunächst darauf hinzuweisen, dass nach einem Ansatz in der Literatur die deutsche Staatsgewalt *immer* zum Schutz deutscher Staatsangehöriger im Ausland verpflichtet, unabhängig davon, ob der Gesetzgeber dem Schutz-Treue-Verhältnis Verfassungsrang zuspricht oder nicht[851]. Nach dieser Theorie ergeben sich aus der Verankerung des Schutz-Treue-Verhältnisses in der Staatsangehörigkeit Folgen für die Grundbeziehung von Staat und Staatsangehörigen. Da die Angehörigen eines Staates in ihrer Gesamtheit im Wesentlichen das *Staatsvolk* bilden und dieses nach der „Drei-Elementen-Lehre"[852] ein konstitutives Element des Staates ist, können sie selbst als konstitutives Element des Staates qualifiziert werden[853]. Hat die Staatsangehörigkeit aber die Funktion, das Staatsvolk von anderen Indivi-

---

850 Grawert, Staat und Staatsangehörigkeit, S. 112 f.

851 Vgl. Kötter/Nolte, DÖV 2007, 186 (192 f.); Siehr, Die Deutschenrechte des Grundgesetzes, S. 169 u. S. 292.

852 Vgl. zur Drei-Elementen-Lehre: Jellinek, Allgemeine Staatslehre, S. 394 ff.; zu deren Bedeutung im Völkerrecht: Hailbronner/Kau, in: Graf Vitzthum, 3. Abschnitt, II Rn. 76 ff.

853 Vgl. hierzu und zum folgenden Becker, in: v. Mangoldt/Klein/Starck, Art. 16 Abs. 1 Rn. 1; Stern, Staatsrecht I, S. 257 f.: Das Staatsvolk des Grundgesetzes bildet sich neben den Staatsangehörigen auch aus den sog. Statusdeutschen nach Art. 116 Abs. 1 Alt. 2 GG.

duen abzugrenzen[854], und stellt das Staatsvolk ein konstitutives Element des Staates dar, so müsse das Gleiche für die Staatsangehörigkeit gelten: Die Staatsangehörigkeit selbst sei daher ein konstitutives Element des Staates[855]. Denn ohne die Staatsangehörigkeit gäbe es keine Staatsangehörigen, damit kein Staatsvolk und schließlich auch keinen Staat. Da die Staatsangehörigkeit also ein konstitutives Element des Staates bilde, sei sie verfassungsneutral, d. h., sie bestehe unabhängig davon, welche Voraussetzungen die jeweilige Verfassung oder die einfachen nationalen Gesetze an sie stellen. Da das Schutz-Treue-Verhältnis Bestandteil der Staatsangehörigkeit ist, sei es daher ebenfalls verfassungsneutral[856]. Bereits dieses verfassungsneutrale Grundverhältnis von Staat und Angehörigen begründe somit Einstandspflichten aufseiten des Staates und des Angehörigen[857].

b) Verfassungsrang durch das Grundgesetz

Gegen diese Auffassung könnte zwar eingewendet werden, dass die Staatsangehörigkeit ein *rechtliches* Band zwischen einer Person und einem Staat darstellt[858] und dies der Bewertung der Staatsangehörigkeit als „verfassungsneutral" entgegenstehen dürfte. Einer näheren Untersuchung der Frage, ob das

---

854 Vgl. GRAWERT, in: ISENSEE/KIRCHHOF (Hrsg.), HStR II, § 16 Rn. 42; OBERTHÜR, S. 11; HAILBRONNER, in: HAILBRONNER/RENNER/MAAßEN, Art. 16 GG Rn. 11; SIEHR, Die Deutschenrechte des Grundgesetzes, S. 160; ZIMMERMANN/TAMS, in: Berliner Kommentar, Art. 16 Rn. 5.

855 KLEIN, Diplomatischer Schutz im Hinblick auf Konfiskationen deutschen Vermögens durch Polen, S. 37; KOKOTT, in: SACHS, Art. 16 Rn. 1.

856 Hierzu passt eine Anmerkung von POHL, in: NIPPERDEY, Art. 112, S. 257: Er vertritt die Auffassung, dass die Wehrgemeinschaft des deutschen Volkes unmittelbar mit diesem verbunden ist (und keinesfalls durch den „Diktatfrieden" von Versailles beseitigt werden könne). Wörtlich behauptet er: „*Keine Wehrgemeinschaft, keine Volksgemeinschaft! Nachdem die Urheber des Diktatfriedens von Versailles geglaubt haben, dem deutschen Volke den Charakter einer Wehrgemeinschaft aberkennen zu dürfen, erwächst uns erst recht die Aufgabe, im deutschen Staatsangehörigkeitsrecht mit dem Treuegedanken Ernst zu machen, soweit es nur irgend möglich ist.*"

857 Vgl. KÖTTER/NOLTE, DÖV 2007, 186 (192 f.); SIEHR, Die Deutschenrechte des Grundgesetzes, S. 169 u. S. 292.

858 Vgl. *IGH*, Urt. v. 06.04.1955 – I.C.J. 1955, S. 23 – Liechtenstein/Guatemala: „*Die Staatsangehörigkeit ist ein rechtliches Band, das die Tatsache einer sozialen Zugehörigkeit, einer echten Verbundenheit von Existenzen, Interessen und Empfehlungen sowie des Bestehens gegenseitiger Rechte und Pflichten zur Grundlage hat.*"; HOBE, JZ 1994, 191 (192); BECKER, in: v. MANGOLDT/KLEIN/STARCK, Art. 16 Abs. 1 Rn. 1; RANDELZHOFER, in: MAUNZ/DÜRIG, Art. 16 I Rn. 8.

Schutz-Treue-Verhältnis als verfassungsneutral bewertet werden kann, bedarf es an dieser Stelle allerdings nicht. Für die Beantwortung der Ausgangsfrage ist allein entscheidend, ob das Schutz-Treue-Verhältnis *verfassungsrechtlich* verankert ist und die deutsche Staatsgewalt daher verfassungsrechtlich zum Schutz deutscher Staatsangehöriger im Ausland verpflichtet ist.

Diese Voraussetzungen liegen vor. Der Verfassungsgeber hat dem Schutz-Treue-Verhältnis Verfassungsrang zugesprochen. Das Schutz-Treue-Verhältnis wurde zwar in der Verfassung nicht ausdrücklich normiert. Damit steht es jedoch vergangenen deutschen Verfassungen gleich. Gegenstand von deutschen Verfassungsurkunden waren und sind aber die aus dem Schutz-Treue-Verhältnis resultierenden gegenseitigen Rechte und Pflichten[859]. Die Weimarer Reichsverfassung aus dem Jahre 1919 enthielt an mehreren Stellen Hinweise zu wechselseitigen Pflichten zwischen Staat und Staatsangehörigen. Die Literatur sah z. B. Art. 112 Abs. 2 WRV als eine Ausprägung des Schutz-Treue-Verhältnisses an[860]. Die Reichsverfassung enthielt daneben sogar ausdrückliche Treuepflichten der Staatsangehörigen[861]. Das Wort „*Grundpflicht*" vor Art. 109 WRV weist darauf hin.

Darin unterscheidet sich die Reichsverfassung vom Grundgesetz. Die Verfasser des Grundgesetzes haben darauf verzichtet, den Grundrechten allgemeine Pflichten gegenüberzustellen[862]. Dieser Schritt ist als Reaktion auf das „Dritte Reich" leicht zu erklären. Das damalige Regime hatte Gemeinsinn und Opferbereitschaft überdehnt und zu verbrecherischem Tun missbraucht. Insbesondere nach der sogenannten „totalen Mobilmachung" im Jahre 1943 war die öffentlich-rechtliche Stellung des Staatsangehörigen im Wesentlichen nur noch als eine grenzenlos vielfältige Pflichtenstellung bestimmbar[863]. Heute zweifelt aber niemand an der Existenz der Treuepflicht[864].

Das Grundgesetz enthält aber zumindest Indizien, die auf die Existenz des Grundverhältnisses von Staat und Angehörigen und damit auf eine staatliche Schutzpflicht im Ausland hindeuten. OBERTHÜR[865] leitet aus den Schranken

---

859 Z. B. Art. 3 Abs. 6 der Verfassung des Norddeutschen Bundes, Art. 3 Abs. 6 der Reichsverfassung von 1871; Art. 112 Abs. 2 WRV.

860 Vgl. nur: POHL, in: NIPPERDEY, Art. 112, S. 257.

861 Vgl. OBERTHÜR, S. 12.

862 OBERTHÜR, S. 12.

863 Vgl. HOFMANN, in: ISENSEE/KIRCHHOF (Hrsg.), HStR V, § 114 Rn. 1; LUCHTERHANDT, Grundpflichten als Verfassungsproblem in Deutschland, S. 338 ff.

864 Vgl. nur OBERTHÜR, S. 12.

865 OBERTHÜR, S. 12.

bestimmter Grundrechte, wie Art. 2 Abs. 1 Halbs. 2 GG, Art. 5 Abs. 3 S. 2 GG und Art. 9 Abs. 2 GG, eine allgemeine und oberste Treuepflicht ab[866]. Die Absicht des Staates, seine Schutzpflicht gegenüber seinen Angehörigen auszuüben, zeigt sich zudem bei dem als Deutschengrundrecht ausgestalteten Grundrecht der Berufsfreiheit (Art. 12 Abs. 1 GG)[867]. Die Berufsfreiheit ist Ausdruck der schon im 17. Jahrhundert bestehenden Pflicht des Staates, seinen Angehörigen eine Existenzgrundlage zu sichern[868]. Daneben weisen Teile der Literatur noch auf Art. 8 Abs. 1 GG, Art. 9 Abs. 1 GG und Art. 11 Abs. 1 GG hin[869]. Ferner konkretisieren die grundrechtlichen Schutzpflichten die staatliche Schutzpflicht[870].

Art. 16 Abs. 2 GG enthält einen weiteren Hinweis auf die Existenz der staatlichen Schutzpflicht. Diese Regelung drückt in besonderer Weise die Verantwortung des Staates gegenüber seinen Bürgern aus[871]. Das BVerfG hat dies in seiner Entscheidung zum *Europäischen Haftbefehl*[872] erneut bestätigt. Außerdem ergibt sich aus Art. 16 Abs. 1 GG ein wesentlicher Anhaltspunkt für die Existenz einer staatlichen Schutzpflicht[873]. Art. 16 Abs. 1 GG ist Ausdruck staatlich beanspruchter Verantwortlichkeit für die eigenen Staatsangehörigen[874]. Der Gesetzgeber wollte mit dieser Regelung unter anderem die Deutschen vor Staatenlosigkeit bewahren, weil Staatenlosigkeit grundsätzlich weitgehend Schutzlosigkeit bedeutet[875]. Obwohl sich aus Art. 16 GG nicht unmittelbar eine

---

866 OBERTHÜR, S. 12.

867 Vgl. BLECKMANN, DÖV 1988, 437 (440); SIEHR, Die Deutschenrechte des Grundgesetzes, S. 170.

868 Vgl. BLECKMANN, DÖV 1988, 437 (440); SIEHR, Die Deutschenrechte des Grundgesetzes, S. 170

869 Vgl. SIEHR, Die Deutschenrechte des Grundgesetzes, S. 170.

870 KÖTTER/NOLTE, DÖV 2007, 186 (193). Hierbei muss aber beachtet werden, dass sich die allgemeine Schutzpflicht des Staates auf der Grundlage von Individualgrundrechten wie Art. 2 Abs. 2 in eine verfassungsrechtliche Schutzpflicht wandelt. Diese besteht dann auch nicht mehr nur gegenüber den Staatsangehörigen, sondern obliegt dem Staat, da sie aus einem sog. Jedermanngrundrecht abgeleitet wird, als objektive Schutzpflicht gegenüber jedermann, vgl. SIEHR, Die Deutschenrechte des Grundgesetzes, S. 169.

871 Vgl. *BVerfG*, Urt. v. 18.07.2005 – 2 BvR 2236/04, BVerfGE 113, 273 (293); Beschl. v. 13.10.1970 – 1 BvR 226/70, BVerfGE 29, 183 (189); GECK, ZaöRV 17 (1956/57), 476 (516); OBERTHÜR, S. 21 f.; ZIMMERMANN/TAMS, in: Berliner Kommentar, Art. 16 Rn. 63.

872 *BVerfG*, Urt. v. 18.07.2005 – 2 BvR 2236/04, BVerfGE 113, 273 (293).

873 Vgl. GECK, ZaöRV 17 (1956/57), 476 (516); OBERTHÜR, S. 22 f.

874 *BVerfG*, Urt. v. 18.07.2005 – 2 BvR 2236/04, BVerfGE 113, 273 (293).

875 GECK, ZaöRV 17 (1956/57), 476 (516); OBERTHÜR, S. 22 f.

staatliche Pflicht zum Auslandsschutz ableiten lässt[876], bringt das Grundrecht als Ausbürgerungs- und Auslieferungsverbot die besondere Verantwortung des Staates gegenüber seinen Angehörigen zum Ausdruck und stellt damit einen Hinweis auf die Existenz des Schutz-Treue-Verhältnisses dar[877].

c) Zwischenergebnis: Schutzpflicht des Staates verfassungsrechtlich verankert

Die Grundbeziehung von Schutz und Treue hat in das Grundgesetz Einzug gehalten. Die Schutzpflicht des Staates im Ausland ist folglich verfassungsrechtlich verankert. Das Grundgesetz hat die staatlichen Schutzpflichten teilweise als grundrechtliche Schutzpflichten konkretisiert. Daneben gibt es aber auch noch ungeschriebene Schutzpflichten, wie z. B. den Schutz vor Gefahren im Ausland[878].

7. Schutz-Treue-Verhältnis und Befreiungspflicht

Die Schutzpflicht im Ausland ist umfassend. Der Staat ist verpflichtet, seine Staatsangehörigen vor jeglicher Gefahr zu schützen[879]. Der konsularische Schutz ist damit vom Schutz-Treue-Verhältnis umfasst. Das Gleiche gilt folglich im Entführungsfall, da auch in dieser Situation eine Gefahr für den Staatsangehörigen besteht.

8. Schutzpflicht gilt für alle Deutschen i.S.d. Art. 116 Abs. 1 GG

Die staatliche Schutzpflicht gilt gegenüber allen entführten Deutschen i.S.v. Art. 116 Abs. 1 GG[880] und nicht nur gegenüber deutschen Staatsangehörigen[881]. Die Befreiungspflicht wurzelt zwar im Schutz-Treue-Verhältnis zwischen Staat

---

876 S.o., Seite 99 ff.

877 Vgl. *BVerfG*, Urt. v. 18.07.2005 – 2 BvR 2236/04, BVerfGE 113, 273 (294).

878 Vgl. Doehring, Staatsrecht, S. 96.

879 S.o., Seite 155.

880 Wortlaut von Art. 116 GG: *„(1) Deutscher im Sinne dieses Grundgesetzes ist vorbehaltlich anderweitiger gesetzlicher Regelung, wer die deutsche Staatsangehörigkeit besitzt oder als Flüchtling oder Vertriebener deutscher Volkszugehörigkeit oder als dessen Ehegatte oder Abkömmling in dem Gebiete des Deutschen Reiches nach dem Stande vom 31. Dezember 1937 Aufnahme gefunden hat. (2) Frühere deutsche Staatsangehörige, denen zwischen dem 30. Januar 1933 und dem 8. Mai 1945 die Staatsangehörigkeit aus politischen, rassischen oder religiösen Gründen entzogen worden ist, und ihre Abkömmlinge sind auf Antrag wieder einzubürgern. Sie gelten als nicht ausgebürgert, sofern sie nach dem 8. Mai 1945 ihren Wohnsitz in Deutschland genommen haben und nicht einen entgegengesetzten Willen zum Ausdruckgebracht haben.*"

881 Vgl. Geck, ZaöRV 17 (1956/57), 476 (518 f.); Oberthür, S. 70 ff.

und Staatsangehörigen; insoweit erscheint es fragwürdig, weshalb auch Statusdeutsche i. S. v. Art. 116 Abs. 1 2. Alt GG vom Schutz erfasst sein sollten. Auch spricht die Rechtsprechung in einigen Entscheidungen lediglich von einer Schutzpflicht gegenüber „*deutschen Staatsangehörigen*“[882].

Der Gesetzgeber hat jedoch inzwischen die Kategorie des Statusdeutschen fast vollständig abgeschafft: Mit der Änderung des Staatsangehörigkeitsgesetzes[883] am 01.01.2000 wurden und werden fast alle Statusdeutschen zu deutschen Staatsangehörigen gemäß §§ 7[884], 40a[885] StAG. Einer näheren Untersuchung der aufgeworfenen Frage bedarf es daher nicht mehr[886].

Die Rechtsprechung hatte im Übrigen bereits vor dem 01.01.2000 keinesfalls den Willen, Statusdeutsche von der Schutzpflicht auszunehmen; dies belegen zahlreiche Entscheidungen[887]. Als Beispiel soll ein Urteil des BVerfG vom 31.07.1973 zitiert werden:

> *„Aus der dargelegten Natur des Vertrages folgt, dass der Vertrag auch nicht unvereinbar ist mit der nach dem Grundgesetz der Bundesregierung aufgegebenen Pflicht, allen Deutschen*[888] *im Sinne des Art. 116 Abs. 1 GG Schutz und Fürsorge angedeihen zu lassen.“*[889].

882 *BVerfG*, Beschl. v. 16.12.1980 – 2 BvR 419/80, BVerfGE, 55, 349 (364); *BVerwG*, Beschl. v. 24.01.1989 – 7 B 102/88, NJW 1989, 2208 (2208); Urt. v. 24.02.1981 – 7 C 60/79, BVerwGE 62, 11 (14); *OVG Münster*, Urt. v. 12.12.1988 – 17 A 2618/85, NJW 1989, 2209 (2211).

883 Staatsangehörigkeitsgesetz in der im Bundesgesetzblatt Teil III, Gliederungsnummer 102–1, veröffentlichten bereinigten Fassung, die zuletzt durch Artikel 1 des Gesetzes vom 5. Februar 2009 (BGBl. I S. 158) geändert worden ist.

884 Wortlaut von Art. 7 StAG: „*Spätaussiedler und die in den Aufnahmebescheid einbezogenen Familienangehörigen erwerben mit der Ausstellung der Bescheinigung nach § 15 Abs. 1 oder Abs. 2 des Bundesvertriebenengesetzes die deutsche Staatsangehörigkeit.*“

885 Wortlaut von Art. 40a StAG: „*Wer am 1. August 1999 Deutscher im Sinne des Artikels 116 Abs. 1 des Grundgesetzes ist, ohne die deutsche Staatsangehörigkeit zu besitzen, erwirbt an diesem Tag die deutsche Staatsangehörigkeit. Für einen Spätaussiedler, seinen nichtdeutschen Ehegatten und seine Abkömmlinge im Sinne von § 4 des Bundesvertriebenengesetzes gilt dies nur dann, wenn ihnen vor diesem Zeitpunkt eine Bescheinigung gemäß § 15 Abs. 1 oder 2 des Bundesvertriebenengesetzes erteilt worden ist.*“

886 Ergänzend wird auf die Ausführungen von Geck (ZaöRV 17 (1956/57), 476 (518 f.) und Oberthür (S. 70 ff.) verwiesen.

887 *BVerfG*, Beschl. v. 21.03.1974 – 1 BvL 22/71 und 21/72, BVerfGE 37, 217 (241); Urt. v. 31.07.1973 – 2 BvR 1/73, BVerfGE, 36, 1 ff. (31); *OVG Münster*, Urt. v. 30.10.1961 – II A 480/61, OVGE 17, 106 (107 f.).

888 Unterstreichung durch den Verfasser.

889 *BVerfG*, Urt. v. 31.07.1973 – 2 BvR 1/73, BVerfGE, 36, 1 ff. (31).

9. Zusammenfassung

Die deutsche Staatsgewalt ist verfassungsrechtlich verpflichtet, Deutsche im Ausland zu schützen. Das Schutz-Treue-Verhältnis ist zwar nicht ausdrücklich in der Verfassung normiert. Es ist aber fester Bestandteil des Grundgesetzes und hat an verschiedenen Stellen in diesem seinen Niederschlag gefunden. Diese Schutzpflicht umfasst auch die Pflicht zur Befreiung eines im Ausland entführten Deutschen. Der Staat ist zum Schutz gegenüber allen Deutschen i.S.v. Art. 116 Abs 1 GG verpflichtet.

10. Konturenlosigkeit des Schutzanspruchs

Klein weist zu Recht darauf hin, dass mit der Verankerung des Auslandsschutzes im Schutz-Treue-Verhältnis die staatliche Schutzpflicht im Ausland nahezu völlig konturenlos bleibt[890]. Unklar ist, ab wann ein Dritter im Ausland in das geschützte Verhältnis von Staat und Angehörigen eingreift. Auch bleibt offen, welche Rechtspositionen die deutsche Staatsgewalt im Ausland überhaupt schützen muss. Der Schutzumfang könnte auf Leib und Leben beschränkt sein, aber z. B. auch das Eigentum umfassen.

Die Lösung dieses Problems wurde bereits angedeutet: Die inhaltliche Konkretisierung des Auslandsschutzes hat mangels ausdrücklicher Regelung des Schutz-Treue-Verhältnisses im Grundgesetz aus dem sich aus der Schutzfunktion der Grundrechte ergebenden Maßstab zu erfolgen. Dieses Ergebnis beruht auf folgenden Erwägungen: Die Väter der Verfassung haben die sich aus dem Schutz-Treue-Verhältnis ergebenden staatlichen Schutzpflichten in den grundrechtlichen Schutzpflichten konkretisiert. Die grundrechtlichen Schutzpflichten stellen somit eine Ausprägung des Schutz-Treue-Verhältnisses dar, wenn auch in modifizierter Form. Sie sind modifiziert, weil sich die allgemeine Schutzpflicht des Staates auf der Grundlage von Individualgrundrechten wie Art. 2 Abs. 2 GG i. V. m. Art. 1 Abs. 1 S. 2 GG in eine verfassungsrechtliche Schutzpflicht wandelt. Diese besteht *innerstaatlich* nicht mehr nur gegenüber Staatsangehörigen, sondern obliegt dem Staat als objektive Schutzpflicht gegenüber jedermann, da sie aus einem sog. Jedermanngrundrecht abgeleitet wird[891].

Die Schutzpflicht des Staates gilt im Ausland aber nicht unbegrenzt. Wie bereits dargelegt, wird die Reichweite der grundrechtlichen Schutzpflichten im

---

890 Klein, in: Ress/Stein (Hrsg.), Der diplomatische Schutz im Völker- und Europarecht, 125 (128 f.).

891 Siehr, Die Deutschenrechte des Grundgesetzes, S. 169.

Ausland über Art. 25 S. 1 GG verfassungsimmanent auf das völkerrechtlich zulässige Maß begrenzt[892].

VII. Anspruch auf eine bestimmte Befreiungsmaßnahme oder auf ermessensfehlerfreie Entscheidung

1. Vorbemerkung

Fraglich ist, ob das deutsche Verfassungsrecht nur der staatlichen Gewalt eine Pflicht zur Befreiung eines im Ausland entführten Deutschen auferlegt oder ob es dem deutschen Staatsbürger auch einen subjektiven Schutzanspruch einräumt. Wie schon unter der Reichsverfassung von 1871 und der Weimarer Verfassung ist auch unter der Geltung des Grundgesetzes umstritten, ob ein deutscher Staatsangehöriger im Ausland einen strikten Anspruch auf Schutz oder nur einen Anspruch auf fehlerfreie Ermessensausübung bei der Entscheidung über Gewährung von Auslandsschutz gegen die deutsche Staatsgewalt hat[893]. Die frühere Literatur diskutierte zusätzlich, ob die verfassungsrechtliche Pflicht zur Gewährung von Auslandsschutz ein bloßer Reflex des objektiven Rechts sei oder ein subjektives Recht beinhalte[894]. Die heutige zutreffende h. M. leitet aus den verfassungsrechtlichen Grundlagen des Auslandsschutzes dagegen ein sub-

892 Siehe hierzu ausführlich oben, Seite 147 ff.

893 Der größte Teil der einschlägigen Literatur beschränkt seine Untersuchung auf den Anspruch auf diplomatischen Schutz. Soweit es nur um die Natur des Anspruches geht und nicht um dessen konkreten Voraussetzungen, können diese Abhandlungen an dieser Stelle verwendet werden. Für die Frage, ob der Einzelne einen gebundenen Anspruch oder bloß einen Anspruch auf fehlerfreie Ermessensentscheidung hat, macht es nämlich keinen Unterschied, ob der Eingriff im Ausland von privater oder staatlicher Seite erfolgt. So sehen es auch Kötter/Nolte, DÖV 2007, 186 (193).

894 Insbesondere Jellinek, System der subjektiven öffentlichen Rechte, S. 119, Pohl, in: Nipperdey, Art. 112, S. 257 und v. Seydel, Bayerisches Staatsrecht I, S. 173 FN 55 wollten in den Bestimmungen der früheren Verfassungen nur einen Rechtsreflex erkennen. Von der jüngeren Literatur teilt lediglich Blumenwitz, in: FS Ferid, S. 439 (445) diese Auffassung. Dagegen erkannte die damalige h. M. im Auslandsschutz nicht nur einen Reflex des objektiven Rechts, sondern leitete daraus auch Rechte ab, entweder in Form eines gebundenen Anspruchs oder in Gestalt eines Anspruchs auf fehlerfreie Ermessensentscheidung, vgl. Laband, Staatsrecht des Deutschen Reiches I, S. 152 ff. und die umfassenden Untersuchungen der neueren Literatur: Doehring, Die Pflicht des Staates zur Gewährung diplomatischen Schutzes, S. 41; Geck, ZaöRV 17 (1956/57), 476 (480 ff.); Oberthür, S. 27 ff.

jektives Recht ab[895]; dies gilt insbesondere für die verfassungsrechtliche Grundlage aus Art. 2 Abs. 2 GG i. V. m. Art. 1 Abs. 1 S. 2 GG[896]. Es bleibt daher zu untersuchen, ob der Betroffene aus Art. 2 Abs. 2 GG i. V. m. Art. 1 Abs. 1 S. 2 GG und dem Schutz-Treue-Verhältnis einen gebundenen Anspruch auf Schutz im Ausland oder nur einen Anspruch auf eine fehlerfreie Ermessensentscheidung hat. Im ersten Fall könnte ein entführter deutscher Staatsangehöriger

---

895 Vgl. nur: Doehring, Die Pflicht des Staates zur Gewährung diplomatischen Schutzes, S.89 ff.; Geck, ZaöRV 17 (1956/57), 476 (480 ff.) und Oberthür, S. 27 ff. Anmerkung: Das heutige Verständnis des subjektiv-öffentlichen Rechtes ist das Ergebnis einer langen Entwicklung. Die heutige Rechtslehre qualifiziert eine Norm als ein subjektives öffentliches Recht, wenn der Einzelne kraft der vom öffentlichen Recht verliehenen Rechtsmacht vom Staat zur Verfolgung eigener Interessen ein bestimmtes Verhalten verlangen kann (Happ, in: Eyermann, § 42 Rn. 83; Kopp/Ramsauer, Einf. Rn. 57; Maurer, Allgemeines Verwaltungsrecht, § 8 Rn. 2; Peine, Allgemeines Verwaltungsrecht, Rn. 246). Eine Vorschrift beinhaltet dagegen kein subjektiv-öffentliches Recht, wenn die öffentlich-rechtliche Vorschrift bloßes objektives Recht darstellt. Welches „bestimmte Verhalten" der Einzelne im Sinne der dargelegten Definition von der Exekutive verlangen kann, ist in einem zweiten Schritt zu untersuchen. In Betracht kommt ein gebundener Anspruch, d. h. ein Anspruch auf die beantragte Handlung oder das beabsichtigte Unterlassen oder nur ein Anspruch auf fehlerfreie Ermessensentscheidung. Das subjektiv-öffentliche Recht ist nach heutiger Auffassung folglich Voraussetzung für beide Ansprüche.
Dieses differenzierte Verständnis ist einem großen Teil der älteren Literatur fremd, deren entsprechenden Ausführungen können möglicherweise verwirren. Obwohl Doehring, Die Pflicht des Staates zur Gewährung diplomatischen Schutzes, S. 37 ff. u. 89 ff., ein subjektives öffentliches Recht auf ähnliche Weise definiert, leitet er daraus ein anderes Ergebnis ab. Nach seiner Auffassung scheidet ein subjektives öffentliches Recht aus, wenn die Behörde einen Ermessensspielraum hat. Doehring setzt den gebundenen Anspruch folglich mit dem subjektiv-öffentlichen Recht gleich. Daher liegt nach seiner Auffassung kein subjektiv-öffentliches Recht vor, wenn der Einzelne einen Anspruch auf fehlerfreie Ermessensentscheidung hat. Davon macht Doehring auf S. 39 des gleichen Buches eine Ausnahme; dort gibt er zu, dass ein Anspruch auf fehlerfreie Ermessensentscheidung auch als subjektiv-öffentliches Recht bezeichnet werden könnte. Dennoch setzt er seine Ausführungen unter der Prämisse fort, ein subjektiv-öffentliches Recht müsse einem gebundenen Anspruch gleichgesetzt werden, vgl. S. 89 ff. Sein Hinweis auf S. 39 muss folglich als bloßer Gedanke gedeutet werden, den er nicht weiterverfolgt. Weitere andere Autoren teilen die Auffassung von Doehring (vgl. Oberthür, S. 27 ff.).

896 Vgl. *BVerfG*, Urt. v. 16.10.1977 – 1 BvQ 5/77, BVerfGE 46, 160 (163 ff.); Epping, Grundrechte, Rn. 128 ff.; Hufen, Staatsrecht II, § 5 Rn. 3; Merten, in: Merten/Papier (Hrsg.), HGR II § 35 Rn. 111 ff.; Sachs, in: Sachs, vor Art. 1 Rn. 40.

zwingend seine Befreiung verlangen, denn eine andere Schutzalternative als die Befreiung kommt bei einer Entführung nicht in Betracht. Nach der zweiten Alternative bliebe der Exekutive dagegen ein Entscheidungsspielraum[897].

2. Unbedingter Anspruch oder Ermessen

Eine Minderheit in der Literatur bejaht einen unbedingten Anspruch auf Schutzgewährung im Ausland[898]. OBERTHÜR sprach sich als Erster für einen vorbehaltlosen Anspruch des deutschen Staatsangehörigen auf Ausübung von Auslandsschutz aus[899]. Er erkannt zwar die Notwendigkeit, den Allgemeininteressen unter Umständen den Vorrang vor den Interessen des betroffenen Staatsangehörigen einzuräumen. Er votiert daher für ein Entscheidungsermessen der Exekutive, wenn im Einzelfall überwiegende Allgemeininteressen einer Schutzgewähr entgegenstehen[900]. Diese Entscheidungsfreiheit stellt jedoch kein Ermessen im herkömmlichen Sinne dar. OBERTHÜR beschränkt nämlich zum einen das „Ermessen" auf die Frage, ob überwiegende Allgemeininteressen einer Schutzgewähr entgegenstehen. Zum anderen will er selbst in diesem Fall einen Anspruch auf Schutzgewähr im Grundsatz aufrechterhalten. Der Staatsangehörige könne zwar diesen Anspruch nicht mehr durchsetzen. Der Betroffene würde jedoch zwingend auf haftungsrechtliche Ansprüche verwiesen (Enteignungsgrundsätze, Aufopferung)[901]. Der Staat wäre folglich sogar bei rechtmäßigem Verhalten zur Entschädigung verpflichtet. Anderenfalls werde der Mensch zum bloßen Objekt staatlichen Handelns[902]. Außerdem spreche eine Vermutung dafür, dass der Auslandsschutz einen gebundenen Anspruch beinhaltet[903].

---

897 Vgl. IPSEN, Allgemeines Verwaltungsrecht, Rn. 512 ff.; MAURER, Allgemeines Verwaltungsrecht, § 8 Rn. 15; PEINE, Allgemeines Verwaltungsrecht, Rn. 263; WOLFF/BACHOF/STOBER/KLUTH, Verwaltungsrecht I, § 31 Rn. 65.

898 KURSAWE, Die Beachtung des grundgesetzlichen Eigentumsschutzes bei Abschluss des Warschauer Vertrages, S. 165 ff.; OBERTHÜR, S. 23 ff. Entgegen der Auffassung von HOFMANN, Grundrechte und grenzüberschreitende Sachverhalte, S. 108 f., kann HEINTZEN nicht zu dieser Gruppe gezählt werden. HEINTZEN überlässt es vielmehr dem Einzelfall, ob ein gebundener oder nur ein Anspruch auf fehlerfreie Ermessenentscheidung infrage kommt, vgl. HEINTZEN, Auswärtige Beziehungen privater Verbände, S. 139 f.

899 Vgl. OBERTHÜR, S. 58.

900 OBERTHÜR, S. 47.

901 OBERTHÜR, S. 47.

902 OBERTHÜR, S. 32.

903 Vgl. OBERTHÜR, S. 32 ff.

KURSAWE geht ebenfalls von einem unbedingten Anspruch auf Ausübung von Auslandsschutz aus[904]. Dieser Anspruch bestehe zumindest immer, wenn der Kern der Menschenwürde („Urschutzbereich") betroffen sei[905]. Er versagt der Behörde in allen anderen Fällen das Entschließungsermessen („ob"), billigt ihr aber ein Auswahlermessen („wie") zu[906]. KURSAWE sieht sich durch eine Entscheidung des BVerwG vom 24.02.1981[907] gestützt. Das Gericht spricht in dieser Entscheidung ausdrücklich davon, dass der *„Schutzpflicht des Staates ein entsprechender Anspruch des einzelnen auf Schutzgewährung"* gegenüberstehe[908]. *Kursawe* versucht, die beschränkte Prüfungskompetenz der Behörde mit einer weiteren Aussage des Gerichts zu rechtfertigen. Das Gericht hält nämlich Fälle für möglich, in denen der Einzelne einen gebundenen Anspruch auf Schutzgewährung hat[909].

Die h. M. lehnt dagegen die Existenz eines verfassungsrechtlichen Anspruchs auf Ausübung von Auslandsschutz ab. Sie will größtenteils dem deutschen Staatsangehörigen nur ein subjektiv-öffentliches Recht auf fehlerfreie Ermessensausübung bei der Entscheidung gewähren, ob und auf welche Art und Weise im Einzelfall Schutz ausgeübt wird[910]. Rechtsprechung und Lehre räumen den

---

904 Vgl. KURSAWE, Die Beachtung des grundgesetzlichen Eigentumsschutzes bei Abschluss des Warschauer Vertrages, 165 ff.

905 KURSAWE, Die Beachtung des grundgesetzlichen Eigentumsschutzes bei Abschluss des Warschauer Vertrages, S. 169.

906 KURSAWE, Die Beachtung des grundgesetzlichen Eigentumsschutzes bei Abschluss des Warschauer Vertrages, S. 171.

907 *BVerwG*, Urt. v. 24.02.1981 – 7 C 60/79, BVerwGE 62, 11 (11 ff.).

908 *BVerwG*, Urt. v. 24.02.1981 – 7 C 60/79, BVerwGE 62, 11 (14).

909 *BVerwG*, Urt. v. 24.02.1981 – 7 C 60/79, BVerwGE 62, 11 (15).

910 *OVG Münster*, Urt. v. 30.10.1961 – II A 480/61, OVGE 17, 106 (111); Urt. v. 12.12.1988 – 17 A 2618/85, NJW 1989, 2209 (2211) BLUMENWITZ, in: FS Ferid, S. 439 (445); DOEHRING, Die Pflicht des Staates zur Gewährung diplomatischen Schutzes, S. 89 ff.; EILERS/HEINTZEN, RIW 1986, 619 (621); GEIGER, Grundgesetz und Völkerrecht, § 56 II (S. 260); HOFMANN, Grundrechte und grenzüberschreitende Sachverhalte, S. 110; KLEIN, Diplomatischer Schutz im Hinblick auf Konfiskationen deutschen Vermögens durch Polen, S. 39 ff., 41 f.; SCHEIDLER, DÖV 2006, 417 (420 f.); RANDELZHOFER, in: MAUNZ/DÜRIG, Art. 16 I Rn. 63; *Rojahn*, in: v. MÜNCH/KUNIG, Art. 32 Rn. 20; *Schnapp*, in: v. MÜNCH/KUNIG, Art. 16 Rn. 6; STERN, Staatsrecht I, S. 259.
Bisher hat sich die Rechtsprechung vor allem ausdrücklich zur Pflicht des Staates zur fehlerfreien Ermessensentscheidung geäußert: *BVerwG*, Beschl. v. 06.03.1997 – 3 B 178/96 (erhältlich in juris) Rn. 6; Beschl. v. 24.01.1989 – 7 B 102/88, NJW 1989, 2208 (2208); *OVG Münster*, Urt. v. 12.12.1988 – 17 A 2618/85, NJW 1989, 2209 (2211). Auch das BVerfG hat sich erst ausdrücklich zu dieser Pflicht geäußert, vgl. *BVerfG*, Beschl. v.

Behörden dabei einen weiten Spielraum in der Einschätzung politisch erheblicher Sachverhalte sowie der Zweckmäßigkeit möglichen Verhaltens ein[911]. Die Grenze des staatlichen Entscheidungsspielraums bilde die Willkür[912].

3. Stellungnahme

Der deutsche Staatsangehörige hat im Rahmen des Auslandsschutzes grundsätzlich nur einen Anspruch auf fehlerfreie Ermessensentscheidung. Das Grundgesetz räumt der deutschen Staatsgewalt bei außenpolitischen Sachverhalten

---

16.12.1980 – 2 BvR 419/80, BVerfGE, 55, 349 (364 f.). Aus dem Duktus dieser Entscheidung lässt sich aber der Schluss ziehen, dass auch das BVerfG nur einen subjektiven Anspruch auf ermessensfehlerfreie Entscheidung gegeben sieht. Diese Ansicht vertritt auch Hofmann, Grundrechte und grenzüberschreitende Sachverhalte, S. 109.

911 *BVerfG*, Beschl. v. 16.12.1980 – 2 BvR 419/80, BVerfGE, 55, 349 (364 f.); Beschl. v. 07.07.1975 – 1 BvR 274, 209/72, 195, 194, 184/73 und 247/72, BVerfGE 40, 178; *BVerwG*, Beschl. v. 06.03.1997 – 3 B 178/96 (erhältlich in juris) Rn. 6; Beschl. v. 24.01.1989 – 7 B 102/88, NJW 1989, 2208 (2208); *OVG Münster*, Urt. v. 12.12.1988 – 17 A 2618/85, NJW 1989, 2209 (2211); Blumenwitz, in: Isensee/Kirchhof (Hrsg.), HStR IX, § 211 Rn. 17; Eilers/Heintzen, RIW 1986, 619 (621); Geiger, Grundgesetz und Völkerrecht, § 56 II (S. 260); Stern, Staatsrecht I, S. 259.

912 Geck, ZaöRV 17 (1956/57), 476 (483 ff., 517 ff.) kommt zu einem etwas anderen Ergebnis: Er spricht sich für einen eingeschränkten Anspruch des deutschen Staatsangehörigen auf Schutz im Ausland aus. Dieser Anspruch stehe allerdings unter dem Vorbehalt der Interessen der Allgemeinheit sowie dem Vorbehalt der außenpolitischen Interessen. Der Staatsangehörige, so Geck, habe einen gebundenen Anspruch, wenn weder die Interessen der Allgemeinheit noch außenpolitische Interessen einer Schutzleistung entgegenstehen. Dieser Ansicht kann heute nicht mehr gefolgt werden. Geck stellt einen unbedingten Anspruch auf Schutz im Ausland unter den Vorbehalt außenpolitischer und Interessen der Allgemeinheit. Zur Beurteilung dieser Voraussetzungen räumt er den staatlichen Stellen ein umfangreiches Ermessen ein. Die Gerichte seien nur befugt, dieses Ermessen auf Ermessensfehler und Ermessenüberschreitung zu überprüfen. Spätestens an dieser Stelle fällt auf, dass Geck das gleiche Ziel verfolgt wie die h. M. Im Ergebnis besteht auch nach seiner Auffassung nur ein Anspruch auf ermessensfehlerfreie Entscheidung. Dennoch ist seine Dogmatik eine andere. Der hier gewählte Anspruchsinhalt hat gegenüber dem Vorschlag von Geck praktische Vorteile. Die Exekutive ist nicht auf die Prüfung der beiden Vorbehalte beschränkt. Sie ist vielmehr in der Lage, auch andere Umstände im Rahmen ihrer Entscheidungsfindung zu berücksichtigen. Ein Umstand, der insbesondere im außenpolitischen Bereich nicht unterschätzt werden darf. Außerdem verbessert die hier vertretene Auffassung auch die Rechtsposition des Einzelnen. Im Rahmen der Ermessensprüfung ist die Exekutive verpflichtet, auch die Grundrechte des Antragstellers zu berücksichtigen.

einen Entscheidungsspielraum ein. Dies betrifft sowohl das Entschließungs- als auch das Auswahlermessen.

a) Entschließungsermessen

Ein unbedingter Anspruch, wie ihn Oberthür und Kursawe anerkennen, würde den zwischenstaatlichen Gegebenheiten nicht gerecht. Die deutsche Staatsgewalt kann im sensiblen Bereich der auswärtigen Geschehensabläufe und Verhältnisse nicht frei nach ihrem Willen handeln[913]. Sie ist vielmehr von Umständen abhängig, die sie nicht beeinflussen kann[914]. Hinzu kommt, dass die auswärtige Politik stets variiert[915]. Die Regierung muss sich fast täglich neuen Gegebenheiten anpassen. Eine einmal praktisch mögliche und gleichzeitig rechtlich zulässige Handlung kann einige Zeit später unter veränderten Voraussetzungen scheitern. Eine pflichtbewusste Staatsführung kann zudem nicht riskieren, durch ein Handeln zugunsten eines Einzelnen die Interessen der Allgemeinheit zu gefährden oder zu schädigen[916]. Dies gilt generell für Handlungen im Bereich der auswärtigen Gewalt[917]. Ein unüberlegter, spontaner Schritt kann zu jahrelangen Verstimmungen zwischen der Bundesrepublik Deutschland und anderen Staaten führen. Politische und wirtschaftliche Nachteile für die Gesamtheit der deutschen Bevölkerung könnten die Folge sein. Eine Abwägung zwischen den Interessen der Allgemeinheit und den Einzelinteressen ist folglich stets erforderlich[918]. Die Organe der Bundesrepublik müssen in diesem Bereich daher einen Entscheidungsrahmen haben[919]. Ihnen muss es freigestellt sein, die außenpolitisch erheblichen Sachverhalte selbstständig zu analysie-

---

913 *BVerfG*, Beschl. v. 16.12.1980 – 2 BvR 419/80, BVerfGE, 55, 349 (365); *BVerwG*, Beschl. v. 24.01.1989 – 7 B 102/88, NJW 1989, 2208 (2208); Scheidler, DÖV 2006, 417 (421).

914 *BVerfG*, Beschl. v. 16.12.1980 – 2 BvR 419/80, BVerfGE, 55, 349 (365); Scheidler, DÖV 2006, 417 (421).

915 Doehring, Die Pflicht des Staates zur Gewährung diplomatischen Schutzes, S. 94; Oberthür, S. 40 f.

916 Vgl. *OVG Münster*, Urt. v. 12.12.1988 – 17 A 2618/85, NJW 1989, 2209 (2211); Scheidler, DÖV 2006, 417 (421).

917 *BVerfG*, Beschl. v. 16.12.1980 – 2 BvR 419/80, BVerfGE, 55, 349 (365); *BVerwG*, Beschl. v. 06.03.1997 – 3 B 178/96 (erhältlich in juris) Rn. 6; *OVG Münster*, Urt. v. 30.10.1961 – II A 480/61, OVGE 17, 106 (111).

918 *BVerwG*, Beschl. v. 06.03.1997 – 3 B 178/96 (erhältlich in juris) Rn. 6; *OVG Münster*, Urt. v. 30.10.1961 – II A 480/61, OVGE 17, 106 (111).

919 *BVerfG*, Beschl. v. 16.12.1980 – 2 BvR 419/80, BVerfGE, 55, 349 (365); Beschl. v. 07.07.1975 – 1 BvR 274, 209/72, 195, 194, 184/73 und 247/72, BVerfGE 40, 141, 178;

ren und die Erfolgsmöglichkeiten eines denkbaren Vorgehens sowie damit die Zweckmäßigkeit eines möglichen Verhaltens abzuschätzen[920]. Im Bereich der auswärtigen Politik ist eine verfassungsrechtlich verankerte Entscheidungs- und Handlungsfreiheit daher unverzichtbar[921].

Die von KURSAWE zusätzlich vorgeschlagene Trennung des „Ob" und „Wie" der Schutzausübung bei Auslandssachverhalten[922] überzeugt im Grundsatz ebenfalls nicht. Zum einen ist eine Handlungspflicht nur sinnvoll, wenn konkrete Maßnahmen ergriffen werden können. Die positive Entscheidung zum Schutzanspruch liefe sonst leer[923]. Der Vorschlag ist zum anderen zu starr. Sollte tatsächlich ein unverhältnismäßig schwerer Eingriff in Grundrechte eines Antragstellers vorliegen, reduziert sich das Ermessen der Behörde auf Null. Diese Möglichkeit ist flexibler als ein unbedingter Anspruch auf Tätigwerden in jedem Fall. Das von KURSAWE herangezogene Urteil des BVerwG vom 24.02.1981 stützt seine Auffassung nicht. Das Gericht spricht zwar von einem Anspruch des Einzelnen auf Schutz[924]. Es unterscheidet auch zwischen den Fragen, ob die Bundesrepublik zum Auslandsschutz verpflichtet ist und auf welche Art und Weise sie diesen gewähren muss.[925] Das Gericht will den staatlichen Organen jedoch keinesfalls das Entschließungsermessen absprechen. Vielmehr ist es der Auffassung, dass hinsichtlich der Frage, in welcher Weise sie Auslandsschutz gewährt und welche konkreten Maßnahmen sie ergreift, der Bundesrepublik Deutschland ein weites politisches Ermessen zusteht, „*und zwar ein sehr viel weiteres als bei der Frage, ob sie zur Gewährung von Auslandsschutz überhaupt tätig werden will*"[926]. Der Senat sagt damit, dass der Behörde auch ein

---

BVerwG, Beschl. v. 24.01.1989 – 7 B 102/88, NJW 1989, 2208 (2208); *OVG Münster*, Urt. v. 12.12.1988 – 17 A 2618/85, NJW 1989, 2209 (2211)

920 *BVerfG*, Beschl. v. 16.12.1980 – 2 BvR 419/80, BVerfGE, 55, 349 (365); *BVerwG*, Beschl. v. 06.03.1997 – 3 B 178/96 (erhältlich in juris) Rn. 6; Beschl. v. 24.01.1989 – 7 B 102/88, NJW 1989, 2208 (2208); Urt. v. 24.02.1981 – 7 C 60/79, BVerwGE 62, 11 (15.); *OVG Münster*, Urt. v. 12.12.1988 – 17 A 2618/85, NJW 1989, 2209 (2211); GEIGER, Grundgesetz und Völkerrecht, § 56 II S. 260.

921 EILERS/HEINTZEN, RIW 1986, 619 (621); HOFMANN, Grundrechte und grenzüberschreitende Sachverhalte, S. 109; RANDELZHOFER, in: MAUNZ/DÜRIG, Art. 16 I Rn. 62.

922 S.o., Seite 156 f.

923 KLEIN, Diplomatischer Schutz im Hinblick auf Konfiskationen deutschen Vermögens durch Polen, S. 40.

924 *BVerwG*, Urt. v. 24.02.1981 – 7 C 60/79, BVerwGE 62, 11 (14).

925 *BVerwG*, Urt. v. 24.02.1981 – 7 C 60/79, BVerwGE 62, 11 (15).

926 *BVerwG*, Urt. v. 24.02.1981 – 7 C 60/79, BVerwGE 62, 11 (15).

Entschließungsermessen zusteht, wenn auch nicht ein so umfangreiches[927]. Das BVerwG folgt in diesem Urteil offensichtlich dem BVerfG und der damaligen Lehre[928]. Diese räumten schon damals den Behörden sowohl ein Entscheidungs- als auch ein Auswahlermessen ein. Die Entscheidung des BVerwG stützt auch aus einem anderen Grund KURSAWES Theorie nicht: Das Gericht stellt ausdrücklich klar, dass der damals zu entscheidende Fall keinen Anlass zur Entscheidung der Frage geboten hat, ob die Organe der Bundesrepublik zur Ausübung von Schutz gezwungen sind[929]. Sollte man trotz der angeführten Argumente KURSAWES Ausführungen zu diesem Urteil für überzeugender halten, wäre die Ansicht des Gerichtes heute überholt. Der gleiche Senat hat einige Jahre später der Bundesregierung ausdrücklich sowohl ein Entscheidungs- als auch ein Auswahlermessen bei Sachverhalten mit Auslandsbezug eingeräumt[930]. Es bleibt folglich bei dem Grundsatz, dass ein deutscher Staatsbürger nur einen Anspruch auf fehlerfreie Ermessenausübung hinsichtlich der Frage hat, ob und wie die Behörde Auslandsschutz ausübt.

Ein anderes Ergebnis ergibt sich allerdings bei Entführungen im Ausland. In diesem Falle ist die staatliche Gewalt verpflichtet, Hilfsmaßnahmen zu ergreifen. Die Exekutive hat keinen Entscheidungsspielraum hinsichtlich der Frage, „ob" sie Maßnahmen zur Befreiung ergreifen muss. Das grundsätzlich bestehende Verwaltungsermessen reduziert sich über Art. 3 Abs. 1 GG, weil sich die vom Grundgesetz zum außenpolitischen Tätigwerden ausgewiesenen Organe – also die Bundesregierung und der Auswärtige Dienst – in der Vergangenheit selbstgebunden haben. Diese sind bisher in allen bekannten Entführungsfällen tätig geworden. Die Einsätze betrafen auch Entführungen in Ländern, in denen die Bundesrepublik Deutschland zum damaligen Zeitpunkt keine Auslandsvertretung unterhielt[931] oder die sich in internationalen Gewässern ereigneten, also in Gebieten, in denen der sachliche Anwendungsbereich des KonsG nicht eröffnet

---

927 KLEIN, Diplomatischer Schutz im Hinblick auf Konfiskationen deutschen Vermögens durch Polen, S. 41.

928 Vgl. den Verweis des *BVerwG* im Urt. v. 24.02.1981 – 7 C 60/79, BVerwGE 62, 11 (14 f.) auf die Entscheidung des Bundesverfassungsgerichts v. 16.12.1980 – 2 BvR 419/80, BVerfGE, 55, 349 (364 ff.) und die Abhandlung von DOEHRING, Die Pflicht des Staates zur Gewährung diplomatischen Schutzes.

929 Vgl. *BVerwG*, Urt. v. 24.02.1981 – 7 C 60/79, BVerwGE 62, 11 (15).

930 *BVerwG*, Beschl. v. 24.01.1989 – 7 B 102/88, NJW 1989, 2208 (2208).

931 Vgl. die Entführung von Susanne Osthoff. Diese Entführung ereignete sich im Jahre 2005. Die Bundesrepublik Deutschland eröffnete ihre Auslandsvertretung im Irak aber erst im Jahre 2009 (Generalkonsulat) und 2010 (Botschaft).

ist[932]. Die Praxis der Regierung und die öffentlichen Äußerungen des Auswärtigen Amtes lassen also auf eine ständige Verwaltungspraxis schließen[933]. Die Voraussetzungen für eine Selbstbindung der Verwaltung liegen somit vor [934].

b) Auswahlermessen

Die Staatsorgane können dagegen bei Entführungen in eigener Verantwortung entscheiden, *wie* sie ihre Verpflichtung zum Auslandsschutz erfüllen. Ein unbedingter Anspruch auf eine bestimmte Befreiungsmaßnahme, z. B. Lösegeldzahlung oder Gefangenenfreilassung, scheidet aus. Die zu §§ 6 Abs. 1 S. 1, 1 2. Spiegelstrich KonsG genannten Argumente gelten auch hier[935]. Die Bundesrepublik kann die auswärtigen Verhältnisse und Geschehensabläufe nicht frei nach ihrem Willen bestimmen. Ein Anspruch auf eine bestimmte Befreiungsmaßnahme wäre grundsätzlich weder rechtlich noch praktisch umsetzbar. Die erfolgreiche Befreiung eines Entführungsopfers im Ausland erfordert enorme diplomatische Anstrengungen und viel Verhandlungsgeschick. Die Rettung eines Entführten ist ohne die Mithilfe der ausländischen Stellen kaum möglich[936]. Die Bundesregierung würde das Völkerrecht verletzen, wenn sie ein Sondereinsatzkommando zur Geiselbefreiung in ein fremdes Land mit einer funktionierenden Staatsgewalt entsendet, ohne zuvor die Genehmigung der dortigen Regierung erhalten zu haben[937]. Abgesehen davon, müsste sich die Bundesrepublik auf ernsthafte bilaterale Probleme einstellen. Die deutsche Staatsgewalt wäre ohne die Kooperation der ausländischen Regierung und Zivilgesellschaft auch praktisch nicht in der Lage, einen entführten Deutschen zu befreien[938]. Die erfolgreiche Befreiung der Lufthansa-Maschine „Landshut" in Mogadischu bietet hierfür ein überzeugendes Beispiel[939]. Erst die Unterstützung der deutschen Absichten durch die somalischen Regierungsbehörden hat die erfolgreiche Befreiung ermöglicht. Die Bundesregierung wäre zudem bei

932 S.o., Seite 93 f.
933 S.o., Seite 87.
934 Zu den Voraussetzungen der Selbstbindung der Verwaltung: s.o., Seite 87.
935 S.o., Seite 88 ff.
936 Vgl. SCHANZE, in: BRANDT/BUCK (Hrsg.), Auswärtiges Amt, S. 217 (218 f.).
937 Zu den sonstigen Ausnahmen vom Gewaltverbot s.u., Seite 231 ff.
938 Vgl. SCHANZE, in: BRANDT/BUCK (Hrsg.), Auswärtiges Amt, S. 217 (222 f.).
939 Siehe hierzu auch unten, Seite 201.

Lösegeldzahlungen von Privaten[940] auf die Kontakte der ausländischen Regierungsstellen und ihre Einflussnahme auf die Entführer angewiesen.

Außerdem ist dem deutschen Staatsbürger selbst im innerstaatlichen Bereich ein subjektives öffentliches Recht auf eine konkrete Befreiungsmaßnahme verwehrt. Das BVerfG hat in der „*Schleyer-Entscheidung*" vom 16.10.1977 die Ansicht vertreten, dass die staatlichen Organe in eigener Verantwortung entscheiden müssten, wie sie die Verpflichtung zu einem effektiven Schutz des Lebens erfüllen[941]. Wenn aber ein Staatsbürger selbst im Inland keinen Anspruch auf eine bestimmte Befreiungsmaßnahme hat, darf bei ausländischen Sachverhalten mit den damit verbundenen zusätzlichen Schwierigkeiten erst recht nichts anderes gelten.

Ferner müssen die Staatsorgane insbesondere bei terroristischen Erpressungen das Allgemeinwohl beachten. Die grundrechtlichen Schutzpflichten und das Schutz-Treue-Prinzip begründet zwar eine staatliche Verpflichtung für den Schutz eines jeden Bürgers. Es gilt gleichzeitig jedoch für die Gesamtheit der Bürger. Das Grundgesetz begründet daher eine Schutzpflicht für die gesamte deutsche Bevölkerung[942]. Dies schließt aus, dass die zuständige staatliche Stelle sich auf ein bestimmtes Schutzmittel festlegt. Der Staat muss vielmehr in der Lage sein, auf die jeweiligen Umstände des Einzelfalls angemessen zu reagieren[943]. Andernfalls würde die Regierung neue Gefahren für die Allgemeinheit

---

940 Arbeitgeber entführter Mitarbeiter haben sich schon in einigen Fällen zur Lösegeldzahlung entschieden, um ihre Mitarbeiter freizubekommen, vgl. etwa die Lösegeldzahlung durch die Hamburger Reederei der überfallenen „Hansa Stavanger", vgl. *„Politiker verurteilen Lösegeldzahlung an Piraten"*, in: SPIEGEL-ONLINE v. 05.08.2009 (www.spiegel.de). Das Schiff wurde am 04.04.09 von somalischen Piraten etwa 400 Seemeilen vor der somalischen Küste entführt. Das Einsatzgebiet der Bundeswehr im Rahmen der Operation „Atlanta" umfasst eine Zone von 500 Seemeilen vor der somalischen Küste, vgl. GEMEINSAME AKTION 2008/851/GASP DES RATES vom 10. November 2008 über die Militäroperation der Europäischen Union als Beitrag zur Abschreckung, Verhütung und Bekämpfung von seeräuberischen Handlungen und bewaffneten Raubüberfällen vor der Küste Somalias (ABl. L 301 vom 12.11.2008, S. 33). Die Entführung erfolgte somit innerhalb des Einsatzgebietes. Vgl. zum Einsatz der Bundeswehr vor der somalischen Küste auch: Antrag der Bundesregierung zur Beteiligung bewaffneter deutscher Streitkräfte an der EU-geführten Operation Atalanta zur Bekämpfung der Piraterie vor der Küste Somalias (zu finden unter: http://dip21.bundestag.de/dip21/btd/16/113/1611337.pdf).

941 *BVerfG*, Urt. v. 16.10.1977 – 1 BvQ 5/77, BVerfGE 46, 160 (164).

942 *BVerfG*, Urt. v. 16.10.1977 – 1 BvQ 5/77, BVerfGE 46, 160 (165).

943 *BVerfG*, Urt. v. 16.10.1977 – 1 BvQ 5/77, BVerfGE 46, 160 (165).

begründen. Ein gebundener Anspruch auf Befreiung würde die Reaktion des Staates für Terroristen von vornherein kalkulierbar machen[944]. Dies würde aus Tätersicht einen Anreiz für die nächste Geiselnahme liefern[945]. Dafür finden sich überzeugende Beispiele in der deutschen Geschichte: Die anfängliche Nachgiebigkeit der Regierung bei der Entführung des Politikers Lorenz durch die RAF[946] hat die Motivation zu weiteren solchen Straftaten mit großer Wahrscheinlichkeit erhöht. Die staatliche Gewalt muss daher in der Lage sein, selbst erhebliche Verletzungen eines Staatsangehörigen im Ausland hinzunehmen, um höherwertige Interessen der Allgemeinheit zu schützen.

Den Organen der Bundesrepublik muss also ein weites Auswahlermessen zugesprochen werden[947]. Ihnen muss es freigestellt sein, die außenpolitisch erheblichen Sachverhalte selbstständig zu analysieren und die Erfolgsmöglichkeiten eines denkbaren Vorgehens sowie die Zweckmäßigkeit eines möglichen Verhaltens abzuschätzen[948]. Im Bereich der auswärtigen Politik ist eine verfassungsrechtlich verankerte, weitgehende Handlungsfreiheit unverzichtbar[949].

Die dagegen von OBERTHÜR und KURSAWE vorgetragenen Argumente überzeugen nicht[950]. Das aus der Wertordnung des Grundgesetzes abgeleitete Verbot, den Einzelnen zum bloßen Objekt staatlichen Handelns zu machen, verlangt

944 Vgl. *BVerfG*, Urt. v. 16.10.1977 – 1 BvQ 5/77, BVerfGE 46, 160 (165); SCHANZE, in: BRANDT/BUCK (Hrsg.), Auswärtiges Amt, S. 217 (222 f.).

945 SCHANZE, in: BRANDT/BUCK (Hrsg.), Auswärtiges Amt, S. 217 (222).

946 Sachverhalt: Am 27. Februar 1975 entführten Terroristen der RAF den Berliner CDU-Politiker Peter Lorenz. Die Entführer verlangten die Freilassung und Ausreise von sechs inhaftierten Gesinnungsgenossen in ein Land ihrer Wahl. Die Bundesregierung entschloss sich, auf die Forderung der Entführer einzugehen. Peter Lorenz wurde am 4. März freigelassen.

947 *BVerfG*, Beschl. v. 16.12.1980 – 2 BvR 419/80, BVerfGE, 55, 349 (365); Beschl. v. 07.07.1975 – 1 BvR 274, 209/72, 195, 194, 184/73 und 247/72, BVerfGE 40, 141, 178; *BVerwG*, Beschl. v. 24.01.1989 – 7 B 102/88, NJW 1989, 2208 (2208); *OVG Münster*, Urt. v. 12.12.1988 – 17 A 2618/85, NJW 1989, 2209 (2211)

948 *BVerfG*, Beschl. v. 16.12.1980 – 2 BvR 419/80, BVerfGE, 55, 349 (365); *BVerwG*, Beschl. v. 06.03.1997 – 3 B 178/96 (erhältlich in juris) Rn. 6; Beschl. v. 24.01.1989 – 7 B 102/88, NJW 1989, 2208 (2208); Urt. v. 24.02.1981 – 7 C 60/79, BVerwGE 62, 11 (15.); *OVG Münster*, Urt. v. 12.12.1988 – 17 A 2618/85, NJW 1989, 2209 (2211); GEIGER, Grundgesetz und Völkerrecht, § 56 II S. 260.

949 EILERS/HEINTZEN, RIW 1986, 619 (621); HOFMANN, Grundrechte und grenzüberschreitende Sachverhalte, S. 109; RANDELZHOFER, in: MAUNZ/DÜRIG, Art. 16 I Rn. 62; so auch zur schweizerischer Rechtslage: *BGer*, Urteil vom 19.03.1999, BGE 125 II 225 S. 228.

950 S.o., Seite 175 f.

keinen unbedingten Anspruch auf eine bestimmte Schutzmaßnahme[951]. Auch die Überlegung, den Einzelnen bei entgegenstehenden Allgemeininteressen zwingend zu entschädigen, ist abzulehnen. Die zuständige Stelle wäre vor das Dilemma gestellt, entweder den Schutzanspruch trotz entgegenstehender Allgemeininteressen zu erfüllen oder hohe Entschädigungssummen zu leisten[952].

4. Ergebnis: Anspruch auf Schutz

Eine deutsche Geisel im Ausland hat einen Anspruch auf Schutz gegen die Bundesrepublik Deutschland aus dem Grundgesetz. Der Auswärtige Dienst ist im Falle einer Entführung eines Deutschen im Ausland verfassungsrechtlich verpflichtet, tätig zu werden. Der Betroffene hat allerdings keinen Anspruch auf eine bestimmte Befreiungsmaßnahme, die Exekutive hat vielmehr ein Ermessen, auf welche Art und Weise sie tätig wird. Nur ausnahmsweise wird sich der Entscheidungsspielraum der Exekutive in Entführungsfällen auf die Wahl eines bestimmten Mittels verengen.

Dieser verfassungsrechtliche Anspruch richtet sich gegen die Bundesrepublik Deutschland: Der Bund hat gemäß Art. 32 Abs. 1 GG, 73 Nr. 1 GG, 74 Abs. 1 Nr. 7 GG die Aufgabe, seine Angehörigen im Ausland zu schützen. Er hat diese Aufgabe gemäß § 1 Abs. 2 5. Spiegelstrich GAD an den Auswärtigen Dienst delegiert. Der Auswärtige Dienst wird gemäß Art. 87 Abs. 1 S. 1 GG in bundeseigener Verwaltung geführt. Rechtsträger und damit Anspruchsgegner ist somit die Bundesrepublik Deutschland[953].

VIII. Würdigung des Ergebnisses

Unter Beachtung der Ausgangsfrage lässt sich abschließend Folgendes feststellen: Der einfachgesetzliche Anspruch aus § 1 2. Spiegelstrich KonsG bzw. § 6 Abs. 1 S. 1 KonsG ist verfassungsrechtlich fundiert und mit den grundgesetzlichen Vorgaben vereinbar[954]. Eine deutsche Geisel wird daher einen Anspruch auf Hilfe auf § 1 2. Spiegelstrich KonsG bzw. § 6 Abs. 1 S. 1 KonsG stützen können.

---

951 Randelzhofer, in: Maunz/Dürig, Art. 16 I Rn. 62.

952 Hofmann, Grundrechte und grenzüberschreitende Sachverhalte, S. 109; Randelzhofer, in: Maunz/Dürig, Art. 16 I Rn. 62.

953 S.o., Seite 91.

954 Vgl. Kötter/Nolte, DÖV 2007, 186 (193).

Ein Anspruch auf Hilfe nach § 1 2. Spiegelstrich KonsG bzw. § 6 Abs. 1 S. 1 KonsG kommt allerdings nur in Betracht, wenn der Anwendungsbereich des KonsG eröffnet ist. Dies ist immer dann der Fall ist, wenn die Bundesrepublik Deutschland in einem Land eine Auslandsvertretung unterhält. Ereignet sich die Entführung aber in anderen Ländern oder in internationalen Gewässern bzw. kapern die Piraten ein Schiff, das unter einer ausländischen Flagge fährt und auf dem sich deutsche Staatsangehörige befinden, hat eine deutsche Geisel im Ausland einen verfassungsrechtlichen Anspruch auf Schutz gegen die Bundesrepublik Deutschland gemäß Art. 2 Abs. 2 GG i. V. m. Art. 1 Abs. 1 S. 2 GG (i.V.m. Art. 25 S. 1 GG) und aus dem verfassungsrechtlichen Schutz-Treue-Verhältnis.

IX. Zusammenfassung

Aus Art. 2 Abs. 2 GG i.V.m. Art. 1 Abs. 1 S. 2 GG (i.V.m. Art. 25 S. 1 GG) und der Grundbeziehung zwischen dem Staat und seinen Angehörigen ergibt sich die staatliche Pflicht, im Ausland entführte Deutsche zu schützen und ihnen zu helfen. Dieser Pflicht entspricht ein Anspruch des Deutschen auf Befreiung. Ein deutsches Entführungsopfer kann aber keine bestimmte Befreiungsmaßnahme verlangen, sein Recht beschränkt sich auf einen Anspruch auf ermessensfehlerfreie Entscheidung.

Ein Anspruch auf Befreiung kann dagegen weder auf eine verfassungsrechtliche Tradition noch auf Art. 16 Abs. 1 GG oder Art. 16 Abs. 2 GG gestützt werden. Art. 1 Abs. 1 S. 2 GG kommt – hilfsweise – als Ermächtigungsgrundlage für die Rettung entführter deutscher Staatsangehöriger im Ausland nur in Betracht, wenn der persönliche Schutzbereich über Art. 25 S. 1 GG auf Deutsche begrenzt wird.

F. Ergebnisse 1. Teil

1. Amtliche Tätigkeiten zur Befreiung einer deutschen Geisel im Ausland stellen Maßnahmen des *konsularischen Schutzes* dar.
2. Art. 23 Abs. 1 AEUV beinhaltet keinen Anspruch des deutschen Staatsangehörigen auf Befreiung gegen die Bundesrepublik Deutschland.
3. Ein derartiger Anspruch lässt sich auch weder aus Art. 20 Abs. 2 S. 2 lit. c) AEUV noch aus Art. 46 GRCh ableiten.
4. Jeder Staat hat das Recht, seine Angehörigen im Ausland zu schützen. Diese Befugnis umfasst auch das konsularische Schutzrecht. Das staatliche Recht

zur Befreiung eines Angehörigen stützt sich völkerrechtlich auf Art. 5 lit. a) und e) WÜK.

5. Dagegen besteht kein völkerrechtlicher Individualanspruch eines deutschen Entführungsopfers auf Befreiung, und zwar weder aus dem Völkervertragsrecht noch aus dem Völkergewohnheitsrecht.
6. Das Völkerrecht steht einem innerstaatlichen Anspruch andererseits auch nicht entgegen.
7. Der Anwendung des KonsG steht weder entgegen, dass über Befreiungsaktionen grundsätzlich das Auswärtige Amt entscheidet, noch, dass solche Tätigkeiten außerhalb des alltäglichen konsularischen Aufgabenkatalogs liegen.
8. Die Unterstützung einer Befreiung im Ausland stellt keine konsularische Hilfe i.S.v. § 5 KonsG dar. Der Anwendungsbereich des § 5 KonsG bleibt auf wirtschaftliche oder soziale Notlagen beschränkt. Eine Geisel oder ein Entführungsopfer ist nicht „*hilfsbedürftig*“ i.S.v. § 5 KonsG.
9. Eine entführte deutsche Geisel kann einen Befreiungsanspruch auf § 6 Abs. 1 KonsG stützen, wenn die Entführung durch einen Katastrophenfall i.S.d. § 6 Abs. 1 S.1 KonsG verursacht wurde. § 6 Abs. 1 KonsG verlangt einen Ursachenzusammenhang zwischen einem Katastrophenfall und der Notlage. Es ist daher eine Frage des Einzelfalles, ob Befreiungsmaßnahmen auf § 6 Abs. 1 S. 1 KonsG gestützt werden können.
10. Deutsche Entführungsopfer haben ansonsten gemäß § 1 2. Spiegelstrich KonsG gegen die Bundesrepublik Deutschland einen Anspruch auf Hilfe.
11. Ein Anspruch auf eine bestimmte Befreiungsmaßnahme gemäß § 1 2. Spiegelstrich KonsG und § 6 Abs. 1 S. 1 KonsG scheidet aus. Die Behörde hat vielmehr ein Ermessen hinsichtlich der Frage, auf welche Art und Weise sie Hilfe gewährt. Das Entscheidungsermessen ist dagegen aufgrund der Selbstbindung der Verwaltung über Art. 3 Abs. 1 GG auf Null reduziert.
12. Eine gefestigte Rechtsprechung zur Pflicht des Staates, seinen Angehörigen konsularischen Schutz zu gewähren, liegt nicht vor. Aus den Ausführungen des BVerfG zur staatlichen Schutzpflicht im Bereich des konsularischen Schutzes lässt sich allerdings die grundsätzliche Bejahung einer rechtlichen Pflicht und eines korrespondierenden rechtlichen Anspruchs entnehmen.
13. Eine Pflicht zur Befreiung einer deutschen Geisel kraft Verfassungstradition besteht nicht.
14. Ein Befreiungsanspruch kann weder auf Art. 16 Abs. 1 GG noch auf Art. 16 Abs. 2 GG gestützt werden

15. Die grundrechtlichen Schutzpflichten finden auch im Ausland Anwendung. Ihre Reichweite wird über Art. 25 S. 1 GG verfassungsimmanent auf das völkerrechtlich zulässige Maß begrenzt. Dies führt dazu, dass selbst als Jedermann gewährleistete Grundrechte im Ausland nur für Deutsche gelten. Darüber hinaus ist der Schutzbereich eines Grundrechts nur betroffen, wenn die Durchsetzung der staatlichen Handlungspflicht völkerrechtlich gestattet ist. Eine solche Auffassung ist mit der *nationality rule* und dem Territorialprinzip vereinbar.
16. Eine verfassungsrechtliche Pflicht der Bundesrepublik zur Gewährung von Auslandsschutz kann über die Rechtsfigur der grundrechtlichen Schutzpflicht hergeleitet werden. Die Bundesrepublik Deutschland ist daher nach Art. 2 Abs. 2 GG i.V.m. Art. 1 Abs. 1 S. 2 GG (i.V.m. Art. 25 S. 1 GG) verpflichtet, einen im Ausland entführten Deutschen zu befreien.
17. Aus der Grundbeziehung zwischen dem Staat und seinen Angehörigen ergibt sich die staatliche Pflicht, im Ausland entführte Deutsche zu schützen und ihnen zu helfen.
18. Dieser verfassungsrechtlichen Pflicht entspricht ein Anspruch des Deutschen auf Hilfe. Ein deutsches Entführungsopfer kann aber keine Befreiung verlangen, sein Recht beschränkt sich auf der Rechtsfolgenseite auf einen Anspruch auf ermessensfehlerfreie Entscheidung.
19. Der Gesetzgeber hat mit der Schaffung der §§ 1, 5 und 6 KonsG seine verfassungsrechtliche Schutzpflicht im Ausland hinreichend konkretisiert.

Teil 2: Der Anspruch auf Hilfe bei Reisewarnungen und im Falle wiederholter Entführungen

A. Vorbemerkung

Es stellt sich allerdings die Frage, ob die Ergebnisse des 1. Teils auf alle Geiselnahmen im Ausland angewendet werden können. Eine unbedingte Verpflichtung des Staates zur Hilfeleistung erscheint in einigen Fallkonstellationen zweifelhaft; so etwa, wenn sich das Entführungsopfer durch die Reise fahrlässig in Gefahr begeben hat und damit ein vermeidbares Risiko eingegangen ist. Es ist auch fraglich, warum ein im Irak entführter Deutscher die gleichen Rechte haben sollte wie eine deutsche Geisel in Österreich, obwohl das Auswärtige Amt vor einer Reise in den Irak ausdrücklich gewarnt hat. Diskussionswürdig ist zudem, ob die Hilfsverpflichtung des Staates von den Umständen der Entführung abhängen darf. So könnte es einen Unterschied machen, ob ein Mitarbeiter einer humanitären Hilfsorganisation in Afghanistan verschleppt wird oder ein Teilnehmer einer Trekkingtour in Kolumbien. Ferner stellt sich die Frage, ob differenziert werden muss zwischen einem ehemaligen Entführungsopfer, das sich wiederholt in Gefahr begibt, und einem Staatsangehörigen, der arglos in den Urlaub nach Südfrankreich reist und dort von einem geistig Verwirrten als Geisel genommen wird.

Dieser kleine Ausschnitt behandelt nur einige Fragen, die sich im Zusammenhang mit Entführungen stellen. Trotz aller unterschiedlichen Ansätze lassen sich die geschilderten Fallkonstellationen zu zwei „Themenkomplexen“ zusammenfassen: Zweifel an einer unbedingten staatlichen Hilfspflicht ergeben sich, wenn das Auswärtige Amt vor einer Reise in ein bestimmtes Land gewarnt hat[955]. Die Öffentlichkeit reagiert außerdem mit Unverständnis, wenn Deutsche in einem fremden Land entführt werden, durch amtliche Hilfe gerettet werden und anschließend in dieses Land zurückkehren, obwohl die Gefahr einer weiteren Entführung besteht. Die beiden Fallgruppen lassen sich anhand realer Entführungsfälle veranschaulichen: Am 24. Januar 2006 wurden die Ingenieure

---

955 Reisewarnungen bzw. Sicherheitshinweise finden sich auf der entsprechenden Seite des Auswärtigen Amtes, vgl. http://www.auswaertiges-amt.de/diplo/de/Laenderinformationen/01-Reisewarnungen-Liste.html.

René Bräunlich und Thomas Nitzschke im Irak entführt. Sie hielten sich dort auf, obwohl das Auswärtige Amt vor einer Reise in den Irak gewarnt hatte. Am 2. Mai 2006 wurden beide nach intensiven Bemühungen des Auswärtigen Amtes wieder freigelassen. Die zweite Fallkonstellation ist der Causa Osthoff nachgebildet. Susanne Osthoff wurde am 25. November 2005 im Irak entführt. Nach 24-tägiger Geiselhaft wurde sie dank intensiver Bemühungen des Auswärtigen Amtes freigelassen. Nach ihrer Ankunft in Deutschland erklärte Frau Osthoff, sie plane in den Irak zurückzukehren. Wenige Wochen später setzte sie diesen Plan um, was von der deutschen Regierung und der Öffentlichkeit mit Erstaunen und Unverständnis kommentiert wurde.

Ein „Anspruch auf Befreiung“ scheidet in beiden Fallkonstellationen aus – so viel kann bereits an dieser Stelle anhand eines *argumentum ad maiore ad minus* festgestellt werden: Wenn ein Anspruch auf eine bestimmte Befreiungsmaßnahme bereits ausscheidet, wenn Deutsche ohne eigenes Verschulden Opfer von Entführungen werden[956], dann muss dies erst recht gelten, wenn sie sich vorsätzlich oder fahrlässig in Gefahr begeben haben.

Die folgende Untersuchung befasst sich daher mit diesen Punkten:

1. Zunächst ist zu erörtern, ob der Staat auch dann zur Hilfe verpflichtet ist, wenn das spätere Entführungsopfer eine Reisewarnung des Auswärtigen Amtes missachtet und sich damit *fahrlässig* in die Gefahr einer Entführung begeben hat.
2. Die Causa Osthoff führt zu einer weiteren Frage: Die Öffentlichkeit diskutierte damals, ob Frau Osthoff nach einer erneuten Entführung im Irak überhaupt noch irgendeine Hilfe von der deutschen Staatsgewalt verlangen kann[957]. Da sich Frau Osthoff durch ihre Rückkehr in den Irak (erneut) bewusst in die Gefahr einer erneuten Entführung begeben hat, wäre es denkbar, dass ihre Rechte infolge von *Verwirkung, Verzicht* oder auf *sonstigem Wege* entfallen sind. Es ist daher in einem zweiten Schritt zu untersuchen, ob eine ehemalige Geisel ihre Rechte nach dem KonsG und dem Grundgesetz „verlieren“ kann,

---

956 S.o., Seite 91 und 184.

957 Einige Politiker haben in der Öffentlichkeit die Auffassung vertreten, Frau Osthoff könne im Falle einer erneuten Entführung keine Rechte mehr geltend machen, vgl. im Ansatz: „Osthoff *vermeidet klare Aussage zu Rückkehr*“, in: SPIEGEL-ONLINE v. 27.12.2005 (www.spiegel.de); vgl. aber auch: *„Juristen: Regierung muss nicht helfen“* in: MERKUR-ONLINE (www.merkur-online.de); „Was wäre, wenn Frau Osthoff *erneut entführt würde?*“, in: WELT-ONLINE v. 15.05.2006 (www.welt.de).

wenn sie sich bewusst in die Gefahr einer erneuten Entführung begibt und der wiederholte Entführungsfall tatsächlich eintritt.

B. Reisewarnungen und Sicherheitshinweise des Auswärtigen Amtes

Zunächst ist festzustellen, dass ein Entführungsopfer seine nach dem KonsG und dem Grundgesetz gewährten Rechte auch dann ausüben kann, wenn es Reisewarnungen des Auswärtigen Amtes missachtet hat: Weder § 6 Abs. 1 KonsG, § 1 2. Spiegelstrich KonsG, Art. 2 Abs. 2 S. 1 GG noch das verfassungsrechtliche Schutz-Treue-Verhältnis unterscheiden danach, auf welchem Wege die Notlage verursacht wurde; d. h., die Voraussetzungen für staatliche Hilfen sind selbst dann erfüllt, wenn sich die spätere Geisel fahrlässig in Gefahr begeben hat.

Etwas anderes folgt auch nicht aus dem Rechtsgedanken des § 5 Abs. 7 KonsG. Danach kann eine Hilfe zwar abgelehnt werden, *„wenn festgestellt wird, dass der Hilfesuchende frühere Hilfen missbraucht hat, es sei denn, dass er im Falle der Ablehnung einen ernsten Nachteil an Leib, Leben oder Gesundheit erleiden würde"*. Da eine bloße Reisewarnung aber keine amtliche Hilfe darstellt, liegen die Voraussetzungen des § 5 Abs. 7 KonsG offensichtlich nicht vor. Im Übrigen greift hier der Vorbehalt, da eine Geisel ohne die Hilfeleistungen des Auswärtigen Dienstes mit hinreichender Wahrscheinlichkeit einen Nachteil an Leib, Leben und Gesundheit erleidet[958].

Die auswärtige Gewalt ist auch in dieser Fallkonstellation zur Hilfe *verpflichtet*. Ein Entscheidungsermessen besteht nicht. Das Ergebnis entspricht also exakt jenem aus Teil 1[959]. Der Grund ist die Praxis des Auswärtigen Dienstes. Dieser behält seine oben[960] dargelegte Verwaltungspraxis auch dann bei, wenn sich die Entführung in einem Land ereignet, vor dessen Betreten das Auswärtige Amt gewarnt hat[961]. Das nach § 6 Abs. 1 KonsG und § 1 2. Spiegelstrich KonsG grundsätzlich bestehende Entschließungsermessen reduziert sich also auch in diesen Fällen auf Null über Art. 3 GG i. V. m. mit dem Institut

958 § 5 Abs. 7 KonsG setzt sogar nur eine einfache Wahrscheinlichkeit voraus, vgl. HOFFMANN, Konsularrecht I, § 5 KonsG, Anm. 7.4.

959 S.o., Seite 185 ff.

960 S.o., Seite 87.

961 Vgl. BITTNER, *Hoffentlich beim Auswärtigen Amt versichert*, in: ZEIT.DE vom 05.01.2006 (www.zeit.de).

der Selbstbindung der Verwaltung[962]. Entsprechendes gilt für den verfassungsrechtlichen Anspruch auf Hilfe im Ausland[963]. Die Exekutive ist daher auch in diesem Fall verpflichtet einzuschreiten[964]. Die Art und Weise und der Umfang der Hilfe stehen dagegen im Ermessen der zuständigen Behörde.

C. Der Fall Osthoff

Fraglich ist, ob dieses Ergebnis auch im Falle einer *wiederholten* Entführung gilt (*Fall* Osthoff).

I. Kein Verzicht, Verwirkung, unwürdiges Verhalten oder Missbrauch

Entgegen einigen Behauptungen in der Öffentlichkeit kann Frau Osthoff ihre nach dem KonsG und dem Grundgesetz gewährten Rechte auch dann ausüben, wenn sie erneut im Irak entführt würde[965]. Eine ehemalige Geisel verliert ihre Schutzrechte nicht, weder durch *Verwirkung*, noch durch *Verzicht* oder *auf sonstige Weise*. Eine *Verwirkung* des Anspruchs nach dem KonsG scheidet aus. Verwirkung ist ein im Grundsatz von Treu und Glauben wurzelnder Vorgang der Rechtsvernichtung[966]. Das Institut der Verwirkung setzt ein rechtsmissbräuchliches Verhalten *und* das Verstreichen eines längeren Zeitraums voraus[967]. Diese Voraussetzungen erfüllt der Fall Osthoff nicht. Das Verhalten von Frau Osthoff mag zwar ein treuwidriges und widersprüchliches Verhalten

962 S.o., Seite 87 f.

963 S.o., Seite 178 ff.

964 S.o., Seite 91 und 184.

965 Frau Osthoff wird ihren Anspruch „nur" auf § 1 2. Spiegelstrich KonsG stützen können, da Deutschland im Irak eine Auslandsvertretung unterhält (vgl. dazu die Homepage des auswärtigen Amtes, s.o., FN 438). Der Vollständigkeit halber wird aber dennoch auch die Rechtslage bezüglich des verfassungsrechtlichen Schutzanspruchs erläutert.

966 *BVerwG*, Urt. v. 16.05.1991 – 4 C 4/89, NVwZ 1991, 1182 (1183); *OVG Münster*, Urt. v. 04.09.2008 – 7 A 2358/07 (erhältlich in juris) Rn. 48; *VG Köln*, Urt. v. 05.03.2009 – 1 K 1485/08 (erhältlich in juris) Rn. 23; Kopp/Ramsauer, § 53 Rn. 41; Sachs, in: Stelkens/Bonk/Sachs, § 53 Rn. 22.

967 *BVerwG*, Urt. v. 16.05.1991 – 4 C 4/89, NVwZ 1991, 1182 (1183); *OVG Münster*, Urt. v. 04.09.2008 – 7 A 2358/07 (erhältlich in juris) Rn. 48; *VG Köln*, Urt. v. 05.03.2009 – 1 K 1485/08 (erhältlich in juris) Rn. 23; Kopp/Ramsauer, § 53 Rn. 45; Sachs, in: Stelkens/Bonk/Sachs, § 53 Rn. 23.

darstellen. Allerdings fehlt es an dem notwendigen Zeitmoment. Dieser könnte überhaupt nur angenommen werden, wenn Frau Osthoff sich gegen ihre Rettung gewehrt hätte, was aber nicht der Fall war.

Die Entscheidung, erneut in das Land der vorherigen Entführung zurückzukehren, stellt auch keinen stillschweigenden *Verzicht* auf Rechte aus dem KonsG dar. Ein Verzicht bewirkt das Erlöschen einer Rechtsposition[968]. Voraussetzung ist u. a. eine Erklärung des Rechtsinhabers gegenüber der zuständigen Behörde[969]. Als empfangsbedürftige Willenserklärung wird sie entsprechend § 130 Abs. 1 S. 1 BGB wirksam, wenn sie der Behörde zugeht[970]. Gemessen an diesen Voraussetzungen kann in der Rückkehr ins Ausland kein *Verzicht* gesehen werden. Es fehlt bereits an der erforderlichen Verzichtserklärung. Diese muss zwar nicht ausdrücklich erfolgen[971], sie muss aber eindeutig und unmissverständlich sein[972]. Weder die bloße Ankündigung einer Reise ins Ausland noch die Reise selbst erfüllt diese Voraussetzung, da keine dieser Handlungen eine eindeutige und unmissverständliche Verzichtserklärung darstellt.

Die Befugnis zur Geltendmachung des Anspruchs wird auch nicht auf andere Weise ausgeschlossen. Für einen Ausschluss könnte zwar eine Vorschrift des Konsulargesetzes von 1867 sprechen. Nach der Allgemeinen Dienstinstruktion[973] schied eine Unterstützung *„offenbar unwürdiger Individuen"* aus. Allerdings muss auch dieser Gedanke verworfen werden. Zum einen beschränkte sich die Angabe in der Dienstinstruktion auf *finanzielle Hilfen*. Dies folgt aus der *Verordnung des Reichskanzlers betreffend die von den Kaiserlichen Konsuln zu gewährenden Unterstützungen vom 1. April 1882*[974]: Da der Allgemeinen Dienstinstruktion nicht entnommen werden konnte, wer ein *unwürdiges Individuum* sein sollte, korrigierte man diesen Missstand mit der Verordnung vom 1. April 1882[975]. Danach durfte eine *Beihilfe aus öffentlichen Fonds* nur in Fällen wirklicher und unverschuldeter Not, bei Krankheit, Arbeitsunfähigkeit

---

968 *OVG Münster*, Urt. v. 15.05.1997 – 11 A 7224/95, NVwZ-RR 1998, 614 (615 f.); MAURER, Allgemeines Verwaltungsrecht, § 14 Rn. 34; SACHS, in: STELKENS/BONK/SACHS, § 53 Rn. 29.

969 SACHS, in: STELKENS/BONK/SACHS, § 53 Rn. 34.

970 VGH München BRS 25 Nr. 167; VGH Kassel NVwZ-RR 1995, 495; SACHS, in: STELKENS/BONK/SACHS, § 53 Rn. 34.

971 SACHS, in: STELKENS/BONK/SACHS, § 53 Rn. 33.

972 SACHS, in: STELKENS/BONK/SACHS, § 53 Rn. 33.

973 S.o., Seite 63.

974 Central-Blatt für das Deutsche Reich S. 218.

975 HOFFMANN, Konsularrecht I, § 5 KonsG, Anm. 7.1.

usw. gewährt werden, und vor allem nur an Personen, die der Unterstützung nicht nur hilfsbedürftig, sondern auch würdig seien. Mit der Formulierung „*offenbar unwürdiger Individuen*“ sollte somit nur der Missbrauch finanzieller Hilfen verhindert werden. Zum anderen hat das KonsG die Formulierung der Allgemeinen Dienstinstruktion nicht übernommen. Das Merkmal „*unwürdige Individuen*“ wäre mit dem Sozialstaatsprinzip und den Grundrechten der Hilfesuchenden nicht vereinbar gewesen[976]. Die einzige Vorschrift, nach der eine Hilfe abgelehnt werden kann, ist somit § 5 Abs. 7 KonsG.

Der Anspruch entfällt aber auch nicht nach § 5 Abs. 7 KonsG. Der Konsularbeamte kann danach die Hilfe ablehnen, „*wenn festgestellt wird, dass der Hilfesuchende frühere Hilfen missbraucht hat, es sei denn, dass er im Falle der Ablehnung einen ernsten Nachteil an Leib, Leben oder Gesundheit erleiden würde*“. § 5 Abs. 7 KonsG bezieht sich nach seinem Wortlaut und seiner systematischen Stellung aber nur auf Hilfeleistungen nach § 5 Abs. 1 S. 1 KonsG. Ein Konsularbeamter kann nach § 5 Abs. 7 KonsG folglich lediglich finanzielle Hilfen ablehnen und keine Hilfsmaßnahmen nach § 6 Abs. 1 S. 1 KonsG und § 1 2 Spiegelstrich KonsG.

Ein anderes Ergebnis ergäbe sich auch nicht bei einer analogen Anwendung von § 5 Abs. 7 KonsG. Selbst wenn die Voraussetzungen für eine Analogie vorlägen, könnte die Exekutive Hilfeleistungen nach § 5 Abs. 7 KonsG nicht ablehnen: Nach dem Wortlaut des § 5 Abs. 7 letzter Halbsatz KonsG kann konsularische Hilfe nämlich nicht abgelehnt werden, wenn der Hilfesuchende ansonsten einen „*ernsten Nachteil an Leib, Leben oder Gesundheit erleiden würde*“. Da eine Geisel ohne die Hilfeleistungen des Auswärtigen Dienstes mit hinreichender Wahrscheinlichkeit einen Nachteil an Leib, Leben und Gesundheit erleidet, scheidet bereits aus diesem Grund eine analoge Anwendung von § 5 Abs. 7 KonsG aus[977].

Im Ergebnis behält also eine frühere Geisel selbst im Falle der Rückkehr ins Entführungsland ihre Rechte nach dem KonsG. Entsprechendes gilt für den verfassungsrechtlichen Schutzanspruch. Eine *Verwirkung* des verfassungsrechtli-

---

976 Vgl. Hoffmann, Konsularrecht I, § 5 KonsG, Anm. 7.3.

977 Selbst wenn der Gesetzgeber in § 5 Abs. 7 KonsG diesen Vorbehalt nicht aufgenommen hätte, dürfte die deutsche Staatsgewalt bei einem Missbrauch der Hilfen nicht untätig bleiben, wenn ansonsten dem Hilfsbedürftigen eine Gefahr für Leib, Leben oder Gesundheit droht. Wenn die zuständige Behörde unter solchen Umständen untätig bleibt würde, hätte dies den faktischen Verlust der grundrechtlichen Schutzpflicht aus Art. 2 Abs. 2 GG zur Folge. Einen solchen Missbrauch sieht das Grundgesetz nicht vor, vgl. hierzu ausführlich: S. 195 ff.

chen Schutzanspruchs nach Art. 18 GG[978] scheidet aus[979]. Die Rückkehr ins Ausland stellt zudem keine *Verzichtserklärung* dar; eine solche ist aber unbedingte Voraussetzung für einen Wegfall eines verfassungsrechtlichen Rechts[980].

II. Ermessensreduzierung auf Null im Fall Osthoff

Fraglich ist, ob Frau Osthoff im Falle einer erneuten Entführung einen Anspruch auf Hilfe gegen die deutsche Staatsgewalt hat oder ob die auswärtige Gewalt ein Entscheidungsermessen hinsichtlich der Frage hat, ob sie helfend tätig wird. Sollte Frau Osthoff erneut im Irak entführt werden, reduziert sich das Entscheidungsermessen der auswärtigen Gewalt nicht über Art. 3 GG i. V. m. mit dem Institut der Selbstbindung der Verwaltung. Die Verwaltungspraxis des Auswärtigen Amtes umfasst derartige Ausnahmefälle nämlich nicht[981].

Eine Ermessensreduktion mit der Folge einer unbedingten Hilfspflicht nach dem KonsG könnte sich aber aus dem Rechtsgedanken des § 5 Abs. 7 KonsG ergeben. Nach § 5 Abs. 7 KonsG kann die Hilfeleistung abgelehnt werden, „*wenn festgestellt wird, dass der Hilfesuchende frühere Hilfen missbraucht hat, es sei denn, dass er im Falle der Ablehnung einen ernsten Nachteil an Leib, Leben oder Gesundheit erleiden würde*".

Der Konsularbeamte ist danach also selbst dann zur Hilfeleistung verpflichtet, wenn der Hilfesuchende frühere Hilfen missbraucht hat *und* durch die Ablehnung der Hilfe einen ernsten Nachteil an einem der aufgeführten Rechtsgüter erleiden würde. Wenn der Konsularbeamte aber selbst im Missbrauchsfall zur Hilfeleistung verpflichtet ist, darf nichts anderes gelten, wenn kein Missbrauch vorliegt, durch die Ablehnung der Hilfe aber eines der aufgeführten Rechtsgüter verletzt werden würde. Aus dem Gedanken des § 5 Abs. 7 KonsG lässt sich somit die Aussage ableiten, dass der Konsularbeamte nach § 5 Abs. 1

978 Wortlaut von Art. 18 GG: „*Wer die Freiheit der Meinungsäußerung, insbesondere die Pressefreiheit (Artikel 5 Abs. 1), die Lehrfreiheit (Artikel 5 Abs. 3), die Versammlungsfreiheit (Artikel 8), die Vereinigungsfreiheit (Artikel 9), das Brief-, Post- und Fernmeldegeheimnis (Artikel 10), das Eigentum (Artikel 14) oder das Asylrecht (Artikel 16a) zum Kampfe gegen die freiheitliche demokratische Grundordnung missbraucht, verwirkt diese Grundrechte. Die Verwirkung und ihr Ausmaß werden durch das BVerfG ausgesprochen.*"

979 Vgl. zu den Voraussetzungen für eine Verwirkung der Grundrechte nach Art. 18 GG: Stern, Staatsrecht III/2, S. 929 ff.

980 Vgl. Stern, Staatsrecht III/2, S. 912 f.

981 Hanschel, ZaöRV 66 (2006), 789 (804).

KonsG immer zur Hilfe verpflichtet ist, wenn der Hilfesuchende ohne die Hilfe einen *ernsten Nachteil an Leib, Leben oder Gesundheit erleiden würde*[982]. Da eine Geisel ohne die Hilfeleistungen des Auswärtigen Dienstes mit hinreichender Wahrscheinlichkeit einen Nachteil an Leib, Leben und Gesundheit erleidet, wäre der Konsularbeamte nach dem Gedanken dieser Vorschrift in Entführungs- oder Geiselfällen *immer* zur Hilfeleistung verpflichtet.

Der in § 5 Abs. 7 KonsG konkretisierte Gedanke von Treu und Glauben verhindert, dass die deutsche Staatsgewalt durch ein Untätigbleiben diejenige Schutzgrenze unterschreitet, die sie keinesfalls unterschreiten darf. Er sichert somit eine verhältnismäßige Erfüllung der verfassungsrechtlichen Schutzpflichten und ist damit Ausdruck des Untermaßverbotes[983]. Denn wäre es den zuständigen staatlichen Stellen möglich, im Falle des Missbrauchs konsularischer Hilfe untätig zu bleiben, obwohl unter diesen Umständen für den Entführten Gefahren für Leib, Leben oder Gesundheit drohen, würde dies faktisch zum Verlust des unverlierbaren grundrechtlichen Schutzanspruchs aus Art. 2 Abs. 2 S. 1 GG i. V. m. Art. 1 Abs. 1 S. 2 GG führen.

Dieses schutzwürdige Interesse besteht auch im Falle *zuvor* gewährter Hilfen nach § 1 2. Spiegelstrich KonsG oder § 6 Abs. 1 KonsG. Ziel des Ermessens ist die effektive Erfüllung der verfassungsrechtlichen Schutzpflicht[984]. Im Ergebnis muss der verfassungsgebotene Mindeststandard an Grundrechtssicherheit gewährleistet sein[985]. Die sich aus Art. 2 Abs. 2 S. 1 GG i. V. m. Art. 1 Abs. 1 S. 2 GG ergebende Schutzpflicht richtet daher auch dem behördlichen Gestaltungsermessen ein Untermaßverbot auf. Dieses verpflichtet den Staat die Grundrechte zu schützen, je existentieller und fundamentaler sie für den Betroffenen sind[986]. Für die Proportionalität der Schutzpflichtgewähr ist auch der Grad der drohenden Gefahr ausschlaggebend[987]. Für diese Gefahrenabstufung sind Art, Nähe und Ausmaß möglicher Gefahren beachtlich. Je schwerer derartige Gefahren

982 Hanschel, ZaöRV 66 (2006), 789 (805).

983 Vgl. *BVerfG*, Urt. v. 28.05.1992 – 2 BvF 2/90 und 4,5/92, BVerGE 88, 203, 254; Calliess, in: Merten/Papier (Hrsg.), HGR II § 44 Rn. 29 ff.; Isensee, in: Isensee/Kirchhof (Hrsg.), HStR V, § 111 Rn. 165; Merten, in: Merten/Papier (Hrsg.), HGR III, § 68 Rn. 81 ff.

984 Isensee, in: Isensee/Kirchhof (Hrsg.), HStR V, § 111 Rn. 165.

985 Vgl. *BVerfG*, Urt. v. 28.05.1992 – 2 BvF 2/90 und 4,5/92, BVerGE 88, 203, 254 f.; Isensee, in: Isensee/Kirchhof (Hrsg.), HStR V, § 111 Rn. 165.

986 Calliess, in: Merten/Papier (Hrsg.), HGR II § 44 Rn. 34; Merten, in: Merten/Papier (Hrsg.), HGR III, § 68 Rn. 92.

987 Calliess, in: Merten/Papier (Hrsg.), HGR II § 44 Rn. 34; Merten, in: Merten/Papier (Hrsg.), HGR III, § 68 Rn. 92.

wiegen, desto eher müssen auch geringere Wahrscheinlichkeiten ihres Eintritts für den Eintritt einer staatlichen Schutzpflicht genügen[988].

Es ist hinreichend wahrscheinlich, dass einem entführten Deutschen Gefahren für Leib, Leben uns Gesundheit drohen, wenn z.B. die Forderungen der Entführer nicht erfüllt werden. Ein Untätigbleiben der zuständigen Behörde würde daher das Untermaßverbot verletzen und zu einem faktischen Verlust der grundrechtlichen Schutzpflicht aus Art. 2 Abs. 2 GG i. V. m. Art. 1 Abs. 1 S. 2 GG führen. Danach ist die zuständige Stelle auch dann zur Hilfe verpflichtet, wenn ein Deutscher zum *wiederholten* Male entführt wird.

III. Ergebnis

Sollte Frau Osthoff erneut im Irak entführt werden, kann sie sich auf ihr Recht aus dem KonsG berufen. Wie in allen anderen Entführungsfällen auch, ist die zuständige Behörde zur Hilfe verpflichtet und hat nur ein Ermessen, auf welche Art und Weise sie dieser Pflicht nachkommt. Der Staat kann sich also selbst im Falle einer wiederholten Entführung eines Staatsangehörigen seiner Fürsorgepflicht nicht entziehen. Die zuständige Behörde kann jedoch im Rahmen des Auswahlermessens berücksichtigen, dass sich das ehemalige Entführungsopfer wiederholt und bewusst in Gefahr begeben hat.

IV. Würdigung

Der letzte Abschnitt hat verdeutlicht, dass die deutsche Staatsgewalt immer zur Hilfe verpflichtet ist, wenn ein Deutscher im Ausland entführt wird. Das Entschließungsermessen reduziert sich also auch dann auf Null, wenn das Entführungsopfer zuvor Reisewarnungen des Auswärtigen Amtes missachtet hat oder sich zum wiederholten Mal in die Gefahr einer Entführung begeben hat. Ein Untätigbleiben der zuständigen Stelle würde gegen das Untermaßverbot verstoßen. Die Praxis des Auswärtigen Amtes, bei allen Entführungsfällen Hilfsmaßnahmen zu ergreifen, stellt folglich die Erfüllung der grundrechtlichen Schutzpflicht *dem Grunde nach* dar.

---

988 Merten, in: Merten/Papier (Hrsg.), HGR III, § 68 Rn. 92.

D. Ergebnisse 2. Teil

1. Das grundsätzlich nach dem KonsG und dem Grundgesetz bestehende Entscheidungsermessen der zuständigen Behörde reduziert sich über Art. 3 Abs. 1 GG i. V. m. mit dem Institut der Selbstbindung der Verwaltung auch dann auf Null, wenn das Auswärtige Amt eine Reisewarnung für das Zielland veröffentlicht hat und dort anschließend ein Deutscher entführt wird[989].
2. Weder das KonsG noch das verfassungsrechtliche Schutz-Treue-Verhältnis unterscheiden danach, ob sich ein Deutscher fahrlässig in Gefahr begeben hat.
3. Konsularischer Schutz wird auch im Falle einer wiederholten Entführung gewährt[990]. Insofern sind auch Entführungsopfer hilfsbedürftig, die sich zum wiederholten Male in ein gefährliches Land begeben und erneut entführt werden[991].
4. Da die Verwaltungspraxis des Auswärtigen Dienstes Fälle von wiederholten Entführungen nicht erfasst, scheidet zwar eine Ermessensreduzierung auf Null gemäß Art. 3 Abs. 1 GG i. V. m. mit dem Institut der Selbstbindung der Verwaltung aus. Die Bundesrepublik Deutschland ist jedoch gleichfalls zur Hilfe verpflichtet, da ein Untätigbleiben der zuständigen Behörde den faktischen Verlust des grundrechtlichen Anspruchs aus Art. 2 Abs. 2 GG i.V.m. Art. 1 Abs. 1 S. 2 GG (i.V.m. Art. 25 S. 1 GG) zur Folge hätte und daher gegen das Untermaßverbot verstoßen würde[992].

---

989 S.o., Seite 191
990 S.o., Seite 192 ff.
991 S.o., Seite 192 ff.
992 S.o., Seite 195 ff.

Teil 3: Zulässigkeit von gewaltsamen Befreiungsoperationen im Ausland

A. Vorbemerkung

Im folgenden Abschnitt wird untersucht, welche Möglichkeiten dem Auswärtigen Dienst bzw. der Bundesregierung zur Verfügung stehen, um einen im Ausland entführten Deutschen zu retten. Erfährt das Auswärtige Amt von der Entführung eines deutschen Staatsangehörigen im Ausland, so wird innerhalb der Behörde ein Krisenstab gebildet. Der Krisenstab versucht, die Entführer zur Freilassung der Geisel zu bewegen. Dieses Vorhaben wird leichter zu erreichen sein, wenn die Geiselnehmer „nur" finanzielle Forderungen stellen[993]. In der Vergangenheit haben nichtstaatliche Gruppen aber mehrmals versucht, mit der Entführung politische Ziele durchzusetzen; z. B. haben Geiselnehmer in Afghanistan wiederholt mit der Ermordung ihrer Geiseln gedroht, falls die Bundesregierung nicht die Bundeswehr aus Afghanistan abkommandiert[994]. Denkbar wäre auch, dass Terroristen mit der Entführung die Freilassung ihrer Gesinnungsgenossen aus deutschen Gefängnissen erpressen wollen[995]. Da sich die verantwortlichen Stellen – zumindest offiziell – nicht auf solche Forderungen einlassen werden, verbleiben der Exekutive in diesen Fallkonstellationen keine Handlungsalternativen. Scheitert der Versuch einer einvernehmlichen

---

993 In der Vergangenheit konnten solche Entführungen überwiegend mit der Freilassung der Geisel beendet werden.

994 Vgl. *„Taliban wollen Abzug der Bundeswehr erpressen"*, in: SPIEGEL-ONLINE v. 20.07.2007 (www.spiegel.de); *„Deutsche Geisel* RUDOLF BLECHSCHMIDT *ist frei"*, in: FOCUS-ONLINE v. 10.10.2007 (www.focus.de). Denkbar ist auch, dass religiöse Fanatiker Ausländer nur entführen, um sie anschließend hinzurichten, vgl. *Steckt Al Qaida hinter der Tötung der deutschen Geisel?*, in: FAZ v. 16.06.2006, S. 6; *Verschleppte im Jemen offenbar getötet*, FAZ v. 16.06.2009, S. 1.

995 Vgl. hierzu die Forderung der RAF im Rahmen der Schleyer-Entführung im Jahre 1977. Die Entführer forderten von der Bundesregierung die Freilassung einiger gefangener Terroristen (vgl. zum Sachverhalt der „Schleyer-Entscheidung": *BVerfG*, Urt. v. 16.10.1977 – 1 BvQ 5/77, BVerfGE 46, 160 (161 ff.); POLZIN, Deutscher Herbst am BVerfG, S. 18 ff.). Eine solche Forderung wäre auch von ausländischen Terroristen denkbar.

Lösung, kann die Rettung der Geisel nur auf einem Wege erreicht werden: Das Entführungsopfer muss gewaltsam befreit werden[996].

In der Regel werden die Einsatzkräfte des Aufenthaltsstaates eine Befreiungsoperation durchführen[997]. Die Bundesrepublik muss allerdings unter bestimmten Umständen den Einsatz eigener Spezialkräfte erwägen. Ein Einsatz im Ausland kommt in Betracht, wenn die Einsatzkräfte des Aufenthaltsstaates nicht über ausreichende Erfahrungen in Evakuierungsoperationen verfügen[998]. Eine Evakuierungsoperation durch ein deutsches Spezialkommando ist zudem denkbar, wenn das Aufenthaltsland ein sog. „failing/failed state", d. h. ein Land ohne Staatsgewalt ist[999]. Schließlich kommt eine Evakuierungsoperation durch deutsche Spezialkräfte in Betracht, wenn der Aufenthaltsstaat jegliche Hilfe und Kooperation ablehnt oder sogar mit den Geiselnehmern sympathisiert. Es ist daher im Folgenden zu erörtern, ob der Auswärtige Dienst bzw. die Bundesregierung im Rahmen ihres Auswahlermessens den Einsatz eines deutschen Kommandos zur Befreiung eines deutschen Staatsangehörigen im Ausland erwägen kann.

Die Bundesrepublik Deutschland verfügt über zwei Einheiten, die auf Geiselbefreiungen im Ausland spezialisiert sind. Dies sind die GSG 9 der Bundespolizei und die Kommandospezialkräfte der Bundeswehr (KSK). Die GSG 9

---

996 Die letzten Entführungen haben bewiesen, dass die Gefahr für die Geiseln nicht zu unterschätzen sind. So haben religiöse Fanatiker im Sommer 2009 mehrere Deutsche entführt und sie anschließend getötet, vgl. *„Verschleppte im Jemen offenbar getötet"*, in: FAZ v. 16.06.2009, S. 1; *„Steckt Al Qaida hinter der Tötung der deutschen Geiseln?*, in: FAZ v. 16.06.2009, S. 6. Entsprechendes gilt für Entführte anderer Nationen, vgl. *„Taliban töten südkoreanische Geisel"*, in: SPIEGEL-ONLINE v. 25.07.2007 (www.spiegel.de); *„Abu Sayyaf köpft zwei Geiseln"*, in: SPIEGEL-ONLINE v. 22.08.2002 (www.spiegel.de).

997 Vgl. die Olympia-Geiselnahme 1972, als die Bundesrepublik die von der israelischen Armee angebotene polizeiliche Hilfe ablehnte oder die Befreiung der deutschen Sahara-Geiseln durch ägyptische und sudanesische Spezialkräfte (*„Auch deutsche Spezialkräfte vor Ort"*, in: N24-Online v. 29.09.2009 www.n24.de).

998 Der Einsatz der GSG 9 in Mogadischu 1977 konnte stattfinden, weil die somalischen Behörden erklärten, dass sie über keine ausreichend geschulten Einsatzkräfte verfügten und auch aus diesem Grund den Einsatz genehmigten.

999 Ein Staat wird als „failing state" bezeichnet, wenn die Funktionsfähigkeit der Staatsgewalt durch innere Krisen nachhaltig erschüttert sind. Ein „failed state" liegt schließlich vor, wenn die Staatsgewalt völlig weggebrochen ist. In beiden Fällen besteht der Staat nur noch als kaum oder überhaupt nicht mehr funktionsfähige Hülse fort, vgl. HERDEGEN, Völkerrecht, § 8 Rn. 35.

wurde 1972 als Spezialeinheit des Bundes nach dem Überfall eines palästinensischen Terrorkommandos auf die israelische Olympiamannschaft während der Olympischen Spiele in München gegründet[1000]. Die GSG 9 wird sowohl im originären Aufgabenbereich der Bundespolizei als auch zur Unterstützung anderer Bedarfsträger, z. B. des Auswärtigen Amtes, eingesetzt[1001].

Die Rettung, Befreiung und Evakuierung von Personen im Ausland gehören auch zu den Aufgaben der KSK[1002]. Die Idee einer Spezialeinheit der Bundeswehr entstand im Jahre 1994, nachdem die Bundesregierung mangels geeigneter Alternativen gezwungen war, deutsche Geiseln im Kongo durch belgische Fallschirmjäger befreien zu lassen[1003]. Sie wurde im Jahre 1996 mit der Aufstellung eines etwa 1000 Mann starken Spezialverbandes umgesetzt[1004].

Sowohl die Bundeswehr als auch die GSG 9 sind in der Vergangenheit zum Schutz deutscher Staatsangehöriger im Ausland eingesetzt worden. Die GSG 9 hatte ihren bisher größten Erfolg im Jahre 1977 mit der erfolgreichen Stürmung der Lufthansa-Maschine „Landshut" in Mogadischu[1005]. Die nächste Geiselbefreiung im Ausland durch Beamte der GSG 9 erfolgte im Jahr 2008[1006]: Nach der Entführung von neun Deutschen im ägyptisch-sudanesischen Grenzgebiet waren bereits 150 Beamte nach Ägypten verlegt worden. Die Entführung endete allerdings, noch ehe die Deutschen zum Einsatz kamen. Zuletzt sollte das Spezialkommando den Frachter „Hansa Stavanger" und seine teils deutsche Besat-

---

1000 Vgl. die Homepage der Bundespolizei: http://www.bundespolizei.de/cln_109/nn_249932/DE/Home/03__Organisation/1Bundespolizeipraesidium/GSG9.

1001 Vgl. die Homepage der GSG 9: http://www.bundespolizei.de/cln_109/nn_249932/DE/Home/03__Organisation/1Bundespolizeipraesidium/GSG9.

1002 Vgl. die Homepage der KSK: http://www.deutschesheer.de/portal/a/dso/dienststellen/ksk.

1003 Vgl. die Homepage der KSK: http://www.deutschesheer.de/portal/a/dso/dienststellen/ksk.

1004 Vgl. die Homepage der KSK: http://www.deutschesheer.de/portal/a/dso/dienststellen/ksk.

1005 Vgl. Homepage der GSG 9: http://www.bundespolizei.de/cln_109/nn_249932/DE/Home/03__Organisation/1Bundespolizeipraesidium/GSG9.

1006 Vgl. *„Deutsche Spezialkräfte an Geiselbefreiung beteiligt"*, in: WELT-ONLINE v. 29.09.2008 (www.welt.de); *„Deutsche Spezialkräfte waren bei Geiselbefreiung vor Ort"*, in: SPIEGEL-ONLINE v. 29.09.2008 (www.spiegel.de); *„Aufmarsch der Gladiatoren"*, in: Der Spiegel 41/2008 vom 06.10.2008, S. 34.

zung vor der somalischen Küste aus der Gewalt ihrer Entführer befreien[1007]. Obwohl die GSG 9 bereits nach Somalia verlegt worden war, sah die Bundesregierung von einem Einsatz ab. Dieser Schritt wurde offiziell u. a. mit den erheblichen Risiken einer Befreiung eines Schiffes auf hoher See gerechtfertigt[1008].

Der erste unilaterale[1009] Einsatz der Bundeswehr zur Rettung deutscher Staatsangehöriger erfolgte im Jahre 1997[1010]. Im März 1997 brach in Albanien die staatliche Ordnung infolge von Unruhen zusammen. Insbesondere in Tirana spitzte sich die Lage zu. Infolge heftiger Kämpfe konnte der Flughafen von Tirana nicht mehr angeflogen werden. Das Leben der in Tirana verbliebenen deutschen Staatsbürger war akut gefährdet. Die Bundesregierung befahl am 14.03.1997 den Einsatz deutscher Streitkräfte zur Evakuierung ausländischer und deutscher Staatsangehöriger in Tirana. Fünf Hubschrauber der Bundeswehr landeten am gleichen Tage in Tirana und nahmen insgesamt 120 Menschen aus 22 Nationen an Bord (darunter 20 Deutsche). Während des Einsatzes kam es zu einem Schusswechsel zwischen den deutschen Soldaten und den albanischen Aufständischen.

Auch belgische Truppen im Kongo 1960[1011], belgische und amerikanische Streitkräfte im Kongo 1964[1012], amerikanische Einheiten anlässlich des Umsturz-

---

1007 Vgl. *„Getrennt marschieren, gar nicht schlagen“*, in: FAZ.NET v. 27. April 2009 (www.faz.net); *„Flexibel in Afrika“*, in: FAZ vom 7. Mai 2009, S. 3.

1008 *„Berlin stoppt Befreiungsaktion der GSG 9“*, in: SPIEGEL-ONLINE v. 02.05.2009 (www.spiegel.de).

1009 Ein unilateraler Einsatz ist ein Einsatz außerhalb eines Systems gegenseitiger kollektiver Sicherheit (Art. 24 Abs. 2 GG).

1010 Die Darstellung basiert auf der Beschlussempfehlung und dem Antrag des Auswärtigen Ausschusses des Bundestages vom 19.03.1997, BT-Drs. 13/7265 und Güntert, S. 13 f.; Kreß, ZaöRV 57 (1997), 329 (330 f.).

1011 Sachverhalt (vgl. Kongo, AdG 1960, 8514 ff. und Beyerlin, ZaöRV 37 (1977), 213 (214 ff.): Nachdem Belgien seine Kolonie 1960 in die Unabhängigkeit entlassen hatte, meuterten kongolesische Soldaten der Ordnungstruppe, die unter der Leitung belgischer Offiziere standen. Teile der kongolesischen Polizei schlossen sich den Meuterern an. Zusammen verübten sie Grausamkeiten gegen die noch im Kongo befindlichen Belgier und andere Europäer. Belgische Fallschirmspringer griffen daraufhin zum Schutz der Ausländer ein. Sie blieben trotz des Protestes der kongolesischen Zentralregierung im Land, um Ruhe und Ordnung zu gewährleisten. Sie verließen den Kongo erst, als sie durch UN-Truppen abgelöst wurden, um deren Entsendung die kongolesische Regierung gebeten hatte.

1012 Sachverhalt (vgl. Kongo, AdG 1964, 11552 ff., B): Während der seit Ende des Jahres 1963 gegen die kongolesische Regierung andauernden Rebellion vertrieben Aufständische im Sommer 1964 die Regierungstruppen aus Stanleyville (dem heutigen Kisangani). Dabei fielen ihnen Ausländer in die Hände und wurden als Geiseln genommen.

versuches in der Dominikanischen Republik 1965[1013] und israelische Streitkräfte in Uganda im Jahre 1977[1014] haben eigene Staatsangehörigen aus dem Ausland

---

Als die Regierungstruppen im Herbst 1964 auf Stanleyville vorrückten, drohten die Rebellen mit der Exekutierung der Geiseln. Als sich die Lage zuspitzte, willigte der kongolesische Ministerpräsident in eine Evakuierung der Geiseln durch französische Streitkräfte ein. Im November 1964 landeten amerikanische Transportmaschinen mit belgischen Fallschirmjägern im Kongo. Die belgischen Fallschirmjäger befreiten die meisten der Geiseln und verließen anschließend wieder den Kongo.

1013 Sachverhalt (vgl. Dominikanische Republik. Amerika. Vereinigte Staaten, Vereinte Nationen, AdG 1965, 11875 ff. (A); FERGUSON, IO 1973, 517 ff.): Im April 1965 putschten Teile des Militärs gegen die Regierung ihres Landes. Sie wollten den früheren Präsidenten Bosch wieder in sein Amt einsetzen. Das Militär hatte diesen 1963 gestürzt und ins Exil getrieben. Der Putsch war nur in Teilen erfolgreich. Die Regierung wurde zwar abgelöst, andere Teile des Militärs widersetzten sich jedoch den Zielen der Putschisten. Letztere befürchteten, dass hinter dem Putsch kommunistische Kräfte standen. Sie setzten Truppen gegen die Aufständischen ein. Ein erbitterter Kampf zwischen den beiden Parteien brach aus. Die von den Auseinandersetzungen überraschten Ausländer aus Santo Domingo brachten sich in einem Hotel der Stadt in Sicherheit. Die amerikanische Regierung erklärte, sie werde alle amerikanischen Staatsangehörigen aus der Dominikanischen Republik evakuieren und schützen. Daraufhin landeten amerikanische Truppen in der dominikanischen Hauptstadt. Diesen Einsatz hatte dominikanische Behörden zwar noch bewilligt. In den nächsten Tagen wurden jedoch weitere amerikanische Truppen in Santo Domingo eingesetzt. Ihre Gesamtzahl erreichte im Mai 1965 30.000 Mann. Der amerikanische Präsident erklärte, die Truppen hätten sowohl die Aufgabe, das Leben der Staatsangehörigen der USA zu schützen als auch die Errichtung einer kommunistischen Diktatur zu verhindern. Nach dem Abschluss der Intervention wurde auch über die Rechtmäßigkeit einer Intervention zum Schutz eigener Staatsangehöriger gestritten. Während Großbritannien, China und die Niederlande den Einsatz als gerechtfertigt ansahen, verurteilten Kuba und die Sowjetunion ihn als völkerrechtswidrig. Die größte Teil der Literatur beurteilte den Einsatz in seiner Anfangsphase als rechtmäßig, soweit er zum Schutz eigener Staatsangehöriger erfolgte. Das über den zur Evakuierung der Ausländer erforderlichen Einsatz hinausgehende Unternehmen wurde dagegen als völkerrechtswidrig qualifiziert.

1014 Sachverhalt (vgl. BEYERLIN, ZaöRV 37 (1977), 213 [213 ff.]): Im Juni 1976 entführten propalästinensische Terroristen ein französisches Flugzeug mit 248 Passagieren an Bord nach Entebbe in Uganda. Dort brachten sie die Geiseln in den Terminal, der von ugandischem Militär hermetisch abgeriegelt worden war. Die Terroristen forderten die Freilassung von 40 Gesinnungsgenossen auf der ganzen Welt. Entsprechend einem vom israelischen Generalstab ausgearbeiteten Plan landeten am frühen Morgen des 4. Juli zwei israelische Transportmaschinen mit etwa 150 Soldaten an Bord auf dem Flugplatz von Entebbe. Israelische Einheiten stürmten mit Jeeps und schweren MGs ausgerüstet den Terminal, töteten sieben Terroristen und befreiten die Geiseln. Bei

evakuiert. Im Jahre 2009 hat ein britisches Spezialkommando im Irak einen britischen Staatsangehörigen aus der Gewalt seiner Geiselnehmer befreit[1015].

Deutsche Staatsangehörige wurden zudem durch den Truppeneinsatz anderer Staaten aus Liberia in den Jahren 1990 und 1996[1016], aus Ruanda und Jemen im Jahr 1994[1017] sowie aus Sierra Leone im Jahre 1997[1018] evakuiert[1019].

B. Rechtmäßigkeit von Befreiungsoperationen im Ausland durch die GSG 9 und die KSK

Ein Einsatz der GSG 9 oder der KSK im Ausland ist aber nur möglich, wenn eine entsprechende Rechtsgrundlage (I. und II.) existiert und eine Intervention völkerrechtskonform ist (III.).

---

diesem Gefecht wurden auch etwa zwanzig ugandische Soldaten erschossen. Ob der damalige ugandische Präsident Idi Amin von der geplanten Entführung gewusst hat und die Terroristen nach ihrer Landung in Uganda durch sein Militär sogar gedeckt hat, kann heute zwar nicht eindeutig beantwortet werden. Die vom israelischen UN-Botschafter dem Sicherheitsrat vorgelegten Beweise deuten jedoch darauf hin.

1015 Vgl. *„Ich bin raus! Ich bin frei!"*, in: SPIEGEL-ONLINE v. 09.09.2009 (www.spiegel.de).

1016 1990 und 1996 evakuierten amerikanische Streitkräfte Hunderte Ausländer aus der hart umkämpften Hauptstadt von Liberia, vgl. Liberia, AdG 1990, 34863 (34864) und Liberia, AdG 1996, 40943.

1017 Sachverhalt (vgl. Baldus, in: Erberich/Hörster/Hoffmann *u. a.* (Hrsg.), Frieden und Recht, 259 [259]): Während des Bürgerkriegs in Ruanda im Jahre 1994 gerieten elf deutsche Mitarbeiter der Deutschen Welle in Kigali in Lebensgefahr. Das Bundesministerium der Verteidigung prüfte deswegen die Möglichkeit einer Rettung durch Lufttransporteinheiten und Fallschirmjäger. Da belgische Fallschirmjäger zur Rettung eigener Staatsangehöriger sowie der Deutschen intervenierten, brauchte die Evakuierungsmaßnahme nicht weiter verfolgt zu werden. Im selben Jahr evakuierten französische Einheiten während des jemenitischen Sezessionskrieges 500 Ausländer.

1018 Sachverhalt (vgl. Sierra Leone, AdG 1997, 42052 ff., A): Ende Mai 1997 stürzten Offiziere der sierraleonischen Streitkräfte die demokratisch gewählte Regierung in Freetown. Anschließend kam es zu heftigen Kämpfen zwischen den Putschisten und Gefolgsleuten der abgesetzten Regierung sowie zu Plünderungen. Am 30. Mai 1997 evakuierten amerikanische Truppen Ausländer aus Sierra Leone. Eine vergleichbare Rettungsaktion fand auf Initiative der britischen Regierung statt.

1019 Vgl. hierzu: BT-Drs. 13/6924 v. 07.02.1997, S. 5 f.; dort hat die Bundesregierung alle Rettungsaktionen von 1990 bis 1997 aufgelistet, in denen durch Truppeneinsatz befreundeter Staaten deutsche Staatsangehörige aus unmittelbarer Gefahr für Leib und Leben befreit wurden.

I. Rechtsgrundlage für einen Einsatz der GSG 9 als Spezialeinheit der Bundespolizei

1. § 8 Abs. 2 S. 1 BPolG als Rechtsgrundlage

Die Befugnis für einen Einsatz der GSG 9 für Rettungsoperationen im Ausland folgt aus § 8 Abs. 2 S. 1 BPolG[1020]. Dort heißt es wörtlich:

> *„Die Bundespolizei kann ferner im Einzelfall zur Rettung von Personen aus einer gegenwärtigen Gefahr für Leib oder Leben im Ausland verwendet werden. Die Verwendung ist nur für humanitäre Zwecke oder zur Wahrnehmung dringender Interessen der Bundesrepublik Deutschland und im Einvernehmen mit dem Staat, auf dessen Hoheitsgebiet die Maßnahme stattfinden soll, zulässig."*

Die Entführung eines deutschen Staatsangehörigen erfüllt die Voraussetzungen des § 8 Abs. 2 BPolG. Eine Geiselnahme im Ausland stellt eine gegenwärtige Gefahr für Leib oder Leben einer Person im Ausland dar. Die Befreiung der Geisel erfüllt zudem einen humanitären Zweck. Außerdem nimmt die Bundespolizei auf diesem Wege dringende Interessen der Bundesrepublik Deutschland wahr. Sollte auch das Völkerrecht einen Einsatz der GSG 9 erlauben[1021], kann diese somit als Spezialeinheit der Bundespolizei zur Befreiung deutscher Geiseln im Ausland eingesetzt werden[1022].

2. Kritische Betrachtung des § 8 Abs. 2 S. 1 BPolG

In der Literatur wird die Verfassungsmäßigkeit des § 8 Abs. 2 BPolG in Frage gestellt. Konkret spricht sich Fischer-Lescano gegen die Verfassungsmäßigkeit des § 8 Abs. 2 BPolG aus[1023]. Er behauptet, dem Bund fehle die Gesetzgebungskompetenz zum Erlass einer entsprechenden Regelung[1024].

Baldus weist dagegen überzeugend auf die Regelungskompetenz des Bundes aus Art. 73 Nr. 1 GG hin[1025]. Er sieht den Bund danach befugt, den Fall extraterritorialer Intervention zum Schutz fremder und deutscher Staatsangehöri-

---

1020 Gesetz über die Bundespolizei (Bundespolizeigesetz – BPolG), das zuletzt durch Artikel 2 des Gesetzes vom 31. Juli 2009 (BGBl. I S. 2507) geändert worden ist.

1021 S.u., Seite 227 ff.

1022 Die Entscheidung zum Rettungseinsatz trifft gemäß § 8 Abs. 2 S. 2 BPolG der Bundesminister des Innern im Einvernehmen mit dem Auswärtigen Amt.

1023 Fischer-Lescano, KJ 2004, 67 (74).

1024 Fischer-Lescano, KJ 2004, 67 (74).

1025 Baldus, in: Erberich/Hörster/Hoffmann *u. a.* (Hrsg.), Frieden und Recht, S. 259 (287 ff.).

ger gesetzlich zu regeln[1026]. Die verwaltungskompetenzielle Grundlage für den Einsatz der Bundespolizei erblickt er in Art. 32 Abs. 1 GG[1027].

II. Rechtsgrundlage für einen Einsatz der KSK als Sondereinsatztruppe der Bundeswehr

Die Frage, ob die KSK als Spezialeinheit der Bundeswehr im Ausland Geiseln befreien darf, wurde zuletzt im Frühjahr 2008 relevant. Im Rahmen der Entführung des Tankers „Hansa Stavanger" mit seiner zum größten Teil deutschen Besatzung durch somalische Piraten forderte u. a. der damalige Bundesinnenminister eine Grundgesetzänderung. Er vertrat die Ansicht, die Bundeswehr könne nach aktueller Rechtslage nicht im Ausland zur Befreiung deutscher Geiseln eingesetzt werden[1028]. Sein Vorschlag sah die Erweiterung des Artikel 87a GG um einen Absatz 5 vor[1029]: *„Außerhalb des Hoheitsgebiets der Bundesrepublik Deutschland dürfen die Streitkräfte nach den Regeln des Völkerrechts, auch zur Unterstützung der zuständigen Bundesbehörden, eingesetzt werden. Das Nähere regelt das Bundesgesetz."*

Dieser Vorschlag ist auf heftige Kritik gestoßen[1030]. Einige Kritiker behaupteten, die Bundeswehr könne bereits nach der aktuellen Fassung des Grundgesetzes deutsche Geiseln im Ausland befreien[1031]. Aus diesem Grund soll im Folgenden untersucht werden, ob und unter welchen Voraussetzungen die Bundeswehr im Ausland zur Rettung deutscher Staatsangehöriger eingesetzt werden kann.

1026 Baldus, in: Erberich/Hörster/Hoffmann *u. a.* (Hrsg.), Frieden und Recht, S. 259 (287 ff.).

1027 Baldus, in: Erberich/Hörster/Hoffmann *u. a.* (Hrsg.), Frieden und Recht, S. 259 (292 ff.).

1028 Vgl. „*Schäuble: Grundgesetz ändern für Piraten-Bekämpfung*", in: FAZ vom 11.05.2009, S. 6; *„Widerspruch gegen Schäubles Vorstoß"*, in: FAZ v. 12.05.2009, S. 1; *„Wahlkampf zum Einsatz auf See"*, in: FAZ v. 12.05.2009, S. 5.

1029 Vgl. hierzu: „*Wahlkampf zum Einsatz auf See*", in: FAZ v. 12.05.2009, S. 5.

1030 Vgl. die Äußerungen von Wiefelpütz und Westerwelle, in: „*Widerspruch gegen Schäubles Vorstoß*", FAZ v. 12.05.2009, S. 1.

1031 Vgl. die Äußerungen von Wiefelpütz und Westerwelle, in: „*Widerspruch gegen Schäubles Vorstoß*", FAZ v. 12.05.2009, S. 1.

1. Rechtsgrundlage für Befreiungsaktionen der Bundeswehr im Rahmen mandatierter Operationen

Das Grundgesetz ermöglicht eine Befreiungsoperation, wenn die Bundeswehr innerhalb eines mandatierten Gebiets tätig wird und das Mandat den Schutz deutscher Staatsangehöriger umfasst. Die Ermächtigungsgrundlage ist dann Art. 24 Abs. 2 GG[1032] in Verbindung mit dem konkreten Mandat[1033]. Das BVerfG hat dies in mehreren Entscheidungen bestätigt[1034]. Eine Grundgesetzänderung ist in diesen Fällen folglich nicht erforderlich.

2. Rechtsgrundlage für unilaterale Befreiungsaktionen im Ausland

Die Entführung von deutschen Staatsangehörigen innerhalb eines Einsatzgebietes der Bundeswehr wird die absolute Ausnahme darstellen[1035]. Es muss daher untersucht werden, ob und unter welchen Voraussetzungen ein unilateraler Einsatz der Bundeswehr im Ausland möglich ist. Die rechtswissenschaftliche Lite-

1032 Wortlaut von Art. 24 Abs. 2 GG: *„Der Bund kann sich zur Wahrung des Friedens einem System gegenseitiger kollektiver Sicherheit einordnen; er wird hierbei in die Beschränkungen seiner Hoheitsrechte einwilligen, die eine friedliche und dauerhafte Ordnung in Europa und zwischen den Völkern der Welt herbeiführen und sichern."*

1033 *BVerfG*, Urt. v. 12.07.1994 – 2 BvE 3/92, 5/93, 7/93, 8/93, BVerfGE 90, 286 (345 ff.); GÜNTERT, S. 29 ff.; JARASS, in: JARASS/PIEROTH, Art. 24 Rn. 21; PETERHOFF, BWV 2000, 49 (49 f.); RANDELZHOFER, in: MAUNZ/DÜRIG, Art. 24 Abs. 2 II Rn. 20, Rn. 54 ff.; WILD, DÖV 2000, 622 (626 ff.).

1034 Dies gilt für alle Auslandseinsätze, die im Rahmen der NATO und den Vereinten Nationen geführt werden, vgl. *BVerfG*, Urt. v. 07.05.2008 – 2 BvE 1/03, BVerfGE 121, 135 (156); Urt. v. 12.07.1994 – 2 BvE 3/92, 5/93, 7/93, 8/93, BVerfGE 90, 286 (345 ff.). Im 1. Leitsatz heißt es dort bereits: *„Die Ermächtigung des Art 24 Abs 2 GG berechtigt den Bund nicht nur zum Eintritt in ein System gegenseitiger kollektiver Sicherheit und zur Einwilligung in damit verbundene Beschränkungen seiner Hoheitsrechte. Sie bietet vielmehr auch die verfassungsrechtliche Grundlage für die Übernahme der mit der Zugehörigkeit zu einem solchen System typischerweise verbundenen Aufgaben und damit auch für eine Verwendung der Bundeswehr zu Einsätzen, die im Rahmen und nach den Regeln dieses Systems stattfinden*".

1035 Die Kaperung des Frachters „Hansa Stavanger" mit ihrer größtenteils deutschen Besatzung vor der somalischen Küste durch Piraten ist bisher die einzige Entführung deutscher Staatsangehöriger in einem mandatierten Gebiet der Bundeswehr; zum Sachverhalt: S.o., FN 940.

ratur diskutiert diese Frage seit vielen Jahren kontrovers und umfassend[1036]. Das BVerfG musste diese Frage noch nicht beantworten[1037].

Kernfrage des Streits ist, ob das Grundgesetz eine Ermächtigungsgrundlage für unilaterale Auslandseinsätze der Bundeswehr beinhaltet. Da ein Einsatz der Bundeswehr weder auf Art. 24 Abs. 2 GG, Art. 26 Abs. 1 GG[1038], Art. 73 Abs. 1 Nr. 1 GG[1039] noch auf Art. 32 Abs. 1 GG[1040] gestützt werden kann, beschränkt sich der größte Teil der Ausführungen auf die Frage, ob ein Einsatz auf der Grundlage von Art. 87a Abs. 1 S. 1 GG[1041] und/oder Art. 87a Abs. 2 GG[1042] erfolgen kann[1043]. Hierzu werden verschiedene Ansich-

---

1036 Vgl. nur ARNDT, DÖV 1992, 618 ff.; BACHMANN, MDR 1993, 397 ff.; BÄHR, MDR 1994, 882 ff.; BALDUS, in: ERBERICH/HÖRSTER/HOFFMANN *u. a.* (Hrsg.), Frieden und Recht, S. 259 (275 ff.); BLUMENWITZ, BayVBl 1994, 641 ff. und 678 ff.; BOLDT, ZRP 1992, 218 ff., BRENNER/HAHN, JuS 2001, 729 ff.; EPPING, AöR, Bd. 124 (1999), 423 (426 ff.); FIBICH, ZRP 1993, 5 ff.; FRANZKE, NZWehrr 1996, 189 ff.; GORNIG, JZ 1993, 123 ff.; GÜNTHER, in: THIEL (Hrsg.), Wehrhafte Demokratie, S. 329 ff.; HEUN, Anm. z. *BVerfG*, Urt. v. 12.07.1994 – 2 BvE 3/92, 5, 7, 8/93, JZ 1994, 1073 ff.; KREß, ZaöRV 57 (1997), 329 (349 ff.); NOLTE, ZaöRV 54 (1994), 652 ff.; RIEDEL, DÖV 1995, 135 ff.; STEIN/KRÖNINGER, Jura 1995, 254 ff.; THALMAIR, ZRP 1993, 201 ff.; WILD, DÖV 2000, 622 ff.

1037 Das BVerfG hatte sich bisher nur mit der Beteiligung der Bundeswehr an Bündnisoperationen zu beschäftigen: *BVerfG*, Urt. v. 12.07.1994 – 2 BvE 3/92 (Beteiligung an der NATO- und WEU-Seeüberwachung des Embargos gegen Rest-Jugoslawien), 5/93 und 7/93 (Beteiligung an der Luftüberwachung über Bosnien-Herzegowina mit AWACS-Fernaufklärern, 8/93, Beteiligung an UNOSOM II in Somalia), BVerfGE 90. 286 ff.

1038 Wortlaut von Art. 26 Abs. 1 GG: *„Handlungen, die geeignet sind und in der Absicht vorgenommen werden, das friedliche Zusammenleben der Völker zu stören, insbesondere die Führung eines Angriffskrieges vorzubereiten, sind verfassungswidrig. Sie sind unter Strafe zu stellen."*

1039 Wortlaut von Art. 73 Abs. 1 Nr. 1 GG: *„Der Bund hat die ausschließliche Gesetzesgebung über die auswärtigen Angelegenheiten sowie die Verteidigung einschließlich des Schutzes der Zivilbevölkerung."*

1040 Vgl. nur GÜNTERT, S. 37; SIGLOCH, Auslandseinsätze, S. 195 f.; a.A. WIEFELPÜTZ, AöR 132 (2007), 45 (89). Wortlaut von Art. 32 Abs. 1 GG: *„Die Pflege der Beziehungen zu auswärtigen Staaten ist Sache des Bundes."*

1041 Wortlaut von Art. 87a Abs. 1 S. 1 GG: *„Der Bund stellt Streitkräfte zur Verteidigung auf."*

1042 Wortlaut von Art. 87a Abs. 2 GG: *„Außer zur Verteidigung dürfen die Streitkräfte nur eingesetzt werden, soweit dieses Grundgesetz es ausdrücklich zulässt."*

1043 Das Urteil des BVerfG vom 12. Juli 1994 kann diese Frage nicht beantworten, da für dieses Urteil nur Art. 24 Abs. 2 GG und nicht Art. 87a GG streitentscheidend gewesen ist (vgl. *BVerfG*, Urt. v. 12.07.1994 – 2 BvE 3/92, BVerfGE 90, 286 ff.). Das Gericht

ten vertreten und Konstruktionen gebildet. Ein Teil des Schrifttums ist der Auffassung, ausschließlich Art. 87a Abs. 1 S. 1 GG ermächtige zu einem Auslandseinsatz der Bundeswehr[1044]. Andere kritisieren diesen Ansatz und qualifizieren Art. 87a Abs. 1 S. 1 GG als bloße Zuständigkeitsnorm[1045]. Einige wollen stattdessen in Art. 87a Abs. 2 GG die richtige Ermächtigungsgrundlage gefunden haben[1046]. Eine dritte Auffassung erkennt in beiden Vorschriften eine taugliche Grundlage für einen Einsatz[1047]. Eine vierte Literaturmeinung betrachtet Art. 87a Abs. 2 GG seit der Novellierung der Wehrverfassung im Jahre 1968 als Lex-specialis-Regelung gegenüber Abs. 1, charakterisiert also beide Absätze als Befugnisnormen, wendet dabei aber Art. 87a Abs. 2 GG als speziellere Norm an[1048]. Eine fünfte Ansicht geht davon aus, das Grundgesetz beinhalte zwar keine ausdrückliche Befugnisnorm für Auslandseinsätze der Streitkräfte, es setze jedoch diese Möglichkeit voraus[1049]. Eine sechste Ansicht sieht ein Bundeswehrkommando als durch ungeschriebenes Staatsnotrecht gerechtfertigt an[1050]. Ein siebter Ansatz lehnt jegliche Rechtfertigung ab. Da alle bisherigen

---

hat den Streit um die Auslegung von Art. 87a GG bewusst offengelassen, vgl. *BVerfG*, Urt. v. 12.07.1994 – 2 BvE 3/92, BVerfGE 90, 286 (355).

1044 Vgl. Dau/Wöhrmann, Der Auslandseinsatz deutscher Streitkräfte, S. 545; Kirchhof, in: Isensee/Kirchhof (Hrsg.), HStR IV, § 84 Rn. 49; ihm folgend: Dau, NZWehrr 1998, 89 (92); Fink, JZ 1999, 1016 (1018); Gramm, NZWehrr 2005, 133 (133); Hillgruber, in: Umbach/Clemens, Art. 87a Rn. 10; Wiefelpütz, ZaöRV 65 (2005), 819 (821 f.).

1045 Vgl. Baldus, in: v. Mangoldt/Klein/Starck, Art. 87a Abs. 1 Rn. 13; Depenheuer, in: Maunz/Dürig, Art. 87a Rn. 82; Güntert, S. 44 ff.; Ipsen, in: Bonner Kommentar, Art. 87a Rn. 9, 12.

1046 Vgl. Baldus, in: v. Mangoldt/Klein/Starck, Art. 87a Abs. 2 Rn. 30; Heun, in: Dreier, Art. 87a Rn. 16.

1047 Vgl. Peterhoff, BWV 2000, 49 (50 f.).

1048 Vgl. Fiebig, Der Einsatz der Bundeswehr im Innern, S. 210 FN 2; Lutze, NZWehrr 2003, 101 (107).

1049 Vgl. Kokott, in: Sachs, Art. 87a Rn. 9. Diese Auffassung sieht Auslandseinsätze der Bundeswehr, solange sie nicht gegen Art. 26 GG verstoßen, bereits vom Sinn und Zweck des Art. 87a GG gedeckt und daher ohne spezielle Ermächtigungsnorm verfassungsrechtlich zulässig. Depenheuer, in: Maunz/Dürig, Art. 87a Rn. 82 und 108 behauptet, das Recht zur Selbstverteidigung sei bereits dem Staatsbegriff immanent.

1050 Die Ansichten zur Existenz eines staatlichen Staatsnotrechts lassen sich in 2 Hauptgruppen einteilen. Eine klassische staatsbezogene Ansicht billigt dem Staat ein ungeschriebenes, überverfassungsrechtliches Notstandsrecht zu, das durch das positive Recht nicht beschränkt werden könne (hierzu gehören u. a. Flor, DVBl. 1958, 149 ff.; Schröder, AöR 103 (1978), 121 (134); Stern, Staatsrecht II, S. 1336 f.). Die zweite Gruppe der Anhänger eines ungeschriebenen Staatsnotrechts vertritt eine einge-

Einsätze der Bundeswehr rechtswidrig gewesen seien, fordern sie konsequenterweise eine Verfassungsänderung[1051]. Alle diese Auffassungen werden seit Langem diskutiert[1052].

a) Art. 87 a Abs. 1 GG als Rechtsgrundlage für exterritoriale Einsätze der Bundeswehr

Da ein Einsatz zum Schutz eigener Staatsangehöriger im Ausland richtigerweise weder auf ungeschriebenes Verfassungs-[1053] noch auf ungeschriebenes Staatsnotrecht[1054] gestützt werden kann, soll an dieser Stelle nur erörtert werden, ob Art. 87a GG einen Rettungseinsatz zu rechtfertigen vermag.

Die h. L.[1055] sieht zwar in Art. 87a GG eine Ermächtigung für einen Auslandseinsatz, sofern der Einsatz *„zur Verteidigung"* erfolgt. Nicht geklärt ist

---

schränkte staatsbezogene Ansicht. Nach ihrer Meinung kann das außerverfassungsrechtliche Notstandsrecht durch positiviertes Verfassungsrecht eingeschränkt werden. Da der Gesetzgeber aber bis heute lediglich nur bestimmte Notstandsfälle eingeschränkt habe, sei ein überverfassungsrechtliches Notstandsrecht gegenwärtig noch in Kraft, vgl. genauer die Argumentation von Böckenförde, NJW 1978, 1881 (1883 f.); zu dieser Gruppe gehört auch Doehring, Staatsrecht, S. 270 ff.

1051 Güntert, S. 234.

1052 Man kann sie in guter Zusammenstellung bei Güntert, S. 38 bis 234, lesen. Die präsentierten Ansichten lassen sich allerdings nicht eins zu eins auf die hier diskutierte Frage übertragen. Vielmehr wird innerhalb der einzelnen Strömungen wiederum danach differenziert, ob sich der Einsatz der Bundeswehr im Ausland gegen einen (geplanten) militärischen Angriff eines souveränen Staates richtet, im Rahmen einer humanitären Intervention oder zum Schutz eigener Staatsangehöriger im Ausland erfolgt oder sich gegen Gewalttaten terroristischer Organisationen im Ausland richtet.

1053 Die von den in FN 1049 genannten Autoren vertretene Auffassung, wonach das Grundgesetz zwar keine ausdrückliche Ermächtigungsgrundlage für einen Auslandeinsatz beinhalte, dafür jedoch einen solchen stillschweigend voraussetze, überzeugt nicht. Güntert, S. 40 f. weist zu Recht darauf hin, dass den Einsätzen der Bundeswehr keine Grenzen gesetzt wäre, wenn der Auslandseinsatz nur durch Art. 26 GG beschränkt werden würde. Vielmehr bestünde die Gefahr, dass die Bundeswehr zum Spielball der Exekutive gemacht werden würde. Der Verfassungsgeber wollte tatsächlich durch die Normierung der Wehrverfassung und vor allem des Art. 87a GG die rechtlichen Grundlagen für Einsätze der Bundeswehr im Allgemeinen schaffen. Der Gedanke eines ungeschriebenen Verfassungsrechts in diesem Bereich überzeugt daher nicht.

1054 Vgl. hierzu die überzeugende Darstellung von Güntert, S. 226 ff.

1055 Dau, NZWehrr 1998, 89 (92); Dau/Wöhrmann, Der Auslandseinsatz deutscher Streitkräfte, S. 545; Fink, JZ 1999, 1016 (1018); Gramm, NZWehrr 2005, 133 (133); Günther, in: Thiel (Hrsg.), Wehrhafte Demokratie, S. 329 (337); Hillgruber, in: Umbach/

jedoch, welcher der beiden Absätze als konkrete Rechtsgrundlage infrage kommt[1056]. Ein Befreiungseinsatz kann auf Art. 87a Abs. 1 S. 1 GG gestützt werden, wenn Abs. 1 eine Befugnisnorm darstellt *und* der darin enthaltene Verteidigungsbegriff die Rettung deutscher Staatsbürger im Ausland einschließt. Einige Autoren bezweifeln bereits, ob Art. 87a Abs. 1 S. 1 GG eine konkrete Befugnis enthält, die Streitkräfte in einer bestimmten Weise einzusetzen[1057]. Ein Vergleich der unterschiedlichen Formulierungen in Art. 87a Abs. 1 S. 1 GG und Abs. 2 GG zeige, dass nur in Art. 87a Abs. 2 GG von einem Einsatz die Rede ist (*„eingesetzt werden“*). Eine solche Auslegung wird dem Rechtscharakter des Art. 87 Abs. 1 S. 1 GG indes nicht gerecht. Zunächst sprechen historische Gründe dagegen, Art. 87a Abs. 1 S. 1 GG als bloße Zuständigkeitsnorm zu qualifizieren. Der heutige Art. 87 Abs. 1 S. 1 GG ersetzte im Jahre 1968 Art. 87a GG a. F.[1058], welcher bereits im Jahre 1956 ins Grundgesetz eingefügt wurde[1059]. Wenn man Art. 87a Abs. 1 S. 1 GG als reine Zuständigkeitsnorm bestimmt, muss Art. 87a GG a. F. konsequenterweise ebenfalls als bloße Kompetenzvorschrift qualifiziert werden. Wenn man nun noch berücksichtigt, dass Abs. 2 des Art. 87a GG erst seit 1968 Teil des Grundgesetzes ist, erhält man folgendes Ergebnis: Da eine bloße Kompetenznorm keine Befugnisnorm darstellt, hätte die Bundeswehr von 1956 bis 1968 mangels vorhandener Rechtsgrundlage ihren originären Verteidigungsauftrag nicht erfüllen können[1060]. Die Bundesrepublik Deutschland hätte damit über eine Armee verfügt, die aber nicht hätte eingesetzt werden dürfen. Da dieses Ergebnis unhaltbar ist, muss bereits aus diesem Grund Art. 87a Abs. 1 S. 1 GG als Befugnisnorm angesehen werden.

Ein weiterer Vergleich der beiden Vorschriften verdeutlicht dieses Ergebnis. Während Abs. 1 eine Regelung zum militärischen Verteidigungsauftrag beinhaltet, dient Abs. 2 als Rechtsgrundlage für alle sonstigen, an sich polizeilichen Aufgaben, wie sie etwa Art. 87a Abs. 3 GG und Abs. 4 GG im äuße-

---

Clemens, Art. 87a Rn. 10; Kirchhof, in: Isensee/Kirchhof (Hrsg.), HStR IV, § 84 Rn. 49; Lutze, NZWehrr 2003, 101 (107); Peterhoff, BWV 2000, 49 (50 f.); Wiefelpütz, NWVBl. 2006, 41 (42); Wild, DÖV 2000, 622 (623).

1056 S.o., Seite 208 ff.

1057 Baldus, in: v. Mangoldt/Klein/Starck, Art. 87a Abs. 1 Rn. 13; Güntert, S. 44 ff.; Lutze, NZWehrr 2003, 101 (107).

1058 Wortlaut von Art. 87a GG a.F.: *„Die zahlenmäßige Stärke der vom Bunde zur Verteidigung aufgestellten Streitkräfte und die Grundzüge ihrer Organisation müssen sich aus dem Haushaltsplan ergeben.“*

1059 Güntert, S. 50; Wild, DÖV 2000, 622 (623).

1060 Dau, NZWehrr 1998, 89 (92); Hillgruber, in: Umbach/Clemens, Art. 87a Rn. 10; Kirchhof, in: FS Bernhardt, S. 797 (804); Peterhoff, BWV 2000, 49 (50).

ren und inneren Notstand vorsehen[1061]. Dieses Ergebnis ergibt sich bereits aus der Formulierung „*außer zur Verteidigung*"[1062]. Die Bundeswehr kann nach Art. 87a Abs. 2 GG also nur zu einem *anderen* Zweck als zur Verteidigung eingesetzt werden[1063]. Der Gesetzgeber wollte mit Art. 87a Abs. 2 GG daher nur einen polizeilichen Zwecken dienenden Einsatz der Streitkräfte innerhalb der Bundesrepublik Deutschland regeln[1064]. Beide Absätze unterscheiden sich daher nicht in territorialer, sondern vielmehr in funktionaler Weise[1065].

Viele Autoren argumentieren gegen dieses Auslegungsergebnis und behaupten, die in Abs. 2 enthaltene Wendung „*außer zur Verteidigung*" müsse so gelesen werden, dass die Streitkräfte natürlich *auch* zur Verteidigung eingesetzt werden können[1066]. Gegen dieses Verständnis sprechen aber ebenfalls historische Gründe. Art. 87a Abs. 2 GG wurde im Rahmen der Notstandsgesetzgebung im Jahre 1968 ins Grundgesetz eingefügt. Die Diskussion um die Notstandsverfassung befasste sich ausschließlich mit den Bedingungen eines Einsatzes der Bundeswehr im *Inneren*. Außerdem ersetzte Art. 87a Abs. 2 GG im Jahre 1968 Art. 143 GG[1067]. Art. 143 GG regelte ausschließlich den Einsatz der Bundeswehr im Falle des *inneren* Notstands. Art. 87a Abs. 2 GG ergänzte folglich nur Abs. 1 und erlaubt den Einsatz der Bundeswehr zu anderen Zwecken als dem der Verteidigung der Bundesrepublik Deutschland mit dem Vorbehalt ausdrücklicher Ermächtigung[1068]. Das Verhältnis der beiden Normen stellt sich also wie folgt dar: Abs. 1 weist den Streitkräften ihre eigentliche und

---

1061 Hillgruber, in: Umbach/Clemens, Art. 87a Rn. 48; Kirchhof, in: FS Bernhardt, S. 797 (808);

1062 Dau, NZWehrr 1998, 89 (92).

1063 Auf die ebenfalls lebhaft umstrittene Frage, ob Art. 87a Abs. 2 GG nur den Einsatz im Innern regelt oder auch nach außen oder ob sich der Außeneinsatz der Streitkräfte ausschließlich aus der Zuweisung der auswärtigen Gewalt an den Bund nach Art. 32 Abs. 1 rechtfertige, kommt es nicht an.

1064 Dau, NZWehrr 1998, 89 (92); Hillgruber, in: Umbach/Clemens, Art. 87a Rn. 50; Kirchhof, in: FS Bernhardt, S. 797 (808).

1065 Hillgruber, in: Umbach/Clemens, Art. 87a Rn. 48; Kirchhof, in: FS Bernhardt, S. 797 (808).

1066 Baldus, in: v. Mangoldt/Klein/Starck, Art. 87a Abs. 1 Rn. 13.

1067 Wortlaut von Art. 143 GG a.F.: „*Die Voraussetzungen, unter denen es zulässig wird, die Streitkräfte im Falle eines inneren Notstandes in Anspruch zu nehmen, können nur durch ein Gesetz geregelt werden, das die Erfordernisse des Artikels 79 erfüllt.*"

1068 Hillgruber, in: Umbach/Clemens, Art. 87a Rn. 48.

wesentliche Aufgabe der militärischen Friedenssicherung zu, Abs. 2 ermächtigt zur Erfüllung sonstiger Aufgaben[1069].

Das BVerfG hat sich diesem Ergebnis angeschlossen[1070]. In einer Entscheidung aus dem Jahre 2008 heißt es wörtlich:

> *„Die Streitkräfte [...] werden vom Bund nach Art. 87 a Abs. 1 S. 1 GG zur Verteidigung aufgestellt. Zu anderen Zwecken*[1071] *(‚Außer zur Verteidigung') dürfen sie gemäß Art. 87 a Abs. 2 GG nur eingesetzt werden, soweit es das Grundgesetz ausdrücklich zulässt."*[1072]

b) Militärischer Befreiungseinsatz als Maßnahme „zur Verteidigung"

Ein Bundeswehreinsatz mit dem Ziel der Befreiung deutscher Geiseln im Ausland kann allerdings nur dann auf Art. 87a Abs. 1 S. 1 GG gestützt werden, wenn der Begriff *„zur Verteidigung"* eine Befreiung einer deutschen Geisel im Ausland erfasst. Die konkrete Bestimmung des Verteidigungsbegriffes ist umstritten. Fest steht, dass darunter zunächst die Abwehr von feindlichen, bewaffneten Angriffen auf deutsches Hoheitsgebiet zu verstehen ist, also der Verteidigungsfall des Art. 115a GG. Einige Literaturansichten beschränken die Einsatzbefugnis der Streitkräfte auf die Landesverteidigung[1073]. Andere erweitern den geographischen Einsatzbereich und sehen die Bundeswehr auch ermächtigt, einen Angriff auf einen anderen NATO-Vertragsstaat[1074] abzuwehren[1075]. Wieder andere erkennen im Tatbestandsmerkmal *„zur Verteidigung"* sowohl die territoriale Verteidigung als auch die Verteidigung des deutschen

---

1069 HILLGRUBER, in: UMBACH/CLEMENS, Art. 87a Rn. 48.

1070 *BVerfG*, Urt. v. 15.02.2006 – 1 BvR 357/05, BVerfGE 115, 118 (142).

1071 Unterstreichung durch den Verfasser.

1072 *BVerfG*, Urt. v. 15.02.2006 – 1 BvR 357/05, BVerfGE 115, 118 (142).

1073 Vgl. nur ARNDT, DÖV 1992, 618 ff. Diese Auffassung überzeugt nicht. Sowohl die unterschiedlichen Begriffe von Art. 87a GG (*„zur Verteidigung"*) und Art. 115a Abs. 1 S. 1 GG (*„Verteidigungsfall"*) als auch die systematische Stellung des Art. 87a GG außerhalb des Abschnitts Xa, zu dem Art. 115 a GG gehört, stehen einer solchen restriktiven Auslegung des Verteidigungsbegriffes entgegen, vgl. EPPING, AöR, Bd. 124 (1999), 423 (436); FRANZKE, NZWehrr 1996, 189 (192).

1074 Einen Angriff i.S.v. Art. 6 des Nordatlantikvertrages (Nordatlantikvertrag, abgeschlossen am 04.04.1949, in Kraft getreten für die Bundesrepublik Deutschland am 06.05.1955, BGBl. 1955 II S. 289, in der Fassung des Protokolls zum Nordatlantikvertrag über den Beitritt des Königreichs Griechenland und der Türkischen Republik vom 17.10.1951 ([BGBl. 1955 II S. 293]).

1075 Vgl. nur WIELAND, DVBl. 1991, 1174 (1178 f.).

Volkes[1076]. Eine Rettung deutscher Geiseln im Ausland wäre nur nach der dritten Ansicht möglich, da sich die anderen Auffassungen auf die Territorialverteidigung beschränken. Fraglich ist daher, ob der Verteidigungsbegriff neben der Landes- und Bündnisverteidigung auch die Verteidigung der sich im Ausland aufhaltenden deutschen Staatsangehörigen umfasst.

aa) Theorie der Personalverteidigung

Dieser Auffassung sind zumindest die Bundesregierung[1077] und ein beachtlicher Teil der rechtswissenschaftlichen Literatur[1078]. Die Anhänger der Theorie der Personalverteidigung behaupten, der Begriff „*zur Verteidigung*" erschöpfe sich nicht in der Landes- und Bündnisverteidigung. Das Tatbestandsmerkmal müsse weit ausgelegt werden, sodass im Ergebnis auch die gewaltsame militärische Rettungsaktion von deutschen Staatsangehörigen im Ausland durch

---

1076 Depenheuer, DVBl. 1997, 685 (687 f.); Dau, NZWehrr 1998, 89 (95); Franzke, NZWehrr 1996, 189 (192); Günther, in: Thiel (Hrsg.), Wehrhafte Demokratie, S. 329 (347 f.); Hillgruber, in: Umbach/Clemens, Art. 87a Rn. 17; Kirchhof, in: Isensee/Kirchhof (Hrsg.), HStR IV, § 84 Rn. 49; Kokott, in: Sachs, Art. 87a Rn. 23 (allerdings beurteilt sie in Rn. 24 den Albanieneinsatz der Bundeswehr als rechtswidrig); Peterhoff, BWV 2000, 49 (51); Wild, DÖV 2000, 622 (625 f.).

1077 Die Staatspraxis hat sich unausgesprochen zur verfassungsrechtlichen Zulässigkeit von militärischen Rettungsaktionen zugunsten in Not geratener Staatsangehöriger bekannt, vgl. hierzu die Beschlussempfehlung und Bericht des Rechtsausschusses des Deutschen Bundestages vom 19. März 1997, BT-Drs. 13/7265 und Antwort der Bundesregierung vom 7. Februar 1997 auf die Kline Anfrage von Bündnis 90/Die Grünen – BT-Drs. 13/6639 – zum „Kommando Spezialkräfte" zu Fragen 15 und 17: BT-Drs. 13/6924.

1078 Der Begriff der „Personalverteidigung" wurde das erste Mal von Depenheuer, DVBl. 1997, 685 (687 f.) verwendet. Die Theorie der Personalverteidigung vertreten außer Depenheuer noch: Dau, NZWehrr 1998, 89 (93 ff.); Franzke, NZWehrr 1996, 189 (192); Günther, in: Thiel (Hrsg.), Wehrhafte Demokratie, S. 329 (347 f.), der allerdings die Rechtmäßigkeit des Einsatzes davon abhängig macht, dass eine Zustimmung der auswärtigen Regierung vorliegt oder es sich beim auswärtigen Staat um einen *failed state* handelt – besser erscheint es, diese Frage im Rahmen der völkerrechtlichen Zulässigkeit zu diskutieren, da Völker- und Verfassungsrecht zwar miteinander verbunden, aber nicht akzessorisch sind und der Verteidigungsbegriff daher autonom bestimmt werden sollte; Hillgruber, in: Umbach/Clemens, Art. 87a Rn. 17; Kirchhof, in: Isensee/Kirchhof (Hrsg.), HStR IV, § 84 Rn. 49; Kokott, in: Sachs, Art. 87a Rn. 23 (allerdings beurteilt sie in Rn. 24 den Albanieneinsatz der Bundeswehr als rechtswidrig); Peterhoff, BWV 2000, 49 (51); Wild, DÖV 2000, 622 (625 f.).

Art. 87a Abs. 1 GG verfassungsrechtlich legitimiert sei. Personalverteidigung ist danach der Schutz von Deutschen im Ausland notfalls mit militärischen Mitteln[1079].

Das Konzept der Personalverteidigung stützt sich auf die Funktion der Streitkräfte und damit auf die Verteidigung der staatlichen Existenz[1080]. Das Objekt der Verteidigung i.S.v. Art. 87a Abs. 1 GG sei die Bundesrepublik Deutschland[1081]. Da nach der „Drei-Elementen-Lehre“[1082] ein Staat aber nicht nur aus einem Staatsgebiet und der Staatsgewalt, sondern auch aus dem Staatsvolk bestehe, sei folglich auch das deutsche Volk Objekt der Verteidigung[1083].

Depenheuer[1084] geht davon aus, dass bei einem bewaffneten Angriff auf deutsches Staatsgebiet die Landesverteidigung die Personalverteidigung mit einschließe bzw. mit dieser zusammenfalle (*„im Fall der Landesverteidigung gehen Territorial- und Personalverteidigung Hand in Hand“*[1085]). Dies sei der alleinige Grund dafür, dass die Personalverteidigung als selbstständiger verfassungsrechtlicher Verteidigungsauftrag nicht erkennbar sei[1086]. Eine eigenständige Bedeutung komme der Personalverteidigung daher erst zu, wenn Staatsangehörige im Ausland durch Terroristen gefährdet oder Frachtschiffe und Jachten mit deutscher Besatzung durch Piraten gekapert werden[1087].

Diese Theorie erkennt die Personalverteidigung zudem als konsequente Folge der verfassungsrechtlichen Pflicht des Staates an, seine Staatsangehörigen im Ausland zu schützen[1088]. Der Heimatstaat realisiere diese Pflicht zwar im Regelfall in Form des diplomatischen oder konsularischen Schutzes[1089]. Die Bundeswehr könne jedoch im Ausnahmefall als Ultima Ratio – ungeachtet der

---

1079 Günther, in: Thiel (Hrsg.), Wehrhafte Demokratie, S. 329 (347); Depenheuer, DVBl. 1997, 685 (687 f.); Kokott, in: Sachs, Art. 87a Rn. 23.

1080 Depenheuer, DVBl. 1997, 685 (687).

1081 Kirchhof, in: Isensee/Kirchhof (Hrsg.), HStR IV, § 84 Rn. 52.

1082 Vgl. zur „Drei-Elementen-Lehre“: s.o., Seite 166 f.

1083 Depenheuer DVBl. 1997, 685 (687), der allerdings als Verteidigungsobjekte aber nur das Staatsgebiet und das Staatsvolk nennt; Franzke, NZWehrr 1996 (189 (192).

1084 Depenheuer, DVBl. 1997, 685 (687 f.).

1085 Depenheuer, in: Maunz/Dürig, Art. 87 a Rn. 108.

1086 Depenheuer, DVBl. 1997, 685 (687 f.).

1087 Depenheuer, in: Maunz/Dürig, Art. 87 a Rn. 108.

1088 Depenheuer, in: Maunz/Dürig, Art. 87 a Rn. 108; ders., DVBl. 1997, 685 (688); Peterhoff, BWV 2000, 49 (51). Die Anhänger der Theorie stellen insbesondere auf die grundrechtlichen Schutzpflichten ab.

1089 Depenheuer, in: Maunz/Dürig, Art. 87 a Rn. 108; ders., DVBl. 1997, 685 (688).

völkerrechtlichen Rechtmäßigkeit – deutsche Staatsbürger im Ausland retten, wenn andere Handlungsmöglichkeiten keinen Erfolg versprechen[1090].

Zu diesem Ergebnis gelangt auch Kirchhof. Nach seiner Auffassung werde der Verteidigungsauftrag ausschließlich durch das in Art. 25 und 26 GG enthaltene Friedlichkeits- und Angriffsverbot begrenzt[1091].

Da das Konzept der Personalverteidigung einen militärischen Einsatz im Ausland zur Rettung deutscher Geiseln ausdrücklich zulässt[1092], kann danach ein Befreiungseinsatz auf Art. 87a Abs. 1 GG gestützt werden.

bb) Kritik an der Theorie der Personalverteidigung

Das Grundgesetz beantwortet nicht eindeutig die Frage, ob ein deutscher Staatsangehöriger Objekt der Verteidigung sein kann. Es verwendet zwar an mehreren Stellen das Tatbestandsmerkmal *„Verteidigung“*[1093], definiert den Begriff jedoch nicht. Die einzige objektive Bedeutung lässt sich aus dem Wortsinn des Begriffes gewinnen. Danach ist Verteidigung die Abwehr eines Angriffs[1094]. Das Grundgesetz nennt zudem Art. 26 Abs. 1 GG und die Bestimmungen der Notstandsverfassung als Grenzen möglicher Verteidigungshandlungen.

Das Objekt der Verteidigungshandlung lässt sich zwar daraus nicht entnehmen, das Grundgesetz steht der Theorie der Personalverteidigung damit aber auch nicht entgegen. Da Verteidigung die Abwehr eines Angriffs ist, könnte auch die Abwehr eines Angriffs auf Leib und Leben eines Deutschen im Ausland als Verteidigungsmaßnahme qualifiziert werden.

Nach einem überwiegenden Teil der Literatur kann ein sich im Ausland aufhaltender deutscher Staatsangehörige nicht Objekt einer Verteidigungshandlung sein. Obwohl eine rein territoriale Sichtweise angesichts der sich weltweit ereignenden Entführungen zu keinem zufriedenstellenden Ergebnis führt, erkennen die meisten Autoren nur eine beschränkte Einsatzmöglich-

1090 Depenheuer, in: Maunz/Dürig, Art. 87 a Rn. 108; ders., DVBl. 1997, 685 (688).

1091 Kirchhof, in: FS Bernhardt, S. 797 (807).

1092 Depenheuer, in: Maunz/Dürig, Art. 87 a Rn. 108.

1093 So in den Art. 12a Abs. 3 S. 1, 17a Abs. 2, 45a Abs. 1 und Abs. 2 S. 1 und Abs. 3, 65a Abs. 1, 72 Nr. 1, 79 Abs. 1 S. 2, 80a Abs. 1 S. 1, 87a Abs. 1 S. 1 und Abs. 2, 87b Abs. 2 S. 1 GG.

1094 Baldus, in: Erberich/Hörster/Hoffmann *u. a.* (Hrsg.), Frieden und Recht, S. 259 (280), vgl. auch Heun, in: Dreier, Art. 87a Rn. 11;

keit der Bundswehr an. Die Einwände gegen die Theorie der Personalverteidigung lassen sich in *sieben* Punkten[1095] zusammenfassen:

(1) Akzessorität von Völker- und Verfassungsrecht

HEUN[1096] hält der These von der Personalverteidigung entgegen, der Begriff der Verteidigung sei an völkerrechtliche Grundsätze und Grenzen eines Militäreinsatzes gebunden. Das Grundgesetz selbst könne deshalb gar keinen derart extensiven Verteidigungsauftrag enthalten[1097]. Ein Einsatz der Bundeswehr zur Rettung deutscher Staatsangehöriger im Ausland sei damit aber nicht strikt ausgeschlossen. Ein Befreiungseinsatz wäre konsequenterweise durch Art. 87a Abs. 1 GG legitimiert, wenn das Völkerrecht im konkreten Fall eine Intervention zulasse.

Die Kritik von HEUN überzeugt nicht. Das Völker- und das Verfassungsrecht sind zwar miteinander verknüpft, jedoch nicht streng akzessorisch[1098]. Eine Verfassungsnorm kann nicht unmittelbar durch das Völkerrecht bestimmt werden: Die Staatsgewalt ist zwar an völkerrechtliche Grenzen gebunden. Das Verfassungsrecht kann jedoch militärische Einsätze genehmigen, die über das völkerrechtliche Dürfen hinausgehen. Die Staatsgewalt dürfte das völkerrechtswidrige Verfassungsrecht zwar nicht anwenden, es bliebe allerdings auch in diesem Fall autonom. Ferner steht das Völkerrecht in der Normhierarchie nach h. M. unter dem Verfassungsrecht[1099]. Dieses Normgefüge zerfiele, wenn das Verfassungsrecht nahezu ausschließlich durch das Völkerrecht bestimmt würde.

1095 Neben den näher erläuterten Kritikpunkten sieht GRAMM, NZWehrr 2005, 133 (139) einen weiteren Nachteil der Personalverteidigung darin, dass sie sich auf die Rettung deutscher Staatsangehöriger beschränkt. Daher könne sie die Rettung von Ausländern, wie es 1997 in Albanien erfolgt, nicht rechtfertigen. Dieses Ergebnis kann zwar durchaus als Nachteil empfunden werden. Da sich das Konzept der „Personalverteidigung" jedoch nun mal dogmatisch wegen der ihr zugrunde liegenden deutschen Staatsangehörigkeit nur auf Deutsche beziehen kann, taugt es nicht als Argument gegen eine möglicherweise zu weite Auslegung des Verteidigungsbegriffes. Daher muss auf diesen Kritikpunkt nicht weiter eingegangen werden.

1096 HEUN, in: DREIER, Art. 87a Rn. 17.

1097 HEUN, in: DREIER, Art. 87a Rn. 17.

1098 DAU, NZWehrr 1998, 89 (94); PETERHOFF, BWV 2000, 49 (50 f.).

1099 Vgl. nur Seite 20.

(2) Konturenlosigkeit des Konzepts der „Personalverteidigung“

GRAMM[1100] bezeichnet das Konzept der „Personalverteidigung“ als konturenlos. Außerdem überschreite diese Konstruktion die Grenze des zulässigen Begriffswandels[1101]. Letzterer werde insbesondere überschritten, wenn im Ausland nur ein einzelner deutscher Staatsangehöriger bedroht werde[1102]. Denn dann werde das konstitutive Begriffsmerkmal des „Angriffs von außen“ durch die Personalisierung des Verteidigungsbegriffes de facto aufgelöst[1103].

Diese Vorwürfe können ebenfalls nicht überzeugen. Die These von der Verteidigung jedes einzelnen Staatsangehörigen kann die Grenze des zulässigen Begriffswandels nur dann überschreiten, wenn die „Personalverteidigung“ mit dem ursprünglichen Verfassungsverständnis überhaupt nichts mehr gemein hat[1104]. Ungeklärt ist aber, von welchem Begriffsverständnis die Verfasser des Grundgesetzes während der Beratungen im Parlamentarischen Rat und später der Bundestag in den Jahren 1954 und 1956 ausgegangen sind[1105]. Daher ist es auch unmöglich, die Grenze des zulässigen Begriffswandels festzulegen. Aber selbst wenn nur die territoriale Verteidigung bezweckt war, würde dieser Umstand nicht gegen eine Personalverteidigung sprechen. Die globalen Herausforderungen haben sich seit dem Inkrafttreten des Grundgesetzes stark verändert. In den Jahren 1949, 1954 und 1956 war an erpresserische Entführungen von Deutschen im Ausland noch nicht zu denken. Das Grundgesetz steht solchen historischen Entwicklungen offen gegenüber, da es in der deutschen Verfassung kein „Versteinerungsprinzip“ gibt[1106]. Daher

1100 GRAMM, NZWehrr 2005, 133 (139).

1101 GRAMM, NZWehrr 2005, 133 (139).

1102 GRAMM, NZWehrr 2005, 133 (139 f.).

1103 GRAMM, NZWehrr 2005, 133 (139 f.).

1104 Vgl. GÜNTERT, S. 168.

1105 Bereits im Jahre 1949 diskutierten die Mitglieder des Parlamentarischen Rates die Struktur einer zukünftigen deutschen Wehrverfassung. Das Ergebnis war z. B. die Normierung des Art. 24 Abs. 2. Die Abgeordneten verzichteten allerdings auf die Gesetzgebungskompetenzen für die Errichtung einer Wehrverfassung, da ein solcher Schritt den Zielen der Besatzungsmächte widersprochen hätte. Erst weltpolitische Ereignisse wie der NATO-Vertrag von 1949, die Korea-Krise 1950 und der Streit um die Europäische Verteidigungsgemeinschaft (EVG) führten zur Verfassungsänderung im Jahre 1954 und schließlich zur Einfügung des Art. 87a GG im Jahre 1956, vgl. hierzu ausführlich: GÜNTERT, S. 48 ff.

1106 Dies lässt sich aus den Diskussionen über die Wiederbewaffnung Deutschlands in den Fünfzigerjahren, die Implementierung der Notstandsverfassung Ende der 60er

könnte auch der Verteidigungsbegriff diesen Herausforderungen angepasst werden.

Die Theorie der Personalverteidigung ist auch nicht konturenlos. GÜNTERT[1107] weist zu Recht darauf hin, dass Konturen im Sinne eines grundlegenden Gerüsts der Argumentation vorliegen und der Vorwurf daher nicht als Gegenargument taugt.

Letztlich kann auch nicht der Aussage gefolgt werden, die „Personalverteidigung“ löse „de facto“ das konstitutive Begriffsmerkmal des „Angriffs von außen“ auf. Es ist bereits fraglich, ob das klassische Verständnis der Verteidigung als die Abwehr eines Angriffs von außen durch die Erweiterung um die Personalverteidigung *aufgeweicht* wird. Ein „Angriff von außen“ liegt nämlich auch bei einer Bedrohung deutscher Staatsangehöriger im Ausland vor: Die Bundesrepublik Deutschland wird nämlich durchaus von außen angegriffen, wenn ein deutscher Staatsangehöriger im Ausland entführt wird[1108]. Da nach der „Drei-Elementen-Lehre“ das Staatsvolk ein konstitutives Merkmal des Staates ist und auch ein Staatsangehöriger im Ausland Teil des Staatsvolkes bleibt, stellt jeder bedrohliche Angriff auf einen Deutschen gleichzeitig einen Angriff auf die Bundesrepublik Deutschland dar[1109]. Selbst wenn der Verteidigungsbegriff durch die „Personalverteidigung“ aufgeweicht werden sollte, wird er dadurch aber nicht *aufgelöst* – auch nicht „de facto“[1110]. Die Streitkräfte können auch dann zur Landes- und Bündnisverteidigung eingesetzt werden, wenn sie zusätzlich Deutsche im Ausland retten müssen[1111].

(3) Ungeschriebene Schutzpflicht kein Auslegungsargument

BALDUS[1112] kritisiert die systematische Argumentationslinie der Theorie. Er lehnt den Verweis auf die verfassungsrechtliche Schutzpflicht als Argument

---

Jahre und den Streit um die Frage, ob die Bundeswehr im Ausland eingesetzt werden darf, ableiten. Vgl. dazu DAU/WÖHRMANN, Der Auslandseinsatz deutscher Streitkräfte, S. 790; GÜNTHER, in: THIEL (Hrsg.), Wehrhafte Demokratie, S. 329 (329 ff.); PETERHOFF, BWV 2000, 49 (51).

1107 GÜNTERT, S. 169.

1108 GÜNTERT, S. 169.

1109 Vgl. GÜNTERT, S. 169 f.

1110 GÜNTERT, S. 169.

1111 GÜNTERT, S. 169.

1112 BALDUS, in: ERBERICH/HÖRSTER/HOFFMANN *u. a.* (Hrsg.), Frieden und Recht, S. 259 (282 f.).

für eine extensive Auslegung des Verteidigungsbegriffes ab[1113]. Zur systematischen Auslegung einer Norm seien konkrete, ausreichend bestimmte Vorschriften erforderlich[1114]. Diese Voraussetzungen erfülle die verfassungsrechtliche Schutzpflicht nicht, weil diese selbst erst konstruiert werden müsse[1115]. Die Begrenzungsfunktion des Verteidigungsbegriffes werde auf diese Weise durch kompetenzbegründende Normfunktionen aufgeweicht, die nur durch mehrfache Vermittlungen gewonnen werden und sich nur in äußerst seltenen Fällen zu einer konkreten Rechtsfolge verdichten[1116]. Das Ergebnis wäre eine unentwirrbare Gemengelage grund- und kompetenzrechtlicher Aussagen[1117].

Die Kritik von Baldus überzeugt ebenfalls nicht. Sein Ergebnis ist nicht zwingend. Die verfassungsrechtliche Schutzpflicht im Ausland ist in der Rechtsprechung und Literatur anerkannt, wenn auch mit unterschiedlichen Begründungen[1118]. Es ist nicht einzusehen, weshalb eine zwar ungeschriebene, jedoch anerkannte verfassungsrechtliche Pflicht des Staates nicht als systematische Auslegungshilfe für einen anderen verfassungsrechtlichen Begriff verwendet werden kann[1119].

(4) Ermessenselement als Gegenargument

Baldus[1120] sieht im Ermessenselement der Schutzpflichtendogmatik ein weiteres Argument gegen die Ausweitung des Verteidigungsbegriffes. Da es nur ein rechtlich gebundenes Ermessen gebe, setze das Verfassungsrecht selbst in Form der Kompetenzordnung des Grundgesetzes und der Beschränkungsfunktion

---

1113 Baldus, in: Erberich/Hörster/Hoffmann *u. a.* (Hrsg.), Frieden und Recht, S. 259 (282).

1114 Baldus, in: Erberich/Hörster/Hoffmann *u. a.* (Hrsg.), Frieden und Recht, S. 259 (282).

1115 Baldus, in: Erberich/Hörster/Hoffmann *u. a.* (Hrsg.), Frieden und Recht, S. 259 (282 f.).

1116 Baldus, in: Erberich/Hörster/Hoffmann *u. a.* (Hrsg.), Frieden und Recht, S. 259 (283); ders., in: v. Mangoldt/Klein/Starck, Art. 87a Abs. 2 Rn. 51.

1117 Baldus, in: Erberich/Hörster/Hoffmann *u. a.* (Hrsg.), Frieden und Recht, S. 259 (283).

1118 S.o., Seite 96 ff.

1119 Güntert, S. 176.

1120 Baldus, in: Erberich/Hörster/Hoffmann *u. a.* (Hrsg.), Frieden und Recht, S. 259 (283).

des Verteidigungsbegriffes dem Umfang der Schutzpflicht Grenzen[1121]. Aus diesem Grunde können umgekehrt die Schutzpflichten keinesfalls eine kompetenzerweiternde Funktion des Verteidigungsbegriffes zur Folge haben[1122]. Genau dies wäre aber das Ergebnis der von ihm kritisierten Theorie. Weiterhin lasse sich die grundrechtliche Schutzpflicht materiellrechtlich kaum zu einer bestimmten Rechtsfolge verdichten, sodass es ohnehin kaum zu einer Einsatzpflicht der Bundeswehr kommen könne[1123].

Dieses Ansatz überzeugt nicht. Baldus übersieht, dass die Theorie der „Personalverteidigung" gar keine schutzkompetenzerweiternde Funktion der Schutzpflichten beabsichtigt, sondern nur eine verfassungsimmanente Kompetenz anwendet[1124].

Auch sein zweiter Kritikpunkt greift nicht durch. Die verfassungsrechtliche Schutzpflicht für Angehörige im Ausland verdichtet sich zwar tatsächlich nur in Ausnahmefällen zu einer Handlungspflicht. Dieses Ergebnis beantwortet jedoch nicht die Frage, ob der Staat überhaupt zugunsten seiner Staatsangehörigen handeln darf. Baldus übersieht, dass es der These von der Personalverteidigung nur um das verfassungsrechtliche „Dürfen" nach Art. 87a Abs. 1 GG geht und nicht um das „Wahrnehmen-Müssen" aufgrund der verfassungsrechtlichen Schutzpflicht[1125].

(5) Entstehungsgeschichte als Gegenargument

Weiter widerspricht Baldus[1126] der These von einer Personalverteidigung, indem er auf die Entstehungsgeschichte des Art. 87a GG verweist[1127]. Diese enthalte keinen Hinweis auf Rettungseinsätze deutscher Streitkräfte im Ausland[1128]. Der Verfassungsgesetzgeber habe die wehrverfassungsrechtlichen Vorschriften in

1121 Baldus, in: Erberich/Hörster/Hoffmann *u. a.* (Hrsg.), Frieden und Recht, S. 259 (283).

1122 Baldus, in: Erberich/Hörster/Hoffmann *u. a.* (Hrsg.), Frieden und Recht, S. 259 (283).

1123 Baldus, in: v. Mangoldt/Klein/Starck, Art. 87a Abs. 2 Rn. 51.

1124 Güntert, S. 178.

1125 Vgl. Depenheuer, in: Maunz/Dürig, Art. 87 a Rn. 110.

1126 Vgl. Baldus, in: Erberich/Hörster/Hoffmann *u. a.* (Hrsg.), Frieden und Recht, S. 259 (281).

1127 Vgl. Baldus, in: Erberich/Hörster/Hoffmann *u. a.* (Hrsg.), Frieden und Recht, S. 259 (281).

1128 Baldus, in: Erberich/Hörster/Hoffmann *u. a.* (Hrsg.), Frieden und Recht, S. 259 (281).

das Grundgesetz in den Jahren 1954 und 1956 nur eingefügt, um eine verfassungsrechtliche Grundlage zur Verteidigung der Bundesrepublik zu schaffen und einen Beitrag Deutschlands zur Verteidigung Westeuropas zu leisten[1129]. Außerdem habe der verfassungsändernde Gesetzgeber im Jahre 1968 den Vorschlag, statt *„außer zur Verteidigung"* in Art. 87a Abs. 2 GG die Wendung „außer zur Landesverteidigung" einzufügen, nur abgelehnt, weil er die Terminologie des Grundgesetzes einheitlich lassen wollte[1130].

Auch die Entstehungsgeschichte des Art. 87a GG steht der These von einer Personalverteidigung nicht entgegen. BALDUS ist zuzustimmen, dass die Gesetzesmaterialien keinen Hinweis auf Rettungseinsätze deutscher Streitkräfte enthalten. Wie bereits erläutert, ist unklar, von welchem Verständnis die Verfasser des Grundgesetzes im Jahre 1949 und der Bundestag in den Jahren 1954 und 1956 ausgegangen sind. Es existiert auch kein Hinweis, wonach ein Rettungseinsatz im Ausland durch die Streitkräfte ausgeschlossen sein sollte. Keinesfalls ergibt sich etwas anderes aus dem Umstand, dass der Gesetzgeber im Jahre 1968 überlegt hatte, in Art. 87 a GG die Worte „außer zur Landesverteidigung" einzufügen. Die Entführung eines Deutschen im Ausland ist aus diesen Jahren nicht bekannt. Der Gesetzgeber konnte dieses Problem folglich gar nicht sehen und diskutieren. Da im Verfassungsrecht kein „Versteinerungsprinzip" gilt und das Grundgesetz auf die gegenwärtigen Herausforderungen reagieren muss, überzeugt auch die von BALDUS vorgetragene genetische Auslegung nicht.

(6) Deutsche im Ausland nicht Teil des Staatsvolks

EPPING behauptet, nur die sich auf dem Gebiet des Heimatstaates aufhaltenden Staatsangehörigen seien elementares Staatsattribut und damit Teil des Staatsvolkes[1131]. Deutsche im Ausland könnten dagegen nicht mehr als ein Teil der staatlichen Existenz betrachtet werden[1132], sie könne man aus diesem Grunde auch nicht mehr als Element des Staatsvolkes im Sinne der „Drei-Elementen-Lehre" bezeichnen[1133].

1129 BALDUS, in: ERBERICH/HÖRSTER/HOFFMANN *u. a.* (Hrsg.), Frieden und Recht, S. 259 (281).

1130 BALDUS, in: ERBERICH/HÖRSTER/HOFFMANN *u. a.* (Hrsg.), Frieden und Recht, S. 259 (281).

1131 EPPING, AöR, Bd. 124 (1999), 423 (440 FN. 87).

1132 EPPING, AöR, Bd. 124 (1999), 423 (440 FN. 87).

1133 EPPING, AöR, Bd. 124 (1999), 423 (440 FN. 87).

Dieser Ansatz überzeugt nicht. Zunächst muss die Behauptung zurückgewiesen werden, nur die sich auf dem Gebiet des Heimatstaates aufhaltenden Staatsangehörigen seien elementares Staatsattribut und damit Teil des Staatsvolkes. Die Differenzierung zwischen dem Staatsvolk an sich und dem Staatsvolk als Element staatlicher Existenz überzeugt nicht. Sie entbehrt jeder verfassungsrechtlichen Grundlage[1134]. Das Staatsvolk ist und bleibt ein konstitutives Merkmal des Staates. Wer Teil des Staatsvolkes ist, bestimmt die Staatsangehörigkeit[1135]. Die Zugehörigkeit zu einem Staat bleibt unabhängig von dem Aufenthaltsort bestehen. Die Zugehörigkeit zum Staatsvolk ist somit ein rechtliches und kein tatsächliches Merkmal[1136]. Folglich ist auch ein Staatsangehöriger im Ausland Bestandteil des Staatsvolkes.

(7) Gefahr der uferlosen Ausweitung der Verteidigungsobjekte

Epping warnt ferner vor einer uferlosen Ausweitung der Verteidigungsobjekte durch die „Personalverteidigung“[1137]. Er verweist hierfür auf die Rechtsprechung des BVerfG zu den grundrechtlichen Schutzpflichten. Diese beschränken sich nicht auf das Grundrecht des Art. 2 Abs. 2 S. 1 GG i. V. m. Art. 1 Abs. 1 S. 2 GG[1138]. Die Konsequenz wäre, dass nicht nur das Eigentum eigener Staatsangehöriger im Ausland zum Objekt der Verteidigung erhoben werden würde, sondern schließlich die gesamte Rechtsordnung[1139]. Der Ausnahmecharakter des Art. 87a Abs. 1 GG würde auf diese Weise unterlaufen werden[1140].

Es ist zwar sehr unwahrscheinlich, dass der Bundestag in ferner Zukunft z. B. einen Bundeswehreinsatz zur Sicherung deutschen Eigentums im Ausland beschließt, theoretisch denkbar ist es jedoch trotzdem. Unabhängig von der völkerrechtlichen Zulässigkeit einer solchen Intervention besteht daher tatsächlich die Gefahr einer Umgehung des Ausnahmecharakters von Art. 87a GG. Aus diesem Grunde sollte die Theorie der Personalverteidigung modifiziert werden.

1134 Depenheuer, in: Maunz/Dürig, Art. 87 a Rn. 110.

1135 S.o., Seite 158 ff.

1136 Güntert, S. 174.

1137 Epping, AöR, Bd. 124 (1999), 423 (440).

1138 Epping, AöR, Bd. 124 (1999), 423 (440).

1139 Epping, AöR, Bd. 124 (1999), 423 (440). Er weist in diesem Zusammenhang auf den Fall „Godewind“ hin, in dem der Flottenverband der Bundesmarine im Mittelmeer das deutsche, mit Kampfpanzern beladendes Frachtschiff „Godewind“ auf dem Weg nach Syrien wegen eines Verstoßes gegen das KWKG zur Umkehr nach Deutschland zwang (Epping, AöR, Bd. 124 (1999), 423 [440 FN. 86]).

1140 Epping, AöR, Bd. 124 (1999), 423 (440).

Die These von der Personalverteidigung stützt sich auf die *Schutzpflichtenkomponente* und das *Staatsvolkelement*. Im Rahmen des Staatsvolkelements wird von der Verteidigung der Bundesrepublik Deutschland auf das Staatsvolk als konstitutives Element des Staates verwiesen und schließlich auf den einzelnen Staatsangehörigen als Teil des Staatsvolkes. Die Schutzpflichtenkomponente stellt dagegen ein bloßes Nebenargument dar. Notwendig ist Letzteres nicht. Die Theorie der Personalverteidigung kann auch ohne sie bestehen, da durch den Status als Staatsangehöriger die Verbindung zum Staatsvolk auch im Ausland existiert. Aus diesem Grunde sollte das Verhältnis der beiden Argumente richtig gewichtet werden. Die absolute Grenze der möglichen Verteidigungsobjekte im Ausland sollte das Staatsvolk sein und damit Leib und Leben eines jeden Staatsangehörigen. Denn stirbt ein Staatsangehöriger, verliert der Staat einen Teil seines Volkes. Da Verletzungen des Körpers und der Gesundheit immer auch Gefahren für das Leben bedeuten, muss der Staatsangehörige auch vor Körperverletzungen beschützt werden. Dagegen haben Angriffe auf das Eigentum eines Deutschen im Ausland keinen Einfluss auf den Bestand des Staatsvolkes. Die Einsatzmöglichkeit der Streitkräfte im Ausland reduziert sich auf diese Weise auf den Schutz des Lebens und den Körper der deutschen Staatsangehörigen[1141].

Unter Berücksichtigung dieser Modifizierung hat die Theorie der Personalverteidigung auch gegen das von Epping vorgetragene Argument Bestand[1142]. Im Ergebnis steht keine der erwähnten Auffassungen der (modifizierten) Theorie der Personalverteidigung entgegen.

cc) Argumente für die Theorie der Personalverteidigung

Dagegen sprechen gute Gründe dafür, auch deutsche Staatsangehörige im Ausland als Verteidigungsobjekt zu qualifizieren. Die ureigenste Aufgabe des Staates ist der Schutz seines Volkes. Während der Bürger bereits in lehensrechtlich geprägter Zeit seinem Fürsten die Treue schuldete, war der Herrscher zum Schutz seiner Vasallen verpflichtet. Entscheidet sich der Staat zur Aufstellung einer Armee, so muss diese neben dem Territorium vor allem auch die Bevölkerung schützen. Da die Treuepflicht des Staates nicht an den Außengrenzen des

1141 Es bietet sich sogar an, scharf zwischen der Schutzpflichtenkomponente sowie der Frage, wie diese durchgesetzt werden kann, zu trennen und aus diesem Grund ganz auf das Argument der Schutzpflicht zu verzichten.

1142 Auch unter diesen Voraussetzungen kann eine Geisel als Verteidigungsobjekt qualifiziert werden. Denn eine Entführung stellt in der Regel eine unmittelbare Gefahr für Leib und Leben der Geisel dar.

Staatsgebietes endet und auch die Schutzpflicht im Ausland besteht[1143], kann für die Verteidigung des Volkes im Ausland nichts anderes gelten.

Ein weiteres Argument lässt sich aus dem Verhältnis von Art. 115a GG und Art. 87a GG gewinnen. Da der Verteidigungsbegriff in Art. 87a GG über die Bedeutung des Wortes *„Verteidigungsfall"* in Art. 115a GG hinausgeht und Art. 115a GG ausschließlich die territoriale Verteidigung der Bundesrepublik Deutschland betrifft, ist nicht einzusehen, weshalb der Begriff der Verteidigung auf die Landes- oder Bündnisverteidigung reduziert sein sollte. Gerade die unterschiedliche Wortwahl und Systematik der beiden Artikel sprechen dafür, den Verteidigungsbegriff in Art. 87a GG weiter zu fassen und damit auch auf den Schutz deutscher Staatsangehörige im Ausland zu beziehen.

Ein weiteres Argument für die Theorie der Personalverteidigung lässt sich aus Art. 3 Abs. 1 GG gewinnen. Die Bundeswehr wird eingesetzt, wenn das Territorium der Bundesrepublik Deutschland angegriffen wird. Sie verteidigt dann sowohl das Land als auch die Bevölkerung. Wenn der Bundeswehr diese Befugnis für Auslandseinsätze abgesprochen werden sollte und deutsche Staatsangehörige im Ausland auf den Schutz durch die Bundeswehr verzichten müssten, wäre dies evident gleichheitswidrig[1144].

Die Kritik am Konzept der Personalverteidigung steht schließlich der Sinn und Zweck der Verteidigung entgegen. Die Streitkräfte haben gemäß Art. 87a Abs. 1 GG die Aufgabe, die Bundesrepublik Deutschland zu verteidigen. Da nach der „Drei-Elementen-Lehre" die Bundesrepublik neben dem Staatsgebiet und der Staatsgewalt auch aus dem Staatsvolk besteht, ist es konsequent, dieses ebenfalls als Verteidigungsobjekt anzusehen.

Im Ergebnis sprechen die besseren Argumente dafür, auch deutsche Staatsangehörige im Ausland als Verteidigungsobjekt zu qualifizieren.

c) Ergebnis und Bewertung

Die Bundeswehr kann zur Befreiung einer deutschen Geisel im Ausland eingesetzt werden. Die militärische Aktion zur Rettung deutscher Geiseln im Ausland ist verfassungsrechtlich unmittelbar durch Art. 87a Abs. 1 S. 1 GG gerechtfertigt, da der Begriff *„zur Verteidigung"* eine Befreiung einer deutschen Geisel im Ausland erfasst[1145].

1143 S.o., Seite 155 f.

1144 Vgl. DEPENHEUER, in: MAUNZ/DÜRIG, Art. 87 a Rn. 110.

1145 Vor diesem Hintergrund hat der Bundesminister der Verteidigung nach dem Einsatz der Bundeswehr in Albanien (Operation Libelle) zu Recht ausgeführt, dass *„die*

Staatsangehörige im Ausland sind als Verteidigungsobjekt zu qualifizieren. Die Lehre von der Personalverteidigung überzeugt überwiegend. Das Objekt der Verteidigung im Ausland muss sich jedoch auf Leib und Leben der Staatsangehörigen beschränken. Der Einsatz darf lediglich zur Befreiung und Rückführung der Staatsangehörigen erfolgen. Die Einsatzmöglichkeit beschränkt sich personell konsequenterweise auf Deutsche i.S.d. Art. 116 GG[1146]. Eine Grundgesetzänderung ist folglich nicht erforderlich.

3. Vorheriger Parlamentsbeschluss grundsätzlich nicht notwendig

Der Einsatz der Bundeswehr zur Rettung einer deutschen Geisel im Ausland bedarf keiner vorherigen Zustimmung des Bundestages. Diese ist zwar grundsätzlich für einen Einsatz der Bundeswehr im Ausland erforderlich[1147]. Eine Ausnahme wird jedoch bei „Gefahr im Verzug“ gemacht[1148]. Sind diese Voraussetzungen erfüllt, kann die Bundesregierung auch ohne vorherige Zustimmung des Parlaments einen Einsatz beschließen[1149]. „Gefahr im Verzug“ liegt vor, wenn die Einhaltung der verfassungsrechtlich gebotenen Mitwirkung des Bundestages die militärische Wehrfähigkeit und die Bündnisfähigkeit der Bundesrepublik Deutschland beeinträchtigt[1150]. Da der Begriff „militärische Wehrfähigkeit“ nicht anders ausgelegt werden kann als der Verteidigungsbegriff in Art. 87a GG und im Entführungsfall grundsätzlich jederzeit mit der Tötung der Geiseln gerechnet werden muss, liegt eine „Gefahr im Verzug“ vor[1151].

Fähigkeit, im Notfall eigene Staatsbürger im Ausland aus Gefahr für Leib und Leben retten zu können, zur grundlegenden Verantwortung eines jeden Staates gehört“, vgl. Stenografische Berichte Deutscher Bundestag, 13. Wahlperiode, 166. Sitzung vom 20. März 1997, S. 14982.

1146 Die Rettung der 100 fremden Staatsangehörigen im Rahmen des Albanien-Einsatzes im Jahre 1997 stellt also keine Verteidigung dar und ist folglich von Art. 87a Abs. 1 GG nicht gerechtfertigt; so auch: Kokott, in: Sachs, Art. 87a Rn. 24.

1147 *BVerfG*, Urt. v. 12.07.1994 – 2 BvE 3/92, BVerfGE 90, 286 (286, 385 ff.); Wild, DÖV 2000, 622 (624).

1148 *BVerfG*, Urt. v. 12.07.1994 – 2 BvE 3/92, BVerfGE 90, 286 (388).

1149 *BVerfG*, Urt. v. 12.07.1994 – 2 BvE 3/92, BVerfGE 90, 286 (388). Die Bundesregierung muss allerdings den Bundestag umgehend über den Einsatz informieren und auf dessen Verlangen die Rettungsoperation abbrechen, vgl. *BVerfG*, Urt. v. 12.07.1994 – 2 BvE 3/92, BVerfGE 90, 286 (388).

1150 Vgl. *BVerfG*, Urt. v. 12.07.1994 – 2 BvE 3/92, BVerfGE 90, 286 (388).

1151 Vgl. Dau, NZWehrr 1998, 89 (99).

4. Ergebnis: Recht auf Befreiung aus Art. 87a Abs. 1 S. 1 GG

Die KSK ist gemäß Art. 87a Abs. 1 S. 1 GG befugt, deutsche Geiseln im Ausland aus der Gewalt ihrer Entführer zu befreien.

III. Völkerrechtliche Zulässigkeit von gewaltsamen Befreiungsaktionen

Ein Einsatz deutscher Spezialeinheiten mit dem Ziel der Befreiung einer deutschen Geisel im Ausland ist erst dann rechtmäßig, wenn auch das Völkerrecht eine solche Intervention[1152] zulässt. Einige Regierungen haben die Ansicht vertreten, die Evakuierung ihrer Staatsangehörigen aus dem Ausland sei völkerrechtskonform[1153]. Teile der Literatur teilen diese Auffassung. Die Begründungen variieren. Einige Autoren argumentieren, eine Evakuierungsoperation verletze schon gar nicht das in Art. 2 Nr. 4 UN-Charta[1154] normierte Gewaltverbot[1155]. Andere behaupten, eine Intervention sei gerechtfertigt[1156]. Dagegen

---

1152 Eine Intervention liegt vor, wenn ein Staat sich durch Anwendung physischer Gewalt in die inneren Angelegenheiten eines anderen Staates einmischt, vgl. BALDUS, in: ERBERICH/HÖRSTER/HOFFMANN *u. a.* (Hrsg.), Frieden und Recht, S. 259 (262). Dies gilt auch dann, wenn der Eingriff zum Schutz eigener Staatsangehöriger erfolgt. Einige Vertreter des Schrifttums behaupten zwar, dass in einem solchen Fall keine Intervention vorliege, weil der Schutz der Staatsangehörigen auch zu den Angelegenheiten des eingreifenden Staates gehöre (vgl. FRANZKE, Schutzaktionen zugunsten der Staatsangehörigen im Ausland als Ausfluss des Rechts auf Selbstverteidigung der Staaten, S. 73 ff.). Dieser Ansicht kann jedoch seit der Verabschiedung der „Deklaration über die Unzulässigkeit der Intervention und über die freundschaftlichen Beziehungen der Staaten“ (Inadmissibility of Intervention and Interference in the Internal Affairs of States) nicht mehr gefolgt werden. Danach ist jede bewaffnete Einmischung in die inneren Angelegenheiten eines Mitgliedstaates der Vereinten Nationen eine unerlaubte Intervention. Es kommt daher weder auf das Motiv noch auf den Anlass der bewaffneten Einmischung an (vgl. zum Ganzen: HERDEGEN, Völkerrecht, § 35 Rn. 3; SCHRÖDER, JZ 1977, 420 (423)).

1153 Vgl. nur die Erklärung des US-Präsidenten J. Carter vom 26.04.1980 an den US-Kongress zur Teheraner Geiselaffäre, US Dept. St. Bull. 80, No. 20239 (June 1980), 42–43 (42).

1154 Charta der Vereinten Nationen vom 26. Juni 1945 (BGBl. 1973 II S. 431).

1155 BEYERLIN, ZaöRV 37 (1977), 213 (218); FRANZKE, NZWehrr 1996, 189 (197 f.); DERS., ÖZÖRV 1966, 128 (148 f.); STONE, Aggression and World Order, S. 43; PETERHOFF, BWV 2000, 49 (55).

1156 FRANZKE, ÖZÖRV 1966, 128 (146); KIPP, in: GS Peters, 393 (428); SCHRÖDER, JZ 1977, 420 (423 ff.).

sprechen sich weitere Stimmen im Schrifttum aus[1157]. Sie lehnen ein Recht auf Intervention zur Rettung eigener Staatsangehöriger ohne Einwilligung des Aufenthaltsstaates ab.

Für beide Auffassungen sprechen politische und moralische Argumente. Stünde das Völkerrecht einem Recht zur Intervention entgegen, wäre ein betroffener Staat vor eine folgenschwere Entscheidung gestellt: Er könnte sich entweder völkerrechtskonform verhalten und müsste ggf. akzeptieren, dass seine Staatsangehörigen im Ausland von ihren Entführern ggf. „hingerichtet" werden, oder er entscheidet sich für die Rettung seiner Angehörigen durch bewaffnete Einheiten und nimmt damit einen Verstoß gegen das Völkerrecht in Kauf. Daneben besteht die Gefahr des Missbrauchs des Interventionsrechts. Die Berufung auf das Interventionsrecht zum Schutz eigener Staatsangehöriger könnte zum „Freibrief" für politisch motivierte Polizeiaktionen werden[1158]. Das Gewaltverbot des Art. 2 Nr. 4 UN-Charta würde unterlaufen.

Die folgende Untersuchung wird zeigen, dass eine Intervention zur Rettung entführter Staatsangehöriger in zwei Fällen mit dem Völkerrecht vereinbar ist: Sie ist zum einen völkerrechtskonform, wenn der Aufenthaltsstaat den Befreiungseinsatz gestattet. Ein Verstoß gegen Art. 2 Nr. 4 UN-Charta ist zum anderen kraft Völkergewohnheitsrecht gerechtfertigt, wenn die Intervention kumulativ streng auf den Schutzzweck begrenzt ist, die fremde Staatsgewalt sich die Entführung zurechnen lassen muss und die Intervention nach Art und Ausmaß nicht unverhältnismäßig in die geschützten Rechtsgüter des anderen Staates eingreift[1159].

1. Befreiungsaktion als Verletzung einer völkerrechtlichen Pflicht

Ein gewaltsamer Eingriff in die Territorialhoheit eines fremden Staates zur Rettung eigener Staatsangehöriger verletzt grundsätzlich das Völkerrecht. Das Völkerrecht schützt die territoriale Souveränität eines jeden Staates. Dieses

---

1157 Vgl. nur Bothe, in: Graf Vitzthum, 8. Abschnitt, I Rn. 21.

1158 Als Beispiel für einen offensichtlichen Missbrauch des behaupteten Rechts auf Intervention zum Schutz eigener Staatsangehöriger dient die Invasion der USA in Grenada 1983 und Panama 1989. Die USA hat zwar in beiden Fällen den Einmarsch ihrer Truppen mit dem Schutz eigener Staatsangehöriger gerechtfertigt. Eine Gefährdung derer bestand jedoch offensichtlich nicht. Vgl. zum Sachverhalt der Invasion in Grenada: Doswald-Beck, NILR 1984, 355 (356 ff.) und zur Erklärung der USA: Grenada, AdG 1983, 27152 (27153).

1159 Vgl. zu den Voraussetzungen: Hailbronner, in: Schindler/Hailbronner, Die Grenzen des völkerrechtlichen Gewaltverbots, 49 (105, 109).

Recht hat in Art. 2 Nr. 4 UN-Charta seinen Niederschlag gefunden. Wörtlich heißt es dort:

> „*Alle Mitglieder unterlassen in ihren internationalen Beziehungen jede gegen die territoriale Unversehrtheit oder die politische Unabhängigkeit eines Staates gerichtete oder sonst mit den Zielen der Vereinten Nationen unvereinbare Androhung oder Anwendung von Gewalt.*“[1160]

Der Inhalt und Umfang des Gewaltverbots ist allerdings genauso umstritten wie die Ausnahmen davon. Einige Teile des völkerrechtlichen Schrifttums gehen davon aus, die Staaten können ihre Angehörigen aus dem Ausland evakuieren, wenn ein solcher Einsatz eine bestimmte Intensitätsschwelle nicht überschreite[1161] bzw. nicht von Annexionsabsichten[1162] getragen sei. Die Vertreter dieser Ansicht begründen ihre These mit dem Wortlaut des Art. 2 Nr. 4 UN-Charta. Die Regelung schütze ausdrücklich nur die *territoriale Unversehrtheit* und nicht die *territoriale Unverletzlichkeit* der Staaten[1163]. Die Norm erfasse also nur Eingriffe, die zu einem tatsächlichen Substanzverlust des Territoriums führen, bzw. Handlungen, die eine bestimmte Intensität erreichen[1164]. Die bloße Besitzstörung des Staatsgebietes durch vorübergehende Eingriffe fiele dagegen nicht unter das Gewaltverbot[1165]. Nach dieser Ansicht verstößt eine schnell durchgeführte Befreiungsoperation folglich nicht gegen das Gewaltverbot.

1160 Das Gewaltverbot in Art. 2 Nr. 4 UN-Charta ist nach einhelliger Meinung Bestandteil des Völkergewohnheitsrechts (Ader, Gewaltsame Rettungsaktion zum Schutz eigener Staatsangehöriger im Ausland, S. 5; Baldus, in: Erberich/Hörster/Hoffmann *u. a.* (Hrsg.), Frieden und Recht, S. 259 (261); Herdegen, Völkerrecht, § 34 Rn. 6) und stellt darüber hinaus ius cogens dar (Ader, Gewaltsame Rettungsaktion zum Schutz eigener Staatsangehöriger im Ausland, S. 5; Wildhaber, in: Schaumann (Hrsg.), Völkerrechtliches Gewaltverbot und Friedenssicherung, S. 147; Schindler, in: Schindler/Hailbronner, Die Grenzen des völkerrechtlichen Gewaltverbots, 11 (14); Verdross/Simma, Universelles Völkerrecht, § 96).

1161 Beyerlin, ZaöRV 37 (1977), 213 (218); Dahm, in: FS Laun, S. 48 (50).

1162 Franzke, NZWehrr 1996, 189 (197 f.); ders., ÖZÖRV 1966, 128 (148 f.); Ronzitti, Rescuing Nationals Abroad through Military Coercion and Intervention on Grounds of Humanity, S. 26 ff.; Peterhoff, BWV 2000, 49 (55).

1163 Franzke, Schutzaktionen zugunsten der Staatsangehörigen im Ausland als Ausfluss des Rechts auf Selbstverteidigung der Staaten, S. 134 ff.

1164 Der Ansatz fußt auf der Überzeugung, ein extensiv verstandenes Gewaltverbot schränke angesichts zu eng gefasster Erlaubnistatbestände den staatlichen Handlungsspielraum zu stark ein.

1165 Beyerlin, ZaöRV 37 (1977), 213 (217).

Die Ansicht überzeugt nicht. Eine derartige Auslegung des Art. 2 Nr. 4 UN-Charta widerspricht sowohl der Zielrichtung der Vorschrift als auch ihrer Entstehungsgeschichte. Die Formulierung *„territoriale Unversehrtheit und politische Unabhängigkeit“* wurde erst auf der Gründungskonferenz von San Francisco auf Verlangen mehrerer kleinerer Staaten hin aufgenommen[1166]. Die Staaten bestanden auf diesen Zusatz, um einige besonders schwerwiegende Verstöße gegen das Gewaltverbot ausdrücklich zu benennen[1167]. Die zitierten Attribute sollten das Gewaltverbot nicht einschränken, sondern es zusätzlich verdeutlichen[1168]. Zudem lassen sowohl die „Friendly-Relations-Deklaration“ als auch die aus dem Jahre 1974 stammende „Resolution der Vollversammlung der Vereinten Nationen über die Definition der Aggression“ erkennen, dass Art. 2 Nr. 4 UN-Charta in der Praxis der Vereinten Nationen nicht einschränkend, sondern weit interpretiert werden muss und jede staatliche Gewaltanwendung verbietet. Die Auffassung, wonach eine unwesentliche Gebietsverletzung nicht das Gewaltverbot berührt, ist daher abzulehnen. Ein solcher Ansatz wäre zudem kaum praktikabel. Während die Befreiung israelischer Staatsangehöriger in Uganda 1977 durch das israelische Militär zweifelsfrei als „Gewaltanwendung“ qualifiziert werden kann[1169], ist bereits fraglich, ob ein kurzer Evakuierungseinsatz deutscher Spezialeinheiten, in dessen Rahmen lediglich die Entführer überwältigt werden, als eine „Gewaltanwendung“ betrachtet werden kann. Außerdem ist die Missbrauchsgefahr offensichtlich. Während der intervenierende Staat immer argumentieren wird, der Einsatz habe die Schwelle des Gewaltverbots nicht erreicht, wird der betroffene Gebietsstaat das Gegenteil behaupten. Gewaltsame Rettungsoperationen verstoßen daher in der Regel gegen das Gewaltverbot des Art. 2 Nr. 4 1. Alt. UN-Charta[1170].

1166 Entsprechende Formulierungsvorschläge legten folgende Staaten vor: Ägypten, UNCIO, Bd. III, S. 454; Äthiopien, ebd., S. 558; Australien, ebd., S. 543; Bolivien, ebd., S. 582 f.: Brasilien, ebd., S. 237; Ecuador, ebd., S. 399; Iran, ebd., S. 554; Mexiko, ebd., S. 179; Peru, ebd., S. 596; Uruguay, ebd., S. 35, Kempen/Hillgruber, Völkerrecht, § 35 Rn. 80; Schröder, JZ 1977, 420 (422).

1167 Kempen/Hillgruber, Völkerrecht, § 35 Rn. 80; Schindler, in: Schindler/Hailbronner, Die Grenzen des völkerrechtlichen Gewaltverbots, 11 (14).

1168 Kreß, ZaöRV 57 (1997), 329 (333); Randelzhofer, in: Simma, Art. 2 Ziff. 4 Rn. 34; Schindler, in: Schindler/Hailbronner, Die Grenzen des völkerrechtlichen Gewaltverbots, 11 (14).

1169 Sachverhalt: s.o., FN 1014.

1170 Damit verstößt ein Staat auch gleichzeitig gegen das Interventionsverbot, vgl. hierzu ausführlich Ader, Gewaltsame Rettungsaktion zum Schutz eigener Staatsangehöriger im Ausland, S. 22 ff.

2. Der Ausschluss der Rechtswidrigkeit/Rechtfertigungsgründe

a) Einwilligung des Aufenthaltsstaates

Eine bewaffnete Intervention verletzt den Tatbestand des Art. 2 Nr. 4 UN-Charta aber dann nicht, wenn der Gebietsstaat entweder selbst um fremde Einsatzkräfte ersucht oder einem Ersuchen des Entsendestaates zustimmt bzw. einen Einsatz nachträglich genehmigt[1171]. Der Grundsatz „volenti non fit injuria" gilt auch im Völkerrecht[1172].

b) Bewaffnete Intervention in einem „failing/failed state"

Es stellt sich die Frage, ob eine Intervention auch dann gegen das Gewaltverbot verstößt, wenn der Einsatz in einem „failing/failed state" erfolgt. In der Vergangenheit wurden viele Evakuierungsoperationen in Ländern durchgeführt, deren Staatsgewalt durch innere Krisen nachhaltig erschüttert oder bereits völlig zusammengebrochen waren („failing state" bzw. „failed state"[1173]); erwähnenswert sind die deutsche Befreiungsaktion in Tirana/Albanien im Jahr 1997[1174],

1171 Ader, Gewaltsame Rettungsaktion zum Schutz eigener Staatsangehöriger im Ausland, S. 36 ff.; Baldus, in: Erberich/Hörster/Hoffmann *u. a.* (Hrsg.), Frieden und Recht, S. 259 (261); Bothe, in: Graf Vitzthum, 8. Abschnitt, I Rn. 21; Kreß, ZaöRV 57 (1997), 329 (337 ff.); Peterhoff, BWV 2000, 49 (53). Eine entsprechende Zustimmung erhielt die Bundesregierung von der somalischen Regierung zur Erstürmung der LH-Maschine „Landshut" in Mogadischu durch die GSG 9. Die Befreiungsoperation war folglich völkerrechtskonform. Entsprechendes gilt für die Evakuierungsoperationen ausländischer Staatsangehöriger aus der Demokratischen Republik Kongo 1964, Ruanda 1994 und Tirana 1997.

1172 Baldus, in: Erberich/Hörster/Hoffmann *u. a.* (Hrsg.), Frieden und Recht, S. 259 (261); Verosta, in: FS Verdross, S. 689 ff. Nach überwiegender Auffassung ist eine Rettungs- und Evakuierungsoperation selbst dann zulässig, wenn die zustimmende Regierung keine effektive Kontrolle über das Staatsgebiet ausübt, aber noch als Vertreter des Staates nach außen anerkannt ist, vgl. Herdegen, Völkerrecht, § 34 Rn. 8; Kreß, ZaöRV 57 (1997), 329 (338 f.).

1173 Im Folgenden wird nur noch der Begriff „failed state" verwendet. Die Ausführungen gelten jedoch auch für den „failing state".

1174 Sachverhalt: S.o., Seite 202. Die Rechtmäßigkeit des Einsatzes in Tirana ergibt sich nicht bereits durch eine angebliche Zustimmung der albanischen Regierung. Es wird zwar immer wieder behauptet, die Bundesregierung hätte die Zustimmung der albanischen Regierung erhalten. Tatsächlich hatte diese einem Einsatz nicht zugestimmt. Sie befand sich nämlich am Tag des Einsatzes mit dem ehemaligen österreichischen Bundeskanzler auf einer italienischen Fregatte und verhandelte über Friedensbemühungen

die Evakuierungen ausländischer Staatsangehöriger aus der Demokratischen Republik Kongo in den Jahren 1964[1175], die Rettungsoperation amerikanischer Truppen in Liberia 1990[1176], der Einsatz ausländischer Truppen in Somalia 1993[1177] und die Evakuierung deutscher Staatsangehöriger aus Ruanda 1994[1178].

aa) Keine teleologische Reduktion des Gewaltverbots

Bereits in den 1980er Jahren haben Autoren die Frage gestellt, ob das Gewaltverbot auch den bloßen „Staatstorso" vor Interventionen schützt[1179]. HERDEGEN

(Albanien, AdG 1997, 41870 (41878)). Die albanische Regierung hatte zwar einen Tag vor dem deutschen Einsatz ein militärisches Eingreifen fremder Mächte gefordert, um die Ordnung in Albanien wiederherzustellen (Albanien, AdG 1997, 41870 (41877)). Diese Erklärung kann allerdings nicht als Freibrief für jegliche Intervention interpretiert werden. Gleichwohl war der Einsatz zulässig. Zum einen hatte bereits Italien vor der deutschen Evakuierungsoperation mit Billigung der albanischen Regierung Luftevakuierungen durchgeführt, sodass man von einer mutmaßlichen Einwilligung der albanischen Regierung ausgehen kann (EPPING, AöR, Bd. 124 (1999), 423 (466)). Zum anderen hatte die albanische Regierung den Einsatz nachträglich genehmigt. Eine Einwilligung lag somit vor.

1175 Sachverhalt: s.o., FN 1012.

1176 Sachverhalt: s.o., FN 1016.

1177 Sachverhalt (vgl. Somalia, AdG 1992, 37381 ff.; AdG 1993, 37701 ff.): Nach dem Sturz der somalischen Regierung brach in Somalia ein Bürgerkrieg aus. Ab November 1991 kam es in der Hauptstadt Mogadischu zu schweren Kämpfen. Im Nordwesten des Landes erklärten lokale Führer die Unabhängigkeit Somalilands. Die Kämpfe zwischen Kriegsherren, Clans und Unter-Clans in losen Bündnissen fanden zeitgleich mit einer starken Dürre statt. Diese Kombination führte zur Hungersnot in Somalia, in deren Folge fast 4,5 Millionen Menschen – mehr als die Hälfte der Bevölkerung – von Hunger und Krankheit bedroht waren. Insgesamt wird geschätzt, dass 300.000 Menschen, darunter viele Kinder, starben. Etwa 2 Millionen flohen entweder in Nachbarstaaten oder anderswohin innerhalb Somalias. Vor diesem Hintergrund verabschiedete im Januar 1992 der UNO-Sicherheitsrat einstimmig die Resolution 733 (1992) unter Kapitel VII der UN-Charta und erlegte Somalia ein allgemeines und komplettes Waffenembargo auf. Am 17. März 1992 nahm der Sicherheitsrat einstimmig die Resolution 746 an, die Dringlichkeit der Fortsetzung der humanitären Arbeit in Somalia enthielt und die Entscheidung des Generalsekretärs unterstützte, ein technisches Einsatzteam zu entsenden. Die Resolution 751 schließlich ermächtigte die UNO, 50 Militärbeobachter in das Land zu entsenden und zunächst 500 Sicherheitskräfte (Blauhelme). Die Resolution 775 autorisierte eine Aufstockung der Mission.

1178 Sachverhalt: s.o., FN 1017.

1179 KREß, ZaöRV 57 (1997), 329 (334).

hat diese Frage aufgegriffen und zu einer These formuliert[1180]. Er geht davon aus, dass das Gewaltverbot in der Völkergemeinschaft keinen absoluten Restwert bilde[1181]. Werde die effektive Staatsgewalt durch innere Krisen nachhaltig erschüttert bzw. entfalle sie ganz, könne dies zu einer teleologischen Reduktion des Gewaltverbots führen[1182]. HERDEGEN fordert, das Gewaltverbot müsse unter den Bedingungen verfallener Staatlichkeit beim Schwund effektiver Regierungsgewalt nach den Interessen des Staatsvolks und deren völkerrechtlich geschützten Belange bestimmt werden[1183].

Auf die Kritik[1184] an diesem Ansatz muss nicht näher eingegangen werden. Die These von der teleologischen Reduktion des Gewaltverbots im Falle eines „failed state" hat sich mangels erforderlicher Staatenpraxis bis heute nicht zum Völkergewohnheitsrecht entwickelt[1185]. Nur das Eingreifen der ECOWAS[1186]-Staaten in den liberianischen Bürgerkrieg im Jahre 1990 mit der erklärten Zielsetzung „*to stop senseless killing of innocent civilian nationals and foreigners*" könnte in dieser Weise interpretiert werden[1187]. Die übrigen Interventionen aus-

---

1180 HERDEGEN hat seine These zwar auf die Möglichkeit der humanitären Intervention bezogen. Sein Ansatz kann jedoch auch für die hier relevante Frage der Intervention zum Schutz eigener Staatsangehöriger verwendet werden.

1181 HERDEGEN, in: THÜRER/HERDEGEN/HOHLOCH (Hrsg.), Der Wegfall effektiver Staatsgewalt, 49 (60).

1182 HERDEGEN, Völkerrecht, § 34 Rn. 10.

1183 HERDEGEN, in: THÜRER/HERDEGEN/HOHLOCH (Hrsg.), Der Wegfall effektiver Staatsgewalt, 49 (58).

1184 Die Mehrheit der Teilnehmer der Leipziger Tagung der Deutschen Gesellschaft für Völkerrecht äußerten sich ablehnend gegenüber HERDEGENS These von der teleologischen Reduzierbarkeit des satzungsrechtlichen Gewaltverbots beim „*failing/failed state*", vgl. hierzu nur die Diskussionsbeiträge von RANDELZHOFER, in: THÜRER/HERDEGEN/HOHLOCH (Hrsg.), Wegfall effektiver Staatsgewalt, 135 (135); SIMMA, *ibid.*, 137 (139); DELBRÜCK, *ibid.*, 139 (140); WOLFRUM, *ibid.*, 141 (142); THÜRER, *ibid.*, 152 (152).

1185 KREß, ZaöRV 57 (1997), 329 (336).

1186 Economic Community of West African States.

1187 Entgegen der Auffassung von IPSEN, Völkerrecht, § 59 Rn. 36 (FN 86) intervenierten in Zaire im Jahre 1993 keine belgischen Truppen; vgl. hierzu: Togo.Zaire, AdG 1993, 37545 f.: Nachdem im Januar 1993 in Zaire (vorheriger Name der Demokratischen Republik Kongo) schwere Unruhen ausgebrochen waren, drohte die belgische Regierung mit einem militärischen Eingreifen zum Schutz ihrer Staatsbürger. Nach Verhandlungen mit dem Staatschef von Zaire schlossen beide Seiten einen Kompromiss: Die belgische Regierung verzichtete auf eine Intervention, dafür stellte der Staatschef seine Privatjacht für eine Evakuierungsoperation zu Verfügung. Ende Januar brachte die Jacht Hunderte von Europäer über den Grenzfluss Kongo nach Brazzaville, der

ländischer Einheiten zum Schutz eigener Staatsangehöriger in „failed states" können nicht dazu gezählt werden: Die bewaffnete Intervention in Somalia 1993 erfolgte im Rahmen von Kapitel VII der UN-Charta[1188]. Die Evakuierung ausländischer Staatsangehöriger aus der Demokratischen Republik Kongo im Jahre 1964, Ruanda 1994 und Tirana 1997 fand mit Einwilligung der jeweiligen Regierung statt[1189]. Da eine bewilligte Intervention bereits nicht den Tatbestand des Art. 2 Nr. 4 UN-Charta erfüllt[1190], kann die Evakuierung eigener Staatsangehöriger aus einem „failed state" auch nicht zu einer teleologischen Ausnahme vom Gewaltverbot führen.

bb) Kein Wegfall der Staatlichkeit

Nach einer anderen Auffassung[1191] verstößt ein Befreiungseinsatz in einem „failed state" nicht gegen Art. 2 Nr. 4 1. Fall UN-Charta, weil mangels Staatsqualität des „failed state" der Tatbestand des Art. 2 Nr. 4 1. Fall UN-Charta schon nicht erfüllt sei.

Für diesen Ansatz spricht zumindest, dass in der Vergangenheit in einigen Ländern die Auflösung der administrativ-staatlichen Ordnung ein solches Ausmaß angenommen hatte, dass ein Wegfall effektiver Staatsgewalt offensichtlich war. Da Art. 2 Nr. 4 1. Fall UN-Charta die territoriale Unversehrtheit und die politische Unabhängigkeit eines *Staates* schützt, und die „Drei-Elementen-Lehre" für die Existenz eines Staates neben dem Staatsvolk und dem Staatsgebiet auch eine *Staatsgewalt* voraussetzt[1192], führt dies nach einem Ansatz in der Literatur dazu, dass ein „failed state" keine Staatsqualität mehr besitze[1193].

Eine solche Ansicht widerspricht aber der Staatenpraxis. Trotz des Wegfalls effektiver Staatsgewalt hat sich eine einheitliche Praxis der Staatengemeinschaft etabliert, nach der die Staatlichkeit und die Rechtspersönlichkeit

---

Hauptstadt der Republik Kongo. Eine Intervention in das Territorium Zaires erfolgte also nicht.

1188 Kreß, ZaöRV 57 (1997), 329 (335).

1189 S.o., FN 1174.

1190 S.o., Seite 231.

1191 Baldus, in: Erberich/Hörster/Hoffmann *u. a.* (Hrsg.), Frieden und Recht, S. 259 (259 ff.).

1192 Herdegen, Völkerrecht, § 8 Rn. 3.

1193 Baldus, in: Erberich/Hörster/Hoffmann *u. a.* (Hrsg.), Frieden und Recht, S. 259 (259 ff.).

eines „failed states“ als fortbestehend angesehen wird[1194]. Dieses Ergebnis bestätigen die Unruhen und Bürgerkriege in Liberia, Sierra Leone, Somalia und Albanien Mitte der 1990er Jahre[1195]. Die Staatenpraxis stellte unter diesen Umständen weder die Fortgeltung völkerrechtlicher Verträge noch die Mitgliedschaft dieser Staaten in internationalen Organisationen in Frage[1196]. Ein Staat besteht nach der Staatenpraxis vielmehr so lange weiter, bis der Wegfall der Staatsgewalt *endgültig* ist. Ein nur *vorübergehender* Wegfall der Staatsgewalt wird allerdings selbst dann angenommen, wenn die Handlungsunfähigkeit einen erheblichen Zeitraum in Anspruch nimmt, da nicht ausgeschlossen werden kann, dass sich eine effektive Staatsgewalt wieder etablieren wird[1197].

Diese Staatenpraxis verfolgt insbesondere auch praktische Interessen. Geht ein Staat unter, kann dieser seiner völkerrechtlichen Verbindlichkeiten nicht mehr erfüllen. Die internationale Staatengemeinschaft würde unter diesen Umständen einen Schuldner verlieren und könnte ihre Ansprüche, mangels Anspruchsgegner, nicht mehr durchsetzen. Dagegen kann ein Staat selbst dann auf seine völkerrechtlichen Pflichten in Anspruch genommen werden, wenn seine Handlungsfähigkeit entfallen ist[1198]. Im Übrigen soll durch diese Praxis verhindert werden, dass das Gebiet des „failed state“ dem Zugriff anderer Staaten offen steht. Denn sollte ein Staat im Falle des „failed state“ untergehen, würden andere Staaten beim Zugriff weder gegen das Gewalt- noch gegen das Interventionsverbot verstoßen[1199].

Die überwiegende rechtswissenschaftliche Schrifttum bestätigt die völkerrechtliche Praxis[1200]. Nach der dort vertretenen Kontinuitätslehre geht ein Staat erst dann unter, wenn der Wegfall dauerhaft und endgültig ist[1201]. Ein „failed state“ besteht danach aber grundsätzlich weiter, weil in der Regel die Bestrebungen zur Wiederherstellung effektiver Staatsgewalt im „failed state“

1194 Ipsen, Völkerrecht, § 5 Rn. 11; Kempen/Hillgruber, Völkerrecht, § 4 Rn. 9.

1195 Kempen/Hillgruber, Völkerrecht, § 4 Rn. 9.

1196 Ipsen, Völkerrecht, § 5 Rn. 11.

1197 Kempen/Hillgruber, Völkerrecht, § 4 Rn. 9.

1198 Kempen/Hillgruber, Völkerrecht, § 4 Rn. 9; Schiedermair, JA 1984, 638 (641).

1199 Kempen/Hillgruber, Völkerrecht, § 4 Rn. 9

1200 Vgl. nur Ipsen, Völkerrecht, § 5 Rn. 11; Isensee, JZ 1995, 421 (424); Kempen/Hillgruber, Völkerrecht, § 4 Rn. 9; Kreß, ZaöRV 57 (1997), 329 (334 f.); Hailbronner, Diskussionsbeitrag, in: Thürer/Herdegen/Hohloch (Hrsg.), Der Wegfall effektiver Staatsgewalt, 150 (151); Thürer, in: Thürer/Herdegen/Hohloch (Hrsg.), Der Wegfall effektiver Staatsgewalt, 9 (16 f.).

1201 Ipsen, Völkerrecht, § 5 Rn. 11.

nicht als endgültig bezeichnet werden[1202]. Der „failed state“ ist somit weiterhin rechtsfähig. Aufgrund des Zusammenbruchs der Staatsorgane fehlt ihm lediglich die Handlungsfähigkeit.

Im Ergebnis ist daher festzustellen, dass selbst ein „failed state“ als Staat existent bleibt. Eine unerlaubte Befreiungsaktion verletzt daher das von Art. 2 Nr. 4 1. Fall UN-Charta umfasste Gewaltverbot.

c) Rechtfertigung kraft Völkergewohnheitsrecht unter bestimmten Voraussetzungen

Ein bewaffneter Eingriff zur Rettung entführter Staatsangehöriger könnte aber kraft Völkergewohnheitsrecht gerechtfertigt sein.

aa) Rechtfertigung durch Völkergewohnheitsrecht nur im Ausnahmefall

Eine bewaffnete Intervention der Bundesrepublik Deutschland zur Befreiung eines entführten Deutschen ist nur dann völkerrechtskonform, wenn der Aufenthaltsstaat die Entführung nicht verhindert hat, obwohl dies möglich und geboten gewesen ist bzw. wenn ihm die Geiselnahme auf sonstige Weise zugerechnet werden kann[1203]. Es muss an dieser Stelle nicht entschieden werden, ob dafür an das bis zum Inkrafttreten der UN-Charta bestehende Völkergewohnheitsrecht oder an ein sich nach 1945 gebildetes Gewohnheitsrecht angeknüpft werden muss[1204]. Die in diesen Fragen zerstrittene Völkerrechtsliteratur ist sich zumindest darüber einig, dass in der Zeit des klassischen Völkerrechts ein völkergewohnheitsrechtliches Recht zum bewaffneten Schutz eigener Staatsangehöriger im Ausland existierte[1205]. Ein entsprechender Eingriff war bis 1945 unstreitig gerechtfertigt, wenn ein Staat die sog. internationalen Mindeststandards gegen-

---

1202 Ipsen, Völkerrecht, § 5 Rn. 11; Kempen/Hillgruber, Völkerrecht, § 4 Rn. 9.

1203 Eine Zurechnung „auf sonstiger Weise“ kommt insbesondere in Betracht, wenn staatliche Stellen an der Entführung beteiligt sind, sei es in Form der *Anstiftung* oder der *Beihilfe*.

1204 Vgl. zu diesem Streit die Übersicht bei Beyerlin, Die humanitäre Aktion zur Gewährleistung des Mindeststandards in nichtinternationalen Konflikten, S. 50 ff.

1205 Beyerlin, ZaöRV 37 (1977), 213 (221 ff.).

über den auf seinem Territorium befindlichen Ausländern verletzt hat[1206]. FRANZKE[1207] hat dies ausführlich dargelegt[1208].

Während einige Autoren behaupten, die Mitgliedstaaten der UN wollten durch die Kodifizierung des Gewaltverbots in der UN-Charta auf alle Formen der Gewaltanwendung verzichten[1209], sehen andere dieses Recht durch die Vorschriften der Charta nicht berührt[1210]. Wie bereits angesprochen, muss dieser Streit jedoch nicht weiter vertieft werden. Selbst wenn die Staaten mit der Einführung von Art. 2 Nr. 4 UN-Charta ein absolutes Gewaltverbot intendiert haben sollten und das bis dahin bestehende Völkergewohnheitsrecht beenden wollten, ist eine Intervention im Ausland zum Schutze eigener Staatsangehöriger kraft neuem, nach 1945 entstandenem Völkergewohnheitsrecht gerechtfertigt[1211].

Vielen Autoren bestreiten dies zwar[1212]. Sie verweisen darauf, dass die Interventionen in der Demokratischen Republik Kongo in den Jahren 1960[1213] und

1206 Das Recht zur Selbstverteidigung setzte mehrere Umstände voraus: Der Aufenthaltstaat musste das Völkerrecht verletzt haben, dieses Verhalten konnte sowohl in einem positiven Tun als auch in einem Unterlassen bestehen, der Angriff musste unmittelbar bevorstehen oder gegenwärtig sein, die Intervention musste Ultima Ratio sein, der mögliche Schaden der Völkerrechtsverletzung irreparabel sein.

1207 FRANZKE, Schutzaktionen zugunsten der Staatsangehörigen im Ausland als Ausfluss des Rechts auf Selbstverteidigung der Staaten.

1208 Vgl. hierzu auch BEYERLIN, Die humanitäre Aktion zur Gewährleistung des Mindeststandards in nichtinternationalen Konflikten, S. 38 ff.

1209 Vgl. FRANZKE, Schutzaktionen zugunsten der Staatsangehörigen im Ausland als Ausfluss des Rechts auf Selbstverteidigung der Staaten, S. 133 ff., 156.

1210 Vgl. ADER, Gewaltsame Rettungsaktion zum Schutz eigener Staatsangehöriger im Ausland, S. 254 ff.; KREß, ZaöRV 57 (1997), 329 (348 f.), der ein entstandenes Völkergewohnheitsrecht für möglich hält.

1211 Für einen Bestand des Völkergewohnheitsrechtes über 1945 hinaus spricht, dass viele Staaten auch nach der Kodifizierung des Gewaltverbots zum Schutz eigener Staatsangehöriger im Ausland eingegriffen haben und ein gewohnheitsrechtlicher Grundsatz auch dann bestehen bleiben kann, wenn er ab einem bestimmten Zeitpunkt in Zweifel gezogen wird und keine allgemeine Anerkennung mehr findet, so HAILBRONNER, in: SCHINDLER/HAILBRONNER, Die Grenzen des völkerrechtlichen Gewaltverbots, 49 (105 f.).

1212 Vgl. BEYERLIN, ZaöRV 37 (1977), 213 (239); EPPING, AöR, Bd. 124 (1999), 423 (463); IPSEN, Völkerrecht, § 59 Rn. 34; RANDELZHOFER, in: SIMMA, Art. 2 Ziff. 4 Rn. 55 (der aber zumindest ein entstehendes Völkergewohnheitsrecht andeutet).

1213 Sachverhalt: s.o., FN 1011.

1964[1214] sowie in Entebbe/Uganda 1977[1215] von der Staatengemeinschaft missbilligt wurden. Sie übersehen dabei aber die in den 1960er-Jahren begonnene Entwicklung. Diese hat zu einem Rechtssatz geführt, der auf eine allgemeine Übung und auf eine dieser Übung entsprechende Rechtsüberzeugung zurückgeht[1216]. Die Eingriffe französischer Truppen im Kongo im Jahr 1960, französischer und amerikanischer Truppen im Kongo im Jahr 1964[1217] sowie 1965 amerikanischer Einheiten in der Dominikanischen Republik[1218] bilden hierzu den Auftakt. Während die Interventionen zum Schutz eigener Staatsangehöriger in den Jahren vorher noch größtenteils als per se unzulässig qualifiziert wurden[1219], haben die Mehrheit der Staaten in den erwähnten Fällen im UN-Sicherheitsrat und in den Special Committes der Generalversammlung über die „Friendly Relations" und „Definition of Aggression" zumindest jeweils auf die einzelnen Interventionen abgestellt und deren völkerrechtliche Rechtmäßigkeit fallbezogen angezweifelt.

Die Interventionsfälle in den 1970er-Jahren beschleunigten die Entwicklung zum Völkergewohnheitsrecht[1220]. Auslöser dieser Entwicklung sind die Entführungen ausländischer Staatsangehöriger durch politisch motivierte Ter-

---

1214 Sachverhalt: S.o., FN 1012.

1215 Sachverhalt: S.o., FN 1014.

1216 Art. 38 Abs. 1 lit. b des IGH-Status definiert das Völkergewohnheitsrecht über diese beiden Komponenten: als Ausdruck einer allgemeinen, als Recht anerkannten Übung.

1217 Sachverhalt: S.o., FN 1012. Der damalige Ministerpräsident der Demokratischen Republik Kongo hatte zwar seine Zustimmung erteilt. Das Gewaltverbot wurde also gar nicht verletzt. Die Intervention wird an dieser Stelle jedoch trotzdem erwähnt, um auf die Reaktion der Staatengemeinschaft hinzuweisen.

1218 Sachverhalt: S.o., FN 1013.

1219 Vgl. zu den Interventionen in Abadan 1946, Iran 1951, Ismailia/Kairo 1952, Suez 1956, Libanon 1958: Ader, Gewaltsame Rettungsaktion zum Schutz eigener Staatsangehöriger im Ausland, S. 97 ff. und Franzke, Schutzaktionen zugunsten der Staatsangehörigen im Ausland als Ausfluss des Rechts auf Selbstverteidigung der Staaten, S.142 ff.

1220 Von diesen Fällen müssen zwar solche abstrahiert werden, in denen der betroffene Aufenthaltsstaat in eine Rettungsaktion eingewilligt hat oder sie sogar mit eigenen Kräften unterstützt bzw. selbst Hilfe anfordert, da im Falle einer Einwilligung der intervenierende Staat bereits nicht das Gewaltverbot verletzt. Daneben griffen ausländische Truppen aber auch mehrmals eigenmächtig in fremden Staaten zum Schutz der eigenen Angehörigen ein. Dies zeigen die Interventionen in Mayaguez 1975, Loyoda 1976, Entebbe 1976, Larnaca 1978, Iran 1980, Grenada 1983 sowie die Absichten des Eingriffs der UNIFIL 1985, des Einsatzes zur Rettung der Geiseln der TWA-Maschine 1985 und der amerikanischen Geiseln im Libanon 1986.

roristen[1221]. Die internationale Reaktion auf die israelische Befreiungsaktion in Entebbe stellt dabei den bedeutendsten Einschnitt dar. Der Eingriff wurde zwar heftig kritisiert[1222]. Allerdings hielten nur wenige Staaten gewaltsame Interventionen zum Schutz eigener Staatsangehöriger *per se* für unzulässig. Eine beträchtliche Zahl der Staaten aus der besonders interventionskritischen „Gruppe der Blockfreien“[1223] deutete zudem an, dass sie diesen Einsatz angesichts der besonderen Umstände dulden wollten. Einige europäische Staaten haben die israelische Rettungsaktion sogar ausdrücklich gutgeheißen[1224].

Die Gruppe der extremeren Interventionsgegner zerfiel in der Folgezeit zunehmend[1225]. Sie kritisierten nun, dass entweder der intervenierende Staat mit seinem Eingreifen statt der nur vorgeschobenen humanitären Gründe tatsächlich andere Motive verfolgt oder dass die angebliche Gefährdung eigener Staatsangehöriger in Wirklichkeit gar nicht bestanden habe. Diese Entwicklung spiegelt sich im Inhalt der Agressionsdefinition und den Vorarbeiten zur Internationalen Geiselnahmekonvention wider: Noch in den 1950er-Jahren hatte insbesondere die Sowjetunion versucht, im Rahmen der in der UNO projektierten Aggressionsdefinition ein ausdrückliches Verbot von Interventionen zu kodifizieren. Dieses Vorhaben wurde später nicht weiterverfolgt. Auch der Versuch

1221 Die Staaten greifen nun vorwiegend mit Spezialeinheiten ein, um ihre Angehörigen zu retten. Die Evakuierung von Angehörigen durch Interventionen größerem Umfangs mit den Ziel, eine Ausländergruppe von mehreren Hundert oder Tausend Personen zu schützen, treten dagegen in den Hintergrund (Beispiele hierfür bieten die Eingriffe in Sahba 1978 und Grenada 1983).

1222 Vgl. hierzu ausführlich Beyerlin, ZaöRV 37 (1977), 213 (215, 236 f.).

1223 Die Bewegung der blockfreien Staaten ist eine internationale Organisation von Staaten, die keinem Militärblock angehören und sich im Ost-West-Konflikt neutral verhielten. Die Gründung der Organisation ging auf eine Initiative des jugoslawischen Präsidenten Tito, des ägyptischen Staatschefs Nasser, des indischen Premiers Nehru sowie des indonesischen Präsidenten Sukarno zurück. Die Organisation konstituierte sich 1961 auf ihrer ersten Sitzung in Belgrad. Viele afrikanische und asiatische Staaten traten ihr bei. Das Ziel der Organisation ist die Gleichberechtigung zwischen den Staaten und eine positive wirtschaftliche Entwicklung der Mitgliedstaaten. Die Organisation verurteilte die Blockbildung in der Zeit des Ost-West-Konfliktes wegen der Gefahr eines Dritten Weltkrieges und setzte sich für die friedliche Koexistenz und Abrüstung ein, vgl. Brockhaus Enzyklopädie, Bd. 4, BHAS-BUCH, Stichwort: Blockfreie Staaten.

1224 Epping, AöR, Bd. 124 (1999), 423 (463); Randelzhofer, in: Simma, Art. 2 Ziff. 4 Rn. 54.

1225 Lediglich die Intervention der USA in Grenada 1983 bot einigen Staaten Anlass, eine Intervention immer für unzulässig zu erklären.

einiger blockfreier Staaten, eigenmächtige Interventionen in den Geiselnahmekonventionen zu verbieten, schlug fehl.

Diesem Ergebnis steht nicht entgegen, dass bis heute keine Intervention die ungeteilte oder auch nur überwiegende Zustimmung der Staatengemeinschaft erhalten hat. Ader[1226] weist zu Recht daraufhin, dass Umfang und Bedeutung des Völkergewohnheitsrechts erheblich reduziert würden, wenn man anlässlich eines Präzedenzfalls im Ergebnis völlige oder weitestgehende Übereinstimmung verlangen würde. Ein Konsens in einer pluralistischen Staatengemeinschaft hinsichtlich eines solchen sensiblen Bereichs wie der Anwendung militärischer Gewalt auf fremden Territorium zu erwarten, erscheint vielmehr nicht realistisch. Die Bedeutung des Gewohnheitsrechts würde minimiert werden, wenn man an diesem Erfordernis festhalten müsste. Völkergewohnheitsrecht kann sich vielmehr auch bilden, wenn die von einem Teil der Staaten behauptete und praktizierte Rechtsregel von der übrigen Staatengemeinschaft hingenommen wird bzw. dieser Praktik nicht widersprochen wird[1227].

Die ablehnenden offiziellen Stellungnahmen der Staaten müssen der völkergewohnheitsrechtlichen Anerkennung von Interventionen zugunsten eigener Staatsangehöriger nicht immer unbedingt entgegenstehen. Gerade im hier diskutierten sensiblen politischen Bereich bestehen große Unterschiede zwischen staatlicher Rhetorik und tatsächlichem Handeln. Die Haltung und Handlung einiger afrikanischer Staaten bieten hierfür überzeugende Beispiele. Im Jahre 1978 setzte Ägypten auf Larnaca eigene Truppen auf fremdem Staatsgebiet ein, obwohl es vorher Interventionen anderer Staaten heftig kritisiert hat[1228]. Kenia unterstützte die israelische Rettungsoperation in Entebbe logistisch und verurteilte anschließend den Eingriff. Obwohl Libyen zu den Kritikern von Rettungseinsätzen in

---

1226 Ader, Gewaltsame Rettungsaktion zum Schutz eigener Staatsangehöriger im Ausland, S. 260.

1227 Ader, Gewaltsame Rettungsaktion zum Schutz eigener Staatsangehöriger im Ausland, S. 260.

1228 Sachverhalt (vgl. Ronzitti, Rescuing Nationals Abroad through Military Coercion and Intervention on Grounds of Humanity, S. 40 f.): Im Jahre 1978 überfielen Terroristen die Tagung einer Organisation in Nikosia auf Zypern. Sie ermordeten den Generalsekretär und nahmen elf Personen als Geiseln (darunter vier Ägypter) und verließen mit ihnen in einem Flugzeug das Land. Anschließend kehrten sie nach Zypern zurück und landeten in Larnaca. Sie nahmen Verhandlungen mit der zypriotischen Regierung auf. Während dieser Verhandlung traf eine ägyptische Militärmaschine mit Angehörigen einer Spezialeinheit ein. Die Einheit startete einen Überraschungsangriff zur Befreiung der Geiseln. Die zur Absicherung des Flughafengebäudes abgestellte zypriotische Nationalgarde schoss auf die ägyptischen Truppen. Der Befreiungsversuch scheiterte aus diesem Grund.

fremden Ländern gehörte[1229], rechtfertigte die Regierung den Einsatz seiner Truppen 1987 im Tschad mit dem Schutz seiner Staatsangehörigen[1230].

Die Reaktion auf die jüngste Rettungsaktion eigener Staatsangehöriger in Sierra Leone unterstreicht die aufgezeigte Entwicklung. Der Einsatz wurde international nicht kritisiert.[1231]. Es kann also festgestellt werden, dass Eingriffe eines Staates zum Schutze seiner im Ausland bedrohten Staatsangehörigen auch ohne Einwilligung des Aufenthaltsstaates unter bestimmten Voraussetzungen kraft Völkergewohnheitsrecht gerechtfertigt sein können. Unabdingbare Voraussetzung ist dabei aber, dass sich der Aufenthaltsstaat die Gefährdung der Ausländer in irgendeiner Weise zurechnen lassen muss. Eine Zurechnung hat insbesondere zu erfolgen, wenn die zuständigen Stellen Hilfsmaßnahmen unterlassen haben, obwohl diese möglich und geboten gewesen sind oder, wenn sie an der Entführung beteiligt waren, entweder in Form der Anstiftung oder der Beihilfe. Weiter ist die Intervention streng auf den Schutzzweck zu begrenzen. Sie darf darüber hinaus nicht unverhältnismäßig nach Art und Ausmaß in die geschützten Rechtsgüter des anderen Staates eingreifen[1232].

bb) Keine Rechtfertigung durch das Völkergewohnheitsrecht in den überwiegenden Entführungsfällen

Die meisten Entführungen im Ausland werden allerdings durch Privatpersonen durchgeführt. Eine ergiebige Staatenpraxis und eine völkergewohnheitsrechtli-

---

1229 Ader, Gewaltsame Rettungsaktion zum Schutz eigener Staatsangehöriger im Ausland, S. 253.

1230 Sachverhalt (Ader, Gewaltsame Rettungsaktion zum Schutz eigener Staatsangehöriger im Ausland, S. 253 f.): Im Tschad herrschte bereits seit mehreren Jahren Bürgerkrieg. Libyen hatte mit eigenen Truppen zugunsten der Aufständischen im Norden des Landes interveniert. Als sich Ende 1987/Anfang 1987 ein Großteil der bisher von Libyen unterstützten Rebellen überraschend auf die Seite der Zentralregierung Tschads stellt, rechtfertigte Libyen die Anwesenheit seiner Truppen im Land damit, diese sollten mehrere gefangen gehaltene libysche Staatsangehörige aus den Händen der Rebellen befreien.

1231 Epping, AöR, Bd. 124 (1999), 423 (464), der fälschlicherweise auch auf die Rettungsaktion im Kongo/Brazzerville 1998 hinweist. Diese war allerdings nicht gewohnheitsrechtsbildend, da die kongolesische Regierung ihre Zustimmung zum Einsatz gegeben hatte (vgl. Ipsen, Völkerrecht, § 59 Rn. 34). Der Einsatz konnte deswegen nicht das Gewaltverbot verletzen, s.o., Seite 231.

1232 Vgl. zu den Voraussetzungen: Hailbronner, in: Schindler/Hailbronner, Die Grenzen des völkerrechtlichen Gewaltverbots, 49 (105, 109).

che Anerkennung des Eingriffs eines Staates zur Rettung seiner Staatsangehörigen existieren in diesem Bereich nicht. Eine in solchen Fällen dennoch ohne Genehmigung des Aufenthaltsstaates durchgeführte Rettungsaktion ist folglich völkerrechtswidrig.

3. Keine Rechtfertigung in sonstigen Fällen

Andere Rechtfertigungsmöglichkeiten scheiden aus[1233]. Einige Regierungen und Teile des völkerrechtlichen Schrifttums vertreten die Auffassung, dass unter bestimmten Voraussetzungen ein Verstoß gegen Art. 2 Nr. 4 UN-Charta auch gerechtfertigt sein kann, wenn keine der erwähnten Ausnahmen vorliegen. Einige Autoren ziehen Art. 51 UN-Charta für eine Rechtfertigung eines gewaltsamen Eingriffs heran[1234]. Andere erkennen in der UN-Charta einen Hinweis auf die Existenz einer Pflichtenkollision und versuchen die Gewaltanwendung durch eine Güterabwägung zu rechtfertigen[1235]. Aus der Charta ergebe sich nämlich nicht nur ein Recht, sondern auch eine Pflicht zum Schutz der Menschenrechte eigener Staatsangehöriger, falls erforderlich auch eines gewaltsamen. Der Heimatstaat müsse im Falle einer Pflichtenkollision abwägen, welches Rechtsgut vorrangig sei. Ferner sehen andere einen entsprechenden Einsatz durch das „Notstandsrecht" oder als „Repressalie" gerechtfertigt.

Keiner dieser Ansätze kann im Ergebnis überzeugen. Eine staatliche Intervention zum Schutz eigener Staatsangehöriger im Ausland ist keine Selbstver-

---

1233 Das Gewaltverbot aus Art. 2 Nr. 4 UN-Charta beschränkt sich auf Eingriffe in fremdes Staatsgebiet. Die Gewaltanwendung im Bereich des Seerechts wird also nicht umfasst. So können die GSG 9 und die KSK von Seeräubern gekaperte Schiffe aufbringen, um deutsche Geiseln zu befreien. Vgl. hierzu: Genfer Übereinkommen über die Hohe See vom 29.04.1958, Art. 19 und das Seerechtsübereinkommen der Vereinten Nationen vom 10.12.1982, Art. 105.

1234 Franzke, ÖZÖRV 1966, 128 (146); Kipp, in: GS Peters, 393 (428); Schröder, JZ 1977, 420 (423 ff.). Die isralische Regierung stützt das Geiselbefreiungsunternehmen von Entebbe ebenfalls auf Art. 51 UN-Charta. Der israelische UN-Botschafter reklamierte in der anschließenden Debatte zwar nicht ausdrücklich mit Art. 51 UN-Charta. Aus dem Zusammenhang seiner Ausführungen lässt sich aber schließen, dass sich die israelische Regierung auf diese Bestimmung und nicht bloß auf ein allgemeines völkergewohnheitsrechtliches Notwehrrecht berufen wollte. Hierfür lässt sich die vom UN-Botschafter verwendete Formulierung „inherent right of self-defence" anführen; vgl. dazu Ader, Gewaltsame Rettungsaktion zum Schutz eigener Staatsangehöriger im Ausland, S. 53.

1235 Schweisfurth, GYIL 23 (1980), 159 (179).

teidigung i.S.v. Art. 51 UN-Charta[1236]. Art. 51 UN-Charta setzt nach dessen Wortlaut einen *„bewaffneten Angriff"* voraus, der sich gegen *„ein Mitglied der Vereinten Nationen"* richtet. Die h. M. verlangt zudem, dass der Angriff von einem Staat ausgehen muss[1237]. Beide Voraussetzungen liegen im Falle von Entführungen deutscher Staatsangehöriger im Ausland nicht vor. Ein Angriff auf sich im Ausland aufhaltende Staatsangehörige kann nicht mit einem *„bewaffneten Angriff"* gleichgesetzt werden. Eine allgemein akzeptierte Bestimmung des Begriffs „bewaffneter Angriff" existiert zwar nicht. Ein solcher kann jedoch richtigerweise erst dann angenommen werden, wenn Gewalt in größerem Umfang angewendet wird[1238]. Eine Entführung einer Person oder Gruppe stellt bereits keine Anwendung von Gewalt in größerem Umfang dar. Dieses Ergebnis wird durch die Agressionsdefinition der Generalversammlung bestätigt[1239]. Diese bietet für die Auslegung des Begriffes „bewaffneten Angriff" einzelne Hinweise, da sie in Art. 3[1240] beispielhaft bestimmte Angriffshandlungen nennt, die als „bewaffnete Angriffe" i.S.d. Art. 51 UN-Charta quali-

---

1236 Wortlaut von Art. 51 UN-Charta: *„Diese Charta beeinträchtigt im Falle eines bewaffneten Angriffs gegen ein Mitglied der Vereinten Nationen keineswegs das naturgegebene Recht zur individuellen oder kollektiven Selbstverteidigung, bis der Sicherheitsrat die zur Wahrung des Weltfriedens und der internationalen Sicherheit erforderlichen Maßnahmen getroffen hat. Maßnahmen, die ein Mitglied in Ausübung dieses Selbstverteidigungsrechts trifft, sind dem Sicherheitsrat sofort anzuzeigen; sie berühren in keiner Weise dessen auf dieser Charta beruhende Befugnis und Pflicht, jederzeit die Maßnahmen zu treffen, die er zur Wahrung oder Wiederherstellung des Weltfriedens und der internationalen Sicherheit für erforderlich hält.*"

1237 *IGH*, Gutachten v. 09.07.2004, I.C.J. Reports 2004, Ziff. 138 – Construction of a Wall in Occupied Palestinian Territories; Franzke, Schutzaktionen zugunsten der Staatsangehörigen im Ausland als Ausfluss des Rechts auf Selbstverteidigung der Staaten, S. 132; Herdegen, Völkerrecht, § 34 Rn. 12 ff.; Kempen/Hillgruber, Völkerrecht, § 35 Rn. 107.

1238 Epping, AöR, Bd. 124 (1999), 423 (459); Ipsen, Völkerrecht, § 59 Rn. 34; Randelzhofer, in: Simma, Art. 51 Rn. 15.

1239 Resolution 3314 (XXIX) der Generalversammlung vom 14.12.1974.

1240 Wortlaut des Art. 3 der Aggressionsdefinition der Generalversammlung der Vereinten Nationen (Angriffshandlungen):
„Jede der folgenden Handlungen gilt, ohne Rücksicht auf eine Kriegserklärung, vorbehaltlich und entsprechend den Bestimmungen in Artikel 2 als Angriffshandlung:
a) Die Invasion oder der Angriff durch die Streitkräfte eines Staates auf das Gebiet eines anderen Staates, oder jene auch noch so vorübergehende militärische Besetzung als Folge einer solchen Invasion oder eines solchen Angriffs, oder jede gewaltsame Einverleibung des Hoheitsgebietes eines anderen Staates oder eines Teils davon;

fiziert werden können[1241]. Da ein Angriff auf einen fremden Staatsangehörigen im Ausland darin nicht genannt wird, stellt ein solcher *e contrario* auch keine Angriffshandlung und damit auch keinen „bewaffneter Angriff“ i.S.v. Art. 51 UN-Charta dar.

Trotz dieses Ergebnisses bewerten einige Autoren einen Angriff auf sich im Ausland aufhaltende Staatsangehörige als Angriffshandlung i.S.d. Art. 51 UN-Charta. Ein Angriff auf Staatsangehörige im Ausland müsse einem Angriff auf ihren Heimatstaat gleichgesetzt werden[1242]. Dabei wird teilweise die „Drei-Elementen-Lehre“ herangezogen. Da das Staatsvolk ein konstitutives Element des Staates sei, richte sich selbst ein Angriff auf eine einzelne Person zugleich auch gegen einen Staat[1243]. Ferner wird mit Art. 3 lit. d der Aggressionsdefinition argumentiert, wonach Angriffe auf „Außenposten“ eines Staates als „Angriffshandlungen“ und damit als ein Fall des „bewaffneten Angriffs“ zu qualifizieren seien.

Diese Konstruktion widerspricht aber dem Wortlaut des Art. 3 lit. d der Aggressionsdefinition. Danach können nur *militärische* Einheiten oder Objekte Außenpositionen eines Staates im Sinne der Definition sein. Außerdem schei-

---

b) Die Beschießung oder Bombardierung des Hoheitsgebietes eines Staates durch die Streitkräfte eines anderen Staates oder die Anwendung von Waffen jeder Art durch einen Staat gegen das Hoheitsgebiet eines anderen Staates;

c) Die Blockade der Häfen oder Küsten eines Staates durch die Streitkräfte eines anderen Staates;

d) Ein Angriff durch die Streitkräfte eines Staates gegen die Land-, See- oder Luftstreitkräfte oder die See- und Luftflotte eines anderen Staates;

e) Der Einsatz von Streitkräften eines Staates, die sich im Hoheitsgebiet eines anderen Staates mit dessen Zustimmung befinden, unter Verstoß gegen die in der Zustimmung vorgesehenen Bedingungen, oder jede Verlängerung ihrer Anwesenheit in diesem Gebiet über das Ende der Zustimmung hinaus;

f) Die Handlung eines Staates, die in seiner Duldung besteht, dass sein Hoheitsgebiet, das er einem anderen Staat zur Verfügung gestellt hat, von diesem anderen Staat dazu benutzt wird, eine Angriffshandlung gegen einen dritten Staat zu begehen;

g) Das Entsenden bewaffneter Banden, Gruppen, Freischärler oder Söldner mit Waffengewalt Handlungen durch einen Staat oder für ihn, wenn sie gegen einen anderen Staat von so schwerer Art ausführen, dass sie den oben angeführten Handlungen gleichkommen, oder die wesentliche Beteiligung an einer solchen Entsendung.“

1241 RANDELZHOFER, in: SIMMA, Art. 51 Rn. 20.

1242 Vgl. FRANZKE, ÖZÖRV 1966, 128 (146); KIPP, in: GS Peters, 393 (428); Doswald-Beck, The legality of US intervention in Grenada, NILR 31 (1984), 355 (361).

1243 Vgl. insoweit die Parallele zur Theorie der Personalverteidigung bei der (weiten) Auslegung des Tatbestandsmerkmal „Verteidigung“ des Art. 87a Abs. 1 GG.

det die Anwendung des Art. 51 UN-Charta auf Entführungsfälle auch deswegen regelmäßig aus, weil der Angriff i.S.d. Art. 51 UN-Charta von einem Staat ausgehen muss[1244]. Entführungen im Ausland erfolgen aber grundsätzlich durch Private[1245]. Schließlich stellt die Entführung eines Staatsangehörigen im Ausland auch keinen Angriff dar, der einen Staat in seiner Sicherheit oder Existenz bedroht. Ein Angriff auf Staatsangehörige im Ausland kann danach nicht einem Angriff auf den Heimatstaat gleichgesetzt werden[1246].

Der Versuch, das strikte Gewaltverbot zu relativieren, indem mit einer Kollision verschiedener Chartabestimmungen argumentiert wird, gelingt nicht. Die Vertreter dieser These nehmen das gewünschte Ergebnis in unzulässiger Weise vorweg. Im Übrigen trägt die Staatenpraxis diesen Ansatz ebenfalls nicht. Eine völkergewohnheitsrechtliche Anerkennung dieser Ansicht besteht also nicht.

Ein Rettungseinsatz ist auch nicht durch ein etwaiges Notstandsrecht gerechtfertigt. Zunächst passt die Konstruktion eines Notstandsrechts nicht auf

---

1244 Überwiegende Ansicht, vgl. nur *IGH*, Gutachten v. 09.07.2004, I.C.J. Reports 2004, Ziff. 138 – Construction of a Wall in Occupied Palestinian Territories; HERDEGEN, Völkerrecht, § 34 Rn. 12 ff.; KEMPEN/HILLGRUBER, Völkerrecht, § 35 Rn. 107; SCHRÖDER, JZ 1977, 420 (423), vgl. auch den Wortlaut des Art. 3 a) der Aggressionsdefinition der Generalversammlung der Vereinten Nationen (Angriffshandlungen): „*Jede der folgenden Handlungen gilt, ohne Rücksicht auf eine Kriegserklärung, vorbehaltlich und entsprechend den Bestimmungen in Artikel 2 als Angriffshandlung: a) Die Invasion oder der Angriff durch die Streitkräfte eines Staates auf das Gebiet eines anderen Staates, oder jene auch noch so vorübergehende militärische Besetzung als Folge einer solchen Invasion oder eines solchen Angriffs, oder jede gewaltsame Einverleibung des Hoheitsgebietes eines anderen Staates oder eines Teils davon.*

1245 In der Vergangenheit haben ausschließlich nichtstaatlich handelnde Personen deutsche Staatsangehörige im Ausland entführt. Ein Staat kann zwar das Völkerrecht verletzen, obwohl die Geiselnahme durch nichtstaatlich handelnde Personen durchgeführt wurde. Dies ist etwa der Fall, wenn seine Organe es pflichtwidrig unterlassen, eine Geiselnahme zu verhindern. Ein solcher Sachverhalt ist bisher jedoch einmalig geblieben und als der sog. *Teheraner Geiselfall* in die Geschichte eingegangen Der Aufenthaltsstaat wird in der Regel eine Entführung nicht verhindern können, so dass eine Zurechnung des Handelns der privaten Entführer grundsätzlich ausscheidet, vgl. hierzu ausführlich oben: Seite 13.

1246 Während die Theorie der Personalverteidigung auf der verfassungsrechtlichen Ebene überzeugend darlegen kann, dass das Tatbestandsmerkmal „Verteidigung“ weit ausgelegt werden muss und sich nicht auf die Bündnis- und Landesverteidigung beschränkt, sondern auch die gewaltsame militärische Rettungsaktion von deutschen Staatsangehörigen im Ausland durch Art. 87a Abs. 1 GG verfassungsrechtlich legitimieren kann, überzeugt ein entsprechendes Konzept auf der völkerrechtlichen Ebene also nicht.

die Mehrheit der von Privaten durchgeführten Entführungen. Denn das völkerrechtliche Notstandsrecht setzt eine staatliche Pflichtverletzung voraus[1247]. Ferner enthält Art. 33 des ILC-Entwurfs zur Staatenverantwortlichkeit keinen Hinweis auf die Rettung eigener Staatsangehöriger als Fall des Notstandsrechts. Aus Art. 26 des gleichen Entwurfs ergibt sich vielmehr, dass der Notstand nicht als Rechtfertigungsgrund bei Verletzungen von zwingendem Völkerrecht (ius cogens)[1248] herangezogen werden kann. Das Gewaltverbot stellt aber zwingendes Völkerrecht dar[1249].

IV. Ergebnis: Befugnis zur Befreiung unter bestimmten Voraussetzungen

Die GSG 9 und die KSK können in *zwei* Fällen deutsche Geiseln im Ausland befreien:

1. Der Aufenthaltsstaat hat den Befreiungseinsatz bewilligt;
2. Die Intervention ist streng auf den Schutzzweck begrenzt, die fremde Staatsgewalt muss sich die Entführung zurechnen lassen und die Intervention greift nicht unverhältnismäßig nach Art und Ausmaß in die geschützten Rechtsgüter des anderen Staates ein.

C. Ergebnisse 3. Teil

1. Die GSG 9 kann gemäß § 8 Abs. 2 S. 1 BPolG im Ausland entführte Deutsche aus der Gewalt ihrer Entführer befreien[1250].

1247 Franzke, Schutzaktionen zugunsten der Staatsangehörigen im Ausland als Ausfluss des Rechts auf Selbstverteidigung der Staaten, S. 87.

1248 Zwingendes Völkerrecht (ius cogens) sind völkergewohnheitsrechtliche Normen, welche die gesamte Staatengemeinschaft als unabdingbar anerkannt hat, vgl. Art. 53 S. 2 WVK, BGBl 1985 II, 926 und Hillgruber, in: Schmidt-Bleibtreu/Hofmann/Hopfauf, Art. 25 Rn. 13.

1249 Ader, Gewaltsame Rettungsaktion zum Schutz eigener Staatsangehöriger im Ausland, S. 5; Wildhaber, in: Schaumann (Hrsg.), Völkerrechtliches Gewaltverbot und Friedenssicherung, S. 147; Schindler, in: Schindler/Hailbronner, Die Grenzen des völkerrechtlichen Gewaltverbots, 11 (14); Verdross/Simma, Universelles Völkerrecht, § 96.

1250 S.o., Seite 205 f.

2. Die KSK kann solche Operationen auf der Grundlage von Art. 87a Abs. 1 S. 1 GG durchführen[1251]. Art. 87a Abs. 1 S. 1 GG ist eine Befugnisnorm[1252], die Rettung eines entführten Deutschen im Ausland ein Verteidigungseinsatz[1253].
3. Der Einsatz beider Spezialeinheiten ist völkerrechtskonform, wenn der Aufenthaltsstaat den Befreiungseinsatz gestattet hat[1254] oder die Intervention streng auf den Schutzzweck begrenzt ist, die fremde Staatsgewalt sich die Entführung zurechnen lassen muss und die Intervention nicht unverhältnismäßig nach Art und Ausmaß in die geschützten Rechtsgüter des anderen Staates eingreift[1255].

1251 S.o., Seite 225 f.
1252 S.o., Seite 211 ff.
1253 S.o., Seite 225 f.
1254 S.o., Seite 231.
1255 S.o., Seite 236 ff.

Teil 4: Durchsetzbarkeit des Anspruchs auf konsularischen Auslandsschutz

A. Vorbemerkung

Ein entführter deutscher Staatsangehöriger hat gegen die Bundesrepublik Deutschland in der Regel einen Anspruch auf ermessensfehlerfreie Entscheidung, auf welche Art und Weise und zu welchem Zeitpunkt ihm geholfen wird[1256]. Dieser Anspruch folgt aus § 6 Abs. 1 S. 1 KonsG und § 1 2. Spiegelstrich KonsG sowie Art. 2 Abs. 2 i.V.m. Art. 1 Abs. 1 S. 2 GG (i.V.m. Art. 25 S. 1 GG) und dem verfassungsrechtlichen Schutz-Treue-Verhältnis[1257]. Eine Geisel wird dieses Recht allerdings erst zu schätzen wissen, wenn sie es auch durchsetzen kann. Der folgende Abschnitt befasst sich daher mit der Frage, ob eine deutsche Geisel ihr Recht vor Gericht geltend machen kann. Denkbar wäre, dass der Antragsteller vorträgt, im konkreten Fall liege eine Ermessensreduzierung auf Null vor und die Bundesrepublik Deutschland sei verpflichtet, eine bestimmte Maßnahme zu ergreifen (z. B. die Zahlung von Lösegeld). Der Antragsteller könnte auch rügen, die Bundesrepublik weigere sich, im konkreten Fall zu helfen, obwohl sie dazu verpflichtet sei; wahrscheinlich ist dies aber nicht. Das Auswärtige Amt ist in bisher allen Entführungsfällen tätig geworden[1258]. Ein gerichtliches Verfahren wird daher die Frage zum Gegenstand haben, ob im konkreten Fall eine bestimmte Befreiungsmaßnahme ergriffen werden muss.

Es sind Parallelen zum „Schleyer-Verfahren" erkennbar[1259]: Am 5. September 1977 entführten Mitglieder der „Roten-Armee-Fraktion" (RAF) den damaligen Arbeitgeberpräsidenten Hans-Martin Schleyer. Die Entführer forderten die Freilassung mehrerer Terroristen aus deutschen Gefängnissen und drohten mit der „Hinrichtung" ihrer Geisel. Da sich die Regierung weigerte, die Forderung der RAF-Terroristen zu erfüllen, begehrte der Sohn des Entführten vom

---

1256 S.o., Seite 92 u. 184. Etwas anderes ergibt sich, wenn jemand wiederholt als Geisel genommen wird und dabei Reisewarnungen missachtet hat; s.o., Seite 192 ff.

1257 Zur Abgrenzung der Ansprüche, s.o., Seite 184 f.

1258 S.o., Seite 87.

1259 Vgl. zum Sachverhalt der „Schleyer-Entscheidung": *BVerfG*, Urt. v. 16.10.1977 – 1 BvQ 5/77, BVerfGE 46, 160 (161 ff.); POLZIN, Deutscher Herbst am BVerfG, S. 18 ff.

BVerfG den Erlass einer einstweiligen Anordnung. Das Gericht sollte die Bundesregierung verpflichten, die Forderungen der Terroristen zu erfüllen.

Die Angehörigen eines im Ausland entführten Deutschen könnten das gleiche Ziel verfolgen: Es ist denkbar, dass sie versuchen werden, die Bundesrepublik Deutschland zur Leistung einer bestimmten Maßnahme zu verpflichten. Sie werden dann ein Verfahren im einstweiligen Rechtsschutz anstreben, da eine Entscheidung auf dem Klageweg für den Entführten in aller Regel zu spät käme.

B. Rechtsweggarantie

Der Rechtsweg steht gemäß Art. 19 Abs. 4 GG[1260] jedem offen, den die öffentliche Gewalt in seinen Rechten verletzt. Der Begriff der öffentlichen Gewalt umfasst die gesamte vollziehende Gewalt, also auch die auswärtige Gewalt[1261]. Da eine Geisel eine Leistung der auswärtigen Gewalt begehrt, müsste der Rechtsweg folglich eröffnet sein.

Trotz des eindeutigen Wortlauts von Art. 19 Abs. 4 GG behaupteten früher einige Autoren, nicht alle Maßnahmen der vollziehenden Gewalt seien gerichtlich nachprüfbar („gerichtsfreie Hoheitsakte")[1262]. Ein gerichtfreier Hoheitsakt[1263] sei jeder politische Akt einer höchsten Verwaltungsbehörde, der nach seinem Sinn und seiner Qualifikation nicht gerichtlich überprüfbar sei[1264]. Darunter fielen insbesondere auch außenpolitische Maßnahmen[1265]. Während einige Anhänger dieser Lehre den Gerichten bereits die Zuständigkeit absprechen wollten, gewährten andere der Exekutive einen injustiziablen Entschei-

---

1260 Wortlaut von Art. 19 Abs. 4 GG: „*Wird jemand durch die öffentliche Gewalt in seinen Rechten verletzt, so steht ihm der Rechtsweg offen. Soweit eine andere Zuständigkeit nicht begründet ist, ist der ordentliche Rechtsweg gegeben. Artikel 10 Abs. 2 Satz 2 bleibt unberührt.*"

1261 Blumenwitz, Das Offenhalten der Vermögensfrage in den deutsch-polnischen Beziehungen, S. 101; Jarass, in: Jarass/Pieroth, Art. 19 Rn. 42 u. Rn. 47; Kassimatis, Der Bereich der Regierung, S. 213 f.; Oberthür, S. 57; Ress, ZaöRV 32 (1972), 420 (452).

1262 Forsthoff, Lehrbuch des Verwaltungsrechts I, S. 466 ff.; Krüger, DÖV 1950, 536 ff.; Schneider, Der gerichtsfreie Hoheitsakt, S. 27 ff.

1263 Synonyme: Regierungsakt, justizfreier oder justizloser Hoheitsakt, act de Gouvernement, act of state.

1264 Seuffert, in: FS Gebhard Müller, 491 (494); Oberthür, S. 75.

1265 Forsthoff, Lehrbuch des Verwaltungsrechts I, S. 467; Schneider, Der gerichtsfreie Hoheitsakt, S. 47.

dungsspielraum[1266]. Diese Differenzierung wirkte sich auf den Ausgang des Verfahrens aus: Während das Rechtsmittel nach der ersten Alternative schon unzulässig ist, muss der Richter die Klage nach der zweiten Alternative zumindest als unbegründet abweisen.

Diese Auffassung stimmt mit den Rechtsverhältnissen in Frankreich, England, Spanien und den USA überein. Deren Gerichte erklären sich bei Fragen zum Auslandsschutz grundsätzlich für unzuständig (political question doctrine)[1267]. Die Ansicht knüpft zudem an die Rechtslage vor 1945 an, weil eine Zuständigkeit für Fragen des Auslandsschutzes bis dahin schlechthin fehlte[1268].

Dennoch überzeugt diese Auffassung für Deutschland nicht[1269]. Entscheidungen der auswärtigen Gewalt können nicht als gerichtsfreier Raum qualifiziert werden[1270]: *Erstens* widerspricht die Lehre vom gerichtsfreien Hoheitsakt eindeutig Art. 19 Abs. 4 GG[1271]. Nach dieser Bestimmung darf *kein* Akt der Exekutive, der in Rechte des Bürgers eingreift, von der richterlichen Nachprüfung ausgeschlossen werden[1272]. Die Begründer des Grundgesetzes waren sich bei ihren Beratungen im Parlamentarischen Rat der Problematik der Injustiziabili-

---

1266 Zur Unterscheidung zwischen formeller und materieller Injustiziabilität vgl. ausführlich: Kassimatis, Der Bereich der Regierung, S. 160 ff.

1267 Geck, ZaöRV 17 (1956/57), 476 (527); Kassimatis, Der Bereich der Regierung, S. 164; Oberthür, S. 74 FN 1; Schneider, Der gerichtsfreie Hoheitsakt, S. 47 ff.; Storost, Diplomatischer Schutz durch EG und EU?, S. 194 ff.

1268 Doehring, Die Pflicht des Staates zur Gewährung diplomatischen Schutzes, S. 102; Schneider, Der gerichtsfreie Hoheitsakt, S. 15 ff.

1269 H.M., vgl. nur: *BVerfG*, Besch. v. 12.01.1960 – 1 BvL 17/59, BVerfGE 10, 262 (267); Bloß, in: Hecker/Müller-Chorus/Bindseil, § 3 G Rn. 1; Doehring, Die Pflicht des Staates zur Gewährung diplomatischen Schutzes, 100 ff.; Kassimatis, Der Bereich der Regierung, S. 85 ff.; Geck, ZaöRV 17 (1956/57), 476 (526 ff., 536 f.); Geiger, Grundgesetz und Völkerrecht, § 32 I Nr. 2 (S. 130.); Krebs, in: v. Münch/Kunig, Art. 19 Rn. 55; Ress, ZaöRV 32 (1972), 420 (451 ff.); Schmidt-Aßmann, in: Maunz/Dürig, Art. 19 Abs. 4 Rn. 77; Storost, Diplomatischer Schutz durch EG und EU?, S. 190.

1270 Doehring, Die Pflicht des Staates zur Gewährung diplomatischen Schutzes, 100 ff.; Kassimatis, Der Bereich der Regierung, S. 85 ff.; Geck, ZaöRV 17 (1956/57), 476 (526 ff., 536 f.); Krebs, in: v. Münch/Kunig, Art. 19 Rn. 55; Ress, ZaöRV 32 (1972), 420 (451 ff.); Schmidt-Aßmann, in: Maunz/Dürig, Art. 19 Abs. 4 Rn. 77; Storost, Diplomatischer Schutz durch EG und EU?, S. 190.

1271 Blumenwitz, Das Offenhalten der Vermögensfrage in den deutsch-polnischen Beziehungen, S. 101; Kassimatis, Der Bereich der Regierung, S. 211.

1272 *BVerfG*, Beschl. v. 12.01.1960 – 1 BvL 17/59, BVerfGE 10, 262 (267). Allerdings hält das BVerfG in stRpr. Gnadenentscheidungen für nicht gerichtlich überprüfbar (*BVerfG*, Beschl. v. 23.04.1969 – 2 BvR 552/63, BVerfGE 25, 352 (358) – anders aber

tät politischer Akte aus der Weimarer Zeit bewusst[1273]. Sie wollten eine Wiederholung der damit verbundenen Unsicherheiten vermeiden[1274]. Die Abgeordneten beabsichtigten, mit der Einführung des Art. 19 Abs. 4 GG den gesamten Exekutivbereich, also auch die höchsten Verwaltungsbehörden, der gerichtlichen Kontrolle zu unterwerfen[1275]. *Zweitens* sieht das Grundgesetz Ausnahmen von Art. 19 Abs. 4 GG nur im Einzelfall vor[1276]. Die Ausnahmen beschränken sich auf Art. 10 Abs. 2 S. 2 GG[1277] und Art. 44 Abs. 4 S. 1 GG[1278]. Da eine analoge Anwendung dieser Vorschriften ausscheidet, gibt es seit der Kodifizierung von Art. 19 Abs. 4 GG keinen gerichtsfreien Hoheitsakt der Exekutive mehr im Bereich des Auslandsschutzes[1279]. *Drittens* ist die Exekutive nach Art. 20 Abs. 3 GG ohne Ausnahme an „*Gesetz und Recht*" gebunden. Stern[1280] führt in diesem Zusammenhang zutreffend aus, wenn es ein

---

für den Widerruf des Gnadenaktes: *BVerfG*, Beschl. v. 12.01.1971 – 2 BvR 520/70, BVerfGE 30, 108 (111).

1273 Doehring, Die Pflicht des Staates zur Gewährung diplomatischen Schutzes, S. 103.

1274 Doehring, Die Pflicht des Staates zur Gewährung diplomatischen Schutzes, S. 103.

1275 Blumenwitz, Das Offenhalten der Vermögensfrage in den deutsch-polnischen Beziehungen, S. 101; Doehring, Die Pflicht des Staates zur Gewährung diplomatischen Schutzes, S. 103.

1276 Schmidt-Aßmann, in: Maunz/Dürig, Art. 19 Abs. 4 Rn. 77.

1277 Wortlaut von Art 10 GG:
„(1) Das Briefgeheimnis sowie das Post- und Fernmeldegeheimnis sind unverletzlich.
(2) Beschränkungen dürfen nur auf Grund eines Gesetzes angeordnet werden. Dient die Beschränkung dem Schutze der freiheitlichen demokratischen Grundordnung oder des Bestandes oder der Sicherung des Bundes oder eines Landes, so kann das Gesetz bestimmen, dass sie dem Betroffenen nicht mitgeteilt wird und dass an die Stelle des Rechtsweges die Nachprüfung durch von der Volksvertretung bestellte Organe und Hilfsorgane tritt."

1278 Jarass, in: Jarass/Pieroth, Art. 19 Rn. 43; Schmidt-Aßmann, in: Maunz/Dürig, Art. 19 IV Rn. 77. Wortlaut von Art. 44 GG:
„(1) Der Bundestag hat das Recht und auf Antrag eines Viertels seiner Mitglieder die Pflicht, einen Untersuchungsauschuss einzusetzen, der in öffentlicher Verhandlung die erforderlichen Beweise erhebt. Die Öffentlichkeit kann ausgeschlossen werden.
(2) Auf Beweiserhebungen finden die Vorschriften über den Strafprozess sinngemäß Anwendung. Das Brief-, Post- und Fernmeldegeheimnis bleibt unberührt."
(3) Gerichte und Verwaltungsbehörden sind zur Rechts- und Amtshilfe verpflichtet. (4) Die Beschlüsse der Untersuchungsausschüsse sind der richterlichen Erörterung entzogen. In der Würdigung und Beurteilung des der Untersuchung zugrunde liegenden Sachverhaltes sind die Gerichte frei."

1279 Schmidt-Aßmann, in: Maunz/Dürig, Art. 19 Abs. 4 Rn. 77.

1280 Stern, Staatsrecht I, S. 841 f.

„Grundprinzip des Rechtsstaats ist, dass das Recht die Basis staatlichen Handelns ist, dann ist die Verwirklichung des Prinzips nur garantiert, wenn eine unabhängige Institution existiert, die dieses Recht auch gegen denjenigen durchsetzt, der dieses Recht setzt ... Insofern erfährt der Rechtsstaat in der Tat erst seine ‚Vollendung'... durch eine Gerichtsbarkeit, die auch Legislative und Exekutive auf den Vorrang der Verfassung bzw. den Vorrang des Gesetzes kontrolliert."[1281]

Viertens kann der Gesetzgeber auch nach der hier vertretenen Auffassung die gerichtliche Kontrolle durch die Gerichte beschränken: Die Rechtsschutzgarantie findet ihre Grenze dort, wo das Handeln der Exekutive nicht normiert ist. Gerichte können nur die Rechtmäßigkeit, nicht aber die Zweckmäßigkeit staatlichen Handelns überprüfen. Sie können z. B. lediglich kontrollieren, ob Entscheidungsspielräume überschritten wurden, wenn die Legislative der vollziehenden Gewalt diese eingeräumt hat[1282].

Nach alledem kann der Lehre vom gerichtsfreien Hoheitsakt heute nicht mehr gefolgt werden. Der Rechtsweg steht einem im Ausland entführten Deutschen also offen[1283].

C. Zulässigkeit und Begründetheit des Antrags auf Erlass einer einstweiligen Anordnung vor dem Verwaltungsgericht

I. Zulässigkeit des Antrags

1. Eröffnung des Verwaltungsrechtswegs

Der Verwaltungsrechtsweg ist eröffnet gemäß § 40 Abs. 1 VwGO[1284], da der Antragsteller ein hoheitliches Handeln der Bundesrepublik Deutschland begehrt[1285].

1281 STERN, Staatsrecht I, S. 841 f.

1282 PIEROTH/SCHLINK, Staatsrecht II, Rn. 1111.

1283 Problematisch ist allerdings, dass der Entführte an der Klageerhebung gehinder ist, vgl. hierzu unten: S. 224 ff.

1284 Verwaltungsgerichtsordnung in der Fassung der Bekanntmachung vom 19. März 1991 (BGBl. I S. 686), die zuletzt durch Artikel 3 des Gesetzes vom 21. August 2009 (BGBl. I S. 2870) geändert worden ist.

1285 Vgl. *VGH Mannheim*, Beschl. v. 08.04.2002 – 5 S 378/02, NVwZ-RR 2003, 159; HUFEN, Verwaltungsprozessrecht, § 33 Rn. 3; OBERTHÜR, S. 81.

2. Statthafte Antragsart

Statthafte Antragsart ist ein Antrag auf Erlass einer Regelungsanordnung gemäß § 123 Abs. 1 S. 2 VwGO. Ein Antrag nach § 80 Abs. 5 VwGO scheidet aus, weil der Betroffene in der Hauptsache Hilfsmaßnahmen und damit eine Leistung begehrt (§ 123 Abs. 5 VwGO).

Statthafte Klageart in der Hauptsache könnte die allgemeine Leistungsklage sein. Das OVG Münster qualifizierte in einer Entscheidung aus dem Jahre 1961 eine konsularische Schutzmaßnahme dagegen als Verwaltungsakt[1286]. Teile der Literatur stimmen diesem Ergebnis zu[1287]. Statthafte Klageart wäre dann die Verpflichtungsklage gemäß § 42 Abs. 1 2. Alt. VwGO. Andere Teile der Rechtsprechung und Literatur weisen auf beide Klagearten hin und lassen mit Verweis auf die ähnlichen Sachurteilsvoraussetzungen eine Entscheidung dahinstehen[1288]. Die statthafte Klageart richtet sich gemäß § 88 VwGO nach dem Klagebegehren. Während die allgemeine Leistungsklage statthaft ist, wenn der Kläger ein tatsächliches hoheitliches Verwaltungshandeln verlangt, kommt die Verpflichtungsklage in Betracht, wenn der Erlass eines begünstigenden Verwaltungsakts begehrt wird[1289]. Eine Geisel begehrt seine Rettung und damit eine tatsächliche Handlung, nicht aber den Erlass eines Verwaltungsakts. Ein Ver-

1286 *OVG Münster*, Urt. v. 30.10.1961 – II A 480/61, OVGE 17, 106 (107).

1287 Ress, ZaöRV 32 (1972), 420 (451); Oberthür, S. 82 ff.: Auch Oberthür lehnt eine allgemeine Leistungsklage als statthafte Klageart ab. Seine Ausführungen überzeugen allerdings nicht: Er hat nämlich eine veraltete Sicht auf diese Klageart. Nach seiner Auffassung könne eine Leistungsklage nur angewandt werden, wenn sich zwei gleich geordnete Rechtsträger streiten (Oberthür, S. 83). Er verkennt damit, dass sich die allgemeine Leistungsklage und die Verpflichtungsklage nur darin unterscheiden, ob der Kläger den Erlass eines Verwaltungsakts begehrt (Hufen, Verwaltungsprozessrecht, § 15 Rn. 10, § 17 Rn. 1).

1288 *BVerwG*, Urt. v. 24.02.1981 – 7 C 60/79, BVerwGE 62, 11 (14); Blumenwitz, Das Offenhalten der Vermögensfrage in den deutsch-polnischen Beziehungen, S. 102; Klein, in: Ress/Stein (Hrsg.), Der diplomatische Schutz im Völker- und Europarecht, 125 (131). Dieser Aussage steht insbesondere nicht das bei einer Verpflichtungsklage grundsätzlich erforderliche Vorverfahren entgegen (§ 68 Abs. 2 i. V. m. Abs. 1 VwGO). Da es sich beim Auswärtigen Amt um eine oberste Bundesbehörde handelt, scheidet ein Widerspruchsverfahren gemäß § 68 Abs. 2 i. V. m. Abs. 1 Nr. 1 1. Alt VwGO aus.

1289 *VGH Mannheim* NJW 1991, 2786 (2786); Hufen, Verwaltungsprozessrecht, § 15 Rn. 10, § 17 Rn. 1; Kopp/Schenke, § 42 Rn. 13; Schenke, Verwaltungsprozessrecht, Rn. 260 u. Rn. 344; Schmidt-Kötters, in: Posser/Wolff, § 42 Rn. 55.

waltungsakt setzt nach der Legaldefinition des § 35 VwVfG[1290] eine hoheitliche Maßnahme einer Behörde auf dem Gebiet des öffentlichen Rechts zur Regelung eines Einzelfalls mit Außenwirkung voraus. Befreiungsmaßnahmen erfüllen diese Voraussetzungen nicht, weil es an einer Regelung fehlt. Eine Regelung liegt nur vor, wenn der Akt der öffentlichen Gewalt nach seinem objektiven Sinngehalt auf eine unmittelbare, für den Betroffenen verbindliche Festlegung von Rechten und Pflichten oder eines Rechtsstatus gerichtet ist[1291]. Sie scheidet dagegen aus, wenn ein Realakt begehrt wird[1292]. Eine deutsche Geisel im Ausland verlangt keine verbindliche Festlegung von Rechts- oder Pflichtenpositionen. Die Antrag stellende Geisel will vielmehr erreichen, dass der Auswärtige Dienst Verhandlungen mit den Entführern aufnimmt, einen Krisenstab einrichtet, sie durch Spezialkräfte gewaltsam befreit etc. Diese Maßnahmen stellen bloße Realakte dar.

Eine Qualifizierung als Regelung kommt auch nicht deswegen in Betracht, weil gleichzeitig eine Entscheidung über die Nichtvornahme eines Realakts getroffen wird[1293]. Allein der Umstand, dass die Behörde sich darüber klar zu werden hat, ob der geltend gemachte Anspruch besteht oder nicht oder ob sie darüber nach ihrem Ermessen zu befinden hat, erfüllt nicht den Begriff der Regelung i.S.v. § 35 VwVfG[1294]. Außerdem wäre eine solche Regelung nicht Gegenstand der Klage, sondern vielmehr die begehrte hoheitliche Handlung selbst[1295].

1290 Verwaltungsverfahrensgesetz in der Fassung der Bekanntmachung vom 23. Januar 2003 (BGBl. I S. 102), das zuletzt durch Artikel 2 Absatz 1 des Gesetzes vom 14. August 2009 (BGBl. I S. 2827) geändert worden ist.

1291 Kopp/Ramsauer, § 35 Rn. 88; Maurer, Allgemeines Verwaltungsrecht, § 9 Rn. 6; Schenke, Verwaltungsprozessrecht, Rn. 195.

1292 Kopp/Schenke, Vorb. § 40 Rn. 8a; Schenke, Verwaltungsprozessrecht, Rn. 346; Sodan, in: Sodan/Ziekow, § 42 Rn. 41.

1293 So der Sache nach aber *BVerwG*, Urt. v. 25.02.1969 – I C 65.67, DVBl 1969, 700 ff.

1294 *BVerwG,* Urt. v. 06.07.1996 – BVerwG 7 C 64.95, BVerwGE 110, 282 (28284 f.), Happ, in: Eyermann, § 42 Rn. 27; Stelkens, in: Stelkens/Bonk/Sachs, § 35 Rn. 99.

1295 Schenke, Verwaltungsprozessrecht, Rn. 347; Steiner, JuS 1984, 853 (857 ff.).

3. Zuständiges Gericht

Das Verwaltungsgericht Berlin ist gemäß § 123 Abs. 2 VwGO i. V. m. § 52 Nr. 2 S. 4 VwGO i. V. m. § 3 Nr. 1 des Berlin/Bonn-Gesetzes[1296] sachlich und örtlich zuständig für Klagen auf Gewährung von Auslandsschutz.

4. Antragsbefugnis, § 42 Abs. 2 VwGO analog

Ein entführter Deutscher ist antragsbefugt i.S.v. § 42 Abs. 2 VwGO analog. Der Antragsteller ist antragsbefugt i.S.v. § 42 Abs. 2 VwGO analog, wenn die Möglichkeit der behaupteten Rechtsverletzung besteht[1297]. Diese Voraussetzungen liegen im Falle eines entführten Deutschen vor. Ein entführter deutscher Staatsangehöriger[1298] hat einen einfachgesetzlichen Anspruch aus § 6 Abs. 1 S. 1 KonsG bzw. § 1 2. Spiegelstrich KonsG[1299] bzw. einen verfassungsrechtlichen Anspruch aus Art. 2 Abs. 2 S. 2 GG i.V.m. Art. 1 Abs. 1 S. 2 GG (i.V.m. Art. 25 S. 1 GG) und dem Schutz-Treue-Verhältnis[1300] auf fehlerfreie Ermessenentscheidung über die Art und Weise der Hilfeleistung. Die auswärtige Gewalt verletzt möglicherweise dieses Recht, wenn sie Hilfeleistungen unterlässt. Die begehrte Hilfe wird in der Regel erforderlich sein, um wesentliche Nachteile oder eine drohende Gefahr für den Antragsteller abzuwenden.

1296 Berlin/Bonn-Gesetz vom 26. April 1994 (BGBl. I S. 918), das durch Artikel 1 der Verordnung vom 21. September 1997 (BGBl. I S. 2390) geändert worden ist.

1297 Kopp/Schenke, § 42 Rn. 66; Redeker/v. Oertzen, § 42 Rn. 43.

1298 Anspruchsberechtigt sind nach § 6 Abs. 1 S. 1 KonsG und § 1 2. Spiegelstrich KonsG Deutsche i.S.d. Art. 116 GG, vgl. § 27 KonsG (Wortlaut von § 27 KonsG: *„Der Begriff ‚Deutscher' bestimmt sich nach Artikel 116 Abs. 1 des Grundgesetzes."*). Die Regelungen des WÜK erweitern den Kreis der Anspruchsberechtigten nicht, vgl. Hoffmann, Konsularrecht I, § 1 KonsG, Anm. 2.6.1.4. Nach dem allenfalls einschlägigen Art. 5 lit. a) und e) WÜK beschränken sich der konsularische Schutz und die Beistandsfunktionen auf Angehörige des Entsendestaates. Etwas anderes ergibt sich auch nicht aus Art. 8 WÜK (Wortlaut von Art. 8 WÜK (Wahrnehmung konsularischer Aufgaben für einen dritten Staat): *„Nach einer angemessenen Notifikation an den Empfangsstaat kann, sofern dieser keinen Einspruch erhebt, eine konsularische Vertretung des Entsendestaates im Empfangsstaat konsularische Aufgaben auch für einen dritten Staat wahrnehmen."*). Danach ist zwar ein Staat vorbehaltlich der Zustimmung des Empfangsstaates berechtigt, konsularische Aufgaben auch für einen dritten Staat wahrzunehmen. Eine Verpflichtung zum Auslandsschutz sieht diese völkerrechtliche Norm allerdings nicht vor.

1299 S.o., Seite 92.

1300 S.o., Seite 184.

5. Antragsgegner

Antragsgegner ist die Bundesrepublik Deutschland als Rechtsträger des Auswärtigen Amtes und der Auslandsvertretungen. Das Auswärtige Amt und die Auslandsvertretungen bilden als einheitliche Bundesbehörde gemäß § 2 GAD den Auswärtigen Dienst. Der Auswärtige Dienst wird gemäß Art. 87 Abs. 1 S. 1 GG in bundeseigener Verwaltung geführt. Rechtsträger ist damit die Bundesrepublik Deutschland[1301].

6. Rechtsschutzinteresse

Das Verbot der Vorwegnahme der Hauptsache steht der Zulässigkeit des Antrags nicht entgegen. Das Gericht darf einem Antrag auf einstweilige Anordnung zwar grundsätzlich nicht stattgeben, wenn der Antragsteller etwas erhält, was nur in der Hauptsache erreicht werden könnte[1302]. Eine vorläufige Verpflichtung der Bundesrepublik Deutschland, Hilfe zu gewähren oder ggf. eine bestimmte Hilfsmaßnahme zu ergreifen, kommt einer Vorwegnahme zumindest sehr nahe. Der Antrag ist dennoch zulässig, da unter den gegebenen Umständen eine Entscheidung in der Hauptsache möglicherweise zu spät kommen würde und der Antragsteller unzumutbare und schwerwiegende Nachteile erleiden könnte[1303]. In diesem Fall muss aufgrund der Rechtsschutzgarantie des Art. 19 Abs. 4 GG eine Ausnahme vom Verbot der Vorwegnahme der Hauptsache zugelassen werden[1304].

1301 KÖTTER/NOLTE, DÖV 2007, 186 (189); ZIPPELIUS/WÜRTENBERGER, Deutsches Staatsrecht, § 46 Rn. 29; vgl. DEGENHART, Staatsrecht I, Rn. 511; DETTERBECK, Allgemeines Verwaltungsrecht, Rn. 179.

1302 *VGH München* BayVBl. 2001, 500; *VG Gießen* NVwZ-RR 2004, 177 (178); MAURER, Allgemeines Verwaltungsrecht, § 33 Rn. 16; SCHENKE, Verwaltungsprozessrecht, Rn. 1034.

1303 HUFEN, Verwaltungsprozessrecht, § 33 Rn. 18; HOFMANN, in: SCHMIDT-BLEIBTREU/HOFMANN/HOPFAUF, Art. 19 Rn. 39; vgl. *BVerfG*, Urt. v. 16.10.1977 – 1 BvQ 5/77, BVerfGE 46, 160 (164); *BVerwG*, Beschl. v. 13.08.1999 – BVerwG VR 1.99, BVerwGE 109, 258 (261 ff.).

1304 *BVerwG*, Beschl. v. 13.08.1999 – BVerwG VR 1.99, BVerwGE 109, 258 (261 ff.); *VG Gießen* NVwZ-RR 2004, 177 (178); MAURER, Allgemeines Verwaltungsrecht, § 33 Rn. 17; SCHENKE, Verwaltungsprozessrecht, Rn. 1036.

7. Problem: Antragstellung aus tatsächlichen Gründen unmöglich

Eine im Ausland befindliche deutsche Geisel ist beteiligtenfähig i.S.v. § 61 Nr. 1 1. Alt VwGO, prozessfähig gemäß § 62 Abs. 1 Nr. 1 VwGO und prozessführungsbefugt. Sie könnte folglich alle Prozesshandlungen wirksam vornehmen. Ein Antrag nach § 123 Abs. 1 2. Alt. VwGO muss gemäß § 81 Abs. 1 S. 1 VwGO analog allerdings schriftlich bei Gericht gestellt werden[1305]. Eine Geisel wird aber aus tatsächlichen Gründen gehindert sein, diese Voraussetzung zu erfüllen. Ein gerichtliches Verfahren kommt daher nur in Betracht, wenn ein Dritter für den Entführten handelt, z. B. ein Angehöriger. Dieses Problem stellte sich auch im „*Schleyer-Verfahren*": Da Hans-Martin Schleyer selbst keinen Antrag stellen konnte, wurde er von seinem Sohn vertreten[1306]. Das BVerfG ging allerdings nicht auf die Zulässigkeit dieses Vorgehens ein.

Tatsächlich erscheint es fraglich, ob Angehörige im Prozess für ihre Verwandten handeln können. Denkbar wäre zunächst eine „Vertretung", weil ein Fall der gesetzlichen Prozessstandschaft[1307] nicht vorliegt und eine gewillkürte Prozessstandschaft im verwaltungsgerichtlichen Verfahren wegen § 42 Abs. 2 VwGO grundsätzlich ausscheidet[1308].

Hat das Entführungsopfer das siebente Lebensjahr noch nicht vollendet und ist es damit gemäß § 104 Nr. 1 BGB geschäftsunfähig, ist die Person gleichzeitig auch prozessunfähig (vgl. § 62 Abs. 1 Nr. 1 VwGO) und kann von ihren gesetzlichen Vertretern vertreten werden[1309]. Gesetzliche Vertreter eines Kindes sind gemäß § 1629 Abs. 1 S. 2 BGB grundsätzlich seine Eltern. Entsprechendes gilt für einen nach bürgerlichem Recht in der Geschäftsfähigkeit Beschränkten, wenn er weder nach Vorschriften des bürgerlichen oder öffentlichen Rechts für den Gegenstand des Verfahrens als geschäftsfähig anzusehen ist, vgl.

1305 Happ, in: Eyermann, § 123 Rn. 32; Hufen, Verwaltungsprozessrecht, § 33 Rn. 11.

1306 Vgl. das Rubrum der Entscheidung BVerfG, Urt. v. 16.10.1977 – 1 BvQ 5/77, BVerfGE 46, 160: „*...in dem Verfahren über den Antrag des Herrn Dr. Hanns-Martin Sch..., vertreten durch seinen Sohn, Herrn Rechtsanwalt Hanns Eberhardt Sch...*"

1307 Vgl. zu Fällen der gesetzlichen Prozessstandschaft: Kopp/Schenke, § 42 Rn. 61.

1308 Kopp/Schenke, VwGO, Vorb § 40 Rn. 25 u. § 42 Rn. 60 und Schmidt-Kötters, in: Posser/Wolff, § 42 Rn. 115 sprechen sich zwar unter bestimmten Voraussetzungen für eine gewillkürte Prozessstandschaft bei der Leistungsklage aus. Diese Möglichkeit soll aber nur bestehen, wenn es sich um vermögensrechtliche Ansprüche handelt. Die begehrte Hilfe im Entführungsfall erfüllt diese Voraussetzungen jedoch nicht. Der Meinungsstreit muss daher nicht dargestellt werden.

1309 Kintz, in: Posser/Wolff, § 42 Rn. 13; Kopp/Schenke, § 62 Rn. 3.

§ 62 Abs. 1 Nr. 2 VwGO. Die Entführung eines prozessunfähigen Minderjährigen im Ausland wird allerdings die Ausnahme sein.

Zu untersuchen ist daher, ob die Vertretung eines volljährigen[1310] Entführungsopfers durch seine Angehörigen möglich ist. Die VwGO enthält verschiedene Möglichkeiten, um einen Beteiligten zu vertreten: Ein Beteiligter kann entweder durch einen Prozessvertreter[1311] oder durch einen gesetzlichen Vertreter oder Prozesspfleger vertreten werden, wenn es sich um einen prozessunfähigen Beteiligten handelt. Ist der Beteiligte prozessfähig, kann er durch einen Betreuer oder Pfleger vertreten werden. Alle Varianten scheiden allerdings für die meisten Entführungsfälle aus. Eine Prozessvertretung wird bereits an § 67 Abs. 7 S. 1 VwGO scheitern, wonach ein Prozessvertreter eine schriftliche Vollmacht vorlegen muss[1312]. Eine Vertretung der Geisel durch einen gesetzlichen Vertreter oder Prozesspfleger kommt ebenfalls nicht in Betracht. Ein Prozesspfleger kann zwar gemäß § 62 Abs. 4 VwGO i. V. m. § 57 ZPO[1313] einen Beteiligten und gemäß § 57 ZPO analog den Antragsteller vertreten[1314].

1310 Die folgenden Ausführungen finden auch Anwendung auf die Entführung eines Achtjährigen und damit Geschäftsfähigen, vgl. § 104 Nr. 1 BGB.

1311 Wortlaut von § 67 Abs. 6 VwGO: *„Die Vollmacht ist schriftlich zu den Gerichtsakten einzureichen. Sie kann nachgereicht werden; hierfür kann das Gericht eine Frist bestimmen. Der Mangel der Vollmacht kann in jeder Lage des Verfahrens geltend gemacht werden. Das Gericht hat den Mangel der Vollmacht von Amts wegen zu berücksichtigen, wenn nicht als Bevollmächtigter ein Rechtsanwalt auftritt. Ist ein Bevollmächtigter bestellt, sind die Zustellungen oder Mitteilungen des Gerichts an ihn zu richten.“*

1312 Die Vollmacht kann zwar gemäß § 67 Abs. 7 S. 2 VwGO nachgereicht werden. Aus diesem Grund könnte man annehmen, dass eine Prozessvollmacht erst nach der Freilassung des Vertretenen unterschrieben und eingereicht werden könnte. Da eine schriftliche Vollmacht aber die Bevollmächtigung durch den angeblichen Vertretenen beweisen soll und ein Entführter offensichtlich niemanden bevollmächtigen kann, ist dieser Gedanke zu verwerfen.

1313 Wortlaut von § 57 (Prozesspfleger):
„(1) Soll eine nicht prozessfähige Partei verklagt werden, die ohne gesetzlichen Vertreter ist, so hat ihr der Vorsitzende des Prozessgerichts, falls mit dem Verzug Gefahr verbunden ist, auf Antrag bis zu dem Eintritt des gesetzlichen Vertreters einen besonderen Vertreter zu bestellen.
(2) Der Vorsitzende kann einen solchen Vertreter auch bestellen, wenn in den Fällen des § 20 eine nicht prozessfähige Person bei dem Gericht ihres Aufenthaltsortes verklagt werden soll.“

1314 Vgl. *BVerwG*, Beschl. v. 22.01.1991 – BVerwG 1 CB 47.90, Buchholz 310 § 62 VwGO Nr. 21; *OVG Koblenz* NVwZ-RR 1998, 693; Kintz, in: Posser/Wolff, § 63 Rn. 19; Kopp/Schenke, § 62 Rn. 12.

Die Vertretung durch einen Prozesspfleger setzt jedoch einen prozessunfähigen Beteiligten voraus, vgl. § 57 ZPO. § 62 VwGO bestimmt, wer nach der VwGO als prozessfähig gilt: Gemäß § 62 Abs. 1 Nr. 1 VwGO ist prozessfähig, wer nach dem bürgerlichen Recht voll geschäftsfähig ist. Da eine Geisel trotz der Notlage eine voll geschäftsfähige Person ist, ist sie folglich auch prozessfähig i.S.v. § 62 Abs. 1 Nr. 1 VwGO und kann somit nicht durch einen Prozesspfleger nach § 62 Abs. 4 VwGO i. V. m. § 57 ZPO analog vertreten werden. Entsprechendes gilt für die Vertretung durch den gesetzlichen Vertreter[1315].

Eine Vertretung einer Geisel nach § 62 Abs. 4 VwGO i. V. m. §§ 53 ZPO[1316] durch einen Betreuer oder Pfleger scheidet ebenfalls aus. Gemäß § 53 ZPO ist zwar eine prozessfähige Person als prozessunfähig zu betrachten, wenn sie durch einen Betreuer oder Pfleger vertreten wird. Einer Geisel wird allerdings weder rechtlich noch tatsächlich ein Betreuer oder Pfleger bestellt werden können. Ein Entführungsopfer erfüllt weder die Voraussetzungen für die Anordnung einer Betreuung gemäß § 1896 ff. BGB noch die der Pflegschaft gemäß § 1909 ff. BGB.

Im Ergebnis kann daher festgestellt werden, dass die VwGO keine ausdrückliche Regelung für die hier untersuchte Fallkonstellation enthält. Fraglich ist daher, ob eine Vertretung anderweitig konstruierbar ist. Eine Variante wäre § 62 Abs. 4 VwGO i. V. m. § 57 ZPO auf einen prozessfähigen Antragsteller anzuwenden. Dies würde eine doppelte Analogie voraussetzen. Eine erste Analogie ist erforderlich, weil § 57 ZPO nur die Vertretung eines Beklagten vorsieht. Die zweite Analogie könnte das Erfordernis der Prozessunfähigkeit überbrücken.

Besser als der Weg über eine doppelte Analogie erscheint es, einen Gedanken des BVerfG aus dem Jahre 1986 aufzugreifen und weiterzuentwickeln. In diesem Verfahren hatte jemand als Vertreter eines geschäftsfähigen, aber prozessunfähigen Beschwerdeführers eine Verfassungsbeschwerde erhoben, obwohl er weder Prozesspfleger noch gesetzlicher Vertreter gewesen ist[1317]. Das BVerfG erkannte, dass die einschlägigen Verfahrensordnungen hinsichtlich der Prozessfähigkeit durchweg an die Geschäftsfähigkeit nach den Vorschriften des bürgerlichen Rechts anknüpfen[1318]. Das Gericht stellte fest, eine

1315 S.o., Seite 258 f.

1316 Wortlaut von § 53 ZPO (Prozessunfähigkeit bei Betreuung oder Pflegschaft): *„Wird in einem Rechtsstreit eine prozessfähige Person durch einen Betreuer oder Pfleger vertreten, so steht sie für den Rechtsstreit einer nicht prozessfähigen Person gleich."*

1317 *BVerfG*, Beschl. v. 06.05.1986 – 1 BvR 677/84, BVerfGE 72, 119 (123 ff.).

1318 *BVerfG*, Beschl. v. 06.05.1986 – 1 BvR 677/84, BVerfGE 72, 119 (132 f.).

Vertretung eines geschäftsfähigen Beschwerdeführers müsse möglich sein, wenn der Vertreter die Angelegenheiten eines Nicht-Prozessfähigen wahrnimmt[1319]. Das BVerfG hat diesen Gedanken in weiteren Entscheidungen manifestiert[1320].

Das Gericht hat also erkannt, dass die Vertretungsmöglichkeiten in den Verfahrensordnungen unvollkommen sind und daher im Einzelfall ergänzt werden müssen. Dieser Gedanke sollte auf die hier untersuchte Fallkonstellation angewendet werden, sodass im Ergebnis eine Geisel von einem ihrer Angehörigen im Verfahren vertreten werden kann[1321]. Ein Angehöriger wird nämlich ebenfalls eine Angelegenheit des Antragstellers wahrnehmen. Die meisten Geiseln werden zwar prozessfähig sein. Darin unterscheidet sich der Sachverhalt der zitierten Entscheidung des BVerfG[1322] von der hier untersuchten Fallkonstellation. Im Ergebnis kann aber festgehalten werden, dass unter bestimmten Umständen eine Vertretung durch eine Person in anderen als den in der VwGO aufgeführten Fällen möglich sein muss – zumindest nach Auffassung des BVerfG.

Auch das Gebot des effektiven Rechtsschutzes aus Art. 19 Abs. 4 GG verlangt dieses Ergebnis. Es wäre mit dem Grundrecht des Entführten aus Art. 19 Abs. 4 GG unvereinbar, ihm den Rechtsschutz nur deswegen abzusprechen, weil keine tatsächliche Handhabe besteht, davon Gebrauch zu machen.

Eine gesetzliche Regelung im VwVfG enthält einen ähnlichen Gedanken. Gemäß § 16 Abs. 1 Nr. 2 VwVfG kann das Vormundschaftsgericht einer Person, deren Aufenthalt unbekannt ist oder die aus sonstigen Gründen handlungsunfähig ist, einen Vertreter bestellen. Die Regelung des § 16 Abs. 1 Nr. 2 VwVfG bietet sich zwar nicht für eine analoge Anwendung auf den Verwaltungsprozess in einem Entführungsfall an. Es würde zu viel Zeit vergehen, bis endlich ein Vertreter einen Antrag auf einstweiligen Rechtsschutz für den Entführten stellen könnte. Da die zuständige Behörde im Entführungsfall kaum von Amts wegen einen Antrag nach § 16 Abs. 1 Nr. 2 VwVfG beim Vormundschaftsgericht stellen dürfte, müsste zunächst z.B. ein Verwandter

1319 *BVerfG*, Beschl. v. 06.05.1986 – 1 BvR 677/84, BVerfGE 72, 119 (132 ff.).

1320 *BVerfG*, Beschl. v. 29.10.1998 – 2 BvR 1206/98, BVerfGE 99, 145 (157); Beschl. v. 14.04.1987 – 1 BvR 322/86, BVerfGE 77, 201 (214). Einschränkend ist allerdings hinzuzufügen, dass in diesen beiden Verfahren dem prozessunfähigen Minderjährigen ein Ergänzungspfleger durch das Vormundschaftsgericht bestellt wurde.

1321 Der Personenkreis sollte auf Angehörige der Geisel beschränkt bleiben, um ein Ausufern der Vertretungsmöglichkeiten zu verhindern.

1322 *BVerfG*, Beschl. v. 06.05.1986 – 1 BvR 677/84, BVerfGE 72, 119 (123 ff.).

des Entführten bei der Behörde nachsuchen, einen entsprechenden Antrag zu stellen. Da das Vormundschaftsgericht anschließend erst noch über den Antrag der Behörde entscheiden müsste, wäre bereits ein erheblicher Zeitraum vergangen, bis der bestellte Vertreter endlich ein Antrag auf einstweiligen Rechtsschutz beim Verwaltungsgericht stellten könnte. Es lässt sich aber festhalten, dass der Gesetzgeber eine Vertretung im Falle des unbekannten Aufenthalts einer Person vorgesehen hat. Ein Angehöriger einer Geisel kann diese im Ergebnis also vertreten und einen Antrag auf Erlass einer einstweiligen Anordnung in seinem Namen stellen.

Alternativ dazu könnte das Problem dadurch gelöst werden, dass ein Dritter als Prozessstandschafter die Rechte der Geisel gerichtlich geltend macht. Eine gewillkürte Prozessstandschaft ist zwar im verwaltungsrechtlichen Verfahren grundsätzlich wegen § 42 Abs. 2 VwGO ausgeschlossen[1323]. Lehnt man jedoch die Möglichkeit der Vertretung eines Entführten durch einen Angehörigen ab, ist eine Ausnahme bereits wegen der Rechtsweggarantie aus Art. 19 Abs. 4 GG geboten. Eine Geisel könnte ihre Rechte andernfalls aus tatsächlichen Gründen nicht durchsetzen.

Ein Dritter kann als Prozessstandschafter für eine Geisel tätig werden, wenn er dazu kumulativ durch den Entführten ermächtigt ist, ein schutzwürdiges rechtliches Interesse an der Prozessführung sowohl beim Dritten als auch beim Ermächtigenden vorliegt und der Gegner durch die Prozessführung nicht unzumutbar in seinen schutzwürdigen Belangen beeinträchtigt wird[1324]. Eine Ermächtigung durch eine Geisel wird i. d. R. vorliegen. Der Rechtsinhaber kann einen Dritten auch stillschweigend ermächtigen; eine Ermächtigung kann sich zudem durch Auslegung nach §§ 133, 157 BGB analog ergeben[1325]. Die Geisel wird ein Interesse an der Durchsetzung ihrer Rechte durch einen Dritten haben. Da von einem offenkundigen Einverständnis der Geisel zur Prozessführung durch

---

1323 S.o., Seite 258.

1324 Vgl. Vollkommer, in: Zöller, Vor § 50 Rn. 44. Die h. M. verlangt für eine wirksame Übertragung der Prozessführungsbefugnis auf einen Dritten neben der Ermächtigung auch eine schutzwürdiges Eigeninteresse des Ermächtigten an der Prozessführung im eigenen Namen (so *BGH*, Urt. v. 26.10.1984 – V ZR 218/83, BGHZ 92, 347 (349); Urt. v. 24.10.1985 – VII ZR 337/84, BGHZ 92, 151 (152 ff.); Urt. v. 19.03.1987 – III ZR 2/86, BGHZ 100, 217, 218; Urt. v. 15.06.1989 – VII ZR 205/88, BGHZ 108, 52 (56); Urt. v. 23.09.1992 – I ZR 251/90, BGHZ 119, 237 (242); Vollkommer, in: Zöller, Vor § 50 Rn. 44.

1325 Vgl. Vollkommer, in: Zöller, Vor § 50 Rn. 45.

den Antragsteller ausgegangen werden kann, wird der Prozessstandschafter zur Prozesshandlung durch den Rechtsinhaber ermächtigt sein[1326].

Ob auch ein schutzwürdiges Eigeninteresse des Ermächtigten an der Prozessführung vorliegt, muss im Einzelfall entschieden werden. Ein eigenes Interesse an der Rettung einer Geisel haben i. d. R. zumindest die Ehefrau eines Entführten bzw. seine Kinder[1327]. Das Interesse an der Rettung eines Angehörigen kann auch als schutzwürdig qualifiziert werden.

Auch die übrigen Voraussetzungen der gewillkürten Prozessstandschaft liegen vor: Die Geisel wird ein schutzwürdiges Interesse an der Durchsetzung ihrer Rechte durch einen Dritten haben. Die Bundesrepublik Deutschland würde durch die Prozessstandschaft nicht in ihren schutzwürdigen Belangen beeinträchtigt.

Im Ergebnis kann festgestellt werden, dass eine Geisel zum einen durch ihre Angehörigen im Verfahren vertreten werden kann. Alternativ können Dritte die Rechte des Entführten in gewillkürter Prozessstandschaft geltend machen. Voraussetzung ist aber, dass im Einzelfall ein schutzwürdiges Eigeninteresse des Ermächtigten vorliegt.

Die weiteren Sachurteilsvoraussetzungen bieten für einen verwaltungsrechtlichen Prozess eines um seine Befreiung kämpfenden deutschen Staatsangehörigen keine Besonderheiten. Auf ihre Behandlung kann daher im Rahmen dieser Arbeit verzichtet werden.

II. Begründetheit des Antrags

Ein Antrag auf Erlass einer einstweiligen Regelungsanordnung ist begründet, wenn aufgrund einer summarischen Prüfung der in § 123 Abs. 1 S. 2 VwGO genannten Voraussetzungen ein Anordnungsanspruch und ein Anordnungsgrund nach überwiegender Wahrscheinlichkeit besteht[1328]. Während die Voraussetzungen eines Anordnungsgrundes wegen der besonderen Notlage der Geisel erfüllt sein werden, erscheint es fraglich, ob auch ein Anordnungsan-

---

1326 Vgl. *BGH*, Urt. v. 02.10.1987 – V ZR 182/86, NJW-RR 88, 126 (127); Vollkommer, in: Zöller, Vor § 50 Rn. 45.

1327 Für die Eltern oder Geschwister einer Geisel gilt Entsprechendes.

1328 Hufen, Verwaltungsprozessrecht, § 33 Rn. 16; Kopp/Schenke, § 123 Rn. 23; Schenke, Verwaltungsprozessrecht, Rn. 1032.

spruch vorliegt. Dafür muss eine Geisel das behauptete materiell-rechtliche Recht glaubhaft machen[1329].

1. Formelle Rechtmäßigkeitsvoraussetzungen

Das Entführungsopfer muss dazu zunächst glaubhaft machen, dass die formellen Voraussetzungen eines Rechts aus § 6 Abs. 1 S. 1 KonsG bzw. § 1 2. Spiegelstrich KonsG vorliegen. Ein Anspruch kommt insbesondere nur dann in Betracht, wenn die Zuständigkeit eines Konsulats bzw. einer sonstigen Behörde gegeben ist.

Hilfeleistungen nach § 6 Abs. 1 S. 1 KonsG bzw. § 1 2. Spiegelstrich KonsG können nach dem KonsG von Berufskonsularbeamten (§§ 18, 19 KonsG) und Honorarkonsularbeamten (§ 20 ff. KonsG) gewährt werden. Hilfs- und Schutzmaßnahmen können außerdem durch die deutsche Botschaft durchgeführt werden, vgl. Art. 3 Abs. 2 WÜD[1330]. Das Auswärtige Amt ist ebenfalls sachlich zuständig für Beistandsleistungen nach § 6 Abs. 1 S. 1 KonsG bzw. § 1 2. Spiegelstrich KonsG. Da das Auswärtige Amt und seine Vertretungen gemäß § 2 GAD eine oberste Bundesbehörde sind, kann auch die Zentrale des Auswärtigen Dienstes Entscheidungen treffen und die Auslandsvertretungen entsprechend anweisen[1331]. Hilfsmaßnahmen, wie z. B. die Koordination von Maßnahmen mit anderen Ministerien, können ferner auf Ministerialebene ergriffen werden. Die Bundesregierung wird sich unter Umständen ebenfalls mit der Rettung der Geisel befassen[1332].

Ferner muss die örtliche Zuständigkeit gegeben sein. Ein Konsularbeamter[1333] kann ausschließlich innerhalb seines Konsularbezirks amtlich tätig werden[1334]. Ein Konsularbeamter ist also unzuständig, wenn sich die Entführung außerhalb seines Konsularbezirks ereignet. Der Konsularbezirk ist ein geografisch abgegrenzter Teil des Empfangsstaats, der einer konsularischen Vertretung zur Wahrnehmung von konsularischen Aufgaben zugeteilt ist[1335].

1329 Vgl. Hufen, Verwaltungsprozessrecht, § 33 Rn. 16; Kintz, in: Posser/Wolff, § 123 Rn. 73; Kopp/Schenke, § 123 Rn. 24; Schenke, Verwaltungsprozessrecht, Rn. 1032.

1330 S.o., Seite 15.

1331 S.o., Seite 41 ff.

1332 Vgl. zur Kompetenz der Bundesregierung im Rahmen der auswärtigen Gewalt: Fastenrath, Kompetenzverteilung im Bereich der auswärtigen Gewalt, S. 215 f.

1333 Bzw. die sonstigen sachlich zuständigen Stelle.

1334 Hoffmann, Konsularrecht I, § 1 KonsG, Anm. 2.6.3.

1335 Hoffmann, Konsularrecht I, Vorbem. z. 1. Abschnitt des KonsG, Anm. 6.

Die Konsularbeamten einer Vertretung sind also gemäß § 6 Abs. 1 S. 1 KonsG bzw. § 1 2. Spiegelstrich KonsG für Befreiungsmaßnahmen zuständig, wenn im Konsularbezirk ein deutscher Staatsangehöriger entführt wird.

Sollte die Bundesrepublik Deutschland in einem Land keine konsularische Vertretung unterhalten, dafür aber eine diplomatische Mission (Botschaft), kann diese aufgrund von Art. 3 Abs. 2 WÜD nach Maßgabe des § 6 Abs. 1 S. 1 KonsG bzw. § 1 2. Spiegelstrich KonsG tätig werden. Unterhält ein Staat in einem Land keine konsularische Vertretung, erstreckt sich der konsularische Amtsbezirk der Botschaft auf das gesamte Hoheitsgebiet des Empfangsstaats[1336].

Während der Dauer einer Entführung kann es zu Standortverschiebungen der Geisel kommen. Als Beispiel dienen die Entführungen deutscher Staatsangehöriger in Kolumbien, Algerien und Ägypten[1337]. Die FARC-Rebellen wechselten mit ihren Geiseln häufig ihren Aufenthaltsort[1338]. Es ist daher denkbar, dass eine Geisel in einem Konsularbezirk entführt und später in einen anderen Konsularbezirk verbracht wird. Da sich die Zuständigkeit der Konsularbeamten nur auf den zugelassenen Bezirk beschränkt[1339], wechselt in diesem Fall die Zuständigkeit auf das Konsulat, in dessen Bezirk sich die Geisel befindet. Entgegen möglicher Bedenken dürfte es in diesen Fällen bei der Organisation der Rettungsmaßnahmen nicht zu Komplikationen kommen. Denn bei Entführungen Deutscher im Ausland trifft die Amtsleitung des Auswärtigen Amtes die Entscheidung über die Gewährung von Hilfe[1340]. Die Leitung weist die untergeordneten Konsulate entsprechend an[1341].

1336 Hoffmann, Konsularrecht I, § 1 KonsG, Anm. 1.6; ders., ZblJugR 1978, 284 (286); vgl. die allgemeinen Bemerkungen zum vorgeschlagenen Entwurf eines KonsG in: Begr. RegE KG, BT-Drs. 7/131, S. 10.

1337 Im Jahr 2003 wurde eine Touristengruppe in Algerien entführt, darunter 16 Deutsche. Die Entführer brachten sie im Verlauf der Geiselnahme bis ins Nachbarland Mali, vgl. „*Chronologie der Entführungen in Algerien*", in: HANDELSBLATT.DE v. 14.05.2003 (www.handelsblatt.com). Die Farc-Rebellen wechselten häufig ihren Aufenthaltsort, um möglichen Angriffen der kolumbianischen Armee zu entgegen, vgl. „*Ein minutiös geplantes kolumbianisches Wunder*", in: FAZ v. 04.07.2008, S. 3; „*Zahlreiche Touristen in Ägypten entführt*", in: FAZ v. 23.09.2008 S. 1.

1338 Vgl. „*Ein minutiös geplantes kolumbianisches Wunder*", in: FAZ v. 04.07.2008, S. 3.

1339 S.o., Seite 264.

1340 S.o., Seite 41 ff.

1341 Kötter/Nolte, DÖV 2007, 186 (189).

2. Materielle Rechtmäßigkeitsvoraussetzungen

Im Rahmen der materiellen Rechtmäßigkeitsvoraussetzungen stellt sich insbesondere die Frage, ob eine Geisel glaubhaft machen kann, die Bundesrepublik müsse eine konkrete Maßnahme zur Rettung der Geisel ergreifen, weil im konkreten Fall eine Ermessensreduzierung auf Null vorliege. Wie oben aufgezeigt, hat die auswärtige Gewalt grundsätzlich sowohl ein Entscheidungs- als auch ein Auswahlermessen[1342]. Da der Auswärtige Dienst in der Vergangenheit bei jeder Entführung zum Schutz des Entführten helfend tätig geworden ist, hat sich das Entschließungsermessen über Art. 3 Abs. 1 GG i. V. m. dem Institut der Selbstbindung der Verwaltung auf Null reduziert. Die auswärtige Gewalt ist somit einerseits zur Hilfe verpflichtet[1343], hat aber andererseits grundsätzlich rechtsfehlerfrei zu entscheiden, auf welche Art und Weise und zu welchem Zeitpunkt die Pflicht erfüllt wird.[1344]

Die Intensität und der Umfang der gerichtlichen Überprüfung haben unter Vorgabe des § 114 VwGO zu erfolgen. Die Entscheidung des Auswärtigen Dienstes ist nur dann rechtmäßig, wenn gemäß § 114 S. 1 VwGO die Grenzen des Ermessens eingehalten worden sind und das Ermessen entsprechend dem Zweck

---

1342 S.o., Seite 84 f.

1343 S.o., Seite 85 ff.

1344 Intensität und Ausmaß der gerichtlichen Überprüfung dieses Entscheidungsspielraums wurden weder in der Literatur noch in der Rechtsprechung bisher präzise festgestellt. Die Rechtsprechung zeigt sich – speziell im Bereich des diplomatischen Schutzes – zunächst sehr zurückhaltend und prüfte lediglich, ob eine „*willkürliche Vernachlässigung*" der Protektionspflichten feststellbar ist (vgl. *BVerfG*, Urt. v. 21.03.1957 – 1 BvR 65/54, BVerfGE, 6, 290 (299)). Später billigten die Gerichte den zuständigen Stellen einen sehr großen Ermessensspielraum hinsichtlich des konkreten Vorgehens zu (vgl. *BVerfG*, Beschl. v. 16.12.1980 – 2 BvR 419/80, BVerfGE, 55, 349 (364 f.); *BVerwG*, Beschl. v. 06.03.1997 – 3 B 178/96 (erhältlich in juris) Rn. 6; Beschl. v. 24.01.1989 – 7 B 102/88, NJW 1989, 2208 (2208); Urt. v. 24.02.1981 – 7 C 60/79, BVerwGE 62, 11 (15 f.); *OVG Münster*, Urt. v. 14.06.1996 – 21 A 753/95 (erhältlich in juris) Rn. 11). Die Gerichte konnten daher nur untersuchen, ob die Versagung bestimmter Schutzmittel auf einem offensichtlichen Rechtsirrtum oder willkürlicher Einschätzung beruht (*BVerfG*, Urt. v. 21.03.1957 – 1 BvR 65/54, BVerfGE, 6, 290 (299); *BVerwG*, Beschl. v. 24.01.1989 – 7 B 102/88, NJW 1989, 2208 (2208); *OVG Münster*, Urt. v. 14.06.1996 – 21 A 753/95 (erhältlich in juris) Rn. 11). Dies galt insbesondere dann, wenn die Bundesregierung von bestimmten Instrumenten aus rechtlichen Gründen keinen Gebrauch machte (*BVerfG*, Beschl. v. 16.12.1980 – 2 BvR 419/80, BVerfGE, 55, 349 (367 f.); *BVerwG*, Urt. v. 24.02.1981 – 7 C 60/79, BVerwGE 62, 11 (17 f.).

der Ermächtigung ausgeübt wurde. Schranken der Ermessensausübung ergeben sich aus dem Rechtsstaatsprinzip (Art. 20 GG), aus dem Schutz-Treue-Verhältnis sowie aus dem Willkürverbot (Art. 3 GG)[1345]. Das Auswärtige Amt wird die Unterlassung von Hilfeleistungen grundsätzlich damit begründen, dass die geforderte Leistung das *Wohl der Allgemeinheit* und die *Interessen der Bundesrepublik Deutschland* gefährden würde. Diese Begründung kann das Gericht nicht überprüfen. Denn die Antwort auf die Frage, ob eine konkrete außenpolitische Situation eine konkrete Maßnahme ermöglicht, ist eine Zweckmäßigkeitserwägung[1346]: Die Ausformung des Schutzes ist grundsätzlich unmittelbar abhängig von den Beziehungen der Bundesrepublik zu dem Aufenthaltsstaat sowie von der Gesamtheit der auswärtigen Beziehungen der Bundesrepublik[1347]. Konkrete Maßnahmen erfordern grundsätzlich eine umfassende vorherige außenpolitische Gesamtanalyse[1348]. Außerdem müssen in die Entscheidung politische Implikationen auf bilateraler Ebene und im geopolitischen Kontext einbezogen werden[1349]. Da das Gericht nicht befugt ist, Zweckmäßigkeitserwägungen zu überprüfen[1350], kann der Antragsteller folglich nicht geltend machen, die Bundesrepublik sei im konkreten Fall zu einer bestimmten Leistung verpflichtet.

Etwas anderes ergibt sich auch nicht aus der Schleyer-Entscheidung des BVerfG. Das Gericht hat dort zwar festgestellt, dass die Freiheit in der Wahl der Mittel zum Schutz des Lebens sich in besonders gelagerten Fällen auch auf die Wahl eines bestimmten Mittels verengen kann, wenn ein effektiver Lebensschutz auf andere Weise nicht zu erreichen ist[1351]. Nach Auffassung des Gerichts liegt bei einer terroristischen Entführung ein solcher Fall aber nicht

---

1345 Blumenwitz, Das Offenhalten der Vermögensfrage in den deutsch-polnischen Beziehungen, S. 86.

1346 Vgl. Doehring, Die Pflicht des Staates zur Gewährung diplomatischen Schutzes, S. 100.

1347 *BVerfG*, Beschl. v. 16.12.1980 – 2 BvR 419/80, BVerfGE, 55, 349 (365); *BVerwG*, Beschl. v. 24.01.1989 – 7 B 102/88, NJW 1989, 2208 (2208); *BVerwG*, Beschl. v. 06.03.1997 – 3 B 178/96 (erhältlich in juris) Rn. 6; *OVG Münster*, Urt. v. 12.12.1988 – 17 A 2618/85, NJW 1989, 2209 (2211); Bloß, in: Hecker/Müller-Chorus/Bindseil, § 3 C Rn. 2; Kötter/Nolte, DÖV 2007, 186 (189).

1348 Bloß, in: Hecker/Müller-Chorus/Bindseil, § 3 C Rn. 2.

1349 Bloß, in: Hecker/Müller-Chorus/Bindseil, § 3 C Rn. 2; Storost, Diplomatischer Schutz durch EG und EU?, S. 191.

1350 Pieroth/Schlink, Staatsrecht II, Rn. 1111. Doehring, Die Pflicht des Staates zur Gewährung diplomatischen Schutzes, S. 100.

1351 *BVerfG*, Urt. v. 16.10.1977 – 1 BvQ 5/77, BVerfGE 46, 160 (164 f.).

vor[1352]. Andernfalls würde sich die Bundesrepublik erpressbar machen und ihre gegenüber allen Staatsbürgern bestehende Schutzpflicht verletzen[1353].

Ein Antragsteller wird eine Reduzierung des Auswahlermessens somit in der Regel nicht glaubhaft machen können. Die Bundesrepublik Deutschland wird daher nur ermessensfehlerhaft handeln, wenn sie jegliche Abwägung unterlässt oder die Ablehnung der konkreten Hilfe willkürlich erfolgte. Ein solches Verhalten wird allerdings kaum nachweisbar sein.

III. Ergebnis: Antrag in der Regel unbegründet

Im Ergebnis ist daher festzustellen, dass ein Antrag auf Erlass einer einstweiligen Regelungsanordnung zwar zulässig, jedoch in der Regel unbegründet ist und daher abgelehnt werden wird.

D. Zulässigkeit und Begründetheit des Antrags auf Erlass einer einstweiligen Anordnung vor dem Verfassungsgericht

Das BVerfG kann gemäß § 32 Abs. 1 BVerfGG[1354] im Streitfall einen Zustand durch einstweilige Anordnung vorläufig regeln, wenn dies zur Abwehr schwerer Nachteile, zur Verhinderung drohender Gewalt oder aus einem anderen wichtigen Grund für das gemeine Wohl dringend geboten ist.

Der Antrag auf Erlass einer einstweiligen Anordnung ist zwar zulässig. Insbesondere steht dem Antrag nicht das prozessuale Verbot der Vorwegnahme der Hauptsache entgegen. Eine einstweilige Anordnung darf zwar die Hauptsache nicht vorwegnehmen[1355]. Die von einem Entführten begehrten Hilfsmaßnahmen dürften einer solchen Vorwegnahme in der Regel zumindest sehr nahekommen.

1352 *BVerfG*, Urt. v. 16.10.1977 – 1 BvQ 5/77, BVerfGE 46, 160 (165).

1353 S.o., Seite 88 ff.

1354 Bundesverfassungsgerichtsgesetz in der Fassung der Bekanntmachung vom 11. August 1993 (BGBl. I S. 1473), das zuletzt durch Artikel 2 des Gesetzes vom 1. Dezember 2009 (BGBl. I S. 3822) geändert worden ist.

1355 *BVerfG*, Urt. v. 16.10.1977 – 1 BvQ 5/77, BVerfGE 46, 160 (163 f.); Hillgruber/Goos, Verfassungsprozessrecht, Rn. 785 ff.

Da unter diesen Umständen jedoch eine Entscheidung in der Hauptsache zu spät kommen würde, steht die Vorwegnahme der Zulässigkeit nicht entgegen[1356].

Der Zulässigkeit der Antrags steht auch nicht entgegen, dass die Geisel den Antrag aus tatsächlichen Gründen nicht einlegen kann. Das Bundesverfassungsgericht hat in der SCHLEYER-Entscheidung gegen die Antragseinlegung durch den Sohn des Entführten keine Einwände erhoben und dies – offensichtlich – stillschweigend gebilligt[1357]. Eine Geisel wird sich daher durch einen Angehörigen im Verfahren vertreten lassen können. Denkbar ist auch, entsprechend der oben dargelegten Grundsätze[1358], dass die Rechte des Entführten alternativ in gewillkürter Prozessstandschaft geltend gemacht werden, sofern im Einzelfall ein schutzwürdiges Eigeninteresse des Ermächtigten vorliegt.

Ein Antrag auf Eilrechtsschutz wird allerdings unbegründet sein. Ein Antrag nach § 32 Abs. 1 BVerfGG hat nur Erfolg, wenn der Hauptsacherechtsbehelf zulässig und offensichtlich begründet ist[1359]. Der Hautsacherechtsbehelf, die Individualverfassungsbeschwerde, wird zwar zulässig, jedoch unbegründet sein. Das Bundesverfassungsgericht hat bereits in der SCHLEYER- Entscheidung darauf hingewiesen, dass die Bundesrepublik Deutschland gemäß Art. 2 Abs. 2 S. 1 GG i. V. m. Art. 1 Abs. 1 S. 2 GG verpflichtet ist, jedes menschliche Leben zu schützen und sich daher schützend und fördernd vor diese Leben stellen und es damit vor rechtswidrigen Eingriffen von Seiten anderer zu bewahren[1360]. Es hat aber deutlich gemacht, dass die staatlichen Organe in eigener Verantwortung entscheiden können, wie sie ihrer Verpflichtung zu einem effektiven Schutz des Lebens erfüllen[1361]. Dem Gericht ist es daher unmöglich, den zuständigen Organen eine bestimmte Entschließung vorzuschreiben[1362]. Es liegt vielmehr in der Hand des Staates, welche Maßnahmen er zur Erfüllung der ihm obliegenden Schutzpflichten ergreifen muss[1363].

Das Gericht hat zwar festgestellt, dass die Freiheit in der Wahl der Mittel zum Schutz des Lebens sich in besonders gelagerten Fällen grundsätzlich auch

---

1356 *BVerfG*, Urt. v. 16.10.1977 – 1 BvQ 5/77, BVerfGE 46, 160 (164); HILLGRUBER/GOOS, Verfassungsprozessrecht, Rn. 787.

1357 *BVerfG*, Urt. v. 16.10.1977 – 1 BvQ 5/77, BVerfGE 46, 160 (163).

1358 S.o., Seite 258 ff.

1359 BVerfGE 7, 367, 371; 88, 169, 171 f.; 90, 277, 283; 91, 328, 332; 111, 147, 153; 140, 144; HILLGRUBER/GOOS, Verfassungsprozessrecht, Rn. 808.

1360 *BVerfG*, Urt. v. 16.10.1977 – 1 BvQ 5/77, BVerfGE 46, 160 (164).

1361 *BVerfG*, Urt. v. 16.10.1977 – 1 BvQ 5/77, BVerfGE 46, 160 (164).

1362 *BVerfG*, Urt. v. 16.10.1977 – 1 BvQ 5/77, BVerfGE 46, 160 (165).

1363 *BVerfG*, Urt. v. 16.10.1977 – 1 BvQ 5/77, BVerfGE 46, 160 (165).

auf die Wahl eines bestimmten Mittels verengen kann, wenn ein effektiver Lebensschutz auf andere Weise nicht zu erreichen ist[1364]. Nach Auffassung des Gerichts stellen terroristische Entführungsfälle[1365] aber eine Ausnahme dar. Andernfalls würde sich die Bundesrepublik erpressbar machen und ihre gegenüber allen Staatsbürgern bestehende Schutzpflicht verletzen[1366]. Der Antrag auf Eilrechtsschutz wir daher keinen Erfolg haben.

E. Ergebnisse 4. Teil

1. Ein im Ausland entführter Deutscher kann sein Recht auf Schutz und Hilfe vor dem Verwaltungsgericht im einstweiligen Rechtsschutzverfahren geltend machen. Seine Angehörigen können ihn vor Gericht vertreten. Sein Antrag wird zwar zulässig, in der Regel jedoch unbegründet sein.
2. Ein Antrag auf Erlass einer einstweiligen Anordnung beim BVerfG führt ebenfalls in der Regel nicht zum Erfolg, da der Antrag zumindest unbegründet sein dürfte.

1364 *BVerfG*, Urt. v. 16.10.1977 – 1 BvQ 5/77, BVerfGE 46, 160 (164 f.).
1365 *BVerfG*, Urt. v. 16.10.1977 – 1 BvQ 5/77, BVerfGE 46, 160 (165).
1366 S.o., Seite 88 ff.

Teil 5: Der Ersatzanspruch des Staates

A. Vorbemerkung

Nachdem die Hilfspflicht des Staates sowie ihr Umfang und die Rechtsschutzmöglichkeiten des Entführungsopfers dargelegt wurden, ist nun zu erörtern, ob der Staat nach einer Befreiung oder Freilassung einer Geisel die durch die Rettung entstandenen Kosten sich von ihr erstatten lassen kann. Diese Frage wird bereits seit einigen Jahren öffentlich diskutiert. Politiker aller Parteien haben wiederholt gefordert, dass sich ehemalige Entführungsopfer an den Rettungskosten beteiligen müssen[1367]. Eine Kostenbeteiligung könnte für die ehemalige Geisel enorme finanzielle Lasten bedeuten. Allein die Rettung der im Februar 2003 in Algerien entführten neun deutschen Staatsangehörigen soll die Bundesrepublik 20 Millionen Euro gekostet haben[1368]. Die Bundesregierung bezifferte die bloßen Flugkosten auf 419. 422,60 Euro[1369].

Das Auswärtige Amt verlangt grundsätzlich von ehemaligen Geiseln eine Kostenbeteiligung. Die Praxis der Behörde ist jedoch uneinheitlich. Im Jahre 2000 wurde auf den Philippinen die deutsche Familie Wallert entführt. Das Auswärtige Amt stellte der Familie nach ihrer Freilassung einen Betrag in Höhe von 6590,- Euro in Rechnung[1370]. Die Rechnung umfasste rund 2500,- Euro für Frau Wallerts Krankenrückflug, Lebensmittel, Medikamente und Kleidung. Diese Kosten wurden als „individuell zurechenbare Kosten" bezeichnet[1371]. Der Rest wurde ganz allgemein als „Erstattung von Auslagen" geltend gemacht[1372]. Mit den im Jahre 2003 in Algerien entführten Deutschen

---

1367 Vgl. die Äußerungen von Wiefelpütz, Stadler und Bosbach, in: *„Vollkasko ins Abenteuer"*, SPIEGEL-ONLINE v. 10.04.2006 (www.spiegel.de); oder die Äußerungen Weisskirchen, Brüderle und Erler, in: *„Neiddebatte um zu Gold gesponnene Gefühle"*, in: TAZ.DE v. 20.08.2003 (www.taz.de).

1368 Göres, NJW 2004, 1909 (1909); *„Lösegeld von der Versicherung"*, in: SPIEGEL-ONLINE v. 21.10.2003 (www.spiegel.de).

1369 *„Lösegeld von der Versicherung"*, in: SPIEGEL-ONLINE v. 21.10.2003 (www.spiegel.de).

1370 *„Rechnung an Familie Wallert"*, FOCUS-ONLINE v. 22.01.2001 (www.focus.de).

1371 *„Rechnung an Familie Wallert"*, FOCUS-ONLINE v. 22.01.2001 (www.focus.de).

1372 *„Rechnung an Familie Wallert"*, FOCUS-ONLINE v. 22.01.2001 (www.focus.de).

wurde ähnlich verfahren. Sie mussten zwischen 1092,- Euro und 2301,- Euro zahlen[1373]. Die Regierung begründete dies mit den hohen Gesamtkosten der Befreiung und verwies auf die öffentliche Kritik an der Gruppe, die trotz der Warnhinweise in die Region gereist war[1374]. Die Bundesrepublik Deutschland stellte ihnen Kosten für Telekommunikation, Dienstfahrten und für den Rückflug in Rechnung[1375]. Der ehemalige Staatsminister im Auswärtigen Amt, Jürgen Chroborg und seine Familie, überstanden Ende 2005 eine Entführung im Jemen. Nach der Freilassung wurden sie mit einer Challenger-Maschine der Luftwaffe nach Hause geflogen. Obwohl die Flugkosten bei rund 14.000,- Euro gelegen hatten, erhielt Herr Chroborg einen Kostenbescheid in Höhe von nur 459,42 Euro[1376]. Das Auswärtige Amt begründete die anteilige Berechnung der Flugkosten damit, dass die Challenger ohnehin im Jemen gewesen sei[1377]. Die Summe von 459,42 Euro habe einem Flugticket der Economyklasse entsprochen[1378]. Die Rettung der im Jahr 2005 im Irak entführten Susanne Osthoff hatte für sie keine finanziellen Folgen[1379]. Das Auswärtige Amt verzichtete auf einen Kostenbescheid und begründete dies damit, dass Frau Osthoff zwar nach ihrer Freilassung nach Deutschland geflogen wurde, sie aber im Irak bleiben wollte und auf einen Flug nach Deutschland verzichtet hätte.[1380] „Individuell anrechenbare Kosten“ seien daher nicht entstanden[1381].

Die Erstattung von Befreiungskosten beschäftigt seit der Rettung von Susanne Weigel auch erstmals die deutschen Gerichte[1382]. Im September 2003 entführte eine Gruppe der Nationalen Befreiungsarmee die deutsche Staatsangehörige in Kolumbien. Nach 74 Tagen und intensiven Bemühungen des Auswärtigen Amtes, der deutschen Botschaft in Bogota, kolumbiani-

1373 „*Vollkasko ins Abenteuer*“, in: SPIEGEL-ONLINE v. 10.04.2006 (www.spiegel.de).

1374 „*Neiddebatte um zu Gold gesponnene Gefühle*“, in: TAZ.DE v. 20.08.2003 (www.taz.de).

1375 „*Lösegeld von der Versicherung*“, in: SPIEGEL-ONLINE v. 21.10.2003 (www.spiegel.de).

1376 „*Vollkasko ins Abenteuer*“, in: SPIEGEL-ONLINE v. 10.04.2006 (www.spiegel.de).

1377 „*Vollkasko ins Abenteuer*“, in: SPIEGEL-ONLINE v. 10.04.2006 (www.spiegel.de).

1378 „*Vollkasko ins Abenteuer*“, in: SPIEGEL-ONLINE v. 10.04.2006 (www.spiegel.de).

1379 „*Vollkasko ins Abenteuer*“, in: SPIEGEL-ONLINE v. 10.04.2006 (www.spiegel.de).

1380 „*Vollkasko ins Abenteuer*“, in: SPIEGEL-ONLINE v. 10.04.2006 (www.spiegel.de).

1381 Vgl. die Klageerwiderung des Auswärtigen Amtes in: *VG Berlin*, Urt. v. 04.04.2006 – 14 A 12.04 (erhältlich in juris) Rn. 16.

1382 *OVG Berlin-Brandenburg*, Urt. v. 21.02.2007 – 11 B 9.06 (erhältlich in juris); *VG Berlin*, Urt. v. 04.04.2006 – 14 A 12.04 (erhältlich in juris).

schen Behörden und verschiedener anderer Organisationen kam die Klägerin zusammen mit einem spanischen Staatsangehörigen frei. Beide wurden mit einem vom Internationalen Komitee des Roten Kreuzes (IKRK) gecharterten Hubschrauber nach Bogota geflogen. Von dort aus flog Frau Weigel mit einem von ihr selbst bezahlten Flugticket nach Deutschland weiter. Die Entführer hatten die Abholung der Geiseln per Hubschrauber zur Bedingung der Freilassung gemacht. Das Auswärtige Amt hatte im Voraus die anteiligen Flugkosten in Höhe von 12.640,- Euro bezahlt. Die Bundesrepublik Deutschland verlangte später durch Verwaltungsakt von Frau Weigel die Erstattung dieser Kosten. Tatsächlich beliefen sich die Gesamtbefreiungskosten auf 39.000,- Euro[1383]. Die gegen den Kostenbescheid gerichtete Klage hatte zunächst Erfolg. Das VG Berlin war der Ansicht, die Bundesrepublik dürfe für Befreiungen keine Kosten erheben, es fehle an einer Rechtsgrundlage[1384]. Die zweite Instanz kam zu einer anderen Einschätzung. Nach Auffassung des OVG Berlin-Brandenburg biete das geltende Recht sehr wohl eine Grundlage für einen Kostenbescheid[1385]. Das BVerwG bestätigte die Auffassung des OVG Berlin-Brandenburg teilweise[1386].

Es ist folglich umstritten, ob eine ehemalige Geisel die amtlichen Kosten für ihre Befreiung erstatten muss und welche Ermächtigungsgrundlage für einen Leistungsbescheid infrage kommt. Es muss daher untersucht werden, ob der Staat nach einer Rettung von den ehemaligen Entführten die Gesamtkosten oder zumindest Teile davon erstattet verlangen kann. Sollte eine Rechtsgrundlage existieren, ist zu erörtern, ob sich ein etwaiges Mitverschulden der Geisel an der Entführung auf die Kostenlast auswirken kann. An den gefundenen Ergebnissen ist zu messen, ob das Auswärtige Amt in der Vergangenheit zu Recht die Kosten für die Befreiung verlangt hat.

1383 *OVG Berlin-Brandenburg*, Urt. v. 21.02.2007 – 11 B 9.06 (erhältlich in juris) Rn. 45.

1384 *VG Berlin*, Urt. v. 04.04.2006 – 14 A 12.04 (erhältlich in juris) Rn. 20.

1385 Nach Auffassung des OVG Berlin-Brandenburg folgt die Befugnis zum Erlass eines Kostenerstattungsbescheids wenn nicht schon aus § 5 Abs. 5 S. 1 KonsG, so jedenfalls aus § 25 KonsG, vgl. *OVG Berlin-Brandenburg*, Urt. v. 21.02.2007 – 11 B 9.06 (erhältlich in juris) Rn. 13 ff.

1386 Das *BVerwG* sieht die Ermächtigungsgrundlage für einen Kostenbescheid in § 5 Abs. 5 S. 1 KonsG. Im Gegensatz zum OVG Berlin-Brandenburg qualifizierte es die von der deutschen Botschaft in Bogota übernommenen Kosten aber als Auslagen i.S.v. § 5 Abs. 5 S. 1 KonsG. Die Befugnis zum Erlass eines Kostenerstattungsbescheides folge also unmittelbar aus § 5 Abs. 5 S. 1 KonsG. Das Auslandskostengesetz finde auf diese speziellen Auslagen keine Anwendung, vgl. hierzu: *BVerwG*, Urt. v. 28.05.2009– 7 C 13/08, NJW 2009, 2905 (2906).

Schließlich ist zu prüfen, ob sich der Staat die Rettungskosten auch von einem *Arbeitgeber* erstattet verlangen kann, wenn dieser seinen Mitarbeiter in eine gefährliche Region entsendet und der Angestellte dort verschleppt wird. Diese Forderung hatten Politiker im Rahmen der Entführung der beiden Ingeniere René Bräunlich und Thomas Nitzschke erhoben[1387]. Die Antwort auf diese Frage wird für global tätige deutsche Unternehmen von starkem Interesse sein. Sie scheinen sich bereits mit der Fragestellung auseinandergesetzt zu haben, da der Absatz von Versicherungspolicen (sog. K&R-Policen[1388]) für Fälle von Mitarbeiterentführungen im Ausland in den letzten Jahren stark gestiegen ist[1389]. In diesem Rahmen ist zudem zu untersuchen, ob sich Arbeitgeber nach derzeitiger Rechtslage freiwillig an den Kosten beteiligen können.

B. Kostenpositionen einer Befreiung

Die Rettung eines im Ausland entführten deutschen Staatsangehörigen verursacht mehrere unterschiedliche Kostenpositionen. Das Auswärtige Amt stellte Susanne Weigel die Kosten des *Hubschraubereinsatzes* in Rechnung. Von den neun in Algerien entführten Deutschen wurden Aufwendungen für *Telekommunikation, Dienstfahrten* und *Rückflug* verlangt. Nach der Befreiung der Familie Wallert forderte das Auswärtige Amt ganz allgemein die „Erstattung von Auslagen", worunter die Kosten für die *Arbeit des Krisenstabes* und die zahlreichen *Flugreisen von Unterhändlern* gefasst wurden. Der Rest des Betrages bestand aus den Kosten für den *Krankentransport* von Frau Wallert nach Deutschland und *Versorgungsgüter*, wie Lebensmittel, Medikamente und Kleidung.

Die geltend gemachten Kosten des Auswärtigen Dienstes lassen sich aufteilen in solche, die während einer Rettung anfallen (Evakuierungsflüge, Arbeit des Krisenstabes, Aufwendungen für Telekommunikation, Dienst-

---

1387 Vgl. *„Keine Spur zu Entführten im Irak"*, in: BERLINER-ZEITUNG-ONLINE v. 27.01.2006 (www.berlinonline.de); *„Cryotec-Chef wehrt sich gegen Vorwürfe"*, in: STERN-ONLINE v. 26.01.2006 (www.stern.de).

1388 K&R-Policen steht für Kidnap und Ransom, Entführung und Lösegeld; das weltweite Aufkommen für K&R-Policen wird auf etwa 2,5 Milliarden Euro geschätzt, vgl. *„Knarre am Kopf"*, in: SPIEGEL-ONLINE v. 09.10.2010 (www.spiegel.de).

1389 *„Knarre am Kopf"*, in: SPIEGEL-ONLINE v. 09.10.2010 (www.spiegel.de); *„Lösegeld von der Versicherung"*, in: SPIEGEL-ONLINE v. 21.10.2003 (www.spiegel.de).

fahrten und Dienstflüge für Unterhändler und Sicherheitskräfte), und solche, die anschließend entstehen (*Rückflug, Versorgungsgüter* wie Lebensmittel, Medikamente und Kleidung). Eine Aufteilung der Kosten in „Befreiungskosten“ und „Anschlusskosten“ erscheint daher sinnvoll[1390].

Obwohl etwaige *Lösegeldzahlungen* einen großen Teil der Ausgaben ausmachen könnten, muss auf die Erstattungsfähigkeit dieser Kosten nicht näher eingegangen werden. Das Auswärtige Amt wird diese möglichen Zahlungen nicht als Kosten geltend machen, da der deutsche Staat offiziell kein Lösegeld zahlt[1391]. Jede andere Entscheidung des Amtes würde weitere Entführungen provozieren[1392].

C. Diskutierte Erstattungsgrundlagen

Rechtsprechung und Literatur streiten sowohl über die Frage, ob ein Erstattungsanspruch existiert, als auch auf welche Grundlage ein solcher gestützt werden kann.

Nach Auffassung des OVG Berlin-Brandenburg folgt die Befugnis zum Erlass eines Kostenerstattungsbescheids wenn nicht schon aus § 5 Abs. 5 S. 1 KonsG,

---

1390 Das Auswärtige Amt trennt die entstandenen Kosten nicht nach „Befreiungskosten“ und „Anschlusskosten“. Diese Praxis hat den Nachteil, dass nicht immer klar wird, weshalb die Behörde in unterschiedlichen Fällen jeweils verschiedene Kostenpositionen berechnet.

1391 Die Bundesregierung wird Lösegeldforderungen weder mit Steuergeldern noch durch Zahlungen aus sonstigen Quellen erfüllen. Eine entsprechende Anregung des SPD-Bundestagsabgeordneten Ottmar Schreiner wurde umgehend von der Bundesregierung zurückgewiesen. Schreiner hatte vorschlagen, die Wirtschaft solle zur Einrichtung eines Lösegeldfonds für im Ausland entführte Mitarbeiter verpflichtet werden. Die Bundesregierung könne sich dann aus diesem Fonds bedienen, um Entführungen zu beenden. Schreiner verkennt, dass sich die Bundesregierung auch auf diesem Wege erpressbar machen würde (vgl. *„Geiselhaft war kein menschenwürdiges Martyrium“*, in: WIRTSCHAFTSWOCHE-ONLINE v. 05.05.2006 (www.wiwo.de).

1392 S.o., Seite 88 ff.

so jedenfalls aus § 25 KonsG[1393] i. V. m. §§ 7 Abs. 1[1394], 10 ff. AKostG[1395]; HANSCHEL teilt die Ansicht des OVG[1396]. Das BVerwG sieht die Ermächtigungsgrundlage für einen Kostenbescheid in § 5 Abs. 5 S. 1 KonsG[1397]. Im Gegensatz zum OVG Berlin-Brandenburg qualifizierte es die von der deutschen Botschaft in Bogota übernommenen Kosten aber ausdrücklich als Auslagen i.S.v. § 5 Abs. 5 S. 1 KonsG. Die Befugnis zum Erlass eines Kostenerstattungsbescheides folge unmittelbar aus § 5 Abs. 5 S. 1 KonsG[1398]. Das Auslandskosten-

---

1393 Wortlaut von § 25 KonsG (Besondere gesetzliche Regelung): *„Für konsularische Amtshandlungen werden Kosten (Gebühren und Auslagen) nach besonderer gesetzlicher Regelung erhoben."*

1394 Wortlaut von § 7 Abs. 1 und Abs. 2 AKostG (Auslagen):
„(1) Auslagen der Auslandsvertretungen und der Honorarkonsularbeamten, die im Zusammenhang mit den in § 1 Abs. 1 genannten Amtshandlungen entstehen, sind zu erstatten.
(2) Für Amtshandlungen des Auswärtigen Amtes werden folgende Auslagen erhoben: 1. Fernsprechgebühren im Fernverkehr, Telegrafen- und Fernschreibgebühren, 2. Schreibauslagen für Ausfertigungen, Abschriften und Auszüge, die auf besonderen Antrag erteilt werden; die Höhe der Schreibauslagen bestimmt sich nach § 136 Abs. 3 bis 5 der Kostenordnung, 3. Aufwendungen für Übersetzungen, die auf besonderen Antrag gefertigt werden, 4. Kosten, die durch öffentliche Bekanntmachung entstehen, mit Ausnahme der hierbei erwachsenden Postgebühren, 5. die in entsprechender Anwendung des Justizvergütungs- und -entschädigungsgesetzes zu zahlenden Beträge; erhält ein Sachverständiger auf Grund des § 1 Abs. 2 Satz 2 jenes Gesetzes keine Vergütung, so ist der Betrag zu erheben, der ohne diese Vorschrift nach dem Gesetz zu zahlen wäre, 6. die bei Geschäften außerhalb der Dienststelle den Verwaltungsangehörigen auf Grund gesetzlicher oder vertraglicher Bestimmungen gewährten Vergütungen (Reisekostenvergütung, Auslagenersatz) und die Kosten für die Bereitstellung von Räumen, 7. die Beträge, die anderen in- und ausländischen Behörden, öffentlichen Einrichtungen oder Beamten zustehen; und zwar auch dann, wenn aus Gründen der Gegenseitigkeit, der Verwaltungsvereinfachung und dergleichen an die Behörden, Einrichtungen oder Beamten keine Zahlungen zu leisten sind, 8 .die Kosten für die Beförderung von Sachen, mit Ausnahme der hierbei erwachsenden Postgebühren, und die Verwahrung von Sachen."

1395 Auslandskostengesetz vom 21. Februar 1978 (BGBl. I S. 301), das zuletzt durch Artikel 4 Absatz 15 des Gesetzes vom 5. Mai 2004 (BGBl. I S. 718) geändert worden ist.

1396 HANSCHEL, ZaöRV 66 (2006), 789 (810 ff.).

1397 Wortlaut von § 5 Abs. 5 KonsG: *„Der Empfänger ist zum Ersatz der Auslagen verpflichtet. Die Ersatzpflicht trifft neben ihm auch seine Verwandten und seinen Ehegatten im Rahmen ihrer Unterhaltspflicht. Die Verpflichtung zum Ersatz geht auf die Erben über. Die Haftung der Erben beschränkt sich auf den Nachlaß."*

1398 *BVerwG*, Urt. v. 28.05.2009– 7 C 13/08, NJW 2009, 2905 (2906).

gesetz finde auf diese speziellen Auslagen keine Anwendung[1399]. Nach Auffassung von GÖRES stellt dagegen § 25 KonsG i.V.m. §§ 1 Abs. 2, 7 Abs. 2 AKostG die richtige Rechtsgrundlage dar[1400]. DAHM schlägt vor, der Staat müsse die entstandenen Kosten über Art. 3 Abs. 1 KonsG[1401] i. V. m. §§ 683 S. 1, 670 BGB analog geltend machen[1402]. Seiner Meinung nach taugt weder das KonsG noch das AKostG als Grundlage für einen Kostenerstattungsanspruch. Das VG Berlin unterstützt diesen Ansatz[1403].

Gegen die Ansichten des BVerwG, des OVG Berlin-Brandenburg und von HANSCHEL spricht, dass staatliche Maßnahmen zur Befreiung eines entführten Deutschen nicht auf § 5 Abs. 1 KonsG gestützt werden können[1404] und damit zwangsläufig auch nicht § 5 Abs. 5 S. 1 KonsG ggf. in Verbindung mit den Vorschriften des Auslandskostengesetz als Grundlage eines Kostenbescheides in Betracht kommt.

Von den bisher vorgestellten Grundlagen verbleiben noch als mögliche Erstattungsgrundlagen § 25 KonsG i.V.m. §§ 1 Abs. 2, 7 Abs. 2 AKostG (GÖRES) und § 3 Abs. 1 KonsG i. V. m. §§ 683 S. 1, 670 BGB analog (DAHM). Da eine deutsche Geisel einen Anspruch auf Hilfe aus § 1 2. Spiegelstrich KonsG und unter bestimmten Voraussetzungen auch aus § 6 Abs. 1 KonsG ableiten kann[1405], könnte ein Erstattungsanspruch zudem auf §§ 1 2. Spiegelstrich, 25 KonsG i. V. m. §§ 1 Abs. 1, 7 Abs. 1 AKostG *und* § 6 Abs. 2 KonsG i.V.m. § 5 Abs. 5 KonsG gestützt werden.

D. Anwendbarkeit des KonsG

Gewährt die Bundesrepublik Deutschland Hilfsmaßnahmen im Entführungsfall auf der Grundlage von §§ 1 2. Spiegelstrich KonsG oder § 6 Abs. 1 KonsG, kann ein Kostenbescheid entweder auf §§ 1 2. Spiegelstrich, 25 KonsG i. V.

1399 *BVerwG*, Urt. v. 28.05.2009– 7 C 13/08, NJW 2009, 2905 (2906).

1400 GÖRES, NJW 2004, 1909 (1911).

1401 Wortlaut von Art. 3 Abs. 1 KonsG (Wahrnehmung konsularischer Aufgaben): *„Für die Wahrnehmung konsularischer Aufgaben gelten die allgemeinen Rechtsvorschriften, soweit dieses Gesetz keine besonderen Regelungen enthält.“*

1402 DAHM, NVwZ 2005, 172 (172 ff.).

1403 *VG Berlin*, Urt. v. 04.04.2006 – 14 A 12.04 (erhältlich in juris) Rn. 47.

1404 S.o., Seite 49 ff.

1405 S.o., Seite 68 ff. und 80 ff.

m. §§ 1 Abs. 1, 7 Abs. 1 AKostG oder auf § 6 Abs. 2 KonsG i.V.m. § 5 Abs. 5 KonsG gestützt werden.

I. Keine Befugnis zum Erlass eines Kostenbescheids nach § 25 KonsG i. V. m. §§ 1 Abs. 2, 7 Abs. 2 AKostG

Entgegen der Auffassung von Göres scheidet § 25 KonsG i. V. m. §§ 1 Abs. 2, 7 Abs. 2 AKostG als Ermächtigungsgrundlage für einen Ersatz der „Befreiungs- und Anschlusskosten" aus. Gemäß § 25 KonsG werden für konsularische Amtshandlungen Kosten (Gebühren und Auslagen) nach „*besonderer gesetzlicher Regelung*" erhoben. Diese besondere gesetzliche Regelung stellt das AKostG dar[1406]. Das grundsätzlich auf Kosten der Bundesbehörden anwendbare Verwaltungskostengesetz[1407] (VwKostG) kommt nicht zur Anwendung, weil gemäß § 1 Abs. 3 Nr. 1 VwKostG für das Auslandskostenrecht das AKostG gilt. § 1 AKostG differenziert zwischen der Kostenerhebung durch die Auslandsvertretungen für Amtshandlungen nach den §§ 1 bis 17 KonsG gemäß Abs. 1 und einer Kostenerhebung für Amtshandlungen des Auswärtigen Amtes gemäß Abs. 2. Der Begriff der Kosten i.S.d. AKostG umfasst Auslagen und Gebühren und entspricht damit dem des § 25 KonsG, vgl. § 1 Abs. 1 AKostG. Darüber hinaus differenziert § 7 AKostG zwischen einer allgemeinen Erstattungspflicht gemäß Abs. 1 bezüglich Auslagen der Auslandsvertretungen, die im Zusammenhang mit den in § 1 Abs. 1 AKostG genannten konsularischen Amtshandlungen entstehen, und einer beschränkten Erstattungspflicht bezüglich der in Abs. 2 Nr. 1 bis 7 aufgeführten Amtshandlungen des Auswärtigen Amtes.

Eine Auslagenerstattung des Auswärtigen Amtes gemäß § 25 KonsG i. V. m. §§ 1 Abs. 2, 7 Abs. 2 AKostG kommt also in Betracht, wenn die Auslagen durch eine Amtshandlung im Sinne der §§ 1 bis 17 KonsG entstanden sind[1408]. Göres verkennt allerdings, dass Amtshandlungen des Auswärtigen Amtes i.

1406 Hoffmann, Konsularrecht I, § 25 KonsG, Anm. 1.1; Rausch, in: Hecker/Müller-Chorus/Bindseil, § 3 B Rn. 23.

1407 Verwaltungskostengesetz vom 23. Juni 1970 (BGBl. I S. 821), das zuletzt durch Artikel 3 des Gesetzes vom 29. August 2008 (BGBl. I S. 1793) geändert worden ist.

1408 Das Auswärtige Amt kann zwar nach §§ 1 Abs. 2, 2 Abs. 1 AKostG i. V. m. den Regelungen der Auslandskostenverordnung Kosten für gebührenpflichtige Amtshandlungen erheben. Die Auslandskostenverordnung enthält allerdings keinen Gebührentatbestand für eine der dargelegten möglichen Kostenpositionen; zu den im Rahmen einer Rettung anfallenden Kostenpositionen: S.o., Seite 274 f.

S. v. § 7 Abs. 2 AKostG nur solche sind, die *unmittelbare* Außenwirkung entfalten und daher regelmäßig im Inland vorgenommen werden[1409]. Da das Auswärtige Amt in Entführungsfällen im Ausland aber gemäß § 3 Abs. 1 KonsG i. V. m. §§ 1 Abs. 4, 2 GAD über die Auslandsvertretungen handelt[1410], scheidet § 25 KonsG i. V. m. §§ 1 Abs. 2, § 7 Abs. 2 AKostG als Rechtsgrundlage für einen Kostenersatz aus.

Für dieses Ergebnis sprechen systematische und historische Gründe. Die *besondere* Auslagenerstattungspflicht nach § 7 Abs. 2 AKostG muss im Zusammenhang mit § 7 Abs. 1 AKostG und den Regelungen des VwKostG gesehen werden. Der Gesetzgeber hat in § 7 Abs. 1 AKostG die *allgemeine* Auslagenerstattungspflicht für Amtshandlungen der Auslandsvertretungen normiert[1411]. Danach werden die Auslagen der Auslandsvertretungen für Amtshandlungen nach dem KonsG grundsätzlich erstattet. § 7 Abs. 1 KonsG beschränkt die erstattungsfähigen Kosten also nicht auf bestimmte Amtshandlungen, im Gegensatz zu § 7 Abs. 2 AKostG. § 7 Abs. 1 und Abs. 2 AKostG sind wiederum Spezialregelungen zu § 1 Abs. 3 Nr. 1 VwKostG, wonach weder das Auswärtige Amt noch die Auslandsvertretungen ihre Auslagen und Gebühren über die Vorschriften des VwKostG ersetzt verlangen können[1412]. Der Grund hierfür liegt darin, dass nur auf diesem Wege der Vielschichtigkeit der im Ausland vorgenommenen Amtshandlungen Rechnung getragen werden konnte[1413]. Denn das VwKostG beschränkt die Erstattungsfähigkeiten von Auslagen nach dem VwKostG auf genau beschriebene Amtshandlungen[1414]. Der Gesetzgeber hatte allerdings erkannt, dass das Auswärtige Amt Amtshandlungen mit direkter Außenwirkung regelmäßig im Inland vornimmt. Es bestand daher kein Anlass, für diese Amtshandlungen ebenfalls eine *allgemeine* Auslagenerstattungspflicht zu normieren[1415]. Aus diesem Grunde hat der Gesetzgeber die Kostenregelung für Amtshandlungen des Auswärtigen Amtes den Kostenregelungen der anderen Bundesbehörden gleichgestellt und die Erstattungsmöglichkeit von Auslagen auf

---

1409 *OVG Berlin-Brandenburg*, Urt. v. 21.02.2007 – 11 B 9.06 (erhältlich in juris) Rn. 39; Hanschel, ZaöRV 66 (2006), 789 (811); Geiß, DÖV 2007, 155 (158).

1410 S.o., Seite 41 ff.

1411 BT-Drs. 8/176, S. 9.

1412 Vgl. BT-Drs. 8/176, S. 1 (Zielsetzung); Geiß, DÖV 2007, 155 (158); Hoffmann, Konsularrecht I, § 1 KonsG, Anm. 4.1.

1413 BT-Drs. 8/176, S. 9.

1414 Vgl. § 10 VwKostG.

1415 Vgl. BT-Drs. 8/176, S. 8 f.

bestimmte Amtshandlungen beschränkt[1416]. § 7 Abs. 2 AKostG umfasst folglich nur Kosten, die durch originäre Amtshandlungen des Auswärtigen Amtes entstehen[1417]. Wird das Auswärtige Amt hingegen zur Unterstützung von Befreiungsmaßnahmen im Ausland tätig, zeigt sich gerade darin die vom Gesetzgeber erwogene Vielfalt von Aufgaben zur Hilfeleistung[1418]. Es kommt in diesem Fall nur die allgemeine Auslagenerstattungspflicht als Erstattungsgrundlage in Betracht.

Die Auslagenerstattungspflicht nach § 7 Abs. 2 AKostG hätte zudem negative Folgen für die möglichen Erstattungspositionen. Das Auswärtige Amt könnte nach dem Vorschlag von Göres nur die im Katalog des § 7 Abs. 2 AKostG genannten Auslagen erstattet bekommen. Während Kosten für Telekommunikation noch unter § 7 Abs. 2 Nr. 1 1. Alt AKostG gefasst werden können, wäre es problematisch, Dienstflüge und einen Evakuierungsflug als Auslagen i.S.v. § 7 Abs. 2 AKostG zu betrachten.

II. Befugnis zum Erlass eines Kostenerstattungsbescheides aus §§ 1 2. Spiegelstrich, 25 KonsG i. V. m. §§ 1 Abs. 1, 7 Abs. 1 AKostG

Die Bundesrepublik Deutschland kann einen Kostenerstattungsbescheid auf §§ 1 2. Spiegelstrich, 25 KonsG i. V. m. §§ 1 Abs. 1, 7 Abs. 1 AKostG stützen[1419].

§ 1 KonsG normiert zwar anders als die §§ 5, 6 KonsG selbst keine ausdrückliche Kostenerstattungspflicht. § 25 KonsG verweist jedoch für die Geltendmachung von Kosten auf die Regeln des AKostG[1420]. Auslandsvertretungen können gemäß § 1 Abs. 1 AKostG Kosten (Gebühren und Auslagen) für Amtshandlungen nach §§ 1 bis 17 KonsG erheben. Hieran knüpft § 7 Abs. 1 AKostG an, wonach Auslagen der Auslandsvertretungen zu erstatten sind, wenn sie im Zusammenhang mit den in § 1 Abs. 1 AKostG genannten Amtshandlungen

1416 Vgl. BT-Drs. 8/176, S. 8 f.

1417 Hanschel, ZaöRV 66 (2006), 789 (811).

1418 Geiß, DÖV 2007, 155 (158); vgl. BT-Drs. 8/176, S. 9.

1419 Da in den überwiegenden Entführungsfällen Hilfsmaßnahmen auf § 1 2. Spiegelstrich KonsG gestützt werden dürften, wird zunächst geprüft, ob §§ 1 2. Spiegelstrich, 25 KonsG i. V. m. §§ 1 Abs. 1, 7 Abs. 1 AKostG eine taugliche Erstattungsgrundlage darstellt. Anschließend wird untersucht, ob ein Kostenbescheid auch auf § 6 Abs. 2 KonsG i.V.m. § 5 Abs. 5 KonsG gestützt werden kann.

1420 S.o., Seite 278.

stehen[1421]. Die zuständige Auslandsvertretung kann folglich „Befreiungs- und Anschlusskosten“ geltend machen, wenn es sich bei diesen um *„Auslagen“* i.S.v. § 7 Abs. 1 AKostG handelt und sie gemäß § 1 Abs. 1 AKostG durch eine Amtshandlung nach §§ 1 bis 17 KonsG entstanden sind.

1. „Anschlusskosten“ als Auslagen i.S.v. § 7 Abs. 1 AKostG

„Auslagen“ i.S.d. § 7 Abs. 1 AKostG sind alle Aufwendungen, die durch Amtshandlungen *nach* der Freilassung oder Befreiung eines Entführten entstehen, wie z. B. die Kosten für ein Rückflugticket oder für den Kauf von Versorgungsgütern wie Lebensmittel, Medikamente und Kleidung. Der Begriff „Auslagen“ i.S.d. § 7 Abs. 1 AKostG umfasst alle Aufwendungen der Auslandsvertretungen, die dem Adressaten individuell zugerechnet werden können und keine Gebühr nach der Auslandskostenverordnung darstellen[1422]. „Anschlusskosten“ als Kosten für ein Rückflugticket oder für Versorgungsgüter sind solche Aufwendungen. Sie stellen freiwillige Vermögensopfer dar, die eine Auslandsvertretung nach der Freilassung oder Befreiung tätigt. Außerdem sollen diese Aufwendungen ausschließlich dem ehemaligen Entführungsopfer zugute kommen[1423]. Sie werden zudem nicht von einem Gebührentatbestand der Auslandskostenverordnung erfasst[1424]. Die „Anschlusskosten“ entstehen durch eine Amtshandlung nach § 1 2. Spiegelstrich KonsG. Die Bundesrepublik Deutschland kann die „Anschlusskosten“ somit über §§ 1 2. Spiegelstrich, 25 KonsG i. V. m. §§ 1 Abs. 1, 7 Abs. 1 AKostG erstattet bekommen[1425].

1421 Die Auslandsvertretungen können zwar nach § 1 Abs. 1, 2 Abs. 1 AKostG i. V. m. den Regelungen der Auslandskostenverordnung für gebührenpflichtige Amtshandlungen Kosten erheben. Die Auslandskostenverordnung enthält allerdings keinen Gebührentatbestand für eine der dargelegten möglichen Kostenpositionen.

1422 Vgl. *OVG Berlin-Brandenburg*, Urt. v. 21.02.2007 – 11 B 9.06 (erhältlich in juris) Rn. 35 ff.; BURGHARTZ, Gebührengesetz NRW – Verwaltungskostengesetz, § 10 A/B, S. 69; KÖTTER/NOLTE, DÖV 2007, 186 (194).

1423 Vgl. GÖRES, NJW 2004, 1909 (1912).

1424 S.o., FN 1408.

1425 Sollte das ehemalige Entführungsopfer kein Geld für einen Rückflug haben, wird die Hilfe über § 5 Abs. 1 KonsG gewährt. Es läge in diesem Fall eine wirtschaftliche Notlage vor. Diese Auslagen könnte sich die Bundesrepublik über §§ 5 Abs. 5, 25 KonsG i. V. m. §§ 1 Abs. 1, 7 Abs. 1 AKostG erstatten lassen.

2. „Befreiungskosten“ als Auslagen i.S.v. § 7 Abs. 1 AKostG

Es stellt sich die Frage, ob die Bundesrepublik Deutschland über §§ 1 2. Spiegelstrich, 25 KonsG i. V. m. §§ 1 Abs. 1, § 7 Abs. 1 AKostG auch „Befreiungskosten“ geltend machen kann. Diese müssten dazu ebenfalls Auslagen i.S.v. § 7 Abs. 1 AKostG darstellen und durch Amtshandlungen i.S.v. § 1 Abs. 1 AKostG entstanden sein.

a) Rettungsmaßnahmen als Amtshandlung i.S.v. § 1 Abs. 1 AKostG

Wie bereits ausführlich dargelegt, können Maßnahmen zur Befreiung einer Geisel unter § 1 2. Spiegelstrich KonsG gefasst werden[1426]. Eine Amtshandlung i.S.v. § 1 Abs. 1 AKostG liegt somit vor.

b) Befreiungskosten als Auslagen i.S.v. § 7 Abs. 1 AKostG

Zu untersuchen ist, ob „Befreiungskosten“ als Auslagen i.S.v. § 7 Abs. 1 AKostG qualifiziert werden können. Nach einer Auffassung scheidet das AKostG als Grundlage für Maßnahmen zur Befreiung eines im Ausland entführten Deutschen aus[1427]. Die Vertreter dieses Ansatzes behaupten, Auslagen i.S.d. AKostG seien nur die mit der Amtsausübung verbundenen Aufwendungen[1428]. Dafür könnte sprechen, dass zum Zeitpunkt der Entstehung des AKostG im Jahre 1978 die Befreiung von Deutschen im Ausland nur ein theoretisches Problem darstellte, der Gesetzgeber also an den Ersatz solcher Kosten nicht gedacht hatte.

Diese Auslegung erscheint allerdings zu eng. Der Begriff „Auslagen“ in § 7 Abs. 1 AKostG umfasst generell *alle* Aufwendungen der Auslandsvertretungen, die dem Adressaten individuell zugerechnet werden können und keine

---

1426 S.o., Seite 80 ff.

1427 *BVerwG*, Urt. v. 28.05.2009– 7 C 13/08, NJW 2009, 2905 (2906); Dahm, NVwZ 2005, 172 (174).

1428 *BVerwG*, Urt. v. 28.05.2009– 7 C 13/08, NJW 2009, 2905 (2906); Dahm, NVwZ 2005, 172 (174). Im Gegensatz zu Dahm erkennt das *BVerwG* aber im KonsG eine taugliche Grundlage für einen Erstattungsanspruch. Nach Auffassung des Gerichtes können bei einer Entführung unmittelbar zur Behebung der Notlage erbrachten Hilfen entweder auf § 5 Abs. 5 S. 1 KonsG oder § 6 Abs. 2 KonsG gestützt, erstattet verlangt werden, vgl. *BVerwG*, Urt. v. 28.05.2009– 7 C 13/08, NJW 2009, 2905 ff.

Gebühr nach der Auslandskostenverordnung darstellen[1429]. Der Gesetzgeber hat den Begriff „Auslagen“ bewusst unbestimmt gelassen. Er verzichtete auf eine enumerative Aufzählung, um eine möglichst umfassende Erstattung der bei Amtshandlungen der Auslandsvertretungen entstandenen Kosten zu erreichen[1430]. Er hatte nämlich erkannt, dass der Tätigkeitsbereich der Auslandsvertretung zu vielfältig ist, um die im Einzelfall möglichen Auslagen zu benennen. Die Erstattungsnorm stellt daher das Spiegelbild der bereits bejahten Beistandsleistung gemäß § 1 2. Spiegelstrich KonsG dar[1431]. Der Auslagenbegriff in § 7 Abs. 1 AKostG umfasst nach dem ausdrücklichen Willen des Gesetzgebers ferner konsularische Maßnahmen, die eine Auslandsvertretung auf der Grundlage von § 6 Abs. 1 KonsG ergreift[1432]. Da solche Hilfsmaßnahmen in Katastrophenfällen gewährt werden, können sie erhebliche Kosten verursachen; ggf. sogar höhere Kosten als solche, die im Rahmen einer Befreiung anfallen. Wenn der unbestimmte Auslagenbegriff in § 7 Abs. 1 AKostG aber Kosten betrifft, die durch Handlungen nach § 6 Abs. 1 KonsG entstanden sind, darf nichts anderes für Auslagen gelten, die durch Hilfsmaßnahmen nach § 1 2. Spiegelstrich KonsG verursacht werden[1433]. Eine unterschiedliche Behandlung von Maßnahmen nach § 1 2. Spiegelstrich KonsG und § 6 Abs. 1 KonsG auf der Kostenebene überzeugt nicht, weil sich beide Handlungen teilweise entsprechen können: Die Errichtung eines Krisenstabes oder der Einsatz eines Hubschraubers zur Evakuierung können sowohl im Katastrophenfall als auch im Entführungsfall erforderlich sein.

Auslagen sind somit auch Kosten, die durch den Einsatz von Personal- und Sachmittel im Falle einer Befreiungsaktion entstehen[1434]. Zu nennen sind beispielsweise Evakuierungsflüge, Aufwendungen für Telekommunikation, Dienstfahrten und Dienstflüge für Unterhändler und Sicherheitskräfte. Keine Auslagen stellen dagegen die im Rahmen des Krisenstabes entstandenen Personalkosten dar, wenn die Personalkosten auch ohne den Entführungsfall angefallen wären. Davon ausgenommen sind aber die vergüteten Überstunden.

1429 Vgl. *OVG Berlin-Brandenburg*, Urt. v. 21.02.2007 – 11 B 9.06 (erhältlich in juris) Rn. 38 ff.; BURGHARTZ, Gebührengesetz NRW – Verwaltungskostengesetz, § 10 A/B, S. 69; KÖTTER/NOLTE, DÖV 2007, 186 (194).

1430 HANSCHEL, ZaöRV 66 (2006), 789 (812); HOFFMANN, Konsularrecht I, § 25 KonsG, Anm. § 7.

1431 Vgl. HANSCHEL, ZaöRV 66 (2006), 789 (812).

1432 BT-Drs. 8/176, S. 9.

1433 GEIß, DÖV 2007, 155 (159); vgl. HANSCHEL, ZaöRV 66 (2006), 789 (812).

1434 GEIß, DÖV 2007, 155 (159); vgl. HANSCHEL, ZaöRV 66 (2006), 789 (812); KÖTTER/NOLTE, DÖV 2007, 186 (194).

c) Problem: Die weite Auslegung des Auslagenbegriffs und der Vorbehalt des Gesetzes

Die weite Auslegung des Auslagenbegriffs verursacht verfassungsrechtliche Bedenken. In Teil 1 wurde festgestellt, dass die staatliche Hilfspflicht in Entführungsfällen u.a. auf § 1 2. Spiegelstrich KonsG gestützt werden kann[1435]. Diesem Ergebnis stand nicht entgegen, dass es sich bei § 1 2. Spiegelstrich KonsG um eine Aufgabennorm handelt[1436]. Eine Aufgabennorm stellt nämlich dann eine hinreichend bestimmte Handlungsgrundlage für staatliches Handeln dar, wenn dieses nicht in Grundrechte Dritter eingreift[1437]. Dagegen stellt die Kostenerstattungspflicht nach §§ 1 2. Spiegelstrich, 25 KonsG i. V. m. §§ 1 Abs. 1, 7 Abs. 1 AKostG einen Fall der Eingriffsverwaltung dar. Im Rahmen der Eingriffsverwaltung sind strengere Anforderungen an die Bestimmtheit der Gesetzesgrundlage zu stellen, der Grundsatz des Vorbehalts des Gesetzes erfordert eine hinreichend bestimmte Gesetzesgrundlage[1438]. Es ist fraglich, ob § 7 Abs. 1 AKostG diese Voraussetzung erfüllt.

Eine konkrete Regelung auf der Kostenebene würde die Rechtssicherheit vergrößern[1439]. Hanschel weist jedoch zu Recht auf die Folgen hin[1440]: Eine explizite Regelung würde die verschiedenen Formen der zu gewährenden Hilfeleistungen klassifizieren[1441]. Das Verhalten des Staates in Entführungsfällen würde auf diesem Wege berechenbar. Der Staat würde sich über den Umweg der Kostenerstattung erpressbar machen. Dies muss bei der Frage, ob §§ 1 2. Spiegelstrich, 25 KonsG i. V. m. §§ 1 Abs. 1, 7 Abs. 1 AKostG eine ausreichend bestimmte Rechtsgrundlage darstellt, berücksichtigt werden. Da eine konkrete Erstattungsgrundlage erhebliche negative Konsequenzen für Deutsche im Ausland hätte, ist die genannte Regelung als mit dem Bestimmtheitsgebot noch vereinbar anzusehen[1442].

1435 S.o., Seite 80 ff.

1436 S.o., Seite 81.

1437 S.o., Seite 81.

1438 Maurer, Allgemeines Verwaltungsrecht, § 6 Rn. 3, 18.

1439 Hanschel, ZaöRV 66 (2006), 789 (812).

1440 Hanschel, ZaöRV 66 (2006), 789 (812).

1441 Hanschel, ZaöRV 66 (2006), 789 (812).

1442 Hanschel, ZaöRV 66 (2006), 789 (812).

d) Entstehung der Kostenschuld, Kostenschuldner, Kostengläubiger

Die übrigen Voraussetzungen des AKostG sind ebenfalls erfüllt. Die Kostenschuld entsteht gemäß § 11 Abs. 2 AKostG[1443] mit der Aufwendung des zu erstattenden Betrages. Kostenschuldner ist gemäß § 13 Abs. 1 Nr. 1 AKostG[1444] das ehemalige Entführungsopfer, da dieses die Amtshandlung veranlasst hat oder da sie zu seinen Gunsten vorgenommen wurde. Kostengläubiger ist gemäß § 12 AKostG[1445] die Bundesrepublik Deutschland.

e) Zwischenergebnis: Befugnis zum Erlass eines Kostenerstattungsbescheides aus §§ 1 2. Spiegelstrich, 25 KonsG i. V. m. §§ 1 Abs. 1, 7 Abs. 1 AKostG

Die Bundesrepublik Deutschland hat gemäß §§ 1 2. Spiegelstrich, 25 KonsG i. V. m. §§ 1 Abs. 1, 7 Abs. 1 AKostG einen Anspruch auf Erstattung der Befreiungs- und Anschlusskosten. Sie kann diese Kosten durch Verwaltungsakt gel-

1443 Wortlaut von § 11 AKostG (Entstehung der Kostenschuld):
„(1) Die Gebührenschuld entsteht, soweit ein Antrag notwendig ist, mit dessen Eingang bei der zuständigen Behörde, im übrigen mit der Beendigung der gebührenpflichtigen Amtshandlung.
(2) Die Verpflichtung zur Erstattung von Auslagen entsteht mit der Aufwendung des zu erstattenden Betrages, in den Fällen des § 7 Abs. 2 Nr. 5 zweiter Halbsatz und Nummer 7 zweiter Halbsatz mit der Beendigung der kostenpflichtigen Amtshandlung.“

1444 Wortlaut von § 13 AKostG (Kostenschuldner):
„(1) Zur Zahlung der Kosten ist verpflichtet, 1. wer die Amtshandlung veranlaßt oder zu wessen Gunsten sie vorgenommen wird, 2. wer die Kosten durch eine vor der zuständigen Behörde abgegebene oder ihr mitgeteilte Erklärung übernommen hat, 3. wer für die Kostenschuld eines anderen kraft Gesetzes haftet.
(2) Mehrere Kostenschuldner haften als Gesamtschuldner.“

1445 Wortlaut von § 12 AKostG (§ 12 Kostengläubiger):
„Kostengläubiger ist die Bundesrepublik Deutschland. Wird die Amtshandlung von einem Honorarkonsularbeamten vorgenommen, so ist dieser der Kostengläubiger.“

tend machen[1446]. Dies folgt aus § 14 AKostG[1447], wonach Kosten von Amts wegen festzusetzen sind[1448].

3. Einschränkung der Ersatzpflicht in Härtefällen

Der Kostenschuldner muss die Auslagen der Auslandsvertretungen grundsätzlich voll erstatten[1449]. Der Gesetzgeber hat der Exekutive in § 25 KonsG i. V. m. §§ 1 Abs. 1, 7 Abs. 1 AKostG kein Entscheidungsermessen bezüglich der Kostenlast eingeräumt, was für die meisten Geretteten erhebliche Folgen haben kann. Beispielsweise soll die Befreiung der 2003 in Algerien entführten Deutschen die Bundesregierung 20 Millionen Euro gekostet haben; die Gesamtkosten der Rettung von Frau Weigel belaufen sich auf 39.000 Euro. Im Ergebnis lässt sich festhalten, dass die Erstattung der Gesamtkosten in den überwiegenden Fällen zum Verlust des Vermögens der Geretteten führen würde; einige könnten sogar in Existenznot geraten.

Rechtsstaatlich bedenklich erscheint es, wenn der Staat die Gesamtkosten der Rettung verlangen müsste, ohne die Gesamtumstände der Entführung berücksichtigen zu können. Wie bereits auf der Primärebene würde auch auf der Sekundärebene nicht danach differenziert werden, ob ein Deutscher seine Entführung mitverschuldet hat oder sonstige Umstände gegen eine Inanspruchnahme sprechen. Der entführte Entwicklungshelfer beispielsweise würde auf der Kostenebene einem Abenteuertourist in Afrika gleichgestellt werden. Es

---

1446 *OVG Berlin-Brandenburg*, Urt. v. 21.02.2007 – 11 B 9.06 (erhältlich in juris) Rn. 36; Nikolaus, in: Hecker/Müller-Chorus/Bindseil, § 3 K Rn. 33.

1447 Wortlaut von § 14 AKostG (Kostenentscheidung):
„(1) Die Kosten werden von Amts wegen festgesetzt. Die Entscheidung über die Kosten soll, soweit möglich, zusammen mit der Sachentscheidung ergehen. Aus der Kostenentscheidung müssen mindestens hervorgehen 1. die kostenerhebende Behörde, 2. der Kostenschuldner, 3. die kostenpflichtige Amtshandlung, 4. die als Gebühren und Auslagen zu zahlenden Beträge sowie 5. wo, wann und wie die Gebühren und die Auslagen zu zahlen sind. Die Kostenentscheidung kann mündlich ergehen; sie ist auf Antrag schriftlich zu bestätigen. Soweit sie schriftlich ergeht oder schriftlich bestätigt wird, ist auch die Rechtsgrundlage für die Erhebung der Kosten sowie deren Berechnung anzugeben.
(2) Kosten, die bei richtiger Behandlung der Sache durch die Behörde nicht entstanden wären, werden nicht erhoben. Das Gleiche gilt für Auslagen, die durch eine von Amts wegen veranlaßte Verlegung eines Termins oder Vertagung einer Verhandlung entstanden sind.“

1448 *OVG Berlin-Brandenburg*, Urt. v. 21.02.2007 – 11 B 9.06 (erhältlich in juris) Rn. 36.

1449 *OVG Berlin-Brandenburg*, Urt. v. 21.02.2007 – 11 B 9.06 (erhältlich in juris) Rn. 42 ff.

wäre gleichgültig, ob Letzterer eine Reisewarnung bewusst missachtet hat oder bereits einmal Opfer einer Entführung gewesen ist. Die Lösung für dieses Problem könnte in § 10 Abs. 1 AKostG oder § 19 AKostG i. V. m. § 59 Abs. 1 BHO[1450] liegen. Danach kann die unbegrenzte Ersatzpflicht ausnahmsweise ermäßigt oder erlassen werden[1451].

a) Einschränkung nach § 10 Abs. 1 AKostG

Eine Kostenerhebung kann gemäß § 10 Abs. 1 AKostG unterbleiben, wenn sich der Kostenschuldner in einer *wirtschaftlichen Notlage* befindet oder die Kostenerhebung für ihn eine *besondere Härte* darstellt. Wörtlich heißt es in § 10 Abs. 1 AKostG:

> *„Befindet sich der Kostenschuldner in einer wirtschaftlichen Notlage oder stellen die Kosten für eine wegen einer Notlage erforderlich gewordenen Amtshandlung eine besondere Härte dar, können der Bundesminister des Auswärtigen, die Leiter der Auslandsvertretungen und die Honorarkonsularbeamten nach Lage des Einzelfalls von der Erhebung der Kosten ganz oder teilweise absehen.“*

Eine *wirtschaftliche Notlage* wird in aller Regel nicht vorliegen. Der Wortlaut des § 10 Abs. 1 1. Alt. AKostG erfordert, dass die wirtschaftliche Notlage besteht, *bevor* die Kosten erhoben werden. Entsteht die wirtschaftliche Notlage erst durch die Kostenforderung, ist dies unerheblich[1452].

Die Ersatzpflicht kann aber gemäß § 10 Abs. 1 2. Alt AKostG begrenzt werden. Danach sind u. a. der Bundesminister des Auswärtigen und die Leiter der Auslandsvertretungen befugt, von einer Kostenerhebung ganz oder zum Teil abzusehen, wenn die Kosten für den Betroffenen eine *besondere Härte* darstellen. Diese Voraussetzung ist erfüllt, wenn der Kostenbescheid die finanzielle Leistungsfähigkeit des Kostenschuldners übersteigt und dies gleichzeitig

---

1450 Bundeshaushaltsordnung vom 19. August 1969 (BGBl. I S. 1284), zuletzt geändert durch Artikel 9 des Gesetzes vom 13. Dezember 2007 (BGBl. I S. 2897).

1451 Das *BVerwG* prüft die Einschränkbarkeit der Ersatzpflicht im Rahmen der Verhältnismäßigkeit des Leistungsbescheides, vgl. *BVerwG*, Urt. v. 28.05.2009 – 7 C 13/08, NJW 2009, 2905 (2906 f.).

1452 Das OVG Berlin-Brandenburg sieht die Voraussetzung für eine wirtschaftliche Notlage auch dann erfüllt, wenn die Geltendmachung der Forderung für den Schuldner zu einer Existenzgefährdung führt (*OVG Berlin-Brandenburg*, Urt. v. 21.02.2007 – 11 B 9.06 (erhältlich in juris) Rn. 44). Diese Auslegung überzeugt allerdings weder im Hinblick auf den Wortlaut der Vorschrift noch auf die Abgrenzung zu § 10 Abs. 1 2. Alt. AKostG.

zu einem untragbaren Ergebnis führt[1453]. Der Gesetzgeber hat zwar auf eine Legaldefinition des Tatbestandsmerkmals *besondere Härte* verzichtet. Die Bestimmung dieses Begriffs lässt sich jedoch aus dem Sinn und Zweck des § 10 Abs. 1 AKostG gewinnen. Die Regelung ist Ausfluss des verfassungsrechtlichen Sozialstaatsprinzips. Das durch Art. 20 Abs. 1 GG institutionalisierte Prinzip verpflichtet die staatliche Gemeinschaft, seine Bürger selbst dann zu schützen, wenn sie sich die staatlichen Schutzmaßnahmen nicht leisten können[1454]. Diese Voraussetzungen werden in Entführungsfällen grundsätzlich erfüllt sein, weil die meisten Entführten eine Befreiung im Werte von mehreren Hunderttausend Euro nicht bezahlen können. Der Begriff der Leistungsfähigkeit bleibt dennoch relativ. So macht es einen Unterschied, ob der Schuldner durch die Geltendmachung der Forderung „nur" sein gesamtes Vermögen verliert oder seine Existenz dadurch schlechthin bedroht ist. Die Überschreitung der Leistungsfähigkeit muss daher zu einem untragbaren Ergebnis führen[1455]. Die Exekutive muss nämlich stets sicherstellen, dass der Verzicht des Staates auf die ihm zustehenden Einnahmen eine Ausnahme darstellt[1456].

Gemessen an diesen Voraussetzungen lässt sich folgender Entscheidungsrahmen festlegen: Die Exekutive wird von der Kostenerhebung ganz oder teilweise absehen, wenn die Geltendmachung die Existenz des Betroffenen schlechthin bedroht[1457]. Insoweit kommt eine Ermessensreduzierung auf Null in Betracht. Diese absolute Grenze lässt sich aus dem Sozialstaatsprinzip ableiten. Wird die Grenze nicht erreicht, kann die zuständige Stelle von ihrer Entscheidungsfreiheit Gebrauch machen. Im Rahmen dieses Ermessens kann die Exekutive insbesondere das Mitverschulden des Entführungsopfers berücksichtigen.

Die Grenze der sozialstaatlich zulässigen Belastbarkeit kann dabei umso weiter gezogen werden, je deutlicher sich die befreiten Deutschen vor Reiseantritt über eine Reisewarnung oder einen Sicherheitshinweis hinweggesetzt haben[1458]. Der Grad der „Leichtsinnigkeit" entscheidet über die Leistungspflicht

---

1453 Dahm, NVwZ 2005, 172 (174); Hanschel, ZaöRV 66 (2006), 789 (813 f.); Kötter/Nolte, DÖV 2007, 186 (194).

1454 Vgl. Jarass, in: Jarass/Pieroth, Art. 20 Rn. 114 ff.; Schnapp, in: v. Münch/Kunig, Art. 20 Rn. 36.

1455 Kötter/Nolte, DÖV 2007, 186 (194).

1456 Kötter/Nolte, DÖV 2007, 186 (194).

1457 Vgl. Kunze, in: Umbach/Clemens/Dollinger, § 34 Rn. 33; Patzig, Haushaltsrecht des Bundes und der Länder, C/59 Rn. 14. Diese Definition verwendet auch Kötter/Nolte, DÖV 2007, 186 (194).

1458 Hanschel, ZaöRV 66 (2006), 789 (814).

des Befreiten. Die zuständige Stelle kann im Rahmen der Beurteilung des Mitverschuldens die Motive der Selbstgefährdung berücksichtigen[1459]. Sie sollte zwischen einer bloßen Abenteuerreise in Gestalt einer Motorradtour durch Afrika und der Wahrnehmung eines humanitären Einsatzes eines Hilfswerks in Afghanistan unterscheiden[1460]. Die zuständige Stelle kann im Rahmen des Ermessens außerdem berücksichtigen, ob die ehemalige Geisel durch die Vermarktung ihres Entführungserlebnisses Kapital schlägt[1461].

Es kann also festgestellt werden, dass von der Kostenerhebung gemäß § 10 Abs. 1 AKostG ganz oder teilweise abgesehen werden kann, wenn sich die ehemalige Geisel vor der Rettung in einer wirtschaftlichen Notlage befunden hatte oder die Geltendmachung der Kosten für sie eine besondere Härte darstellt.

b) Einschränkung nach § 19 AKostG i. V. m. § 59 Abs. 1 BHO

Das gleiche Ergebnis ergibt sich aus § 19 AKostG[1462] i. V. m. § 59 Abs. 1 BHO. § 19 AKostG verweist für die Stundung, die Niederschlagung und den Erlass der Forderung nach dem AKostG auf die Bestimmungen der BHO. Gemäß § 59 Abs. 1 Nr. 3 BHO darf das Außenministerium von der Beanspruchung absehen, wenn die Einziehung nach Lage des einzelnen Falles für den Anspruchsgegner eine *besondere Härte* bedeuten würde. Da § 59 Abs. 1 Nr. 3 BHO ebenfalls den unbestimmten Rechtsbegriff der *besonderen Härte* beinhaltet, kann eine Ermäßigung der Ersatzpflicht auch auf diesem Wege erfolgen.

4. Kein Verstoß gegen Art. 3 Abs. 1 GG

Vergleicht man das bisherige Ergebnis mit den Rechtsfolgen einer Geiselnahme in Deutschland, so erscheint ein Kostenerstattungsanspruch bei Befreiungen

---

1459 Hanschel, ZaöRV 66 (2006), 789 (814).

1460 Hanschel, ZaöRV 66 (2006), 789 (814).

1461 Als Beispiel dient der Fall der Familie Wallert. Diese haben ihre Freilassung u. a. mit Fernsehauftritten erfolgreich vermarktet vgl. „*Ein gewisses Hassgefühl ist schon da*“, in: SPIEGEL-ONLINE v. 13.09.2000 (www.spiegel.de). Auch die ehemaligen Sahara-Geiseln haben versucht, ihre Entführung zu vermarkten, vgl. „*Der Preis der Geiselhaft*“, in: WELT-ONLINE v. 04.09.2003 (www.welt.de).

1462 Wortlaut von § 19 AKostG (Stundung, Niederschlagung und Erlaß): „*Für die Stundung, die Niederschlagung und den Erlaß von Forderungen auf Zahlung von Gebühren, Auslagen und sonstigen Nebenleistungen gelten die Vorschriften der Bundeshaushaltsordnung.*“

im Ausland verfassungsrechtlich bedenklich. Die Befreiung eines in *Deutschland* als Geisel genommenen Deutschen wird für diesen von staatlicher Seite nämlich keine finanziellen Folgen haben. Die an einer Befreiung in Deutschland beteiligten Behörden können ihre Auslagen von ihm nicht erstattet verlangen. Eine entsprechende Ermächtigungsgrundlage existiert nicht. Aus diesem Grund erscheint es fraglich, ob ein im Ausland entführter Deutscher zur Erstattung der Kosten seiner Befreiung herangezogen werden kann. Die Inanspruchnahme des im Ausland Entführten könnte gegen Art. 3 Abs. 1 GG verstoßen.

Gegen eine Verletzung des Gleichheitsgrundsatzes spricht aber bereits, dass der Gesetzgeber der Exekutive in § 7 Abs. 1 KonsG kein Ermessen eingeräumt hat und der Gleichheitssatz grundsätzlich nur bei Ermessensentscheidungen zum Tragen kommt[1463]. Außerdem liegt eine Verletzung des Grundrechts aus Art. 3 Abs. 1 GG nur vor, wenn zwei vergleichbare Sachverhalte willkürlich unterschiedlich behandelt werden[1464]. Diese Voraussetzungen erfüllen die beiden Tatbestände nicht: Die Opfer einer Entführung im Ausland werden nicht willkürlich anders behandelt als die Opfer im Inland. In Deutschland existiert eine intakte Sicherheitsinfrastruktur, aufgrund derer Rechtsgutverletzungen beseitigt und Gefahren abgewendet werden können[1465]. Diese umfasst den Betrieb von Sicherheitsbehörden auf der Grundlage des Sicherheits- und Ordnungsgesetzes[1466]. Die Sicherheitsstruktur steht der Allgemeinheit zur Verfügung und wird durch Steuergelder finanziert[1467]. Im Ausland besteht dagegen keine durch deutsche Steuergelder finanzierte Sicherheitsinfrastruktur. Die Bundesrepublik Deutschland kann im Ausland nur eingeschränkt handeln. Aus diesen Gründen scheidet eine Verletzung von Art. 3 Abs. 1 GG aus. Soweit die Entführungsopfer ihre Entführung mitverschuldet haben, liegt darin ein weiterer Umstand, der eine Inanspruchnahme rechtfertigt[1468]. Im Ergebnis lässt sich feststellen, dass ein Kostenbescheid nicht wegen Verstoßes gegen Art. 3 Abs. 1 GG verfassungswidrig ist.

1463 *BVerwG*, Urt. v. 28.05.2009 – 7 C 13/08, NJW 2009, 2905 (2907).

1464 Gubelt, in: v. Münch/Kunig, Art. 3 Rn. 10; Jarass, in: Jarass/Pieroth, Art. 3 Rn. 7.

1465 Dahm, NVwZ 2005, 172 (174).

1466 Dahm, NVwZ 2005, 172 (174).

1467 Dahm, NVwZ 2005, 172 (174).

1468 Dahm, NVwZ 2005, 172 (174).

5. Ergebnis: Einschränkung der Ersatzpflicht in Härtefällen möglich

Die Bundesrepublik Deutschland kann gemäß §§ 1 2. Spiegelstrich, 25 KonsG i. V. m. §§ 1 Abs. 1, 7 Abs. 1 AKostG die Erstattung der Befreiungs- und Anschlusskosten beanspruchen. Da die Gesamtkosten der Befreiung in der Regel die finanzielle Leistungsfähigkeit des Geretteten übersteigen werden, kann die zuständige Behörde die Ersatzpflicht entweder gemäß § 10 Abs. 1 2. Alt AKostG oder nach § 19 AKostG i. V. m. § 59 Abs. 1 Nr. 3 BHO ganz oder zum Teil erlassen, wenn die Forderung die Leistungsfähigkeit des Kostenschuldners überschreitet und die Geltendmachung zu untragbaren Ergebnissen führt. Die konkrete Entscheidung hängt von den Gesamtumständen der Entführung ab. Die zuständige Behörde hat zu berücksichtigen, ob und wie stark der Betroffene seine Entführung mitverschuldet hat. Hierbei wird insbesondere eine Rolle spielen, ob der Entführte eine öffentliche oder sogar eine persönliche Reisewarnung oder einen Sicherheitshinweis missachtet hat. Außerdem ist entscheidend, welchen Zweck der Auslandsaufenthalt verfolgt hat und ob der ehemalige Entführte aus der Vermarktung seines Entführungserlebnisses Kapital schlägt.

III. Befugnis zum Erlass eines Kostenerstattungsbescheides aus § 6 Abs. 2 KonsG i.V.m. § 5 Abs. 5 KonsG

Wenn die Bundesrepublik Deutschland Hilfe nach § 6 Abs. 1 KonsG gewährt hat, ist der Empfänger gemäß § 6 Abs. 2 KonsG i.V.m. § 5 Abs. 5 KonsG zum Ersatz der Auslagen verpflichtet. Unter Auslagen im Sinne des § 6 Abs. 2 KonsG i.V.m. 5 Abs. 5 S. 1 KonsG sind *alle* zur Hilfe bestimmten Geldmittel zu verstehen[1469]. Der Auslagenbegriff des § 5 Abs. 5 S. 1 KonsG umfasst damit ebenfalls[1470] sowohl die dem Hilfsbedürftigen unmittelbar zugewandten Sach- oder Geldmittel im Anschluss an die Rettung aus einer Geiselhaft (Anschlusskosten), als auch diejenigen finanziellen Mittel, die unmittelbar zur Behebung der Notlage bestimmt sind und zu diesem Zweck einem Dritten zugewendet werden (Befreiungskosten)[1471].

Die mit dem Auslagenbegriff in § 7 Abs. 1 KonsG verbundenen Probleme stellen sich bei einer Erstattung auf Grundlage der § 6 Abs. 2 KonsG i.V.m. 5

1469 BT-Drs. 7/131, S. 20.

1470 Vgl. zum Umfang des Auslagenbegriffes in § 7 Abs. 1 AKostG: Seite 280 ff.

1471 *BVerwG*, Urt. v. 28.05.2009– 7 C 13/08, NJW 2009, 2905 (2906); Kötter/ Nolte, DÖV 2007, 186 (194).

Abs. 5 S. 1 KonsG nicht. Nach vorzugwürdiger Auffassung bedarf es beim Auslagenersatzanspruch nach § 6 Abs. 2 KonsG i.V.m. § 5 Abs. 5 S. 1 KonsG keines Rückgriffs auf die Regelungen des AKostG[1472]. Für dieses Ergebnis spricht bereits § 7 Abs. 1 AKostG. Danach sind u.a. Auslagen der Auslandsvertretungen, die im Zusammenhang mit den in § 1 Abs. 1 AKostG genannten Amtshandlungen entstehen, zu erstatten. Amtshandlungen nach § 1 Abs. 1 AKostG sind solche nach den §§ 1 bis 17 KonsG. Die Erstattungsregelungen in § 5 Abs. 5 S. 1 KonsG und § 6 Abs. 2 KonsG wären überflüssig, wenn dieser Auslagenbegriff durch die Bestimmungen des AKostG ergänzt werden müsste[1473]. Der Gesetzgeber hat für Hilfeleistungen nach § 5 Abs. 5 S. 1 KonsG und § 6 Abs. 2 KonsG eine *ausdrückliche* Erstattungsgrundlage geschaffen. Eines Verweises auf die Regelungen des AKostG bedarf es daher nur für die übrigen Hilfsmaßnahmen nach dem KonsG.[1474]

Entgegen des vom BVerwG und Dahm vertretenen Ansatzes kann aus dieser Feststellung aber nicht abgeleitet werden, dass Auslagen i.S.d. AKostG ausschließlich die mit der Amtsausübung verbundenen Aufwendungen sind, während die unmittelbar zur Behebung der Notlage erbrachten Hilfen auf § 5 Abs. 5 S. 1 KonsG und § 6 Abs. 2 KonsG gestützt werden müssen. Eine solche Auslegung des Begriffs Auslagen in § 7 Abs. 1 KonsG widerspricht sowohl dem Willen des Gesetzgebers als auch dem Sinn uns Zweck der Vorschrift[1475].

Eine Einschränkung der Kostenlast kann über § 6 Abs. 2 S. 2 KonsG erfolgen. Als Voraussetzungen einer solchen Abstandnahme von der Geltendmachung der Forderungen führt das Gesetz die Entwicklung der Lage im Konsularbezirk, die persönlichen Verhältnisse des Hilfs- und Schutzbedürftigen oder

---

1472 *BVerwG*, Urt. v. 28.05.2009– 7 C 13/08, NJW 2009, 2905 (2906); a.A. *OVG Berlin-Brandenburg*, Urt. v. 21.02.2007 – 11 B 9.06 (erhältlich in juris) Rn. 38; Göres, NJW 2004, 1909 (1909 f.); Hanschel, ZaöRV 66 (2006), 789 (810 ff.).

1473 *BVerwG*, Urt. v. 28.05.2009– 7 C 13/08, NJW 2009, 2905 (2906).

1474 Diese Erstattungsregelung steht auch im Einklang mit Art. 3 Abs. 1 GG. Zwar wird die Befreiung eines in *Deutschland* als Geisel genommenen Deutschen für diesen von staatlicher Seite keine finanziellen Folgen haben. Gegen eine Verletzung des Gleichheitsgrundsatzes spricht aber zum einen, dass der Gesetzgeber der Exekutive in § 6 Abs. 2 KonsG i.V.m. § 5 Abs. 5 KonsG kein Ermessen eingeräumt hat und der Gleichheitsgrundsatz grundsätzlich nur bei Ermessensentscheidungen zum Tragen kommt. Zum anderen liegt eine Verletzung von Art. 3 Abs. 1 GG nur vor, wenn zwei vergleichbare Sachverhalte willkürlich unterschiedlich behandelt werden. Diese Voraussetzungen erüllen die beiden Tatbestände nicht, vgl. hierzu ausführlich oben: Seite 289 f.

1475 S.o., Seite 282 f.

sonstige besonderen Umstände an. Auch hier hängt die konkrete Entscheidung von den Gesamtumständen der Entführung ab. Es ist zu berücksichtigen, ob und wie stark der Betroffene seine Entführung mitverschuldet hat, welchen Zweck der Auslandsaufenthalt verfolgt hat und ob der ehemalige Entführte aus der Vermarktung seines Entführungserlebnisses Kapital schlägt[1476].

IV. Kein Erstattungsanspruch aus § 3 Abs. 1 KonsG i. V. m. §§ 683 S. 1, 670 BGB analog

§ 3 Abs. 1 KonsG i. V. m. §§ 683 S. 1, 670 BGB analog ermächtigt die Bundesrepublik dagegen nicht zur Geltendmachung der Befreiungskosten. Gemäß § 3 KonsG sind Regelungen außerhalb des KonsG nur anwendbar, wenn das KonsG hierzu keine besonderen Regelungen enthält. Eine Anwendung der Regelungen der öffentlich-rechtlichen GoA scheidet daher aus, wenn das KonsG die Erstattung der Kosten regelt bzw. auf eine entsprechende Regelung verweist. Da § 25 KonsG für die Erstattung der durch Maßnahmen nach § 1 2. Spiegelstrich KonsG entstandenen Auslagen auf das AKostG verweist und § 6 Abs. 2 KonsG auf § 5 Abs. 5 KonsG, liegen besondere Regelungen i.S.d. § 3 KonsG vor. § 3 Abs. 1 KonsG i. V. m. §§ 683 S. 1, 670 BGB analog kann daher nicht angewendet werden.

Ein Anspruch auf Erstattung der „Befreiungs- und Anschlusskosten" gemäß § 3 Abs. 1 KonsG i. V. m. §§ 683 S. 1, 670 BGB scheidet selbst dann aus, wenn man §§ 1 2. Spiegelstrich, 25 KonsG i. V. m. §§ 1 Abs. 1, 7 Abs. 1 AKostG als Kostenerstattungsgrundlage ablehnt[1477] und die Voraussetzungen von § 6 Abs. 1 KonsG nicht vorliegen. Der Geschäftsführer kann sich nach den Regeln der öffentlich-rechtlichen GoA seine Aufwendungen von einem anderen nur dann ersetzen lassen, wenn er für diesen ein Geschäft besorgt hat, ohne dazu von ihm beauftragt worden zu sein[1478]. Befreiungsmaßnahmen können zwar unter den weiten Begriff der Geschäftsführung subsumiert werden[1479]. Die Befreiung stellt sicherlich auch ein „auch fremdes Geschäft" dar. Der Geschäftsführer muss aber auch ohne Geschäftsführungsbefugnis

1476 S.o., Seite 289.

1477 Dies könnte der Fall sein, wenn man § 7 Abs. 1 AKostG als zu unbestimmte Grundlage für einen Kostenerstattungsanspruch ablehnt.

1478 Peine, Allgemeines Verwaltungsrecht, Rn. 1053 ff.

1479 Vgl. *BGH*, Urt. v. 27.11.1962 – VI ZR 217/61, BGHZ 38, 270 (275); Ehmann, in: Erman, § 677 Rn. 2; Mansel, in: Jauernig, § 677 Rn. 2; Medicus, Schuldrecht II, § 124 Rn. 617; Seiler, in: Münchener Kommentar, § 677 Rn. 2.

handeln („ohne Auftrag"). Eine Behörde handelt nur dann ohne Geschäftsführungsbefugnis, wenn sie nicht aufgrund eines Gesetzes handelt[1480]. Da die Auslandsvertretungen Hilfe auf Grundlage von § 1 2. Spiegelstrich KonsG gewähren[1481], handeln sie folglich mit Geschäftsführungsbefugnis. Ein Erstattungsanspruch aus § 3 Abs. 1 KonsG i. V. m. §§ 683 S. 1, 670 BGB analog scheidet daher aus.

V. Erstattungsansprüche gegen den Arbeitgeber eines Befreiten

Schließlich ist zu untersuchen, ob die Bundesrepublik Deutschland ihre Auslagen auch vom Arbeitgeber eines Entführten zurückverlangen kann. Die Inanspruchnahme des Arbeitgebers erscheint gerechtfertigt, wenn er seine Mitarbeiter anweist, ihre Arbeit in einer gefährlichen Region zu leisten, und diese dort entführt werden. Der Abschnitt thematisiert zudem, ob sich Unternehmen nach dem AKostG freiwillig an den Befreiungskosten beteiligen können.

Die entsprechenden Fragen stellten sich erstmals nach der Entführung von René Bräunlich und Thomas Nitzschke im Jahre 2006[1482]: Die Ingenieure arbeiteten damals für die deutsche Firma Cryotec aus Leipzig. Im Januar 2006 wies Cryotec sie an, in das rund 200 Kilometer nördlich von Bagdad gelegene Baidschi zu reisen. Sie sollten dort im Auftrag des Unternehmens eine Stickstoffschutzgas-Anlage in einer Erdölraffinerie aufbauen. Bräunlich und Nitzschke trafen am 22. Januar 2006 in Baidschi ein. Nur zwei Tage später wurden sie auf dem Weg zur Arbeit von Unbekannten entführt. Experten warfen dem Unternehmen daraufhin unverantwortliches Verhalten vor[1483], denn Cryotec hätte

1480 Maurer, Allgemeines Verwaltungsrecht, § 29 Rn. 11; Peine, Allgemeines Verwaltungsrecht, Rn. 1054. Anmerkung: Vereinzelt wird bereits die Fremdheit eines Geschäfts abgelehnt, wenn eine öffentlich-rechtliche Handlungspflicht besteht, vgl. *BGH*, Urt. v. 13.11.2003 – III ZR 70/03, NJW 2004, 513 (514).

1481 S.o., Seite 80 ff. Sollte man entgegen der hier vertretenen Auffassung zu dem Ergebnis gelangen, dass ein entführter Deutscher keinen Anspruch auf Hilfe gemäß § 1 2. Spiegelstrich KonsG bzw. § 6 Abs. 1 S. 1 KonsG hat, kann ein Erstattungsanspruch auf § 3 Abs. 1 KonsG i. V. m. §§ 683 S. 1, 670 BGB gestützt werden. Hierzu wird auf den Aufsatz von Dahm, NVwZ 2005, 172 ff. verwiesen.

1482 Vgl. *„Keine Spur zu Entführten im Irak"*, in: BERLINER-ZEITUNG-ONLINE v. 27.01.2006 (www.berlinonline.de); *„Cryotec-Chef wehrt sich gegen Vorwürfe"*, in: STERN-ONLINE v. 26.01.2006 (www.stern.de).

1483 „Susanne Osthoff – *„Sie hat Fehler gemacht"*, in: FAZ.NET v. 29.01.2006 (www.faz.net).

seine Mitarbeiter fahrlässig in Gefahr gebracht[1484]. Das Unternehmen hätte die beiden Ingenieure völlig unvorbereitet in den Irak geschickt[1485]. Außerdem sei Baidschi damals einer der gefährlichsten Orte im Irak gewesen[1486]. Allein aus diesem Grund hätte man von der Entsendung Abstand nehmen müssen. Politiker forderten daraufhin, die Firma CRYOTEC müsse sich an den Befreiungskosten beteiligen[1487]. Im Übrigen wäre ein entsprechender Erstattungsanspruch für die Bundesrepublik als Kostengläubiger sehr attraktiv, könnte sie die Belastungsgrenze bei Unternehmen doch wesentlich höher ansetzen als bei einer Privatperson.

Fraglich ist also, ob Arbeitgeber als Kostenschuldner in Anspruch genommen werden können. Der Gesetzgeber hat in § 13 Abs. 1 AKostG bestimmt, wer als Kostenschuldner in Betracht kommt. Danach ist zur Zahlung verpflichtet,

> *„1. wer die Amtshandlung veranlasst oder zu wessen Gunsten sie vorgenommen wird,*
> *2. wer die Kosten durch eine vor der zuständigen Behörde abgegebene oder ihr mitgeteilte Erklärung übernommen hat,*
> *3. wer für die Kostenschuld eines anderen kraft Gesetzes haftet."*

Die Bundesrepublik kann nach § 13 Abs. 1 AKostG also einen anderen als den Entführten als Kostenschuldner in Anspruch nehmen, wenn dieser entweder gemäß § 13 Abs. 1 Nr. 2 AKostG *„die Kosten durch eine vor der zuständigen Behörde abgegebene oder ihr mitgeteilte Erklärung übernommen hat"* oder wenn dieser nach § 13 Abs. 1 Nr. 3 AKostG *„für die Kostenschuld eines anderen kraft Gesetzes haftet"*. Die Voraussetzungen des § 13 Abs. 1 Nr. 2 AKostG liegen vor, wenn der Arbeitgeber die Kostenschuld des Mitarbeiters übernommen hat. Der Arbeitgeber kann die Kostenübernahme erklären durch einseitige empfangsbedürftige Erklärung entweder vor der Behörde, gegenüber dem Hauptschuldner oder durch Mitteilung an die Behörde[1488]. Da es sich bei § 13 Abs. 1 Nr. 2 AKostG um eine Erfüllungsübernahme und nicht um eine Schuldübernahme handelt, ist eine Erklärung der Bundesrepublik als Kosten-

---

1484 *„Cryotec-Chef wehrt sich gegen Vorwürfe"*, in: STERN-ONLINE v. 26.01.2006 (www.stern.de).

1485 „SUSANNE OSTHOFF – *„Sie hat Fehler gemacht"*, in: FAZ.NET v. 29.01.2006 (www.faz.net).

1486 „SUSANNE OSTHOFF – *„Sie hat Fehler gemacht"*, in: FAZ.NET v. 29.01.2006 (www.faz.net); *„Verschollen im Entführungs-Dreieck*, in: SPIEGEL-ONLINE v. 24.01.2006 (www.spiegel.de).

1487 S.o., FN 1387.

1488 Vgl. BURGHARTZ, Gebührengesetz NRW – Verwaltungskostengesetz, § 13 B, S. 77.

gläubiger nach § 415 BGB analog nicht erforderlich[1489]. Hat der Arbeitgeber eine entsprechende Erklärung abgegeben, haften er und der Mitarbeiter als Gesamtschuldner nach § 13 Abs. 2 AKostG.

Arbeitgeber werden sich aus nachvollziehbaren Gründen allerdings nur selten freiwillig an den Kosten einer Befreiung beteiligen[1490]. Die Bundesrepublik Deutschland kann jemanden aber auch dann als Kostenschuldner in Anspruch nehmen, wenn dieser *einem anderen kraft Gesetzes haftet*, vgl. § 13 Abs. 1 Nr. 3 AKostG. Diese Bestimmung setzt also eine gesetzliche Regelung voraus, wonach die Bundesrepublik auch einen Dritten in Anspruch nehmen kann[1491]. Eine entsprechende ausdrückliche Rechtsgrundlage existiert allerdings nicht. Eine Haftungsgrundlage kann auch nicht aus Schadensersatzansprüchen des Arbeitnehmers gegen den Arbeitgeber konstruiert werden. Ein Angestellter hat zwar einen Schadensersatzanspruch gemäß §§ 280 Abs. 1, 241 Abs. 2 BGB i. V. m. dem Arbeitsvertrag gegen seinen Arbeitgeber, wenn dieser ihn anweist, seine Arbeit in einer gefährlichen Region zu verrichten, jener dort verschleppt wird, anschließend durch amtliche Hilfsmaßnahme des Auswärtigen Dienstes freikommt und schließlich mit den Kosten der Befreiung konfrontiert wird. Der Arbeitgeber verletzt nämlich seine sog. Fürsorgepflicht, wenn er seine Mitarbeiter solchen Gefahren aussetzt. Fürsorge des Arbeitgebers bedeutet die Einhaltung gewisser gegenüber den Arbeitnehmern zu beachtender Schutzpflichten[1492]. Der Gesetzgeber hat diese Pflicht in § 618 Abs. 1 2. Alt

---

1489 Vgl. Burghartz, Gebührengesetz NRW – Verwaltungskostengesetz, § 13 B, S. 77.

1490 Die Firma Cryotec erklärte allerdings öffentlich, sie werde sich an den Kosten einer Befreiung beteiligen, vgl. „*Geiselhaft war kein menschenwürdiges Martyrium*", in: WIRTSCHAFTSWOCHE-ONLINE v. 05.05.2006 (www.wiwo.de).

1491 Solche Regelungen finden sich z. B. in §§ 1086 BGB (Haftung des Nießbrauchnehmers), 1967 BGB (Haftung der Erben) und in §§ 25, 27, 128, 171 HGB. Keiner dieser Tatbestände ist allerdings für die hier vorliegende Konstellation relevant.

1492 Brox/Rüthers/Henssler, Arbeitsrecht, Rn. 299; Hromadka/Maschmann, Arbeitsrecht I, § 7 Rn. 79; Künzel, in: Kasseler Handbuch zum Arbeitsrecht I, 2.1 Rn. 711; Preis, in: Erfurter Kommentar, § 611 Rn. 610, 612. Die Fürsorgepflicht stellt eine Nebenpflicht des Arbeitsvertrages dar (Hromadka/Maschmann, Arbeitsrecht I, § 7 Rn. 79; Künzel, in: Kasseler Handbuch zum Arbeitsrecht I, 2.1 Rn. 711; Preis, in: Erfurter Kommentar, § 611 Rn. 610). Sie beruht auf dem Umstand, dass sich der Arbeitnehmer mit seiner Eingliederung in den Betrieb in einen (Gefahren-)Bereich begibt, in dem er Umständen ausgesetzt ist, die nur der Arbeitgeber als Inhaber der Organisations- und Leistungsgewalt beherrschen kann (Hromadka/Maschmann, Arbeitsrecht I, § 7 Rn. 79).

BGB[1493] konkretisiert[1494]. Der Arbeitgeber ist danach verpflichtet, die unter seiner Anordnung oder seiner Leistung vorzunehmenden Dienstleistungen so zu regeln, dass der Dienstverpflichtete vor Gefahren für Leben und Gesundheit geschützt ist[1495]. Die Firma CRYOTEC hat diese Pflicht verletzt, weil sie ihre Mitarbeiter in den Irak geschickt hat, ohne diese ausreichend über die Gefahren im Irak zu informieren[1496]. Selbst wenn die Firma Cryotec ihre Aufklärungspflicht erfüllt haben sollte, muss sie sich vorwerfen lassen, dass die Stadt Baidschi zu der damaligen Zeit einer der gefährlichsten Orte im Irak gewesen ist. Der Arbeitgeber haftet für alle Schäden aus der Verletzung der Fürsorgepflicht, wenn ihn ein Verschulden trifft, also auch für die dadurch verursachten Befreiungskosten[1497].

Eine Haftung nach § 13 Abs. 1 Nr. 3 AKostG scheidet jedoch aus, weil auch im Falle von § 13 Abs. 1 Nr. 3 AKostG die Bundesrepublik Deutschland kraft Gesetzes Anspruchsinhaber sein muss. Der Wortlaut von § 13 Abs. 1 Nr. 3 AKostG verlangt, dass der Kostengläubiger kraft einer gesetzlichen Regelung einen anderen in Anspruch nehmen kann. Der Anspruch nach §§ 280 Abs. 1, 241 Abs. 2 BGB steht aber nur dem Arbeitnehmer zu. Etwas anderes ergibt sich auch dann nicht, wenn der Arbeitnehmer seinen Anspruch der Bundesrepublik

---

1493 Wortlaut von § 618 Abs. 1 BGB (Pflicht zu Schutzmaßnahmen):
„(1) Der Dienstberechtigte hat Räume, Vorrichtungen oder Gerätschaften, die er zur Verrichtung der Dienste zu beschaffen hat, so einzurichten und zu unterhalten und Dienstleistungen, die unter seiner Anordnung oder seiner Leitung vorzunehmen sind, so zu regeln, dass der Verpflichtete gegen Gefahr für Leben und Gesundheit so weit geschützt ist, als die Natur der Dienstleistung es gestattet."

1494 KRAUSE, in: HENSSLER/WILLEMSEN/KALB, § 618 Rn. 5; PREIS, in: Erfurter Kommentar, § 611 Rn. 612.

1495 WANK, in: Erfurter Kommentar, § 618 Rn. 12; WASS/PALONKA, in: DÄUBLER/HJORT/SCHUBERT, § 618 Rn. 4, 12. Gegen diese Ergebnis spricht nicht, dass die beiden Ingenieure nicht unmittelbar am Arbeitplatz entführt wurden. Die Tatbestandsmerkmale des § 618 BGB sind weit auszulegen (vgl. WASS/PALONKA, in: DÄUBLER/HJORT/SCHUBERT, § 618 Rn. 4). Da bei einem Einsatz im Irak nicht zwischen Arbeitsplatz und Wohnort unterschieden werden kann, wie dies in Deutschland möglich ist, kann der Arbeitsplatz auch in der Fahrt zur tatsächlichen Arbeitsstätte gesehen werden. Kommt man dagegen zu einem anderen Ergebnis, so liegt zumindest eine Verletzung der „allgemeinen" Fürsorgepflicht vor. Der Arbeitgeber hat die Pflicht, dem Arbeitnehmer nicht grundlos Nachteile zuzufügen oder ihn der Gefahr eines Schadens auszusetzen, vgl. PREIS, in: Erfurter Kommentar, § 611 Rn. 636.

1496 Vgl. zu den Aufklärungspflichten des Arbeitgebers: PREIS, in: Erfurter Kommentar, § 611 Rn. 633.

1497 Vgl. KÜNZEL, in: Kasseler Handbuch zum Arbeitsrecht I, 2.1 Rn. 711.

Deutschland abtreten würde. In diesem Fall läge keine Haftung kraft Gesetzes vor, sondern vielmehr eine Haftung kraft Vertrages zwischen dem Zedenten und dem Zessionar[1498].

Eine Haftung i.S.v. § 13 Abs. 1 Nr. 3 AKostG kann auch nicht im Rahmen einer erweiterten Auslegung angenommen werden. Der Gesetzgeber hat in § 13 Abs. 1 AKostG abschließend festgelegt, wann die Bundesrepublik jemanden in Anspruch nehmen kann. Eine Auslegung mit dem Ergebnis, dass der Arbeitgeber der Bundesrepublik haftet, weil sein Arbeitnehmer einen Anspruch auf Ersatz der Befreiungskosten hat, wäre mit dem Grundsatz des Vorbehalts des Gesetzes nicht vereinbar. Die Bundesrepublik Deutschland kann die Auslagen der Auslandsvertretungen daher nur von dem Arbeitgeber eines Entführten erstattet verlangen, wenn dieser freiwillig die Kosten nach § 13 Abs. 1 Nr. 2 AKostG übernommen hat[1499].

VI. Prüfung der Rechtmäßigkeit der Kostenbescheide des Auswärtigen Amtes

Anhand dieser Ergebnisse soll abschließend untersucht werden, ob das Auswärtige Amt bisher zu Recht die Erstattung von Rettungskosten verlangt hat[1500]. Die Kostenpraxis des Auswärtigen Amtes ist intransparent. Dies liegt insbesondere daran, dass das Amt nicht zwischen Befreiungs- und Anschlusskosten trennt. Außerdem wird nicht deutlich, in welchen Fällen und in welchem Umfang das Auswärtige Amt von der Ermäßigungsmöglichkeit Gebrauch gemacht wurde. Da das Auswärtige Amt bisher keinem Entführungsopfer die Gesamtkosten der Befreiung in Rechnung gestellt hat, hat es die Ermäßigungsmöglichkeiten nach § 10 Abs. 1 2. Alt AKostG oder nach § 19 AKostG i. V. m. § 59 Abs. 1 Nr. 3 BHO angewendet.

Obwohl der Auswärtige Dienst im Rahmen jeder Entführung Auslagen tätigen muss, werden Kostenbescheide nur im Einzelfall erstellt. Nicht ersichtlich ist, warum Herr Chroborg nur einen Teil der Flugkosten zu erstatten hatte, obwohl der Flug mit einer Maschine der Luftwaffe hohe Kosten verursacht hat,

1498 Vgl. Grüneberg, in: Palandt, § 398 Rn. 2.

1499 Die Forderungen der zitierten Politiker scheinen aus diesem Grund darauf abzuzielen, den Druck auf die Unternehmen zur Kostenübernahme zu erhöhen.

1500 Es ist für diesen Abschnitt unerheblich, dass das Auswärtige Amt die Anspruchsgrundlage für eine Erstattung in § 5 Abs. 5 S. 1, 25 KonsG i. V. m. §§ 7 Abs. 1, 10 ff. AKostG gesehen hat. Gegenstand der Untersuchung soll alleine sein, ob die relevanten Kostenpositionen auf das AKostG gestützt werden konnten.

dagegen die in Algerien entführten Deutschen den Gesamtpreis ihres Flugtickets bezahlen mussten. Es erscheint zunächst auch unverständlich, weshalb FRAU WEIGEL den Hubschrauberflug erstatten musste, FRAU OSTHOFF dagegen keinen Kostenbescheid für ihren Rückflug erhalten hat.

FRAU WEIGEL hatte im verwaltungsgerichtlichen Verfahren gegenüber der Behörde eine Verletzung ihres Grundrechts aus Art. 3 Abs. 1 GG geltend gemacht. Das Auswärtige Amt habe auf eine Inanspruchnahme verzichten müssen, weil auch FRAU OSTHOFF keine Auslagen erstatten musste[1501]. Ein Verstoß gegen Art. 3 Abs. 1 GG liegt aber nur vor, wenn das Auswärtige Amt zwei vergleichbare Sachverhalte ungerechtfertigterweise unterschiedlich behandelt hat[1502]. Diese Voraussetzungen sind nicht erfüllt. Eine unterschiedliche Behandlung zweier vergleichbarer Sachverhalte erfolgte nicht: Die Behörde hat sich an die oben[1503] dargelegte Definition des Begriffs „Auslagen" gehalten und nur Aufwendungen erstattet verlangt, die dem Adressaten individuell zuzuordnen gewesen sind[1504]. So führt das Auswärtige Amt beispielsweise in der Klageerwiderung im Fall WEIGEL aus, dass *„im Fall Osthoff ... mangels individuell zuzuordnender Kosten kein Rückforderungsbescheid ergangen sei"*[1505].

Das Auswärtige Amt hat FRAU WEIGEL den Hubschrauberflug also rechtmäßig in Rechnung gestellt, weil dieser ausschließlich ihr zugute kam. Auch die bezüglich der ehemaligen Sahara-Geiseln aufgeführten Kosten für *Telekommunikation, Dienstfahrten* und *Rückflug* kamen ausschließlich ihnen zugute. Konsequent war es auch, Familie Wallert die Auslagen für *Versorgungsgüter* für Frau Wallert zu berechnen. Dagegen konnte das Amt die Kosten im Fall Chroborg auf einen Teil der Kosten beschränken, weil das Flugzeug der Luftwaffe ohnehin vom Jemen nach Deutschland geflogen wäre[1506]. Ähnlich verhält es sich im Fall Osthoff. Da Frau Osthoff gar nicht nach Deutschland fliegen wollte, waren auch keine „individuell anrechenbaren Kosten" entstanden[1507].

1501 Vgl. zur Erwiderung des Auswärtigen Amtes: *VG Berlin*, Urt. v. 04.04.2006 – 14 A 12.04 (erhältlich in juris) Rn. 15 ff.

1502 Vgl. GUBELT, in: v. MÜNCH/KUNIG, Art. 3 Rn. 10; JARASS, in: JARASS/PIEROTH, Art. 3 Rn. 7.

1503 S.o., Seite 281.

1504 Das Auswärtige Amt spricht von *„individuell zuzuordnenden Kosten"*, vgl. *VG Berlin*, Urt. v. 04.04.2006 – 14 A 12.04 (erhältlich in juris) Rn. 16.

1505 *VG Berlin*, Urt. v. 04.04.2006 – 14 A 12.04 (erhältlich in juris) Rn. 16.

1506 So die Stellungnahme des Auswärtigen Amtes, in: „*Vollkasko ins Abenteuer*", SPIEGEL-ONLINE v. 10.04.2006 (www.spiegel.de).

1507 Vgl. „*Vollkasko ins Abenteuer*", SPIEGEL-ONLINE v. 10.04.2006 (www.spiegel.de).

Inkonsequent war es dagegen im Fall Wallert, ihnen die Kosten der Arbeit des Krisenstabes und die Flugreisen der Unterhändler in Rechnung zu stellen. Denn diese Kosten fallen grundsätzlich bei jeder Entführung an. Trotzdem muss in diesem Fall nicht zwangsläufig eine Verletzung von Art. 3 Abs. 1 GG vorgelegen haben. Es muss nämlich berücksichtigt werden, dass Familie Wallert mit der Vermarktung ihrer Entführung einen großen Gewinn erzielt hat[1508]. Es ist zu vermuten, dass das Auswärtige Amt von der Erstattungsmöglichkeit nach § 10 Abs. 1 2. Alt AKostG oder nach § 19 AKostG i. V. m. § 59 Abs. 1 Nr. 3 BHO in geringerem Maße Gebrauch gemacht hat als in den anderen Fällen.

VII. Ergebnis und Würdigung

Die Bundesrepublik Deutschland hat gegen eine ehemalige Geisel einen Anspruch auf Erstattung der Befreiungs- und Anschlusskosten gemäß §§ 1 2. Spiegelstrich, 25 KonsG i. V. m. §§ 1 Abs. 1, 7 Abs. 1 AKostG. Der Kostenschuldner hat diese Auslagen grundsätzlich voll zu erstatten. Die zuständigen Stellen können allerdings die Ersatzpflicht entweder gemäß § 10 Abs. 1 2. Alt AKostG oder nach § 19 AKostG i. V. m. § 59 Abs. 1 Nr. 3 BHO ganz oder zum Teil erlassen, wenn die Forderung die Leistungsfähigkeit des Kostenschuldners überschreitet und die Geltendmachung zu untragbaren Ergebnissen führt. Die konkrete Entscheidung hängt von den Gesamtumständen der Entführung ab. Die zuständige Behörde hat zu berücksichtigen, ob und wie stark der Betroffene seine Entführung mitverschuldet hat. Hierbei wird insbesondere eine Rolle spielen, ob der Entführte eine öffentliche oder sogar eine persönliche Reisewarnung oder einen Sicherheitshinweis missachtet hat. Außerdem ist entscheidend, welchem Zweck der Auslandsaufenthalt diente und ob der ehemalige Entführte Kapital aus seinem Erlebnis geschlagen hat.

Die Bundesrepublik Deutschland kann ferner die Erstattung der Befreiungs- und Anschlusskosten nach § 6 Abs. 2 KonsG i.V.m. § 5 Abs. 5 KonsG verlangen, sofern die Hilfsmaßnahmen auf § 6 Abs. 1 KonsG gestützt werden konnten. Eine Einschränkung der Kostenlast kann über § 6 Abs. 2 S. 1 KonsG erfolgen.

Der Arbeitgeber eines Entführten kann dagegen nicht an den Rettungskosten beteiligt werden, wenn er seinen Mitarbeiter in eine gefährliche Region schickt und dieser dort entführt wird. Ein Anspruch der Bundesrepublik Deutschland gegen den Arbeitgeber des Entführten scheidet aus, wenn sich dieser weigert,

1508 S.o., FN 1461.

sich an den Kosten zu beteiligen. Der Arbeitgeber kann allerdings freiwillig die Kosten nach § 13 Abs. 1 Nr. 2 AKostG ganz oder teilweise übernehmen.

Es lässt sich an dieser Stelle Folgendes feststellen: Während auf der Primärebene alle deutschen Staatsangehörigen gleich behandelt werden müssen, ermöglicht die Rechtslage auf der Sekundärebene eine Differenzierung. Die deutsche Staatsgewalt ist verpflichtet, allen entführten Deutschen im Ausland zu helfen, unabhängig davon, ob sie ihre Entführung mitverschuldet haben. Die Exekutive kann dagegen auf der Kostenebene berücksichtigen, ob und wie stark der Betroffene seine Entführung mitverschuldet hat.

E. Keine Anwendbarkeit des KonsG

Ein Anspruch auf Erstattung der „Befreiungs- und Anschlusskosten" gemäß §§ 1 2. Spiegelstrich, 25 KonsG i. V. m. §§ 1 Abs. 1, 7 Abs. 1 AKostG oder nach § 6 Abs. 2 KonsG i.V.m. § 5 Abs. 5 KonsG scheidet aus, wenn das KonsG keine Anwendung findet. Dies ist immer der Fall, wenn die Bundesrepublik Deutschland in einem ausländischen Staat keine Auslandsvertretung unterhält oder die Entführung in internationalen Gewässern erfolgt und das gekaperte Schiff unter der Flagge eines fremden Staates fährt[1509]. Es stellt sich daher die Frage, ob die an der Befreiung beteiligten Behörden auch unter diesen Umständen ihre „Befreiungs- und Anschlusskosten" geltend machen können. Als Erstattungsgrundlage kommt §§ 683 S. 1, 670 BGB analog in Betracht. Das Rechtsinstitut der Geschäftsführung ohne Auftrag kann auf Entführungsfälle nur analog angewendet werden[1510]. Eine juristische Person des öffentlichen Rechts kann zwar auch privatrechtlich handeln, wenn sie (auch) ein Geschäft einer Privatperson tätigt[1511]. Eine direkte Anwendung der §§ 677 ff. BGB wäre die Folge[1512]. Die Bundesrepublik Deutschland handelt in Entführungs- und Geiselfällen allerdings nicht privatrechtlich. Sie wird vielmehr auf völkerrechtlicher Ebene und damit hoheitlich tätig[1513].

1509 S.o., Seite 94.

1510 Vgl. DAHM, NVwZ 2005, 172 (172); HANSCHEL, ZaöRV 66 (2006), 789 (811).

1511 Vgl. HABERMEHL, Jura 1987, 199 (201 f.); NEDDEN, Die Geschäftsführung ohne Auftrag im Öffentlichen Recht, S. 99.

1512 Vgl. *VG Berlin*, Urt. v. 04.04.2006 – 14 A 12.04 (erhältlich in juris) Rn. 47.

1513 Vgl. *VG Berlin*, Urt. v. 04.04.2006 – 14 A 12.04 (erhältlich in juris) Rn. 47. Vertiefend zur Abgrenzung privatrechtlicher und öffentlich-rechtlicher GoA: STAAKE, JA 2004, 800 (802).

Ein Anspruch gemäß §§ 683 S. 1, 670 BGB analog setzt voraus, dass der Anspruchsteller für den Anspruchsgegner ein Geschäft besorgt, ohne dazu beauftragt worden oder sonst diesem gegenüber berechtigt zu sein, wobei die Übernahme des Geschäfts dem wirklichen oder mutmaßlichen Willen des Anspruchsgegners sowie dessen Interesse zu entsprechen hat.

I. Zulässigkeit der Grundsätze der Geschäftsführung ohne Auftrag auf Entführungsfälle

Die Zulässigkeit der öffentlich-rechtlichen Geschäftsführung ohne Auftrag[1514] ist seit langem umstritten[1515]. Ein erheblicher Teil des Schrifttums lehnt die Existenz der öffentlich-rechtlichen GoA insbesondere dann ab, wenn ein Träger öffentlicher Gewalt für einen Bürger tätig wird[1516]. Die Rechtsprechung spricht sich dagegen für die analoge Anwendung dieses Rechtsinstituts auch in dieser Konstellation aus[1517]. Der Streit um die Anwendung der GoA befasst sich vor allem mit der Frage, ob ein Verwaltungsträger von einem Privaten seine Aufwendungen erstattet verlangen kann, wenn die Behörde öffentlich-rechtliche Pflichten Privater durch eigene Maßnahmen erfüllt[1518]. Auch Kritiker der Rechtsprechung wenden die GoA ausnahmsweise an, wenn die Behörden im Interesse Privater tätig werden, ohne dass die getroffenen Maßnahmen vom öffentlichen Aufgabenbereich gedeckt sind, und die Geschäftsführung keine Eingriffsver-

1514 Im Folgenden: GoA.

1515 Vgl. Blas, Die Geschäftsführung ohne Auftrag im Öffentlichen Recht, S. 106 ff.; Nedden, Die Geschäftsführung ohne Auftrag im Öffentlichen Recht, S. 20 f., 50 ff.

1516 Vgl. nur Blas, Die Geschäftsführung ohne Auftrag im Öffentlichen Recht, S. 106 ff.; Detterbeck, Allgemeines Verwaltungsrecht, Rn. 1290; Geiß, DÖV 2007, 155 (160); Maurer, Allgemeines Verwaltungsrecht, § 29 Rn. 11 f.; ders, JuS 1970, 561 (566); Staake, JA 2004, 800 (Wollenschläger, GoA im öffentlichen Recht und Erstattungsanspruch, S. 95).

1517 Vgl. nur *BVerfG*, Besch. v. 31.03.1965 – 2 BvL 17/63, BVerfGE 18, 429 (436); *BVerwG*, Urt. v. 09.06.1975 – BVerwG VI C 163.73, BVerwGE 48 279 (285), *BGH*, Urt. v. 13.11.2003 – III ZR 70/03, NJW 2004, 513 (514); Urt. v. 24.10.1974 – VII ZR 223/72, NJW 1975, 207 (207 ff.); Urt. v. 04.12.1975 – VII ZR 218/73, NJW 1976, 619 (619 f.); Urt. v. 15.12.1975 – II ZR 54/74, NJW 1976, 748 (748 f.).

1518 Vgl. Seiler, in: Münchener Kommentar, Vor § 677 Rn. 31.

waltung darstellt[1519]; dies wird insbesondere in Notfällen der Fall sein[1520]. Da die Entführung eines Deutschen im Ausland ein Notfall ist, Befreiungsmaßnahmen eine Leistungs- und keine Eingriffsverwaltung darstellen und behördliche Hilfsmaßnahmen im Ausland außerhalb des Anwendungsbereichs des KonsG gesetzlich nicht ausdrücklich geregelt sind, erscheint es zumindest vertretbar[1521], von der grundsätzlichen Anwendbarkeit der öffentlich-rechtlichen GoA in Entführungsfällen auszugehen[1522].

Art. 39 Abs. 1 des EGBGB[1523] steht diesem Ergebnis nicht entgegen[1524]. Gemäß Art. 39 EGBGB unterliegen Ansprüche aus der Geschäftsführung ohne Auftrag im Ausland grundsätzlich der dortigen Rechtsordnung[1525]. Etwas anderes ergibt sich allerdings in den Fällen des Art. 41 Abs. 1 und Abs. 2 EGBGB. Gemäß Art. 41 Abs. 1 EGBGB findet das deutsche Recht Anwendung, wenn mit diesem Recht eine wesentlich engere Verbindung besteht als mit dem Recht nach Art. 39 EGBGB. Eine wesentlich engere Verbindung kann sich insbesondere ergeben gemäß Art. 41 Abs. 2 Nr. 1 EGBGB aus einer besonderen rechtlichen Beziehung mit einem Schuldverhältnis oder gemäß Art. 41 Abs. 2 Nr. 2 EGBGB aus dem gewöhnlichen Aufenthalt der Beteiligten in demselben Staat zum Zeitpunkt des rechtserheblichen Geschehens. Unter dem Tatbestandsmerkmal *„gewöhnlicher Aufenthalt“* ist der Daseinsmittelpunkt zu verstehen, also der Ort, an dem der Schwerpunkt der Bindung einer Person familiärer oder

---

1519 Detterbeck, Allgemeines Verwaltungsrecht, Rn. 1290, vgl. auch die entsprechende FN 22.

1520 Maurer, Allgemeines Verwaltungsrecht, § 29 Rn. 11 f.

1521 Gegen die Zulässigkeit der GoA in Entführungsfällen lässt sich allerdings einwenden, dass die Staatsgewalt unmittelbar kraft Verfassungsrecht berechtigt ist, Maßnahmen zur Befreiung deutscher Staatsangehöriger im Ausland zu ergreifen, wenn der Aufgabenbereich des KonsG nicht eröffnet ist, diese Maßnahmen folglich durchaus vom öffentlichen Aufgabenbereich gedeckt sind.

1522 Neben Dahm und Hanschel spricht sich insbesondere auch Detterbeck für eine Anwendung der öffentlich-rechtlichen GoA in dieser Fallkonstellation aus, vgl. Detterbeck, Allgemeines Verwaltungsrecht, Rn. 1290 FN 22.

1523 Einführungsgesetz zum Bürgerlichen Gesetzbuch in der Fassung der Bekanntmachung vom 21. September 1994 (BGBl. I S. 2494; 1997 I S. 1061), das zuletzt durch Artikel 2 des Gesetzes vom 24. September 2009 (BGBl. I S. 3145) geändert worden ist.

1524 Dahm, NVwZ 2005, 172 (172); Geiß, DÖV 2007, 155 (160).

1525 v. Hoffmann/Thorn, Internationales Privatrecht, § 11 Rn. 8–9; Kegel/Schurig, Internationales Privatrecht, § 18 II (S. 709); Kropholler, Internationales Privatrecht, § 53 II (S. 519); Looschelders, Internationales Privatrecht, Art. 39 Rn. 7.

beruflicher Hinsicht besteht[1526]. Gemessen an diesen Ausführungen folgt die Anwendung des deutschen Rechts bei Entführungen von Touristen im Ausland aus Art. 41 Abs. 2 Nr. 2 EGBGB, da sich deren gewöhnlicher Aufenthalt in Deutschland befindet[1527]. Im Übrigen liegt auch eine rechtliche Sonderbeziehung[1528] i.S.d. Art. 41 Abs. 2 Nr. 1 EGBGB vor. Diese lässt sich aus dem verfassungsrechtlichen Schutz-Treue-Verhältnis ableiten[1529].

II. Geschäftsbesorgung und Fremdheit des Geschäfts

Da der Begriff des Geschäfts im Sinne der GoA weit auszulegen ist, stellen auch Befreiungsmaßnahmen eine Geschäftsführung dar[1530]. Die Rettungshandlungen sind ein „auch fremdes Geschäft“[1531]. Der Geschäftsführer besorgt ein zugleich eigenes und fremdes Geschäft, wenn die Übernahme auch im eigenen und im Interesse eines anderen liegt[1532]. Die Rettungsbemühungen der Behörden liegen sowohl im Interesse des Entführungsopfers als auch im eigenen Interesse. Die Exekutive erfüllt eine eigene Angelegenheit, weil sie sowohl gemäß Art. 2 Abs. 2 S. 1 GG i. V. m. Art. 1 Abs. 1 S. 2 GG (i.V.m. Art. 25 S. 1 GG) als auch nach dem verfassungsrechtlichen Schutz-Treue-Verhältnis zum Schutz entführter deutscher Staatsangehöriger im Ausland verpflichtet ist[1533]. Die Rettung liegt dabei auch im Interesse des Entführten. Das Vorliegen des Fremdgeschäftsführungswillens wird bei einem „auch fremden Geschäft“ vermutet[1534].

1526 *BGH*, NJW 1994, 2047 (2048); Dahm, NVwZ 2005, 172 (172).

1527 Dahm, NVwZ 2005, 172 (172); Geiß, DÖV 2007, 155 (160).

1528 Kropholler, Internationales Privatrecht, § 53 III (S. 521); Looschelders, Internationales Privatrecht, Art. 39 Rn. 7.

1529 Zum Schutz-Treue-Verhältnis s.o., Seite 154 ff.

1530 S.o., Seite 293.

1531 Dahm, NVwZ 2005, 172 (172); Geiß, DÖV 2007, 155 (160).

1532 *BGH*, Urt. v. 15.12.1954 – II ZR 277/53, BGHZ 12 (16); Urt. v. 22.05.1970 – ZR 1008/68, BGHZ 54, 157 (160); Urt. v. 08.03.1990 – III ZR 81/88, BGHZ 110, 313 (314 f.); Blas, Die Geschäftsführung ohne Auftrag im Öffentlichen Recht, S. 63 f.; Mansel, in: Jauernig, § 677 Rn. 3; Sprau, in: Palandt, § 677 Rn. 6; Schwarz/Wandt, Gesetzliche Schuldverhältnisse, § 4 Rn. 13.

1533 S.o., Seite 153 und 172.

1534 *BGH*, Urt. v. 27.11.1962 – VI ZR 217/61, BGHZ 38, 270 (27); Urt. v. 20.06.1963 – BGHZ 40, 28 (31); Urt. v. 24.10.1974 – VII ZR 223/72, BGHZ 63, 167 (170); Urt. v. 15.12.1975 – II ZR 54/74, BGHZ 65, 384 (387); Ehmann, in: Erman, § 677 Rn. 7;

III. Vorgehen im Interesse und nach dem Willen des Geschäftsherren

Die Befreiungshandlungen der Exekutive entsprechen dem Interesse und wirklichen oder mutmaßlichen Willen des Entführten. Das Interesse i.S.v. § 683 Abs. 1 BGB muss nicht zwingend vermögensrechtlicher Natur sein, sondern kann auch lebensrettende Maßnahmen oder die Bewahrung der körperlichen Unversehrtheit und Freiheit umfassen[1535].

IV. Fehlen einer Geschäftsführungsberechtigung

Der Auswärtige Dienst müsste zudem „ohne Auftrag" handeln. Eine Behörde handelt „ohne Auftrag", wenn sie ohne gesetzliche Grundlage handelt[1536]. Wie oben bereits dargelegt, kann die Bundesrepublik Deutschland Hilfsmaßnahmen für einen im Ausland entführten Deutschen auf Art. 2 Abs. 2 S. 1 GG i. V. m. Art. 1 Abs. 1 S. 2 GG (i.V.m. Art. 25 S. 1 GG) sowie auf das verfassungsrechtliche Schutz-Treue–Verhältnis stützen, sofern das KonsG keine Anwendung findet. Ein verfassungsrechtlicher „Auftrag" und damit eine gesetzliche Grundlage scheinen daher vorzuliegen.

1. Der Ansatz von Dahm

Dahm behauptet allerdings, der verfassungsrechtliche Schutzauftrag erfülle nicht die Voraussetzungen einer gesetzlichen Grundlage i.S.d. GoA. Die Schutzpflicht verpflichte die Exekutive zwar, im Innenverhältnis auch ohne einfachgesetzliche Ermächtigung zum Schutz deutscher Staatsangehöriger tätig zu werden[1537]. Der Grundsatz des Vorbehalts des Gesetzes werde damit jedoch nicht in einer Weise außer Kraft gesetzt, dass die Schutzpflicht eine nach außen wirkende behördliche Einsatzermächtigung und damit Berechtigung i.S.v. § 677 BGB konstituiere[1538]. Die verfassungsrechtliche Schutzverpflichtung richtet sich wegen Art. 20 Abs. 1 GG zunächst an

---

Sprau, in: Palandt, § 677 Rn. 6; Schwarz/Wandt, Gesetzliche Schuldverhältnisse, § 4 Rn. 33.

1535 *BGH*, Urt. v. 07.11.1960 – VII ZR 82/59, NJW 1961, 359 (360); Dahm, NVwZ 2005, 172 (174); Seiler, in: Münchener Kommentar, § 683 Rn. 4 ff.; Sprau, in: Palandt, § 683 Rn. 4; Schwarz/Wandt, Gesetzliche Schuldverhältnisse, § 5 Rn. 10 ff.

1536 Dahm, NVwZ 2005, 172 (173); Maurer, Allgemeines Verwaltungsrecht, § 29 Rn. 11.

1537 Vgl. Dahm, NVwZ 2005, 172 (173); Kötter/Nolte, DÖV 2007, 186 (193).

1538 Vgl. Dahm, NVwZ 2005, 172 (173).

den Gesetzgeber[1539]. Dieser solle bei der Ausbildung der einfachgesetzlichen Rechtsordnung dafür Sorge tragen, dass die Verfassung und insbesondere die Grundrechte in angemessener Weise berücksichtigt werden[1540]. Der Gesetzgeber habe die ihm insoweit zukommende positive Gestaltungsaufgabe für Fälle der Befreiung Deutscher im Ausland nur im Anwendungsbereich des KonsG konkretisiert[1541]. Dieses Ergebnis befreie die Behörde nicht davon, die sich aus dem Schutz-Treue-Verhältnis ergebenden Verpflichtungen wahrzunehmen, doch haben sie dies ohne eine einfachgesetzliche Grundlage zu tun[1542]. Dahm ist daher der Auffassung, die Exekutive handele stets „ohne Auftrag", wenn sie zum Schutz eines entführten Deutschen tätig wird und die Entführung sich sowohl außerhalb der deutschen Außengrenzen als auch außerhalb des Anwendungsbereichs des KonsG ereignet.

2. Stellungnahme

Der Ansatz von Dahm überzeugt nicht. Dahm geht zwar zunächst richtigerweise davon aus, dass die verfassungsrechtliche Schutzpflicht eine bloße Aufgabenzuweisung darstellt und damit keine konkrete Ermächtigung[1543]. Er weist zudem korrekt daraufhin, dass der Grundsatz der Gesetzmäßigkeit der Verwaltung i.S.d. Art. 20 Abs. 3 GG die Vorgabe beinhaltet, im Gefahrenabwehrrecht zwischen der bloßen gesetzlichen „Aufgabenzuweisung" und einer konkreten „Ermächtigung" durch den Gesetzgeber zu unterscheiden[1544]. Schließlich gibt er auch richtig wieder, dass diese Trennung zwischen den beiden Bereichen auch bei staatlichen Schutzmaßnahmen im Ausland gilt, handelt es sich dabei doch um eine echte gefahrenabwehrrechtliche Zuständigkeit des Bundes im Ausland[1545], wie sich aus Art. 32 Abs. 1, 73 Nr. 1, 74 Abs. 1 Nr. 7 GG entnehmen lässt. Danach hat der Bund die Aufgabe, die Rechtsgüter der Deutschen im Ausland zu schützen[1546]. Diese Aufgabe hat er

1539 Dahm, NVwZ 2005, 172 (173); Kötter/Nolte, DÖV 2007, 186 (193).

1540 Kötter/Nolte, DÖV 2007, 186 (193).

1541 S.o., Seite 184 f.

1542 Vgl. Dahm, NVwZ 2005, 172 (173).

1543 Dahm, NVwZ 2005, 172 (173); Schreiber, NVwZ 1995, 521 (526).

1544 Dahm, NVwZ 2005, 172 (173); Schreiber, NJW 1997, 2137 (2139), ders., NVwZ 1995, 521 (526).

1545 Dahm, NVwZ 2005, 172 (173).

1546 Dahm, NVwZ 2005, 172 (173), vgl. Bachmann, in: Hecker/Müller-Chorus/Bindseil, § 3 Rn. 5.

gemäß § 1 Abs. 2 5. Spiegelstrich GAD[1547] an das Auswärtige Amt und seine Vertretungen delegiert[1548].

Dahm verkennt jedoch zum einen, dass die Hilfsleistung eine den Betroffenen begünstigende Leistung darstellt. Ein Ermächtigungsgrundlage für ein Handeln der Behörde im Rahmen der Leistungsverwaltung bedarf es grundsätzlich nicht[1549]. Diese Grundsätze finden insbesondere bei Notfällen Anwendung[1550] und damit bei Geiselnahmen. Es ist daher bereits aus diesem Grund äußerst fraglich, ob es einer konkreten Ermächtigung bedarf, um nicht „ohne Auftrag" i.S.d. GoA zu handeln.

Dahm unterläuft mit seinem Ansatz zum anderen den Vorbehalt des Gesetzes. Art. 20 Abs. 3 GG schließt es aus, dass die Verwaltung dort, wo gesetzliche Befugnisse und Zuständigkeiten fehlen, unter Berufung auf das Rechtsinstitut der GoA in den Rechtskreis des Bürgers eingreift[1551]. Genau dies wäre aber der Fall, wenn die Bundesrepublik Deutschland eine Kostenerstattung verlangen könnte, obwohl sie es unterlassen hat, eine spezialgesetzliche Grundlage dafür zu schaffen. Der Gesetzgeber hat sich darauf beschränkt, eine Kostenerstattungsgrundlage im Anwendungsbereich des KonsG zu normieren. Diese Entscheidung darf wegen Art. 20 Abs. 3 GG nicht dadurch umgangen werden, dass er auch in allen übrigen Fällen, ohne konkrete Ermächtigungsgrundlage, eine Erstattung seiner Aufwendungen verlangen kann. Die öffentliche GoA darf gerade nicht dazu genutzt werden, um den Vorbehalt des Gesetzes zu umgehen. Für die Anwendbarkeit der Grundsätze der GoA im öffentlichen Recht bleibt nur Raum, wenn dies Beachtung dieser Grundsätze aufrecht erhalten bleibt. Ansonsten könnte stets eine allgemeine Auslagenerstatttungspflicht begründet werden.

Im Ergebnis ist daher festzustellen, dass die Bundesrepublik Deutschland aufgrund der verfassungsrechtlichen Schutzpflicht gemäß Art. 2 Abs. 2 S. 1 GG i. V. m. Art. 1 Abs. 1 S. 2 GG (i.V.m. Art. 25 S. 1 GG) und dem verfassungsrechtlichen Schutz-Treue-Verhältnis mit Auftrag handelt. Die Voraussetzungen der GoA liegen somit nicht vor.

1547 Worlaut von § 1 Abs. 2 Spiegelstrich 5 GAD:
„Aufgabe des Auswärtigen Dienstes ist es insbesondere, [...]
- Deutschen im Ausland Hilfe und Beistand zu leisten, [...]."

1548 Bachmann, in: Hecker/Müller-Chorus/Bindseil, § 3 A. Rn. 5.

1549 H.M., vgl. nur Maurer, Allgemeines Verwaltungsrecht, § 6 Rn. 13 ff.

1550 Maurer, Allgemeines Verwaltungsrecht, § 6 Rn. 15.

1551 Geiß, DÖV 2007, 155 (160).

V. Ergebnis

Die Bundesrepublik Deutschland hat gegen den ehemals im Ausland Entführten keinen Anspruch auf Ersatz der „Befreiungs- und Anschlusskosten“ gemäß §§ 683 S. 1, 670 BGB analog, wenn der Anwendungsbereich des KonsG nicht eröffnet ist.

F. Ergebnisse 5. Teil

1. Ist der Anwendungsbereich des KonsG eröffnet, hat die Bundesrepublik Deutschland gegen eine ehemalige Geisel einen Anspruch auf Ersatz der dem Auswärtigen Dienst entstandenen Befreiungs- und Anschlusskosten[1552].
2. Befreiungskosten sind alle Auslagen des Auswärtigen Dienstes, die während einer Rettung anfallen[1553]. Dazu gehören Evakuierungsflüge, die Arbeit des Krisenstabes, Aufwendungen für Telekommunikation, Dienstfahrten und Dienstflüge für Unterhändler und Sicherheitskräfte. Unter den Begriff „Anschlusskosten“ fallen alle Auslagen, die nach der Befreiung bzw. Freilassung entstehen, wie ein Rückflug oder Versorgungsgüter[1554].
3. Ein Kostenerstattungsbescheid kann in diesen Fällen auf §§ 1 2. Spiegelstrich, 25 KonsG i. V. m. §§ 1 Abs. 1, 7 Abs. 1 AKostG gestützt werden[1555].
4. Der Begriff „Auslagen“ i.S.v. § 7 Abs. 1 KonsG muss dabei weit ausgelegt werden. Das Tatbestandsmerkmal erfasst daher *alle* Aufwendungen der Auslandsvertretungen, die dem Adressaten individuell zugerechnet werden können und keine „Gebühr“ im Sinne der Auslandskostenverordnung darstellen. Befreiungskosten können als „Auslagen“ qualifiziert werden[1556].
5. §§ 1 2. Spiegelstrich, 25 KonsG i. V. m. §§ 1 Abs. 1, 7 Abs. 1 AKostG ist eine hinreichend bestimmte Rechtsgrundlage für einen Kostenbescheid[1557]. Dem steht nicht entgegen, dass § 7 Abs. 1 AKostG keine ausdrückliche Erstattung von Befreiungs- oder Anschlusskosten beinhaltet. Eine konkrete

1552 S.o., Seite 280 ff.
1553 S.o., Seite 274 f.
1554 S.o., Seite 274 f.
1555 S.o., Seite 285 f.
1556 S.o., Seite 282 f.
1557 S.o., Seite 284 f.

Regelung hierzu hätte negative Folgen für die Primärebene. Eine explizite Regelung würde die verschiedenen Formen der zu gewährenden Hilfeleistungen klassifizieren, der Staat würde sich über den Umweg der Kostenerstattung erpressbar machen.

6. Der Auswärtige Dienst kann von der Kostenerhebung gemäß § 10 Abs. 1 AKostG ganz oder teilweise absehen, wenn sich die ehemalige Geisel vor der Rettung in einer wirtschaftlichen Notlage befunden hatte oder die Geltendmachung der Kosten für sie eine besondere Härte darstellen[1558].
7. Das gleiche Ergebnis ergibt sich aus § 19 AKostG i. V. m. § 59 Abs. 1 BHO[1559].
8. Können Maßnahmen zur Befreiung einer im Ausland entführten deutschen Geisel auf der Grundlage von § 6 Abs. 1 KonsG erfolgen, stützt sich der Leistungsbescheid auf § 6 Abs. 2 KonsG i.V.m. § 5 Abs. 5 KonsG. Eine Einschränkung der Kostenlast kann über § 6 Abs. 2 S. 2 KonsG erfolgen.
9. Ein Leistungsbescheid, der die Erstattung von Befreiungs- und/oder Anschlusskosten zum Gegenstand hat, verstößt nicht gegen Art. 3 Abs. 1 GG[1560].
10. Ein Kostenerstattungsanspruch kann dagegen nicht aus § 25 KonsG i. V. m. §§ 1 Abs. 2, 7 Abs. 2 AKostG abgeleitet werden[1561]. Amtshandlungen des Auswärtigen Amtes i. S. v. § 7 Abs. 2 AKostG sind nur solche, die *unmittelbare* Außenwirkung entfalten und daher regelmäßig im Inland vorgenommen werden.
11. Ein Kostenerstattungsbescheid kann nicht auf § 3 Abs. 1 KonsG i. V. m. §§ 683 S. 1, 670 BGB analog gestützt werden, wenn das KonsG Anwendung findet[1562].
12. Die Bundesrepublik Deutschland kann die Befreiungs- und Anschlusskosten nur dann vom Arbeitgeber eines Entführten erstattet verlangen, wenn dieser gemäß § 13 Abs. 1 Nr. 2 AKostG die Kosten übernommen hat[1563].
13. Findet das KonsG keine Anwendung, so kann der Auswärtige Dienst die ihm durch die Rettung entstandenen Auslagen nicht gemäß §§ 683 S. 1, 670 BGB analog erstattet verlangen[1564]. Die Voraussetzungen der GoA liegen nicht vor, da die Bundesrepublik Deutschland gemäß Art. 2 Abs. 2

1558 S.o., Seite 287 ff.
1559 S.o., Seite 289.
1560 S.o., Seite 298 ff.
1561 S.o., Seite 278 ff.
1562 S.o., Seite 293 f.
1563 S.o., Seite 294 ff.
1564 S.o., Seite 301 ff.

GG i. V. m. Art. 1 Abs. 1 S. 2 GG (i.V.m. Art. 25 S. 1 GG) und nach dem verfassungsrechtlichen Schutz-Treue-Verhältnis „mit Auftrag“ handelt.

Teil 6: Anspruch eines Unionsbürgers auf Befreiung gegen die deutsche Staatsgewalt

A. Anspruch auf Hilfe

Abschließend soll erörtert werden, ob ein im Ausland entführter Unionsbürger[1565] über Art. 23 Abs. 1 AEUV i.V.m. den Regelungen des KonsG bzw. über Art. 20 Abs. 2 S. 2 lit. c) AEUV i.V.m. mit den Regelungen des KonsG von der deutschen Staatsgewalt Rettungsmaßnahmen beanspruchen kann.

I. Anspruch aus Art. 23 Abs. 1 AEUV i.V.m. den Regelungen des KonsG

Die Mitgliedstaaten haben – aus Sicht des nationalen Gesetzgebers gesehen – den persönlichen Anwendungsbereich des KonsG durch Art. 23 Abs. 1 AEUV erweitert. Dort heißt es wörtlich:

> *„Jeder Unionsbürger genießt im Hoheitsgebiet eines dritten Landes, in dem der Mitgliedstaat, dessen Staatsangehörigkeit er besitzt, nicht vertreten ist, den diplomatischen und konsularischen Schutz eines jeden Mitgliedstaats unter denselben Bedingungen wie Staatsangehörige dieses Staates."*

1. Kein Institutioneller Bezug zur Auslandsvertretung erforderlich

Ein Anspruch auf Hilfe über Art. 23 Abs. 1 AEUV scheidet allerdings aus, wenn *„unter konsularischen Maßnahmen"* nur solche Maßnahmen zu verstehen sind, die einen *institutionellen Bezug* zu einer Auslandvertretung haben. Einen institutionellen Bezug zu einer Auslandsvertretung haben solche Schutzmaßnahmen, die direkt und ohne Einschaltung der einheimischen Organe durch die

---

1565 Unionsbürger ist gemäß Art. 20 Abs. 1 S. 2 AEUV, wer die Staatsangehörigkeit eines Mitgliedstaates besitzt. Zum Zeitpunkt der Fertigstellung dieser Arbeit sind neben Deutschland noch folgende Staaten Mitgliedstaaten der EU: Belgien, Bulgarien, Dänemark, Estland, Finnland, Frankreich, Griechenland, Großbritannien, Irland, Italien, Lettland, Litauen, Luxemburg, Malta, Niederlande, Österreich, Polen, Portugal, Rumänien, Schweden, Slowakei, Slowenien, Spanien, Tschechische Republik, Ungarn, Zypern.

Vertretungen im jeweiligen Land gewährt werden, wie z. B. Pass- und Visaangelegenheiten, Personenstandsangelegenheiten oder Nachlassfragen[1566]. Da Befreiungsmaßnahmen immer in enger Zusammenarbeit mit dem Auswärtigen Amt und anderen einheimischen Behörden erfolgen[1567], stellen sie keine bloßen institutionellen Leistungen dar[1568].

a) Die Auslegung von Art. 23 Abs. 1 AEUV

In der rechtswissenschaftlichen Literatur war bis zum Inkrafttreten des „Vertrags von Lissabon" umstritten, ob konsularische Maßnahmen nach dem bis dahin geltenden Art. 20 EGV einen institutionellen Bezug zu einer Auslandsvertretung haben müssen. Einige Autoren sprachen sich dafür aus. Sie verwiesen auf die englischen und französischen Fassungen des Art. 20 EGV[1569]. Während in der englischen Bestimmung die Rede von *„protection by the diplomatic or consular authorities"* war, enthielt die französische Version die Formulierung *„protection de la part des autorités diplomatiques et consulaires"*[1570]. Diese Auffassung argumentierte zudem mit dem Wortlaut von Art. 46 GRCh. Danach genießen Unionsbürger

> *„im Hoheitsgebiet eines Drittlandes, in dem der Mitgliedstaat, dessen Staatsangehörigkeit sie besitzen, nicht vertreten ist, den Schutz der diplomatischen und konsularischen Stellen eines jeden Mitgliedstaats unter denselben Bedingungen wie Staatsangehörige dieses Staates".*

Art. 46 GRCh spricht ausdrücklich vom Schutz durch die *„diplomatischen und konsularischen Stellen"* und verlangt somit einen institutionellen Bezug zur Auslandsvertretung[1571].

1566 KLUTH, in: CALLIESS/RUFFERT, Art. 20 EGV Rn. 6 und 7.

1567 S.o., Seite 41 ff.

1568 Vgl. zur Vorgängervorschrift: RUFFERT, AVR 35 (1997), 459 (465).

1569 KLUTH, in: CALLIESS/RUFFERT, Art. 20 EGV Rn. 7; RENGELING/SZCZEKALLA, Grundrechte in der Europäischen Union, § 42 Rn. 1146 ff.; RUFFERT, AVR 35 (1997), 459 (465).

1570 KLUTH, in: CALLIESS/RUFFERT, Art. 20 EGV Rn. 7; RENGELING/SZCZEKALLA, Grundrechte in der Europäischen Union, § 42 Rn. 1146; STEIN, in: RESS/STEIN (Hrsg.), Der diplomatische Schutz im Völker- und Europarecht, 97 (98). Die italienische, spanische und niederländische Formulierung folgten dem französischen Wortlaut.

1571 KLUTH, in: CALLIESS/RUFFERT, Art. 20 EGV Rn. 7; RENGELING/SZCZEKALLA, Grundrechte in der Europäischen Union, § 42 Rn. 1147.

Auch schien Art. 1 des Beschlusses 95/553/EG[1572] vom 19.12.1995, der die erforderliche Ausführungsregelung i.S.d. Art. 20 S. 2 EGV darstellte, auf ein institutionelles Verständnis von Art. 20 EGV hinzudeuten. Wörtlich hieß es dort:

> *„Jeder Bürger der Europäischen Union genießt den konsularischen Schutz jeder diplomatischen oder konsularischen Vertretung eines Mitgliedstaats [...].“*

Der Wortlaut von Art. 1 beschränkt sich also ebenfalls auf den Schutz der Bürger durch *„diplomatische und konsularische Vertretungen“*.

Ein Unionsbürger konnte nach dieser Ansicht von einer diplomatischen oder konsularischen Vertretung eines anderen Mitgliedstaates somit nur Maßnahmen verlangen, die einen institutionellen Bezug zur Auslandsvertretung haben. Er konnte damit keine Hilfsmaßnahmen im Entführungsfall beanspruchen[1573].

Die herrschende Lehre[1574] sprach sich allerdings gegen die institutionelle Interpretation des Art. 20 EGV aus. Sie verwies zunächst auf Art. 314 EGV[1575], wonach der Vertrag in jeder Sprache verbindlich ist und damit allen Vertragstexten dieselbe Bedeutung zukommt. Auch die allgemein gehaltene Formulierung des Art. 5 Abs. 1 lit. e) des Beschlusses 95/553/EG schien gegen einen institutionellen Bezug der konsularischen Maßnahmen zu sprechen. Dort hieß es:

1572 Beschluss der im Rat vereinigten Vertreter der Regierungen der Mitgliedstaaten vom 19. Dezember 1995 über den Schutz der Bürger der Europäischen Union durch die diplomatischen und konsularischen Vertretungen, Abl. Nr. L 314 S. 73 – *Schutz-Beschl. 1995*.
Wortlaut von Art. 1 des Beschlusses 95/553/EG: *„Jeder Bürger der Europäischen Union genießt den konsularischen Schutz jeder diplomatischen oder konsularischen Vertretung eines Mitgliedstaats, wenn es in dem Hoheitsgebiet, in dem er sich befindet,*
- weder eine erreichbare ständige Vertretung
- noch einen erreichbaren zuständigen Honorarkonsul
seines Mitgliedstaats oder eines anderen Staates gibt, der die ständige Vertretung für seinen Mitgliedstaat wahrnimmt.“

1573 Vgl. Ruffert, AVR 35 (1997), 459 (465).

1574 Haag, in: v. d. Groeben/Schwarze, Art. 20 EGV Rn. 6; Hatje, in: Schwarze, Art. 20 EGV Rn. 9; Hilf, in: Grabitz/Hilf I, Art. 20 EGV, Rn. 14.

1575 Wortlaut von Art. 314 EGV: *„Dieser Vertrag ist in einer Urschrift in deutscher, französischer, italienischer und niederländischer Sprache abgefasst, wobei jeder Wortlaut gleichermaßen verbindlich ist; er wird im Archiv der Regierung der Italienischen Republik hinterlegt; diese übermittelt der Regierung jedes anderen Unterzeichnerstaats eine beglaubigte Abschrift. Nach den Beitrittsverträgen ist der Wortlaut dieses Vertrags auch in dänischer, englischer, finnischer, griechischer, irischer, portugiesischer, schwedischer und spanischer Sprache verbindlich.“*

> *„(1) Der Schutz gemäß Artikel 1 umfasst:*
> *e) Hilfeleistungen für Unionsbürger in Not [...].“*

Da eine Notlage i.S.d. Art. 5 Abs. 1 lit. c) des Beschlusses 95/553/EG unter Umständen nur durch eine enge Zusammenarbeit mit den inländischen Behörden des Heimatstaates beseitigt werden konnte, stand nach der h. L. auch dieses Argument einer institutionellen Deutung des Art. 20 EGV entgegen.

b) Unterschiedliche Formulierung in Art. 20 Abs. 2 S. 2 lit. c) AEUV

Der Streit um die richtige Auslegung des Art. 23 AEUV dürfte sich mit dem Inkrafttreten des „Vertrages von Lissabon“ am 01.12.2009 erledigt haben. Dieser sieht neben Art. 23 Abs. 1 AEUV noch eine weitere Vorschrift zum Schutz von Unionsbürgern im Ausland vor: Art. 20 Abs. 2 S. 2 lit. c) AEUV. Eine entsprechende Vorschrift enthielt der EGV nicht. Wörtlich heißt es in Art. 20 Abs. 2 S. 2 lit. c) AEUV:

> *„Die Unionsbürgerinnen und Unionsbürger haben die in den Verträgen vorgesehenen Rechte und Pflichten. Sie haben unter anderem [...] im Hoheitsgebiet eines Drittlandes, in dem der Mitgliedstaat, dessen Staatsangehörigkeit sie besitzen, nicht vertreten ist, Recht auf Schutz durch die diplomatischen und konsularischen Behörden eines jeden Mitgliedstaats unter denselben Bedingungen wie Staatsangehörige dieses Staates.“*

Art. 20 Abs. 2 S. 2 lit. c) AEUV spricht ausdrücklich vom Schutz durch diplomatische oder konsularische *Behörden*. Die vom Unionsbürger nach Art. 20 Abs. 2 S. 2 lit. c) AEUV begehrten Hilfen müssen Schutzmaßnahmen sein, die durch die *Auslandsvertretungen* gewährt werden können. Die begehrten Maßnahmen müssen somit einen institutionellen Bezug zur Auslandsvertretung haben. Wenn Art. 20 Abs. 2 S. 2 lit. c) AEUV aber (nur) Maßnahmen umfasst, die einen institutionellen Bezug zur Auslandsvertretung haben, die Mitgliedstaaten diese Regelung erstmals mit dem „Vertrag von Lissabon“ kodifiziert haben, muss Art. 23 Abs. 1 AEUV folglich auch Schutzmaßnahmen umfassen, die über die alltäglichen konsularischen Leistungen hinausgehen, also auch Leistungen erfassen, die allein in Zusammenarbeit mit dem Auswärtigen Amt gewährt werden können. Denn anderenfalls hätte es der Normierung von Art. 20 Abs. 2 S. 2 lit. c) AEUV nicht bedurft.

Die Mitgliedstaaten haben den Streit um die richtige Auslegung des Art. 20 EGV durch Art. 20 Abs. 2 S. 2 lit. c) AEUV *und* Art. 23 Abs. 1 AEUV somit zugunsten der früheren h.L. entschieden. Im Ergebnis ist folglich eine institutionelle Deutung des Art. 23 Abs. 1 AEUV abzulehnen.

2. Individualanspruch

Einige Autoren sprachen Art. 8 EGV und Art. 20 EGV als Vorgängervorschriften des Art. 23 Abs. 1 AEUV den Charakter eines Individualanspruchs ab[1576]. Entsprechende Bedenken greifen bezüglich Art. 23 Abs. 1 AEUV nicht durch[1577]. Bereits der Wortlaut des Art. 23 Abs. 1 AEUV spricht dafür, dass diese Regelung ein subjektives Recht der Unionsbürger enthält. Die Norm ordnet ausdrücklich an, dass *„jeder Unionsbürger"* *„unter denselben Bedingungen wie Staatsangehörige"* eines anderen Mitgliedstaates *„Schutz"* durch die Auslandsvertretungen dieses Mitgliedstaats *„genießt"*, sofern sein Heimatstaat im Drittstaat keine Auslandsvertretung unterhält.

Außerdem sprechen systematische Gründe für einen subjektiv-rechtlichen Gehalt des Art. 23 Abs. 1 AEUV[1578]. Art. 23 Abs. 1 AEUV steht im zweiten Teil des AEUV. Dieser Teil will die Rechte einer „Unionsbürgerschaft" fördern. Art. 20 Abs. 2 S. 1 AEUV weist ausdrücklich darauf hin, dass die Unionsbürger *„die in diesem Vertrag vorgesehenen Rechte und Pflichten"* haben.

Art. 23 Abs. 1 AEUV begründet somit einen gemeinschaftsrechtlichen Anspruch des Einzelnen. Dieser Anspruch besteht allerdings nur dem Grunde nach (konditioniertes Unionsbürgerrecht)[1579]. Es handelt sich um ein formales

---

1576 Vgl. Kaufmann-Bühler, in: Lenz/Borchardt, Art. 20 EGV Rn. 3. Hinsichtlich der Vorgängervorschrift von Art. 23 Abs. 1 AEUV, Art. 20 EGV wurde von Teilen der Literatur zudem behauptet, diese können nicht unmittelbar angewandt werden, vgl. etwa Kaufmann-Bühler, in: Lenz/Borchardt, Art. 20 EGV Rn. 3). Diese Bedenken konnten aber nicht überzeugen. Bereits vor der Umsetzung des völkerrechtlichen Aktes nach Art. 20 S. 2 EGV sprachen der klare und bestimmte Wortlaut des Art. 20 S. 1 EGV für eine unmittelbare Anwendung des Vorschrift, vgl. Szcekalla, EuR 1999, 325 (327). Spätestens durch Umsetzung des Aktes nach Art. 20 S. 2 EGV wurden letzte Zweifel an der unmittelbaren Anwendbarkeit von Art. 20 EGV ausgeräumt, vgl. Kluth, in: Calliess/Ruffert, Art. 20 EGV Rn. 14; Szcekalla, EuR 1999, 325 (327).

1577 Die Behauptung, Art. 20 EGV enthalte keinen Individualanspruch, wurden bereits damals mehrheitlich abgelehnt. Zu Recht erkennte die überwiegende Literatur in Art. 20 S. 1 EGV einen Individualanspruch eines jeden Unionsbürgers, vgl. Haag, in: v. d. Groeben/Schwarze, Art. 20 EGV Rn. 12; Szcekalla, EuR 1999, 325 (327 ff.).

1578 Vgl. zur Vorgängervorschrift: Ruffert, AVR 35 (1997), 459 (471). Ruffert weist zudem noch auf die „Mobilisierung des Bürgers" durch Gewährung subjektiver Rechte seitens des Gemeinschaftsrechts als „funktional-telelogische(s)" Argument hin, vgl. Ruffert, AVR 35 (1997), 459 (471 f.).

1579 Hilf, in: Grabitz/Hilf (Hrsg.), Das Recht der Europäischen Union, Bd. I, Art. 20 EGV, Rn. 29; Ruffert, AVR 35 (1997), 459 (472).

Gleichbehandlungsrecht. Der hilfesuchende Angehörige eines anderen Mitgliedstaates ist genauso zu behandeln wie Angehörige des Entsendestaates der betroffenen Auslandsvertretung. Ein für alle Mitgliedstaaten einheitliches Individualrecht wurde daher nicht geschaffen[1580]. Die gleichheitsrechtliche Struktur des Art. 23 Abs. 1 AEUV und seine Abhängigkeit von nationalen Bestimmungen stehen seinem individualrechtlichten Gehalt aber nicht entgegen[1581].

3. Ergebnis

Ein Unionsbürger hat folglich einen Anspruch auf konsularischen Schutz gegen die deutsche Staatsgewalt, wenn er im Ausland Hilfe begehrt und sein Heimatstaat in diesem Land keine Auslandsvertretung unterhält. Unter diesen Umständen kann auch ein entführter Unionsbürger von der Bundesrepublik Deutschland gemäß Art. 23 Abs. 1 AEUV i.V.m. § 1 2. Spiegelstrich KonsG bzw. nach Art. 23 Abs. 1 AEUV i.V.m. § 6 Abs. 1 KonsG Hilfe beanspruchen.

II. Kein Anspruch aus Art. 20 Abs. 2 S. 2 lit. c) AEUV i.V.m. mit den Regelungen des KonsG

Dagegen scheidet ein Anspruch eines entführten Unionsbürgers auf Hilfe gegen die deutsche Staatsgewalt gemäß Art. 20 Abs. 2 S. 2 lit. c) AEUV i.V.m. mit den Regelungen des KonsG aus. Maßnahmen nach Art. 20 Abs. 2 S. 2 lit. c) AEUV erfordern einen institutionellen Bezug zur Auslandsvertretung. Dies ergibt sich bereits aus dem Wortlaut[1582]. Für diesen Ergebnis spricht im Übrigen ein Vergleich mit Art. 23 Abs. 1 AEUV, der sämtliche konsularischen Maßnahmen umfasst[1583]. Einen institutionellen Bezug zu einer Auslandsvertretung haben nur solche Schutzmaßnahmen, die direkt und ohne Einschaltung der einhei-

---

1580 Hailbronner, in: Hailbronner/Renner/Maaßen, Grundlagen I. Rn. 52.

1581 Ruffert, AVR 35 (1997), 459 (472).

1582 S.o., Seite 18.

1583 S.o., Seite 314. Ein entsprechendes Ergebnis folgt aus Art. 46 GRCh. Danach genießen Unionsbürger „*im Hoheitsgebiet eines Drittlandes, in dem der Mitgliedstaat, dessen Staatsangehörigkeit sie besitzen, nicht vertreten ist, den Schutz der diplomatischen und konsularischen Stellen eines jeden Mitgliedstaats unter denselben Bedingungen wie Staatsangehörige dieses Staates*“. *Art. 46 CRCh spricht vom Schutz durch die „diplomatischen und konsularischen Stellen*“ und verlangt somit ausdrücklich einen institutionellen Bezug zur Auslandsvertretung, vgl. Kluth, in: Calliess/Ruffert, Art. 20 EGV Rn. 7; Rengeling/Szczekalla, Grundrechte in der Europäischen Union, § 42 Rn. 1147.

mischen Organe durch die Vertretungen im jeweiligen Land gewährt werden, wie z. B. Pass- und Visaangelegenheiten, Personenstandsangelegenheiten oder Nachlassfragen[1584]. Dagegen wird in Geiselfällen der überwiegende Teil der für die Befreiung maßgeblichen Handlungen vom Auswärtigen Amt in Berlin vorgenommen[1585]. Eine aussichtsreiche Konfliktbewältigung in Entführungsfällen erfordert die Einrichtung eines Krisenstabes im Auswärtigen Amt und eine enge Zusammenarbeit der Leitung des Auswärtigen Dienstes mit der jeweiligen ausländischen Regierung[1586]. Befreiungsmaßnahmen stellen daher keine institutionellen Leistungen dar.

B. Ergebnisse 6. Teil

1. Ein im Ausland entführter Unionsbürger hat gegen die deutsche Staatsgewalt über Art. 23 Abs. 1 AEUV i.V.m. § 1 2. Spiegelstrich KonsG bzw. nach Art. 23 Abs. 1 AEUV i.V.m. § 6 Abs. 1 KonsG einen Anspruch auf Hilfe.
2. Ein Anspruch eines im Ausland entführten Unionsbürgers auf Hilfe gemäß Art. 20 Abs. 2 S. 2 lit. c) AEUV i.V.m. mit den Regelungen des KonsG scheidet dagegen aus. Maßnahmen nach Art. 20 Abs. 2 S. 2 lit. c) AEUV fordern einen institutionellen Bezug zur Arbeit der Auslandsvertretung. Hilfsmaßnahmen im Entführungsfall gehen über solche Maßnahmen hinaus.

1584 Kluth, in: Calliess/Ruffert, Art. 20 EGV Rn. 6 und 7.

1585 *OVG Berlin-Brandenburg*, Urt. v. 21.02.2007 – 11 B 9.06 (erhältlich in juris) Rn. 29; *VG Berlin* Urt. v. 04.04.2006 – 14 A 12.04 (erhältlich in juris) Rn. 36.

1586 *VG Berlin*, Urt. v. 04.04.2006 – 14 A 12.04 (erhältlich in juris) Rn. 36; Hanschel, ZaöRV 66 (2006), 789 (799); Geiß, DÖV 2007, 155 (157).

Teil 7: Gesamtergebnis und Folgerungen

A. Teil 1

Die vorstehenden Ausführungen haben gezeigt, dass die Bundesrepublik Deutschland gemäß § 1 2. Spiegelstrich KonsG und in Einzelfällen auch gemäß § 6 Abs. 1 KonsG verpflichtet ist, entführten deutschen Staatsangehörigen im Ausland zu helfen. Die Praxis des Bundesrepublik Deutschland, im Entführungsfall immer Hilfsmaßnahmen zu ergreifen, resultiert zum einen aus einer Ermessensreduzierung auf Null, weil sich insbesondere das Auswärtige Amt selbstgebunden hat. Die Ausführungen haben aber auch verdeutlicht, dass die Praxis des Auswärtigen Amtes die Erfüllung der grundrechtlichen Schutzpflichten dem Grunde nach sind.

Das Auswärtige Amt bzw. die Bundesregierung haben dabei einen erheblichen Ermessenspielraum, welche Befreiungs- oder Unterstützungsmaßnahmen sie ergreifen. Dieser weite Ermessenspielraum kann dazu führen, dass im Einzelfall auch jegliche Hilfeleistung unterlassen wird. Eine deutsche Geisel hat zwar einen Anspruch auf Hilfe, wird aber in der Regel keine konkrete Befreiungsmaßnahme beanspruchen können. Sie wird daher nicht verlangen können, dass die Exekutive auf Lösegeldzahlungsforderungen oder politische Forderungen der Entführer eingeht. Ein Anspruch auf Befreiung besteht folglich nur ausnahmsweise und nur dann, wenn jede andere Entscheidung rechtswidrig ist.

Dieser einfachgesetzliche Anspruch ist verfassungsrechtlich fundiert und mit den grundgesetzlichen Vorgaben vereinbar. Der Staat ist gemäß Art. 2 Abs. 2 GG i. V. m. Art. 1 Abs. 1 S. 2 GG und dem verfassungsrechtlichen Schutz-Treue-Verhältnis verpflichtet, seine Angehörigen im Ausland zu schützen.

Die Ausführungen zum einfachgesetzlichen Hilfsanspruch in Entführungsfällen haben gezeigt, dass in der Rechtsprechung und in der Literatur zu diesen Fragen noch viel umstritten ist. Grund dafür mag auch sein, dass zum Zeitpunkt des Inkrafttretens des KonsG Entführungen von deutschen Staatsangehörigen im Ausland im heutigen Umfang nicht denkbar gewesen sind. Ungeachtet dessen, ob man das Vorliegen der Voraussetzungen des § 1 2. Spiegelstrich KonsG oder des § 6 Abs. 1 KonsG verneint oder bejaht, ist die Aufnahme einer klarstellenden Regelung wünschenswert. Angesichts einer der globalisierten Welt entsprechenden Reisetätigkeit der Deutschen und den Gefahren durch mögliche Entführungen ist eine klare Grundlage für staatliche Rettungsmöglichkeiten sachgerecht.

Es sollte daher versucht werden, einen Gesetzesentwurf für eine klare Rechtsgrundlage für staatliche Maßnahmen in Entführungsfällen zu formulieren. Erforderliche Hilfsmaßnahmen in Entführungsfällen scheinen den Hilfsmaßnahmen bei Leibes- und Lebensgefahr gemäß § 6 KonsG systematisch näher zu stehen als der in § 5 KonsG geregelten öffentlichen Fürsorge in wirtschaftlichen Notlagen. Andererseits legt die Überschrift des § 5 KonsG – „Hilfe an einzelne“ – die Anwendung dieser Vorschrift in Entführungsfällen nahe. Die Hilfe für Einzelne wird zudem in § 7 KonsG mit der „Hilfe für Gefangene“ geregelt. Im Ergebnis erscheint daher eine eigenständige, eindeutige Regelung nur für Entführungsfälle sinnvoll. Es bietet sich folgende Formulierung an:

§ 5 a Hilfe in Entführungsfällen

Die Konsularbeamten sollen die erforderlichen Maßnahmen treffen, um Deutschen, die entführt wurden, zu helfen. § 5 Abs. 5 gilt entsprechend.

Da sich eine Auslagenerstattungspflicht bereits aus § 25 KonsG und § 7 Abs. 1, § 1 Abs. 1 AKostG ergibt, hätte es Satz 2 in § 5 a KonsG nicht bedurft. In Anlehnung an § 5 Abs. 5 KonsG und § 6 Abs. 2 KonsG erscheint eine klarstellende Kostenregelung allerdings sinnvoll. Denkbar wäre es auch, in § 6 KonsG einen entsprechenden Absatz aufzunehmen. So könnte § 6 KonsG wie folgt lauten:

§ 6 Hilfe in Katastrophenfällen

(1) Wenn im Konsularbezirk Naturkatastrophen, kriegerische oder revolutionäre Verwicklungen oder vergleichbare Ereignisse, die der Bevölkerung oder Teilen von ihnen Schaden zufügen, eintreten oder einzutreten drohen, sollen die Konsularbeamten die erforderlichen Maßnahmen treffen, um den Geschädigten oder den Bedrohten, soweit sie Deutsche sind, Hilfe und Schutz zu gewähren. Dies gilt auch für Abkömmlinge von Deutschen und für nichtdeutsche Familienangehörige von Deutschen, wenn sie mit diesen in Haushaltsgemeinschaft leben oder längere Zeit gelebt haben.

(2) Die Konsularbeamten sollen die erforderlichen Maßnahmen treffen, um Deutschen, die entführt wurden, zu helfen.

(3) § 5 Abs. 5 gilt entsprechend. Soweit die Entwicklung der Lage im Konsularbezirk, die persönlichen Verhältnisse des Hilfs- oder Schutzbedürftigen oder sonstige beson-

dere Umstände es erfordern, kann von der Geltendmachung der Ansprüche auf Auslagenersatz abgesehen werden.

(4) Um in den in Absatz 1 genannten Fällen sofort wirksam helfen zu können, sollen die Konsularbeamten eine Liste der in ihrem Konsularbezirk ansässigen Deutschen und anderer Schutzbefohlener sowie ihrer Familienangehörigen erstellen und auf dem laufenden halten.

B. Teil 2

Die gegenwärtige Rechtslage unterscheidet auf der Primärebene nicht danach, ob sich eine deutsche Geisel fahrlässig in Gefahr begeben hat oder ein deutscher Staatsangehöriger in einem „sicheren" Land entführt wird. Der deutsche Staat gewährt selbst dann konsularischen Schutz, wenn eine ehemalige Geisel zum wiederholten Male entführt wird. Ein Entführungsopfer hat auch unter diesen Umständen einen Anspruch auf Hilfe, da sich das Entschließungsermessen ebenfalls auf Null reduziert. Ein Untätigbleiben der zuständigen Stellen würde einen Verstoß gegen das Untermaßverbot darstellen.

Gemessen daran ergibt sich für den Fall Susanne Osthoff Folgendes: Würde Frau Osthoff erneut im Irak entführt werden, ist die Bundesrepublik Deutschland zur Hilfe verpflichtet. Diese hat allerdings ein Ermessen, auf welche Art und Weise Susanne Osthoff geholfen wird.

C. Teil 3

Die Bundesrepublik Deutschland verfügt mit der GSG 9 der Bundespolizei und den KSK der Bundeswehr über zwei Spezialeinheiten, um eine deutsche Geisel im Ausland gewaltsam zu befreien.

Das Völkerrecht setzt für einen Befreiungseinsatz hohe Hürden. Ein Einsatz ist völkerrechtskonform, wenn der Aufenthaltsstaat den Befreiungseinsatz gestattet oder die Intervention streng auf den Schutzzweck begrenzt ist, die fremde Staatsgewalt sich die Entführung zurechnen lassen muss und die Intervention nicht unverhältnismäßig nach Art und Ausmaß in die geschützten Rechtsgüter des anderen Staates eingreift.

D. Teil 4

Eine deutsche Geisel kann ihre Rechte vor Gericht im einstweiligen Verfahren durchsetzen. Der Rechtsweg zu den Verwaltungsgerichten ist eröffnet. Da eine Geisel aus tatsächlich Gründen gehindert ist, ihre Rechte geltend zu machen, können Angehörige sie vor Gericht vertreten. Da es aber in der VwGO keine eindeutige Regelung zu der Frage gibt, ob eine Person mit unbekanntem Aufenthaltsort vertreten werden kann, wäre auch hier ein Handeln des Gesetzgebers wünschenswert.

Ein Antrag bzw. eine Klage wird in der Regel aber unbegründet sein, da die Exekutive einen erheblichen Ermessensspielraum hat, auf welche Art und Weise sie ihrer Hilfspflicht nachkommt.

Entsprechendes gilt für einen Antrag auf Erlass einer einstweiligen Verfügung gemäß § 32 Abs. 1 BVerfGG.

E. Teil 5

Die Bundesrepublik Deutschland hat gegen eine ehemalige Geisel gemäß §§ 1 2. Spiegelstrich, 25 KonsG i.V.m. §§ 1 Abs. 1, 7 Abs. 1 AKostG und § 6 Abs. 2 KonsG i. V. m. § 5 Abs. 5 KonsG einen Anspruch auf Ersatz der dem Auswärtigen Dienst entstandenen Befreiungs- und Anschlusskosten, sofern der Anwendungsbereich des KonsG eröffnet ist. Wenn das Auswärtige Amt ehemalige Geiseln auf Erstattung der entstandenen Kosten in Anspruch nimmt, sollte es innerhalb der Leistungsbescheide die entstandenen Kosten in „Befreiungskosten" und „Anschlusskosten" aufteilen. Dies würde die Transparenz der bisher undurchsichtigen Praxis in diesen Fällen erhöhen.

Diesem Ergebnis steht nicht entgegen, dass § 7 Abs. 1 AKostG weder Befreiungs- noch Anschlusskosten ausdrücklich benennt. Eine konkrete Regelung auf der Sekundärebene hätte negative Auswirkungen für die Primärebene. Würde der Gesetzgeber tatsächlich in § 7 Abs. 1 AKostG die verschiedenen Formen der zu gewährenden Hilfeleistungen klassifizieren, wäre offensichtlich, in welchen Fällen die Bundesrepublik Deutschland in Entführungsfällen Hilfe gewährt. Der Staat würde sich damit über den Umweg der Kostenerstattung erpressbar machen.

Das Auswärtige Amt kann als zuständige Behörde für den Erlass des Kostenbescheids gemäß § 10 Abs. 1 AKostG ganz oder teilweise von der Kostenerhebung absehen, wenn sich die ehemalige Geisel vor der Rettung in einer wirtschaftlichen Notlage befunden hat oder die Geltendmachung der Kosten für sie eine besondere Härte darstellt. Das gleiche Ergebnis ergibt sich aus § 19 AKostG i.V.m. § 59 Abs. 1 BHO.

Die Bundesrepublik Deutschland hat nach derzeitiger Rechtslage keine Möglichkeit, Arbeitgeber von Entführten an den Kosten einer Befreiung zu beteiligen, wenn sie ihre Mitarbeiter ins Ausland schicken und diese dort entführt werden. Eine Inanspruchnahme kommt nur in Betracht, wenn ein Arbeitgeber gemäß § 13 Abs. 1 Nr. 2 AKostG die Kosten des Auswärtigen Dienstes freiwillig übernommen hat.

Die Bundesrepublik Deutschland hat gegen den ehemals im Ausland Entführten keinen Anspruch auf Ersatz der „Befreiungs- und Anschlusskosten“, wenn das KonsG keine Anwendung findet, wie z.B. bei Ereignissen auf Hoher See oder in Ländern, in denen die Bundesrepublik Deutschland keine Auslandsvertretung unterhält. Ein Erstattungsanspruch aus §§ 683 S. 1, 670 BGB analog scheidet aus.

Die Frage, ob die Bundesrepublik Deutschland von ehemaligen Geiseln die Erstattung der Befreiungs- und Anschlusskosten verlangen kann und auf welche Grundlage ein Erstattungsanspruch gestützt werden kann, wird noch für lange Zeit umstritten sein. Darauf deuten allein schon die hierzu ergangen Urteile hin. Während nach Auffassung des VG Berlin die derzeitige Rechtslage keine Ermächtigungsgrundlage für einen Kostenbescheid bereitstellt, sprechen das OVG Berlin-Brandenburg und das Bundesverwaltungsgericht der Bundesrepublik eine Rechtsgrundlage für einen Leistungsbescheid zu. Dabei streiten sich beide Gerichte jedoch über die konkrete Grundlage.

Es sollte daher auch an dieser Stelle versucht werden, einen Gesetzesentwurf für eine klare Ermächtigungsgrundlage für Kostenbescheide nach Befreiungen oder Freilassungen zu formulieren. Dieser Vorschlag soll auch berücksichtigen, dass nach derzeitiger Rechtslage keine Ermächtigungsgrundlage besteht, auf Grund derer die Bundesrepublik Deutschland sich Auslagen von ehemaligen Entführungsopfern erstatten lassen kann, wenn der Anwendungsbereich des KonsG nicht eröffnet ist.

Da das AKostG zwischen Amtshandlungen des Auswärtigen Amtes und der Auslandsvertretungen unterscheidet, sollte es zunächst in Angleichung an § 2 GAD dergestalt geändert werden, dass nicht mehr zwischen Amtshandlungen des Auswärtigen Amtes und der Auslandsvertretungen unterschieden werden muss. Dies könnte dadurch erreicht werden, dass § 1 Abs. 1 und Abs. 2 AKostG gestrichen und durch einen neuen Absatz 1 ersetzt werden:

Der Kostengläubiger kann für Amtshandlungen des Auswärtigen Dienstes Kosten erheben. Kosten sind Gebühren und Auslagen.

§ 7 Abs. 1 AKostG könnte wie folgt lauten:

Auslagen des Auswärtigen Dienstes sind zu erstatten, wenn diese im Zusammenhang mit Amtshandlungen nach den §§ 1 bis 17 des Konsulargesetzes vom 11. September 1974 (BGBl. I S. 2317) entstanden sind.

In § 7 Abs. 2 AKostG könnte eine Bestimmung aufgenommen werden, die berücksichtigt, dass Auslagen des Auswärtigen Dienstes auch dann erstattet werden müssen, wenn das KonsG im konkreten Entführungsfall keine Anwendung findet. In Annährung des oben[1587] aufgezeigten Entwurfs zu § 5 a KonsG (Hilfe in Entführungsfällen) könnte eine Bestimmung aufgenommen werden, die auf alle Befreiungsmaßnahmen in Entführungsfällen Anwendung findet. Diese Vorschrift dürfte als Spezialvorschrift für die Auslagenerstattung in Entführungsfällen § 7 Abs. 1 AKostG vorgehen. § 7 Abs. 2 AKostG könnte dann auf *alle* Befreiungsmaßnahmen angewandt werden, also sowohl auf solche, die sich auf verfassungsrechtliche Regelungen, als auch auf solche, die sich auf Bestimmungen des KonsG stützen. Es bietet sich folgende Formulierung an:

Auslagen des Auswärtigen Dienstes sind auch dann zu erstatten, wenn das Konsulargesetz keine Anwendung findet, aber die Auslagen im Zusammenhang mit Maßnahmen stehen, die getroffen wurden, um im Ausland entführten Deutschen zu helfen.

In § 7 Abs. 3 AKostG müsste schließlich das Wort *„sonstige"* eingefügt werden, um zu verdeutlichen, dass § 7 Abs. 3 AKostG für alle Amtshandlungen des Auswärtigen Amtes gilt, die nicht bereits von § 7 Abs. 1 KonsG und § 7 Abs. 2 KonsG umfasst sind[1588]. Wörtlich hieße es dann dort:

Für sonstige Amtshandlungen des Auswärtigen Amtes werden folgende Auslagen erhoben: [...].

Nach diesen Änderungen würden §§ 1, 7 AKostG wie folgt lauten:

1587 S.o., Seite 320.

1588 § 7 Abs. 3 KonsG würde also solche Amtshandlungen des Auswärtigen Amtes betreffen, die *unmittelbare* Außenwirkung entfalten und daher regelmäßig im Inland vorgenommen werden, vgl. hierzu oben ausführlich: Seite 278 ff.

§ 1 Anwendungsbereich

Der Kostengläubiger kann für Amtshandlungen des Auswärtigen Dienstes Kosten erheben. Kosten sind Gebühren und Auslagen.
Gebührenregelungen in anderen Rechtsvorschriften für Amtshandlungen im Ausland bleiben unberührt.

§ 7 Auslagen

Auslagen des Auswärtigen Dienstes sind zu erstatten, wenn diese im Zusammenhang mit Amtshandlungen nach den §§ 1 bis 17 des Konsulargesetzes vom 11. September 1974 (BGBl. I S. 2317) entstanden sind.
Auslagen des Auswärtigen Dienstes sind auch dann zu erstatten, wenn das Konsulargesetz keine Anwendung findet, aber die Auslagen im Zusammenhang mit Maßnahmen stehen, die getroffen wurden, um im Ausland entführten Deutschen zu helfen.
Für sonstige Amtshandlungen des Auswärtigen Amtes werden folgende Auslagen erhoben:...

F. Teil 6

Ein im Ausland entführter Unionsbürger hat gegen die deutsche Staatsgewalt über Art. 23 Abs. 1 AEUV i.V.m. § 1 2. Spiegelstrich KonsG bzw. nach Art. 23 Abs. 1 AEUV i.V.m. § 6 Abs. 1 KonsG einen Anspruch auf Hilfe. Maßnahmen nach Art. 23 Abs. 1 AEUV müssen keinen institutionellen Bezug zur Auslandsvertretung haben. Dies lässt sich insbesondere durch einen Vergleich mit Art. Art. 20 Abs. 2 S. 2 lit. c) AEUV ableiten. Maßnahmen nach dieser Regelung erfordern dagegen einen institutionellen Bezug zu einer Auslandsvertretung. Einen institutionellen Bezug zu einer Auslandsvertretung haben nur solche Schutzmaßnahmen, die direkt und ohne Einschaltung der einheimischen Organe durch die Vertretungen im jeweiligen Land gewährt werden, wie z. B. Pass- und Visaangelegenheiten, Personenstandsangelegenheiten oder Nachlassfragen. Hilfsmaßnahmen der Auslandsvertretungen in Entführungsfällen erfolgen dagegen immer in enger Zusammenarbeiten mit dem Auswärtigen Amt und anderen einheimischen Behörden. Sie stellen damit keine institutionellen Leistungen dar.

Teil 8: Ergebnisse in Thesen

1. Amtliche Tätigkeiten zur Befreiung einer deutschen Geisel im Ausland stellen Maßnahmen des *konsularischen Schutzes* dar.
2. Weder Art. 23 Abs. 1 AEUV noch Art. 20 Abs. 2 S. 2 lit. c) AEUV beinhalten einen Anspruch des deutschen Staatsangehörigen auf Befreiung gegen die Bundesrepublik Deutschland.
3. Ein derartiger Anspruch lässt sich auch nicht aus Art. 46 GRCh ableiten.
4. Jeder Staat hat das Recht, seine Angehörigen im Ausland zu schützen. Diese Befugnis umfasst auch das konsularische Schutzrecht.
5. Das staatliche Recht zur Befreiung eines Angehörigen stützt sich auf Art. 5 lit. a) und e) WÜK.
6. Dagegen besteht kein völkerrechtlicher Individualanspruch eines deutschen Entführungsopfers auf Befreiung, und zwar weder aus dem Völkervertragsrecht, noch aus dem Völkergewohnheitsrecht.
7. Das Völkerrecht steht einem innerstaatlichen Anspruch nicht entgegen.
8. Der Anwendung des KonsG steht weder entgegen, dass über Befreiungsaktionen grundsätzlich das Auswärtige Amt entscheidet, noch, dass solche Tätigkeiten außerhalb des alltäglichen konsularischen Aufgabenkatalogs liegen.
9. Die Unterstützung einer Befreiung im Ausland stellt keine konsularische Hilfe i.S.v. § 5 KonsG dar. Der Anwendungsbereich des § 5 KonsG bleibt auf wirtschaftliche oder soziale Notlagen beschränkt. Eine Geisel oder ein Entführungsopfer ist nicht „*hilfsbedürftig*" i.S.v. § 5 KonsG.
10. Eine entführte deutsche Geisel kann einen Befreiungsanspruch auf § 6 Abs. 1 KonsG stützen, wenn die Entführung durch einen Katastrophenfall i.S.d. § 6 Abs. 1 KonsG verursacht wurde.
11. Deutsche Entführungsopfer haben (zudem) gemäß § 1 2. Spiegelstrich KonsG gegen die Bundesrepublik Deutschland einen Anspruch auf Hilfe. Das Entscheidungsermessen des Konsularbeamten reduziert sich über Art. 3 Abs. 1 GG aufgrund der Selbstbindung der Verwaltung auf Null. Ein Anspruch auf eine bestimmte Befreiungsmaßnahme scheidet aus. Die Behörde hat vielmehr ein Ermessen hinsichtlich der Frage auf welche Art und Weise sie Hilfe gewährt.

12. Eine gefestigte Rechtsprechung zur Pflicht des Staates, seinen Angehörigen konsularischen Schutz zu gewähren, liegt nicht vor. Aus den Ausführungen des BVerfG zur staatlichen Schutzpflicht im Bereich des konsularischen Schutzes lässt sich eine staatliche Pflicht zur Befreiung der Angehörigen nicht ableiten.
13. Eine Pflicht zur Befreiung einer deutschen Geisel kraft Verfassungstradition besteht nicht.
14. Ein Befreiungsanspruch kann weder auf Art. 16 Abs. 1 GG noch auf Art. 16 Abs. 2 GG gestützt werden.
15. Die grundrechtlichen Schutzpflichten finden auch im Ausland Anwendung. Ihre Reichweite wird über Art. 25 S. 1 GG verfassungsimmanent auf das völkerrechtlich zulässige Maß begrenzt. Dies führt dazu, dass selbst als Jedermann gewährleistete Grundrechte im Ausland nur für Deutsche gelten. Darüber hinaus ist der Schutzbereich eines Grundrechts nur betroffen, wenn die Durchsetzung der staatlichen Handlungspflicht völkerrechtlich gestattet ist. Eine solche Auffassung ist mit der *nationality rule* und dem Territorialprinzip vereinbar.
16. Da eine verfassungsrechtliche Pflicht der Bundesrepublik zur Gewährung von Auslandsschutz über die Rechtsfigur der grundrechtlichen Schutzpflicht abgeleitet werden kann, ist die Bundesrepublik gemäß Art. 2 Abs. 2 GG i. V. m. Art. 1 Abs. 1 S. 2 GG verpflichtet, einem im Ausland entführten Deutschen zu helfen. Ein deutsches Entführungsopfer kann aber keine Befreiung verlangen, sein Recht beschränkt sich auf einen Anspruch auf ermessensfehlerfreie Entscheidung.
17. Aus der Grundbeziehung zwischen dem Staat und seinen Angehörigen ergibt sich die staatliche Pflicht, im Ausland entführte Deutsche zu schützen und ihnen zu helfen. Dieser Pflicht entspricht ein Anspruch des Deutschen auf Hilfe. Ein deutsches Entführungsopfer kann aber keine Befreiung verlangen, sein Recht beschränkt sich auf einen Anspruch auf ermessensfehlerfreie Entscheidung.
18. Der Gesetzgeber hat mit der Schaffung der §§ 1, 5 und 6 KonsG seine verfassungsrechtliche Schutzpflicht im Ausland hinreichend konkretisiert.
19. Das grundsätzlich nach dem KonsG und dem Grundgesetz bestehende Entscheidungsermessen der zuständigen Behörde reduziert sich über Art. 3 Abs. 1 GG i.V.m. mit dem Institut der Selbstbindung der Verwaltung auch dann auf Null, wenn das Auswärtige Amt eine Reisewarnung für das Zielland veröffentlich hat und dort anschließend ein Deutscher entführt wird.

20. Konsularischer Schutz wird auch im Falle einer wiederholten Entführung gewährt. Die staatliche Gewalt ist auch unter diesen Umständen zur Hilfe verpflichtet, da ein Untätigbleiben gegen das Untermaßverbot verstoßen würde.
21. Die Praxis des Auswärtigen Amtes, bei allen Entführungsfällen Hilfsmaßnahmen zu ergreifen, stellt folglich die Erfüllung der grundrechtlichen Schutzpflicht dem Grunde nach dar.
22. Die GSG 9 der Bundespolizei kann gemäß § 8 Abs. 2 S. 1 BPolG im Ausland entführte Deutsche aus der Gewalt ihrer Entführer befreien.
23. Die KSK kann solche Operationen auf der Grundlage von Art. 87a Abs. 1 S. 1 GG durchführen.
24. Der Einsatz beider Spezialeinheiten ist völkerrechtskonform, wenn der Aufenthaltsstaat den Befreiungseinsatz gestattet hat oder die Intervention streng auf den Schutzzweck begrenzt ist, die fremde Staatsgewalt sich die Entführung zurechnen lassen muss und die Intervention nicht unverhältnismäßig nach Art und Ausmaß in die geschützten Rechtsgüter des anderen Staates eingreift.
25. Ein im Ausland entführter Deutscher kann sein Recht auf Schutz und Hilfe vor dem Verwaltungsgericht im einstweiligen Rechtsschutz geltend machen. Entsprechendes gilt für den Antrag auf Erlass einer einstweiligen Anordnung beim BVerfG.
26. Ist der Anwendungsbereich des KonsG eröffnet, hat die Bundesrepublik Deutschland gegen eine ehemalige Geisel einen Anspruch auf Ersatz der dem Auswärtigen Dienst entstandenen Befreiungs- und Anschlusskosten.
27. Befreiungskosten sind alle Auslagen des Auswärtigen Diensten, die während einer Rettung anfallen. Dazu gehören Evakuierungsflüge, die Arbeit des Krisenstabes, Aufwendungen für Telekommunikation, Dienstfahrten und Dienstflüge für Unterhändler und Sicherheitskräfte.
28. Unter den Begriff „Anschlusskosten“ fallen alle Auslagen, die nach der Befreiung bzw. Freilassung entstehen, wie ein Rückflug oder die Ausgabe von Versorgungsgütern.
29. Ein Kostenerstattungsbescheid kann auf §§ 1 2. Spiegelstrich, 25 KonsG i.V.m. §§ 1 Abs. 1, 7 Abs. 1 AKostG gestützt werden.
30. Der Begriff „Auslagen“ i.S.v. § 7 Abs. 1 KonsG erfasst alle Aufwendungen der Auslandsvertretungen, die dem Adressaten individuell zugerechnet werden können und keine „Gebühr“ im Sinne der Auslandskostenverordnung darstellen. Befreiungskosten können als „Auslagen“ qualifiziert werden.

31. §§ 1 2. Spiegelstrich, 25 KonsG i.V.m. §§ 1 Abs. 1, 7 Abs. 1 AKostG ist eine hinreichend bestimmte Rechtsgrundlage für einen Kostenbescheid.
32. Der Auswärtige Dienst kann von der Kostenerhebung gemäß § 10 Abs. 1 AKostG ganz oder teilweise abgesehen, wenn sich die ehemalige Geisel vor der Rettung in einer wirtschaftlichen Notlage befunden hatte oder die Geltendmachung der Kosten für sie eine besondere Härte darstellen.
33. Das gleiche Ergebnis ergibt sich aus § 19 AKostG i.V.m. § 59 Abs. 1 BHO.
34. Die Bundesrepublik Deutschland kann ferner die Erstattung der Befreiungs- und Anschlusskosten nach § 6 Abs. 2 KonsG i.V.m. § 5 Abs. 5 KonsG verlangen, sofern die Hilfsmaßnahmen auf § 6 Abs. 1 KonsG gestützt werden konnten. Eine Einschränkung der Kostenlast kann über § 6 Abs. 2 S. 2 KonsG erfolgen.
35. Ein Leistungsbescheid, der die Erstattung von Befreiungs- und/ oder Anschlusskosten zum Gegenstand hat, verstößt nicht gegen Art. 3 Abs. 1 GG.
36. Ein Kostenerstattungsanspruch kann dagegen nicht aus § 25 KonsG i.V.m §§ 1 Abs. 2, 7 Abs. 2 AKostG abgeleitet werden. Amtshandlungen des Auswärtigen Amtes i. S. v. § 7 Abs. 2 AKostG sind nur solche, die *unmittelbare* Außenwirkung entfalten und daher regelmäßig im Inland vorgenommen werden.
37. Ein Kostenerstattungsbescheid kann nicht auf § 3 Abs. 1 KonsG i.V.m. §§ 683 S. 1, 670 BGB analog gestützt werden, wenn das KonsG Anwendung findet.
38. Die Bundesrepublik Deutschland kann die Befreiungs- und Anschlusskosten nur dann vom Arbeitgeber eines Entführten erstattet verlangen, wenn dieser gemäß § 13 Abs. 1 Nr. 2 AKostG die Kosten übernommen hat.
39. Findet das KonsG keine Anwendung, so kann der Auswärtige Dienst die ihm durch die Rettung entstandenen Auslagen nicht gemäß §§ 683 S. 1, 670 BGB analog erstattet verlangen.
40. Ein Anspruch eines im Ausland entführten Unionsbürgers auf Hilfe gegen die deutsche Staatsgewalt kann über Art. 23 Abs. 1 AEUV i.V.m. den Regelungen des KonsG begründet werden.
41. Schutzmaßnahmen nach Art. 20 Abs. 2 S. 2 lit. c) AEUV erfordern dagegen einen *institutionellen Bezug* zu einer Auslandvertretung.
42. Befreiungsmaßnahmen erfolgen immer in enger Zusammenarbeit mit dem Auswärtigen Amt und anderen einheimischen Behörden und stellen daher keine institutionellen Leistungen i.S.d. Art. 20 Abs. 2 S. 2 lit. c) AEUV dar.

Literaturverzeichnis

ADER, WERNER, Gewaltsame Rettungsaktion zum Schutz eigener Staatsangehöriger im Ausland, München 1988.

ALBER, SIEGBERT, Die Selbstbindung der europäischen Organe an die Europäische Charta der Grundrechte, EuGRZ 2001, 349–353.

ALEXY, ROBERT, Theorie der Grundrechte, 2. Aufl., Frankfurt am Main 1994.

ANSCHÜTZ, GERHARD, Die Verfassung des Deutschen Reichs vom 11. August 1919 – Ein Kommentar für Wissenschaft und Praxis, 4. Bearbeitung, 14. Aufl., Berlin 1933.

ARNDT, CLAUS, Die Verwaltungsgerichte und das Recht auf diplomatischen Schutz bei Manövern alliierter Stationsstreitkräfte, DVBl. 1959, 269–272.

–, Bundeswehreinsatz für die UNO, DÖV 1992, 618–624.

BACHMANN, ULRICH, Die Verfassungsmäßigkeit von Bundeswehreinsätzen im Ausland, MDR 1993, 397–399.

BADURA, PETER, Verfassungsänderung, Verfassungswandel, Verfassungsgewohnheitsrecht, in: ISENSEE, JOSEF/KIRCHHOF, PAUL (Hrsg.), Handbuch des Staatsrechts der Bundesrepublik Deutschland, Bd. VII, Normativität und Schutz der Verfassung – Internationale Beziehungen, Heidelberg 1992, § 160, S. 55–160.

–, Der räumliche Geltungsbereich der Grundrechte, in: MERTEN, DETLEF/PAPIER, HANS-JÜRGEN (Hrsg.), Handbuch der Grundrechte in Deutschland und Europa, Bd. II, Grundrechte in Deutschland: Allgemeine Lehren I, Heidelberg 2006, § 47, S. 1059–1077.

BÄHR, BINER KURT WENKHOLM, Auslandseinsätze der Bundeswehr – Erste Anmerkung zum Urteil des BVerfG vom 12. Juli 1994, MDR 1994, 882–884.

BALDUS, MANFRED, Extraterritoriale Intervention der Bundeswehr zu Rettung von fremden und deutschen Staatsangehörigen, in: ERBERICH, INGO/HÖRSTER, ANSGAR/HOFFMANN, MICHAEL u.a. (Hrsg.), Frieden und Recht – 38. Tagung der Wissenschaftlichen Mitarbeiter der Fachrichtung „Öffentliches Recht“, Stuttgart u.a. 1998, S. 259–295.

BAUM, GERHART/RIEDEL, EIBE/SCHAEFER, MICHAEL (Hrsg.), Menschenrechtsschutz in der Praxis der Vereinten Nationen, Baden-Baden 1998 (zitiert: *Bearbeiter*, in: BAUM/GERHART/SCHAEFER, Menschenrechtsschutz in der Praxis der Vereinten Nationen).

BAUR, FRITZ, Sozialhilfe für Deutsche im Ausland (§ 24 SGB XII), NVwZ 2004, 1322–1327.

BECK, DANIEL, Auslandseinsätze deutscher Streitkräfte – materiell-rechtliche Bindung aus Völkerrecht und Grundgesetz, insbesondere zum Schutz des Lebens, Hamburg 2008.

BERBER, FRIEDRICH, Lehrbuch des Völkerrechts, Bd. I – Allgemeines Friedensrecht, 2. Aufl., München 1975.

Berliner Kommentar zum Grundgesetz, hrsg. v. FRIAUF, HEINRICH/HÖFLING, WOLFRAM, Bd. II – Art. 16 bis 37, Losebl. (Stand: Juli 2010), Berlin (zitiert: *Bearbeiter*, in: Berliner Kommentar).

BERNHARDT, RUDOLF, Der Begriff des Deutschen und die deutsche Staatsangehörigkeit nach dem Recht der Bundesrepublik Deutschland, in: KOKOT, JÓZEF/SKUBISZEWSKI, KRZYSZTOF (Hrsg.), Staatsangehörigkeit, soziale Grundrechte, wirtschaftliche Zusammenarbeit nach dem Recht der Bundesrepublik Deutschland und der Volksrepublik Polen – Referate des Rechtscolloquiums 1974, Berlin u.a. 1976, S. 15–33 (zitiert: BERNHARDT, in: KOKOT/SKUBISZEWSKI (Hrsg.), Referate des Rechtscolloquiums 1974).

BEYERLIN, ULRICH, Die humanitäre Aktion zur Gewährleistung des Mindeststandards in nichtinternationalen Konflikten, Berlin 1975.

–, Die israelische Befreiungsaktion von Entebbe in völkerrechtlicher Sicht, ZaöRV 37 (1977), 213–243.

BLAS, ELISABETH EVA, Die Geschäftsführung ohne Auftrag im öffentlichen Recht, Diss. Passau 1991.

BLECKMANN, ALBERT, Deutsche Rechtsprechung in völkerrechtlichen Fragen 1969 – 1970, ZaöRV 32 (1972), 71–166.

–, Grundgesetz und Völkerrecht. Ein Studienbuch, Berlin 1975.

–, Das Nationalstaatsprinzip im Grundgesetz – Zum Kommunalwahlrecht der Ausländer -, DÖV 1988, 437–444.

–, Staatsrecht, Bd. II – Die Grundrechte, 4. Aufl., Köln u.a. 1997.

BLECKMANN, ALBERT/BUSSE, BARTOLD, Die Ausreisefreiheit der Deutschen, DVBl. 1977, 794–798.

BLUMENWITZ, DIETER, Die deutsche Staatsangehörigkeit und die Schutzpflicht der Bundesrepublik Deutschland, in: Konflikt und Ordnung, Festschrift für Murad Ferid, München 1978, S. 439–449.

–, Das Offenhalten der Vermögensfrage in den deutsch-polnischen Beziehungen, Bonn 1992.

–, Der Einsatz deutscher Streitkräfte nach der Entscheidung des BVerfG vom 12. Juli 1994, BayVBl 1994, 641–646 (1. Teil), 678–683 (2. Teil).

–, Intertemporales und interlokales Verfassungskollisionsrecht, in: ISENSEE, JOSEF/KIRCHHOF, PAUL (Hrsg.), Handbuch des Staatsrechts der Bundesrepublik Deutschland, Bd. IX, Die Einheit Deutschlands – Festigung und Übergang, Heidelberg 1997, § 211, S. 455–519.

BÖCKENFÖRDE, ERNST-WOLFGANG, Der verdrängte Ausnahmezustand, NJW 1978, 1881–1890.

DE BOECK, CHARLES, L'expulsion et les difficultés internationales qu'en soulève la pratique, RdC 18 (1927–III), S. 443–650.

BOLDT, HANS, Einsatz der Bundeswehr im Ausland?, ZRP 1992, 218–222.

Bonner Kommentar, hrsg. v. DOLZER, RUDOLF/WALDHOFF, CHRISTIAN/GRAßHOF, KARIN u.a., Losebl. (Stand August 2009), Bd. IV – Art. 15–19, Heidelberg (zitiert: *Bearbeiter*, in: Bonner Kommentar).

BORCHARD, EDWIN M., The Diplomatic Protection Of Citizens Abroad or The Law Of International Claims, New York 1916.

BOROWSKI, MARTIN, Intendiertes Ermessen, DVBl. 2000, 149–160.

BRENNER, MICHAEL/ HAHN, DANIEL, Bundeswehr und Auslandseinsätze, JuS 2001, 729–735.

BROCKHAUS-ENZYKLOPÄDIE. In 30 Bändern, Bd. 4, BHAS-BUCH, 21. Aufl., Leipzig, Mannheim 2006.

BROX, HANS/RÜTHERS, BERND/HENSSLER, MARTIN, Arbeitsrecht, 17. Aufl., Stuttgart, Berlin, Köln 2007.

BURGHARTZ, FRANZ-JOSEF, Gebührengesetz für das Land Nordrhein-Westfalen, Verwaltungskostengesetz, Kommentar, Siegburg 1972.

CALLIESS, CHRISTIAN, Schutzpflichten, in: MERTEN, DETLEF/PAPIER, HANS-JÜRGEN (Hrsg.), Handbuch der Grundrechte in Deutschland und Europa, Bd. II, Grundrechte in Deutschland: Allgemeine Lehren I, Heidelberg 2006, § 44, S. 964–992.

–, Die Charta der Grundrechte der Europäischen Union – Fragen der Konzeption, Kompetenz und Verbindlichkeit, EuZW 2001, 261–268.

CALLIESS, CHRISTIAN/RUFFERT, MATTHIAS (Hrsg.), EUV/EGV – Das Verfassungsrecht der Europäischen Union mit Europäischer Grundrechtecharta, Kommentar, 3. Aufl., München 2007 (zitiert: *Bearbeiter*, in: CALLIESS/RUFFERT).

CREIFELDS, Rechtswörterbuch, hrsg. v. WEBER, KLAUS, 20. Aufl., München 2011.

DAHM, GEORG, Das Verbot der Gewaltanwendung nach Art. 2 (4) der UNO-Charta und die Selbsthilfe gegenüber Völkerrechtsverletzungen, die keinen bewaffneten Angriff enthalten, in: Festschrift für Rudolf Laun, Göttingen 1972, S. 48–72.

Dahm, Patrick, Der staatliche Aufwendungsersatzanspruch nach erfolgreicher Befreiung entführter Deutscher im Ausland, NVwZ 2005, 172–174.

Dau, Klaus, Die militärische Evakuierungsoperation „Libelle" – ein Paradigma der Verteidigung? – zugleich ein Beitrag zur grundgesetzlichen Organkompetenz -, NZWehrr 1998, 89–100.

Dau, Klaus/ Wöhrmann, Gotthard, Der Auslandseinsatz deutscher Streitkräfte – Eine Dokumentation des AWACS-, des Somalia- und des Adria-Verfahrens vor dem BVerfG, Heidelberg 1996.

Däubler, Wolfgang/Hjort, Jens Peter/Schubert, Michael u.a. (Hrsg.), Arbeitsrecht – Individualarbeitsrecht mit kollektivrechtlichen Bezügen, Handkommentar, 2. Aufl., Baden-Baden 2010 (zitiert Bearbeiter, in: Däubler/Hjort/Schubert).

Dauster, Manfred, Der Anspruch des Staatsangehörigen auf Schutz gegenüber dem Ausland, Jura 1990, 262–268.

Degenhart, Christoph, Staatsrecht, Bd. I – Staatsorganisationsrecht, 24. Aufl., Heidelberg u.a. 2008.

Depenheuer, Otto, Der verfassungsrechtliche Verteidigungsauftrag der Bundeswehr – Grundfragen des Außeneinsatzes deutscher Streitkräfte, DVBl. 1997, 685–689.

Detterbeck, Steffen, Allgemeines Verwaltungsrecht mit Verwaltungsprozessrecht, 6. Aufl., München 2008.

Dietlein, Johannes, Die Lehre von den grundrechtlichen Schutzpflichten, 2. Aufl., Berlin 2005.

Di Fabio, Udo, Die Ermessensreduzierung – Fallgruppen, Systemüberlegung und Prüfprogramm, VerwArch 1995, 214–234.

Doehring, Karl, Die Pflicht des Staates zur Gewährung diplomatischen Schutzes – Deutsches Recht und Rechtsvergleichung, Beiträge zum ausländischen öffentlichen Recht und Völkerrecht, Heft 33 (1959).

–, Das Staatsrecht der Bundesrepublik Deutschland. Unter Berücksichtigung der Rechtsvergleichung und des Völkerrechts, 3. Aufl., Frankfurt am Main 1984 (zitiert: Doehring, Staatsrecht).

–, Handelt es sich bei einem Recht, das durch diplomatischen Schutz eingefordert wird, um ein solches, das dem die Protektion ausübenden Staat zusteht, oder geht es um die Erzwingung von Rechten des betroffenen Individuums?, in: Ress, Georg/Stein, Torsten (Hrsg.), Der diplomatische Schutz im Völker-

und Europarecht: Aktuelle Probleme und Entwicklungstendenzen, Baden-Baden 1996, S. 13–20.
–, Völkerrecht, 2. Aufl., Heidelberg 2004.
DOLZER, Diplomatic Protection of Foreign Nationals, in: BERNHARDT, RUDOLF, Encyclopedia of Public International Law, Bd. I, Aalands Islands to Dumbarton Oaks Conference (1944), Amsterdam u.a. 1992.
DOSWALD-BECK, LOUISE, The Legality of the United States Intervention in Grenada, NILR 1984, 355–362.
DREIER, HORST, (Hrsg.), Grundgesetz, Kommentar, 2. Aufl.,
Bd. I – Präambel, Art. 1–19, Tübingen 2004
Bd. III – Art. 83–146, Tübingen 2008
(zitiert: *Bearbeiter*, in: DREIER).
DUGARD, JOHN R., First report on diplomatic protection, Fifty-second session of the International Law Commission in Geneva, 1 May-9 June and 10 July-18 August 2000, Dokumentennummer: A/CN.4/056.
DÜRIG, GÜNTER/RUDOLF, WALTER, Texte zur deutschen Verfassungsgeschichte, 3. Aufl., München 1996.
EILERS, STEPHAN/HEINTZEN, MARKUS, Der internationale Auskunftsverkehr in Steuersachen und die grundrechtlichen Schutzpflichten, RIW 1986, 619–625.
ELBING, GUNTHER, Zur Anwendbarkeit der Grundrechte bei Sachverhalten mit Auslandsbezug, Berlin 1992 (zitiert: ELBING).
EPPING, VOLKER, Grundrechte, 3. Auflage, Berlin Heidelberg New York 2007.
–, Die Evakuierung deutscher Staatsbürger im Ausland als neues Kapitel der Bundeswehrgeschichte ohne rechtliche Grundlage? – Der Tirana Einsatz der Bundeswehr auf dem rechtlichen Prüfstand -, AöR 124 (1999), 423–469.
EPPING, VOLKER/HILLGRUBER, CHRISTIAN (Hrsg.), Grundgesetz, Kommentar, München 2009.
(zitiert: *Bearbeiter*, in: EPPING/HILLGRUBER).
Erfurter Kommentar zum Arbeitsrecht, hrsg. v. MÜLLER-GLÖGE, RUDI/PREIS, ULRICH/SCHMIDT, INGRID, 11. Aufl., München 2011 (zitiert: *Bearbeiter*, in: Erfurter Kommentar).
ERMANN, Bürgerliches Gesetzbuch, Kommentar, hrsg. v. WESTERMANN, HARM PETER, Bd. I, 12. Auflage, Köln 2008 (zitiert: *Bearbeiter*, in: ERMAN)
EYERMANN, Verwaltungsgerichtsordnung, Kommentar, bearb. v. GEIGER, HARALD/HAPP, MICHAEL/RENNERT, KLAUS u.a., 13. Aufl., München 2010 (zitiert: *Bearbeiter*, in: EYERMANN).
FASTENRATH, ULRICH, Kompetenzverteilung im Bereich der auswärtigen Gewalt, München 1986.

FELDSCHER, P. A., Über die Rechtsnatur des diplomatischen und konsularischen Schutzes, ZBJV 1930, 289–307.

FERGUSON, YALE, The Dominican intervention of 1965: recent interpretations, IO 1973, 517–548.

FIBICH, HOLGER, Auslandseinsätze der Bundeswehr, ZRP 1993, 5–9.

FIEBIG, JAN-PETER, Der Einsatz der Bundeswehr im Innern. Verfassungsrechtliche Zulässigkeit von innerstaatlichen Verwendungen der Streitkräfte bei Großveranstaltungen und terroristischen Bedrohungen, Berlin 2004.

FINK, UDO, Verfassungsrechtliche und verfassungsprozeßrechtliche Fragen im Zusammenhang mit dem Kosovo-Einsatz der Bundeswehr, JZ 1999, 1016–1022.

FISCHER-LESCANO, ANDREAS, Soldaten sind Polizisten sind Soldaten – Paradoxien deutscher Sicherheitspolitik, KJ 2004, 67–80.

FLEISCHMANN, MAX (Hrsg.), Wörterbuch des Deutschen Staats- und Verwaltungsrechts, Bd. III, 2. Auflage, Tübingen 1914, O-Z (zitiert: *Bearbeiter*, in: FLEISCHMANN).

FLOR, GEORG, Staatsnotstand und rechtliche Bindung, DVBl. 1958, 149–152.

FORSTHOFF, ERNST, Lehrbuch des Verwaltungsrechts, Bd. I – Allgemeiner Teil, 8. Aufl., München, Berlin 1961.

FRANZKE, HANS-GEORG, Schutzaktionen zugunsten der Staatsangehörigen im Ausland als Ausfluss des Rechts auf Selbstverteidigung der Staaten, Diss. Bonn 1964.

–, Die militärische Abwehr von Angriffen auf Staatsangehörige im Ausland-insbesondere ihre Zulässigkeit nach der Satzung der Vereinten Nationen, ÖZÖRV 1966, 128–175.

–, Schutz von deutschen Staatsbürgern im Ausland durch die Bundeswehr, NZWehrr 1996, 189–200.

FROWEIN, JOCHEN ABRAHAM, Das Individuum als Rechtssubjekt im Konsularrecht – Zu den Konsularverträgen mit der DDR, in: Internationales Recht und Wirtschaftsordnung, Festschrift für F.A. Mann, München 1977, S. 367–380.

GECK, WILHELM, Der Anspruch des Staatsbürgers auf Schutz gegenüber dem Ausland nach deutschem Recht, ZaöRV, Bd. 17 (1956/57), 476–545.

GEIGER, RUDOLF, EUV/EGV, Kommentar, 4. Aufl., München 2004.

–, Grundgesetz und Völkerrecht. Mit Europarecht. Die Bezüge des Staatsrechts zum Völkerrecht und Europarecht, 5. Aufl., München 2010.

GEIß, ROBIN, Der staatliche Auslagenerstattungsanspruch für Hilfeleistungen in Entführungs- und Katastrophenfällen im Ausland, DÖV 2007, 155–160.

GÖRES, ULRICH, Kostentragung für Geiselbefreiung im Ausland, NJW 2004, 1909–1913.

GRABITZ, EBERHARD/ HILF, MEINHARD, Das Recht der Europäischen Union, Bd. I – EUV/EGV, Losebl. (Stand: Oktober 2009), München (zitiert: *Bearbeiter*, in: GRABITZ/HILF)

GRAMM, CHRISTOF, Die Aufgaben der Bundeswehr und ihre Grenzen in der Verfassung, NZWehrr 2005, 133–146.

GRAWERT, ROLF, Staat und Staatsangehörigkeit. Verfassungsrechtliche Untersuchung zur Entstehung der Staatsangehörigkeit, Berlin 1973.

–, Staatsvolk und Staatsangehörigkeit, in: ISENSEE, JOSEF/KIRCHHOF, PAUL (Hrsg.), Handbuch des Staatsrechts der Bundesrepublik Deutschland, Bd. II, Verfassungsstaat, 3. Aufl., Heidelberg 2004, § 16, S. 107–139.

GRAWERT, ROLF, Staat und Staatsangehörigkeit. Verfassungsrechtliche Untersuchung zur Entstehung der Staatsangehörigkeit, Berlin 1973.

GROEBEN, HANS VON DER/SCHWARZE, JÜRGEN (Hrsg.), Kommentar zum Vertrag über die Europäische Union und zur Gründung der Europäischen Gemeinschaft, Bd. 1 – Art. 1–53 EUV, Art. 1–80 EGV, 6. Aufl., Baden-Baden 2003 (zitiert: *Bearbeiter*, in: V. D. GROEBEN/SCHWARZE).

GROTIUS, HUGO, De jure belli ac pacis. Drei Bücher vom Recht des Krieges und des Friedens, Paris 1625. Neuer deutscher Text und Einleitung von FRANK SCHÄTZEL, Die Klassiker des Völkerrechts, Bd. I, Tübingen 1950 (zitiert: GROTIUS, De jure belli ac pacis (Fassung 1625).

GÜNTERT, JOEL, Die materielle Verfassungsmäßigkeit von unilateralen Evakuierungsoperationen der Bundeswehr im Ausland, Hamburg 2008 (zitiert: GÜNTERT).

GRUBE, CHRISTIAN/WAHRENDORF, VOLKER (Hrsg.), SGB XII, Sozialhilfe, Kommentar, 3. Aufl., München 2010 (zitiert: *Bearbeiter* in: GRUBE/WAHRENDORF).

GÜNTHER, THOMAS, Zum Einsatz der Bundeswehr im Ausland, in: THIEL, MARKUS (Hrsg.), Wehrhafte Demokratie – Beiträge über die Regelungen zum Schutze der freiheitlichen demokratischen Grundordnung, Tübingen 2003.

GUSY, CHRISTOPH, Auslieferung bei drohender Todesstrafe, GA 1983, 73–83.

HABERMEHL, KAI, Die Geschäftsführung ohne Auftrag im Öffentlichen Recht, Jura 1987, 199–205.

HAILBRONNER, KAY, Forum: Deutsche Staatsangehörigkeit und DDR-Staatsbürgerschaft, JuS 1981, 712–718.

HAILBRONNER, KAY/RENNER, GÜNTER/MAAßEN, HANS-GEORG, Staatsangehörigkeit, Kommentar, 5. Aufl., München 2010 (zitiert: *Bearbeiter*, in: HAILBRONNER/RENNER/MAAßEN).

HAILBRONNER, KAY/WILMS, HEINRICH (Hrsg.), Recht der Europäischen Union, Kommentar, Losebl. (Stand: Januar 2009), Bd. I, Stuttgart (zitiert: *Bearbeiter*, in: HAILBRONNER/WILMS).

HAIN, KARL EBERHARD/SCHLETTE, VOLKER/SCHMITZ, THOMAS, Ermessen und Ermessensreduktion – ein Problem im Schnittpunkt von Verfassungs- und Verwaltungsrecht, AöR 122 (1997), 32–64.

HANSCHEL, DIRK, Staatliche Hilfspflichten bei Geiselnahmen im Ausland, ZaöRV 66 (2006), 789–817.

HÄUßLER, ULF, Völkerrecht – Diplomatischer und konsularischer Schutz im Ausland inhaftierter Staatsangehöriger, JA 2002, 112–116.

HECKER/MÜLLER-CHORUS, GERHARD/BINDSEIL, REINHART (Hrsg.), Handbuch der konsularischen Praxis, 2. Aufl., Losebl. (Stand: August 2007), München (zitiert: *Bearbeiter*, in: HECKER/MÜLLER-CHORUS/BINDSEIL).

HEINEGG, WOLFF HEINTSCHEL VON, Casebook Völkerrecht, München 2005.

HEINTZEN, MARKUS, Auswärtige Beziehungen privater Verbände. Eine staatsrechtliche, insbesondere grundrechtskollisionsrechltiche Untersuchung, Berlin 1988.

HENSSLER, MARTIN/WILLEMSEN, HEINZ JOSEF/KALB, HEINZ-JÜRGEN (Hrsg.), Arbeitsrecht, Kommentar, 4. Aufl., Köln 2010 (zitiert: *Bearbeiter*, in: HENSSLER/WILLEMSEN/KALB).

HERDEGEN, MATTHIAS, Völkerrecht, 9. Aufl., München 2010.

–, Europarecht, 12. Aufl., München 2010.

HERMES, GEORG, Das Grundrecht auf Schutz von Leben und Gesundheit. Schutzpflicht und Schutzanspruch aus Art. 2 Abs. 2 Satz 1 GG, Heidelberg 1987.

HERZOG, ROMAN, Der Verfassungsauftrag zum Schutze des ungeborenen Lebens, JR 1969, 441–445.

HEUN, WERNER, Anm. z. *BVerfG*, Urt. v. 12.07.1994 – 2 BvE 3/92, 5, 7, 8/93, JZ 1994, 1073–1075.

HILDEBRANDT, HORST, Die deutschen Verfassungen des 19. und 20. Jahrhunderts. Verfassungen des 19. Jahrhunderts (Auszüge) ; vollständige Texte, einschließlich aller außer Kraft gesetzten Artikel und Textfassungen, 14. Aufl., Paderborn u.a. 1992.

HILLGRUBER, CHRISTIAN, Anm. z. *IGH*, Urt. v. 27.06.2001 – Fall LaGrand (Deutschland./.Vereinigte Staaten von Amerika), JZ 2002, 94–99.

HILLGRUBER, CHRISTIAN/GOOS, CHRISTOPH, Verfassungsprozessrecht, 2. Auflage, Heidelberg 2006.

HOBBES, THOMAS, Leviathan or the Matter, Forme And Power of a Common-Wealth Ecclesiasticall And Civill, in: GASKIN, J.C.A. (Hrsg.), Leviathan, Oxford u.a. 1998.

HOBE, STEPHAN, Das Staatsvolk nach dem Grundgesetz, JZ 1994, 191–195.

HOFFMANN, BERND VON/THORN, KARSTEN, Internationales Privatrecht einschließlich der Grundzüge des internationalen Zivilverfahrensrechts, 9. Auflage, München 2007.

HOFFMANN, KLAUS, Die konsularischen Aufgaben der diplomatischen und konsularischen Auslandsvertretungen der Bundesrepublik Deutschland nach dem Konsulargesetz vom 11. September 1974, ZblJugR 1978, 284–297.

–, Konsularrecht, Kommentar, Losebl. (Stand: November 2009), Bd. I und II, Percha am Starnberger See.

HOFFMANN, GERHARD, Zur Frage der Staatsangehörigkeit in Deutschland, AVR 19 (1980/1981), 257–286.

HOFMANN, HASSO, Grundpflichten und Grundrechte, in: ISENSEE, JOSEF/KIRCHHOF, PAUL (Hrsg.), Handbuch des Staatsrechts der Bundesrepublik Deutschland, Bd. V, Allgemeine Grundrechtslehren, 2. Auflage, Heidelberg 2000, § 114, S. 321–351.

HOFMANN, RAINER, Grundrechte und grenzüberschreitende Sachverhalte, Berlin 1994.

HROMADKA, WOLFGANG/MASCHMANN, FRANK, Arbeitsrecht, Bd. I – Individualarbeitsrecht, 4. Aufl., Berlin, Heidelberg 2008.

HUBER, ERNST RUDOLF, Dokumente zur Deutschen Verfassungsgeschichte, Bd. I – Deutsche Verfassungsdokumente 1803–1850, 3. Auflage, Stuttgart u.a. 1978.

HUFEN, FRIEDHELM, Staatsrecht II, 2. Auflage, München 2009.

–, Verwaltungsprozessrecht, 7. Auflage, München 2008.

IPSEN, JÖRN, Allgemeines Verwaltungsrecht, 6. Auflage, Köln, München 2008.

IPSEN, KNUT, Völkerrecht, 5. Auflage, München 2004.

ISENSEE, JOSEF, Das Grundrecht auf Sicherheit. Zu den Schutzpflichten des freiheitlichen Verfassungsstaates, Berlin 1983.

–, Weltpolizei für Menschenrechte, JZ 1995, 421–430.

–, Das Grundrecht als Abwehrrecht und als staatliche Schutzpflicht, in: ISENSEE, JOSEF/KIRCHHOF, PAUL (Hrsg.), Handbuch des Staatsrechts der Bundesrepublik Deutschland, Bd. V, Allgemeine Grundrechtslehren, 2. Auflage, Heidelberg 2000, § 111, S. 145–240.

JARASS, HANS D./PIEROTH, BODO, Grundgesetz für die Bundesrepublik Deutschland, Kommentar, 11. Auflage, München 2011 (zitiert: *Bearbeiter*, in: JARASS/PIEROTH).

JAUERNIG, OTHMAR (Hrsg.), Bürgerliches Gesetzbuch, Kommentar, 13. Auflage, München 2009 (zitiert: *Bearbeiter*, in: JAUERNIG).

JELLINEK, GEORG, Allgemeine Staatslehre, 4. Auflage, Berlin 1922.

–, System der subjektiven öffentlichen Rechte, 2. Auflage, Darmstadt 1963

KALLER, PAUL, Rechtslexikon für Studium und Ausbildung, Baden-Baden 1996.

KASSIMATIS, GEORG, Der Bereich der Regierung, Berlin 1967.

Kasseler Handbuch zum Arbeitsrecht, hrsg. v. LEINEMANN, WOLFGANG, Bd. I – Arbeitsverhältnis, Inhalt des Arbeitsverhältnisses und Arbeitsverhältnisse mit erhöhtem Schutz, 2. Auflage, Neuwied, Kriftel 2000 (zitiert: *Bearbeiter*, in: Kasseler Handbuch zum Arbeitsrecht).

KATZAROV, KONSTANTIN, Hat der Bürger ein Recht auf diplomatischen Schutz?, ÖZÖRV 1957/1958, 434–448.

KEGEL, GERHARD/ SCHURIG, KLAUS, Internationales Privatrecht, 9. Auflage, München 2004.

KEMPEN, BERNHARD/HILLGRUBER, CHRISTIAN, Völkerrecht, München 2007.

KIPP, HEINRICH, Zum Problem der gewaltsamen Intervention in der derzeitigen Entwicklungsphase des Völkerrechts, in: Gedächtnisschrift für Hans Peters, Berlin, Heidelberg, New York 1967, S. 393–433.

KIRCHHOF, FERDINAND, in: Recht zwischen Umbruch und Bewahrung, Festschrift für Rudolf Bernhardt, Berlin u.a. 1995, S. 797–824.

–, Verteidigung und Bundeswehr, in: ISENSEE, JOSEF/KIRCHHOF, PAUL (Hrsg.), Handbuch des Staatsrechts der Bundesrepublik Deutschland, Bd. IV, Aufgaben des Staates, 3. Auflage, Heidelberg 2006, § 84, S 633–669.

KLEIN, ECKART, Diplomatischer Schutz und grundrechtliche Schutzpflicht unter besonderer Berücksichtigung des Ostvertragsbeschlusses des BVerfG, DÖV 1977, 704–710.

–, Schlusswort, DÖV 1979, 39–40.

–, BVerfG und Ostverträge, 2. Auflage, Bonn 1985.

–, Grundrechtliche Schutzpflicht des Staates, NJW 1989, 1633–1640.

–, Diplomatischer Schutz im Hinblick auf Konfiskationen deutschen Vermögens durch Polen, Bonn 1992.

–, Anspruch auf diplomatischen Schutz?, in: RESS, GEORG/STEIN, TORSTEN (Hrsg.), Der diplomatische Schutz im Völker- und Europarecht: Aktuelle Probleme und Entwicklungstendenzen, Baden-Baden 1996, S. 125–147.

KLUGE, FRIEDRICH, Etymologisches Wörterbuch der deutschen Sprache, 24. Auflage, Berlin 2002.

KÖNIG, BERNHARD WOLDEMAR VON , Handbuch des Deutschen Konsularwesens, 7. Auflage Berlin 1909.

KÖBLER, GERHARD, Juristisches Wörterbuch, 14. Auflage, München 2007.

KOKOTT, JULIANE, Zum Spannungsverhältnis zwischen nationality rule und Menschenrechtsschutz bei der Ausübung diplomatischer Protektion, in RESS, GEORG/STEIN, TORSTEN (Hrsg.), Der diplomatische Schutz im Völker- und Europarecht: Aktuelle Probleme und Entwicklungstendenzen, Baden-Baden 1996, S. 45–62.

KÖTTER, MATTHIAS/ NOLTE, JAKOB, Staatliche Verpflichtung zur Befreiung deutscher Geiseln im Ausland?, DÖV 2007, 186–195.

KOPP, FERDINAND O./RAMSAUER, ULRICH, Verwaltungsverfahrensgesetz, Kommentar, 11. Auflage, München 2010 (zitiert: KOPP/RAMSAUER).

KOPP, FERDINAND O./SCHENKE, WOLF-RÜDIGER, Verwaltungsgerichtsordnung, 16. Auflage, München 2009 (zitiert: KOPP/SCHENKE).

KRASKE, ERICH, Handbuch des Auswärtigen Dienstes, Halle/Saale 1939.

KREß, CLAUS, Die Rettungsoperation der Bundeswehr in Albanien am 14. März 1997 aus völker- und verfassungsrechtlicher Sicht, ZaöRV 57 (1997), 329–362.

KRIEGER, HEIKE, Die Verantwortlichkeit Deutschlands nach der EMRK für seine Streitkräfte im Ausland, ZaöRV 62 (2002), 669–698.

KRINGS, GÜNTER, Grund und Grenzen grundrechtlicher Schutzansprüche. Die subjektiv-rechtliche Rekonstruktion der grundrechtlichen Schutzpflichten und ihre Auswirkung auf die verfassungsrechtliche Fundierung des Verbrauchervertragsrechts, Berlin 2003.

KROPHOLLER, JAN, Internationales Privatrecht, 6. Auflage, Tübingen 2006.

KRÜGER, HERBERT, Der Regierungsakt vor den Gerichten, DÖV 1950, 536–541.

KUGELMANN, DIETER, Polizei- und Ordnungsrecht, Berlin, Heidelberg, New York 2006.

KURSAWE, STEFAN, Die Beachtung des grundgesetzlichen Eigentumschutzes bei Abschluss des Warschauer Vertrages, Diss. Regensburg 1990.

WILLMANN, HELMUT/ TÜRCK, GISELA/ MESSINGER, HEINZ, Langenscheidts Taschenwörterbuch Englisch, Berlin u.a. 2007.

LABAND, PAUL, Das Staatsrecht des Deutschen Reiches, Bd. I, 5. Auflage, Tübingen 1911.

LARENZ, KARL, Lehrbuch des Schuldrechts, Bd. II – Besonderer Teil 1. Halbd., München 1986.

LEE, LUKE T., Consular Law and Practice, 2. Auflage, Oxford 1991.

LENZ, CARL OTTO/BORCHARDT, KLAUS-DIETER (Hrsg.), EU- und EG-Vertrag, Kommentar zu dem Vertrag über die Europäische Union und zu dem Vertrag zur Gründung der Europäischen Gemeinschaft, 4. Auflage, Basel, Genf, München 2006 (zitiert: LENZ/BORCHARDT).

LIFSCHÜTZ, ALEX, Vergleichende Betrachtung der Staatsangehörigkeitsgesetze vom 1. Juli 1870 und vom 22. Juli 1913, AöR 33 (1915), 115–159.

LISKEN, HANS/DENNINGER, ERHARD (Hrsg.), Handbuch des Polizeirechts, 4. Auflage, München 2007 (zitiert: *Bearbeiter*, in: LISKEN/DENNINGER).

LOOSCHELDERS, DIRK, Internationales Privatrecht – Art. 3–46 EGBGB, Kommentar, Berlin u.a. 2004.

LUCHTERHANDT, OTTO, Grundpflichten als Verfassungsproblem in Deutschland. Geschichtliche Entwicklung und Grundpflichten unter dem Grundgesetz, Berlin 1988.

LÜDERITZ, ALEXANDER, Grundgesetz contra internationales Privatrecht?, RabelsZ 36 (1972), 35–53.

LUTZE, CHRISTIAN, Abwehr terroristischer Angriffe als Verteidigungsaufgabe der Bundeswehr, NZWehrr 2003, 101–115.

MAIERHÖFER, CHRISTIAN, Rechtsfreie Räume im „war" on terrorism – nur eine Frage nationalen Gesetzesrechts?, EuGRZ 2004, 797–799.

MAKAROV, ALEXANDER N., Allgemeine Lehren des Staatsangehörigkeitsrechts, 2. Auflage, Stuttgart 1962.

–, Das Urteil des Internationalen Gerichtshof im Fall Nottebohm, ZaöRV 16 (1955/56), 407–426.

MAKAROV ALEXANDER N./MANGOLDT, HANS VON, Deutsches Staatsangehoerigkeitsrecht, Kommentar, 3. Auflage, Losebl. (Stand: Juni 2009), Bd. I, Frankfurt am Main.

MANGOLDT, HERMAN VON/KLEIN, FRIEDRICH/STARCK, CHRISTIAN (Hrsg.), Das Bonner Grundgesetz, Kommentar, 5. Auflage,
Bd. I – Präambel, Art. 1–19, München 2005,
Bd. II – Art. 20 – 82, München
Bd. III – Art. 83–146, München 2005,
(zitiert: *Bearbeiter*, in: v. MANGOLDT/KLEIN/STARCK).

MAUNZ/DÜRIG, Grundgesetz, Kommentar, hrsg. v. HERZOG, ROMAN/SCHOLZ, RUPERT/HERDEGEN, MATTHIAS u.a., Losebl. (Stand: Juli 2010)
Bd. I – Art. Texte-5, München,
Bd. II – Art. 6–15, München,
Bd. III – Art. 16–22, München,
Bd. IV – Art. 23–53a, München,
Bd. V – 54–85, München,
Bd. VI – 86–106a, München,
(zitiert: *Bearbeiter*, in: MAUNZ/DÜRIG).

Maurer, Hartmut., Allgemeines Verwaltungsrecht, 17. Auflage, München 2009.

Medicus, Dieter, Schuldrecht, Bd. II – Besonderer Teil, 14. Auflage, München 2007.

Menzel, Jörg/Pierlings, Tobias/Hoffmann, Jeannine (Hrsg.), Völkerrechtsprechung. Ausgewählte Entscheidungen zum Völkerrecht in Retrospektive, Tübingen 2005 (zitiert: *Bearbeiter*, in: Menzel/Pierlings/Hoffmann (Hrsg.), Völkerrechtsprechung).

Merten, Detlef, Immanente Grenzen und verfassungsunmittelbare Schranken, in: Merten, Detlef/Papier, Hans-Jürgen (Hrsg.), Handbuch der Grundrechte in Deutschland und Europa, Bd. III, Grundrechte in Deutschland: Allgemeine Lehren II, Heidelberg 2009, § 60, S. 201–256.

–, Begriff und Abgrenzung der Grundrechte, in: Merten, Detlef/Papier, Hans-Jürgen (Hrsg.), Handbuch der Grundrechte in Deutschland und Europa, Bd. II, Grundrechte in Deutschland: Allgemeine Lehren I, Heidelberg 2006, § 35, S. 475–572.

ders, Verhältnismäßigkeitsgrundsatz, in: Merten, Detlef/Papier, Hans-Jürgen (Hrsg.), Handbuch der Grundrechte in Deutschland und Europa, Bd. III, Grundrechte in Deutschland: Allgemeine Lehren II, Heidelberg 2009, § 68, S. 517–566.

–, Räumlicher Geltungsbereich von Grundrechtsbestimmungen, in: Die Macht des Geistes, Festschrift für Harmut Schiedermair, Heidelberg 2001, S. 331–345.

Mertens, Karsten, Das neue deutsche Staatsangehörigkeitsrecht. Eine verfassungsrechtliche Untersuchung, Berlin 2004.

Möller, Manfred/Wilhelm, Jürgen, Allgemeines Polizei- und Ordnungsrecht, 5. Auflage, Stuttgart 2003.

Münch, Ingo von / Kunig, Philip, Grundgesetz-Kommentar,
Bd. I – Präambel bis Art. 19, 5. Auflage, München 2000.
Bd. II – Art. 20 bis Art. 69, 4./5. Auflage, München 2001.
(zitiert: *Bearbeiter*, in: v. Münch/Kunig).

Münchener Kommentar zum Bürgerlichen Gesetzbuch, hrsg. v. Säcker, Franz Jürgen/Rixecker, Roland, 5. Auflage,
Bd. II – Schuldrecht Allgemeiner Teil, §§ 241–432, München 2007,
Bd. IV – Schuldrecht – Besonderer Teil 2 §§ 611–704 EFZG-TzBfG-KschG, München 2009
(zitiert: *Bearbeiter*, in: Münchener Kommentar).

MÜNDER, JOHANNES/ARMBORST, CHRISTIAN/BERLIT, UWE u.a. (Hrsg.), Sozialgesetzbuch XII, Sozialhilfe, Lehr- und Praxiskommentar, 8. Auflage, Baden-Baden 2008 (zitiert: *Bearbeiter*, in: LPK-SGB XII).

MURSWIEK, DIETRICH, Die staatliche Verantwortung für die Risiken der Technik – Verfassungsrechtliche Grundlagen und immissionsschutzrechtliche Ausformung, Berlin 1985.

MUTIUS, ALBERT VON, Unbestimmter Rechtsbegriff und Ermessen im Verwaltungsrecht, Jura 1987, 92–101.

NEDDEN, CLAUDIO, Die Geschäftsführung ohne Auftrag im Öffentlichen Recht, Berlin 1994.

NIPPERDEY, HANS CARL (Hrsg.), Die Grundrechte und Grundpflichten der Reichsverfassung, Kommentar zum zweiten Teil der Reichsverfassung, Bd. I – Allgemeine Bedeutung der Grundrechte und die Artikel 102 – 117, Berlin 1929 (zitiert: *Bearbeiter*, in: NIPPERDEY).

NOLTE, GEORG, Bundeswehreinsätze in kollektiven Sicherheitssystemen – Zum Urteil des BVerfG vom 12. Juli 1994, ZaöRV 54 (1994), 652–685.

NOWAK, MANFRED, U.N. covenant on civil and political rights, CCPR commentary, Kehl am Rhein u.a. 1993 (zitiert: NOWAK, CCPR commentary).

OBERTHÜR, KARLHEINZ, Der Anspruch des deutschen Staatsangehörigen auf diplomatischen und konsularischen Schutz gegenüber anderen Staaten, Diss. Köln 1965 (zitiert: OBERTHÜR).

D'OLIVEIRA, HANS ULRICH JESSURUN, Tendenzen im Staatsangehörigkeitsrecht, ZAR 1990, 114–119.

OLSHAUSEN, HENNING VON, Grundrechte und Anwendung ausländischen Rechts, DVBl. 1974, 652–657.

OSSENBÜHL, FRITZ, Staatshaftungsrecht, 5. Auflage, München 1998.

PACHE, ECKHARD, Die Europäische Grundrechtscharta – ein Rückschritt für den Grundrechtsschutz in Europa?, EuR 2001, 475–494.

PALANDT, Bürgerliches Gesetzbuch, Kommentar, bearb. v. BASSENGE, PETER/ BRUDERMÜLLER, GERD/DIEDERICHSEN, UWE u.a., 70. Auflage, München 2011.

PATZIG, WERNER, Haushaltsrecht des Bundes und der Länder, Kommentar zu den Rechts- und Verwaltungsvorschriften, Losebl. (Stand: 1991), Bd. II – A-C, Baden-Baden 1982.

PEINE, FRANZ-JOSEPH, Allgemeines Verwaltungsrecht, 9. Auflage, Heidelberg 2008.

PETERHOFF, WOLF, Schutz Deutscher im Ausland durch die Bundeswehr, BWV 2000, 49–57.

PIEROTH, BODO/SCHLINK, BERNHARD/KNIESEL, MICHAEL, Polizei- und Ordnungsrecht, 6. Auflage, München 2010.

PIEROTH, BODO/SCHLINK, BERNHARD, Staatsrecht, Bd. II – Grundrechte, 25. Auflage, Heidelberg 2009.

POLZIN, CARSTEN, Deutscher Herbst am BVerfG, München-Neubiberg 2001.

POSSER, HERBERT/WOLFF, HEINRICH AMADEUS (Hrsg.), Verwaltungsgerichtsordnung, Kommentar, München 2008 (zitiert: *Bearbeiter*, in: POSSER/WOLFF).

REDEKER, KONRAD/OERTZEN, HANS-JOACHIM VON/REDEKER, MARTIN/KOTHE, PETER u.a., Verwaltungsgerichtsordnung, Kommentar, 15. Auflage, Stuttgart 2010 (zitiert: REDEKER/V. OERTZEN).

RENGELING, HANS-WERNER/SZCZEKALLA, PETER, Grundrechte in der Europäischen Union. Charta der Grundrechte und Allgemeine Rechtsgrundsätze, Köln, Berlin, München 2004.

RESS, GEORG, Mangelhafte diplomatische Protektion und Staatshaftung – Überlegungen zum gerichtlichen Rechtsschutz gegen Akte der auswärtigen Gewalt im französischen und deutschen Recht, ZaöRV 32 (1972), 420–482.

RICHTSTEIG, MICHAEL, Wiener Übereinkommen über diplomatische und konsularische Beziehungen, Kommentar, Baden-Baden 1994.

RIEDEL, NORBERT, Die Entscheidung des BVerfG zum Bundeswehreinsatz im Rahmen von NATO-, WEU- bzw. UN-Militäraktionen, DÖV 1995, 135–141.

ROBBERS, GERHARD, Sicherheit als Menschenrecht. Aspekte der Geschichte, Begründung und Wirkung einer Grundrechtsfunktion, Baden-Baden 1987.

RONZITTI, NATALINO, Rescuing nationals abroad through military coercion and intervention on grounds of humanity, Dordrecht, Bosten, Lancaster 1985.

RUDOLF, WALTER, Die Ausübung des diplomatischen Schutzes für Deutsche, in: KOKOT, JOZEF/SKUBISZEWSKI, KRZYSZTOF (Hrsg.), Staatsangehörigkeit, soziale Grundrechte, wirtschaftliche Zusammenarbeit nach dem Recht der Bundesrepublik Deutschland und der Volksrepublik Polen : Referate des Rechtscolloquiums 1974, Berlin u.a., 1976, S. 61–81 (zitiert: RUDOLF, in: KOKOT/SKUBISZEWSKI, Referate des Rechtscolloquiums 1974).

RUFFERT, MATTHIAS, Diplomatischer und konsularischer Schutz zwischen Völker- und Europarecht – Bemerkungen zu Art 8c EGV, AVR 35 (1997), 459–477 (1997).

SACHS, MICHAEL (Hrsg.), Grundgesetz, Kommentar, 5. Auflage, München 2009 (zitiert: *Bearbeiter*, in: SACHS).

SCHANZE, EBERHARD, Geiselname im Jemen: Was tut die Botschaft?, in: BRANDT, ENRICO/BUCK, CHRISTIAN (Hrsg.), Auswärtiges Amt. Diplomatie als Beruf, 4. Auflage, Wiesbaden 2005.

SCHEIDLER, ALFRED, Der Schutz deutscher Staatsangehöriger gegenüber der Hoheitsgewalt ausländischer Staaten, DÖV 2006, 417–422.

SCHELLHORN, WALTER/SCHELLHORN, HELMUT/HOHM, KARL-HEINZ, SGB XII – Sozialhilfe, Ein Kommentar für Ausbildung, Praxis und Wissenschaft, 17. Auflage, München 2006 (zitiert: *Bearbeiter*, in: SCHELLHORN/SCHELLHORN/HOHM).

SCHENKE, WOLF-RÜDIGER, Polizei- und Ordnungsrecht, 6. Auflage, Heidelberg 2009.

–, Verwaltungsprozessrecht, 11. Auflage, Heidelberg 2007.

SCHIEDERMAIR, HARTMUT, Effektive Herrschaftsgewalt und Rechtsfähigkeit im Völkerrecht, Juristische Ausbildung, 638–641.

SCHINDLER, DIETRICH/HAILBRONNER, KAY, Die Grenzen des völkerrechtlichen Gewaltverbots. Referate u. Thesen mit Diskussion, Heidelberg 1986 (zitiert: *Bearbeiter*, in: SCHINDLER/HAILBRONNER, Die Grenzen des völkerrechtlichen Gewaltverbots).

SCHMIDT-BLEIBTREU, BRUNO/HOFMANN, HANS/HOPFAUF, AXEL (Hrsg.), GG, Kommentar zum Grundgesetz, 11. Auflage, Köln, München 2008 (zitiert: *Bearbeiter*, in: SCHMIDT-BLEIBTREU/HOFMANN/HOPFAUF).

SCHMIDT-JORTZIG, EDZARD, Verfassungsänderung für Bundeswehreinsätze im Innern Deutschlands?, DÖV 2002, 773–778.

SCHMITT, CARL, Verfassungslehre, 8. Auflage, Berlin 1993.

SCHNEEBERGER, ERNST, Staatsangehörigkeit und diplomatischer Schutz, SJZ 1942/43, 493–500.

SCHNEIDER, HANS, Gerichtsfreie Hoheitsakte. Ein rechtsvergleichender Bericht über die Grenzen richterlicher Nachprüfbarkeit von Hoheitsakten, Tübingen 1951.

SCHOCH, FRIEDRICH, Das verwaltungsbehördliche Ermessen, Jura 2004, 462–469.

SCHREIBER, WOLFGANG, Aufgaben und Befugnisse des Bundesgrenzschutzes auf neuer gesetzlicher Grundlage, NVwZ 1995, 521–529.

–, Das Bundeskriminalamtsgesetz vom 07.07.1997 – ein „überfälliges“ Gesetz, NJW 1997, 2137–2145.

SCHRÖDER, MEINHARD, Staatsrecht an den Grenzen des Rechtsstaates – Überlegungen zur Verteidigung des Rechtsstaates in außergewöhnlichen Lagen, AöR 103 (1973), 121–148.

–, Die Geiselbefreiung von Entebbe, ein völkerrechtswidriger Akt Israels?, JZ 1977, 420–426.

–, Zur Wirkkraft der Grundrechte bei Sachverhalten mit grenzüberschreitenden Elementen, in: Staatsrecht-Völkerrecht-Europarecht, Festschrift für Hans-Jürgen-Schlochauer, Berlin, New York 1981, S. 137–150.

SCHOLLER, HEINRICH/SCHLOER, BERNHARD, Grundzüge des Polizei- und Ordnungsrechts in der Bundesrepublik Deutschland, 4. Auflage, Heidelberg 1993.

SCHWABE, JÜRGEN, Grundrechtlich begründete Pflichten des Staates zum Schutz gegen staatliche Bau- und Anlagengenehmigung, NVwZ 1983, 523–527.

SCHWARZE, JÜRGEN, Der Grundrechtsschutz für Unternehmen in der Europäischen Grundrechtecharta, EuZW 2001, 517–524.

–, (Hrsg.), EU-Kommentar, 2. Auflage, Baden-Baden 2009 (zitiert: *Bearbeiter*, in: SCHWARZE)

SCHWEISFURTH, THEODOR, Operations to Rescue Nationals in Third States Involving the Use of Force in Realtions to the Protection of Human Rights, GYIL 23 (1980), 159–180.

SEUFFERT, WALTER, Über gerichtfreie Akte und die Grenzen des Rechts, Festschrift für Gebhard Müller, Tübingen 1970, S. 491–502.

SEYDEL, MAX VON, Bayerisches Staatsrecht, Bd. I – Die Staatsverfassung nebst geschichtlicher Einleitung, 2. Auflage, Tübingen 1913.

SIGLOCH, DANIEL, Auslandseinsätze der deutschen Bundeswehr. Verfassungsrechtliche Möglichkeiten und Grenzen, Hamburg 2006.

SIEHR, ANGELIKA, Die Deutschenrechte des Grundgesetzes. Bürgerrechte im Spannungsfeld von Menschenrechtsidee und Staatsmitgliedschaft, Berlin 2001.

SIMMA, BRUNO (Hrsg.), Charta der Vereinten Nationen, Kommentar, München 1991 (zitiert: *Bearbeiter*, in: SIMMA)

SKUBISZEWSKI, KRZYSTOF, Der diplomatische Schutz des Staatsbürgers, KOKOT, JÓZEF/SKUBISZEWSKI, KRZYSZTOF (Hrsg.), Staatsangehörigkeit, soziale Grundrechte, wirtschaftliche Zusammenarbeit nach dem Recht der Bundesrepublik Deutschland und der Volksrepublik Polen – Referate des Rechtscolloquiums 1974, Berlin u.a. 1976, S. 82–95 (zitiert: SKUBISZEWSKI, in: KOKOT, JÓZEF/SKUBISZEWSKI, KRZYSZTOF (Hrsg.), Referate des Rechtscolloquiums 1974).

SODAN, HELGE/ZIEKOW, JAN (Hrsg.), Nomos-Kommentar zur Verwaltungsgerichtsordnung, Großkommentar, 3. Auflage, Baden-Baden 2010 (zitiert: *Bearbeiter*, in: SODAN/ZIEKOW).

SONNENBERGER, HANS-JÜRGEN/MANGOLDT, HANS, Anerkennung der Staatsangehörigkeit und effektive Staatsangehörigkeit natürlicher Personen im Völkerrecht und im internationalen Privatrecht. Referate u. Thesen mit Diskussion, Heidelberg 1988 (zitiert: *Bearbeiter*, in: SONNENBERGER/V. MANGOLDT).

STAAKE, MARCO, Die Polizei als Geschäftsführer ohne Auftrag?, JA 2004, 800–804.

STEIN, TORSTEN, Die Regelung des diplomatischen Schutzes im Vertrag über die Europäische Union, in: in: RESS, GEORG/STEIN, TORSTEN (Hrsg.), Der diplomatische Schutz im Völker- und Europarecht: Aktuelle Probleme und Entwicklungstendenzen, Baden-Baden 1996, S. 97–113.

Stein, Torsten/Kröninger, Horst, Bundeswehreinsatz im Rahmen von NATO-, WEU- bzw. VN-Militäraktionen – BVerfG vom 1994–07–12 -2 BvE 3/93, 2 BvE 5/93, 2 BvE 7/93, 2 BvE 8/93, Jura 1995, 254–262.

Stein, Torsten/Butler Christian von, Völkerrecht, 12. Auflage, München 2009.

Steinberger, Allgemeine Regeln des Völkerrechts, in: Isensee, Josef/Kirchhof, Paul (Hrsg.), Handbuch des Staatsrechts der Bundesrepublik Deutschland, Bd. VII, Normativität und Schutz der Verfassung – Internationale Beziehungen, Heidelberg 1992, § 173, S. 525–160.

Steiner, Udo, Die allgemeine Leistungsklage im Verwaltungsprozeß, JuS 1984, 853 bis 859.

Stelkens, Paul/Bonk, Joachim/Sachs, Michael, Verwaltungsverfahrensgesetz, Kommentar, 7. Auflage, München 2008 (zitiert: *Bearbeiter*, in: Stelkens/Bonk/Sachs).

Stern, Klaus, Die deutsche Staatsangehörigkeit, DVBl. 1982, 165 bis 173.

–, Das Staatsrecht der Bundesrepublik Deutschland,
Bd. I – Grundbegriffe und Grundlagen des Staatsrechts, Strukturprinzipien der Verfassung, 2. Auflage, München 1984,
Bd. II – Staatsorgane, Staatsfunktionen, Finanz- und Haushaltsverfassung, Notstandsverfassung, München 1980,
Bd. III/1 – Allgemeine Lehren der Grundrechte Teil 1: Grundlagen und Geschichte, nationaler und internationaler Grundrechtskonstitutionalismus, juristische Bedeutung der Grundrechte, Grundrechtsberechtigte, Grundrechtsverpflichtete, München 1988,
Bd. III/2 – Allgemeine Lehren der Grundrechte Teil 2: Grundrechtstatbestand, Grundrechtsbeeinträchtigungen und Grundrechtsbegrenzungen, Grundrechtsverluste und Grundpflichten, Schutz der Grundrechte, Grundrechtskonkurrenzen, Grundrechtssystem, München 1994 (zitiert. Stern, Staatrecht
(zitiert: Stern, Staatrecht)

Stone, Julius, Aggression and World Order, London 1958.

Storost, Christian, Diplomatischer Schutz durch EG und EU?. Die Berücksichtigung von Individualinteressen in der europäischen Außenpolitik, Berlin 2005.

Streinz, Rudolf, Europarecht, 8. Auflage, Heidelberg u.a. 2008.

Strupp, Karl/Schlochauer, Hans-Jürgen (Hrsg.), Wörterbuch des Völkerrechts, Bd. I – Aachener Kongress bis Hussar-Fall, 2. Auflage 1960 (zitiert: *Bearbeiter*, in: Strupp/Schlochauer (Hrsg.), Wörterbuch des Völkerrechts).

SCHWARZ, CHRISTIAN GÜNTER/WANDT, MANFRED, Gesetzliche Schuldverhältnisse. Deliktsrecht, Schadensrecht, Bereicherungsrecht, GoA, 3. Auflage, München 2009.

SÜSTERHENN, ADOLF, Gutachterliche Äußerung zur Frage, ob ein deutscher Wehrbeitrag im Rahmen eines kollektiven Sicherheitssystems eine Änderung des Grundgesetzes erfordert, in: Der Kampf um den Wehrbeitrag, Bd. II/1 – Die Feststellungsklage, München 1952, S. 260–271.

SYMPHER, PETER/GECK, WILHELM KARL, Anm. z. *BVerfG*, Beschl. v. 21. März 1957 – 1 BvR 65/54, ZaöRV 18 (1957/58), 128–136.

SZCEKALLA, PETER, Die Pflicht der Gemeinschaft *und* der Mitgliedstaaten zum diplomatischen und konsularischen Schutz, EuR 1999, 325–342.

TALMON, STEFAN, Die Geltung deutscher Rechtsvorschriften bei Auslandseinsätzen der Bundeswehr mit Zustimmung des Aufenthaltsstaates, NZWehrr 1997, 221–236.

TAMS, CHRISTIAN, Das LaGrand-Urteil – IGH, EuGRZ 2001, 287, JuS 2002, 324–328.

TEGTMEYER, HENNING/VAHLE, JÜRGEN, Polizeigesetz Nordrhein-Westfalen, 9. Auflage, Stuttgart u.a. 2004.

THALMAIR, ROLAND, Die Bundeswehr im Ausland – eine offene Verfassungsfrage?, ZRP 1993, 201–205.

THÜRER, DANIEL/HERDEGEN, MATTHIAS/HOHLOCH, GERHARD, Der Wegfall effektiver Staatsgewalt: „The Failed State". Referate u. Thesen mit Diskussion, Heidelberg 1986 (zitiert: *Bearbeiter*, in: THÜRER/HERDEGEN/HOHLOCH, Der Wegfall effektiver Staatsgewalt).

TOMUSCHAT, CHRISTIAN, Verfassungsgewohnheitsrecht?. Eine Untersuchung zum Staatsrecht der Bundesrepublik Deutschland, Heidelberg 1972.

–, Der Verfassungsstaat im Geflecht der internationalen Beziehungen, VVDStRL 36 (1978), 7–58.

–, Die Entscheidung für die internationale Offenheit, in: ISENSEE, JOSEF/KIRCHHOF, PAUL (Hrsg.), Handbuch des Staatsrechts der Bundesrepublik Deutschland, Bd. VII, Normativität und Schutz der Verfassung-Internationale Beziehungen, Heidelberg 1992, § 172, S. 483–524.

TREVIRANUS, HANS, Nochmals: Diplomatischer Schutz und grundrechtliche Schutzpflicht, DÖV 1979, 35–40.

UERPMANN, ROBERT, Internationales Verfassungsrecht, JZ 2001, 565–573.

UMBACH, DIETER/CLEMENS, THOMAS (Hrsg.), Grundgesetz – Mitarbeiterkommentar und Handbuch, Bd. I – Art. 1–37 GG, Heidelberg 2002 (zitiert: *Bearbeiter*, in: UMBACH/CLEMENS).

UMBACH, DIETER/CLEMENS, THOMAS/DOLLINGER, FRANZ-WILHELM (Hrsg.), FRANZ-WILHELM, Bundesverfassungsgesetz – Mitarbeiterkommentar und Handbuch, 2. Auflage, Heidelberg 2005 (zitiert: *Bearbeiter*, in: UMBACH/CLEMENS/DOLLINGER).

VERDROSS, ALFRED/SIMMA, BRUNO, Universelles Völkerrecht, 3. Auflage, Berlin 1984.

GRAF VITZTHUM, WOLFGANG (Hrsg.), Völkerrecht, 5. Auflage, Berlin 2010 (zitiert: *Bearbeiter*, in: GRAF VITZTHUM).

VEROSTA, STEPHAN, Zur Anwendung der Regel „Volenti non fit injuria" im Völkerrecht, in: Ius humanitatis, FS zum 90. Geburtstag von Alfred Verdross, S. 689–699.

VOßKUHLE, ANDREAS/KAISER, ANNA-BETTINA, Grundwissen – Öffentliches Recht: Das subjektiv-öffentliche Recht, JuS 16–18.

WAHRIG, GERHARD (Hrsg.), Brockhaus Wahrig. Deutsches Wörterbuch, Bd. III, G-Jz, Stuttgart 1981.

WENGLER, WILHELM, Völkerrecht, Bd. II – Dritter Teil, Berlin, Göttingen, Heidelberg 1964.

WIEFELPÜTZ, DIETER, Der Auslandseinsatz der Bundeswehr gegen den grenzüberschreitenden internationalen Terrorismus, ZaöRV 65 (2005), 819–835.

–, Bundeswehr und innere Sicherheit, NWVBl. 2006, 41–45.

–, Der Einsatz bewaffneter deutscher Streitkräfte im Ausland, AöR 132 (2007), 44–94.

WIELAND, JOACHIM, Verfassungsrechtliche Grundlagen und Grenzen für einen Einsatz der Bundeswehr, in: DVBl. 1991, 1174–1182.

WILD, MICHAEL, Verfassungsrechtliche Möglichkeiten und Grenzen für Auslandseinsätze der Bundeswehr nach dem Kosovo-Krieg, DÖV 200, 622–631.

WILDHABER, LUZIUS, Gewaltverbot und Selbstverteidigung, in: SCHAUMANN, WILFRIED (Hrsg.), Völkerrechtliches Gewaltverbot und Friedenssicherung, Baden-Baden 1971, S. 147–173.

WOLFF, HANS. JULIUS/BACHOF, OTTO/STOBER, ROLF/KLUTH, WINFRIED, Verwaltungsrecht I, 12. Auflage, München 2007.

WOLFFGANG, HANS-MICHAEL/HENDRICKS, MICHAEL/MERZ, MATTHIAS, Polizei- und Ordnungsrecht in Nordrhein-Westfalen, 2. Auflage, München 2004.

YOUSIF, MUNA A., Die extraterritoriale Geltung der Grundrechte bei der Ausübung deutscher Staatsgewalt im Ausland, Frankfurt am Main u.a. 2007.

ZÖLLER, Zivilprozessordnung, bearb. v. GEIMER, REINHOLD/LÜCKEMANN, CLEMENS/GREGER, REINHARD u.a., 28. Auflage, Köln 2010 (zitiert: *Bearbeiter*, in: ZÖLLER)

ZORN, PHILIPP, Die Konsulargesetzgebung des Deutschen Reichs, 3. Auflage, Berlin 1911.

ZIPPELIUS, REINHOLD/WÜRTENBERGER, THOMAS, Deutsches Staatsrecht. Ein Studienbuch, 32. Auflage, München 2008.

Kölner Schriften zu Recht und Staat

Herausgegeben von
Hartmut Schiedermair und Bernhard Kempen

Band 1 Bernhard Kempen: Die deutsch-polnische Grenze nach der Friedensregelung des Zwei-plus-Vier-Vertrages. 1997.

Band 2 Hans-Georg Maaßen: Die Rechtsstellung des Asylbewerbers im Völkerrecht. Überlegungen zu den völkerrechtlichen Rahmenbedingungen einer europäischen Asylrechtsharmonisierung. 1997.

Band 3 Udo Fink: Kollektive Friedenssicherung. Kapitel VII UN-Charta in der Praxis des Sicherheitsrats der Vereinten Nationen. 1999.

Band 4 Stephan Grigolli: Sprachliche Minderheiten in Italien, insbesondere Südtirol, und in Europa. Der Gebrauch der Sprache vor Behörden und Gerichten und die Vergabe öffentlicher Stellen. 1997.

Band 5 Uta Stoy-Schnell: Das Bundesverfassungsgericht und die Corte costituzionale. Ein Vergleich der Verfassungsgerichtsbarkeiten in Deutschland und Italien. 1998.

Band 6 Christian Hillgruber: Die Aufnahme neuer Staaten in die Völkerrechtsgemeinschaft. Das völkerrechtliche Institut der Anerkennung von Neustaaten in der Praxis des 19. und 20. Jahrhunderts. 1998.

Band 7 Jochen Seitz: Planungshoheit und Grundeigentum. Die verfassungsrechtlichen Schranken der städtebaulichen Entwicklungsmaßnahmen. 1999.

Band 8 Jochen Herbst: Rechtskontrolle des UN-Sicherheitsrates. 1999.

Band 9 Kristin Möller: Die Beschaffung naturschutzrechtlicher Ausgleichsflächen im Baurecht. 1999.

Band 10 Klaus Löffelbein: Genehmigungsfreies Bauen und Nachbarrechtsschutz. Die baurechtlichen Anzeige- und Freistellungsverfahren der Länder aus nachbarlicher Sicht. 2000.

Band 11 Patrick Mittmann: Die Rechtsfortbildung durch den Gerichtshof der Europäischen Gemeinschaften und die Rechtsstellung der Mitgliedstaaten der Europäischen Union. 2000.

Band 12 Martin R. Albus: Zur Notwendigkeit eines Internationalen Umweltgerichtshofs. Zugleich eine Analyse der Staatenpraxis zum Internationalen Umwelthaftungsrecht und der Rechtsschutzmöglichkeiten bei grenzüberschreitenden Umweltbeeinträchtigungen. 2000.

Band 13 Irene Baur: Die Haftung der Europäischen Zentralbank. 2001.

Band 14 Tobias R. Ehlen: Zentralisierungsmöglichkeiten der deutschen Börsenaufsicht. 2003.

Band 15 Ulrich Steiner: Wertsicherungsklauseln. Zur Europarechtskonformität des neuen § 2 PaPkG. 2003.

Band 16 Stephanie Vogel: Der Prüfungsumfang des Bundesverfassungsgerichts bei Verfassungsbeschwerden am Beispiel der Kunstfreiheitsrechtsprechung. 2004.

Band 17 Thomas Schmidt: Deutsche Hochschulräte. Begriff, Darstellung und rechtliche Analyse. 2004.

Band 18 Kirsten Schmalenbach: Die Haftung Internationaler Organisationen im Rahmen von Militäreinsätzen und Territorialverwaltungen. 2004.

Band 19 Gunter Warg: Von Verteidigung zu kollektiver Sicherheit. Der Nato-Vertrag *auf Rädern*. 2004.

Band 20 Bernhard Kempen / Yvonne Dorf: Bodenreform 1945–1949. Eine verfassungsrechtliche Neubewertung. 2004.

Band 21 Jeanette Nolte: Die völkerrechtliche Vertragspraxis der EG und die Haftung der Mitgliedstaaten am Beispiel der Fischereipolitik. 2004.

Band 22 Rüdiger Schmid-Kühnhöfer: Die Staatlichkeit von Beihilfen. Mittel- und Transferzurechnung nach Art. 87 Abs. 1 EG-Vertrag. 2004.

Band 23 Florian Schöler: Die Reform des Europäischen Kartellverfahrensrechts durch die Verordnung (EG) Nr. 1/2003. 2004.

Band 24 Christina Maria Pelzer: Die Kompetenzen der EG im Bereich Forschung. Eine Analyse ihrer Reichweite und Grenzen vor dem Hintergrund des Art. 5 Abs. 3 GG. Dargestellt am Beispiel der Gentechnologie. 2004.

Band 25 Nikolaus Vieten: Die verfassungsrechtliche Zulässigkeit der Wiedereinführung einer Vermögensteuer. Zugleich eine Untersuchung des Halbteilungsbeschlusses des Bundesverfassungsgerichts. 2005.

Band 26 Bernhard Kempen (Hrsg.): Die rechtsstaatliche Bewältigung der demokratischen Bodenreform. 2005.

Band 27 Erik Hansalek: Die parlamentarische Kontrolle der Bundesregierung im Bereich der Nachrichtendienste. 2006.

Band 28 Thomas Günther: Zur Zulässigkeit der Errichtung privater Volksschulen als Bekenntnisschulen religiös-ethnischer Minderheiten nach Art. 7 Abs. 5 GG. Am Beispiel einer islamischen Grundschule. 2006.

Band 29 Christian Hoppe: Staatshaftung und Rechtsschutz bei Verletzung grundfreiheitlicher Schutzpflichten. 2006.

Band 30 Julia Schäfer: Die Entscheidung des ECOFIN-Rats über das Vorliegen eines übermäßigen Defizits. Eine Entscheidung zwischen Politik und Recht. 2007.

Band 31 Erika Elisabeth Orth: Ein Grundrecht auf Umweltschutz in Europa? Eine rechtsdogmatische Einordnung des Art. 37 GRC. 2007.

Band 32 Cécile Günther: Die Auslegung des Rechts auf Bildung in der europäischen Grundrechtsordnung. Eine Analyse von Schutzbereich und Reichweite – dargestellt am Beispiel des Art. 14 EU-GRCh (Art. II-74 EuVerf). 2007.

Band 33 Muna A. Yousif: Die extraterritoriale Geltung der Grundrechte bei der Ausübung deutscher Staatsgewalt im Ausland. 2007.

Band 34 Stefanie von Hoff: Die Rolle des US-Supreme Court im Prozess der Verfassungsänderung in den Vereinigten Staaten von Amerika. 2008.

Band 35 Alexander Metz: Das Recht Prominenter am eigenen Bild in Kollision mit Drittinteressen. Insbesondere vor dem Hintergrund des Falles Caroline von Hannover. 2008.

Band 36 Susanne Dyrchs: Das hybride Khmer Rouge-Tribunal. Entstehung, Entwicklung und rechtliche Grundlagen. 2008.

Band 37 Heiko F. Schmitz-Elvenich: Targeted Killing. Die völkerrechtliche Zulässigkeit der gezielten Tötung von Terroristen im Ausland. 2008.

Band 38 Stefania Slavu: Die Osterweiterung der Europäischen Union. Eine Analyse des EU-Beitritts Rumäniens. 2008.

Band 39 Thomas Krings: Der Grundrechtsberechtigte des Grundrechts aus Art. 13 GG. 2009.

Band 40 Zan He: The ICJ´s Practice on Provisional Measures. 2010.

Band 41 Anna Köhler: Private Sicherheits- und Militärunternehmen im bewaffneten Konflikt. Eine völkerrechtliche Bewertung. 2010.

Band 42 Jens Beynio: Die völkerrechtliche Zulässigkeit der Aufrüstung mit Kernwaffen. 2010.

Band 43 Johannes Maria Baumann: Die Rechtsprechung des EuGH zum Vorrang von Gemeinschaftsrecht vor mitgliedstaatlichen Verwaltungsakten und Gerichtsurteilen. 2010.

Band 44 Susanne Koch: Die grenzüberschreitende Wirkung von nationalen Genehmigungen für umweltbeeinträchtigende industrielle Anlagen. 2010.

Band 45 Sebastian Gerlach: Innere Konfliktregelungsmechanismen der Afrikanischen Union vor dem Hintergrund der entsprechenden Bestimmungen der Europäischen Union. 2010.

Band 46 Anne Rausch: *Responsibility to Protect*. Eine juristische Betrachtung. 2011.

Band 47 Bernhard Kempen / Kolja Naumann: Demokratie und Religion. Tagungsband zum Kolloquium der Wissenschaftlichen Arbeitsgruppe für weltkirchliche Aufgaben der Deutschen Bischofskonferenz und der Demokratie Stiftung an der Universität zu Köln am 23.11.2009 in Köln. 2011.

Band 48 Clemens David Comans: Ein „modernes" europäisches Datenschutzrecht. Bestandsaufnahme und Analyse praktischer Probleme des europäischen Datenschutzes unter besonderer Berücksichtigung der Richtlinie zur Vorratsdatenspeicherung. 2012.

Band 49 Christian Peter Kokew: Der Auslandsschutz deutscher Staatsangehöriger bei Entführungen. 2012.

www.ingramcontent.com/pod-product-compliance
Ingram Content Group UK Ltd.
Pitfield, Milton Keynes, MK11 3LW, UK
UKHW041827290926
8980IPUK00002B/112

9 783631 624043